上海市建筑标准设计

先张法预应力混凝土空心板（桥梁）

DBJT 08-101-2024

图集号：2024 沪 Q003

跨　径：10m、13m、16m、18m、20m、22m
斜交角：0°、5°、10°、15°、20°、25°、30°

同济大学出版社
2024　上海

图书在版编目（CIP）数据

先张法预应力混凝土空心板．桥梁 / 上海市政工程设计研究总院（集团）有限公司主编．-- 上海：同济大学出版社，2024. 8. -- ISBN 978-7-5765-1236-6

Ⅰ. U448.35

中国国家版本馆 CIP 数据核字第 20246VS389 号

先张法预应力混凝土空心板（桥梁）

上海市政工程设计研究总院（集团）有限公司　主编

责任编辑　朱　勇
责任校对　徐春莲
封面设计　陈益平
出版发行　同济大学出版社　www.tongjipress.com.cn
（地址：上海市四平路 1239 号　邮编：200092　电话：021-65985622）
经　　销　全国各地新华书店
印　　刷　常熟市华顺印刷有限公司
开　　本　787mm×1092mm　1/8
印　　张　18
字　　数　852 000
版　　次　2024 年 8 月第 1 版
印　　次　2024 年 8 月第 1 次印刷
书　　号　ISBN 978-7-5765-1236-6
定　　价　180.00 元

上海市住房和城乡建设管理委员会文件

沪建标定〔2023〕509号

上海市住房和城乡建设管理委员会
关于批准《先张法预应力混凝土空心板（桥梁）》
为上海市建筑标准设计的通知

各有关单位：

由上海市政工程设计研究总院（集团）有限公司主编的《先张法预应力混凝土空心板（桥梁）》，经审核，现批准为上海市建筑标准设计，统一编号为DBJT 08-101-2024，图集号2024沪Q003，自2024年2月1日起实施。原《先张法预应力混凝土空心板（桥梁）》（DBJT 08-101-2015），图集号2015沪G1005同时废止。

本标准设计由上海市住房和城乡建设管理委员会负责管理，上海市政工程设计研究总院（集团）有限公司负责解释。

特此通知。

上海市住房和城乡建设管理委员会

2023年10月8日

前　言

根据上海市住房和城乡建设管理委员会《2021年上海市工程建设规范、建筑标准设计编制计划》（沪建标定〔2020〕771号）和上海市交通委员会《2021年度标准规范项目计划》（沪交科〔2021〕169号）的要求，由上海市政工程设计研究总院（集团）有限公司为主编单位，对原《先张法预应力混凝土空心板（桥梁）》DBJT 08-101-2015进行修订。主要修订内容为：

1. 更新规范以及因规范调整引起的构造调整。

2. 增加刚接空心板现浇混凝土接缝结构形式：在原有桥面板横向钢筋焊接现浇混凝土接缝基础上，增加桥面板横向U形钢筋交错布置现浇混凝土接缝，提升现场施工便捷性。

3. 调整斜交刚接空心板钢筋布置方式：将原有的斜交刚接空心板中间正交、梁端斜交布置调整为全跨斜交布置。

4. 调整铰接空心板适用范围：修订版铰接空心板标准图集限于上海地区既有桥梁维修工程中需要局部更换的先张法预应力混凝土铰接空心板（桥梁）。

本图集分册情况如下：

第一分册　刚接空心板（桥梁）

第二分册　铰接空心板（桥梁）

各有关单位及相关人员在执行本图集过程中，如有意见或建议，请反馈至上海市交通委员会（地址：上海市世博村路300号1号楼；邮编：200125；E-mail：shjtbiaozhun@126.com），上海市政工程设计研究总院（集团）有限公司（地址：上海市中山北二路901号；邮编：200092；E-mail：shenjiongwei@smedi.com），上海市建筑建材业市场管理总站（地址：上海市小木桥路683号；邮编：200032；E-mail：shgcbz@163.com），以供修订时参考。

主 编 单 位：上海市政工程设计研究总院（集团）有限公司

参 编 单 位：上海市城市建设设计研究总院（集团）有限公司

同济大学建筑设计研究院（集团）有限公司

主要编写人员：马　骉　顾民杰　陆元春　张哲元　王　萍　沈炯伟　沈桂平　刘晓苹　张晨南　蔡　亮

主要修编人员：马　骉　顾民杰　陆元春　张哲元　沈炯伟　王　萍　张晨南　蔡　亮

审 查 人 员：钱寅泉　姚红英　石雪飞　李国平　邓青儿　黄少文　张春雷

第一分册　刚接空心板（桥梁）

跨　　径：10m、13m、16m、18m、20m、22m

斜交角：0°、5°、10°、15°、20°、25°、30°

荷　　载：城—A 级、公路—Ⅰ级、城—B 级、公路—Ⅱ级

第一分册 刚接空心板（桥梁）

批准部门：上海市住房和城乡建设管理委员会　　批准文号：沪建标定〔2023〕509 号

主编单位：上海市政工程设计研究总院（集团）有限公司　　统一编号：DBTJ 08-101-2024

施行日期：2024 年 2 月 1 日　　图集号：2024 沪 Q003

主编单位负责人：

主编单位技术负责人：

技术审定人：

审核人：

设计人：

目　录

目录（二）	图集号	2024沪Q003
	页	4

设 计 说 明

一、编制依据及适用范围

1. 本标准设计根据上海市住房和城乡建设管理委员会《2021年上海市工程建设规范、建筑标准设计编制计划》(沪建标定〔2020〕771号)和上海市交通委员会《2021年度标准规范项目计划》(沪交科〔2021〕169号)进行修编。
2. 本标准设计适用于上海地区新建、改建的公路及城市桥梁上部结构先张法简支预应力混凝土刚接空心板。

二、采用标准及规范

(1)《公路工程技术标准》JTG B01
(2)《工程结构可靠性设计统一标准》GB 50153
(3)《公路工程结构可靠性设计统一标准》JTG 2120
(4)《工程结构通用规范》GB 55001
(5)《混凝土结构通用规范》GB 55008
(6)《城市道路交通工程项目规范》GB 55011
(7)《公路桥涵设计通用规范》JTG D60
(8)《公路钢筋混凝土及预应力混凝土桥涵设计规范》JTG 3362
(9)《城市桥梁设计规范(2019年版)》CJJ 11
(10)《公路装配式混凝土桥梁设计规范》JTG/T 3365—05
(11)《混凝土结构耐久性设计标准》GB/T 50476
(12)《公路工程混凝土结构耐久性设计规范》JTG/T 3310
(13)《公路交通安全设施设计规范》JTG D81
(14)《公路交通安全设施设计细则》JTG/T D81
(15)《城市道路交通设施设计规范(2019年版)》GB 50688
(16)《公路桥涵施工技术规范》JTG/T 3650
(17)《城市桥梁工程施工与质量验收规范》CJJ 2
(18)《城市道路桥梁工程施工质量验收规范》DG/TJ 08—2152
(19)《公路工程质量检验评定标准 第一册 土建工程》JTG F80/1

三、主要技术标准

1. 空心板参数见表1。

表1 空心板参数

跨径(m)	10.00	13.00	16.00	18.00	20.00	22.00
梁长(m)	9.96	12.96	15.96	17.96	19.96	21.96
计算跨径(m)	9.46	12.46	15.46	17.46	19.36	21.36
梁高(m)	0.55	0.65	0.85	0.85	0.95	0.95
支座吨位(个×kN)	4×296	4×323	4×354	4×368	4×399	4×416
吊装重量(kN)	111~126	182~201	239~262	275~301	353~382	395~427

2. 斜交角:0°、5°、10°、15°、20°、25°、30°。
3. 设计荷载:a. 城—A级、公路—Ⅰ级;b. 城—B级、公路—Ⅱ级。
4. 设计基准期:100年;设计使用年限:100年。
5. 桥梁设计安全等级:一级/二级。
6. 耐久性环境类别:Ⅰ类。
7. 防护等级:防撞护栏采用《公路交通安全设施设计细则》JTG/T D81中的混凝土护栏,桥面板配筋满足防撞护栏各级防护等级的受力要求。

四、主要材料

1. 混凝土:采用C50混凝土、C60低收缩混凝土和C30混凝土。
C50混凝土:预制梁、铺装调平层及U形钢筋焊接现浇接缝;
C60低收缩混凝土:U形钢筋交错布置现浇接缝;
C30混凝土:封头板。
2. 预应力钢筋:采用钢绞线,规格为1×7-15.20-1860-GB/T 5224,用符号ϕ^{s}表示,技术条件必须符合《预应力混凝土用钢绞线》GB/T 5224的规定,也可采用相当标准的其他规格钢绞线。如采用其他规格钢绞线等效代换,须另行设计。
3. 普通钢筋:采用HPB300和HRB400钢筋。
HPB300钢筋:用于吊环钢筋和直径<10mm的构造钢筋,其技术条件必须符合《钢筋混凝土用钢 第1部分:热轧光圆钢筋》GB/T 1499.1的规定,用符号ϕ表示;
HRB400钢筋:用于受力钢筋和直径≥10mm的构造钢筋,其技术条件必须符合《钢筋混凝土用钢 第2部分:

热轧带肋钢筋》GB/T 1499.2 的规定，用符号Φ表示。

五、设计要点及计算数据

1. 空心板按照 A 类预应力混凝土受弯构件进行设计。
2. 横向分布系数：支点按杠杆法计算，四分点到跨中按刚接板（梁）法计算，支点到四分点按直线内插计算。
3. 荷载计算取值
   1）空心板混凝土：26kN/m^3。
   2）桥面铺装厚度按 90mm 钢筋混凝土垫层 +90mm 沥青混凝土面层计取，沥青混凝土重度为 24kN/m^3。
   3）混凝土防撞护栏：12kN/m/ 侧。
   4）温度作用按照《公路桥涵设计通用规范》JTG D60 取用。
4. 预应力损失计算
   1）计算锚具变形及钢筋回缩损失时，单端回缩值取 6mm，台座长度取 100m。
   2）不考虑蒸汽养护时，预应力钢筋与台座之间的温差引起的预应力损失。当采用蒸汽养护时，须另行考虑该部分损失。
   3）计算混凝土的收缩徐变损失时，预应力筋传力锚固时的混凝土龄期取 3~7d，加载时混凝土的龄期取 7d，成桥后按龄期 3650d 计算徐变损失，年平均相对湿度 RH 取 40%~70%，构件与大气接触的周边长度 μ 取空心板周长加内孔周长的一半。
5. 截面验算
   1）计算结构基频时，考虑 90mm 混凝土铺装层计入计算断面，结构计算时考虑 45mm 混凝土铺装层计入计算断面，其余铺装仅计入其自重。
   2）成桥后现浇段混凝土计入结构计算断面。
   3）空心板放张、移梁、堆放等施工阶段，验算混凝土强度按 80% 强度设计值，构件运输及安装等施工阶段，验算混凝土强度按 100% 强度设计值，运输、安装时动力系数取 1.2（对结构不利时）或 0.85（对结构有利时）。
6. 断面及构造
   1）空心板底宽 1100mm，底面横向为平坡；中梁顶宽 1200mm，边梁顶宽 1450mm，顶板设 2% 横坡。
   2）空心板内模采用芯模成形，10~13m 采用等截面圆形芯模，16~22m 采用变截面圆端形芯模。芯模宜采用刚度增强型充气加劲橡胶芯模，也可采用钢质、PVC、高密度泡沫等芯模。不得采用橡胶充气气囊。芯模尺寸如表 2 所示。

表 2　空心板芯模尺寸

跨径	等截面圆形芯模		变截面圆端形芯模								
			跨中直线段				过渡段	梁端直线段			
	长度	半径	长度	宽度	高度	圆端半径	长度	长度	宽度	高度	圆端半径
（m）	（mm）	（mm）	（mm）	（mm）	（mm）	（mm）	（mm）	（mm）	（mm）	（mm）	（mm）
10	9960	180	—	—	—	—	—	—	—	—	—
13	12960	180	—	—	—	—	—	—	—	—	—
16	—	—	11960	360	650	180	1500	500	260	550	130
18	—	—	11960	360	650	180	1500	1500	260	550	130
20	—	—	15960	360	650	180	1500	500	260	550	130
22	—	—	15960	360	650	180	1500	1500	260	550	130

   3）空心板支承处设横梁一道，横梁宽 350mm。

六、施工要求

1. 采用的材料应按有关标准、规范的规定进行检测，验证合格后方可使用。工程中所采用的混凝土原材料应统一，宜采用同一生产厂家、同一品种、同一批号且连续进场的产品。
2. 预应力工艺所采用的工具、仪表必须按有关规定进行标定及检验，未经标定、检验或超过张拉次数的工具、仪表不得使用。
3. 结构尺寸、预应力钢筋及其包裹隔离长度、钢筋安放位置必须准确。
4. 采用刚度增强型充气加劲橡胶芯模时，应按产品要求达到有效气压，充气后芯模截面成型误差控制在 3mm 以内。
5. 施工时应严格控制芯模变形、上浮和偏位，预制空心板顶底板、腹板厚度误差控制在 5mm 以内。
6. 预应力钢筋锚下的张拉控制应力为 σ_{con}=0.75f_{pk}，采用应力及伸长量双控制。张拉程序为 0→初应力→ 1.0σ_{con}(持荷 5min 锚固)，其中 σ_{con} 为预应力钢筋锚下的张拉控制应力。扣除锚具变形、钢筋回缩损失后，100m 台座的张拉总伸长量理论值为 707mm。
7. 空心板混凝土浇筑后，上表面必须充分拉毛。浇筑桥面铺装混凝土前应将梁顶浮浆、油污清除干净，以保证新、老混凝土良好结合。
8. 当昼夜平均气温低于 5℃或最低气温低于 −3℃时，应按冬季施工处理，以保证工程质量。
9. 预应力筋放张时混凝土强度不应低于设计强度等级的 80%，弹性模量不应低于混凝土 28d 弹性模量的 80%。当采用混凝土龄期代替弹性模量控制，日平均气温≥20℃时不应少于5d，日平均气温<20℃时不应少于7d。

10. 空心板混凝土浇筑后应及时进行养护，可采用自然养护，也可采用蒸汽养护。

1）采用自然养护时，对暴露于大气环境中的混凝土表面采用适宜的材料进行覆盖，并洒水养护。当环境相对湿度<60%时，自然养护的时间不宜少于28d；当环境相对湿度≥60%时，自然养护的时间不宜少于14d。

2）采用蒸汽养护时，分静停、升温、恒温、降温及自然养护五个阶段。静停期间应保持棚内温度不低于5℃，混凝土浇筑完成4h后方可升温，且升温速度不应大于10℃/h；恒温时应将温度控制在50℃以下，恒温时间不宜小于24h或根据试验确定；降温速度不应大于5℃/h；蒸汽养护结束后，应立即进入自然养护阶段，且养护时间不宜少于7d。蒸汽养护期间、撤除保温设施及模板时，梁体混凝土表层温度与环境温度之差不应大于15℃。

3）当环境温度低于5℃时，空心板表面宜喷涂养护剂，并采取保温养护措施，不得对混凝土表面洒水。

4）采用蒸汽养护时，预应力筋放张时混凝土强度不应低于设计强度等级的90%，混凝土龄期不应小于48h。

11. 空心板混凝土强度达到设计强度等级的80%后才能移梁、堆放，达到100%设计强度等级后才能运输、安装。

12. 本图集空心板采用多层堆放（堆放层数不得超过3层）、单层运输，堆放与运输时梁体不得倒置，临时支座应设置在支座中心位置。

13. 本图集空心板采用预埋吊环钢筋起吊，空心板预制时须预埋好吊环钢筋，并固定牢靠，防止混凝土浇筑时吊环钢筋位置发生扰动。如采用其他方式起吊安装（如架桥机安装），须根据吊装方案对吊装阶段空心板受力进行验算。

14. 相邻空心板的桥面板及横梁横向钢筋须错位布置。空心板预制时，侧模宜采用钢模板并预留钢筋槽，以提高横向钢筋的定位精度。吊装时，若遇横向钢筋距离过近导致钢筋碰撞、空心板无法安装，或横向钢筋距离过大导致无法施焊，可将横向钢筋弯折，使之可以安装或焊接，弯折直径不小于20*d*（*d*为钢筋直径）。

15. 空心板安装时应采取有效措施保证梁底四个支座均匀受力，避免由于支座脱空产生不良受力状态。

16. 为防止空心板上拱度过大，空心板存梁期不得超过90d。

17. 为防止相邻空心板龄期差异过大而产生较大的收缩应力，同一跨桥梁的空心板龄期差异不得超过14d。

18. 空心板梁底应采取调平措施，使支座保持水平。预制时须预埋好相关调平预埋件。

19. 现浇接缝、端横梁处新老混凝土结合面应严格按施工缝处理，表面应经凿毛洗净，同时在老混凝土面上抹一层高标号水泥浆。浇筑混凝土时，应采取控制现浇混凝土水灰比、降低骨料温度、减少模板与混凝土间的摩擦力、加强养护、控制拆模时间等措施，以减少混凝土收缩及水化热对结构的不利影响，避免收缩和水化热裂缝的产生。

20. 空心板在预制时，注意护栏、伸缩缝、泄水孔、防雷接地等各种预埋筋（件）的预埋。

21. 栏杆施工须在现浇接缝混凝土强度达到设计强度等级的80%后方可进行；若有特殊原因须在现浇接缝混凝土浇筑前完成栏杆施工，必须采取措施防止边梁倾覆，并对边梁进行重新验算。

22. 为保证混凝土品质、提高耐久性，混凝土除满足相关规范及标准的要求外，还应满足如下技术要求：

1）水泥应采用品质稳定、强度等级不低于42.5级的硅酸盐水泥或普通硅酸盐水泥。避免使用早期强度较高的水泥和高C3A含量的水泥。

2）粗集料应级配合理、质地均匀坚固，不宜采用砂岩碎石。粗集料最大公称粒径≤25mm，针片状颗粒含量（按质量计）<10%，吸水率（按质量计）<2.0%，压碎指标<15%。

3）细集料应选择级配合理、质地均匀坚固的中粗河沙，细度模数宜为2.6~3.2，含泥量（按质量计）<2.0%，吸水率（按质量计）<2.0%。不得使用淡化海砂、山砂及风化严重的多孔砂。

4）外加剂应具有减水率高、塌落度损失小、适量引气、能细化混凝土孔结构、能明显改善或提高混凝土耐久性、与水泥有良好的适应性等性能，外加剂产品应经过相应级别的鉴定认证。

5）混凝土拌和料中因各种原材料（水泥、矿物掺和料、集料、外加剂和拌和水等）引入的水溶氯离子总量不应超过胶凝材料重的0.06%；混凝土中的总碱含量不应超过3.0kg/m³。严禁使用碱活性集料。

6）混凝土最大水胶比和胶凝材料用量如表3所示。

表3 混凝土水胶比及胶凝材料用量

混凝土强度等级	最大水胶比	最小胶凝材料用量（kg/m³）	最大胶凝材料用量（kg/m³）
C50	0.36	360	480
C60	0.30	400	530

7）C60低收缩混凝土采用的外加剂必须满足《混凝土外加剂应用技术规范》GB 50119的要求，低收缩混凝土水中14d限制膨胀率≥0.025%，水中14d转空气中28d限制膨胀率≥−0.02%。

8）其他技术要求按照《公路桥涵施工技术规范》JTG/T 3650执行。

七、图集选用

本图集空心板底板宽1100mm，中梁顶板宽1200mm，边梁顶板宽1450mm（带300mm挑臂），现浇接缝采用倒梯型，上口宽*b*=450~600mm，下口宽*b′*=350~500mm，空心板梁间距*a*=1650~1800mm，空心板片数5~18片，桥梁横断面布置参数示意见图1，其中参数的取值范围和由此能覆盖的桥梁宽度见表4。如遇无法覆盖的桥梁宽度，则在调整现浇接缝宽度*b*、*b′*值到最大（最小）允许值后，通过调整边梁挑臂长度（0~500mm）从而达到所需的桥梁宽度；如挑臂长度>300mm，边梁的悬臂桥面板配筋须另行计算。

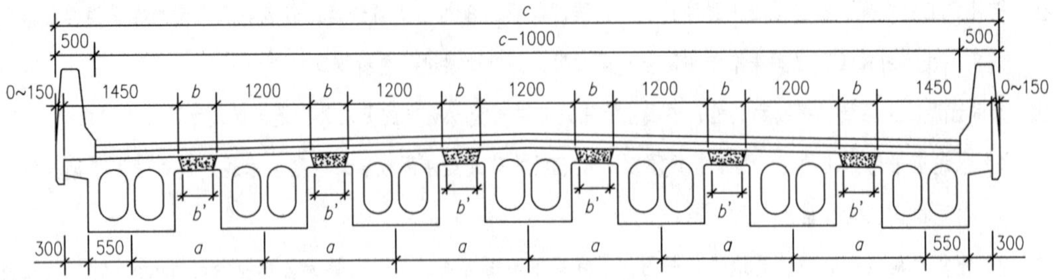

图1　横断面布置参数示意

表4　桥梁横断面布置参数（单位：mm）

主梁片数	中梁顶板宽	边梁顶板宽	空心板梁间距 a	现浇接缝上口宽 b	现浇接缝下口宽 b'	桥梁总宽 c
5	1200	1450	1650~1800	450~600	350~500	8300~9200
6	1200	1450	1650~1800	450~600	350~500	9950~11000
7	1200	1450	1650~1800	450~600	350~500	11600~12800
8	1200	1450	1650~1800	450~600	350~500	13250~14600
9	1200	1450	1650~1800	450~600	350~500	14900~16400
10	1200	1450	1650~1800	450~600	350~500	16550~18200
11	1200	1450	1650~1800	450~600	350~500	18200~20000
12	1200	1450	1650~1800	450~600	350~500	19850~21800
13	1200	1450	1650~1800	450~600	350~500	21500~23600
14	1200	1450	1650~1800	450~600	350~500	23150~25400
15	1200	1450	1650~1800	450~600	350~500	24800~27200
16	1200	1450	1650~1800	450~600	350~500	26450~29000
17	1200	1450	1650~1800	450~600	350~500	28100~30800
18	1200	1450	1650~1800	450~600	350~500	29750~32600

八、材料参数

1. 混凝土（表5）

表5　混凝土强度及弹性模量（单位：MPa）

混凝土强度等级	弹性模量 E_c	剪切模量 G_c	轴心抗压强度标准值 f_{ck}	轴心抗拉强度标准值 f_{tk}	轴心抗压强度设计值 f_{cd}	轴心抗拉强度设计值 f_{td}
C30	3.00×10^4	1.20×10^4	20.1	2.01	13.8	1.39
C50	3.45×10^4	1.38×10^4	32.4	2.65	22.4	1.83
C60	3.60×10^4	1.44×10^4	38.5	2.85	26.5	1.96

2. 预应力钢筋（表6）

表6　预应力钢筋强度及弹性模量（单位：MPa）

预应力钢筋种类	抗拉强度标准值 f_{pk}	抗拉强度设计值 f_{pd}	抗压强度设计值 f'_{pd}	弹性模量 E_p
钢绞线	1860	1260	390	1.95×10^5

3. 普通钢筋（表7）

表7　普通钢筋钢筋强度及弹性模量（单位：MPa）

普通钢筋种类	抗拉强度标准值 f_{sk}	抗拉强度设计值 f_{sd}	抗压强度设计值 f'_{sd}	弹性模量 E_s
HPB300	300	250	250	2.1×10^5
HRB400	400	330	330	2.0×10^5

九、截面特性

表8　预制梁截面特性

跨径（m）	梁型	截面位置	梁高（m）	顶宽（m）	面积（m^2）	惯性矩（m^4）	Y_s（m）	Y_x（m）	W_s（m^3）	W_x（m^3）
10	边梁	跨中/支点	0.55	1.450	0.483	0.0155	0.247	0.303	0.063	0.051
	中梁	跨中/支点	0.55	1.200	0.429	0.0144	0.261	0.289	0.055	0.050
13	边梁	跨中/支点	0.65	1.450	0.593	0.0267	0.295	0.355	0.091	0.075
	中梁	跨中/支点	0.65	1.200	0.539	0.0249	0.312	0.338	0.080	0.074
16~18	边梁	跨中	0.85	1.450	0.605	0.0513	0.384	0.466	0.134	0.110
		支点	0.85	1.450	0.760	0.0580	0.392	0.458	0.148	0.127
	中梁	跨中	0.85	1.200	0.550	0.0472	0.409	0.441	0.115	0.107
		支点	0.85	1.200	0.705	0.0537	0.412	0.438	0.130	0.123
20~22	边梁	跨中	0.95	1.450	0.715	0.0761	0.434	0.516	0.175	0.147
		支点	0.95	1.450	0.870	0.0828	0.442	0.508	0.187	0.163
	中梁	跨中	0.95	1.200	0.660	0.0705	0.459	0.491	0.154	0.144
		支点	0.95	1.200	0.815	0.0770	0.462	0.488	0.167	0.158

十、横向分布系数

本图集空心板最不利横向分布系数根据 c=9.2m 桥宽横断面进行计算，正交布置 5 片空心板，现浇接缝上口宽 b=600mm，横向布置二车道汽车荷载（图 2）。如现浇接缝上口宽 b>600mm 或斜交角 α>30°，须对横向分布系数进行复核。本图集横向分布系数详见表 9。

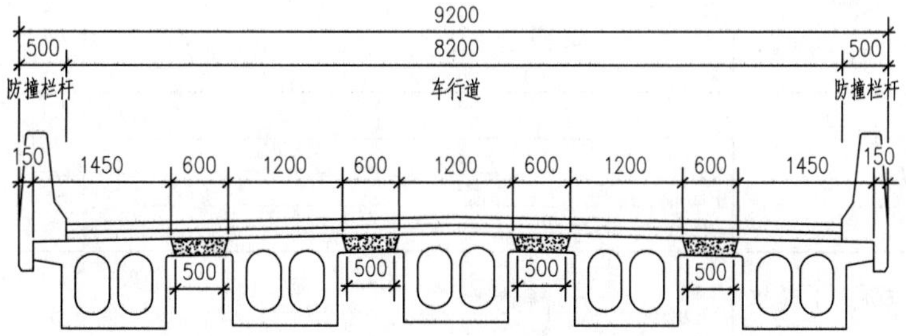

图 2　最不利横向分布计算横断面

表 9　横向分布系数

跨径（m）	计算跨径（m）	汽车横向分布系数				栏杆横向分布系数	
		边梁		中梁		边梁	中梁
		跨中	支点	跨中	支点		
10	9.46	0.482	0.5	0.475	0.857	0.504	0.350
13	12.46	0.466	0.5	0.456	0.857	0.468	0.367
16	15.46	0.459	0.5	0.449	0.857	0.458	0.372
18	17.46	0.450	0.5	0.440	0.857	0.444	0.379
20	19.36	0.445	0.5	0.436	0.857	0.439	0.381
22	21.36	0.439	0.5	0.431	0.857	0.431	0.385

十一、冲击系数

计算结构基频时，90mm 厚混凝土铺装调平层计入计算断面，如混凝土铺装调平层厚度大于 90mm，须对冲击系数进行复核。本图集冲击系数详见表 10。

表 10　冲击系数

跨径（m）	10.00	13.00	16.00	18.00	20.00	22.00
计算跨径（m）	9.46	12.46	15.46	17.46	19.36	21.36
冲击系数	0.417	0.351	0.326	0.282	0.267	0.233

十二、其他

1. 本图集尺寸单位除标明外，其余均以毫米计。
2. 本图集设计荷载为汽车荷载，人群荷载及非机动车荷载可参比使用。
3. 本图集汽车荷载等级为城—A 级、公路—Ⅰ级、城—B 级、公路—Ⅱ级，当桥梁有超限车辆通行需求时，应进行结构验算，并采取相应措施。
4. 本图集给出了桥宽分别为 8.5m、12.0m、16.0m、24.0m 的单幅桥梁及桥宽分别为 2×9.0m、2×13.5m、2×16.75m 的双幅桥梁标准横断面布置图，纵向计算时横向分布系数按最不利值工况取值。当现浇接缝宽度超出表 4 中所给的范围或斜交角 α>30° 时，须复核计算其横向分布系数和冲击系数；如超过表 9、表 10 中的控制值，不能直接套用本图集，须另行设计。

十三、主编单位、参编单位、编写人员

主　编　单　位：上海市政工程设计研究总院（集团）有限公司

参　编　单　位：上海市城市建设设计研究总院（集团）有限公司

同济大学建筑设计研究院（集团）有限公司

主要编写人员：马　骉　顾民杰　陆元春　张哲元　王　萍　沈炯伟　沈桂平　刘晓苹　张晨南　蔡　亮

主要修编人员：马　骉　顾民杰　陆元春　张哲元　沈炯伟　王　萍　张晨南　蔡　亮

审　查　人　员：钱寅泉　姚红英　石雪飞　李国平　邓青儿　黄少文　张春雷

内力与应力验算结果

跨径：10m　中梁

设计荷载：城—A 级、公路—I级

表 1　弯矩组合

编号	荷载或组合	弯矩图	备注
①	预制梁自重	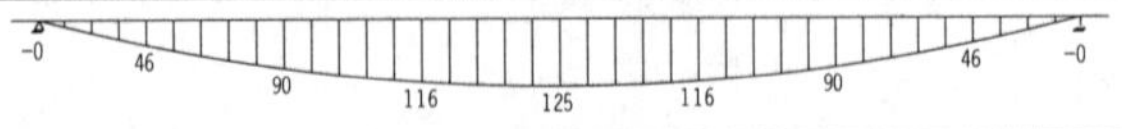	—
②	恒载	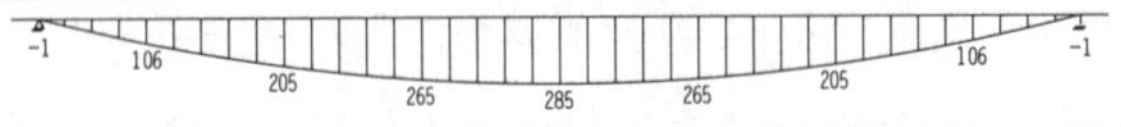	—
③	汽车荷载	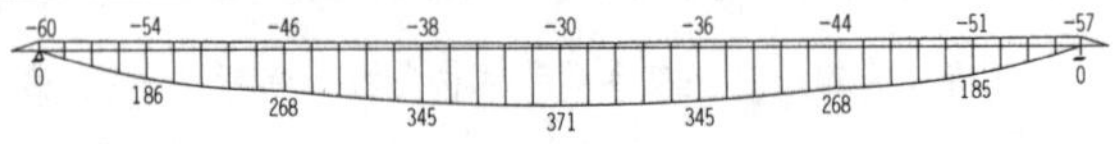	不计冲击（μ=0.417）
④	基本组合	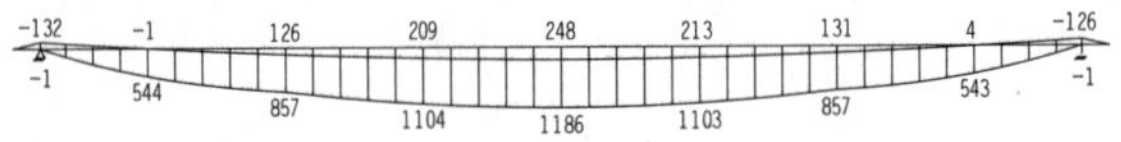	1.1×［1.2×②+1.4×③×（1+μ）］
⑤	频遇组合	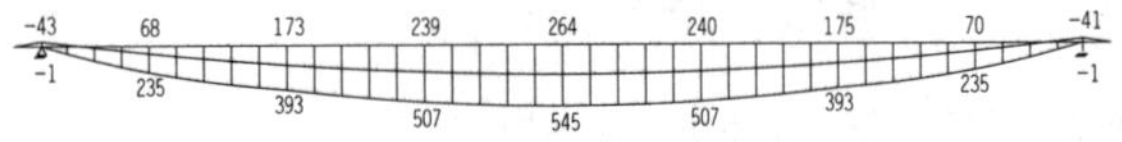	1.0×②+0.7×③
⑥	准永久组合	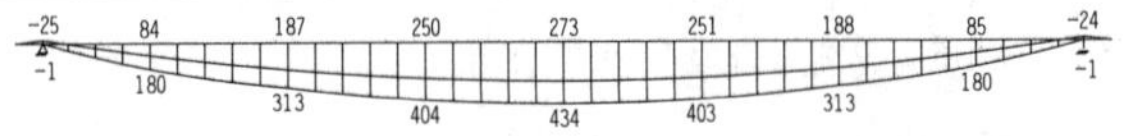	1.0×②+0.4×③
⑦	标准组合	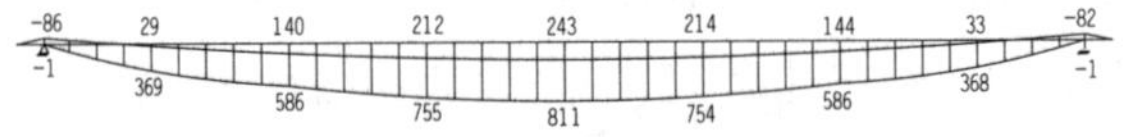	1.0×②+1.0×③×(1+μ)

表 2　剪力组合

编号	荷载或组合	剪力图	备注
①	预制梁自重		—
②	恒载		—
③	汽车荷载	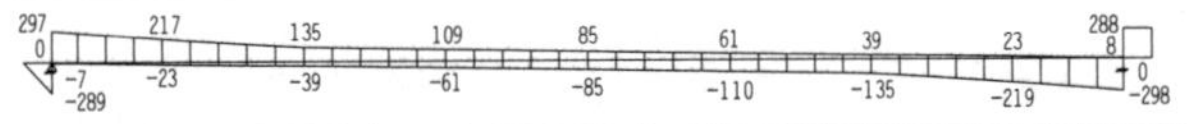	不计冲击（μ=0.417）
④	基本组合	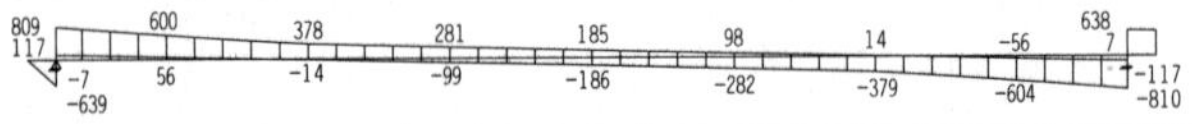	1.1×［1.2×②+1.4×③×（1+μ）］
⑤	频遇组合	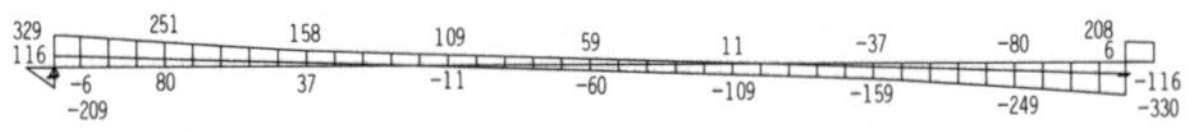	1.0×②+0.7×③
⑥	准永久组合	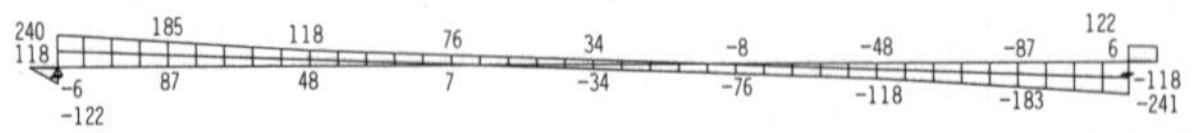	1.0×②+0.4×③
⑦	标准组合	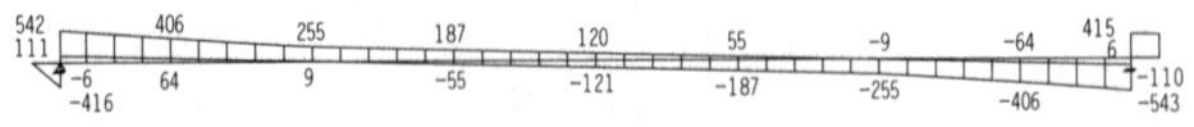	1.0×②+1.0×③×(1+μ)

表 3　结果验算

验算内容		计算值	范围限值
持久状况承载能力验算	抗弯承载能力	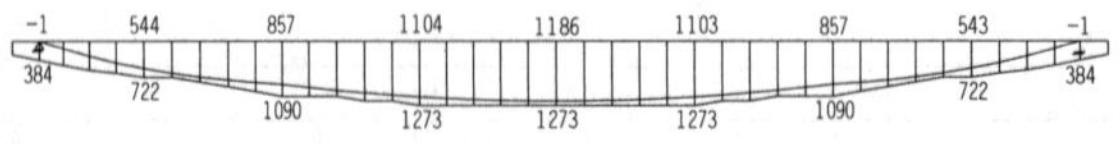	$\gamma_0 M_d \leq M_R$ 1186<1273kN·m
	抗剪承载能力	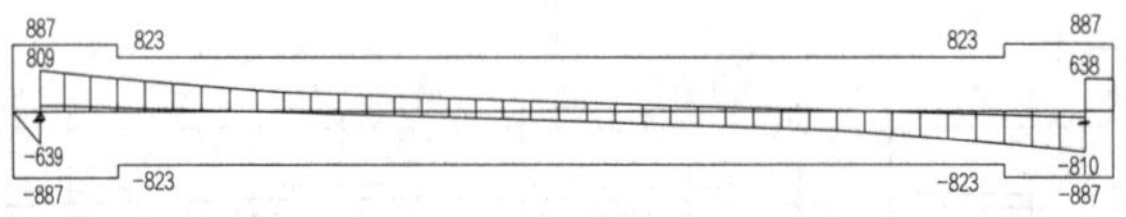	$\gamma_0 Q_d \leq Q_R$ 810<887kN
持久状况正常使用验算	频遇组合正截面上下缘拉应力	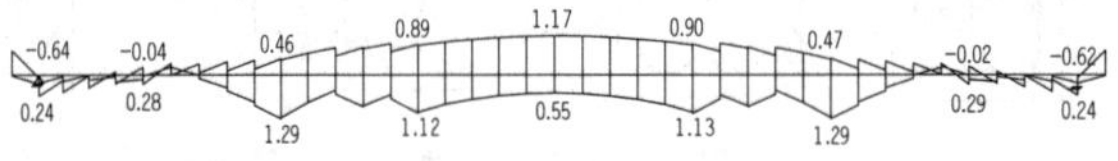	$\sigma_{st}-\sigma_{pc} \leq 0.7f_{tk}$ 计算值≥−1.86MPa
	准永久组合正截面上下缘拉应力	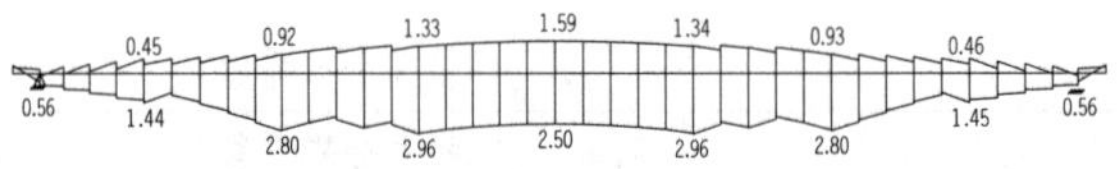	$\sigma_{lt}-\sigma_{pc} \leq 0$ 计算值≥0MPa
	频遇组合斜截面主拉应力	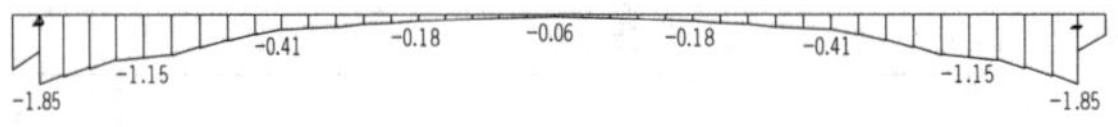	$\sigma_{tp} \leq 0.7f_{tk}$ 计算值≥−1.86MPa
	频遇组合挠度（考虑长期增长系数）	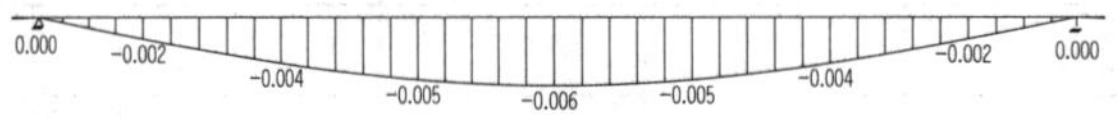	$y \leq$（1/600）lL 计算值≥−0.0158m
持久状况应力验算	标准作用组合正截面最大压应力	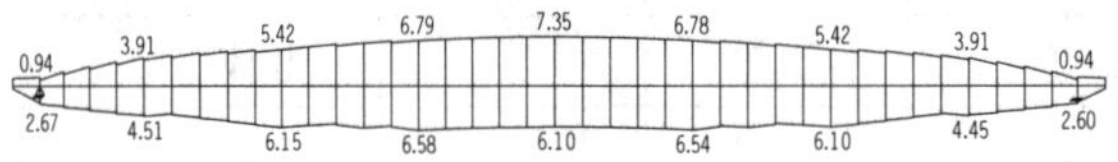	$\sigma_{kc}+\sigma_{pt} \leq 0.5f_{ck}$ 计算值≤16.20MPa
	预应力钢筋最大拉应力	1206MPa	$\sigma_{pe}+\sigma_p \leq 0.65f_{pk}$ 计算值≤1209MPa
	标准作用组合混凝土最大主压应力	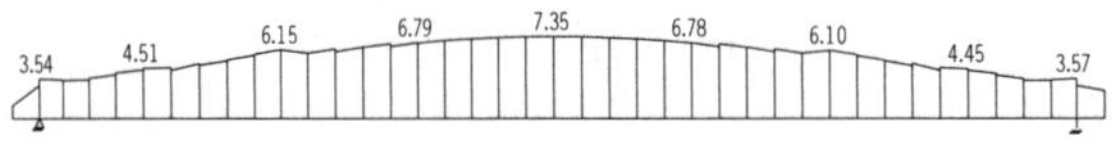	$\sigma_{cp} \leq 0.6f_{ck}$ 计算值≤19.44MPa
短暂状况应力验算	不利状态上缘应力	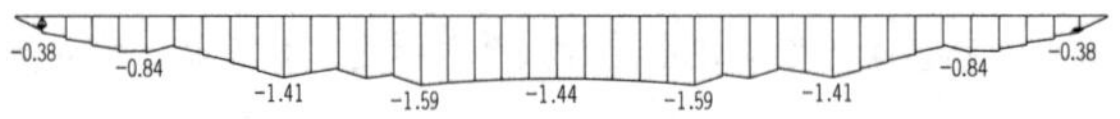	$\sigma^t_{ct} \leq 0.70f'_{tk}$ 计算值≥−1.86MPa
	不利状态下缘应力	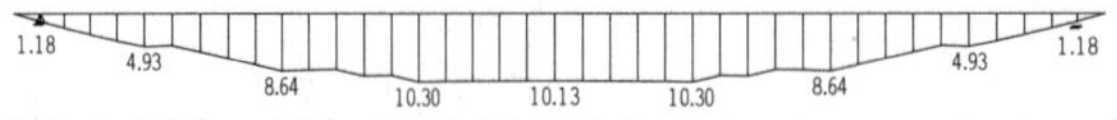	$\sigma^t_{cc} \leq 0.70f'_{ck}$ 计算值≤22.68MPa
其他	放张阶段跨中挠度	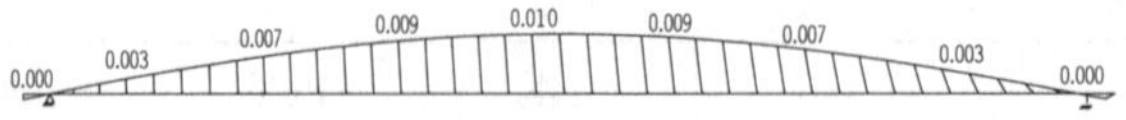	—

注：1. 单位：弯矩（kN·m）、剪力（kN）、应力（MPa）、位移（m）。
2. 效应方向：应力（压为正、拉为负）、位移（上拱为正、下挠为负）。

内力与应力验算表（10m 中梁） 设计荷载：城—A 级、公路—I级	图集号	2024沪Q003
	页	10

内力与应力验算结果

跨径：10m　中梁

设计荷载：城—B 级、公路—Ⅱ级

表 1　弯矩组合

编号	荷载或组合	弯矩图	备注
①	预制梁自重	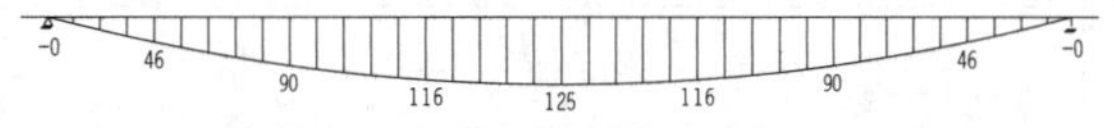	—
②	恒载	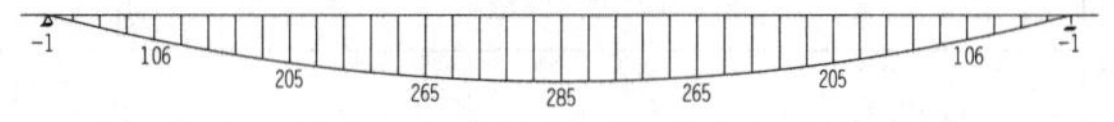	—
③	汽车荷载	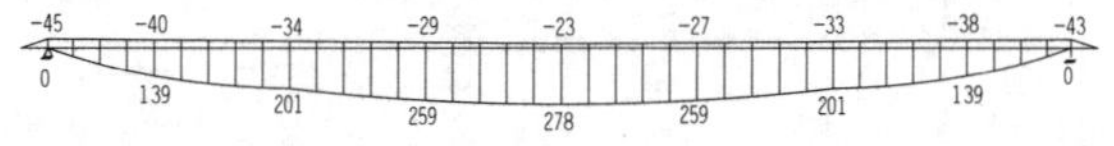	不计冲击（μ=0.417）
④	基本组合	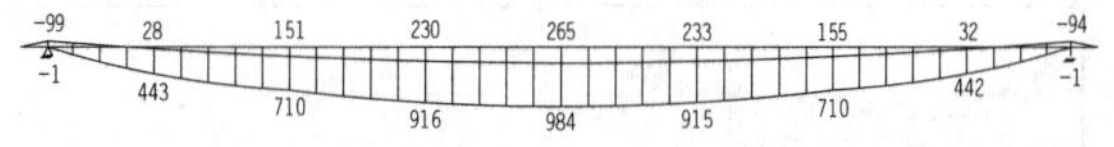	1.1×［1.2×②+1.4×③×（1+μ）］
⑤	频遇组合	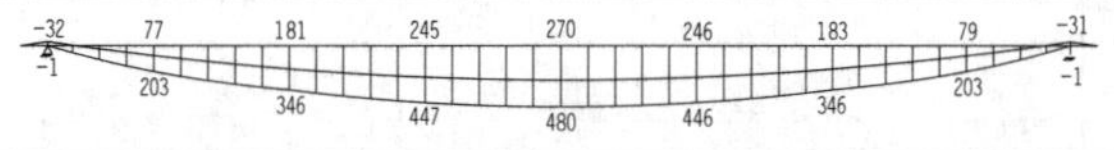	1.0×②+0.7×③
⑥	准永久组合	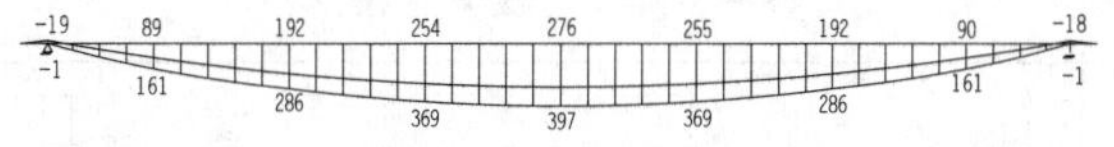	1.0×②+0.4×③
⑦	标准组合	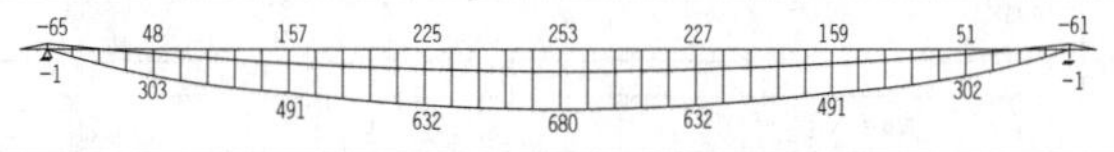	1.0×②+1.0×③×(1+μ)

表 2　剪力组合

编号	荷载或组合	剪力图	备注
①	预制梁自重	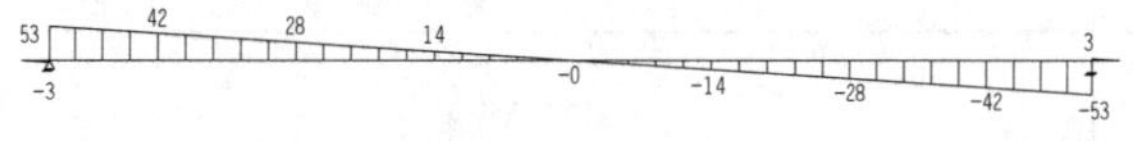	—
②	恒载	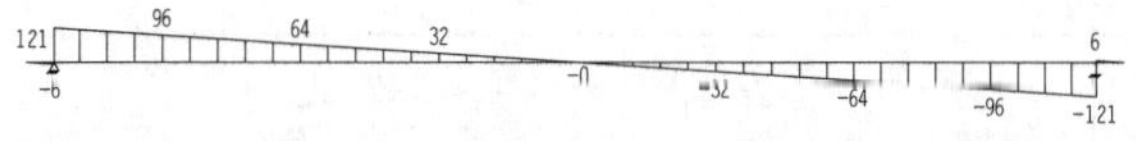	—
③	汽车荷载	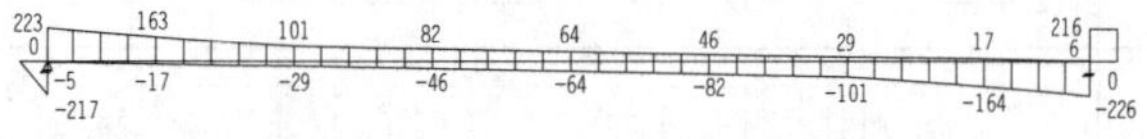	不计冲击（μ=0.417）
④	基本组合	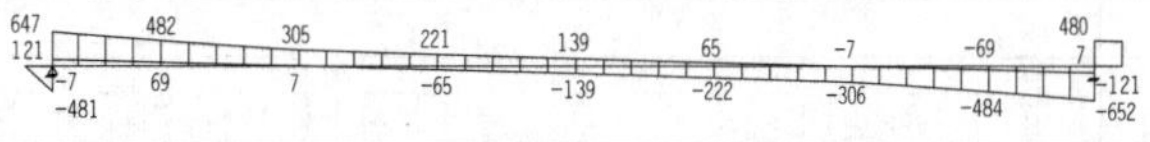	1.1×［1.2×②+1.4×③×（1+μ）］
⑤	频遇组合	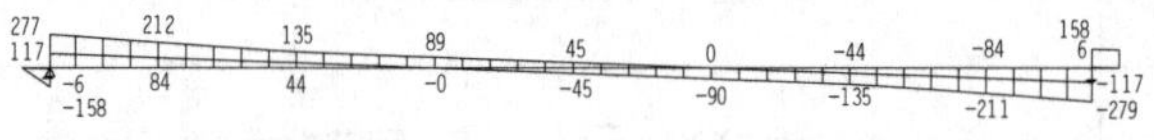	1.0×②+0.7×③
⑥	准永久组合	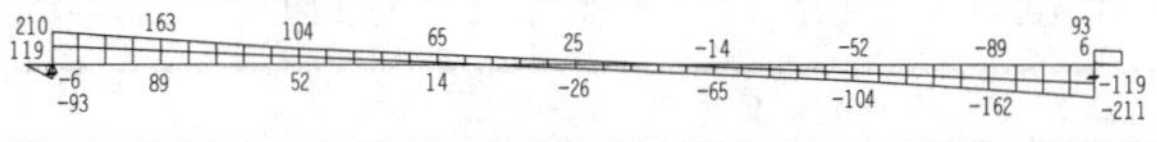	1.0×②+0.4×③
⑦	标准组合	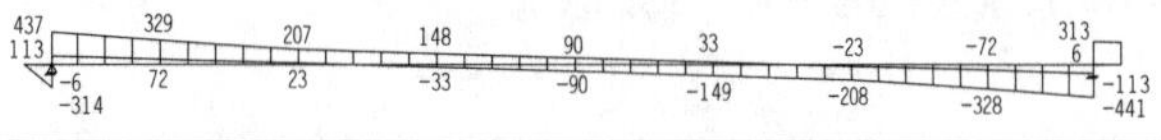	1.0×②+1.0×③×(1+μ)

表 3　结果验算

验算内容		计算值	范围限值
持久状况承载能力验算	抗弯承载能力	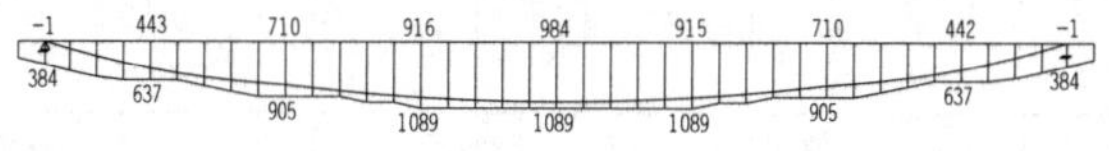	$\gamma_0 M_d \leqslant M_R$ 984<1089kN·m
	抗剪承载能力	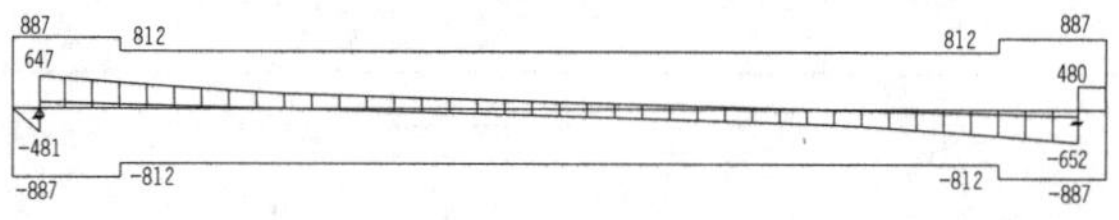	$\gamma_0 Q_d \leqslant Q_R$ 652<887kN
持久状况正常使用验算	频遇组合正截面上下缘拉应力	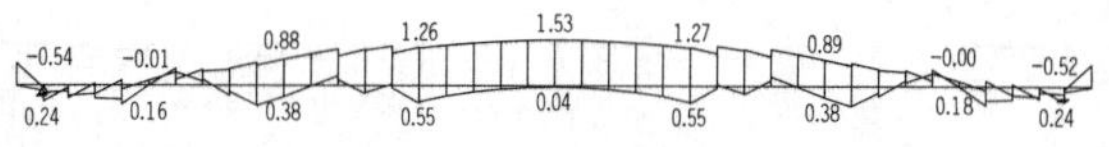	$\sigma_{st}-\sigma_{pc} \leqslant 0.7f_{tk}$ 计算值≥ −1.86MPa
	准永久组合正截面上下缘拉应力	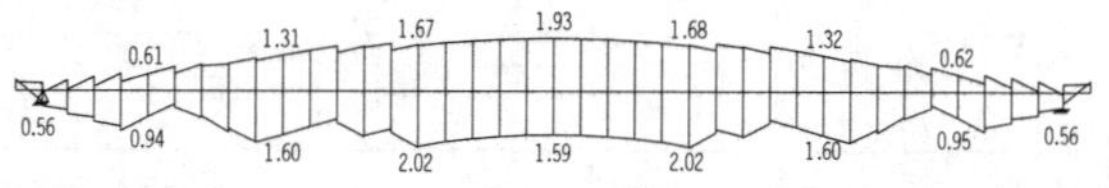	$\sigma_{lt}-\sigma_{pc} \leqslant 0$ 计算值≥ 0MPa
	频遇组合斜截面主拉应力	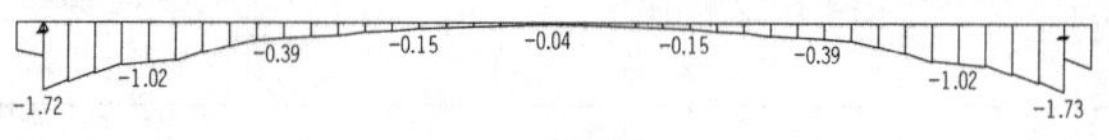	$\sigma_{tp} \leqslant 0.7f_{tk}$ 计算值≥ −1.86MPa
	频遇组合挠度（考虑长期增长系数）	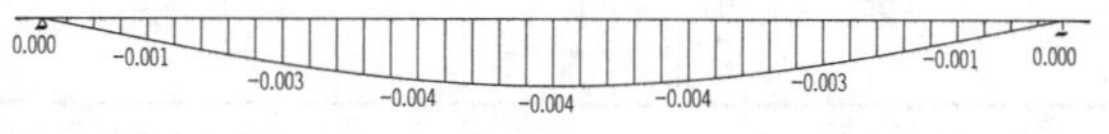	$y \leqslant$（1/600）$l L$ 计算值≥ −0.0158m
持久状况应力验算	标准作用组合正截面最大压应力	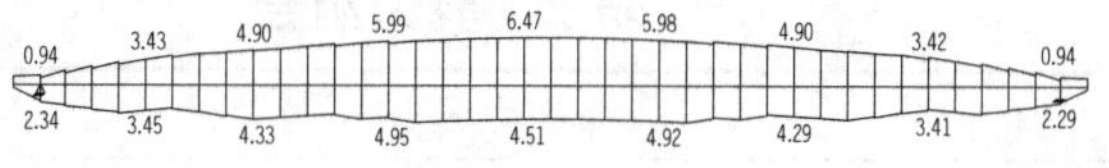	$\sigma_{kc}+\sigma_{pt} \leqslant 0.5f_{ck}$ 计算值≤ 16.20MPa
	预应力钢筋最大拉应力	1202MPa	$\sigma_{pe}+\sigma_p \leqslant 0.65f_{pk}$ 计算值≤ 1209MPa
	标准作用组合混凝土最大主压应力	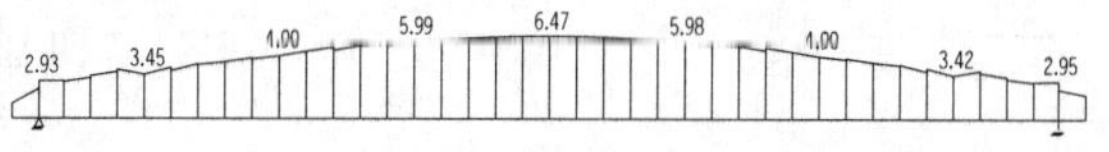	$\sigma_{cp} \leqslant 0.6f_{ck}$ 计算值≤ 19.44MPa
短暂状况应力验算	不利状态上缘应力	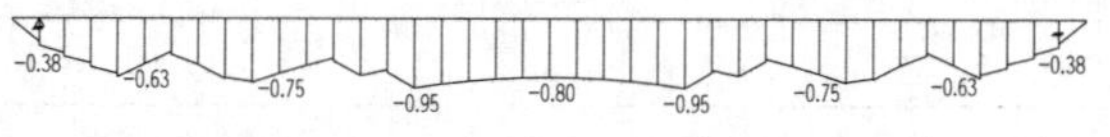	$\sigma_{ct}^t \leqslant 0.70f'_{tk}$ 计算值≥ −1.86MPa
	不利状态下缘应力	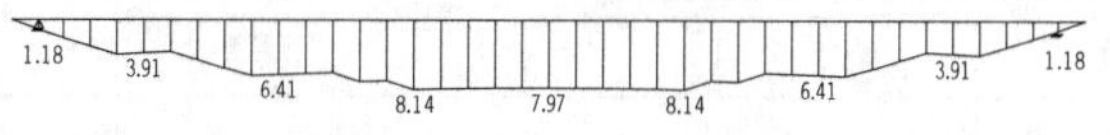	$\sigma_{cc}^t \leqslant 0.70f'_{ck}$ 计算值≤ 22.68MPa
其他	放张阶段跨中挠度	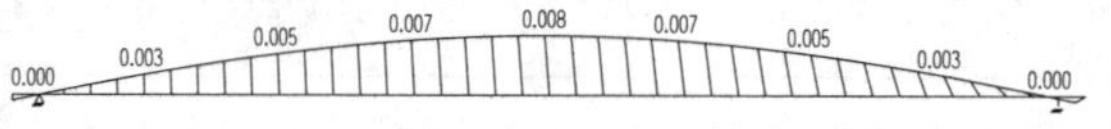	—

注：1. 单位：弯矩（kN·m）、剪力（kN）、应力（MPa）、位移（m）。
　　2. 效应方向：应力（压为正、拉为负）、位移（上拱为正、下挠为负）。

内力与应力验算表（10m 中梁） 设计荷载：城—B 级、公路—Ⅱ级	图集号	2024沪Q003
	页	11

内力与应力验算结果

跨径：10m　边梁

设计荷载：城—A 级、公路—I级

表 1　弯矩组合

编号	荷载或组合	弯矩图	备注
①	预制梁自重	−0 52 102 131 141 131 102 52 −0	—
②	恒载	−1 113 220 284 305 284 220 113 −1	—
③	汽车荷载	−35 −31 −27 −22 −18 −21 −25 −30 −33 0 141 269 348 373 347 269 141 0	不计冲击（μ=0.417）
④	基本组合	−78 56 183 264 297 266 186 59 −74 −1 457 878 1133 1218 1132 877 457 −1	1.1×［1.2×②+1.4×③×（1+μ）］
⑤	频遇组合	−25 91 201 268 293 269 202 92 −24 −1 212 408 527 567 527 408 212 −1	1.0×②+0.7×③
⑥	准永久组合	−15 100 209 275 298 275 209 101 −14 −1 169 327 423 455 423 327 169 −1	1.0×②+0.4×③
⑦	标准组合	−50 68 182 252 280 254 184 71 −48 −1 313 601 776 834 776 601 313 −1	1.0×②+1.0×③×(1+μ)

表 2　剪力组合

编号	荷载或组合	剪力图	备注
①	预制梁自重	60 47 32 16 0 −16 −32 −47 −60 −3 3	—
②	恒载	129 103 68 34 −0 −34 −68 −103 −129 −7 7	—
③	汽车荷载	190 0 166 136 111 86 62 39 16 169 4 −4 −169 −16 −39 −62 −86 −111 −137 −166 0 −191	不计冲击（μ=0.417）
④	基本组合	585 133 497 388 287 187 97 9 −77 377 8 −8 −377 77 −9 −98 −188 −287 −389 −498 −133 −587	1.1×［1.2×②+1.4×③×（1+μ）］
⑤	频遇组合	262 126 219 164 112 60 9 −41 −91 125 7 −7 −125 91 41 −9 −60 −112 −164 −219 −126 −263	1.0×②+0.7×③
⑥	准永久组合	205 128 169 123 78 34 −10 −53 −96 74 7 −7 −74 96 53 9 −34 −79 −123 −169 −128 −206	1.0×②+0.4×③
⑦	标准组合	398 123 338 262 191 122 53 −14 −79 246 7 −7 −246 79 13 −54 −122 −191 −262 −338 −123 −400	1.0×②+1.0×③×(1+μ)

表 3　结果验算

验算内容		计算值	范围限值
持久状况承载能力验算	抗弯承载能力	−1 457 878 1133 1218 1132 877 457 −1 403 722 1090 1273 1273 1273 1090 722 403	$\gamma_0 M_d \leqslant M_R$ 1218<1273kN·m
	抗剪承载能力	887 585 823 823 887 377 −377 −887 −823 −823 −587 −887	$\gamma_0 Q_d \leqslant Q_R$ 587<887kN
持久状况正常使用验算	频遇组合正截面上下缘拉应力	0.32 −0.51 −0.23 0.38 0.65 0.39 −0.22 −0.50 0.32 −1.08 0.69 1.21 0.84 0.29 0.84 1.22 0.70 −1.07	$\sigma_{st}-\sigma_{pc} \leqslant 0.7 f_{tk}$ 计算值≥ −1.86MPa
	准永久组合正截面上下缘拉应力	0.16 0.21 0.81 1.05 0.81 0.21 0.16 0.64 1.66 2.74 2.70 2.26 2.71 2.74 1.66 0.64	$\sigma_{lt}-\sigma_{pc} \leqslant 0$ 计算值≥ 0MPa
	频遇组合斜截面主拉应力	−1.76 −1.06 −0.51 −0.22 −0.07 −0.22 −0.51 −1.06 −1.77	$\sigma_{tp} \leqslant 0.7 f_{tk}$ 计算值≥ −1.86MPa
	频遇组合挠度（考虑长期增长系数）	0.000 −0.002 −0.004 −0.005 −0.006 −0.005 −0.004 −0.002 0.000	$y \leqslant (1/600) l L$ 计算值≥ −0.0158m
持久状况应力验算	标准作用组合正截面最大压应力	0.42 2.87 4.85 6.47 7.05 6.47 4.84 2.87 0.42 2.21 3.99 5.72 6.03 5.65 6.01 5.69 3.96 2.17	$\sigma_{kc}+\sigma_{pt} \leqslant 0.5 f_{ck}$ 计算值≤ 16.20MPa
	预应力钢筋最大拉应力	1204MPa	$\sigma_{pe}+\sigma_{p} \leqslant 0.65 f_{pk}$ 计算值≤ 1209MPa
	标准作用组合混凝土最大主压应力	2.56 3.99 5.72 6.48 7.05 6.47 5.69 3.96 2.57	$\sigma_{cp} \leqslant 0.6 f_{ck}$ 计算值≤ 19.44MPa
短暂状况应力验算	不利状态上缘应力	−0.37 −0.84 −1.43 −1.58 −1.44 −1.58 −1.43 −0.84 −0.37	$\sigma^{t}_{ct} \leqslant 0.70 f'_{tk}$ 计算值≥ −1.86MPa
	不利状态下缘应力	1.17 4.78 8.38 9.95 9.79 9.95 8.38 4.78 1.17	$\sigma^{t}_{cc} \leqslant 0.70 f'_{ck}$ 计算值≤ 22.68MPa
其他	放张阶段跨中挠度	0.000 0.003 0.007 0.010 0.010 0.010 0.007 0.003 0.000	—

注：1. 单位：弯矩（kN·m）、剪力（kN）、应力（MPa）、位移（m）。
2. 效应方向：应力（压为正、拉为负）、位移（上拱为正、下挠为负）。

内力与应力验算表（10m 边梁） 设计荷载：城—A 级、公路—I级	图集号	2024沪Q003
	页	12

内力与应力验算结果

跨径：10m　边梁

设计荷载：城—B 级、公路—Ⅱ级

表 1　弯矩组合

编号	荷载或组合	弯矩图	备注
①	预制梁自重	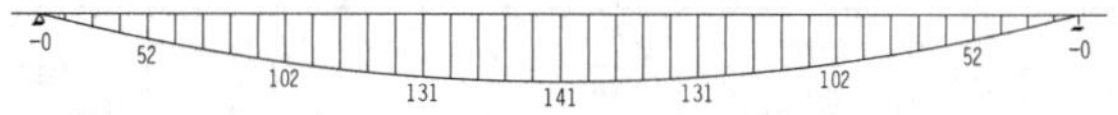	—
②	恒载	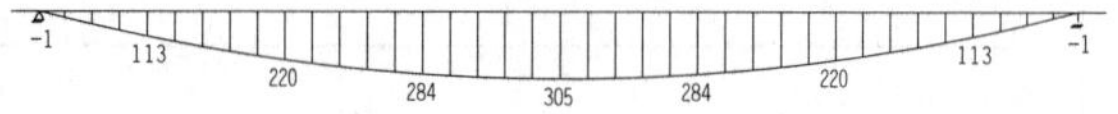	—
③	汽车荷载	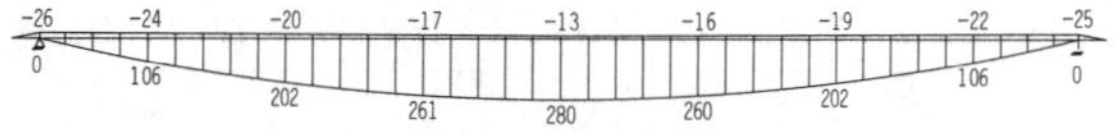	不计冲击（μ=0.417）
④	基本组合	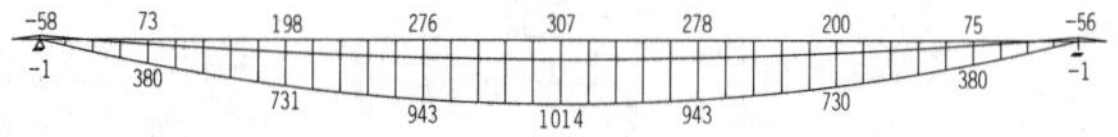	1.1×［1.2×②+1.4×③×（1+μ）］
⑤	频遇组合	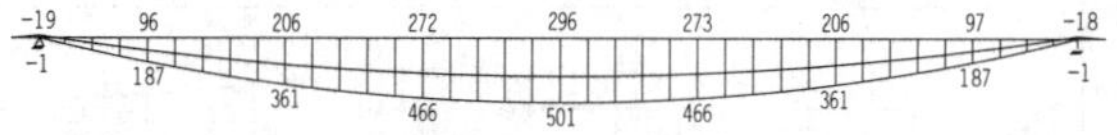	1.0×②+0.7×③
⑥	准永久组合	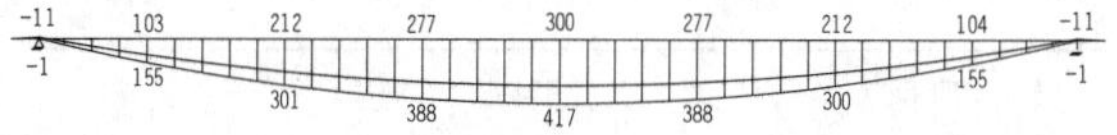	1.0×②+0.4×③
⑦	标准组合	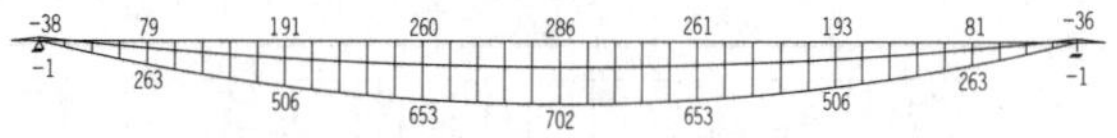	1.0×②+1.0×③×（1+μ）

表 2　剪力组合

编号	荷载或组合	剪力图	备注
①	预制梁自重	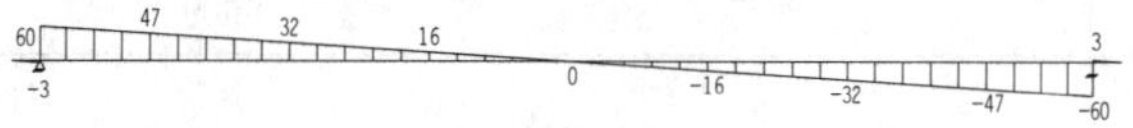	—
②	恒载荷载		—
③	汽车荷载	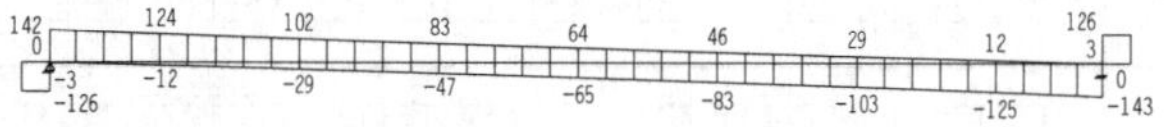	不计冲击（μ=0.417）
④	基本组合	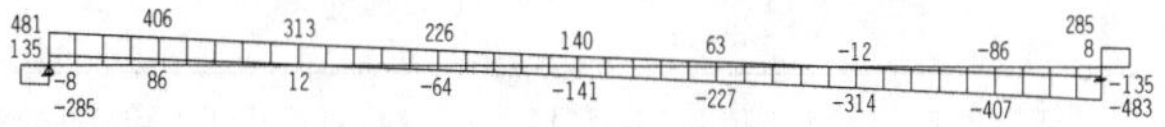	1.1×［1.2×②+1.4×③×（1+μ）］
⑤	频遇组合	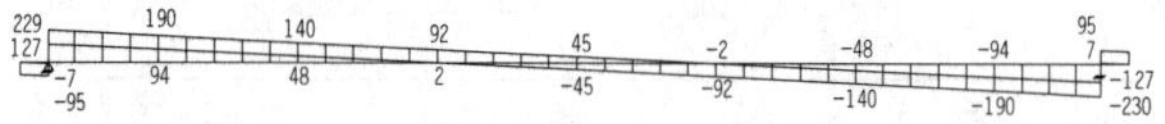	1.0×②+0.7×③
⑥	准永久组合	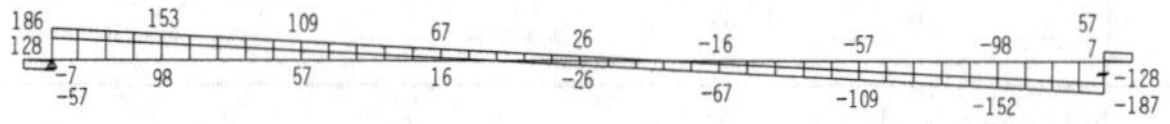	1.0×②+0.4×③
⑦	标准组合	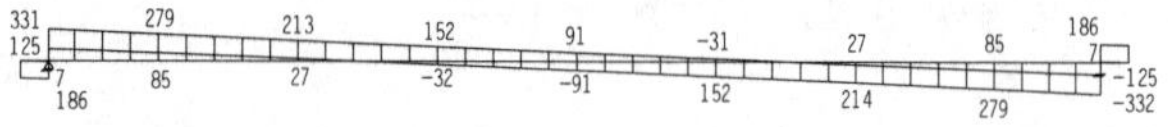	1.0×②+1.0×③×（1+μ）

表 3　结果验算

验算内容		计算值	范围限值
持久状况承载能力验算	抗弯承载能力	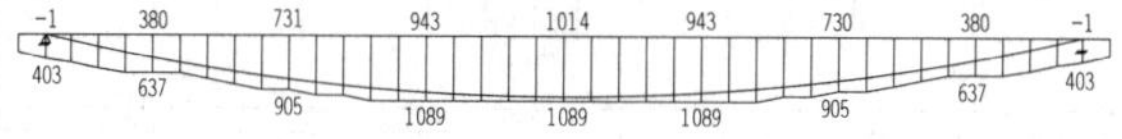	$\gamma_0 M_d \leqslant M_R$ 1014<1089kN·m
	抗剪承载能力	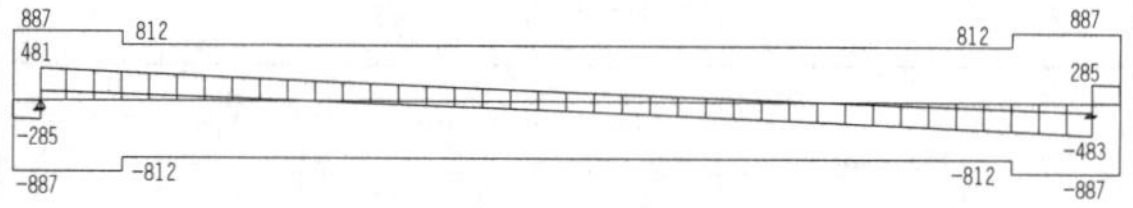	$\gamma_0 Q_d \leqslant Q_R$ 483<887kN
持久状况正常使用验算	频遇组合正截面上下缘拉应力	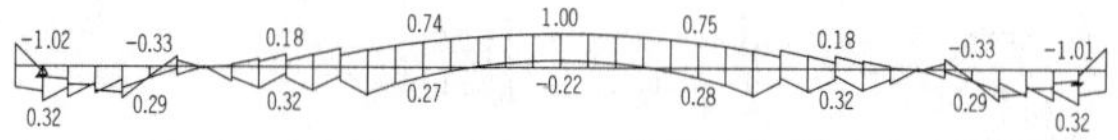	$\sigma_{st}-\sigma_{pc} \leqslant 0.7f_{tk}$ 计算值≥−1.86MPa
	准永久组合正截面上下缘拉应力	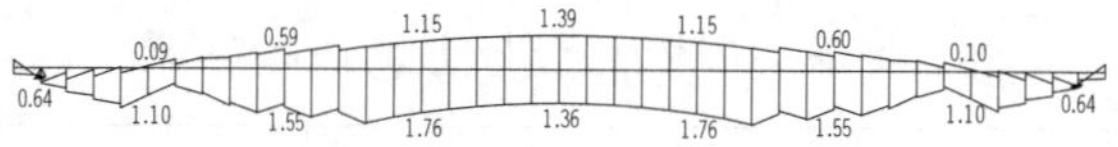	$\sigma_{lt}-\sigma_{pc} \leqslant 0$ 计算值≥0MPa
	频遇组合斜截面主拉应力	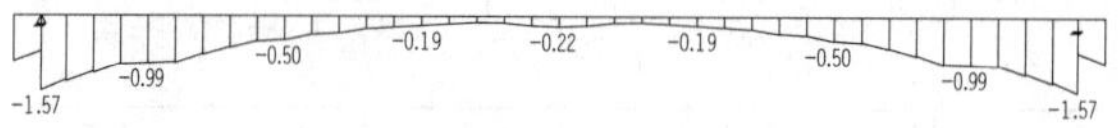	$\sigma_{tp} \leqslant 0.7f_{tk}$ 计算值≥−1.86MPa
	频遇组合挠度（考虑长期增长系数）	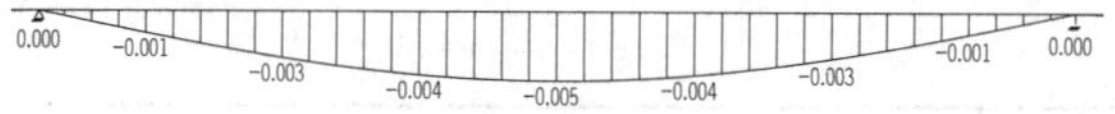	$y \leqslant$（1/600）$l L$ 计算值≥−0.0158m
持久状况应力验算	标准作用组合正截面最大压应力	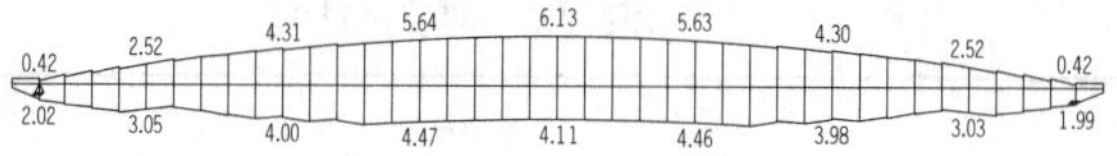	$\sigma_{kc}+\sigma_{pt} \leqslant 0.5f_{ck}$ 计算值≤16.20MPa
	预应力钢筋最大拉应力	1201MPa	$\sigma_{pe}+\sigma_p \leqslant 0.65f_{pk}$ 计算值≤1209MPa
	标准作用组合混凝土最大主压应力	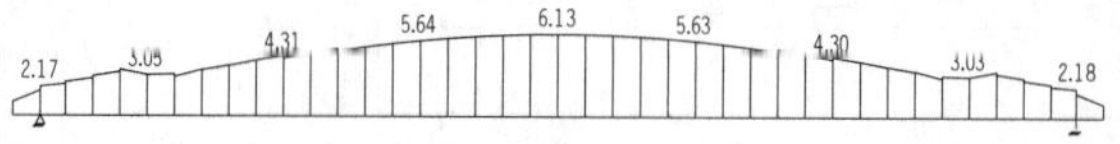	$\sigma_{cp} \leqslant 0.6f_{ck}$ 计算值≤19.44MPa
短暂状况应力验算	不利状态上缘应力	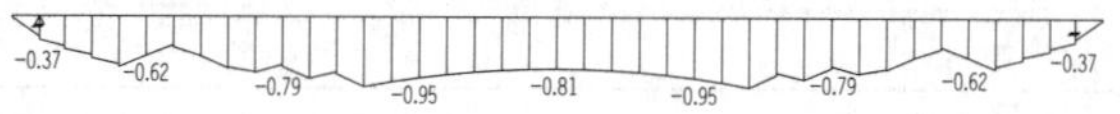	$\sigma^t_{ct} \leqslant 0.70f'_{tk}$ 计算值≥−1.86MPa
	不利状态下缘应力	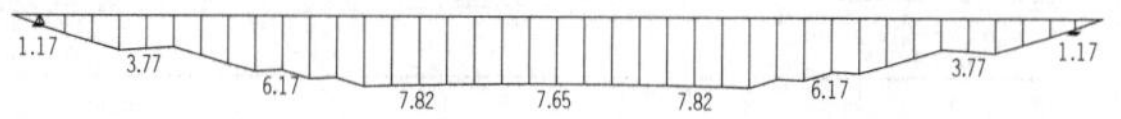	$\sigma^t_{cc} \leqslant 0.70f'_{ck}$ 计算值≤22.68MPa
其他	放张阶段跨中挠度	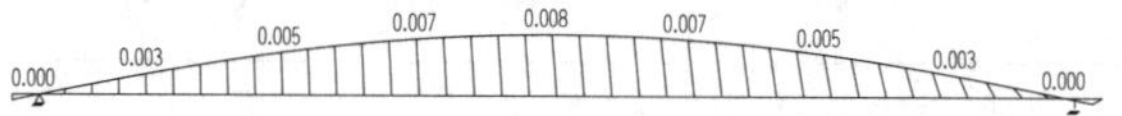	—

注：1. 单位：弯矩（kN·m）、剪力（kN）、应力（MPa）、位移（m）。
2. 效应方向：应力（压为正、拉为负）、位移（上拱为正、下挠为负）。

内力与应力验算表（10m 边梁） 设计荷载：城—B 级、公路—Ⅱ级	图集号	2024沪Q003
	页	13

内力与应力验算结果

跨径：13m　中梁

设计荷载：城—A 级、公路—I级

表 1　弯矩组合

编号	荷载或组合	弯矩图	备注
①	预制梁自重	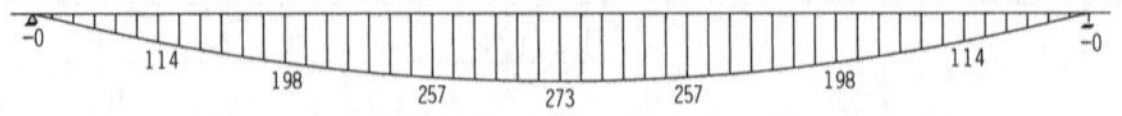	—
②	恒载	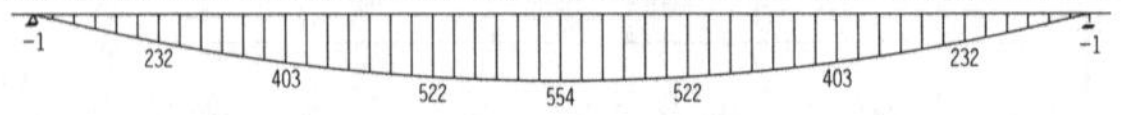	—
③	汽车荷载	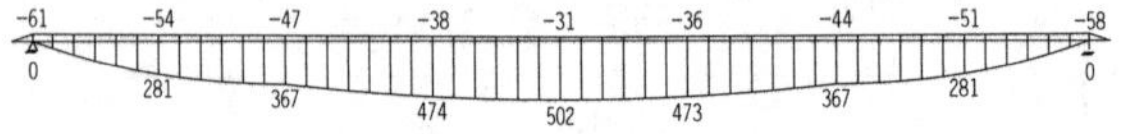	不计冲击（μ=0.351）
④	基本组合	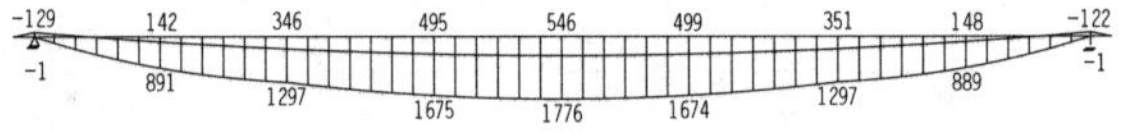	1.1×[1.2×②+1.4×③×(1+μ)]
⑤	频遇组合	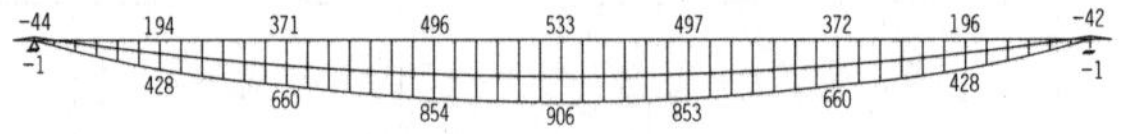	1.0×②+0.7×③
⑥	准永久组合	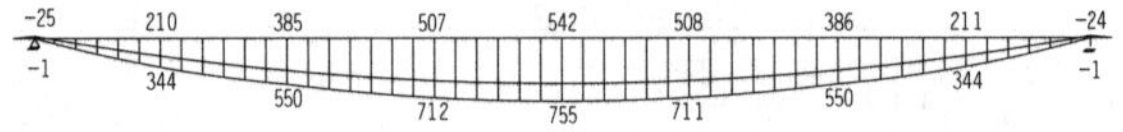	1.0×②+0.4×③
⑦	标准组合	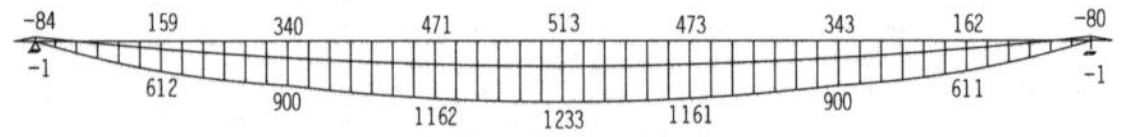	1.0×②+1.0×③×(1+μ)

表 2　剪力组合

编号	荷载或组合	剪力图	备注
①	预制梁自重	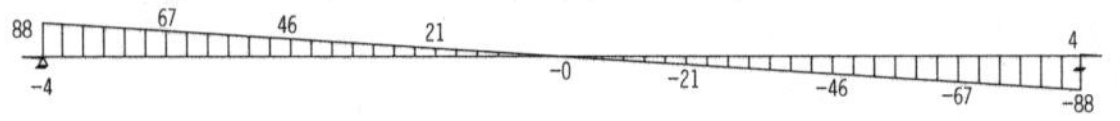	—
②	恒载	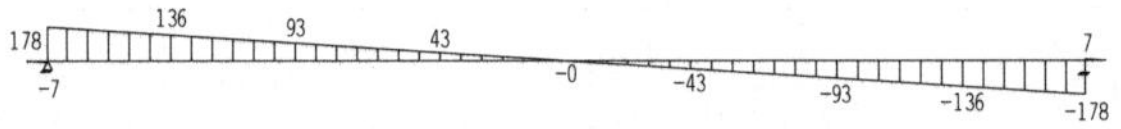	—
③	汽车荷载	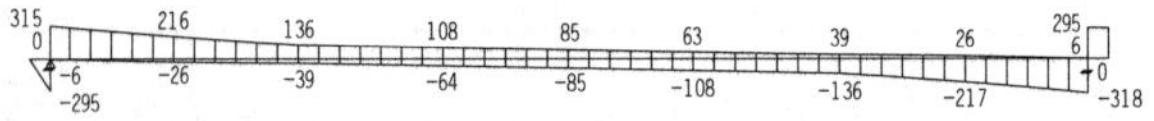	不计冲击（μ=0.351）
④	基本组合	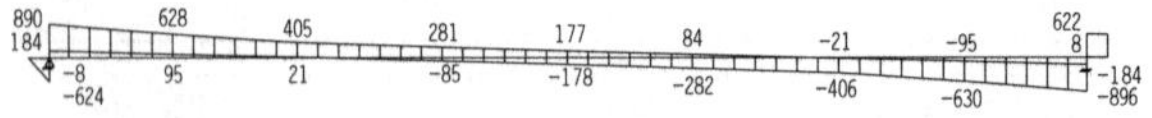	1.1×[1.2×②+1.4×③×(1+μ)]
⑤	频遇组合	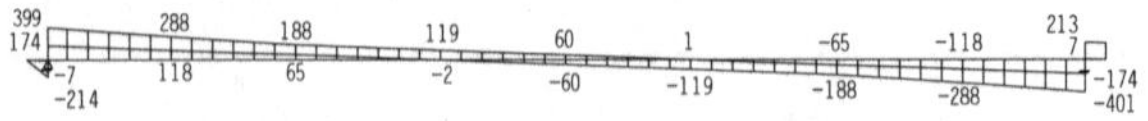	1.0×②+0.7×③
⑥	准永久组合		1.0×②+0.4×③
⑦	标准组合	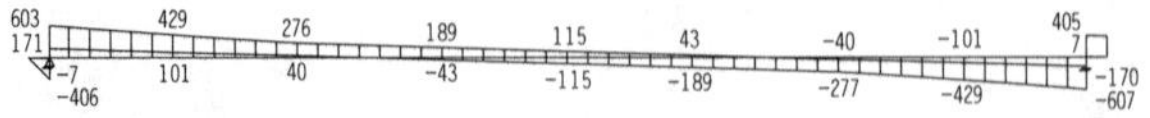	1.0×②+1.0×③×(1+μ)

表 3　结果验算

验算内容		计算值	范围限值
持久状况承载能力验算	抗弯承载能力	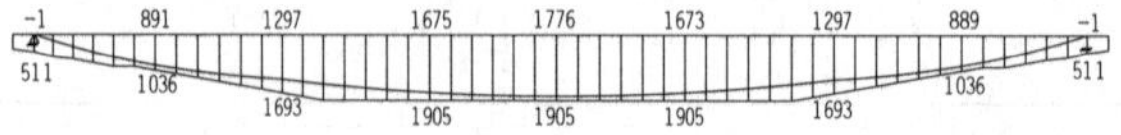	$\gamma_0 M_d \leqslant M_R$ 1776<1905kN·m
	抗剪承载能力	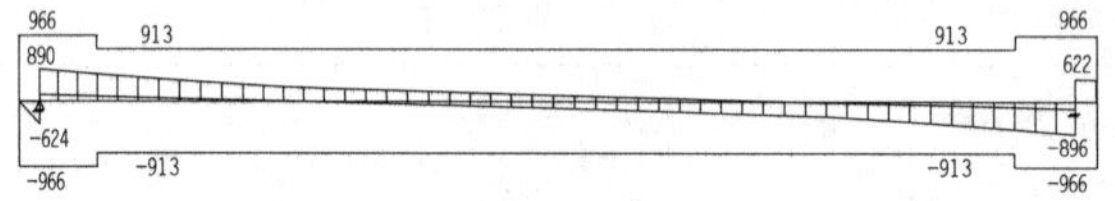	$\gamma_0 Q_d \leqslant Q_R$ 896<966kN
持久状况正常使用验算	频遇组合正截面上下缘拉应力	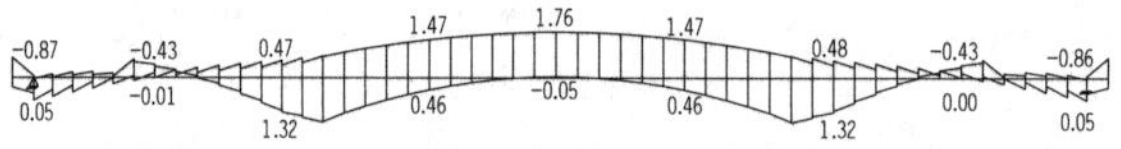	$\sigma_{st}-\sigma_{pc} \leqslant 0.7f_{tk}$ 计算值≥−1.86MPa
	准永久组合正截面上下缘拉应力	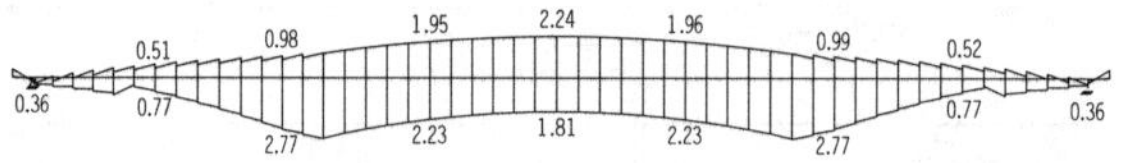	$\sigma_{lt}-\sigma_{pc} \leqslant 0$ 计算值≥0MPa
	频遇组合斜截面主拉应力	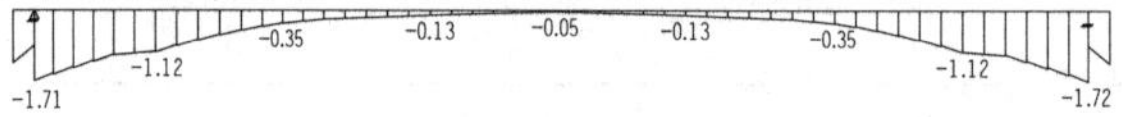	$\sigma_{tp} \leqslant 0.7f_{tk}$ 计算值≥−1.86MPa
	频遇组合挠度（考虑长期增长系数）	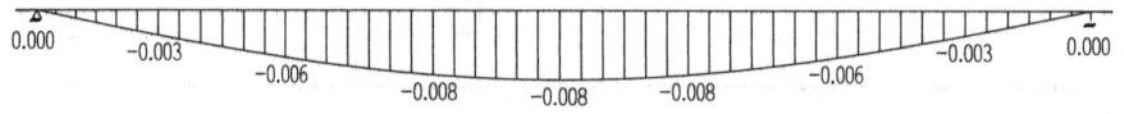	$y \leqslant (1/600)/L$ 计算值≥−0.0208m
持久状况应力验算	标准作用组合正截面最大压应力	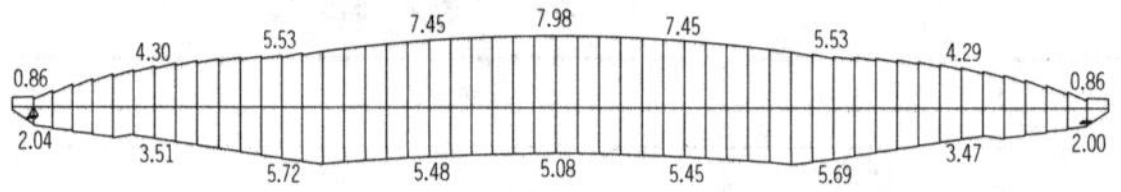	$\sigma_{kc}+\sigma_{pt} \leqslant 0.5f_{ck}$ 计算值≤16.20MPa
	预应力钢筋最大拉应力	1209MPa	$\sigma_{pe}+\sigma_p \leqslant 0.65f_{pk}$ 计算值≤1209MPa
	标准作用组合混凝土最大主压应力	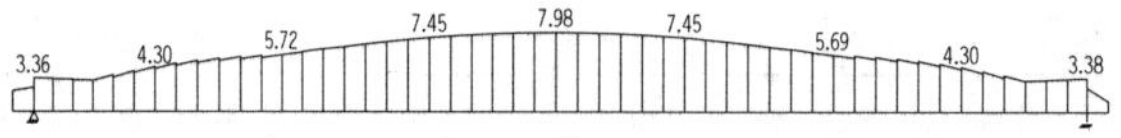	$\sigma_{cp} \leqslant 0.6f_{ck}$ 计算值≤19.44MPa
短暂状况应力验算	不利状态上缘应力	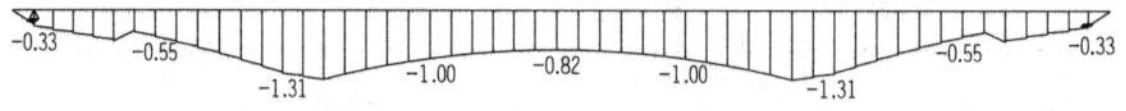	$\sigma^t_{ct} \leqslant 0.70f'_{tk}$ 计算值≥−1.86MPa
	不利状态下缘应力	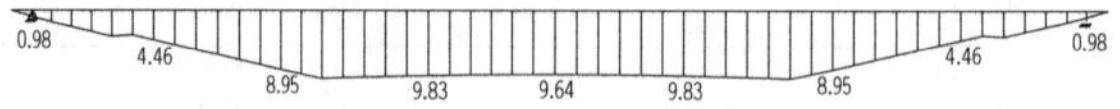	$\sigma^t_{cc} \leqslant 0.70f'_{ck}$ 计算值≤22.68MPa
其他	放张阶段跨中挠度	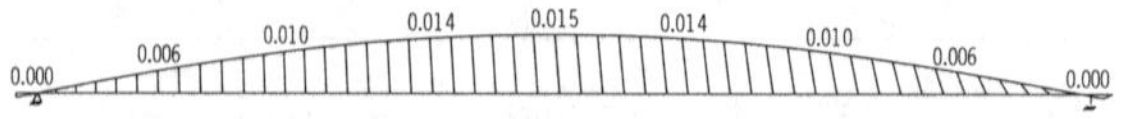	—

注：1. 单位：弯矩（kN·m）、剪力（kN）、应力（MPa）、位移（m）。
2. 效应方向：应力（压为正、拉为负）、位移（上拱为正、下挠为负）。

内力与应力验算结果

跨径：13m 中梁

设计荷载：城—B 级、公路—Ⅱ级

表 1 弯矩组合

编号	荷载或组合	弯矩图	备注
①	预制梁自重	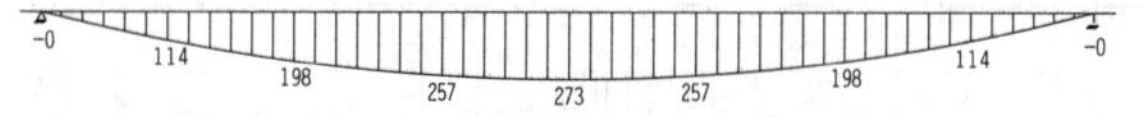	—
②	恒载	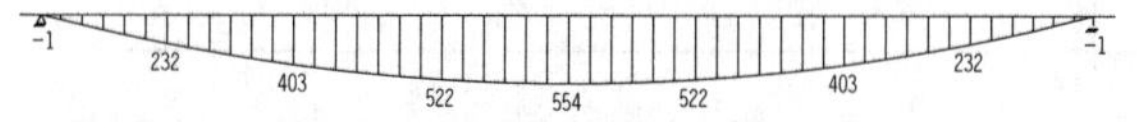	—
③	汽车荷载	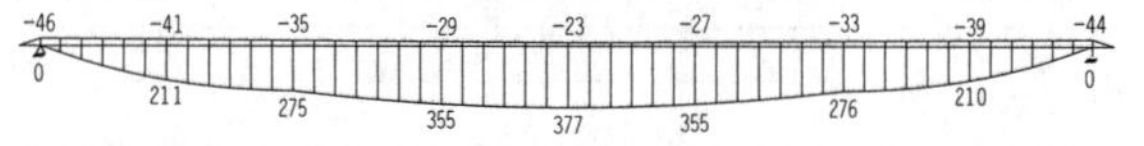	不计冲击（μ=0.351）
④	基本组合	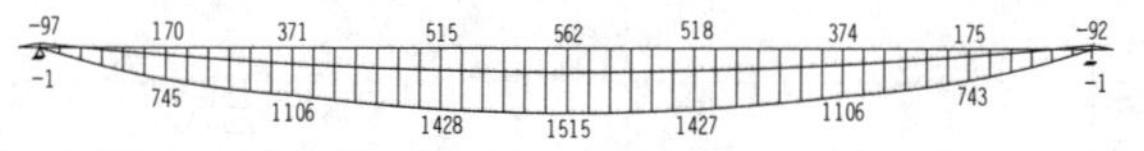	1.1×［1.2×②+1.4×③×（1+μ）］
⑤	频遇组合	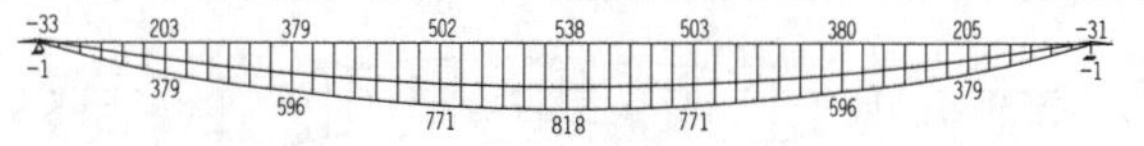	1.0×②+0.7×③
⑥	准永久组合	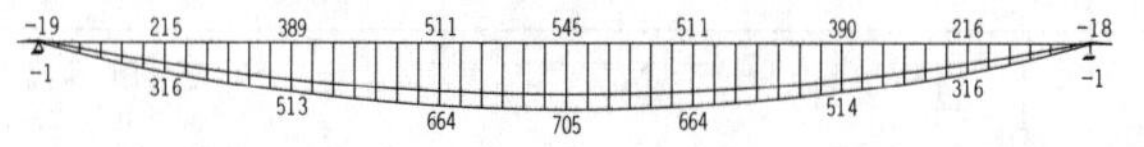	1.0×②+0.4×③
⑦	标准组合	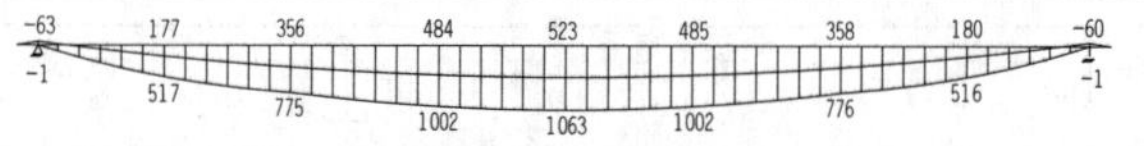	1.0×②+1.0×③×(1+μ)

表 2 剪力组合

编号	荷载或组合	剪力图	备注
①	预制梁自重	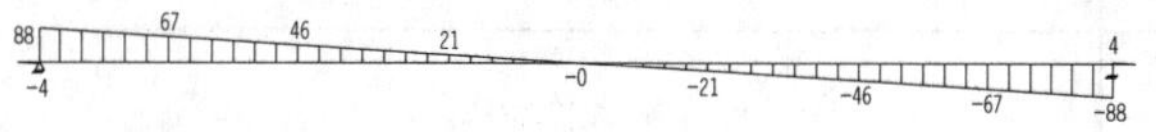	—
②	恒载	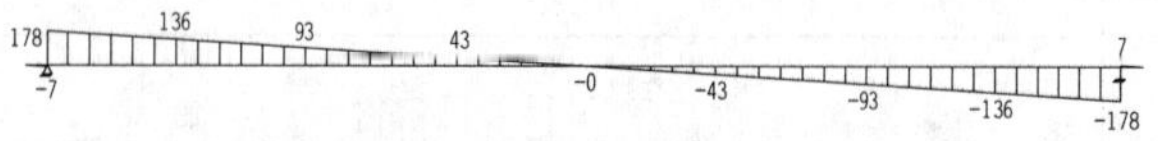	—
③	汽车荷载	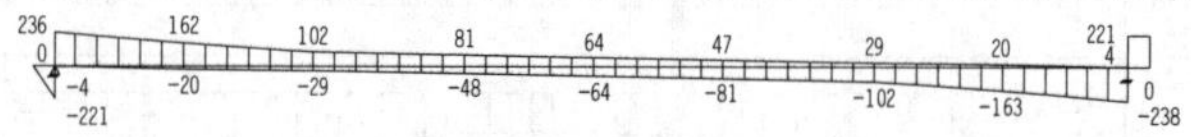	不计冲击（μ=0.351）
④	基本组合	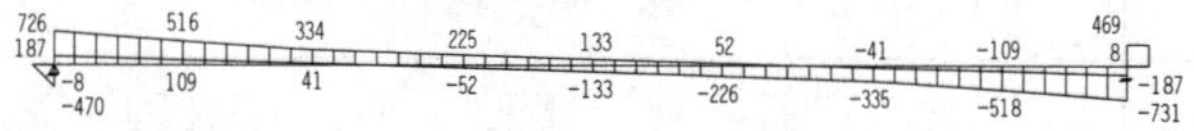	1.1×［1.2×②+1.4×③×（1+μ）］
⑤	频遇组合	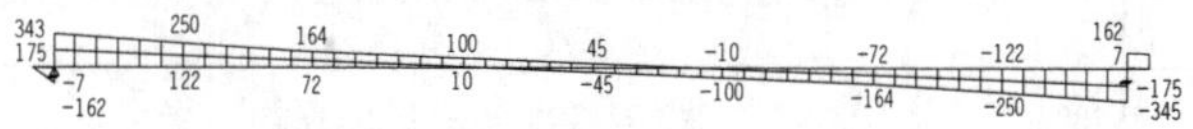	1.0×②+0.7×③
⑥	准永久组合	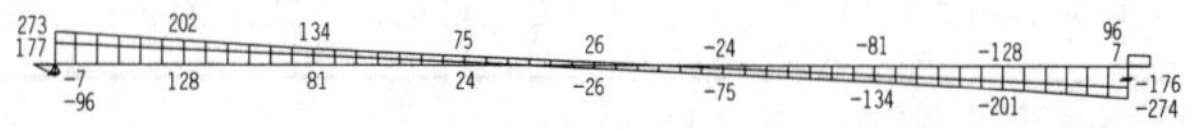	1.0×②+0.4×③
⑦	标准组合	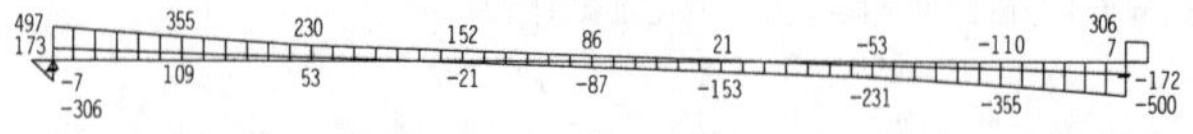	1.0×②+1.0×③×(1+μ)

表 3 结果验算

验算内容		计算值	范围限值
持久状况承载能力验算	抗弯承载能力	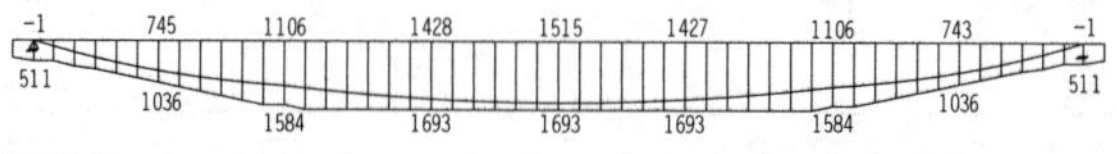	$\gamma_0 M_d \leqslant M_R$ 1515<1693kN·m
	抗剪承载能力	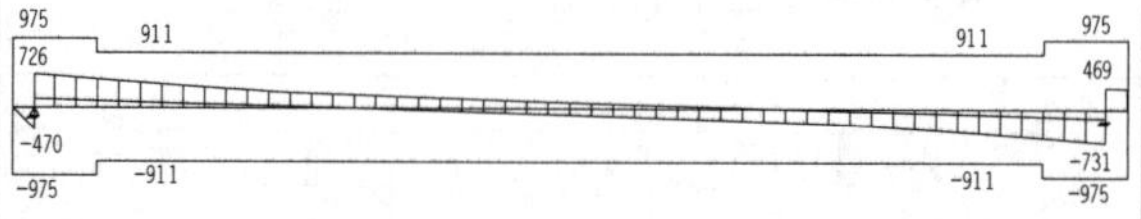	$\gamma_0 Q_d \leqslant Q_R$ 731<975kN
持久状况正常使用验算	频遇组合正截面上下缘拉应力	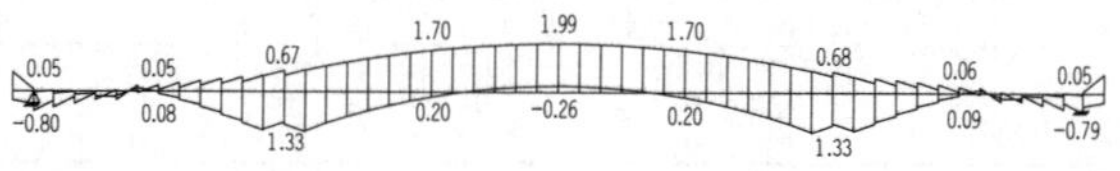	$\sigma_{st}-\sigma_{pc} \leqslant 0.7f_{tk}$ 计算值≥ −1.86MPa
	准永久组合正截面上下缘拉应力	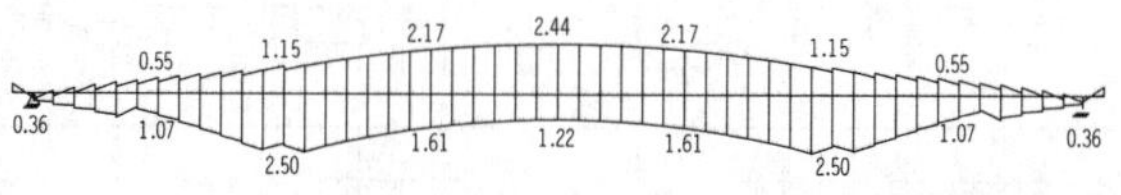	$\sigma_{lt}-\sigma_{pc} \leqslant 0$ 计算值≥ 0MPa
	频遇组合斜截面主拉应力	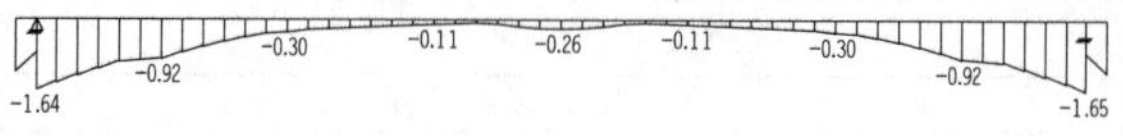	$\sigma_{tp} \leqslant 0.7f_{tk}$ 计算值≥ −1.86MPa
	频遇组合挠度（考虑长期增长系数）	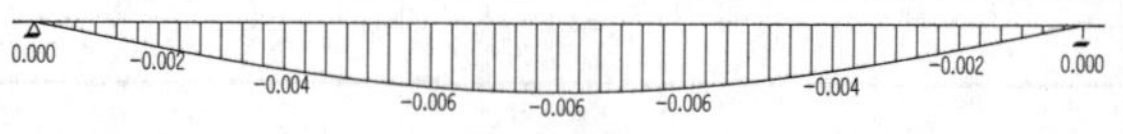	$y \leqslant$（1/600）l/L 计算值≥ −0.0208m
持久状况应力验算	标准作用组合正截面最大压应力	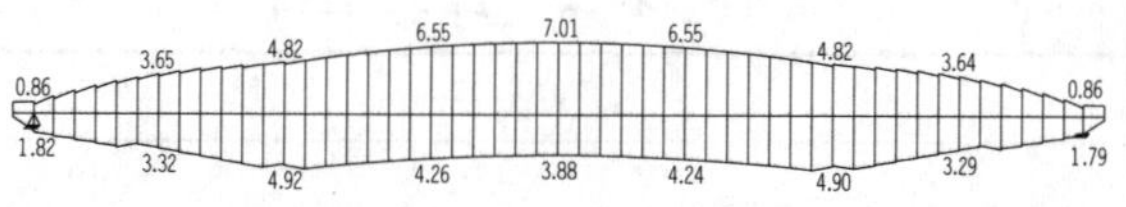	$\sigma_{kc}+\sigma_{pt} \leqslant 0.5f_{ck}$ 计算值≤ 16.20MPa
	预应力钢筋最大拉应力	1206MPa	$\sigma_{pe}+\sigma_p \leqslant 0.65f_{pk}$ 计算值≤ 1209MPa
	标准作用组合混凝土最大主压应力	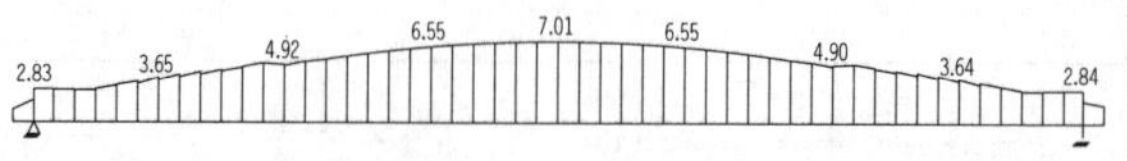	$\sigma_{cp} \leqslant 0.6f_{ck}$ 计算值≤ 19.44MPa
短暂状况应力验算	不利状态上缘应力	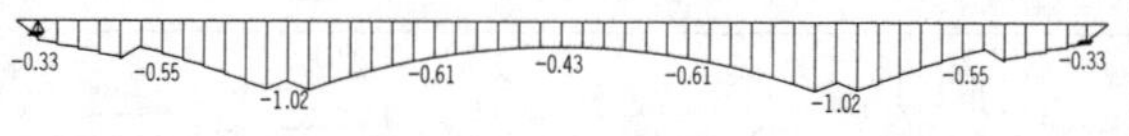	$\sigma^t_{ct} \leqslant 0.70f'_{tk}$ 计算值≥ −1.86MPa
	不利状态下缘应力	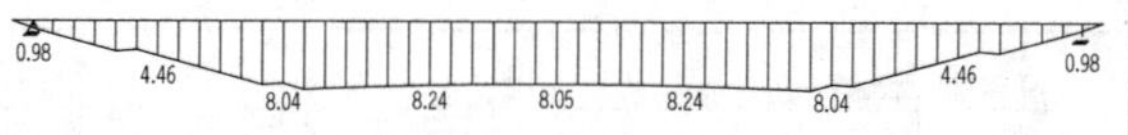	$\sigma^t_{cc} \leqslant 0.70f'_{ck}$ 计算值≤ 22.68MPa
其他	放张阶段跨中挠度	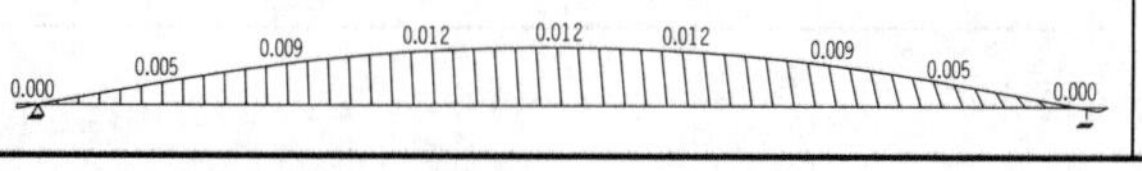	—

注：1. 单位：弯矩（kN·m）、剪力（kN）、应力（MPa）、位移（m）。

2. 效应方向：应力（压为正、拉为负）、位移（上拱为正、下挠为负）。

内力与应力验算表（13m 中梁） 设计荷载：城—B 级、公路—Ⅱ级	图集号	2024沪Q003
	页	15

内力与应力验算结果

跨径：13m　边梁

设计荷载：城—A 级、公路—I级

表 1　弯矩组合

编号	荷载或组合	弯矩图	备注
①	预制梁自重	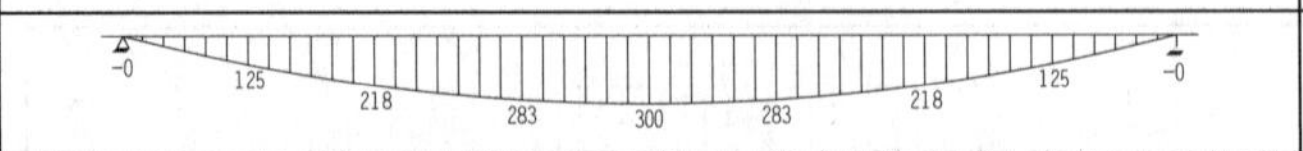	—
②	恒载	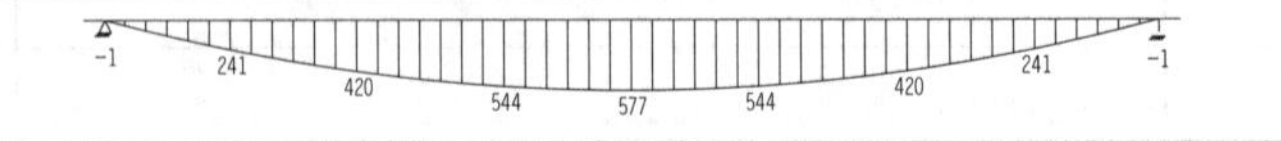	—
③	汽车荷载	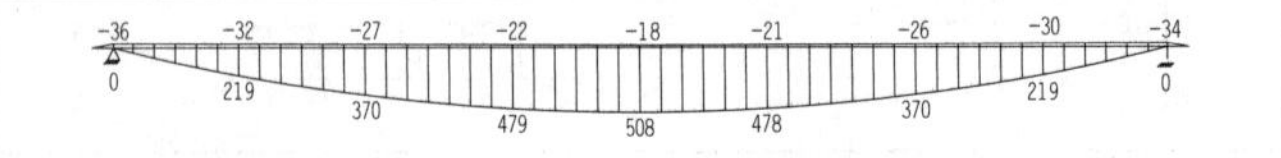	不计冲击（μ =0.351）
④	基本组合	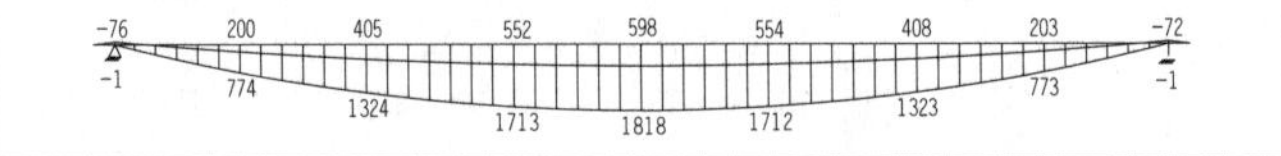	1.1×［1.2×②+1.4×③×（1+μ）］
⑤	频遇组合	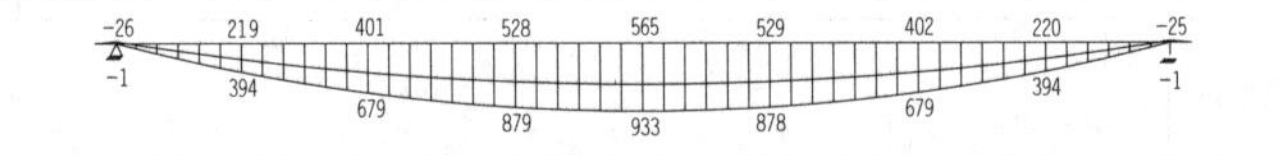	1.0×②+0.7×③
⑥	准永久组合	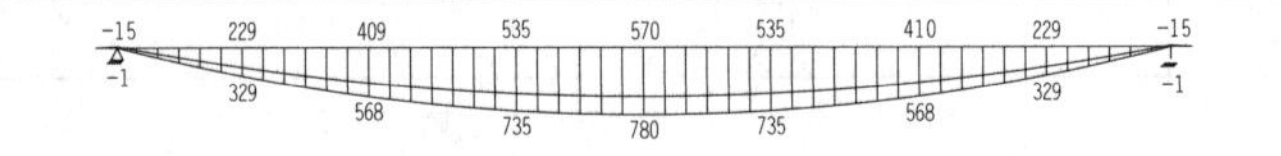	1.0×②+0.4×③
⑦	标准组合	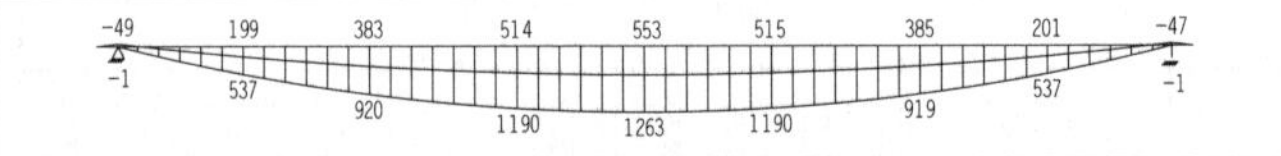	1.0×②+1.0×③×(1+μ)

表 2　剪力组合

编号	荷载或组合	剪力图	备注
①	预制梁自重	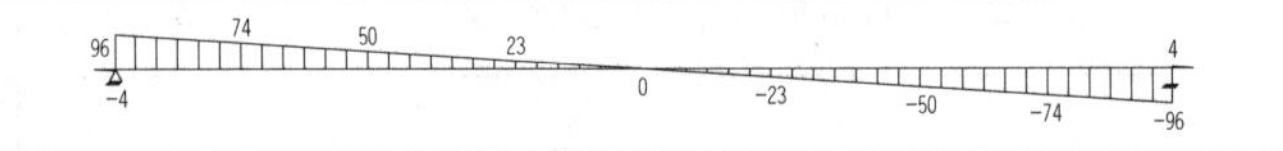	—
②	恒载	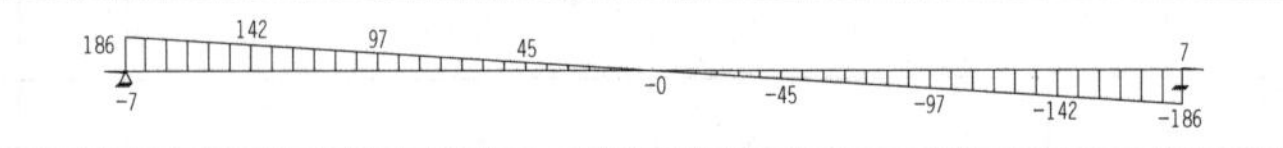	—
③	汽车荷载	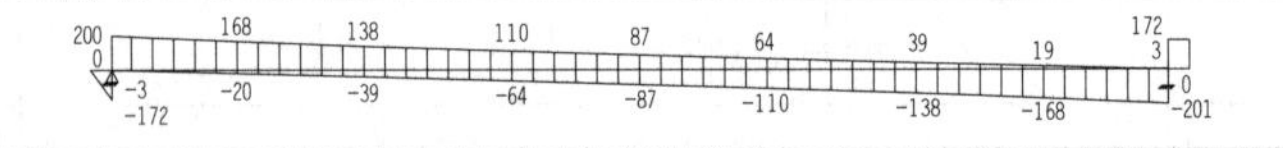	不计冲击（μ =0.351）
④	基本组合	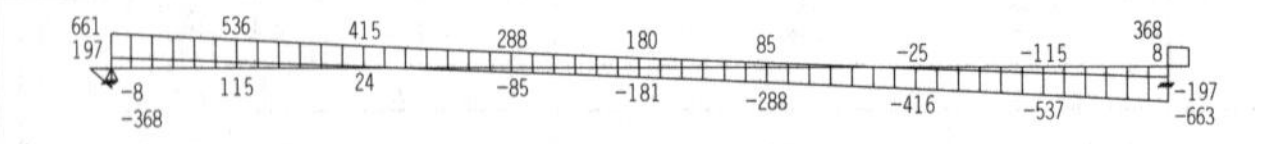	1.1×［1.2×②+1.4×③×（1+μ）］
⑤	频遇组合	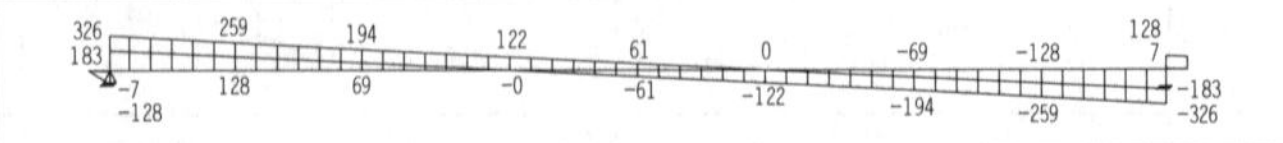	1.0×②+0.7×③
⑥	准永久组合	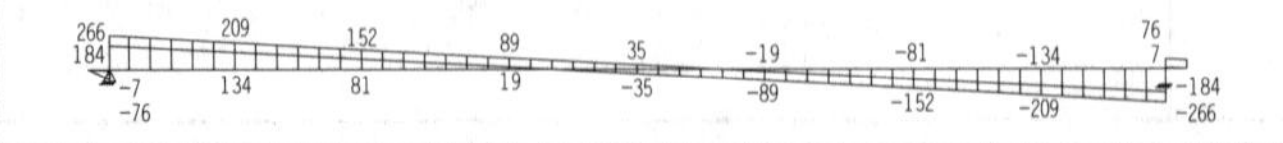	1.0×②+0.4×③
⑦	标准组合	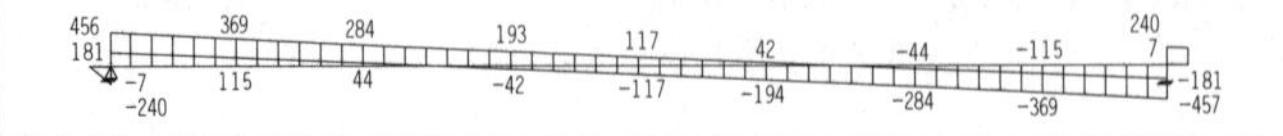	1.0×②+1.0×③×(1+μ)

表 3　结果验算

验算内容		计算值	范围限值
持久状况承载能力验算	抗弯承载能力	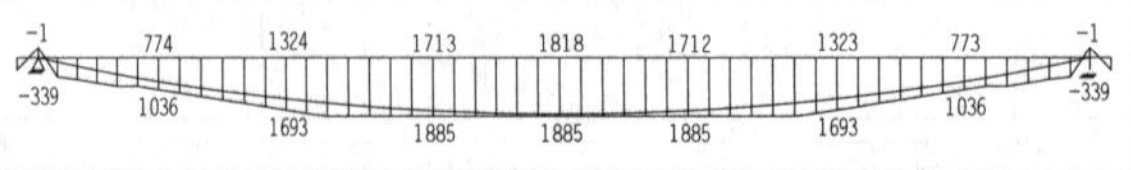	$\gamma_0 M_d \le M_R$ 1818<1885kN·m
	抗剪承载能力	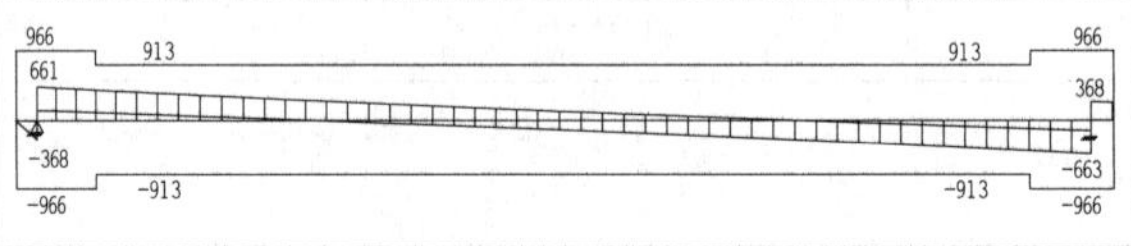	$\gamma_0 Q_d \le Q_R$ 663<966kN
持久状况正常使用验算	频遇组合正截面上下缘拉应力	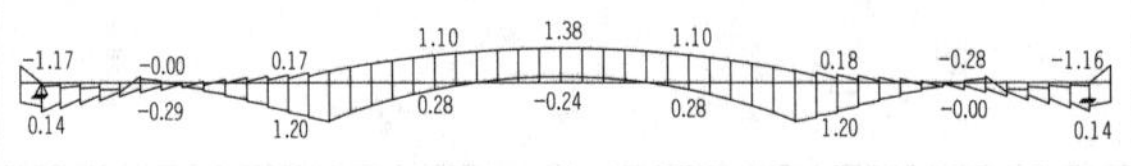	$\sigma_{st}-\sigma_{pc} \le 0.7f_{tk}$ 计算值≥ −1.86MPa
	准永久组合正截面上下缘拉应力	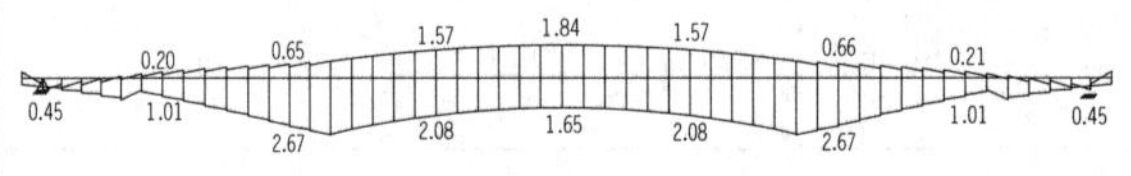	$\sigma_{lt}-\sigma_{pc} \le 0$ 计算值≥ 0MPa
	频遇组合斜截面主拉应力	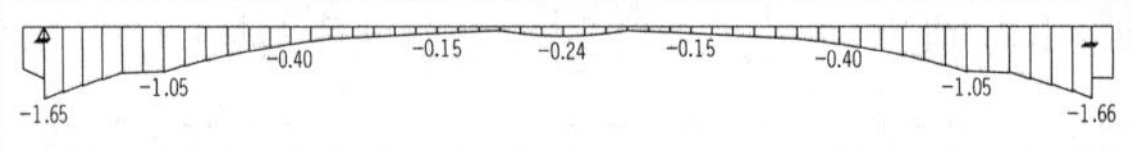	$\sigma_{tp} \le 0.7f_{tk}$ 计算值≥ −1.86MPa
	频遇组合挠度（考虑长期增长系数）	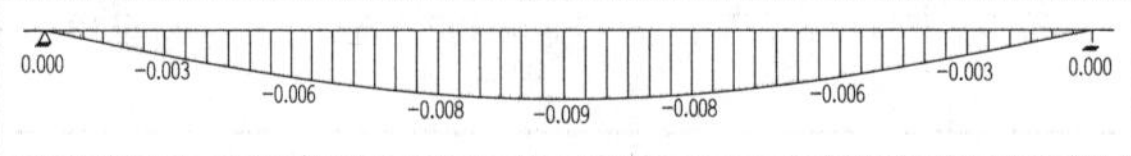	$y \le (1/600)/L$ 计算值≥ −0.0208m
持久状况应力验算	标准作用组合正截面最大压应力	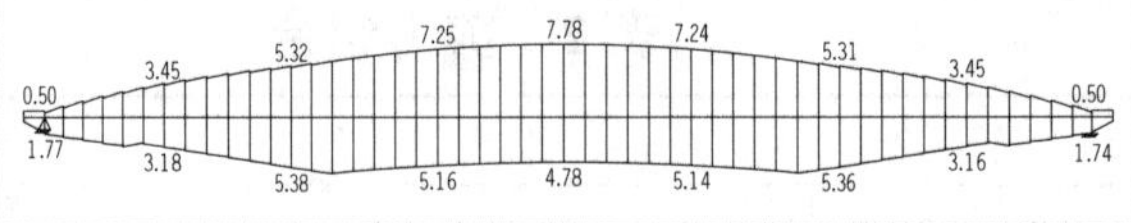	$\sigma_{kc}+\sigma_{pt} \le 0.5f_{ck}$ 计算值≤ 16.20MPa
	预应力钢筋最大拉应力	1207MPa	$\sigma_{pe}+\sigma_{p} \le 0.65f_{pk}$ 计算值≤ 1209MPa
	标准作用组合混凝土最大主压应力	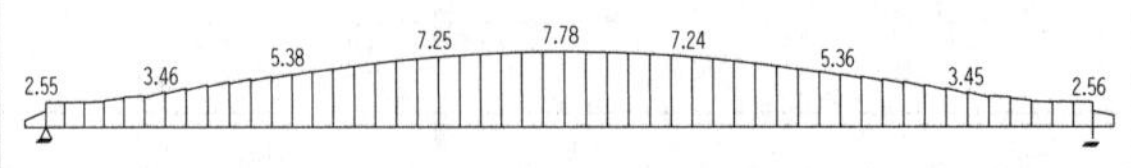	$\sigma_{cp} \le 0.6f_{ck}$ 计算值≤ 19.44MPa
短暂状况应力验算	不利状态上缘应力	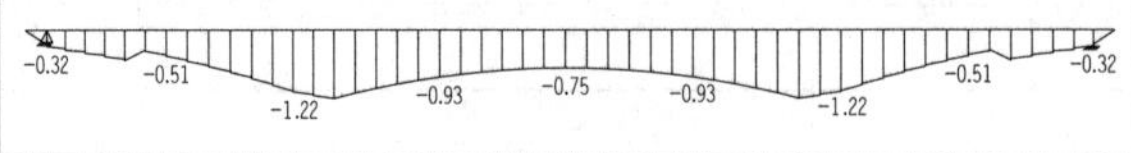	$\sigma^t_{ct} \le 0.70f'_{tk}$ 计算值≥ −1.86MPa
	不利状态下缘应力	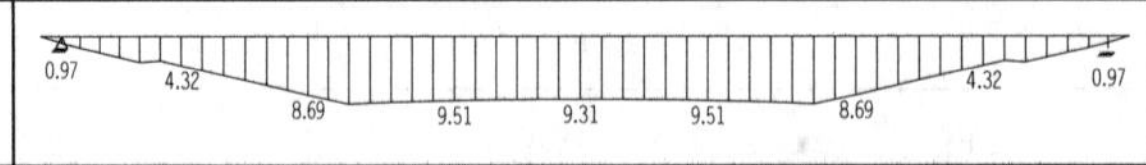	$\sigma^t_{cc} \le 0.70f'_{ck}$ 计算值≤ 22.68MPa
其他	放张阶段跨中挠度	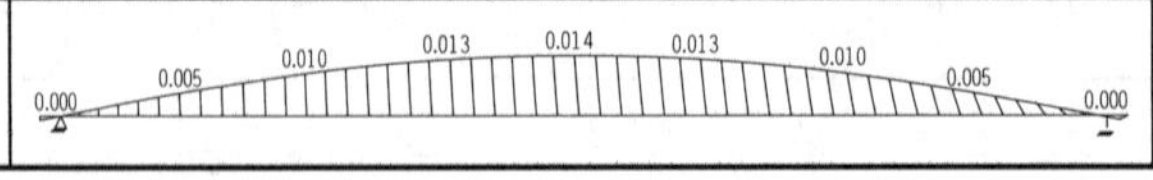	—

注：1. 单位：弯矩（kN·m）、剪力（kN）、应力（MPa）、位移（m）。
2. 效应方向：应力（压为正、拉为负）、位移（上拱为正、下挠为负）。

内力与应力验算表（13m 边梁） 设计荷载：城—A 级、公路—I级	图集号	2024沪Q003
	页	16

内力与应力验算结果

跨径：13m 边梁

设计荷载：城—B 级、公路—Ⅱ级

表 1 弯矩组合

编号	荷载或组合	弯矩图	备注
①	预制梁自重	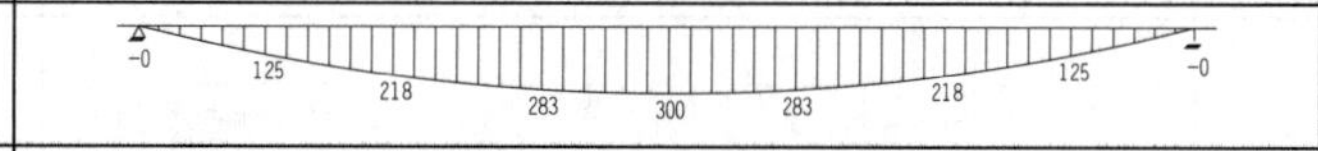	—
②	恒载	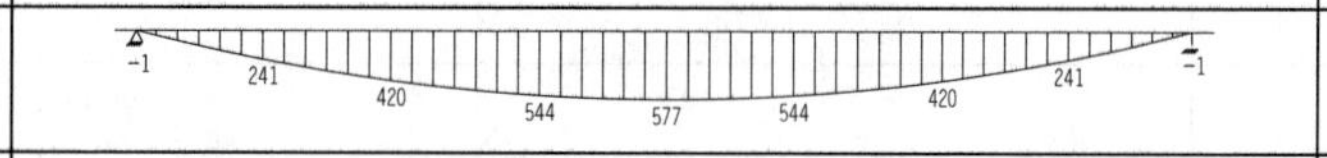	—
③	汽车荷载	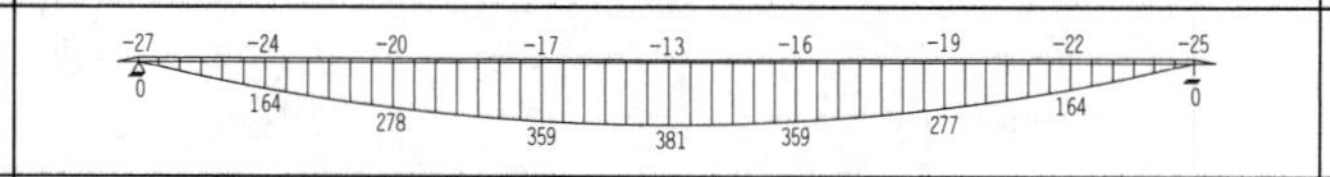	不计冲击（μ=0.351）
④	基本组合	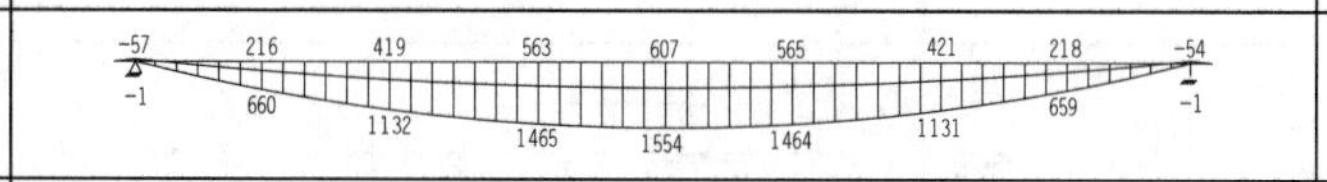	1.1×［1.2×②+1.4×③×（1+μ）］
⑤	频遇组合	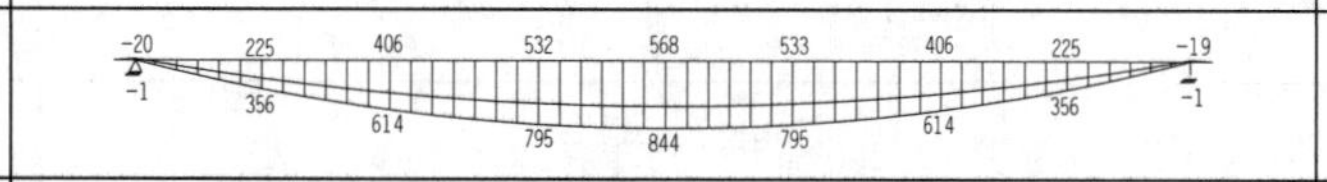	1.0×②+0.7×③
⑥	准永久组合	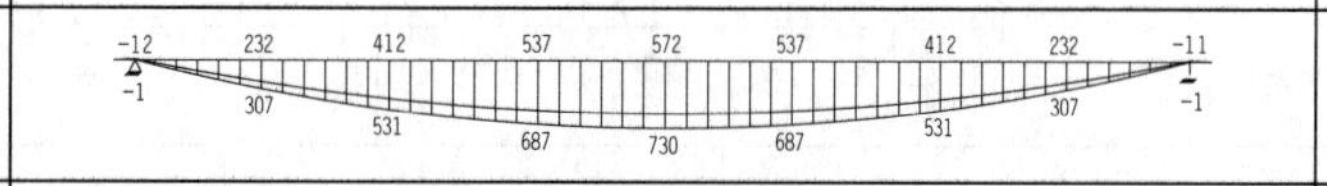	1.0×②+0.4×③
⑦	标准组合	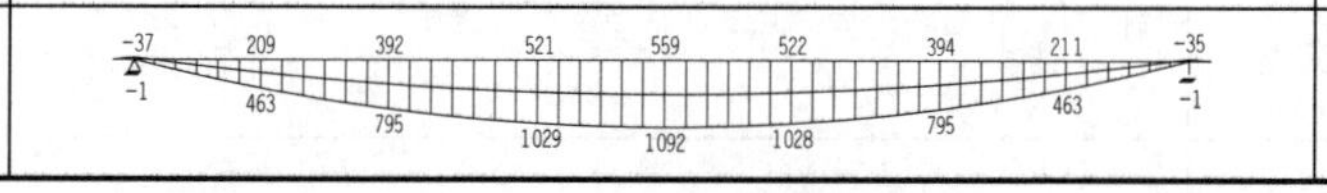	1.0×②+1.0×③×（1+μ）

表 2 剪力组合

编号	荷载或组合	剪力图	备注
①	预制梁自重	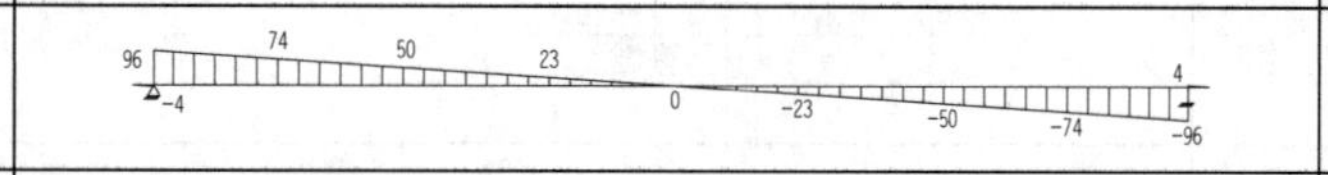	—
②	恒载	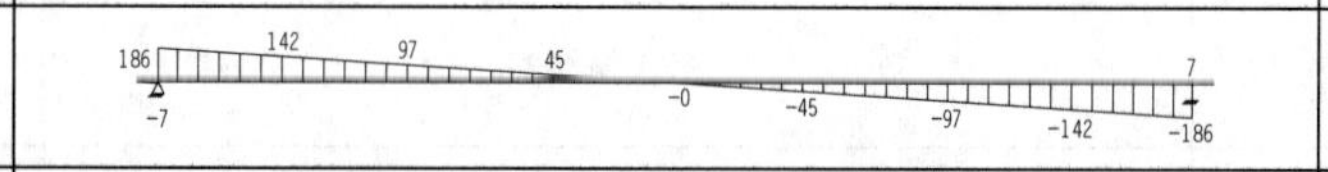	—
③	汽车荷载	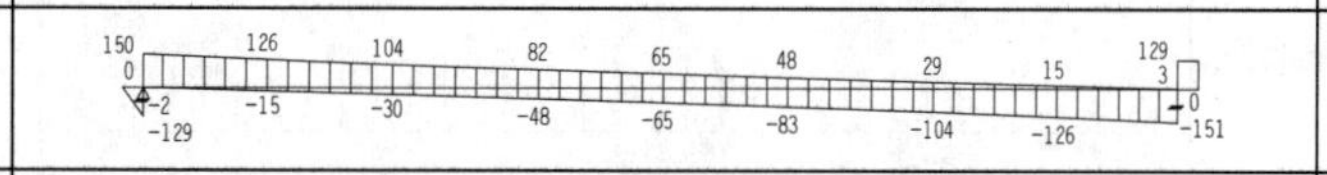	不计冲击（μ=0.351）
④	基本组合	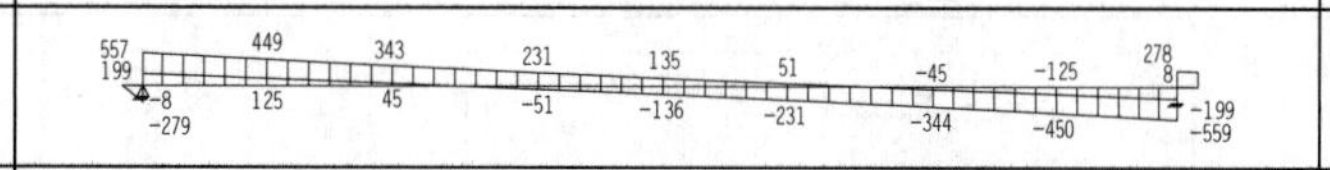	1.1×［1.2×②+1.4×③×（1+μ）］
⑤	频遇组合	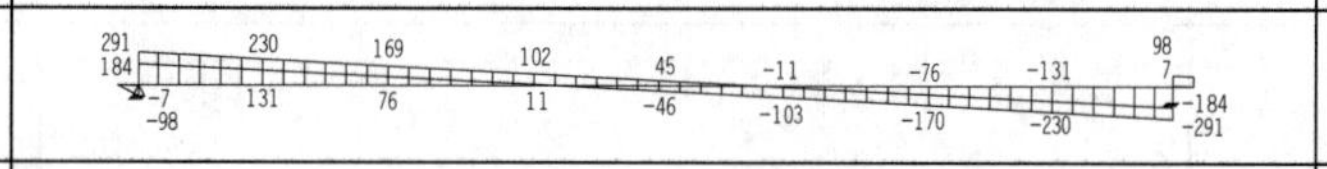	1.0×②+0.7×③
⑥	准永久组合	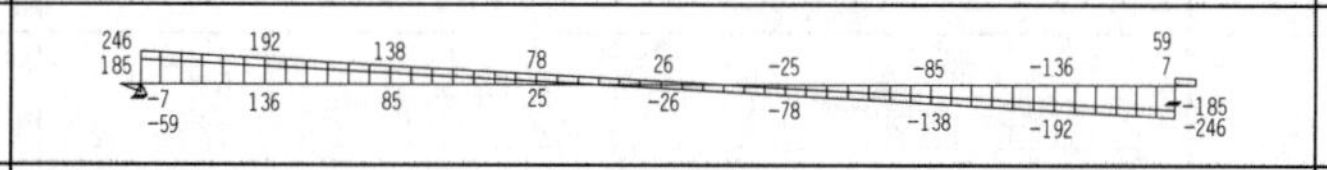	1.0×②+0.4×③
⑦	标准组合	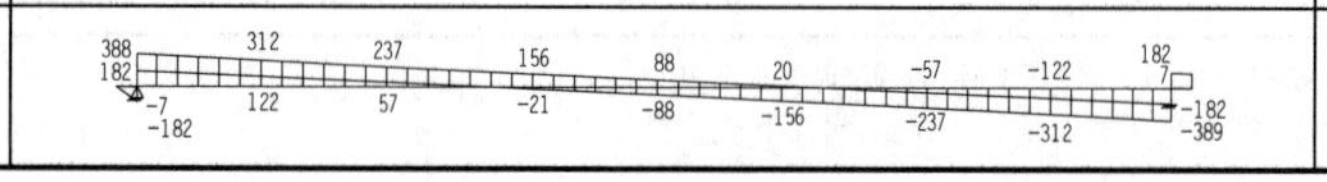	1.0×②+1.0×③×（1+μ）

表 3 结果验算

验算内容		计算值	范围限值
持久状况承载能力验算	抗弯承载能力	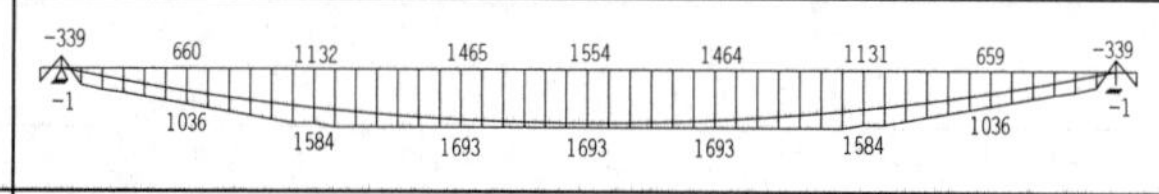	$\gamma_0 M_d \leq M_R$ 1554<1693kN·m
	抗剪承载能力	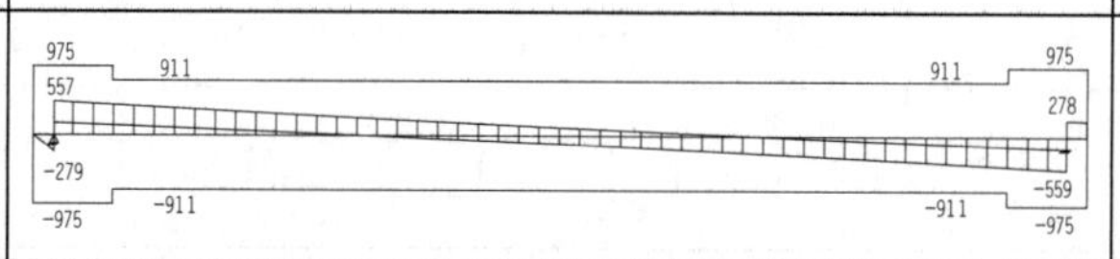	$\gamma_0 Q_d \leq Q_R$ 559<975kN
持久状况正常使用验算	频遇组合正截面上下缘拉应力	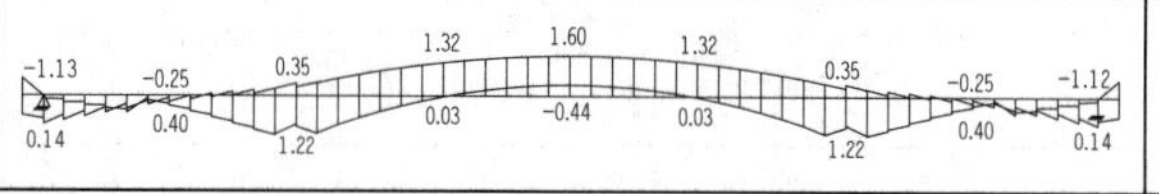	$\sigma_{st}-\sigma_{pc} \leq 0.7 f_{tk}$ 计算值≥ −1.86MPa
	准永久组合正截面上下缘拉应力	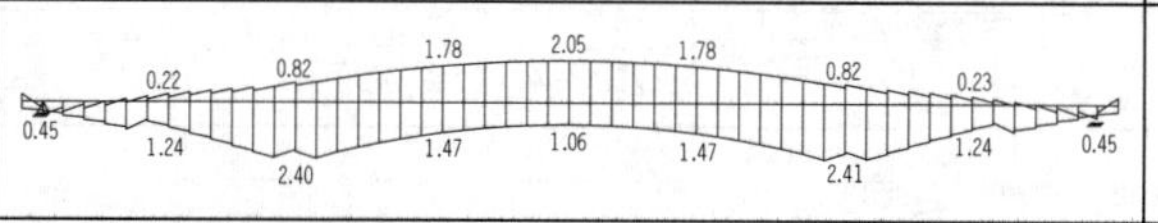	$\sigma_{lt}-\sigma_{pc} \leq 0$ 计算值≥ 0MPa
	频遇组合斜截面主拉应力	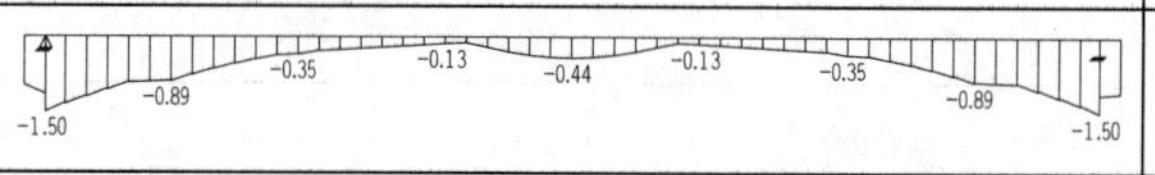	$\sigma_{tp} \leq 0.7 f_{tk}$ 计算值≥ −1.86MPa
	频遇组合挠度（考虑长期增长系数）	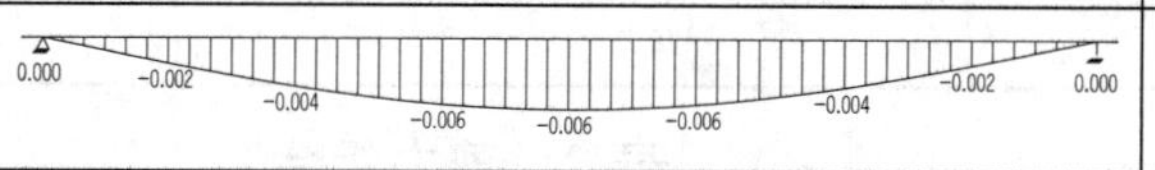	$y \leq$（1/600）l/L 计算值≥ −0.0208m
持久状况应力验算	标准作用组合正截面最大压应力	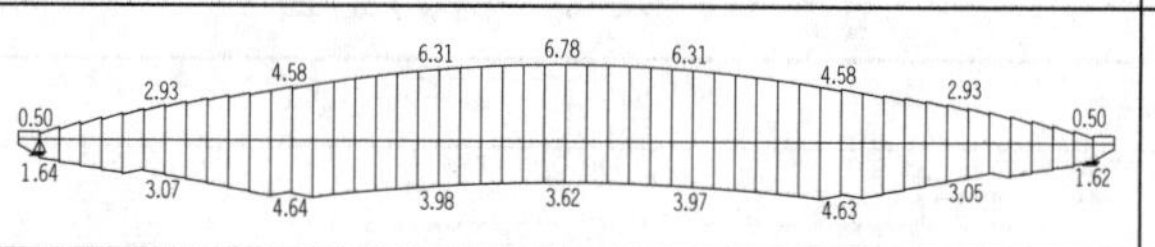	$\sigma_{kc}+\sigma_{pt} \leq 0.5 f_{ck}$ 计算值≤ 16.20MPa
	预应力钢筋最大拉应力	1204MPa	$\sigma_{pe}+\sigma_{p} \leq 0.65 f_{pk}$ 计算值≤ 1209MPa
	标准作用组合混凝土最大主压应力	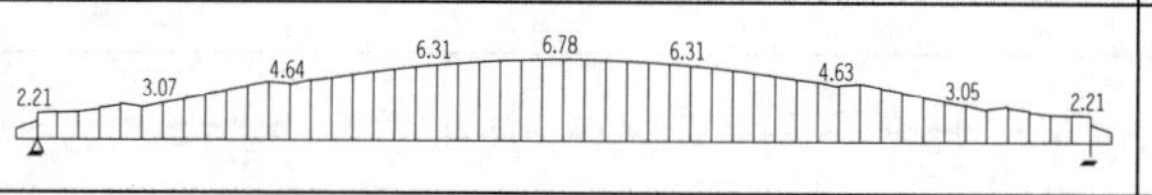	$\sigma_{cp} \leq 0.6 f_{ck}$ 计算值≤ 19.44MPa
短暂状况应力验算	不利状态上缘应力	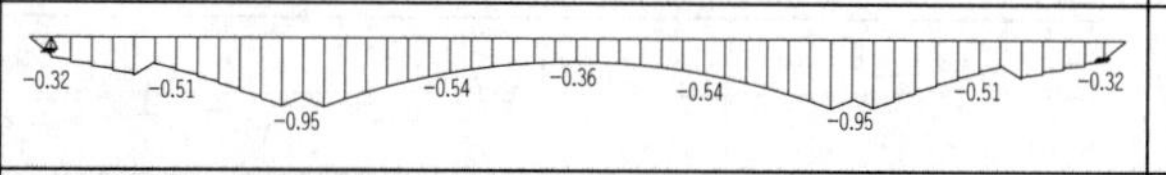	$\sigma^t_{ct} \leq 0.70 f'_{tk}$ 计算值≥ −1.86MPa
	不利状态下缘应力	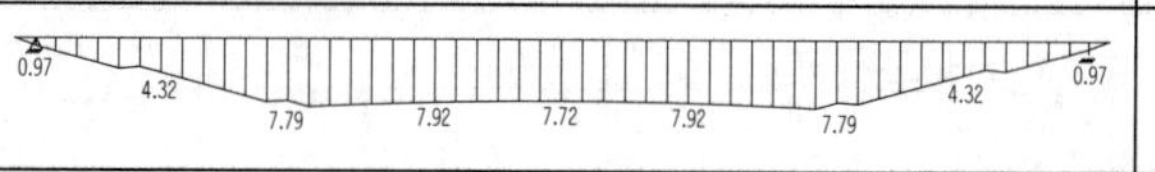	$\sigma^t_{cc} \leq 0.70 f'_{ck}$ 计算值≤ 22.68MPa
其他	放张阶段跨中挠度	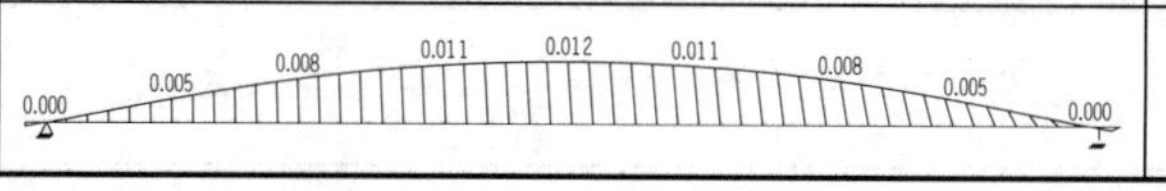	—

注：1. 单位：弯矩（kN·m）、剪力（kN）、应力（MPa）、位移（m）。
2. 效应方向：应力（压为正、拉为负）、位移（上拱为正、下挠为负）。

内力与应力验算表（13m 边梁） 设计荷载：城—B 级、公路—Ⅱ级	图集号	2024沪Q003
	页	17

内力与应力验算结果

跨径：16m　中梁

设计荷载：城—A 级、公路—Ⅰ级

表 1　弯矩组合

编号	荷载或组合	弯矩图	备注
①	预制梁自重	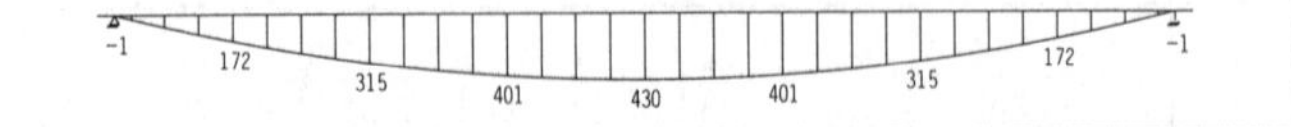	—
②	恒载	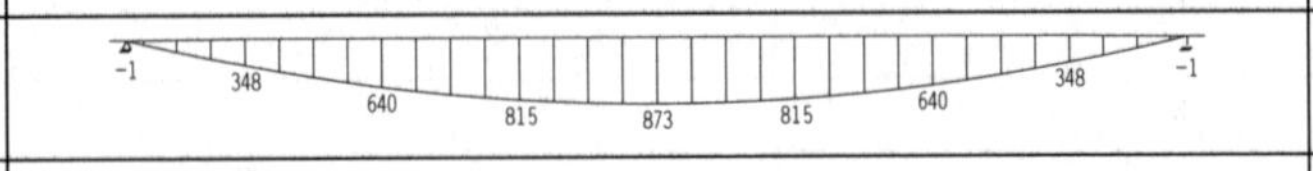	—
③	汽车荷载	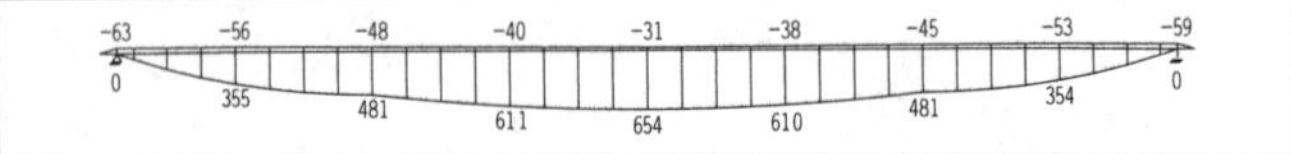	不计冲击（μ=0.326）
④	基本组合	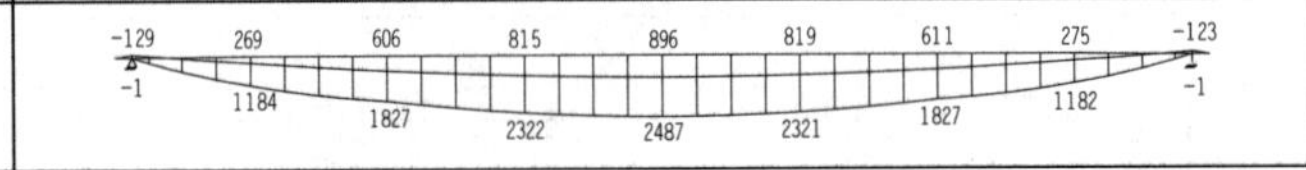	1.1×［1.2×②+1.4×③×（1+μ）］
⑤	频遇组合	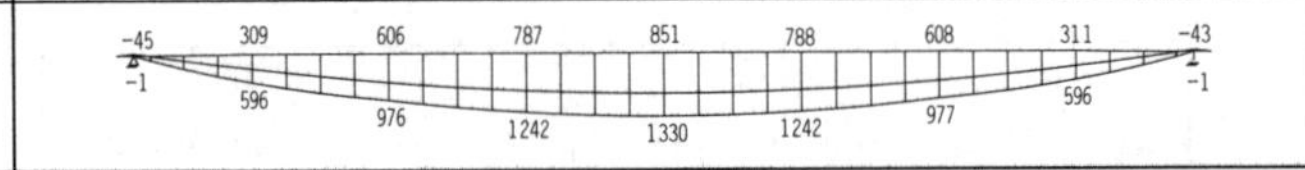	1.0×②+0.7×③
⑥	准永久组合	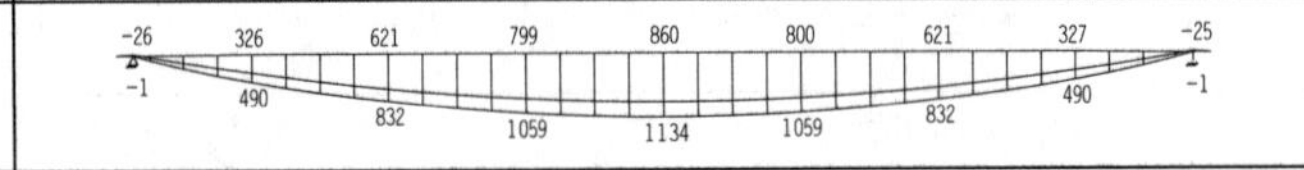	1.0×②+0.4×③
⑦	标准组合	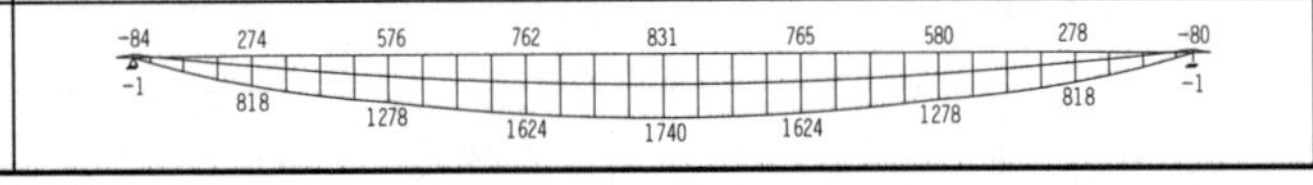	1.0×②+1.0×③×(1+μ)

表 2　剪力组合

编号	荷载或组合	剪力图	备注
①	预制梁自重		—
②	恒载	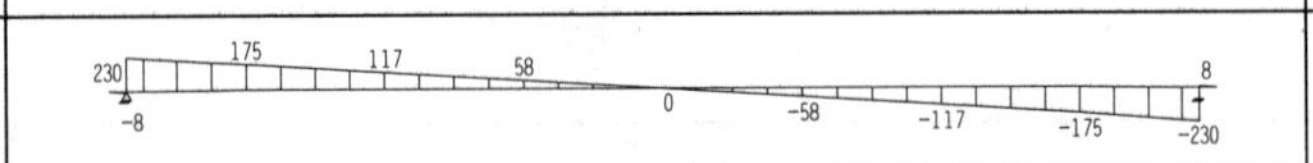	—
③	汽车荷载	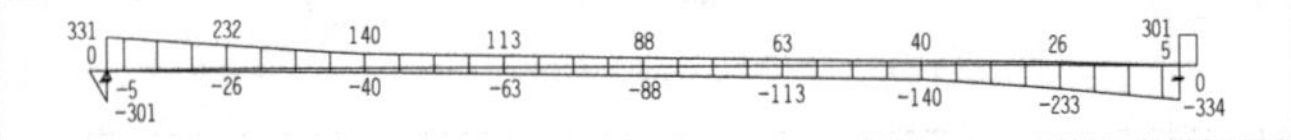	不计冲击（μ=0.326）
④	基本组合	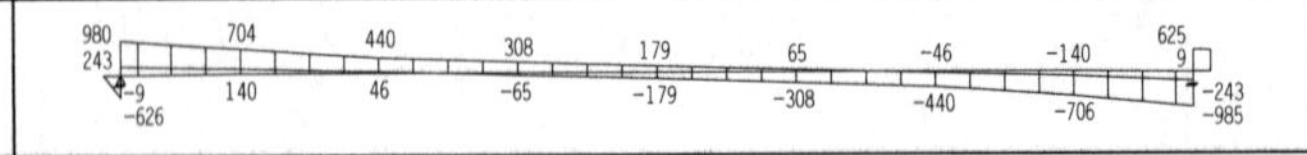	1.1×［1.2×②+1.4×③×（1+μ）］
⑤	频遇组合	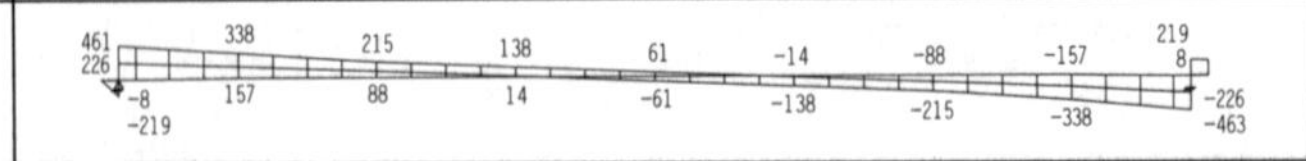	1.0×②+0.7×③
⑥	准永久组合	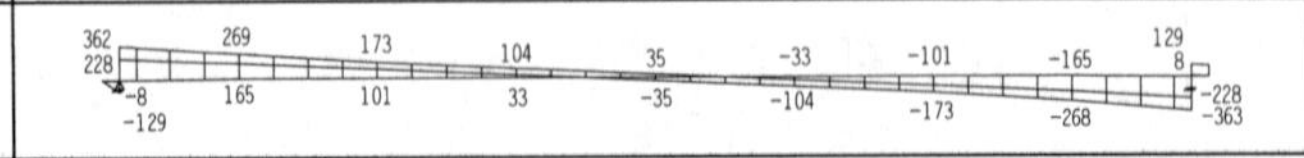	1.0×②+0.4×③
⑦	标准组合	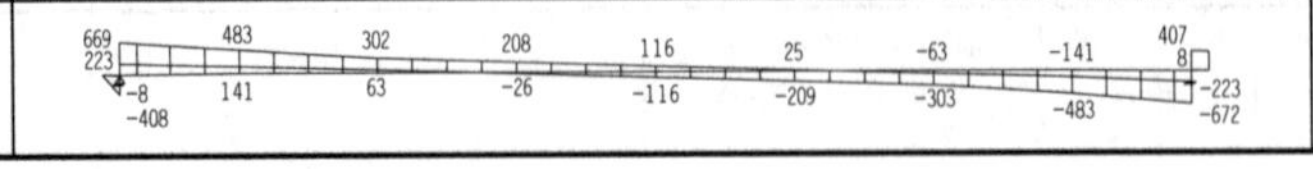	1.0×②+1.0×③×(1+μ)

表 3　结果验算

验算内容		计算值	范围限值
持久状况承载能力验算	抗弯承载能力	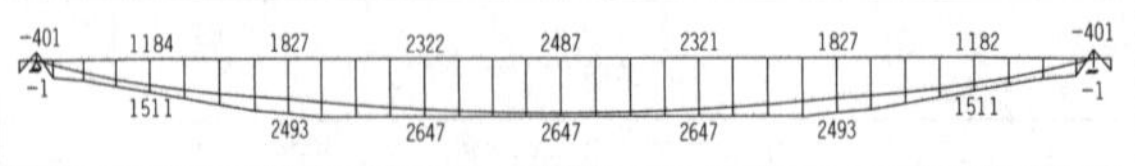	$\gamma_0 M_d \leqslant M_R$ 2487<2647kN·m
	抗剪承载能力	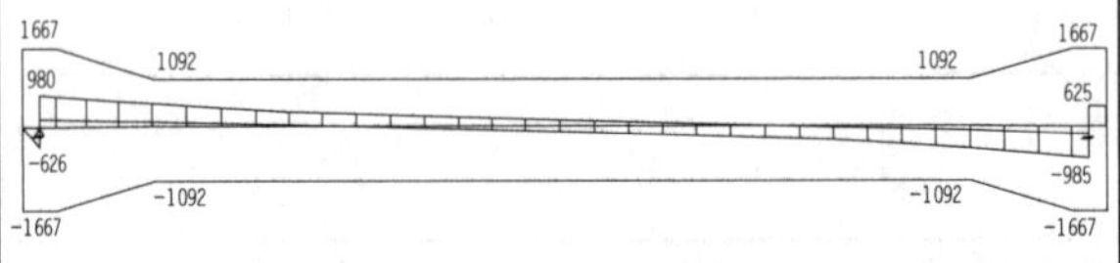	$\gamma_0 Q_d \leqslant Q_R$ 985<1667kN
持久状况正常使用验算	频遇组合正截面上下缘拉应力	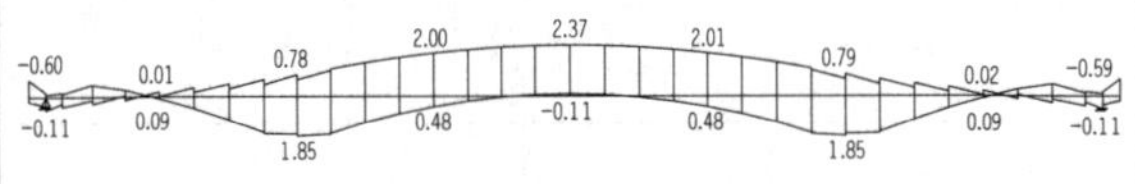	$\sigma_{st}-\sigma_{pc} \leqslant 0.7 f_{tk}$ 计算值≥ −1.86MPa
	准永久组合正截面上下缘拉应力	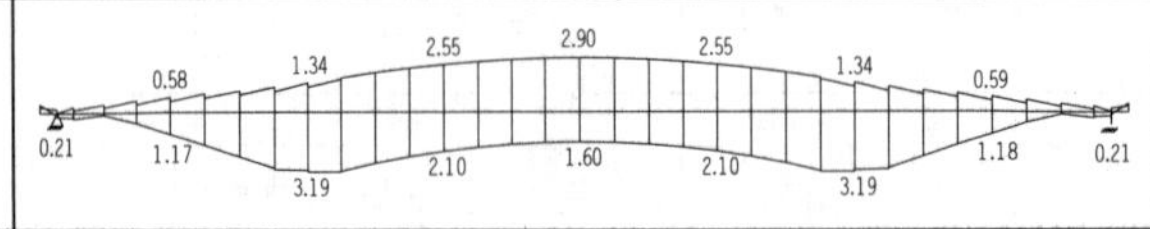	$\sigma_{lt}-\sigma_{pc} \leqslant 0$ 计算值≥ 0MPa
	频遇组合斜截面主拉应力	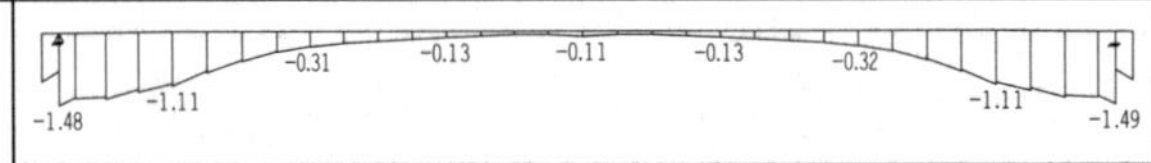	$\sigma_{tp} \leqslant 0.7 f_{tk}$ 计算值≥ −1.86MPa
	频遇组合挠度（考虑长期增长系数）	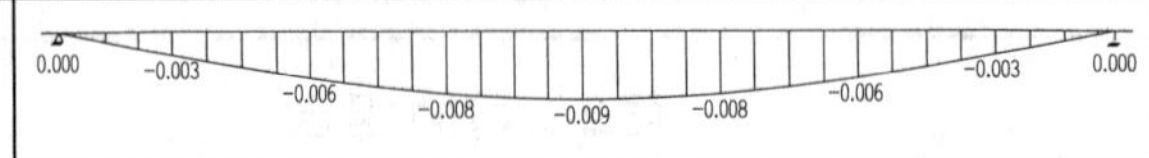	$y \leqslant$（1/600）$l L$ 计算值≥ −0.0258m
持久状况应力验算	标准作用组合正截面最大压应力	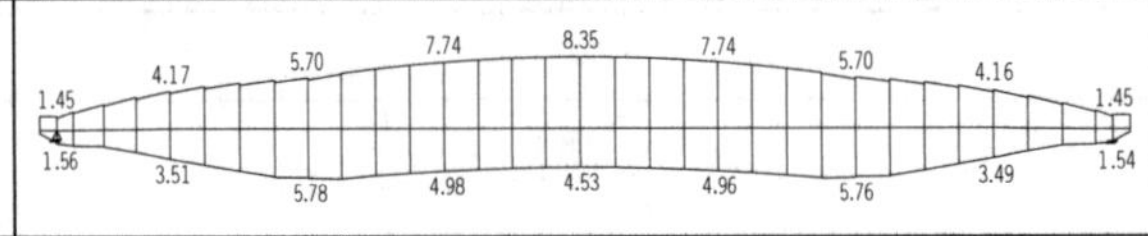	$\sigma_{kc}+\sigma_{pt} \leqslant 0.5 f_{ck}$ 计算值≤ 16.20MPa
	预应力钢筋最大拉应力	1200MPa	$\sigma_{pe}+\sigma_p \leqslant 0.65 f_{pk}$ 计算值≤ 1209MPa
	标准作用组合混凝土最大主压应力	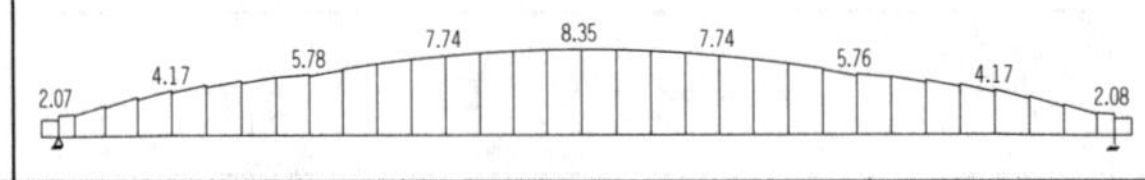	$\sigma_{cp} \leqslant 0.6 f_{ck}$ 计算值≤ 19.44MPa
短暂状况应力验算	不利状态上缘应力	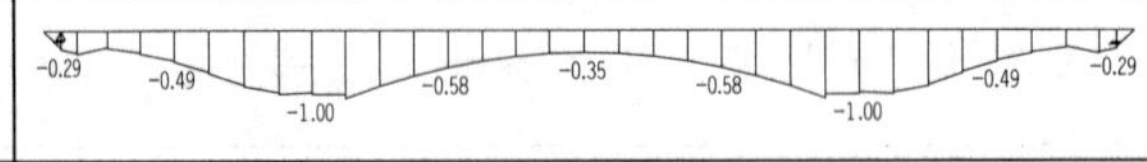	$\sigma^t_{ct} \leqslant 0.70 f'_{tk}$ 计算值≥ −1.86MPa
	不利状态下缘应力	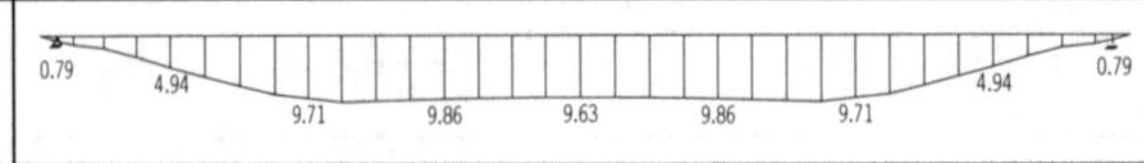	$\sigma^t_{cc} \leqslant 0.70 f'_{ck}$ 计算值≤ 22.68MPa
其他	放张阶段跨中挠度	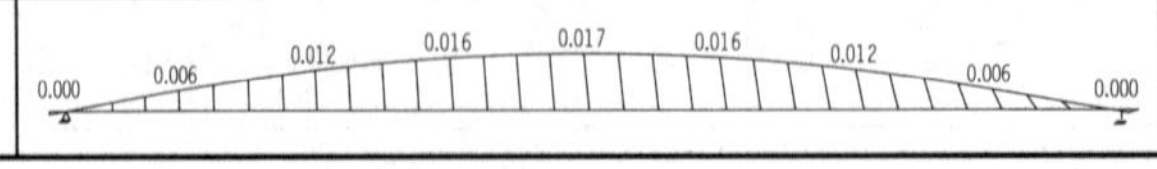	—

注：1. 单位：弯矩（kN·m）、剪力（kN）、应力（MPa）、位移（m）。
2. 效应方向：应力（压为正、拉为负）、位移（上拱为正、下挠为负）。

内力与应力验算表（16m 中梁） 设计荷载：城—A 级、公路—Ⅰ级	图集号	2024沪Q003
	页	18

内力与应力验算结果

跨径：16m　中梁

设计荷载：城—B 级、公路—Ⅱ级

表 1　弯矩组合

编号	荷载或组合	弯矩图	备注
①	预制梁自重	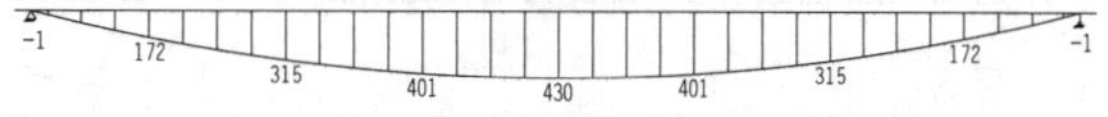	—
②	恒载	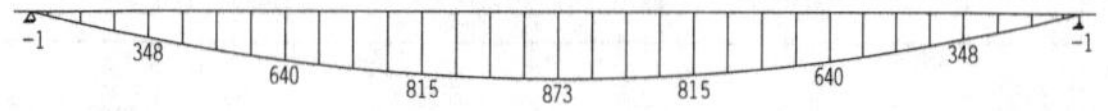	—
③	汽车荷载	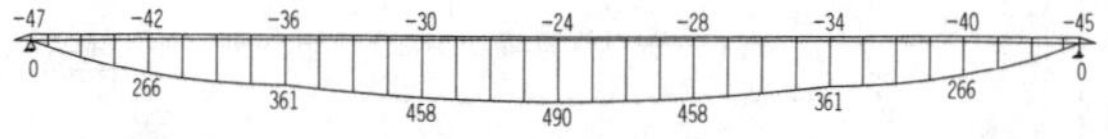	不计冲击（μ=0.326）
④	基本组合	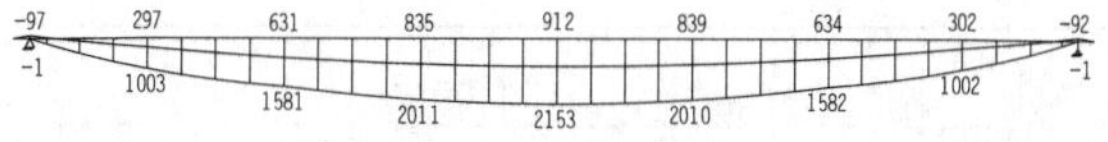	1.1×［1.2×②+1.4×③×（1+μ）］
⑤	频遇组合	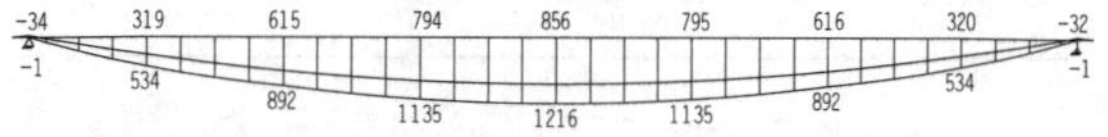	1.0×②+0.7×③
⑥	准永久组合	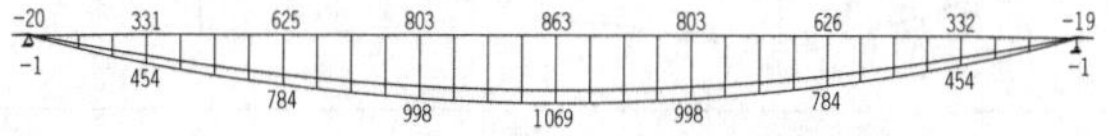	1.0×②+0.4×③
⑦	标准组合	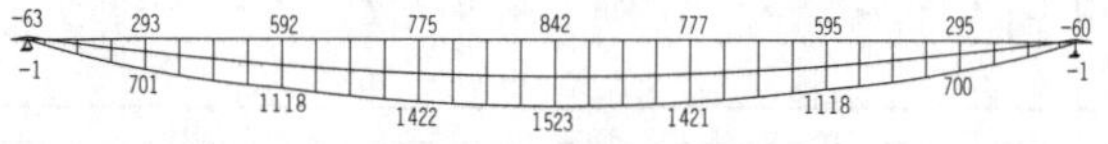	1.0×②+1.0×③×(1+μ)

表 2　剪力组合

编号	荷载或组合	剪力图	备注
①	预制梁自重	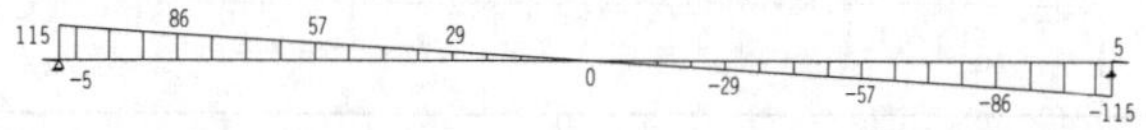	—
②	恒载	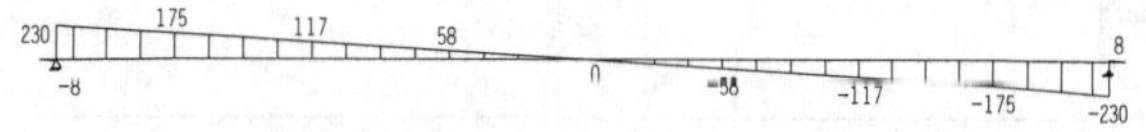	—
③	汽车荷载	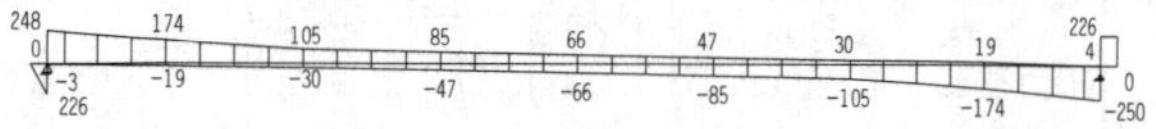	不计冲击（μ=0.326）
④	基本组合	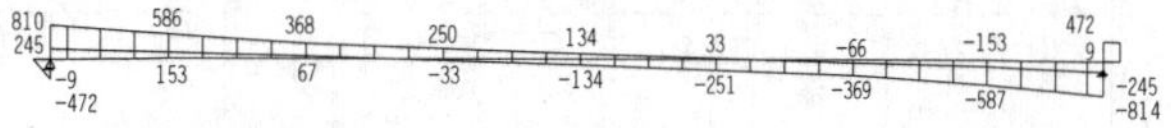	1.1×［1.2×②+1.4×③×（1+μ）］
⑤	频遇组合	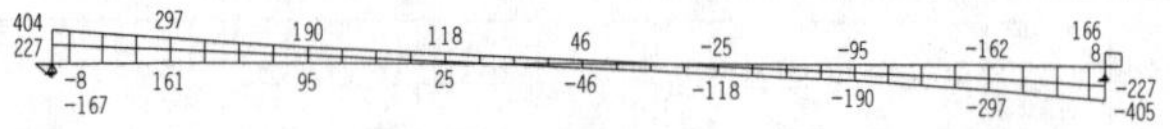	1.0×②+0.7×③
⑥	准永久组合	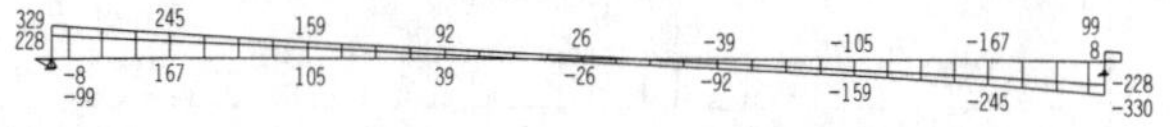	1.0×②+0.4×③
⑦	标准组合	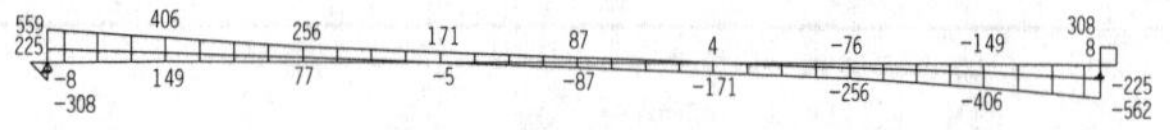	1.0×②+1.0×③×(1+μ)

表 3　结果验算

验算内容		计算值	范围限值
持久状况承载能力验算	抗弯承载能力	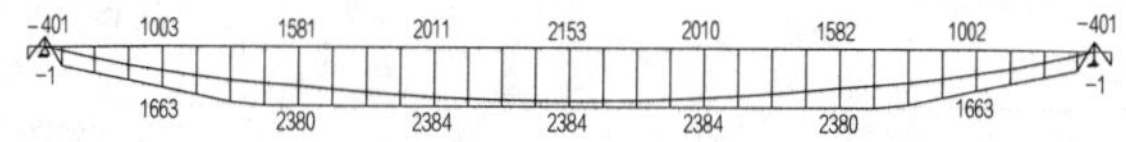	$\gamma_0 M_d \leqslant M_R$ 2153<2384kN·m
	抗剪承载能力	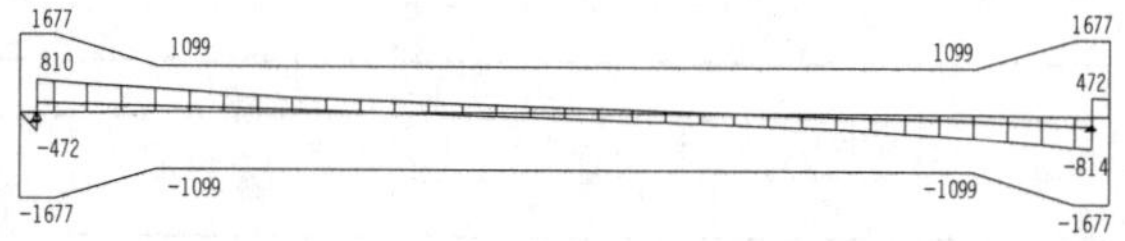	$\gamma_0 Q_d \leqslant Q_R$ 814<1677kN
持久状况正常使用验算	频遇组合正截面上下缘拉应力	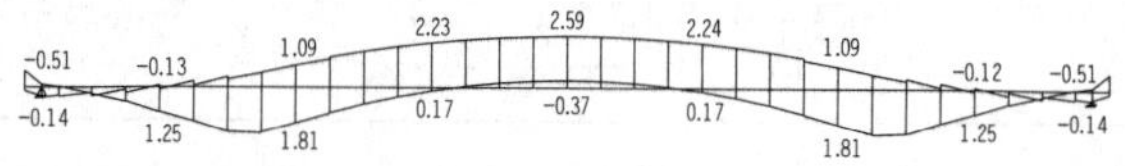	$\sigma_{st}-\sigma_{pc} \leqslant 0.7 f_{tk}$ 计算值≥−1.86MPa
	准永久组合正截面上下缘拉应力	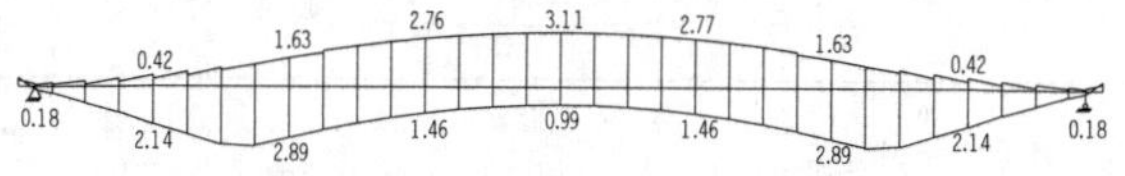	$\sigma_{lt}-\sigma_{pc} \leqslant 0$ 计算值≥0MPa
	频遇组合斜截面主拉应力	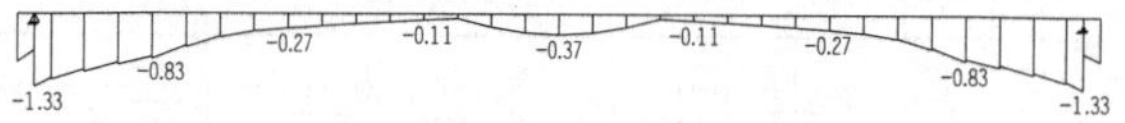	$\sigma_{tp} \leqslant 0.7 f_{tk}$ 计算值≥−1.86MPa
	频遇组合挠度（考虑长期增长系数）		$y \leqslant (1/600) l L$ 计算值≥−0.0258m
持久状况应力验算	标准作用组合正截面最大压应力	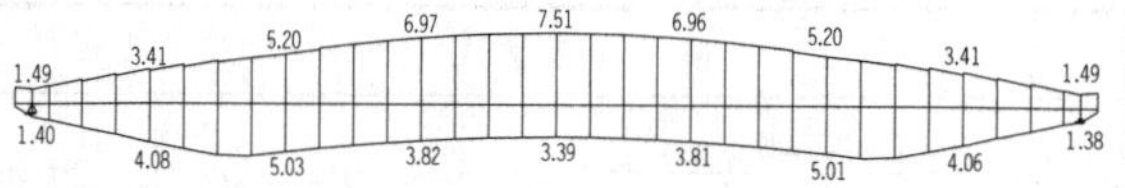	$\sigma_{kc}+\sigma_{pt} \leqslant 0.5 f_{ck}$ 计算值≤16.20MPa
	预应力钢筋最大拉应力	1195MPa	$\sigma_{pe}+\sigma_p \leqslant 0.65 f_{pk}$ 计算值≤1209MPa
	标准作用组合混凝土最大主压应力	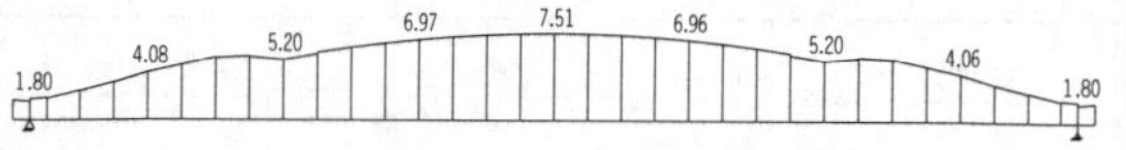	$\sigma_{cp} \leqslant 0.6 f_{ck}$ 计算值≤19.44MPa
短暂状况应力验算	不利状态上缘应力	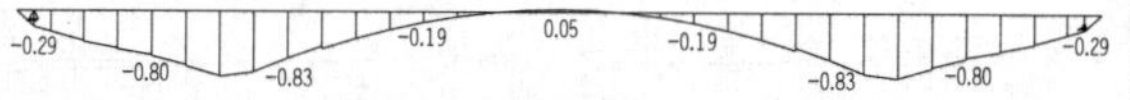	$\sigma_{ct}^{t} \leqslant 0.70 f'_{tk}$ 计算值≥−1.86MPa
	不利状态下缘应力	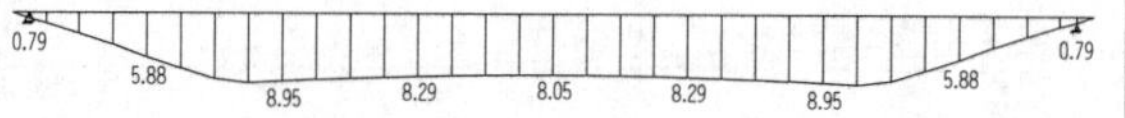	$\sigma_{cc}^{t} \leqslant 0.70 f'_{ck}$ 计算值≤22.68MPa
其他	放张阶段跨中挠度	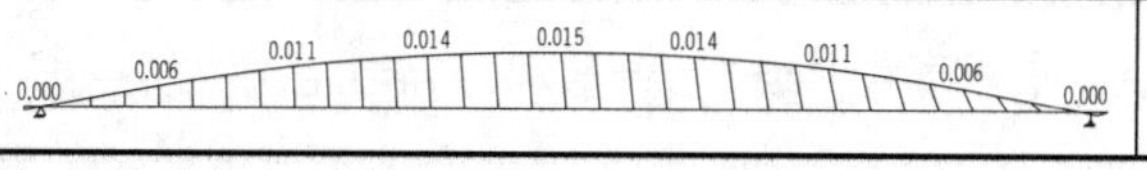	—

注：1. 单位：弯矩（kN·m）、剪力（kN）、应力（MPa）、位移（m）。
2. 效应方向：应力（压为正、拉为负）、位移（上拱为正、下挠为负）。

内力与应力验算表（16m 中梁） 设计荷载：城—B 级、公路—Ⅱ级	图集号	2024沪Q003
	页	19

内力与应力验算结果

跨径：16m　边梁

设计荷载：城—A 级、公路—I级

表 1　弯矩组合

编号	荷载或组合	弯矩图	备注
①	预制梁自重	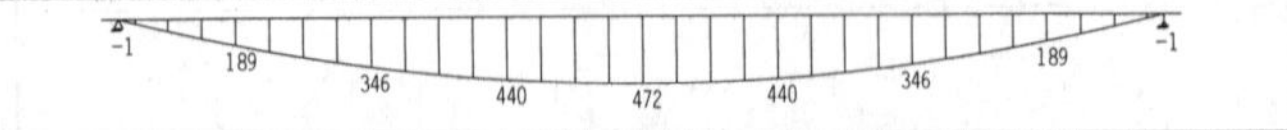	—
②	恒载	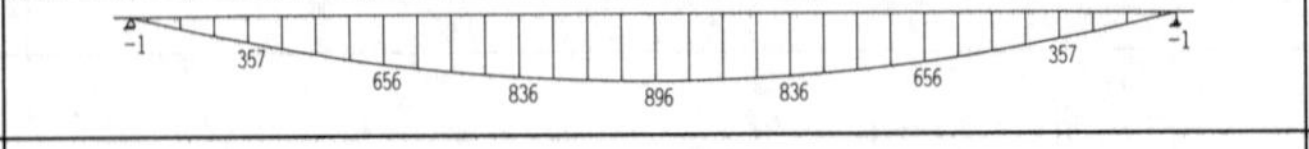	—
③	汽车荷载	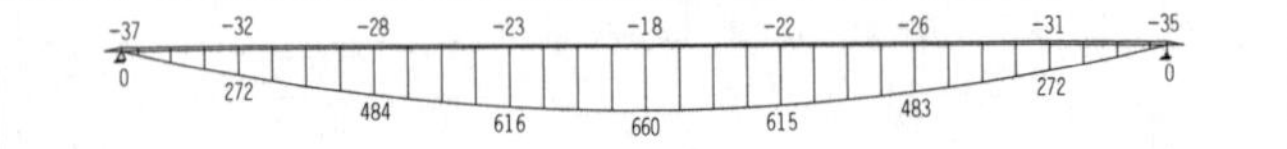	不计冲击（μ =0.326）
④	基本组合	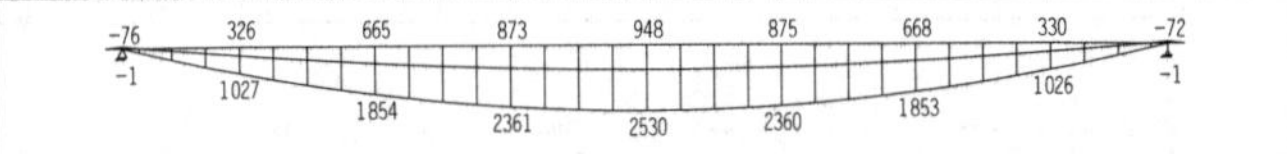	1.1×［1.2×②+1.4×③×（1+μ）］
⑤	频遇组合	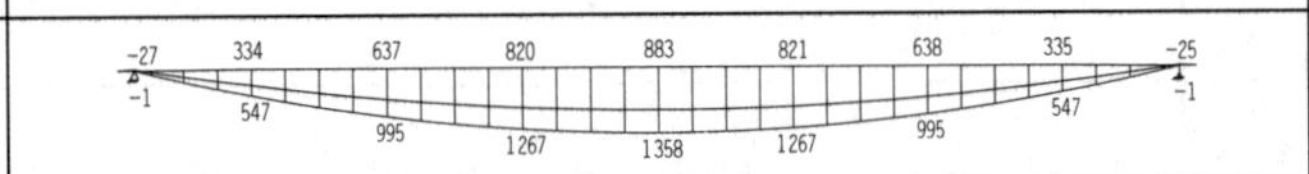	1.0×②+0.7×③
⑥	准永久组合	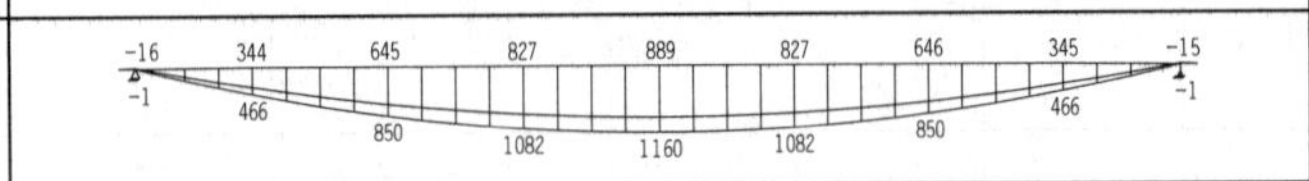	1.0×②+0.4×③
⑦	标准组合	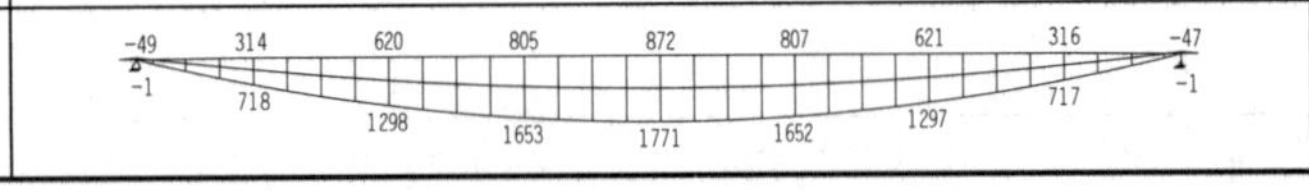	1.0×②+1.0×③×（1+μ）

表 2　剪力组合

编号	荷载或组合	剪力图	备注
①	预制梁自重		—
②	恒载荷载		—
③	汽车	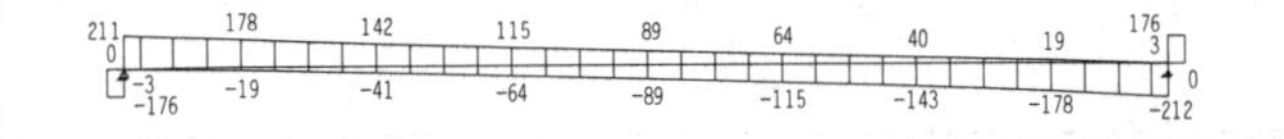	不计冲击（μ =0.326）
④	基本组合	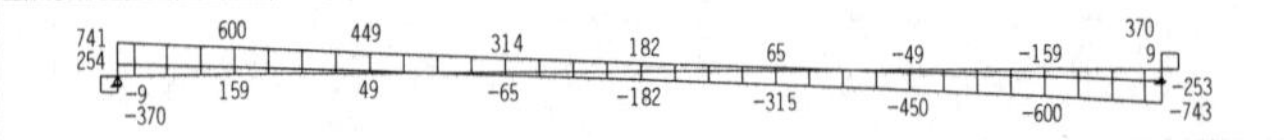	1.1×［1.2×②+1.4×③×（1+μ）］
⑤	频遇组合	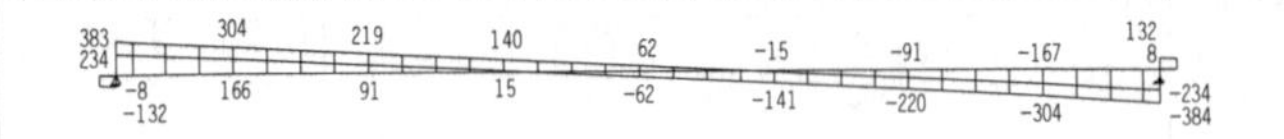	1.0×②+0.7×③
⑥	准永久组合	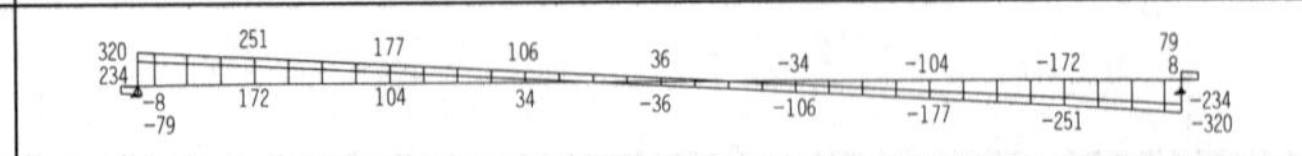	1.0×②+0.4×③
⑦	标准组合	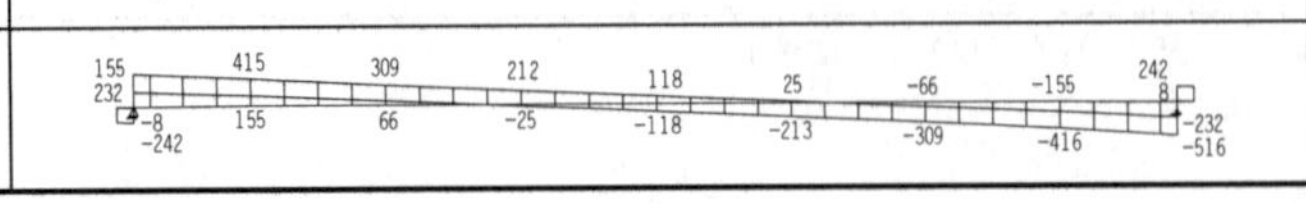	1.0×②+1.0×③×（1+μ）

表 3　结果验算

验算内容		计算值	范围限值
持久状况承载能力验算	抗弯承载能力	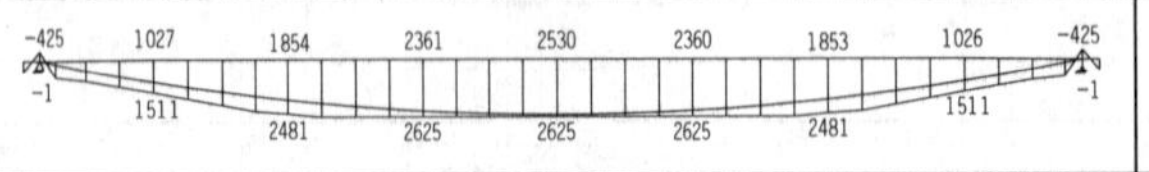	$\gamma_0 M_d \leqslant M_R$ 2530<2625kN·m
	抗剪承载能力	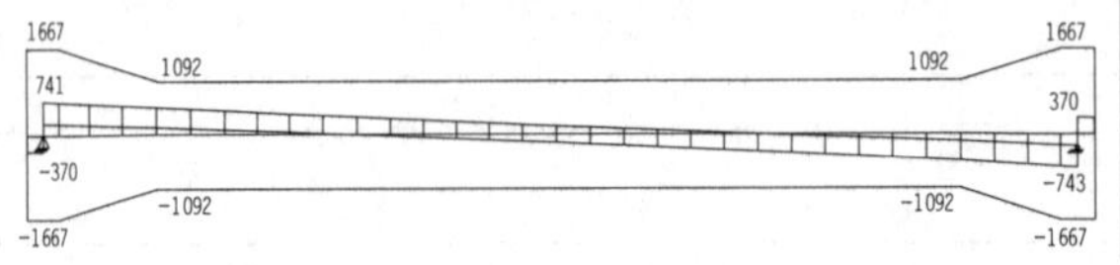	$\gamma_0 Q_d \leqslant Q_R$ 743<1667kN
持久状况正常使用验算	频遇组合正截面上下缘拉应力	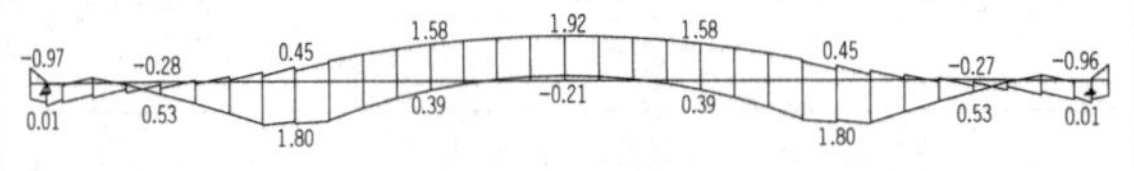	$\sigma_{st}-\sigma_{pc} \leqslant 0.7 f_{tk}$ 计算值≥ −1.86MPa
	准永久组合正截面上下缘拉应力	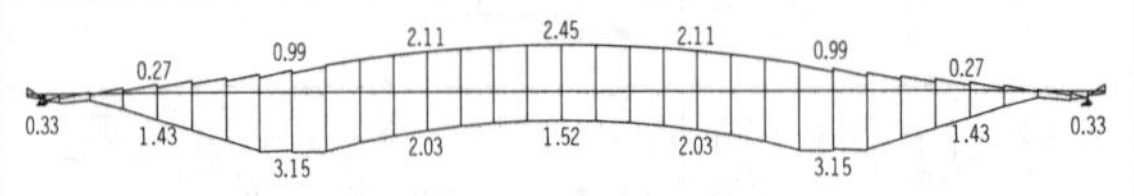	$\sigma_{lt}-\sigma_{pc} \leqslant 0$ 计算值≥ 0MPa
	频遇组合斜截面主拉应力	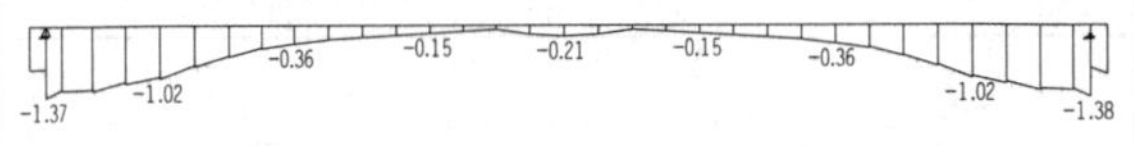	$\sigma_{tp} \leqslant 0.7 f_{tk}$ 计算值≥ −1.86MPa
	频遇组合挠度（考虑长期增长系数）	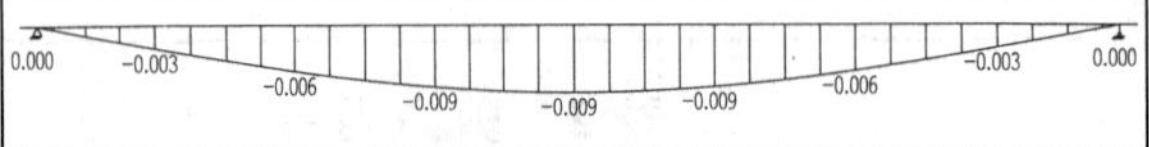	$y \leqslant (1/600) l L$ 计算值≥ −0.0258m
持久状况应力验算	标准作用组合正截面最大压应力	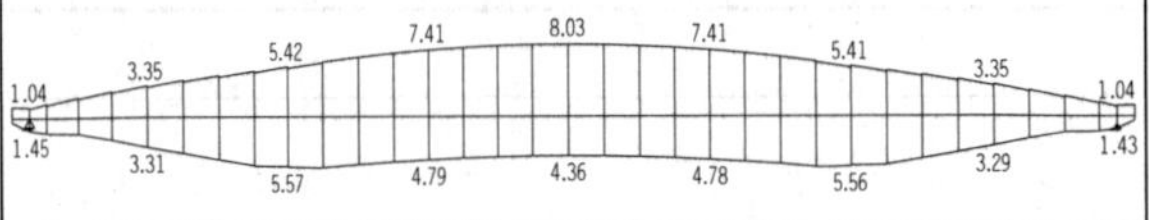	$\sigma_{kc}+\sigma_{pt} \leqslant 0.5 f_{ck}$ 计算值≤ 16.20MPa
	预应力钢筋最大拉应力	1199MPa	$\sigma_{pe}+\sigma_p \leqslant 0.65 f_{pk}$ 计算值≤ 1209MPa
	标准作用组合混凝土最大主压应力	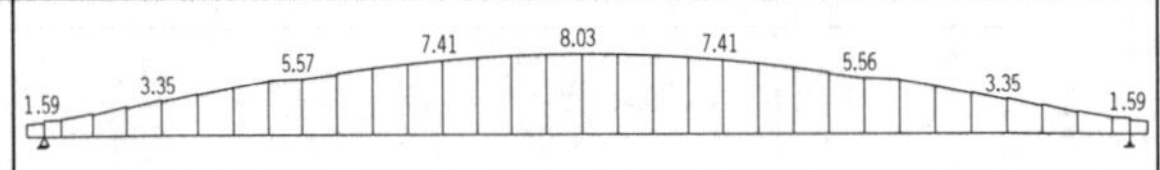	$\sigma_{cp} \leqslant 0.6 f_{ck}$ 计算值≤ 19.44MPa
短暂状况应力验算	不利状态上缘应力	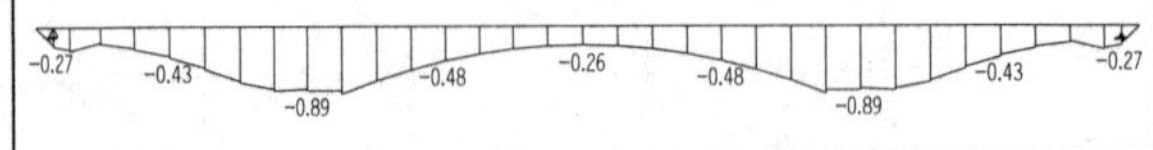	$\sigma^t_{ct} \leqslant 0.70 f'_{tk}$ 计算值≥ −1.86MPa
	不利状态下缘应力	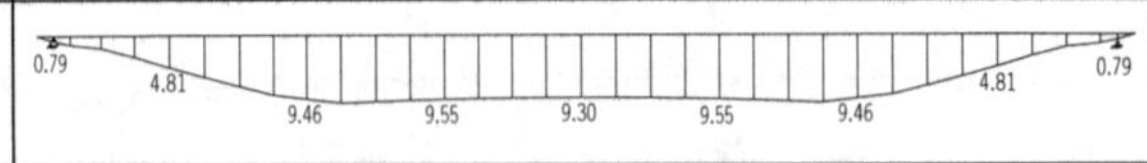	$\sigma^t_{cc} \leqslant 0.70 f'_{ck}$ 计算值≤ 22.68MPa
其他	放张阶段跨中挠度	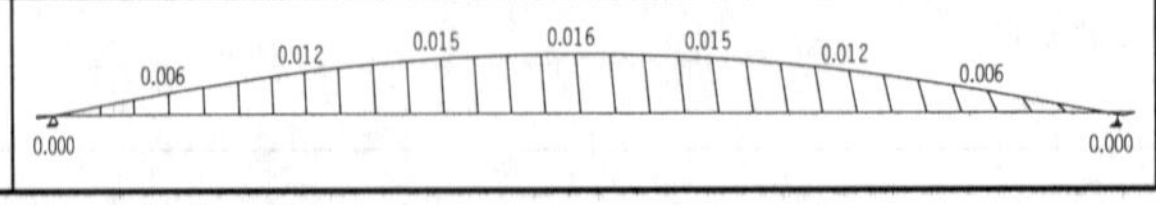	—

注：1. 单位：弯矩（kN·m）、剪力（kN）、应力（MPa）、位移（m）。
2. 效应方向：应力（压为正、拉为负）、位移（上拱为正、下挠为负）。

内力与应力验算结果

跨径：16m　边梁

设计荷载：城—B 级、公路—Ⅱ级

表 1　弯矩组合

编号	荷载或组合	弯矩图	备注
①	预制梁自重	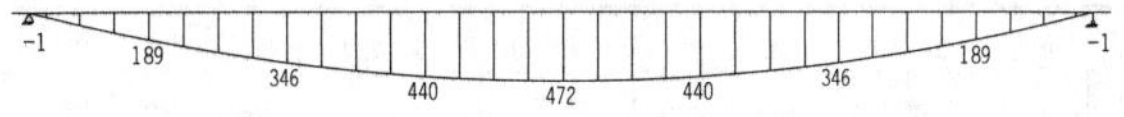	—
②	恒载	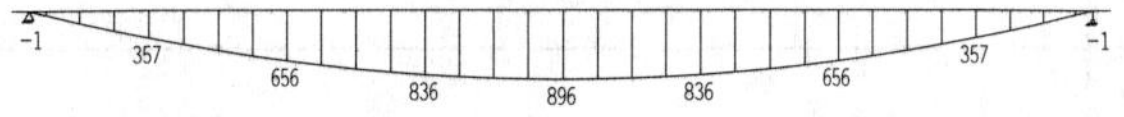	—
③	汽车荷载	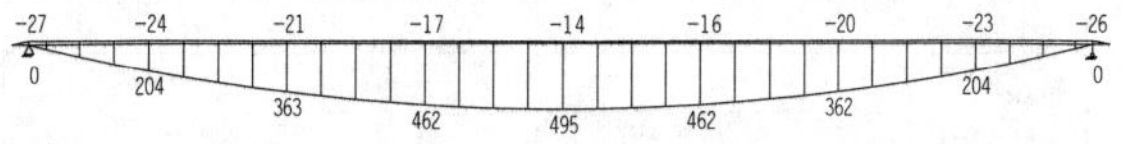	不计冲击（μ=0.326）
④	基本组合	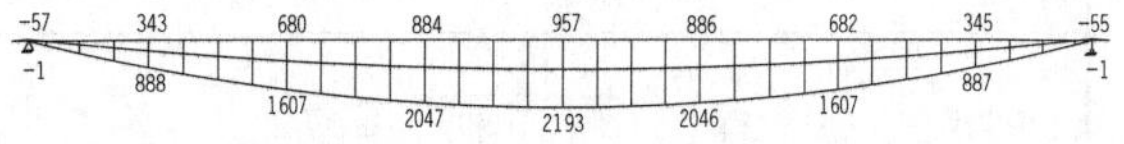	1.1×［1.2×②+1.4×③×（1+μ）］
⑤	频遇组合	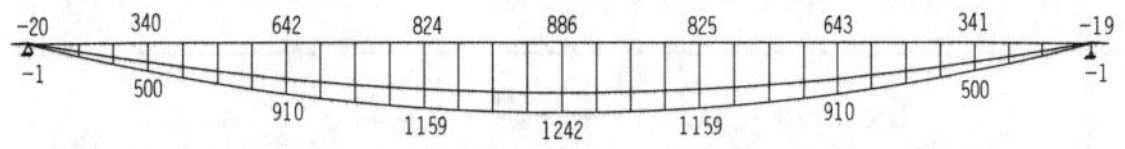	1.0×②+0.7×③
⑥	准永久组合	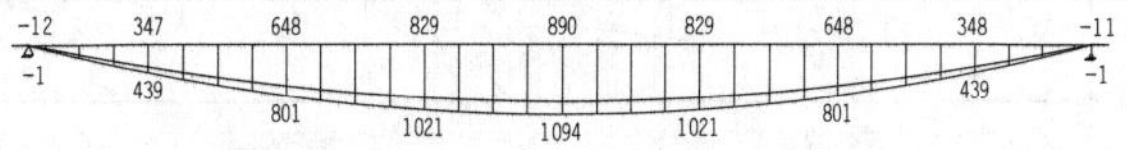	1.0×②+0.4×③
⑦	标准组合	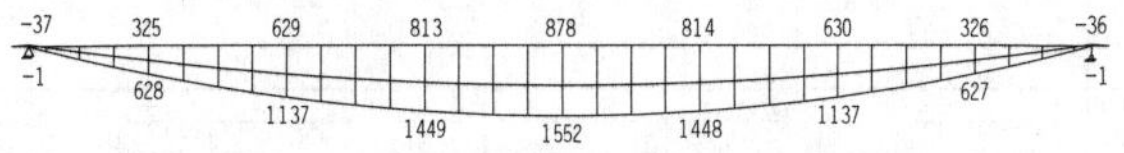	1.0×②+1.0×③×（1+μ）

表 2　剪力组合

编号	荷载或组合	剪力图	备注
①	预制梁自重	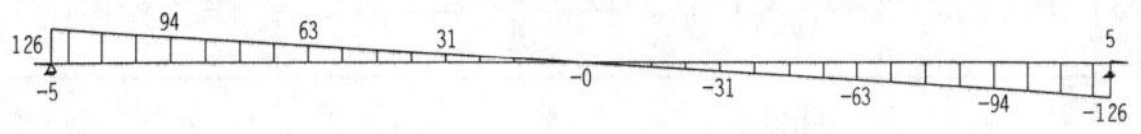	—
②	恒载	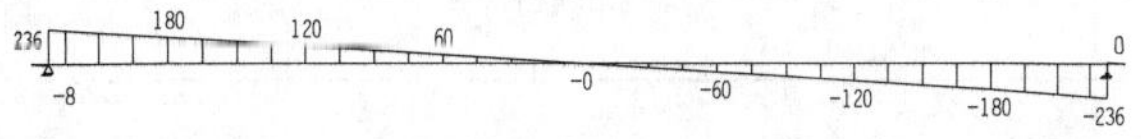	—
③	汽车荷载	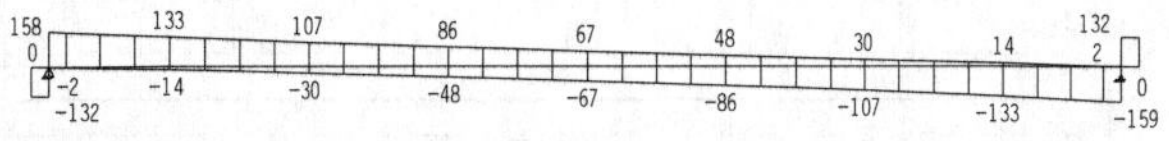	不计冲击（μ=0.326）
④	基本组合	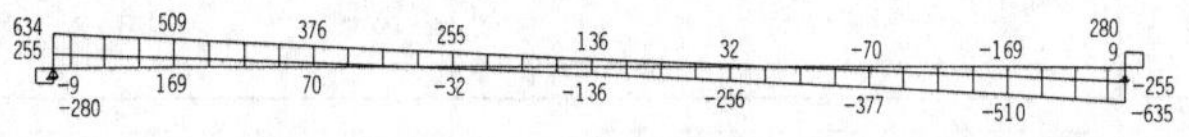	1.1×［1.2×②+1.4×③×（1+μ）］
⑤	频遇组合	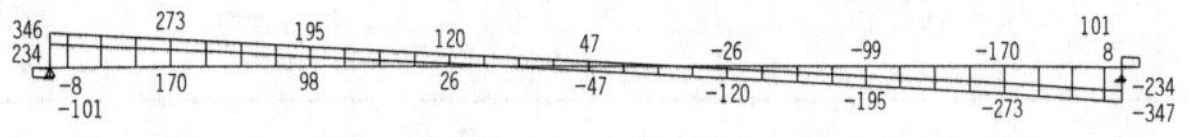	1.0×②+0.7×③
⑥	准永久组合	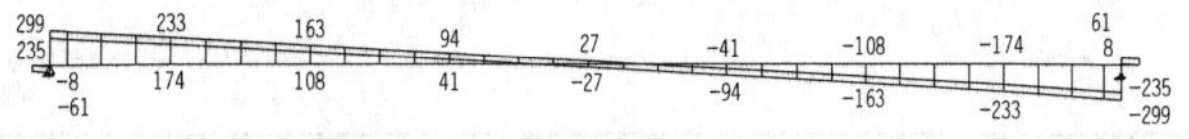	1.0×②+0.4×③
⑦	标准组合	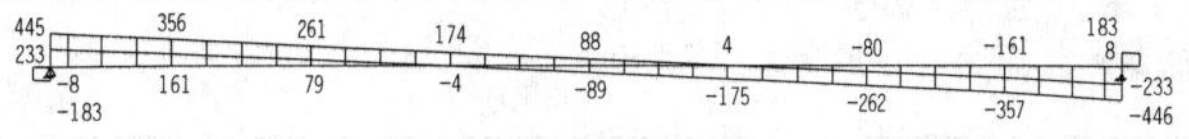	1.0×②+1.0×③×（1+μ）

表 3　结果验算

验算内容		计算值	范围限值
持久状况承载能力验算	抗弯承载能力	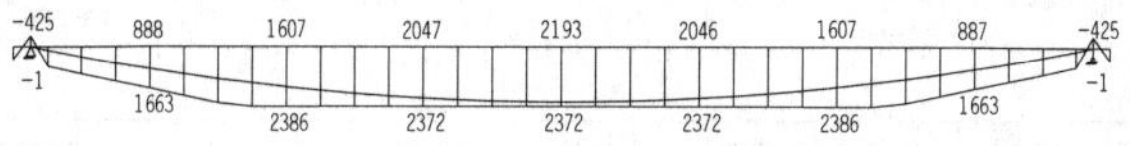	$\gamma_0 M_d \le M_R$ 2193<2372kN·m
	抗剪承载能力	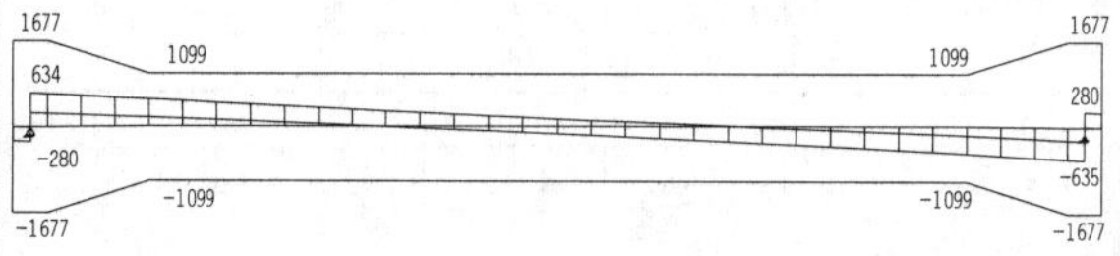	$\gamma_0 Q_d \le Q_R$ 635<1677kN
持久状况正常使用验算	频遇组合正截面上下缘拉应力	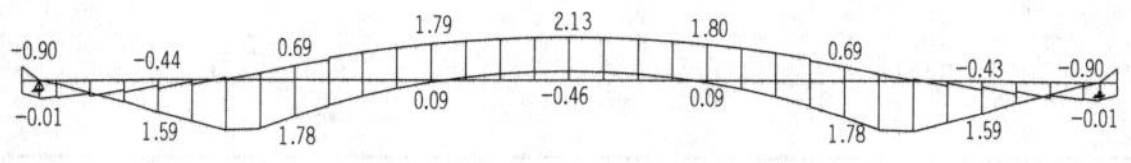	$\sigma_{st}-\sigma_{pc} \le 0.7f_{tk}$ 计算值≥ −1.86MPa
	准永久组合正截面上下缘拉应力	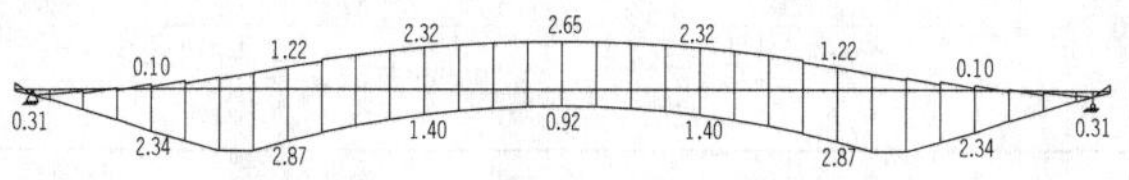	$\sigma_{lt}-\sigma_{pc} \le 0$ 计算值≥ 0MPa
	频遇组合斜截面主拉应力	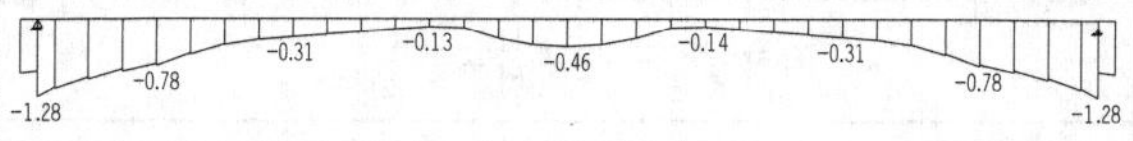	$\sigma_{tp} \le 0.7f_{tk}$ 计算值≥ −1.86MPa
	频遇组合挠度（考虑长期增长系数）	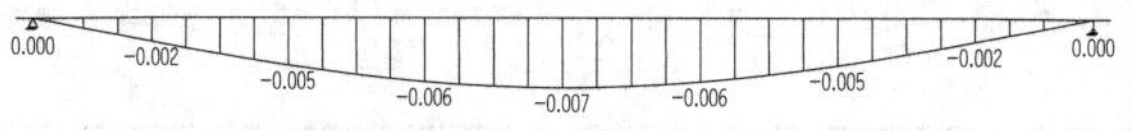	$y \le$（1/600）$l L$ 计算值≥ −0.0258m
持久状况应力验算	标准作用组合正截面最大压应力	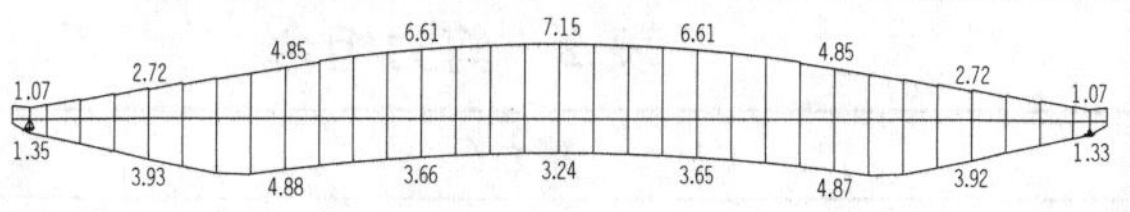	$\sigma_{kc}+\sigma_{pt} \le 0.5f_{ck}$ 计算值≤ 16.20MPa
	预应力钢筋最大拉应力	1193MPa	$\sigma_{pe}+\sigma_p \le 0.65f_{pk}$ 计算值≤ 1209MPa
	标准作用组合混凝土最大主压应力	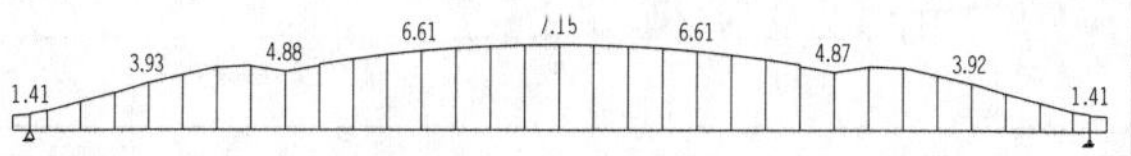	$\sigma_{cp} \le 0.6f_{ck}$ 计算值≤ 19.44MPa
短暂状况应力验算	不利状态上缘应力	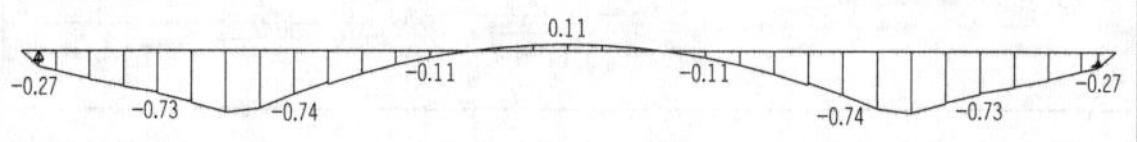	$\sigma_{ct}^t \le 0.70f'_{tk}$ 计算值≥ −1.86MPa
	不利状态下缘应力	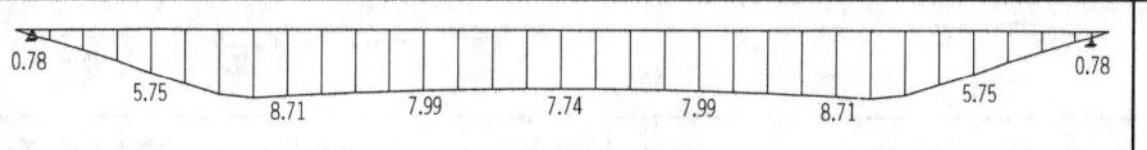	$\sigma_{cc}^t \le 0.70f'_{ck}$ 计算值≤ 22.68MPa
其他	放张阶段跨中挠度	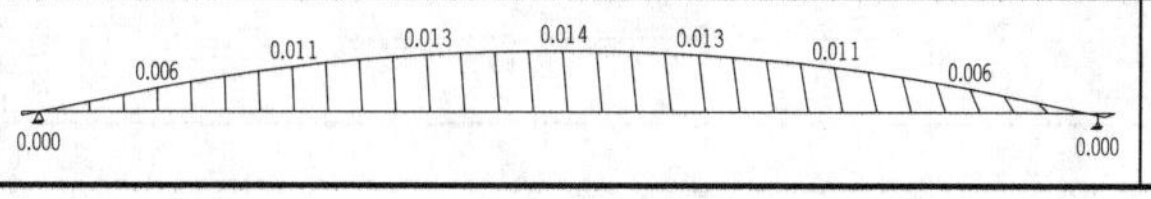	—

注：1. 单位：弯矩（kN·m）、剪力（kN）、应力（MPa）、位移（m）。
2. 效应方向：应力（压为正、拉为负）、位移（上拱为正、下挠为负）。

内力与应力验算表（16m 边梁） 设计荷载：城—B 级、公路—Ⅱ级	图集号	2024沪Q003
	页	21

内力与应力验算结果

跨径：18m　中梁

设计荷载：城—A 级、公路—I级

表 1　弯矩组合

编号	荷载或组合	弯矩图	备注
①	预制梁自重	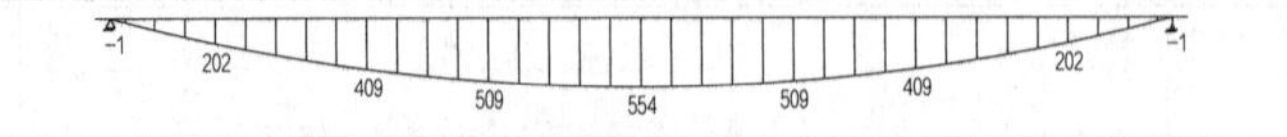	—
②	恒载	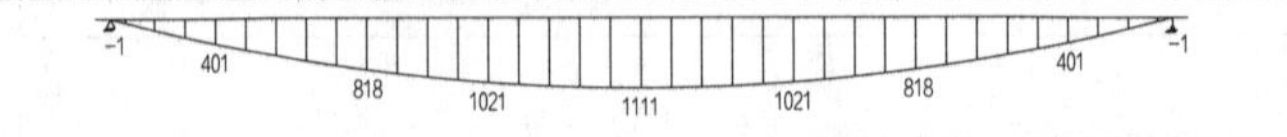	—
③	汽车荷载	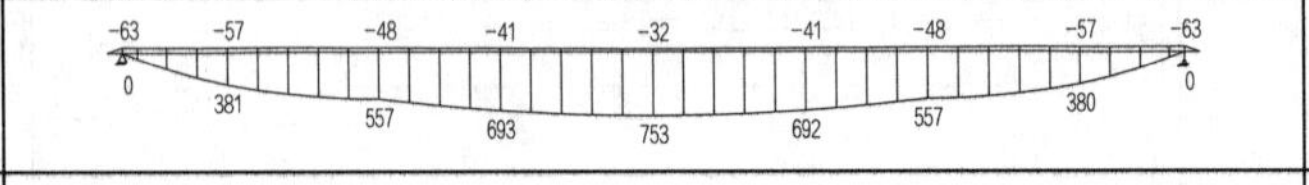	不计冲击（ μ =0.282）
④	基本组合	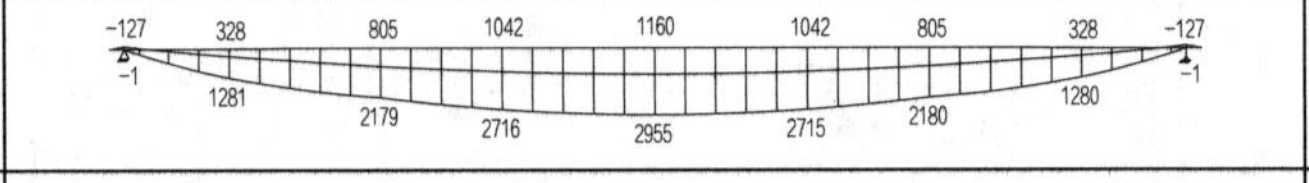	1.1×［1.2×②+1.4×③×（1+μ）］
⑤	频遇组合	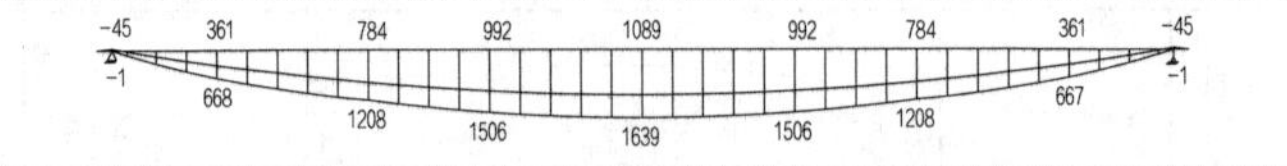	1.0×②+0.7×③
⑥	准永久组合	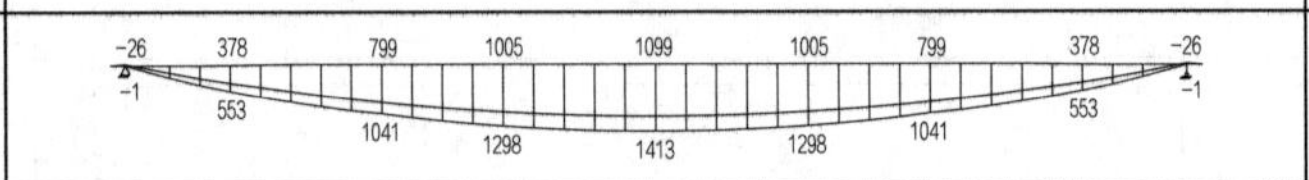	1.0×②+0.4×③
⑦	标准组合	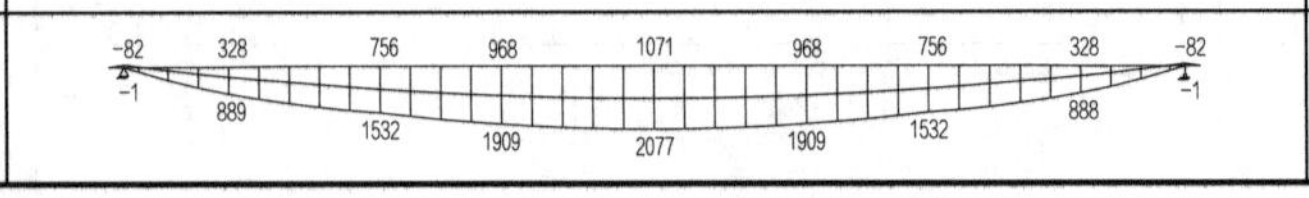	1.0×②+1.0×③×（1+μ）

表 2　剪力组合

编号	荷载或组合	剪力图	备注
①	预制梁自重	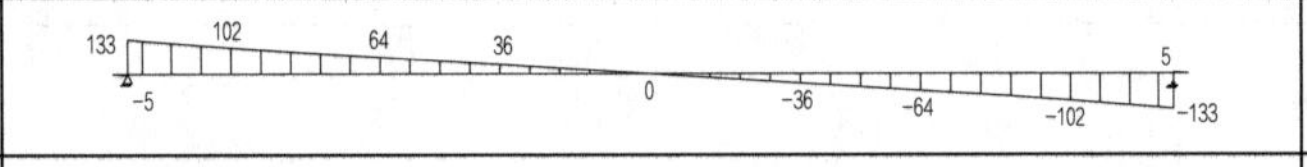	—
②	恒载	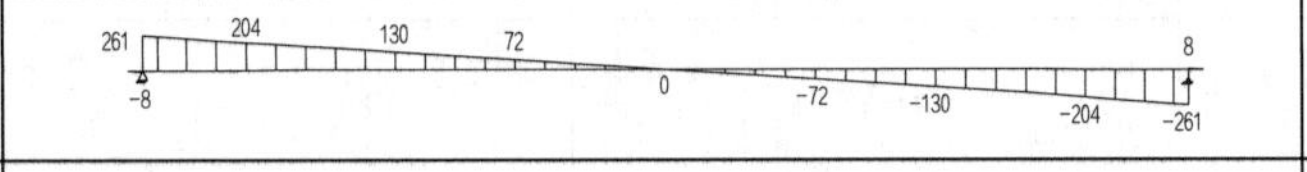	—
③	汽车荷载	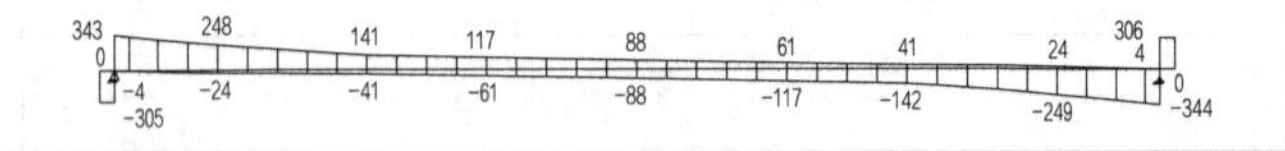	不计冲击（ μ =0.282）
④	基本组合	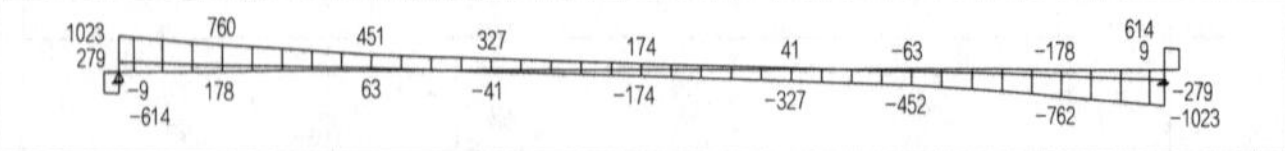	1.1×［1.2×②+1.4×③×（1+μ）］
⑤	频遇组合	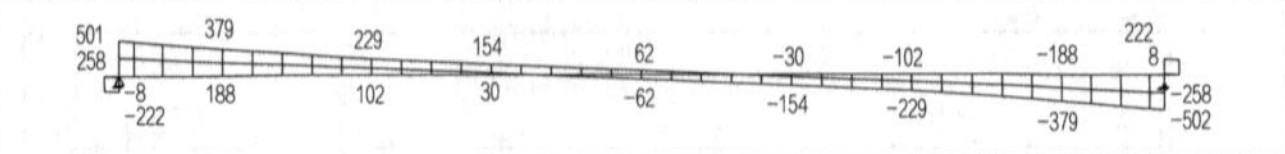	1.0×②+0.7×③
⑥	准永久组合	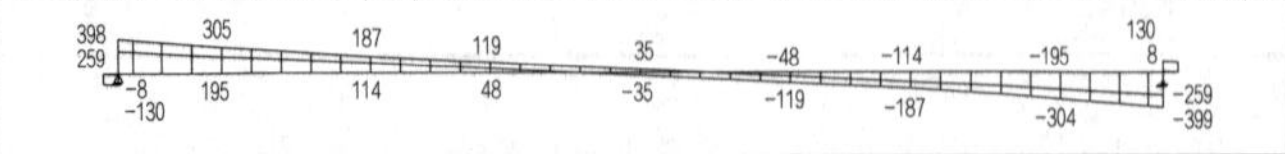	1.0×②+0.4×③
⑦	标准组合	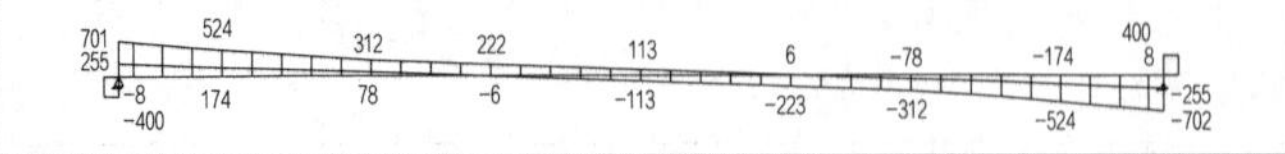	1.0×②+1.0×③×（1+μ）

表 3　结果验算

验算内容		计算值	范围限值
持久状况承载能力验算	抗弯承载能力	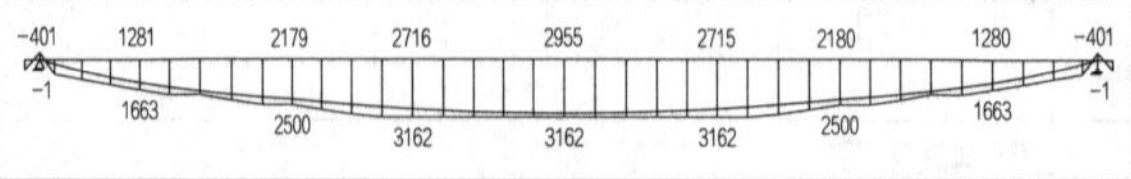	$\gamma_0 M_d \leqslant M_R$ 2955<3162kN·m
	抗剪承载能力	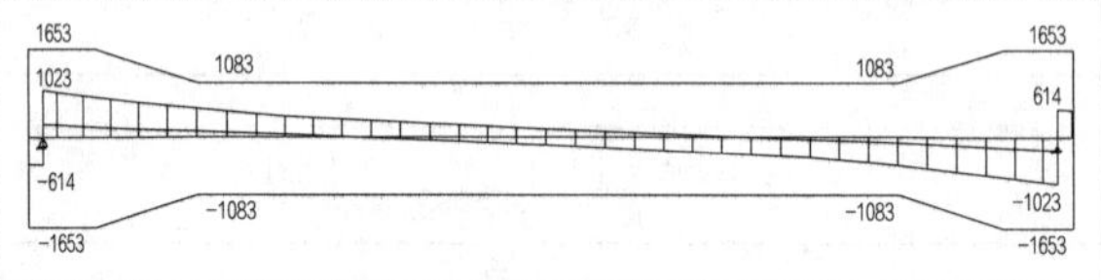	$\gamma_0 Q_d \leqslant Q_R$ 1023<1653kN
持久状况正常使用验算	频遇组合正截面上下缘拉应力	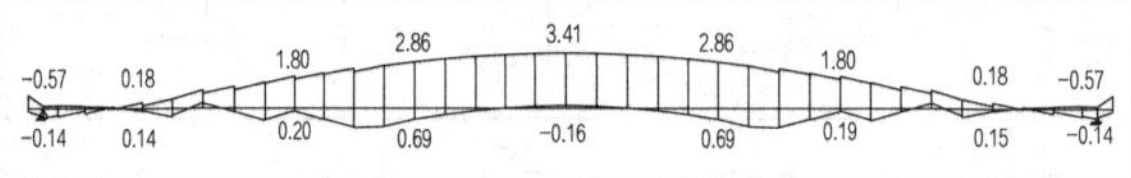	$\sigma_{st}-\sigma_{pc} \leqslant 0.7 f_{tk}$ 计算值≥ −1.86MPa
	准永久组合正截面上下缘拉应力	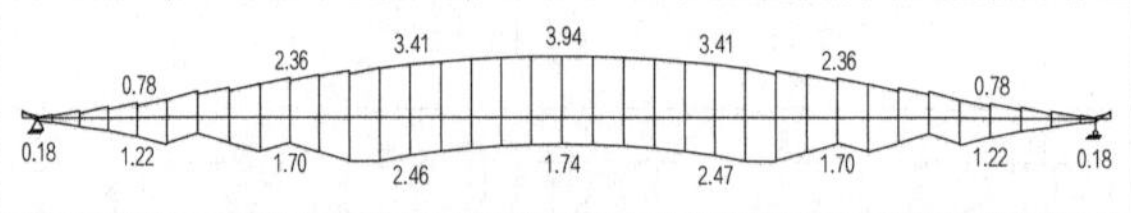	$\sigma_{lt}-\sigma_{pc} \leqslant 0$ 计算值≥ 0MPa
	频遇组合斜截面主拉应力	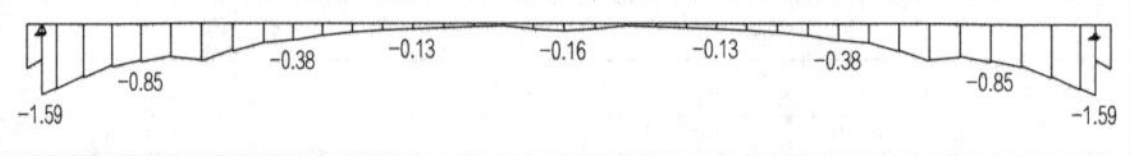	$\sigma_{tp} \leqslant 0.7 f_{tk}$ 计算值≥ −1.86MPa
	频遇组合挠度（考虑长期增长系数）	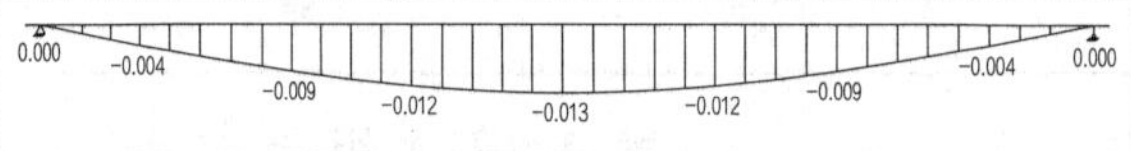	$y \leqslant (1/600)l L$ 计算值≥ −0.0291m
持久状况应力验算	标准作用组合正截面最大压应力	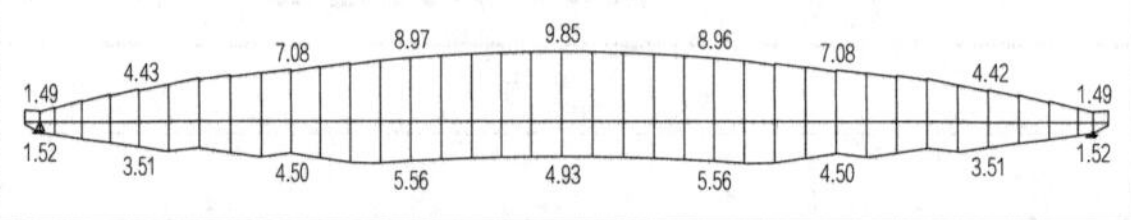	$\sigma_{kc}+\sigma_{pt} \leqslant 0.5 f_{ck}$ 计算值≤ 16.20MPa
	预应力钢筋最大拉应力	1206MPa	$\sigma_{pe}+\sigma_p \leqslant 0.65 f_{pk}$ 计算值≤ 1209MPa
	标准作用组合混凝土最大主压应力	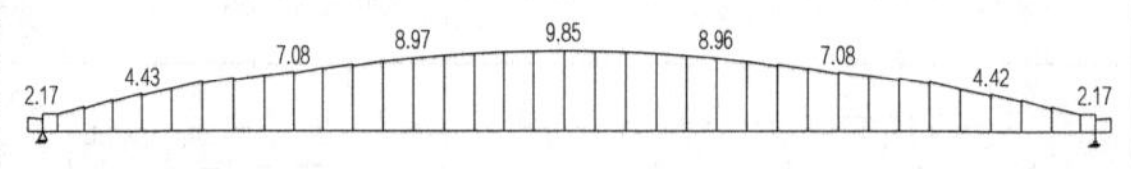	$\sigma_{cp} \leqslant 0.6 f_{ck}$ 计算值≤ 19.44MPa
短暂状况应力验算	不利状态上缘应力	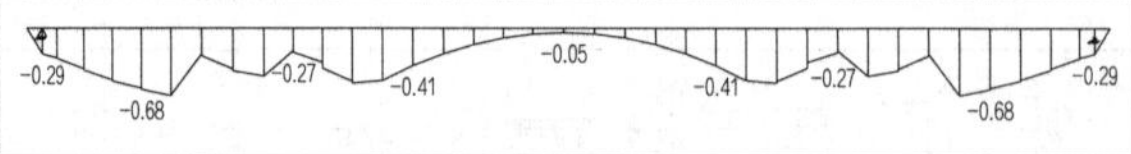	$\sigma^t_{ct} \leqslant 0.70 f'_{tk}$ 计算值≥ −1.86MPa
	不利状态下缘应力	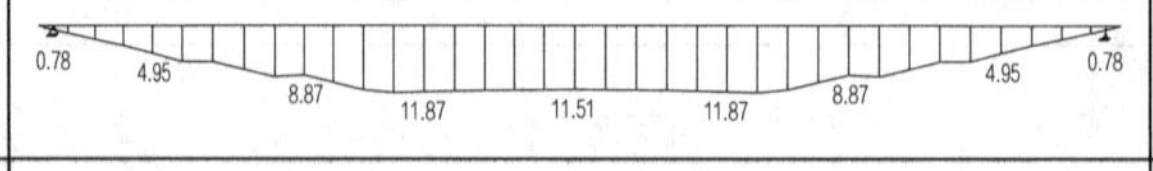	$\sigma^t_{cc} \leqslant 0.70 f'_{ck}$ 计算值≤ 22.68MPa
其他	放张阶段跨中挠度	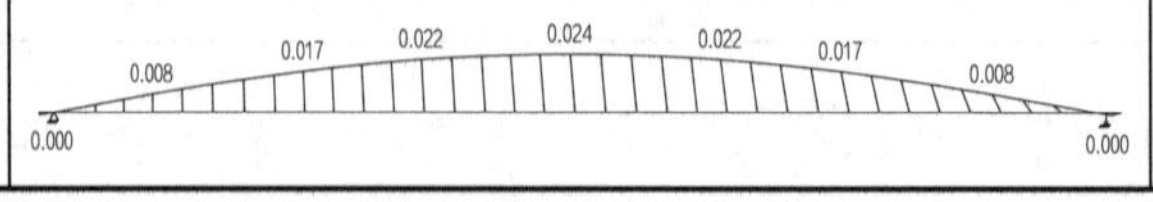	—

注：1. 单位：弯矩（kN·m）、剪力（kN）、应力（MPa）、位移（m）。
　　2. 效应方向：应力（压为正、拉为负）、位移（上拱为正、下挠为负）。

内力与应力验算结果

跨径：18m　中梁

设计荷载：城—B级、公路—Ⅱ级

表1　弯矩组合

编号	荷载或组合	弯矩图	备注
①	预制梁自重	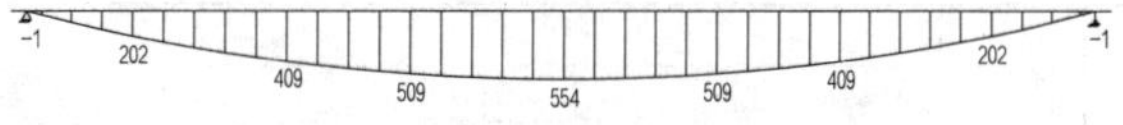	—
②	恒载	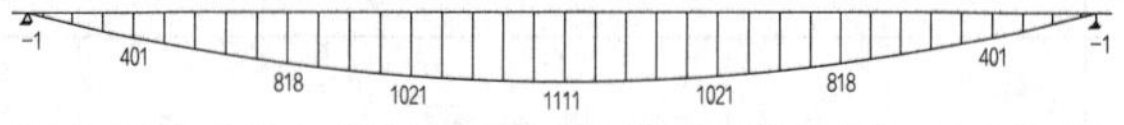	—
③	汽车荷载	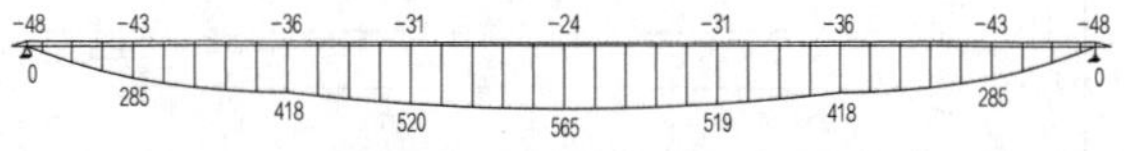	不计冲击（μ=0.282）
④	基本组合	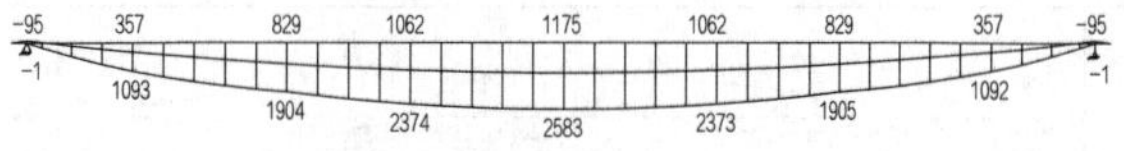	1.1×［1.2×②+1.4×③×（1+μ）］
⑤	频遇组合	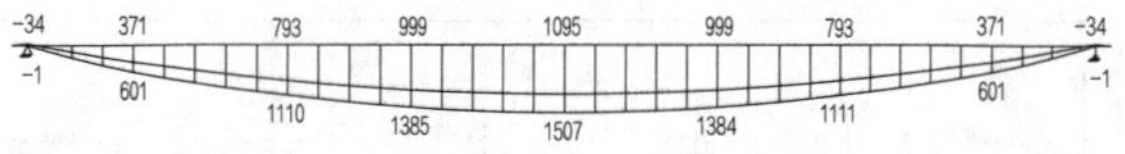	1.0×②+0.7×③
⑥	准永久组合	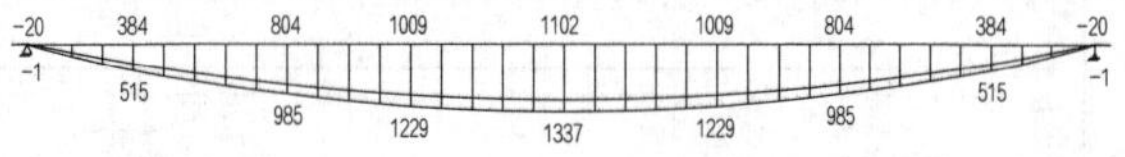	1.0×②+0.4×③
⑦	标准组合	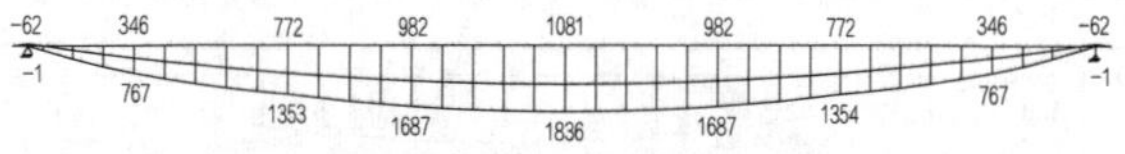	1.0×②+1.0×③×（1+μ）

表2　剪力组合

编号	荷载或组合	剪力图	备注
①	预制梁自重	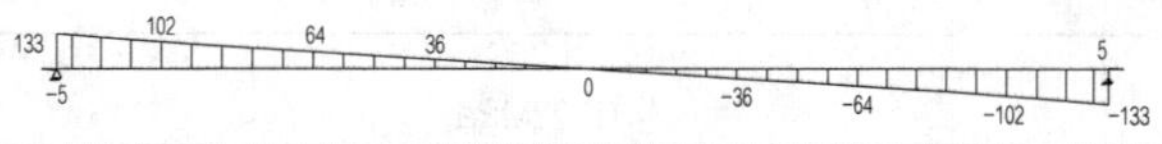	—
②	恒载	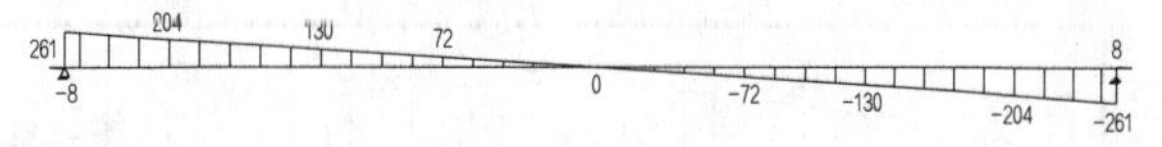	—
③	汽车荷载	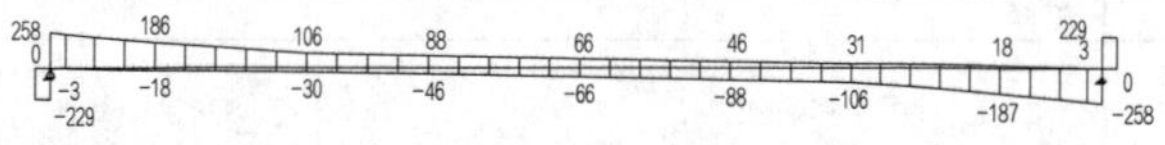	不计冲击（μ=0.282）
④	基本组合	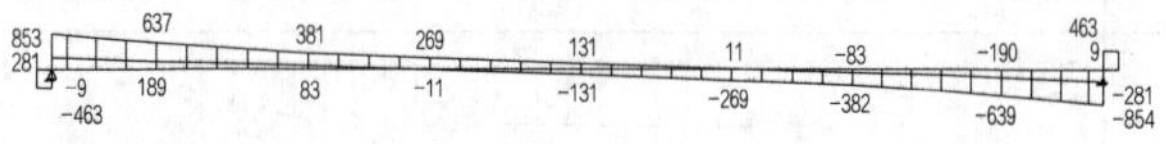	1.1×［1.2×②+1.4×③×（1+μ）］
⑤	频遇组合	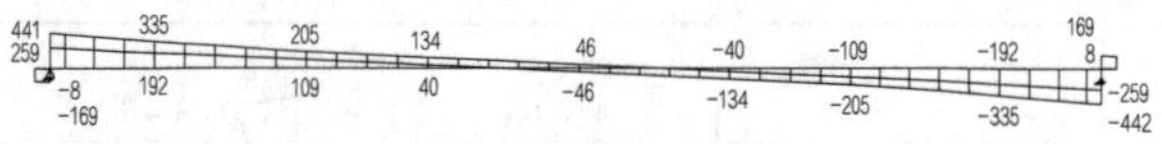	1.0×②+0.7×③
⑥	准永久组合	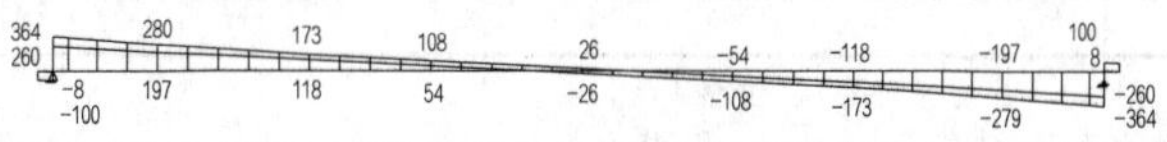	1.0×②+0.4×③
⑦	标准组合	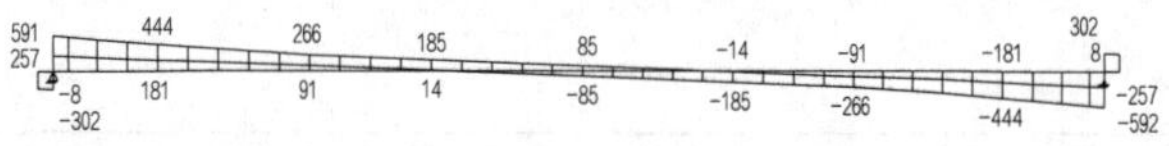	1.0×②+1.0×③×（1+μ）

表3　结果验算

验算内容		计算值	范围限值
持久状况承载能力验算	抗弯承载能力	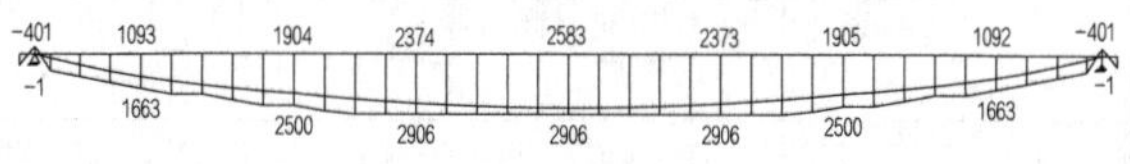	$\gamma_0 M_d \le M_R$ 2583<2906kN·m
	抗剪承载能力	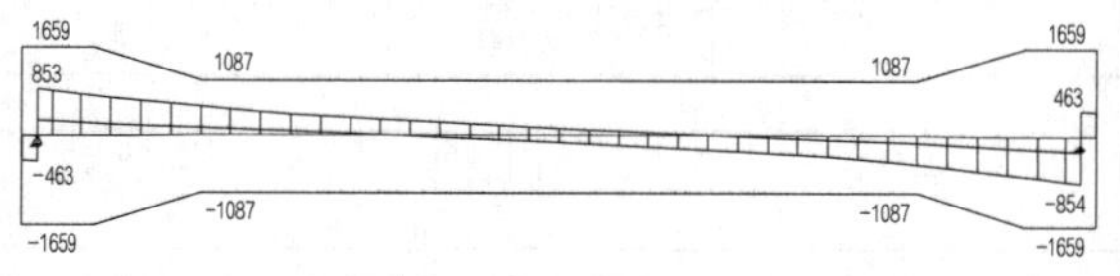	$\gamma_0 Q_d \le Q_R$ 854<1659kN
持久状况正常使用验算	频遇组合正截面上下缘拉应力	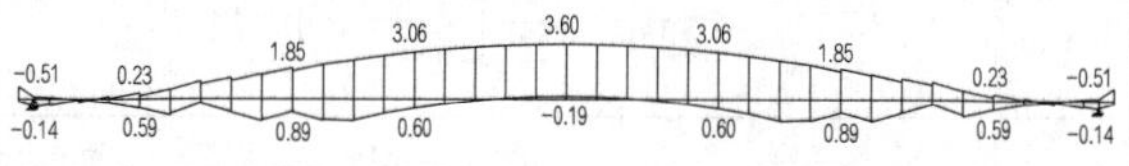	$\sigma_{st}-\sigma_{pc} \le 0.7 f_{tk}$ 计算值≥ −1.86MPa
	准永久组合正截面上下缘拉应力	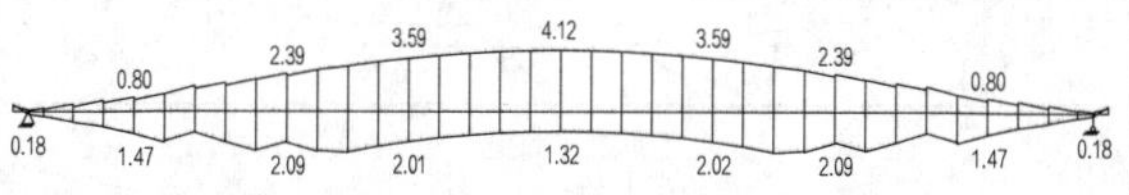	$\sigma_{lt}-\sigma_{pc} \le 0$ 计算值≥ 0MPa
	频遇组合斜截面主拉应力	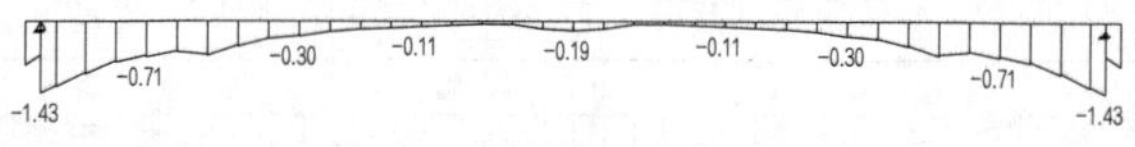	$\sigma_{tp} \le 0.7 f_{tk}$ 计算值≥ −1.86MPa
	频遇组合挠度（考虑长期增长系数）	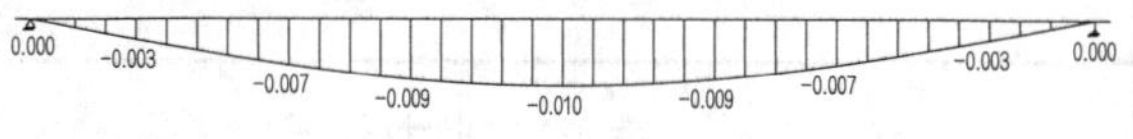	$y \le (1/600) L$ 计算值≥ −0.0291m
持久状况应力验算	标准作用组合正截面最大压应力	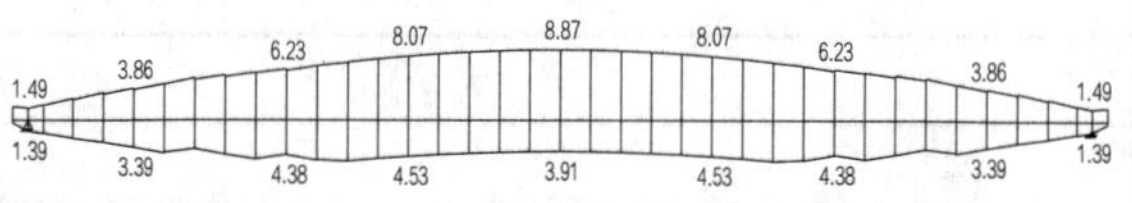	$\sigma_{kc}+\sigma_{pt} \le 0.5 f_{ck}$ 计算值≤ 16.20MPa
	预应力钢筋最大拉应力	1202MPa	$\sigma_{pe}+\sigma_p \le 0.65 f_{pk}$ 计算值≤ 1209MPa
	标准作用组合混凝土最大主压应力	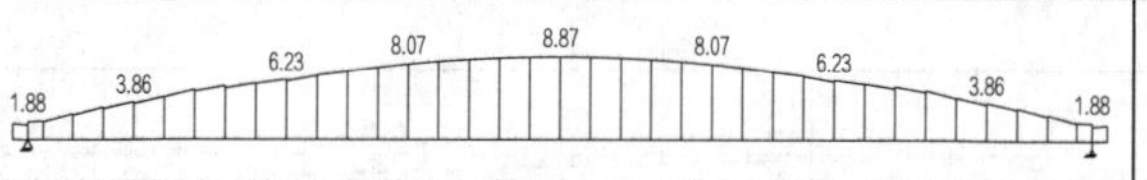	$\sigma_{cp} \le 0.6 f_{ck}$ 计算值≤ 19.44MPa
短暂状况应力验算	不利状态上缘应力	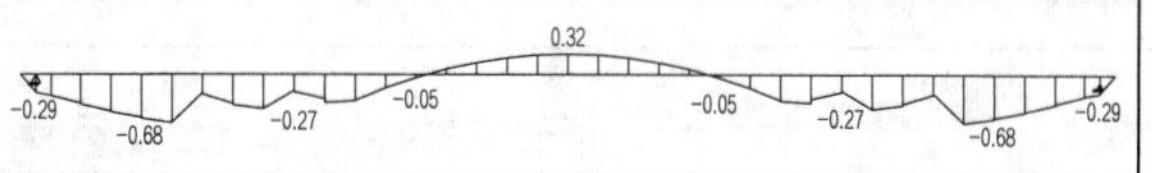	$\sigma^t_{ct} \le 0.70 f'_{tk}$ 计算值≥ −1.86MPa
	不利状态下缘应力	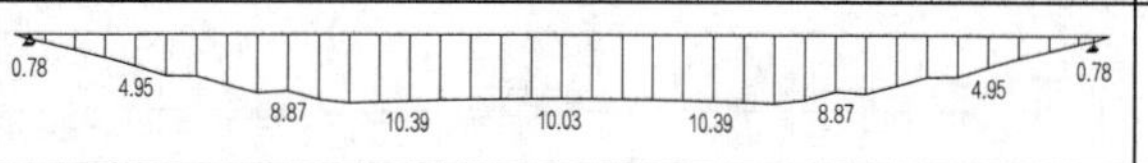	$\sigma^t_{cc} \le 0.70 f'_{ck}$ 计算值≤ 22.68MPa
其他	放张阶段跨中挠度	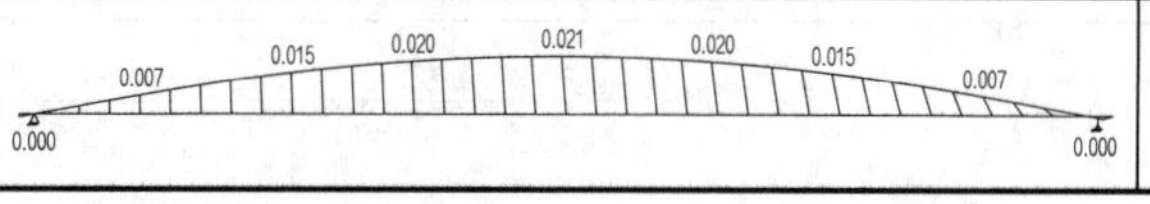	—

注：1. 单位：弯矩（kN·m）、剪力（kN）、应力（MPa）、位移（m）。
　　2. 效应方向：应力（压为正、拉为负）、位移（上拱为正、下挠为负）。

内力与应力验算结果

跨径：18m　边梁

设计荷载：城—A 级、公路—I级

表 1　弯矩组合

编号	荷载或组合	弯矩图	备注
①	预制梁自重	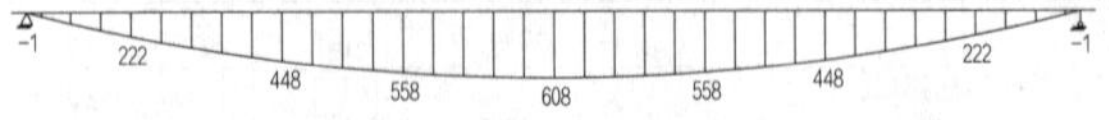	—
②	恒载	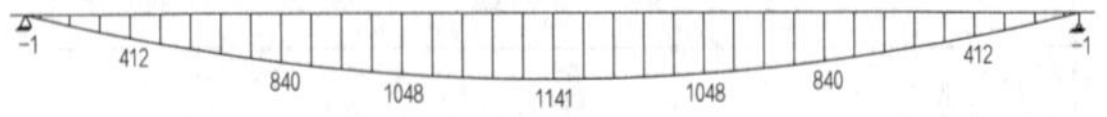	—
③	汽车荷载	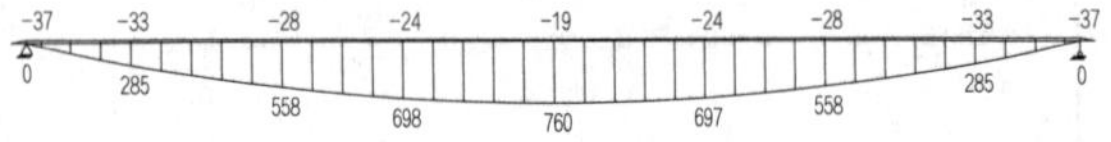	不计冲击（μ=0.282）
④	基本组合	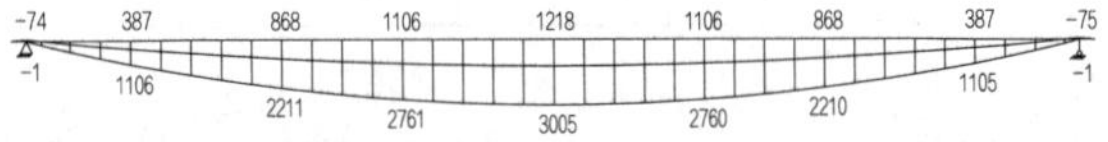	1.1×［1.2×②+1.4×③×（1+μ）］
⑤	频遇组合	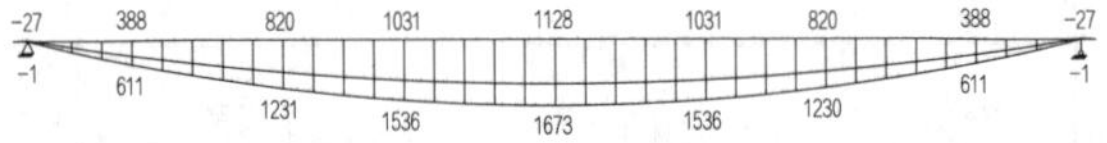	1.0×②+0.7×③
⑥	准永久组合	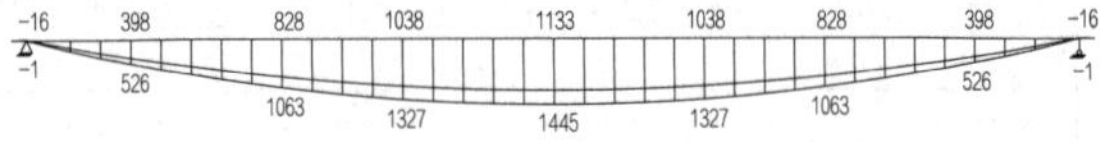	1.0×②+0.4×③
⑦	标准组合	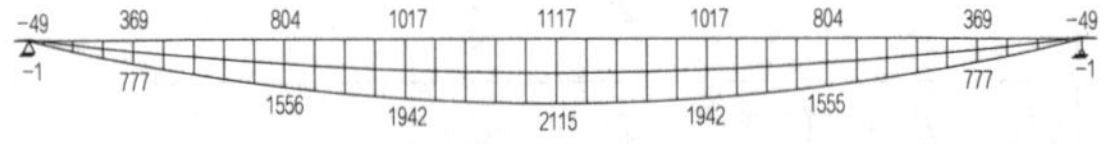	1.0×②+1.0×③×(1+μ)

表 2　剪力组合

编号	荷载或组合	剪力图	备注
①	预制梁自重		—
②	恒载	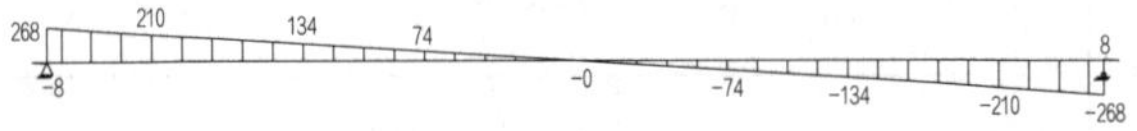	—
③	汽车荷载	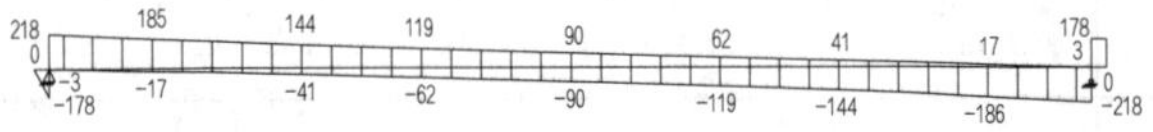	不计冲击（μ=0.282）
④	基本组合	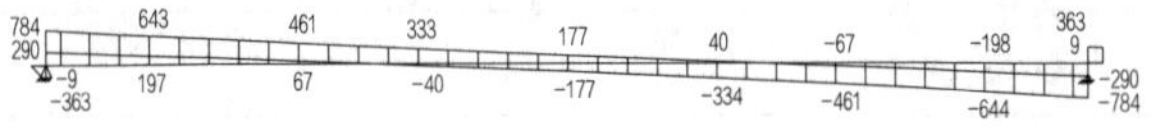	1.1×［1.2×②+1.4×③×（1+μ）］
⑤	频遇组合	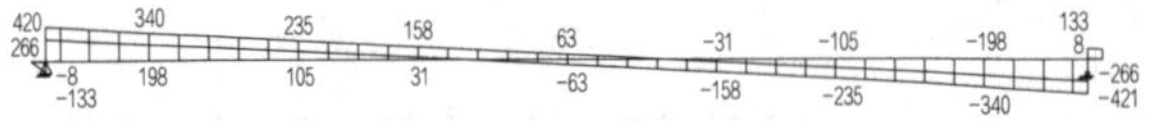	1.0×②+0.7×③
⑥	准永久组合	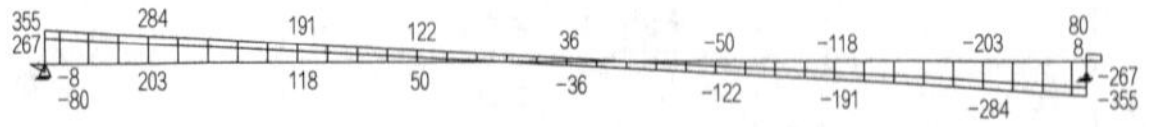	1.0×②+0.4×③
⑦	标准组合	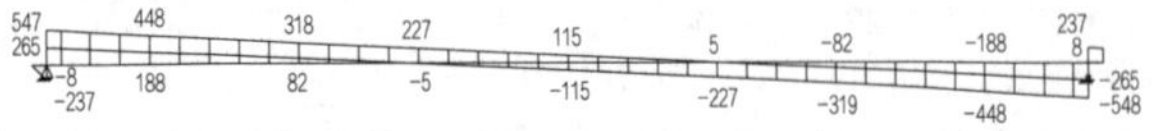	1.0×②+1.0×③×(1+μ)

表 3　结果验算

验算内容		计算值	范围限值
持久状况承载能力验算	抗弯承载能力	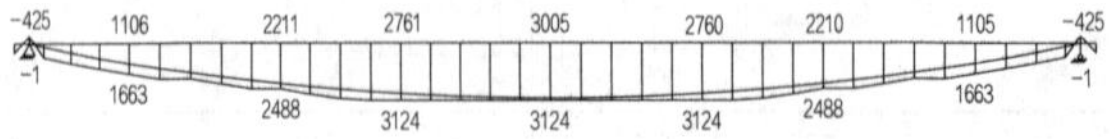	$\gamma_0 M_d \leq M_R$ 3005<3124kN·m
	抗剪承载能力	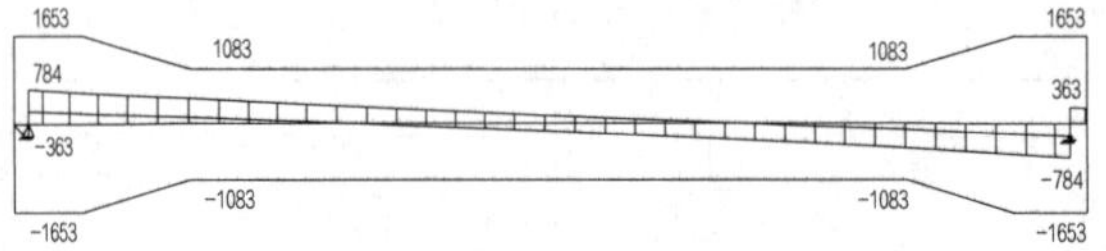	$\gamma_0 Q_d \leq Q_R$ 784<1653kN
持久状况正常使用验算	频遇组合正截面上下缘拉应力	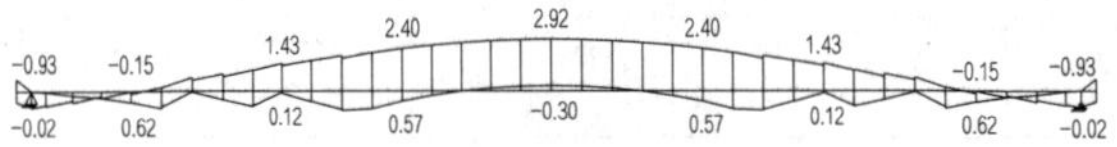	$\sigma_{st}-\sigma_{pc} \leq 0.7f_{tk}$ 计算值≥ −1.86MPa
	准永久组合正截面上下缘拉应力	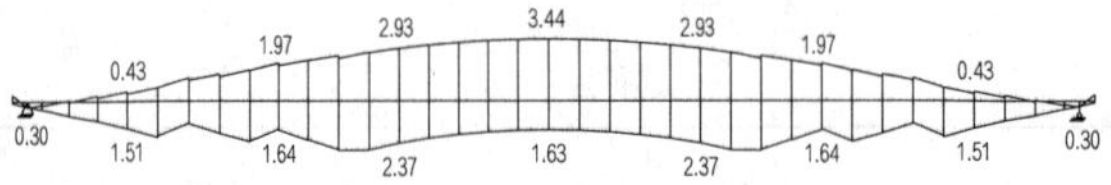	$\sigma_{lt}-\sigma_{pc} \leq 0$ 计算值≥0MPa
	频遇组合斜截面主拉应力	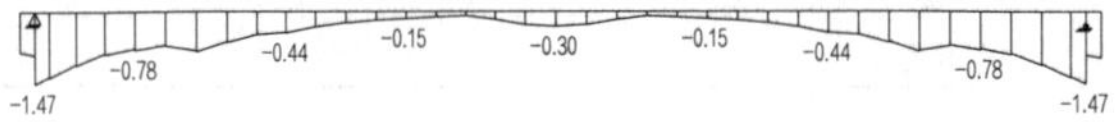	$\sigma_{tp} \leq 0.7f_{tk}$ 计算值≥ −1.86MPa
	频遇组合挠度（考虑长期增长系数）	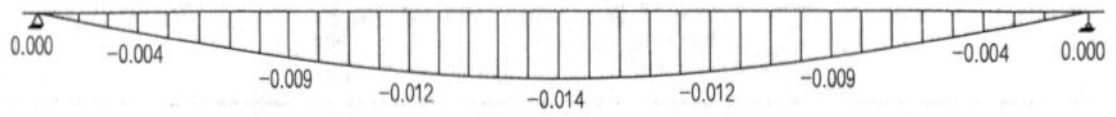	$y \leq$（1/600）lL 计算值≥ −0.0291m
持久状况应力验算	标准作用组合正截面最大压应力	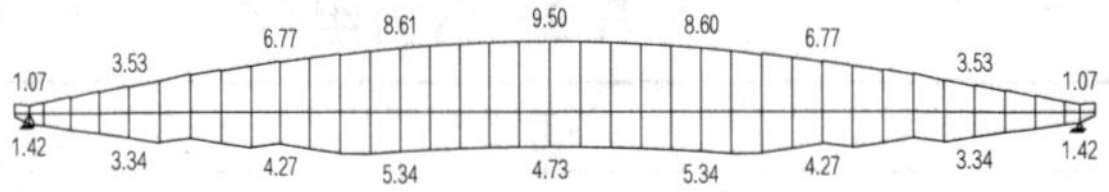	$\sigma_{kc}+\sigma_{pt} \leq 0.5f_{ck}$ 计算值≤ 16.20MPa
	预应力钢筋最大拉应力	1202MPa	$\sigma_{pe}+\sigma_p \leq 0.65f_{pk}$ 计算值≤ 1209MPa
	标准作用组合混凝土最大主压应力	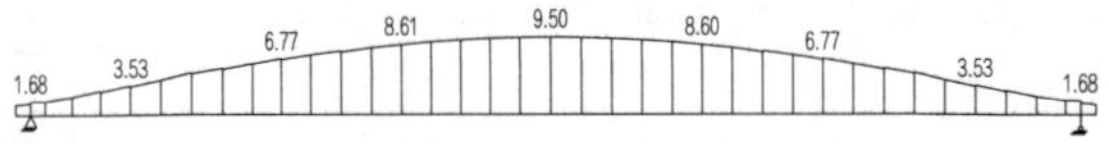	$\sigma_{cp} \leq 0.6f_{ck}$ 计算值≤ 19.44MPa
短暂状况应力验算	不利状态上缘应力	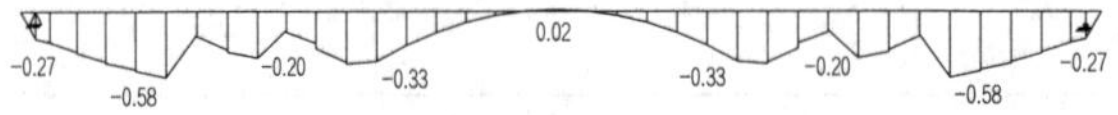	$\sigma^t_{ct} \leq 0.70f'_{tk}$ 计算值≥ −1.86MPa
	不利状态下缘应力	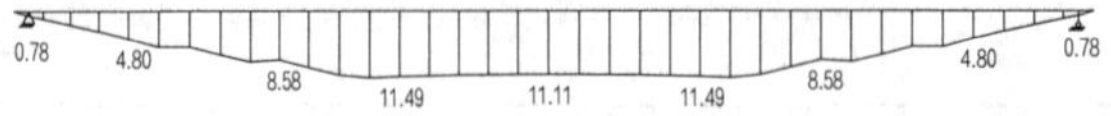	$\sigma^t_{cc} \leq 0.70f'_{ck}$ 计算值≤ 22.68MPa
其他	放张阶段跨中挠度	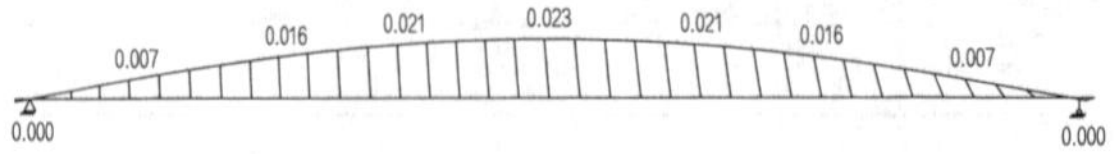	—

注：1. 单位：弯矩（kN·m）、剪力（kN）、应力（MPa）、位移（m）。
　　2. 效应方向：应力（压为正、拉为负）、位移（上拱为正、下挠为负）。

内力与应力验算结果

跨径：18m 边梁

设计荷载：城—B 级、公路—Ⅱ级

表 1 弯矩组合

编号	荷载或组合	弯矩图	备注
①	预制梁自重	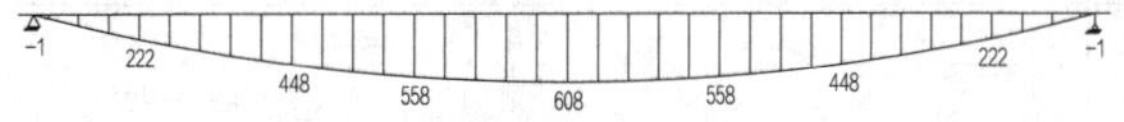	—
②	恒载	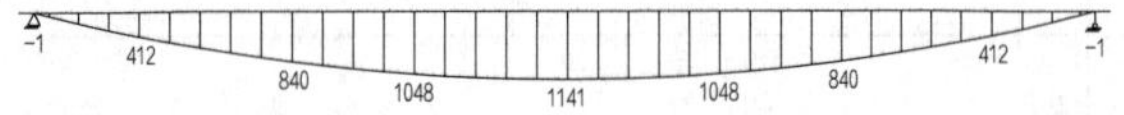	—
③	汽车荷载	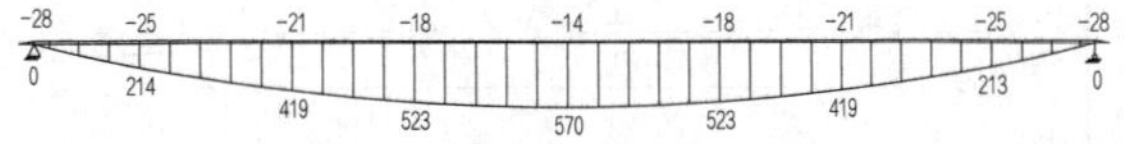	不计冲击（μ=0.282）
④	基本组合	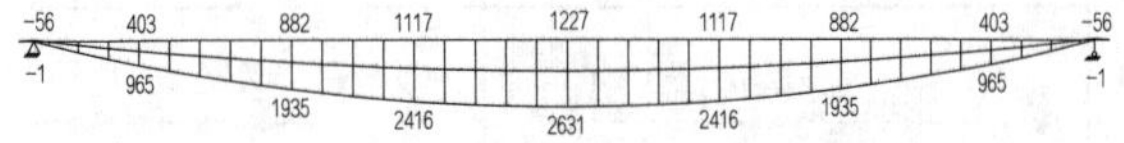	1.1×［1.2×②+1.4×③×（1+μ）］
⑤	频遇组合	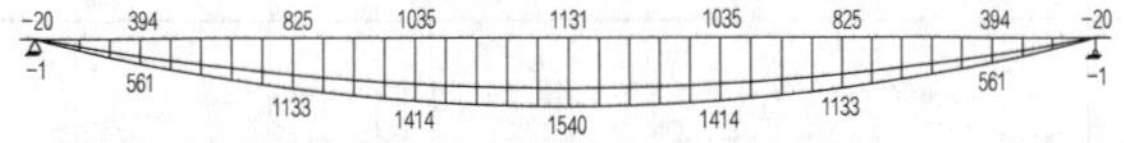	1.0×②+0.7×③
⑥	准永久组合	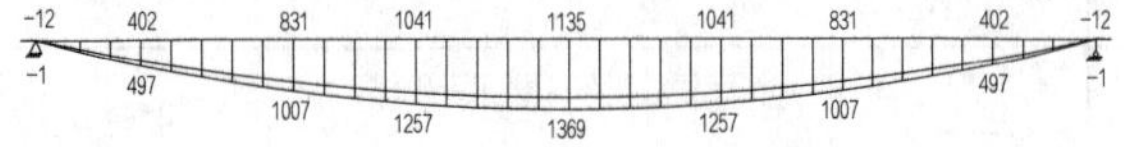	1.0×②+0.4×③
⑦	标准组合	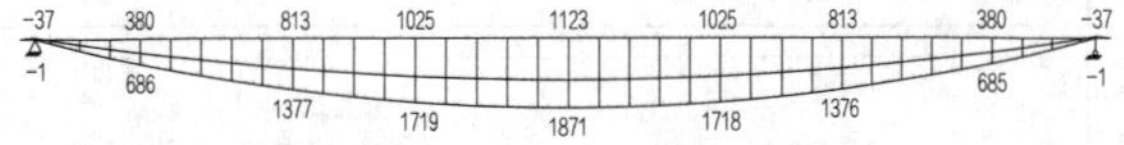	1.0×②+1.0×③×(1+μ)

表 2 剪力组合

编号	荷载或组合	剪力图	备注
①	预制梁自重		—
②	恒载	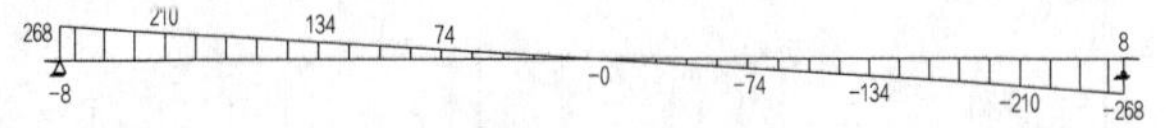	—
③	汽车荷载	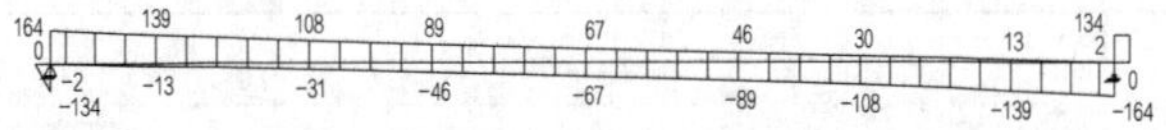	不计冲击（μ=0.282）
④	基本组合	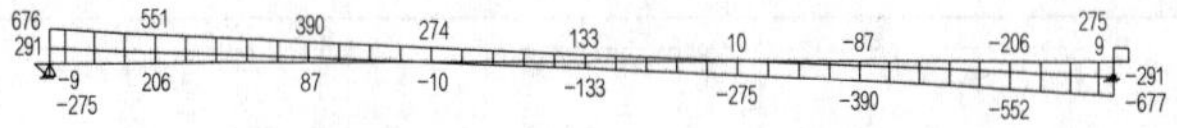	1.1×［1.2×②+1.4×③×（1+μ）］
⑤	频遇组合	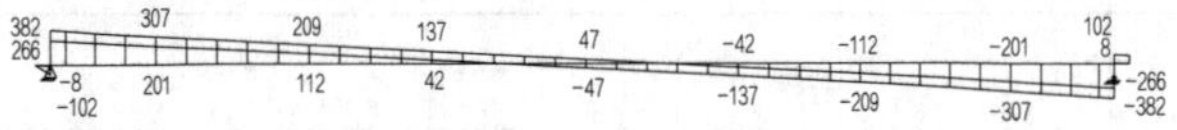	1.0×②+0.7×③
⑥	准永久组合	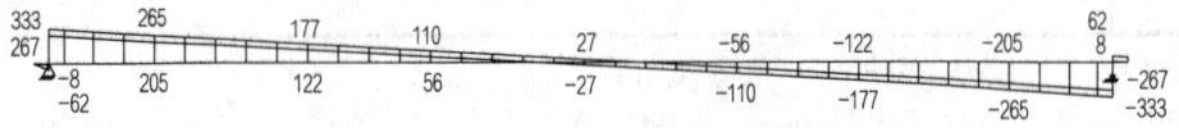	1.0×②+0.4×③
⑦	标准组合	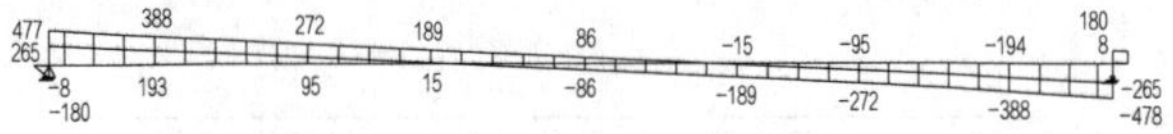	1.0×②+1.0×③×(1+μ)

表 3 结果验算

验算内容		计算值	范围限值
持久状况承载能力验算	抗弯承载能力	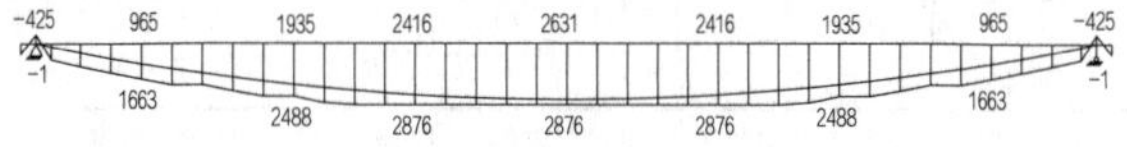	$\gamma_0 M_d \leq M_R$ 2631<2876kN·m
	抗剪承载能力	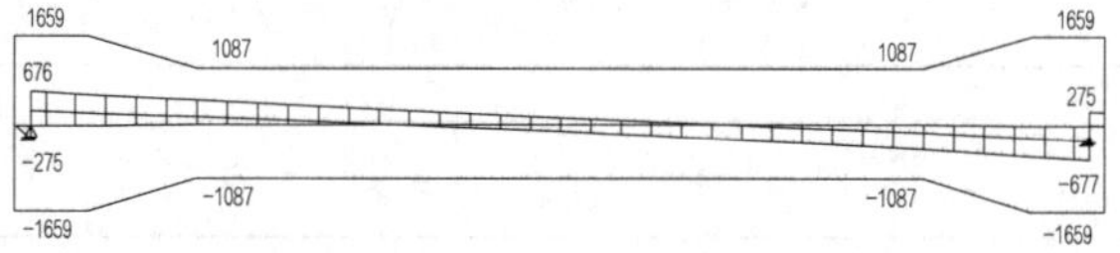	$\gamma_0 Q_d \leq Q_R$ 677<1659kN
持久状况正常使用验算	频遇组合正截面上下缘拉应力	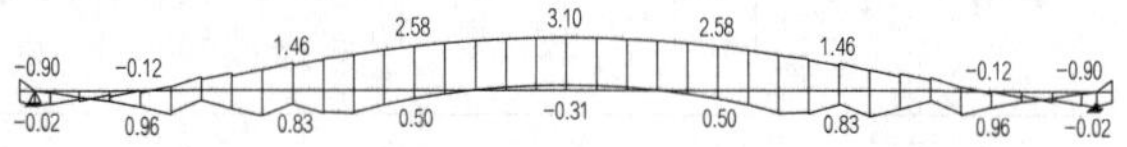	$\sigma_{st}-\sigma_{pc} \leq 0.7 f_{tk}$ 计算值≥ −1.86MPa
	准永久组合正截面上下缘拉应力	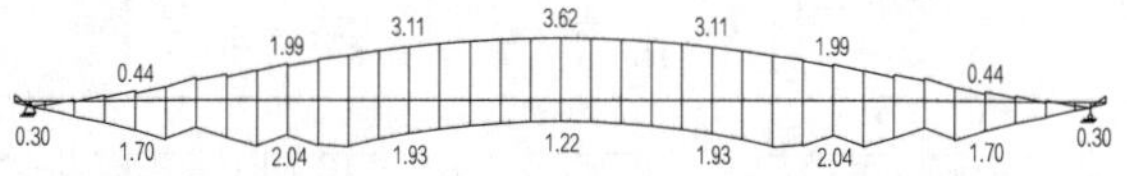	$\sigma_{lt}-\sigma_{pc} \leq 0$ 计算值≥ 0MPa
	频遇组合斜截面主拉应力	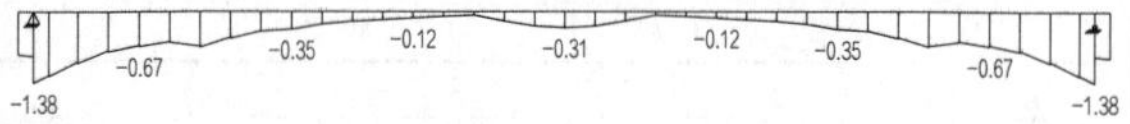	$\sigma_{tp} \leq 0.7 f_{tk}$ 计算值≥ −1.86MPa
	频遇组合挠度（考虑长期增长系数）	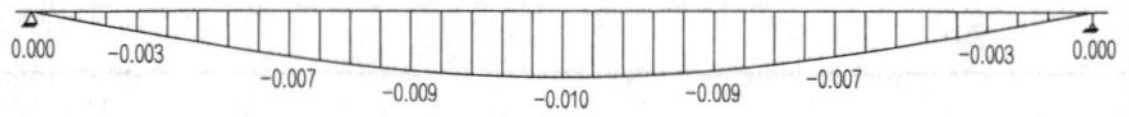	$y \leq$（1/600）l/L 计算值≥ −0.0291m
持久状况应力验算	标准作用组合正截面最大压应力	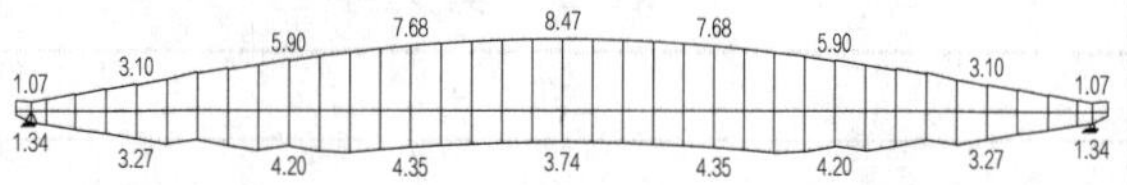	$\sigma_{kc}+\sigma_{pt} \leq 0.5 f_{ck}$ 计算值≤ 16.20MPa
	预应力钢筋最大拉应力	1198MPa	$\sigma_{pe}+\sigma_p \leq 0.65 f_{pk}$ 计算值≤ 1209MPa
	标准作用组合混凝土最大主压应力	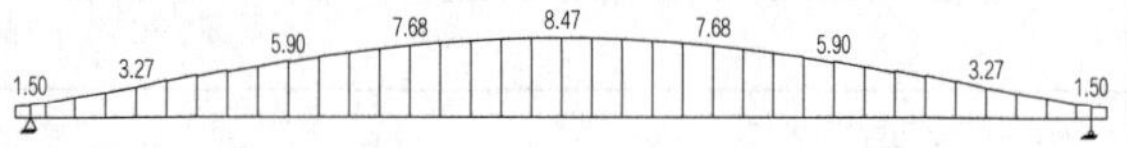	$\sigma_{cp} \leq 0.6 f_{ck}$ 计算值≤ 19.44MPa
短暂状况应力验算	不利状态上缘应力	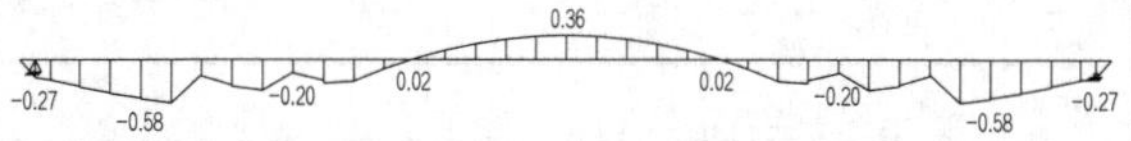	$\sigma^t_{ct} \leq 0.70 f'_{tk}$ 计算值≥ −1.86MPa
	不利状态下缘应力	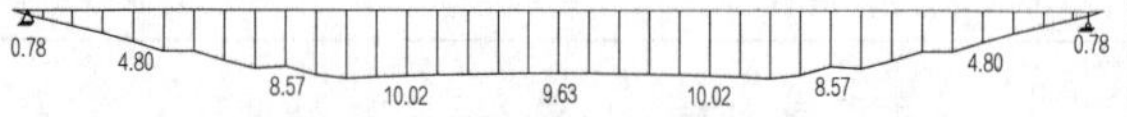	$\sigma^t_{cc} \leq 0.70 f'_{ck}$ 计算值≤ 22.68MPa
其他	放张阶段跨中挠度	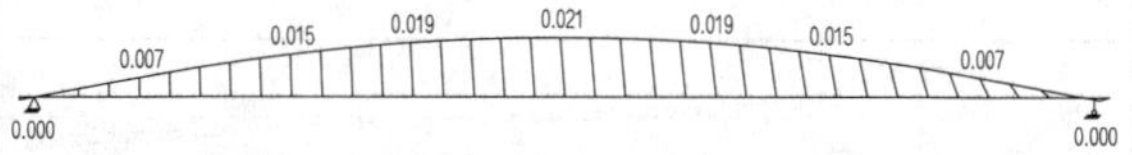	—

注：1. 单位：弯矩（kN·m）、剪力（kN）、应力（MPa）、位移（m）。
2. 效应方向：应力（压为正、拉为负）、位移（上拱为正、下挠为负）。

内力与应力验算结果

跨径：20m　中梁

设计荷载：城—A 级、公路—Ⅰ级

表 1　弯矩组合

编号	荷载或组合	弯矩图	备注
①	预制梁自重	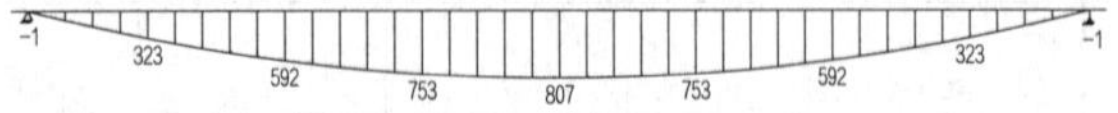	—
②	恒载	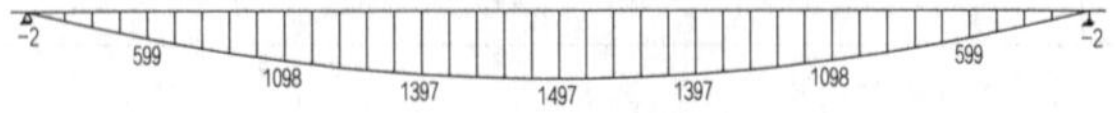	—
③	汽车荷载	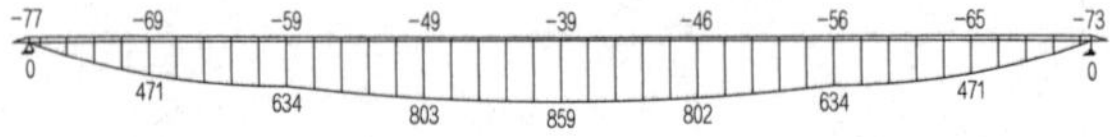	不计冲击（μ=0.267）
④	基本组合	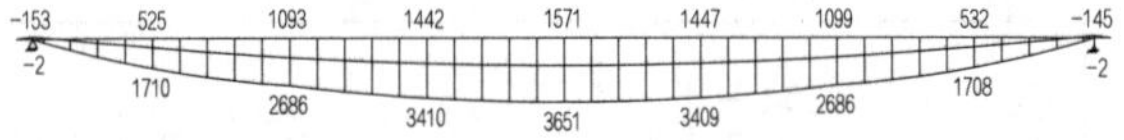	1.1×［1.2×②+1.4×③×（1+μ）］
⑤	频遇组合	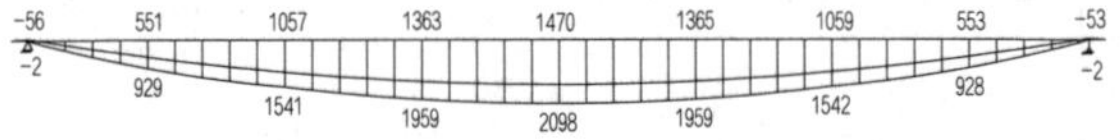	1.0×②+0.7×③
⑥	准永久组合	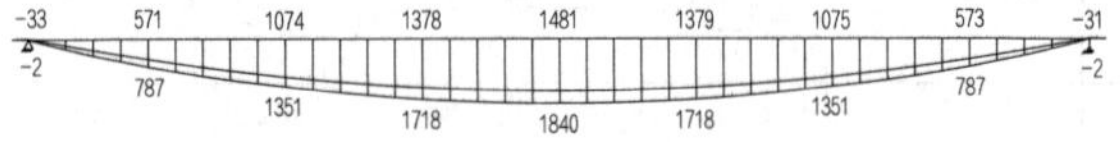	1.0×②+0.4×③
⑦	标准组合	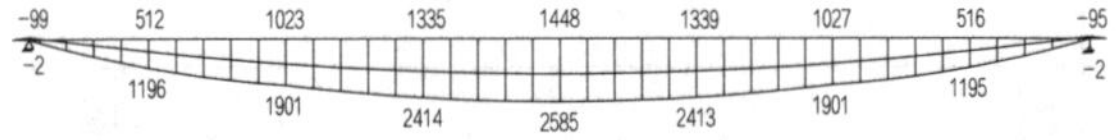	1.0×②+1.0×③×(1+μ)

表 2　剪力组合

编号	荷载或组合	剪力图	备注
①	预制梁自重		—
②	恒载		—
③	汽车荷载	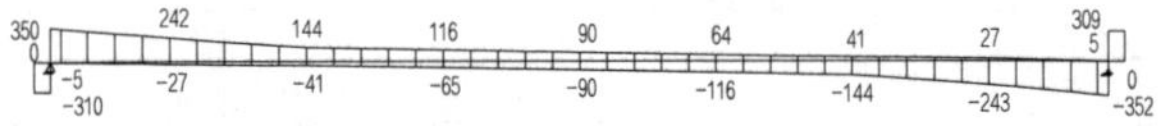	不计冲击（μ=0.267）
④	基本组合	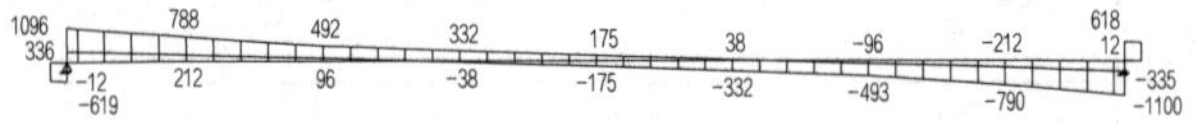	1.1×［1.2×②+1.4×③×（1+μ）］
⑤	频遇组合	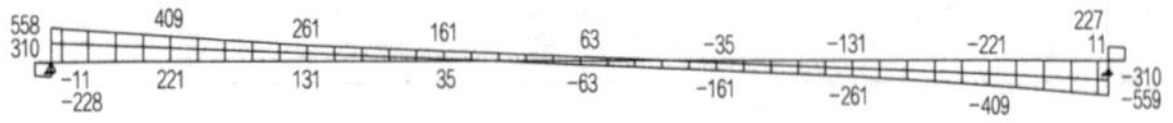	1.0×②+0.7×③
⑥	准永久组合		1.0×②+0.4×③
⑦	标准组合	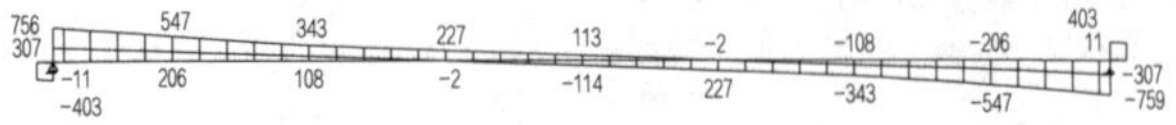	1.0×②+1.0×③×(1+μ)

表 3　结果验算

验算内容		计算值	范围限值
持久状况承载能力验算	抗弯承载能力	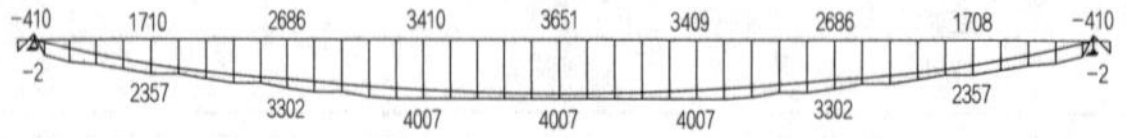	$\gamma_0 M_d \leqslant M_R$ 3651<4007kN·m
	抗剪承载能力	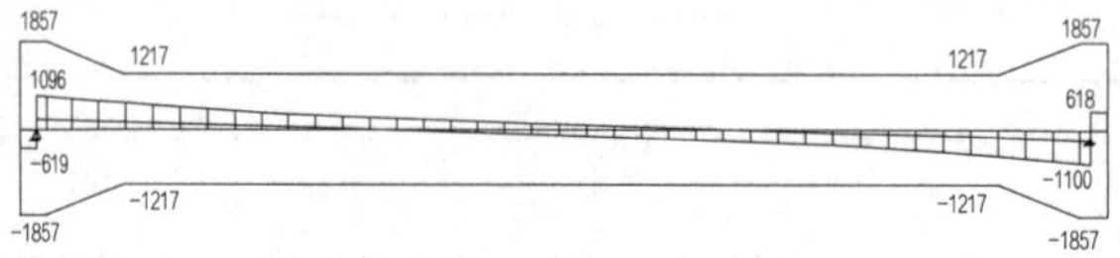	$\gamma_0 Q_d \leqslant Q_R$ 1100<1857kN
持久状况正常使用验算	频遇组合正截面上下缘拉应力	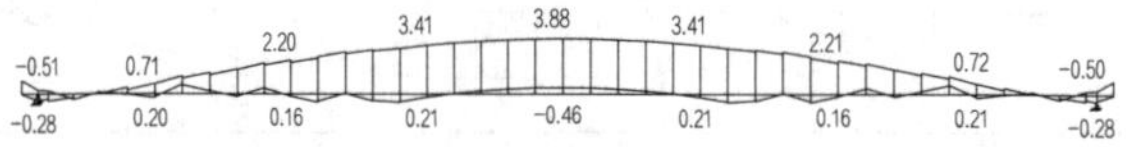	$\sigma_{st}-\sigma_{pc} \leqslant 0.7f_{tk}$ 计算值≥ −1.86MPa
	准永久组合正截面上下缘拉应力	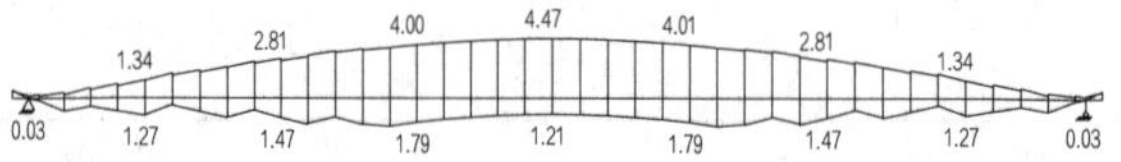	$\sigma_{lt}-\sigma_{pc} \leqslant 0$ 计算值≥ 0MPa
	频遇组合斜截面主拉应力	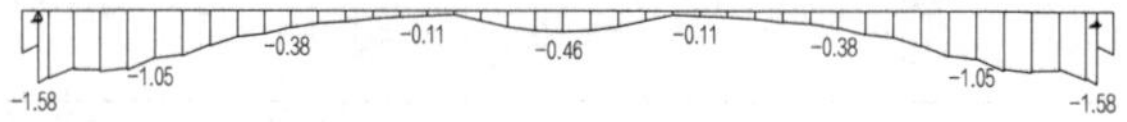	$\sigma_{tp} \leqslant 0.7f_{tk}$ 计算值≥ −1.86MPa
	频遇组合挠度（考虑长期增长系数）		$y \leqslant (1/600)l L$ 计算值≥ −0.0323m
持久状况应力验算	标准作用组合正截面最大压应力	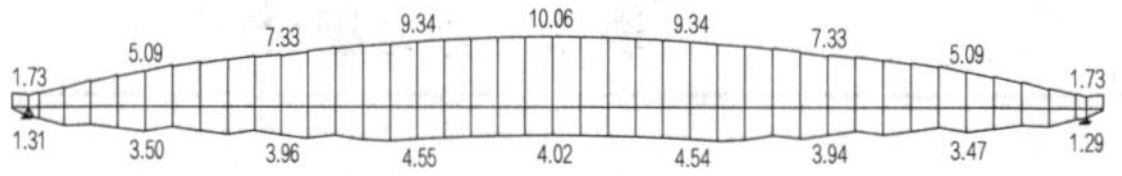	$\sigma_{kc}+\sigma_{pt} \leqslant 0.5f_{ck}$ 计算值≤ 16.20MPa
	预应力钢筋最大拉应力	1199MPa	$\sigma_{pe}+\sigma_p \leqslant 0.65f_{pk}$ 计算值≤ 1209MPa
	标准作用组合混凝土最大主压应力	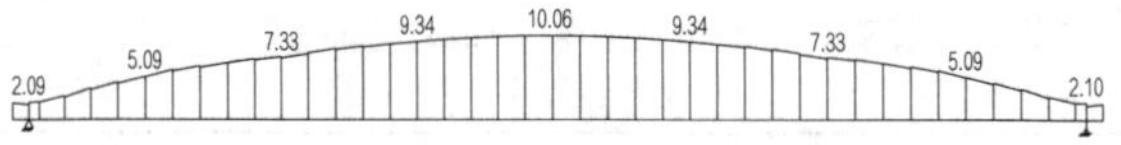	$\sigma_{cp} \leqslant 0.6f_{ck}$ 计算值≤ 19.44MPa
短暂状况应力验算	不利状态上缘应力	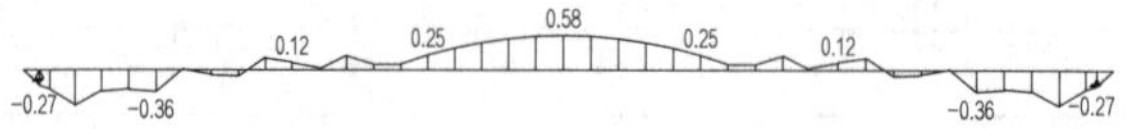	$\sigma_{ct}^{t} \leqslant 0.70f'_{tk}$ 计算值≥ −1.86MPa
	不利状态下缘应力	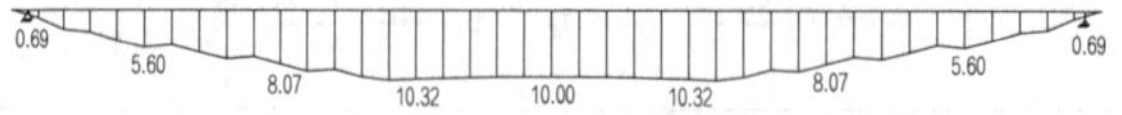	$\sigma_{cc}^{t} \leqslant 0.70f'_{ck}$ 计算值≤ 22.68MPa
其他	放张阶段跨中挠度	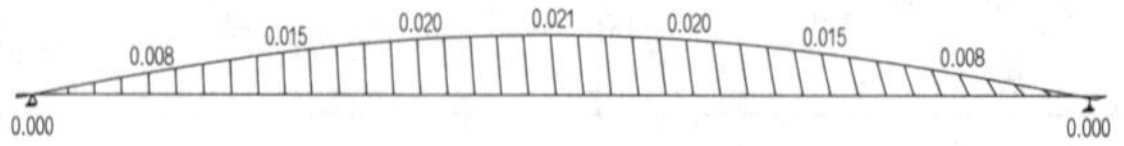	—

注：1. 单位：弯矩（kN·m）、剪力（kN）、应力（MPa）、位移（m）。
2. 效应方向：应力（压为正、拉为负）、位移（上拱为正、下挠为负）。

内力与应力验算结果

跨径：20m　中梁

设计荷载：城—B 级、公路—Ⅱ级

表 1　弯矩组合

编号	荷载或组合	弯矩图	备注
①	预制梁自重	−1 −1 323 592 753 807 753 592 323	—
②	恒载	−2 −2 599 1098 1397 1497 1397 1098 599	—
③	汽车荷载	−58 −51 −44 −37 −29 −35 −42 −49 −55 0 353 475 602 644 602 476 353 0	不计冲击（μ=0.267）
④	基本组合	−115 558 1122 1466 1590 1469 1126 563 −109 −2 1480 2377 3019 3233 3018 2377 1479 −2	1.1×［1.2×②+1.4×③×（1+μ）］
⑤	频遇组合	−42 563 1067 1372 1477 1373 1069 565 −40 −2 846 1431 1819 1948 1818 1431 846 −2	1.0×②+0.7×③
⑥	准永久组合	−25 578 1080 1383 1485 1383 1081 579 −24 −2 740 1288 1638 1755 1638 1288 740 −2	1.0×②+0.4×③
⑦	标准组合	−75 534 1042 1351 1460 1353 1045 537 −71 −2 1047 1700 2160 2313 2159 1700 1046 −2	1.0×②+1.0×③×(1+μ)

表 2　剪力组合

编号	荷载或组合	剪力图	备注
①	预制梁自重	170 129 86 43 6 −6 0 −43 −86 −129 −170	—
②	恒载	313 240 160 80 11 −11 −0 −80 −160 −240 −313	—
③	汽车荷载	262 3 181 108 87 67 48 31 20 232 4 0 −232 −20 −31 −48 −67 −87 −108 −182 0 −264	不计冲击（μ=0.267）
④	基本组合	925 338 670 422 275 131 6 −116 −225 467 12 −12 −468 225 116 −7 −131 −276 −422 −671 −337 −928	1.1×［1.2×②+1.4×③×（1+μ）］
⑤	频遇组合	497 311 367 235 141 47 −46 −138 −226 173 11 −11 −173 226 138 46 −47 −141 −236 −367 −311 −498	1.0×②+0.7×③
⑥	准永久组合	418 312 312 203 115 27 −61 −147 −232 104 11 −11 −104 232 147 60 −27 −115 −203 −312 −312 −419	1.0×②+0.4×③
⑦	标准组合	645 309 470 297 190 85 −19 −121 −214 305 11 −11 −305 214 121 19 −85 −190 −297 −470 −309 −647	1.0×②+1.0×③×(1+μ)

表 3　结果验算

验算内容		计算值	范围限值
持久状况承载能力验算	抗弯承载能力	−410 1480 2377 3019 3233 3018 2377 1479 −410 −2 2357 3302 3687 3687 3687 3302 2357 −2	$\gamma_0 M_d \leq M_R$ 3233<3687kN·m
	抗剪承载能力	1862 1220 925 1220 1862 467 −468 −1220 −1862 −928 −1220 −1862	$\gamma_0 Q_d \leq Q_R$ 928<1862kN
持久状况正常使用验算	频遇组合正截面上下缘拉应力	−0.46 0.76 2.24 3.60 4.07 3.61 2.24 0.77 −0.45 −0.28 0.66 0.76 0.12 −0.50 0.13 0.76 0.66 −0.28	$\sigma_{st}-\sigma_{pc} \leq 0.7 f_{tk}$ 计算值≥ −1.86MPa
	准永久组合正截面上下缘拉应力	1.36 2.83 4.19 4.65 4.19 2.83 1.37 0.03 1.53 1.82 1.38 0.82 1.38 1.82 1.53 0.03	$\sigma_{lt}-\sigma_{pc} \leq 0$ 计算值≥ 0MPa
	频遇组合斜截面主拉应力	−0.31 −0.10 −0.50 −0.10 −0.31 −1.44 −0.89 −0.89 −1.44	$\sigma_{tp} \leq 0.7 f_{tk}$ 计算值≥ −1.86MPa
	频遇组合挠度（考虑长期增长系数）	0.000 −0.003 −0.007 −0.009 −0.010 −0.009 −0.007 −0.003 0.000	$y \leq (1/600)/L$ 计算值≥ −0.0323m
持久状况应力验算	标准作用组合正截面最大压应力	1.73 4.52 6.56 8.53 9.19 8.53 6.56 4.52 1.73 1.19 3.38 3.86 3.64 3.12 3.63 3.85 3.36 1.17	$\sigma_{kc}+\sigma_{pt} \leq 0.5 f_{ck}$ 计算值≤ 16.20MPa
	预应力钢筋最大拉应力	1195MPa	$\sigma_{pe}+\sigma_p \leq 0.65 f_{pk}$ 计算值≤ 1209MPa
	标准作用组合混凝土最大主压应力	1.83 4.52 6.56 8.53 0.10 8.53 6.56 4.52 1.84	$\sigma_{cp} \leq 0.6 f_{ck}$ 计算值≤ 19.44MPa
短暂状况应力验算	不利状态上缘应力	0.12 0.58 0.91 0.58 0.12 −0.27 −0.36 −0.36 −0.27	$\sigma^t_{ct} \leq 0.70 f'_{tk}$ 计算值≥ −1.86MPa
	不利状态下缘应力	0.69 5.60 8.07 9.07 8.74 9.07 8.07 5.60 0.69	$\sigma^t_{cc} \leq 0.70 f'_{ck}$ 计算值≤ 22.68MPa
其他	放张阶段跨中挠度	0.000 0.007 0.014 0.018 0.019 0.018 0.014 0.007 0.000	—

注：1. 单位：弯矩（kN·m）、剪力（kN）、应力（MPa）、位移（m）。
2. 效应方向：应力（压为正、拉为负）、位移（上拱为正、下挠为负）。

内力与应力验算表（20m 中梁） 设计荷载：城—B 级、公路—Ⅱ级	图集号	2024沪Q003
	页	27

内力与应力验算结果

跨径：20m　边梁

设计荷载：城—A 级、公路—I级

表 1　弯矩组合

编号	荷载或组合	弯矩图	备注
①	预制梁自重	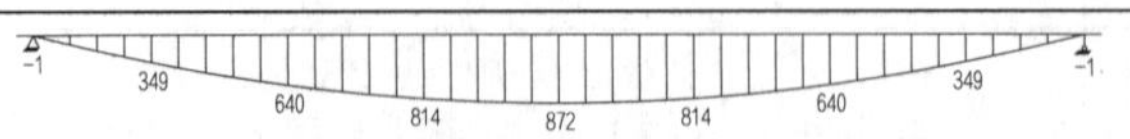	—
②	恒载	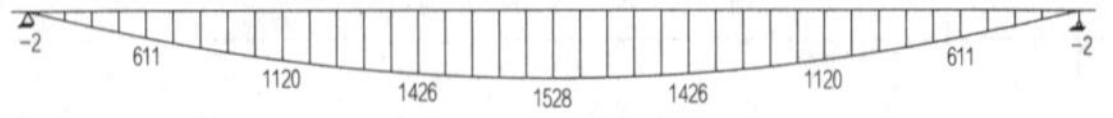	—
③	汽车荷载	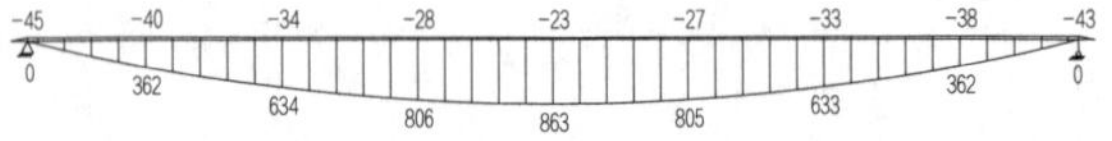	不计冲击（μ=0.267）
④	基本组合	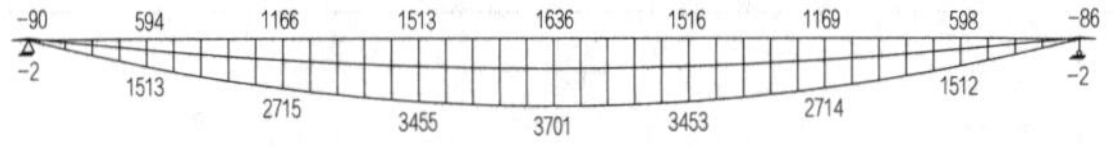	1.1×［1.2×②+1.4×③×（1+μ）］
⑤	频遇组合	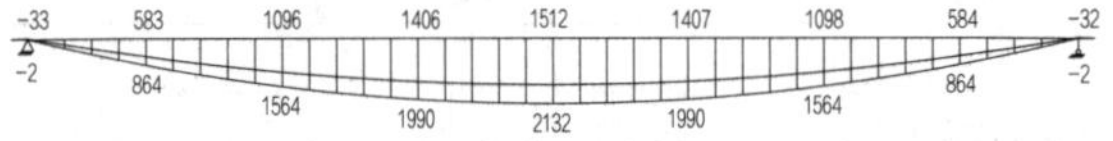	1.0×②+0.7×③
⑥	准永久组合	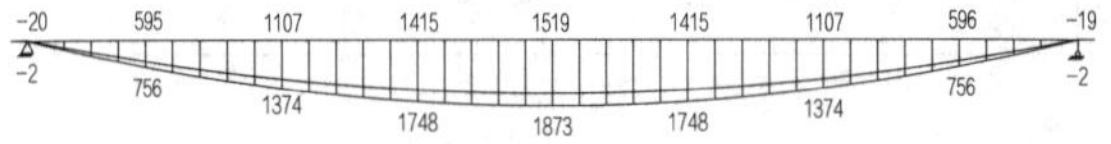	1.0×②+0.4×③
⑦	标准组合	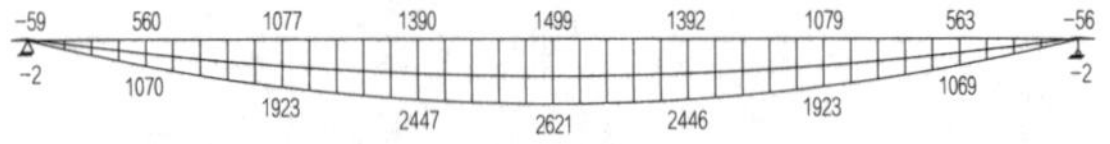	1.0×②+1.0×③×(1+μ)

表 2　剪力组合

编号	荷载或组合	剪力图	备注
①	预制梁自重		—
②	恒载		—
③	汽车荷载	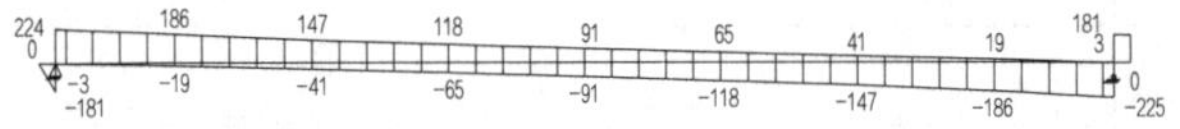	不计冲击（μ=0.267）
④	基本组合	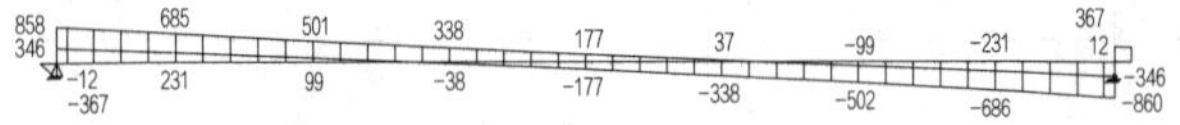	1.1×［1.2×②+1.4×③×（1+μ）］
⑤	频遇组合	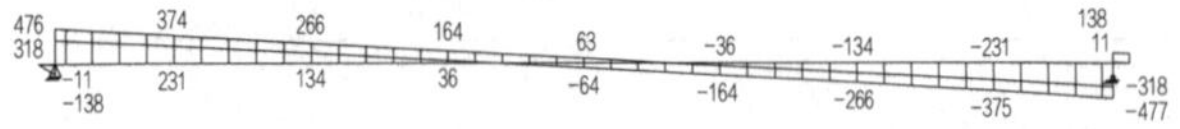	1.0×②+0.7×③
⑥	准永久组合	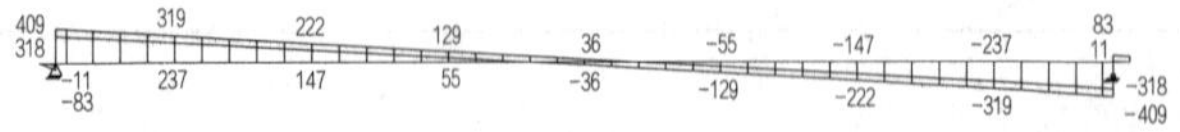	1.0×②+0.4×③
⑦	标准组合	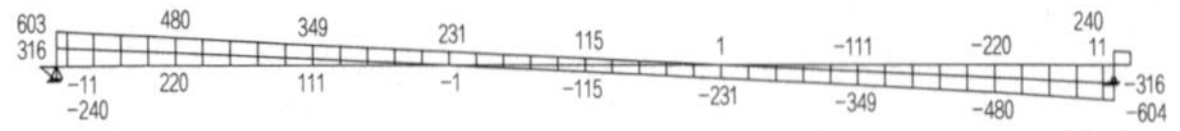	1.0×②+1.0×③×(1+μ)

表 3　结果验算

验算内容		计算值	范围限值
持久状况承载能力验算	抗弯承载能力	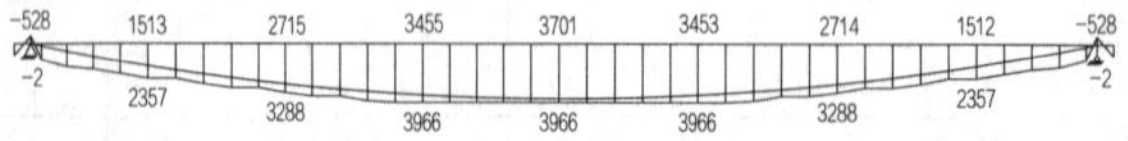	$\gamma_0 M_d \leqslant M_R$ 3701<3966kN·m
	抗剪承载能力	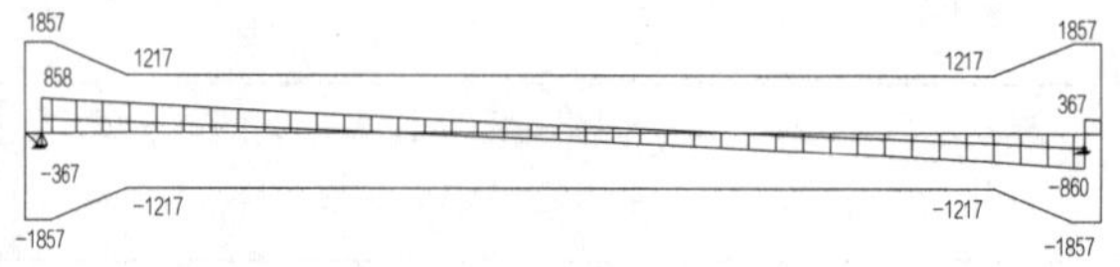	$\gamma_0 Q_d \leqslant Q_R$ 860<1857kN
持久状况正常使用验算	频遇组合正截面上下缘拉应力	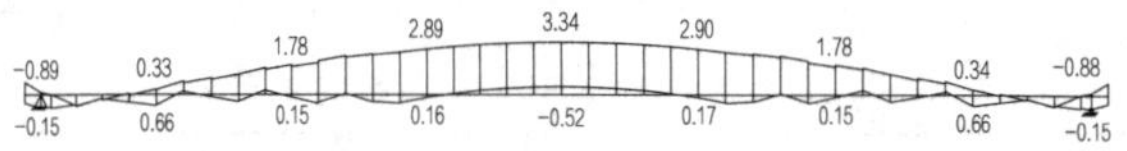	$\sigma_{st}-\sigma_{pc} \leqslant 0.7 f_{tk}$ 计算值≥ −1.86MPa
	准永久组合正截面上下缘拉应力	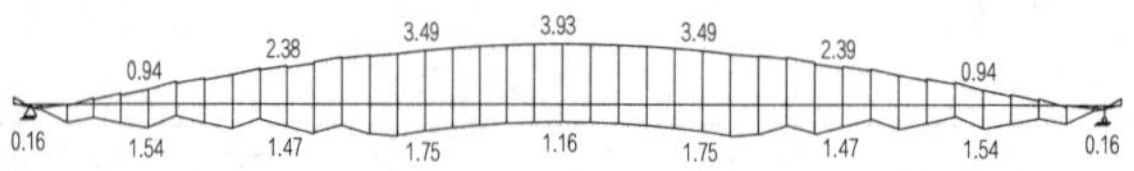	$\sigma_{lt}-\sigma_{pc} \leqslant 0$ 计算值≥ 0MPa
	频遇组合斜截面主拉应力	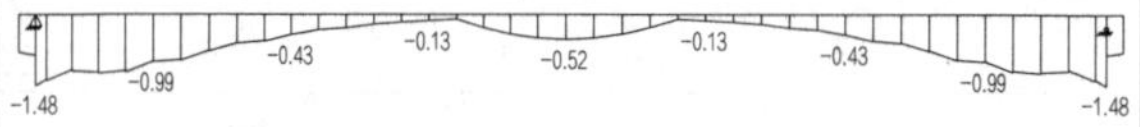	$\sigma_{tp} \leqslant 0.7 f_{tk}$ 计算值≥ −1.86MPa
	频遇组合挠度（考虑长期增长系数）	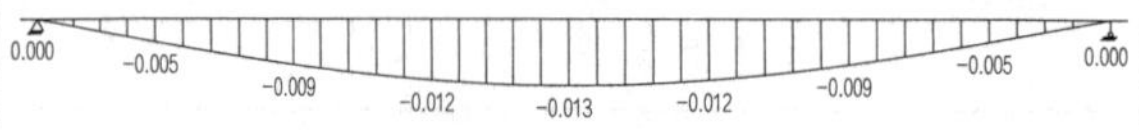	$y \leqslant$（1/600）l/L 计算值≥ −0.0323m
持久状况应力验算	标准作用组合正截面最大压应力	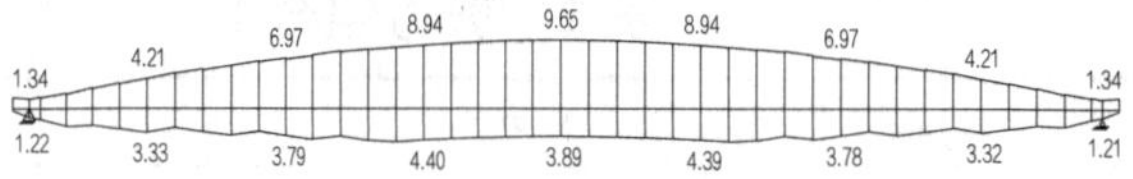	$\sigma_{kc}+\sigma_{pt} \leqslant 0.5 f_{ck}$ 计算值≤ 16.20MPa
	预应力钢筋最大拉应力	1196MPa	$\sigma_{pe}+\sigma_p \leqslant 0.65 f_{pk}$ 计算值≤ 1209MPa
	标准作用组合混凝土最大主压应力	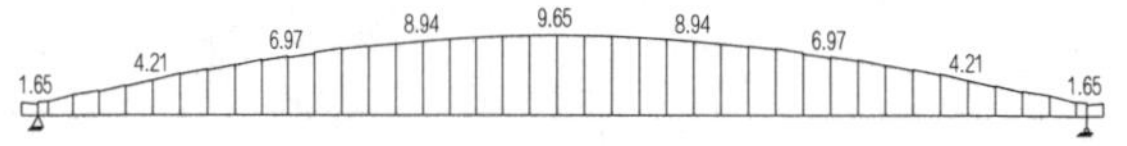	$\sigma_{cp} \leqslant 0.6 f_{ck}$ 计算值≤ 19.44MPa
短暂状况应力验算	不利状态上缘应力	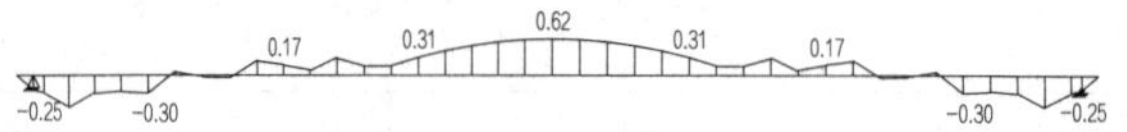	$\sigma^t_{ct} \leqslant 0.70 f'_{tk}$ 计算值≥ −1.86MPa
	不利状态下缘应力	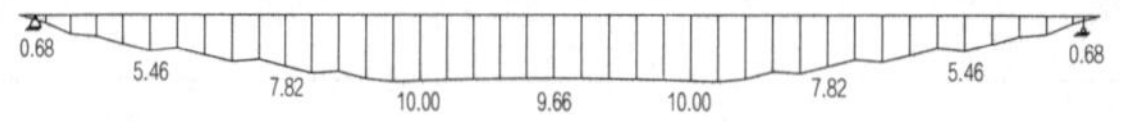	$\sigma^t_{cc} \leqslant 0.70 f'_{ck}$ 计算值≤ 22.68MPa
其他	放张阶段跨中挠度	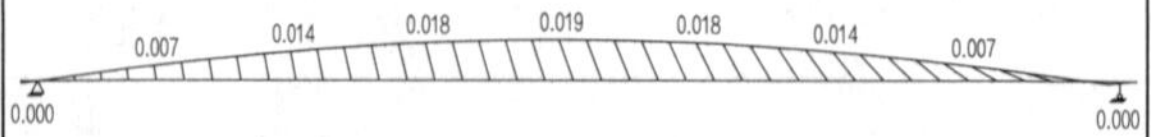	—

注：1. 单位：弯矩（kN·m）、剪力（kN）、应力（MPa）、位移（m）。
2. 效应方向：应力（压为正、拉为负）、位移（上拱为正、下挠为负）。

内力与应力验算结果

跨径：20m　边梁

设计荷载：城—B 级、公路—Ⅱ级

表 1　弯矩组合

编号	荷载或组合	弯矩图	备注
①	预制梁自重	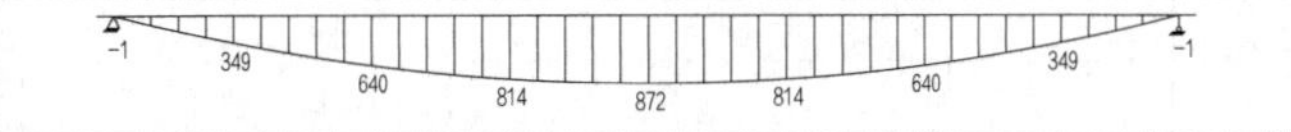	—
②	恒载	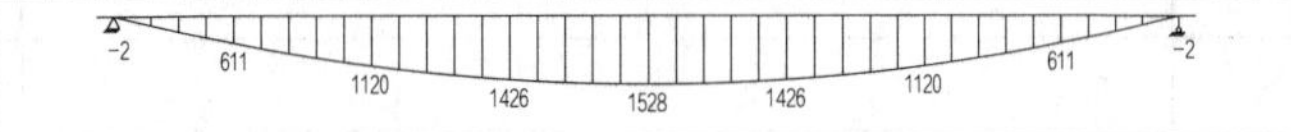	—
③	汽车荷载	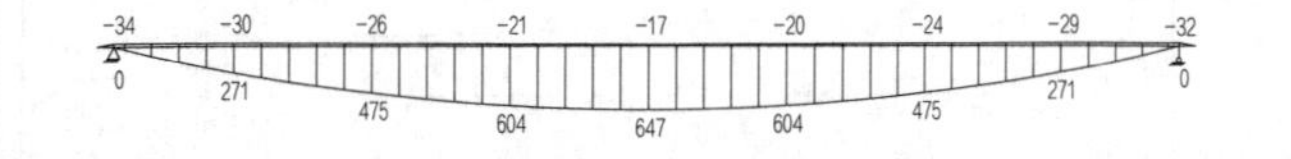	不计冲击（μ=0.267）
④	基本组合	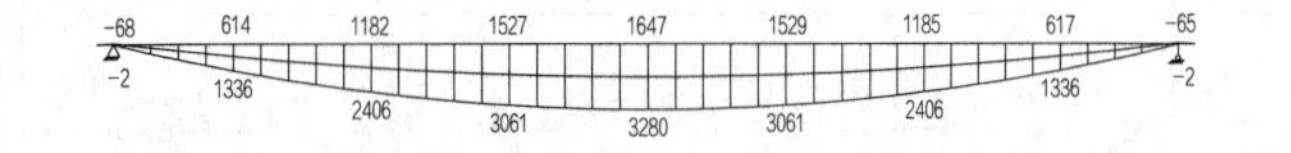	1.1×［1.2×②+1.4×③×（1+μ）］
⑤	频遇组合	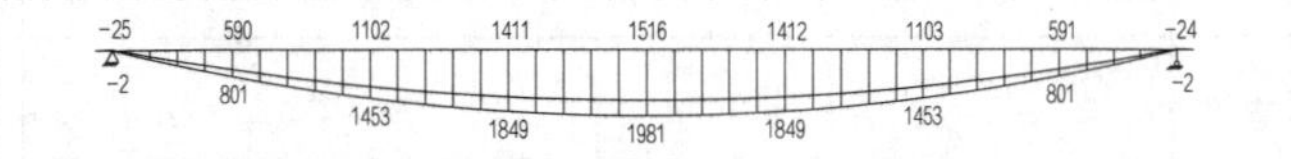	1.0×②+0.7×③
⑥	准永久组合	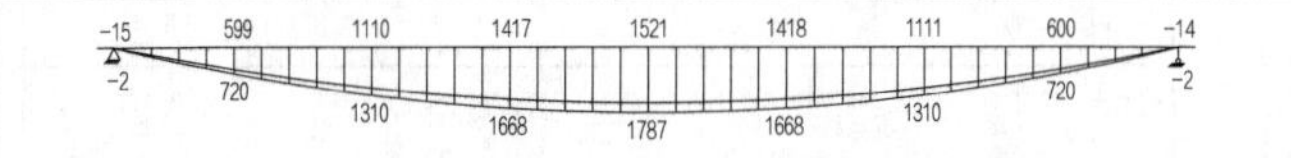	1.0×②+0.4×③
⑦	标准组合	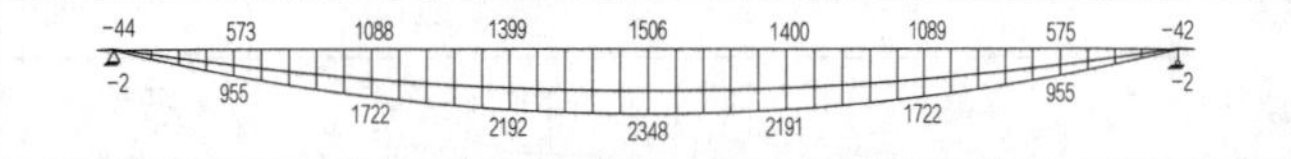	1.0×②+1.0×③×(1+μ)

表 2　剪力组合

编号	荷载或组合	剪力图	备注
①	预制梁自重	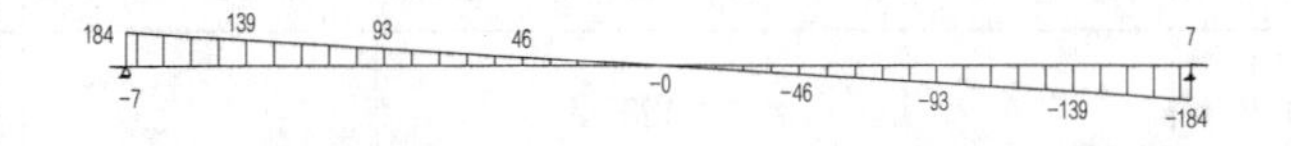	—
②	恒载	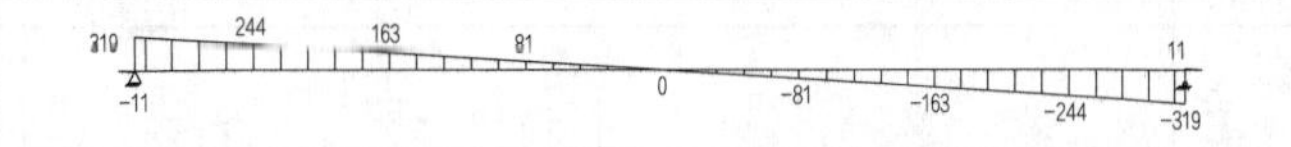	—
③	汽车荷载	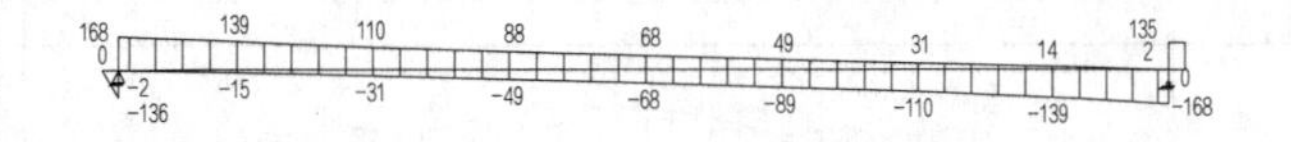	不计冲击（μ=0.267）
④	基本组合	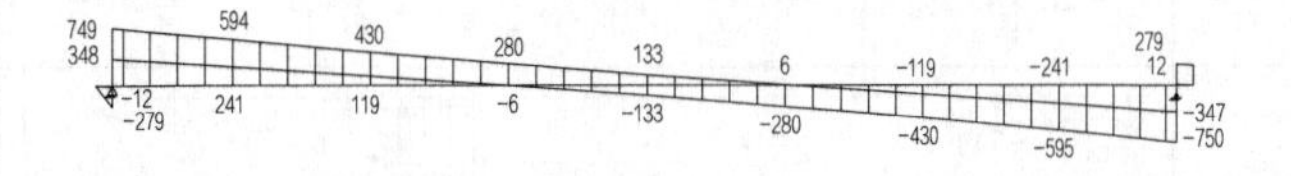	1.1×［1.2×②+1.4×③×（1+μ）］
⑤	频遇组合	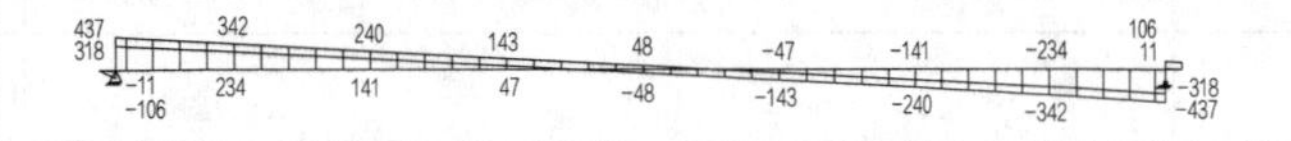	1.0×②+0.7×③
⑥	准永久组合		1.0×②+0.4×③
⑦	标准组合	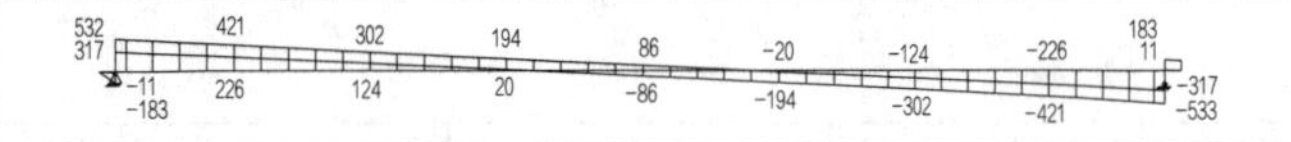	1.0×②+1.0×③×(1+μ)

表 3　结果验算

验算内容		计算值	范围限值
持久状况承载能力验算	抗弯承载能力	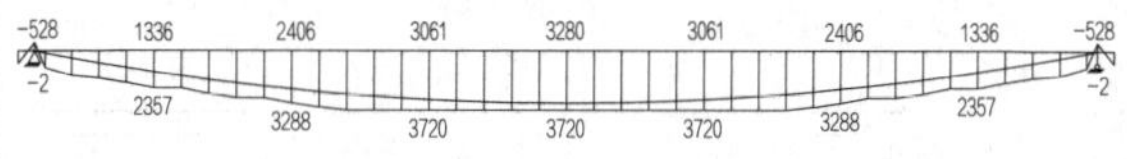	$\gamma_0 M_d \le M_R$ 3280<3720kN·m
	抗剪承载能力	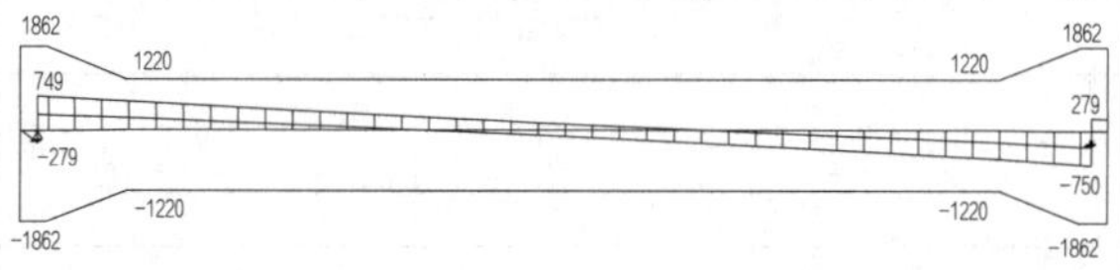	$\gamma_0 Q_d \le Q_R$ 750<1862kN
持久状况正常使用验算	频遇组合正截面上下缘拉应力	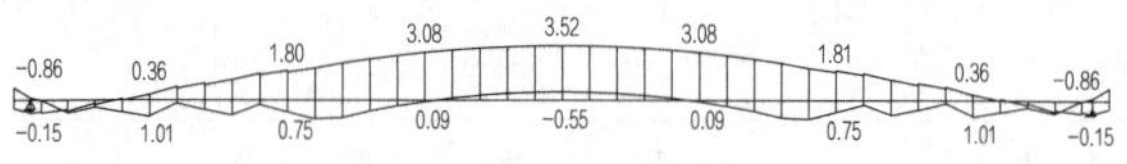	$\sigma_{st}-\sigma_{pc} \le 0.7 f_{tk}$ 计算值≥−1.86MPa
	准永久组合正截面上下缘拉应力	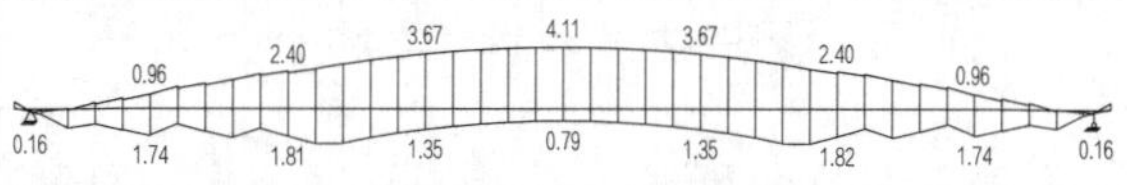	$\sigma_{lt}-\sigma_{pc} \le 0$ 计算值≥0MPa
	频遇组合斜截面主拉应力	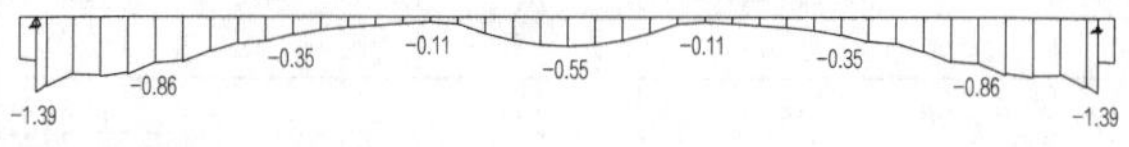	$\sigma_{tp} \le 0.7 f_{tk}$ 计算值≥−1.86MPa
	频遇组合挠度（考虑长期增长系数）	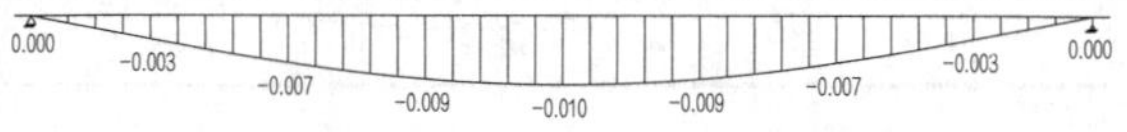	$y \le (1/600) l L$ 计算值≥−0.0323m
持久状况应力验算	标准作用组合正截面最大压应力	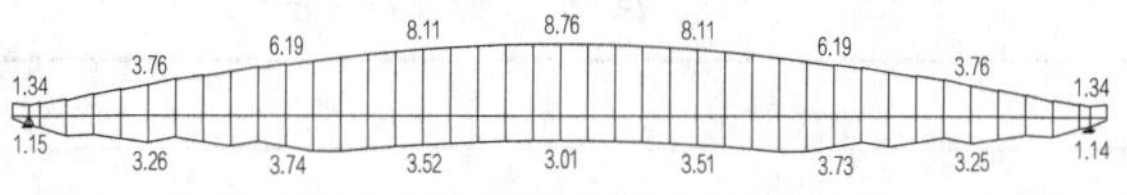	$\sigma_{kc}+\sigma_{pt} \le 0.5 f_{ck}$ 计算值≤16.20MPa
	预应力钢筋最大拉应力	1192MPa	$\sigma_{pe}+\sigma_p \le 0.65 f_{pk}$ 计算值≤1209MPa
	标准作用组合混凝土最大主压应力	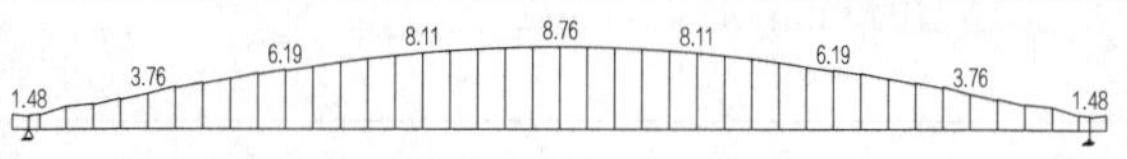	$\sigma_{cp} \le 0.6 f_{ck}$ 计算值≤19.44MPa
短暂状况应力验算	不利状态上缘应力	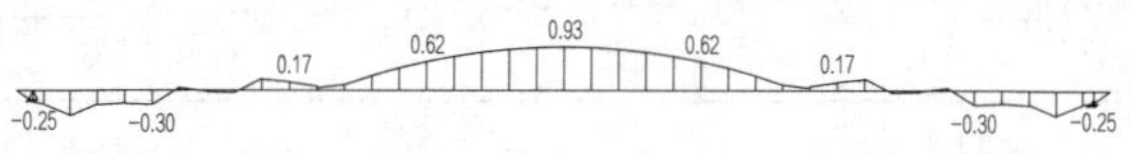	$\sigma^t_{ct} \le 0.70 f'_{tk}$ 计算值≥−1.86MPa
	不利状态下缘应力	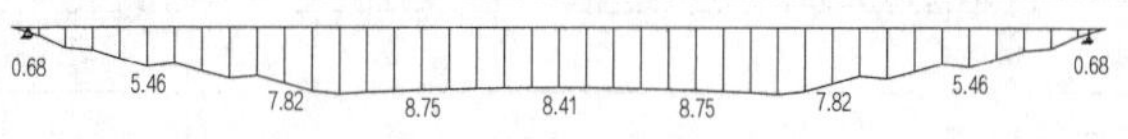	$\sigma^t_{cc} \le 0.70 f'_{ck}$ 计算值≤22.68MPa
其他	放张阶段跨中挠度	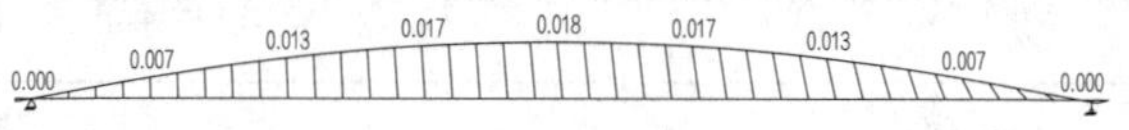	—

注：1. 单位：弯矩（kN·m）、剪力（kN）、应力（MPa）、位移（m）。
　　2. 效应方向：应力（压为正、拉为负）、位移（上拱为正、下挠为负）。

内力与应力验算表(20m 边梁) 设计荷载：城—B 级、公路—Ⅱ级	图集号	2024沪Q003
	页	29

内力与应力验算结果

跨径：22m　中梁

设计荷载：城—A 级、公路—Ⅰ级

表 1　弯矩组合

编号	荷载或组合	弯矩图	备注
①	预制梁自重	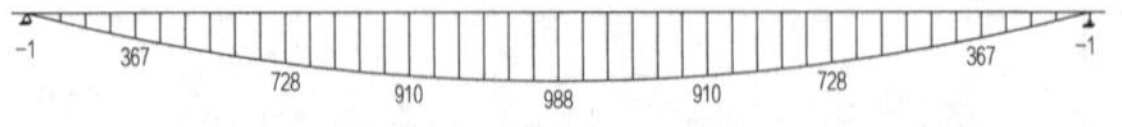	—
②	恒载	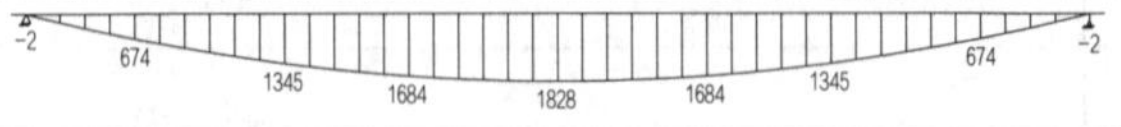	—
③	汽车荷载	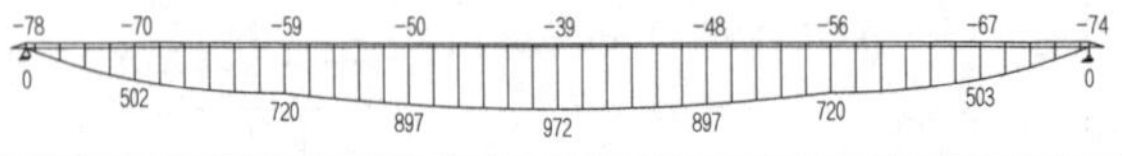	不计冲击（μ=0.233）
④	基本组合	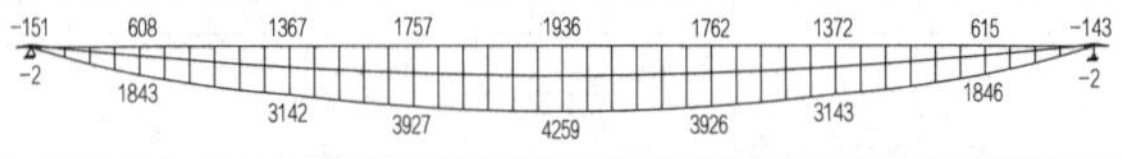	1.1×［1.2×②+1.4×③×（1+μ）］
⑤	频遇组合	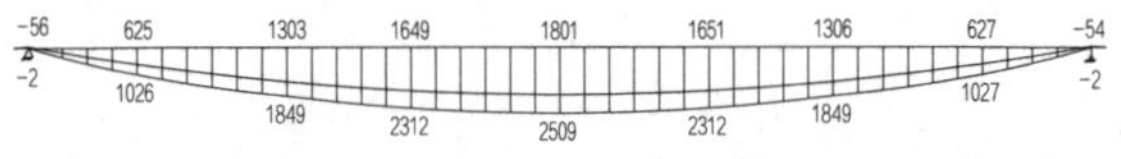	1.0×②+0.7×③
⑥	准永久组合	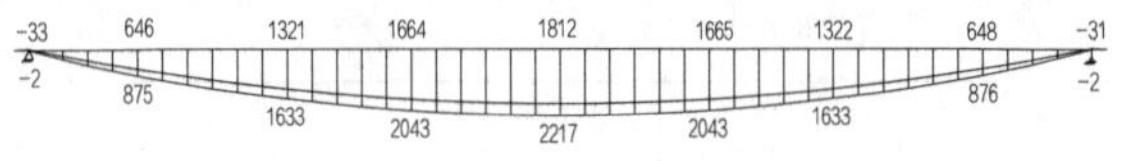	1.0×②+0.4×③
⑦	标准组合	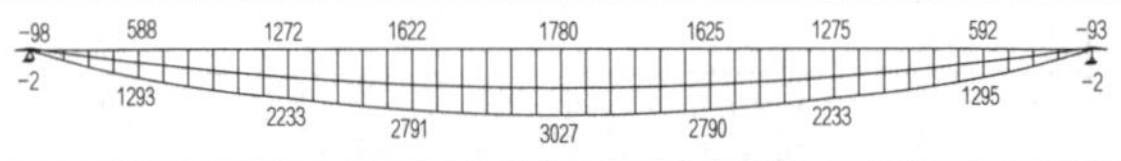	1.0×②+1.0×③×(1+μ)

表 2　剪力组合

编号	荷载或组合	剪力图	备注
①	预制梁自重	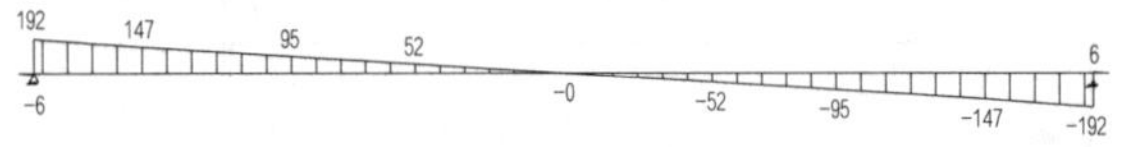	—
②	恒载	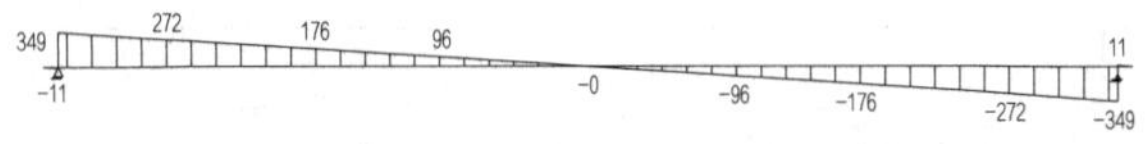	—
③	汽车荷载	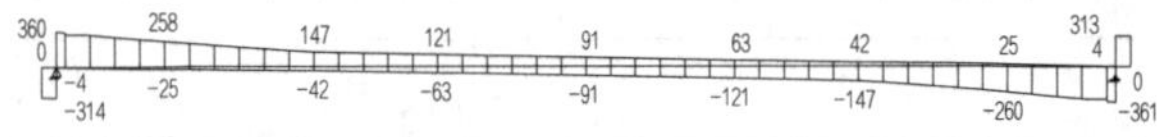	不计冲击（μ=0.233）
④	基本组合	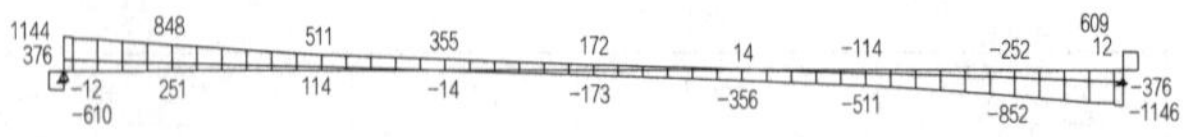	1.1×［1.2×②+1.4×③×（1+μ）］
⑤	频遇组合	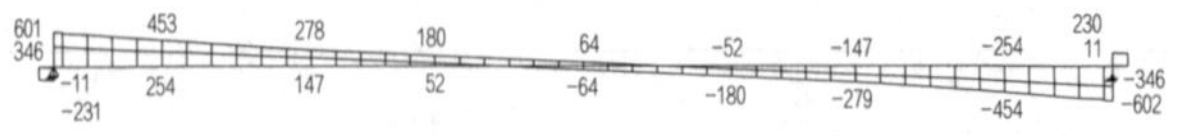	1.0×②+0.7×③
⑥	准永久组合		1.0×②+0.4×③
⑦	标准组合	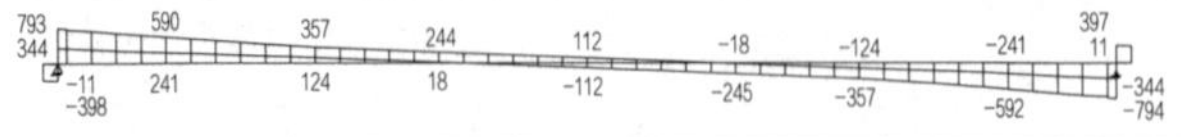	1.0×②+1.0×③×(1+μ)

表 3　结果验算

验算内容		计算值	范围限值
持久状况承载能力验算	抗弯承载能力	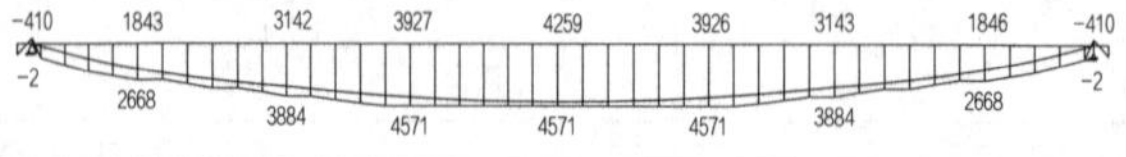	$\gamma_0 M_d \leq M_R$ 4259<4571kN·m
	抗剪承载能力	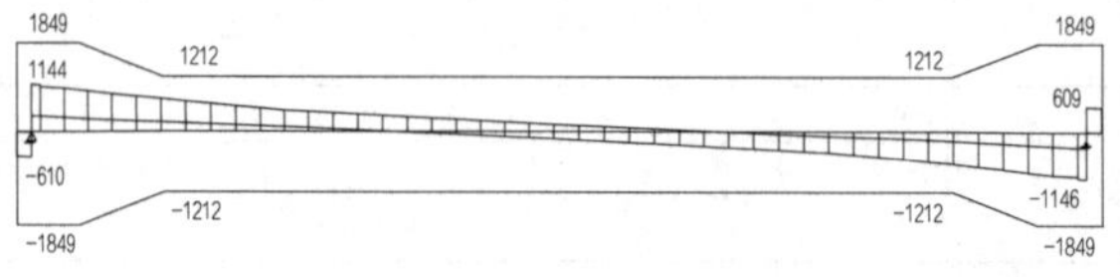	$\gamma_0 Q_d \leq Q_R$ 1146<1849kN
持久状况正常使用验算	频遇组合正截面上下缘拉应力	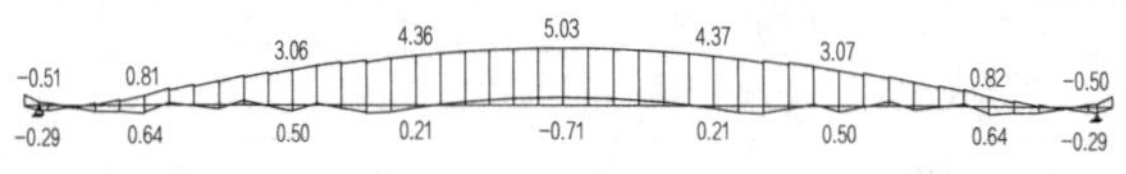	$\sigma_{st}-\sigma_{pc} \leq 0.7f_{tk}$ 计算值≥−1.86MPa
	准永久组合正截面上下缘拉应力	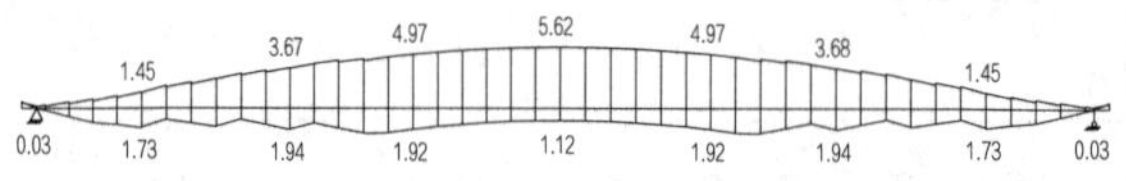	$\sigma_{lt}-\sigma_{pc} \leq 0$ 计算值≥0MPa
	频遇组合斜截面主拉应力	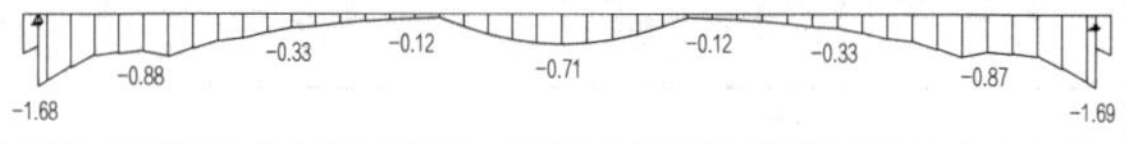	$\sigma_{tp} \leq 0.7f_{tk}$ 计算值≥−1.86MPa
	频遇组合挠度（考虑长期增长系数）	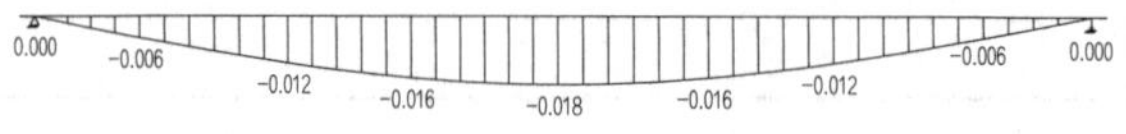	$y \leq (1/600)l/L$ 计算值≥−0.0356m
持久状况应力验算	标准作用组合正截面最大压应力	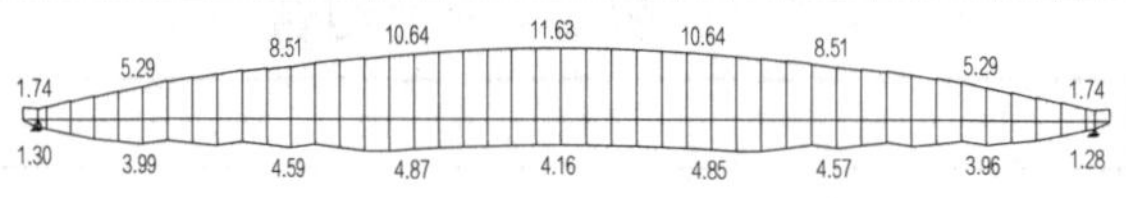	$\sigma_{kc}+\sigma_{pt} \leq 0.5f_{ck}$ 计算值≤16.20MPa
	预应力钢筋最大拉应力	1207MPa	$\sigma_{pe}+\sigma_p \leq 0.65f_{pk}$ 计算值≤1209MPa
	标准作用组合混凝土最大主压应力	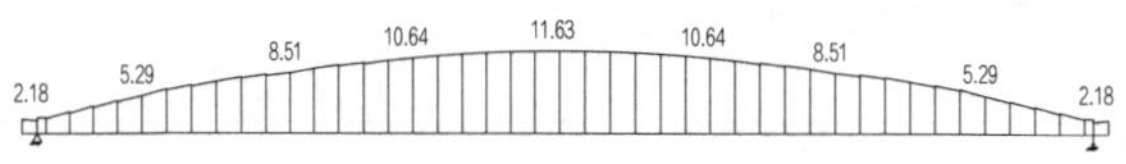	$\sigma_{cp} \leq 0.6f_{ck}$ 计算值≤19.44MPa
短暂状况应力验算	不利状态上缘应力	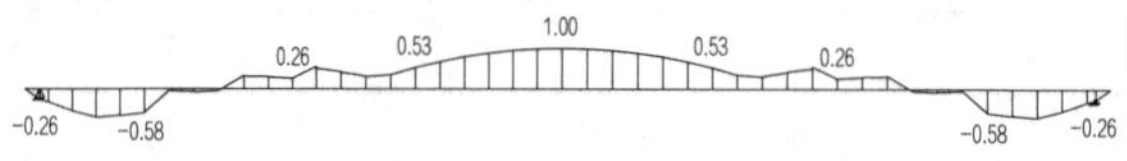	$\sigma^t_{ct} \leq 0.70f'_{tk}$ 计算值≥−1.86MPa
	不利状态下缘应力	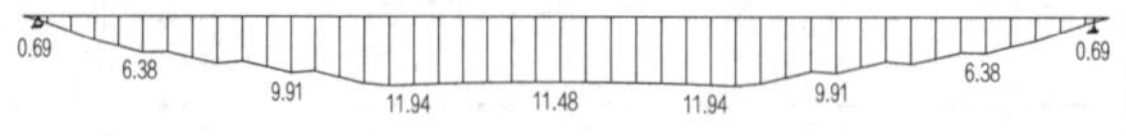	$\sigma^t_{cc} \leq 0.70f'_{ck}$ 计算值≤22.68MPa
其他	放张阶段跨中挠度	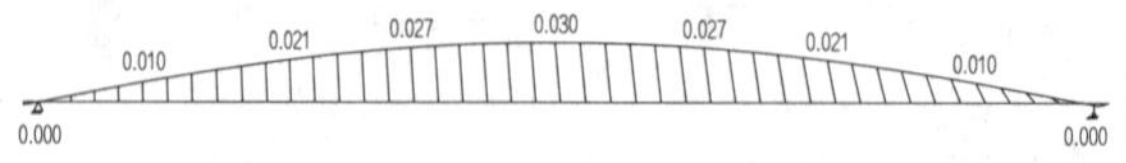	—

注：1. 单位：弯矩（kN·m）、剪力（kN）、应力（MPa）、位移（m）。
2. 效应方向：应力（压为正、拉为负）、位移（上拱为正、下挠为负）。

内力与应力验算表（22m 中梁） 设计荷载：城—A 级、公路—Ⅰ级	图集号	2024沪Q003
	页	30

内力与应力验算结果

跨径：22m　中梁

设计荷载：城—B 级、公路—Ⅱ级

表 1　弯矩组合

编号	荷载或组合	弯矩图	备注
①	预制梁自重	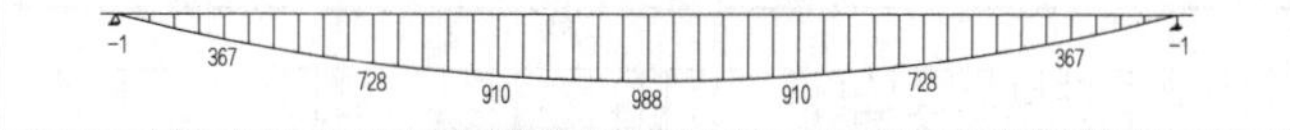	—
②	恒载	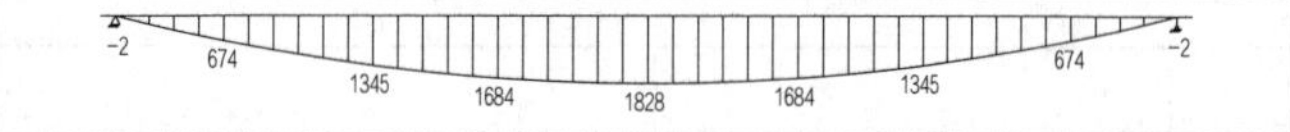	—
③	汽车荷载	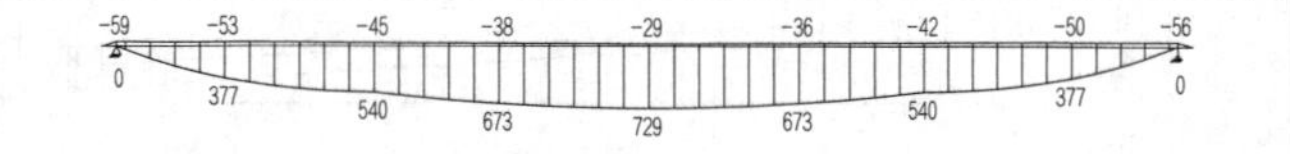	不计冲击（μ=0.233）
④	基本组合	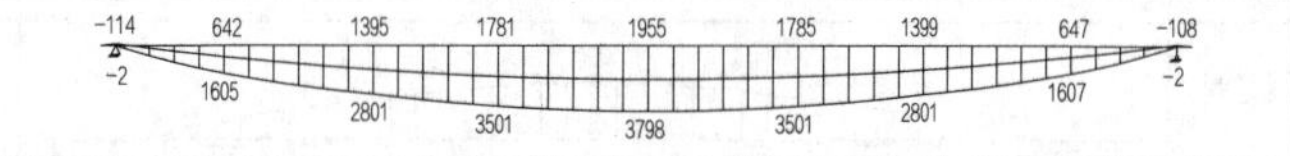	1.1×［1.2×②+1.4×③×（1+μ）］
⑤	频遇组合	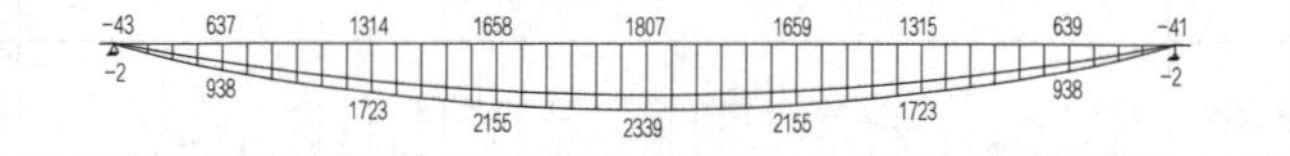	1.0×②+0.7×③
⑥	准永久组合	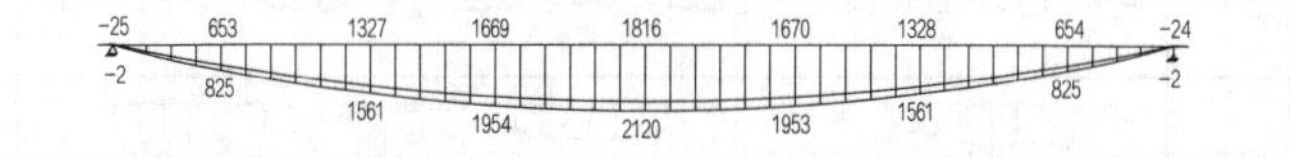	1.0×②+0.4×③
⑦	标准组合	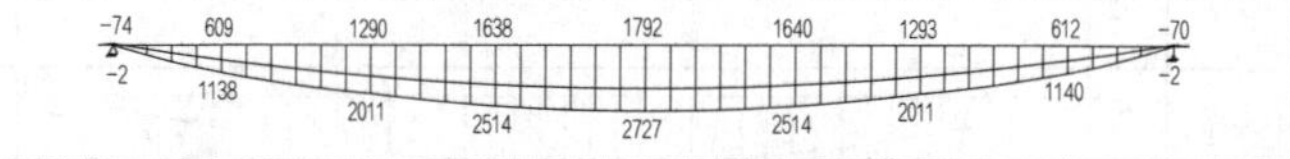	1.0×②+1.0×③×(1+μ)

表 2　剪力组合

编号	荷载或组合	剪力图	备注
①	预制梁自重	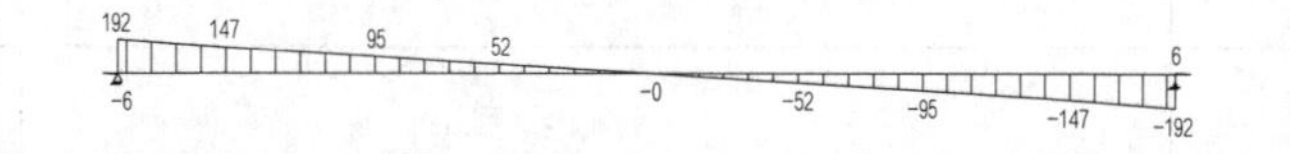	—
②	恒载	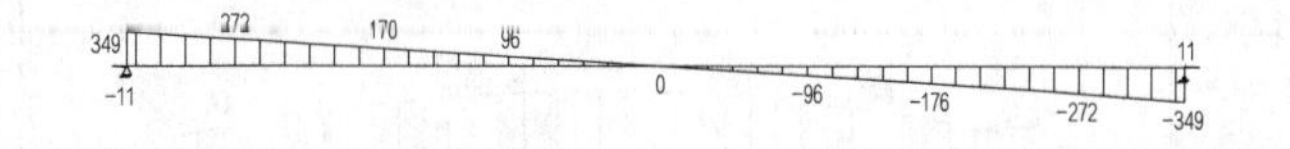	—
③	汽车荷载	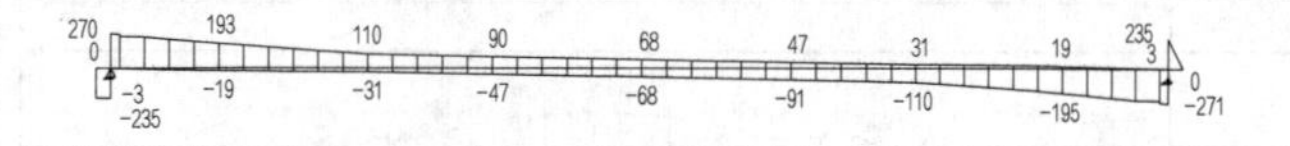	不计冲击（μ=0.233）
④	基本组合	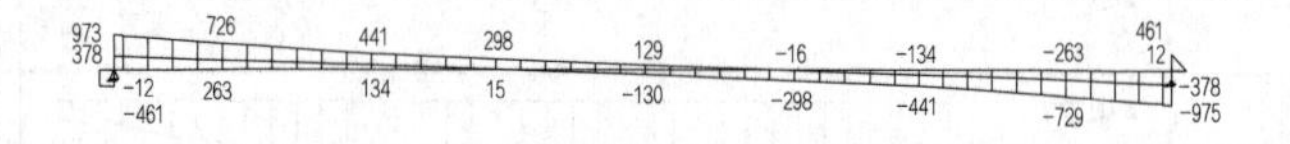	1.1×［1.2×②+1.4×③×（1+μ）］
⑤	频遇组合	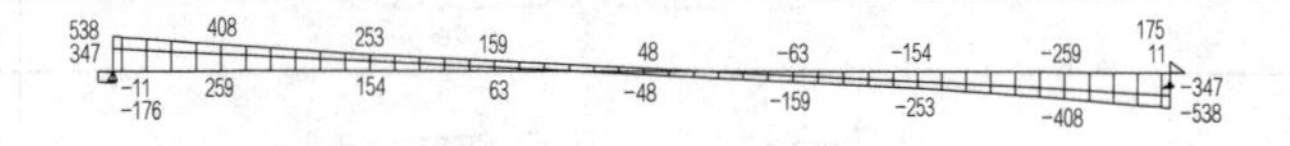	1.0×②+0.7×③
⑥	准永久组合	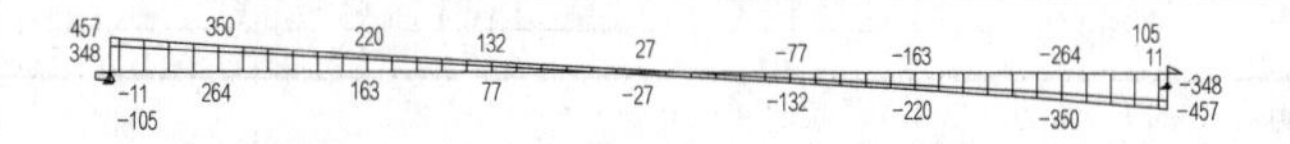	1.0×②+0.4×③
⑦	标准组合	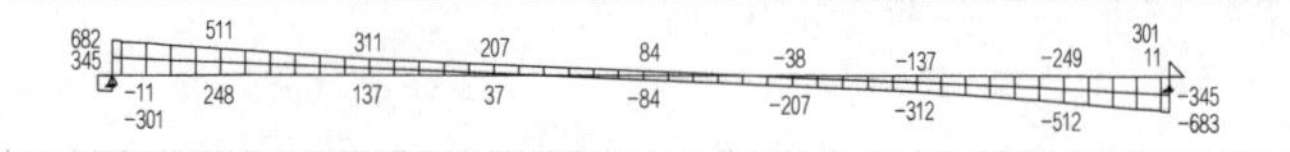	1.0×②+1.0×③×(1+μ)

表 3　结果验算

验算内容		计算值	范围限值
持久状况承载能力验算	抗弯承载能力	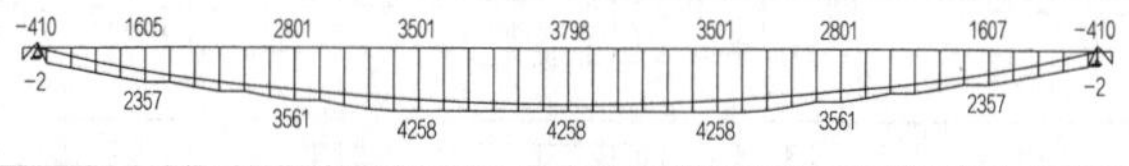	$\gamma_0 M_d \leqslant M_R$ 3798<4258kN·m
	抗剪承载能力	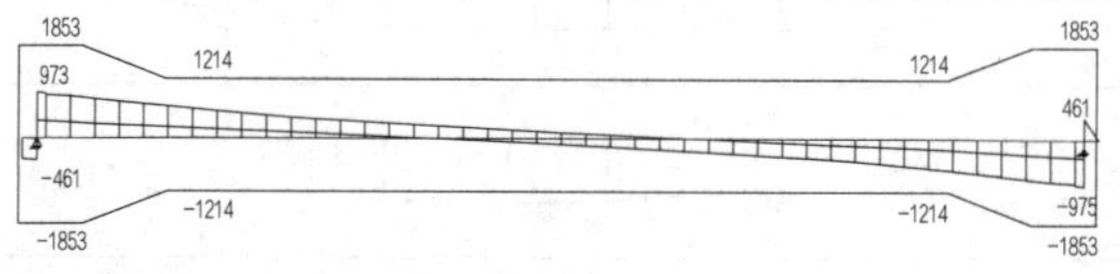	$\gamma_0 Q_d \leqslant Q_R$ 975<1853kN
持久状况正常使用验算	频遇组合正截面上下缘拉应力	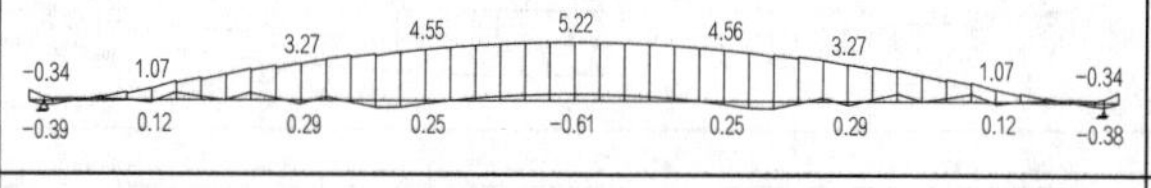	$\sigma_{st}-\sigma_{pc} \leqslant 0.7 f_{tk}$ 计算值≥-1.86MPa
	准永久组合正截面上下缘拉应力	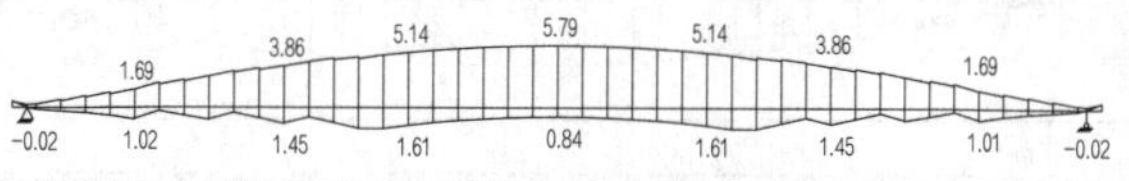	$\sigma_{lt}-\sigma_{pc} \leqslant 0$ 计算值≥0MPa
	频遇组合斜截面主拉应力	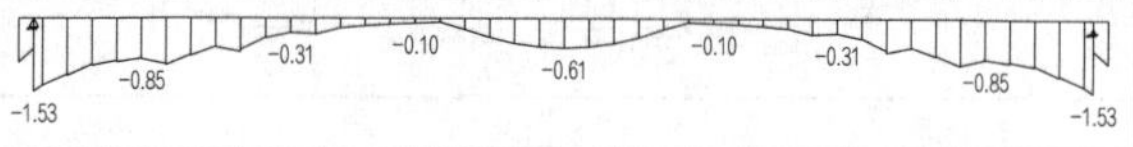	$\sigma_{tp} \leqslant 0.7 f_{tk}$ 计算值≥-1.86MPa
	频遇组合挠度（考虑长期增长系数）	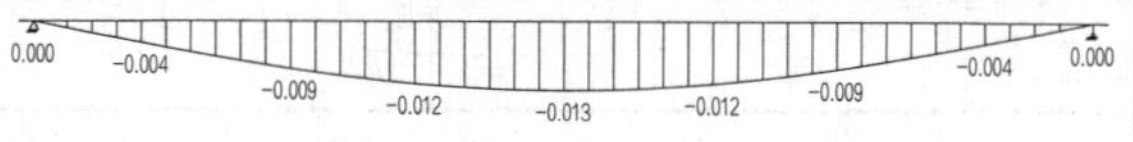	$y \leqslant$（1/600）l/L 计算值≥-0.0356m
持久状况应力验算	标准作用组合正截面最大压应力	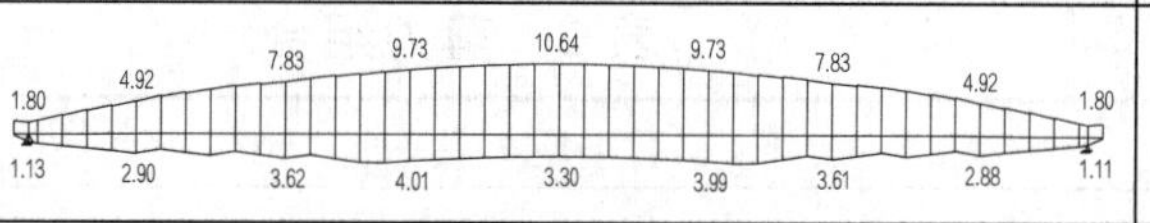	$\sigma_{kc}+\sigma_{pt} \leqslant 0.5 f_{ck}$ 计算值≤16.20MPa
	预应力钢筋最大拉应力	1205MPa	$\sigma_{pe}+\sigma_p \leqslant 0.65 f_{pk}$ 计算值≤1209MPa
	标准作用组合混凝土最大主压应力	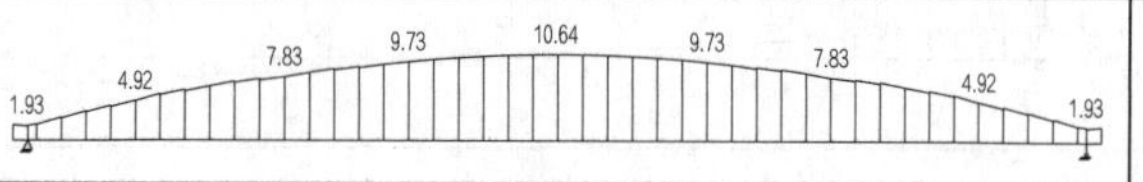	$\sigma_{cp} \leqslant 0.6 f_{ck}$ 计算值≤19.44MPa
短暂状况应力验算	不利状态上缘应力	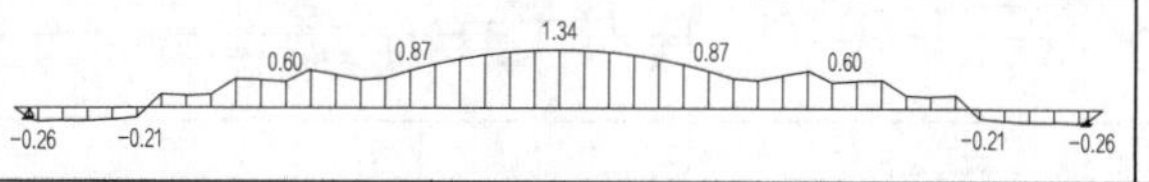	$\sigma^t_{ct} \leqslant 0.70 f'_{tk}$ 计算值≥-1.86MPa
	不利状态下缘应力	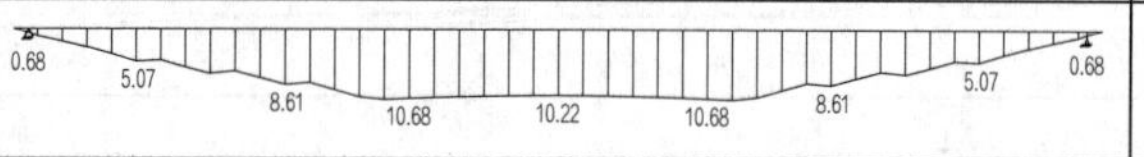	$\sigma^t_{cc} \leqslant 0.70 f'_{ck}$ 计算值≤22.68MPa
其他	放张阶段跨中挠度	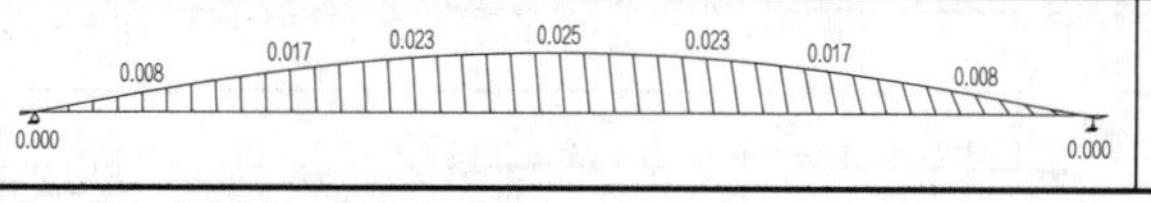	—

注：1. 单位：弯矩（kN·m）、剪力（kN）、应力（MPa）、位移（m）。
　　2. 效应方向：应力（压为正、拉为负）、位移（上拱为正、下挠为负）。

内力与应力验算表（22m 中梁） 设计荷载：城—B 级、公路—Ⅱ级	图集号	2024沪Q003
	页	31

内力与应力验算结果

跨径：22m 边梁

设计荷载：城—A 级、公路—I级

表 1 弯矩组合

编号	荷载或组合	弯矩图	备注
①	预制梁自重	-1 396 786 984 1067 984 786 396 -1	—
②	恒载	-2 686 1368 1714 1860 1714 1368 686 -2	—
③	汽车荷载	-46 -41 -35 -29 -23 -28 -33 -39 -43 0 378 717 898 974 897 716 378 0	不计冲击（μ=0.233）
④	基本组合	-89 677 1439 1829 2002 1832 1443 681 -85 -2 1623 3167 3966 4304 3965 3167 1624 -2	1.1×［1.2×②+1.4×③×（1+μ）］
⑤	频遇组合	-34 657 1344 1693 1844 1694 1345 659 -32 -2 951 1870 2342 2542 2342 1870 951 -2	1.0×②+0.7×③
⑥	准永久组合	-20 670 1355 1702 1851 1703 1355 670 -19 -2 837 1655 2073 2249 2073 1655 837 -2	1.0×②+0.4×③
⑦	标准组合	-58 635 1326 1678 1832 1679 1328 638 -55 -2 1152 2252 2820 3061 2820 2252 1153 -2	1.0×②+1.0×③×(1+μ)

表 2 剪力组合

编号	荷载或组合	剪力图	备注
①	预制梁自重	207 158 102 56 0 -56 -102 -158 -207 7	—
②	恒载	355 277 179 97 11 -11 0 -97 -179 -277 -355	—
③	汽车荷载	230 0 194 149 122 92 63 41 18 183 3 -2 -183 -18 -41 -64 -92 -122 -149 -194 0 -231	不计冲击（μ=0.233）
④	基本组合	906 386 733 518 360 174 13 -118 -271 362 12 -12 -362 270 118 -13 -174 -361 -519 -734 -386 -907	1.1×［1.2×②+1.4×③×（1+μ）］
⑤	频遇组合	516 353 412 283 183 64 -53 -150 -264 139 11 -11 -139 264 150 53 -64 -183 -283 -413 -353 -517	1.0×②+0.7×③
⑥	准永久组合	447 354 354 238 146 37 -72 -162 -270 84 11 -11 -84 269 162 72 -37 -146 -238 -354 -354 -447	1.0×②+0.4×③
⑦	标准组合	639 352 515 362 248 113 -19 -128 -255 237 11 -11 -237 254 128 19 -113 -248 -362 -516 -352 -640	1.0×②+1.0×③×(1+μ)

表 3 结果验算

验算内容		计算值	范围限值
持久状况承载能力验算	抗弯承载能力	-528 1623 3167 3966 4304 3965 3167 1624 -528 -2 2699 3851 4511 4511 4511 3851 2699 -2	$\gamma_0 M_d \leqslant M_R$ 4304<4511kN·m
	抗剪承载能力	1849 906 1212 1212 1849 362 -362 -1212 -1212 -907 -1849 -1849	$\gamma_0 Q_d \leqslant Q_R$ 907<1849kN
持久状况正常使用验算	频遇组合正截面上下缘拉应力	-0.89 0.40 2.56 3.79 4.42 3.80 2.56 0.40 -0.88 -0.15 1.15 0.50 0.18 -0.75 0.18 0.50 1.15 -0.15	$\sigma_{st}-\sigma_{pc} \leqslant 0.7f_{tk}$ 计算值≥ −1.86MPa
	准永久组合正截面上下缘拉应力	1.03 3.16 4.39 5.02 4.39 3.16 1.03 0.16 2.05 1.95 1.91 1.10 1.91 1.95 2.05 0.16	$\sigma_{lt}-\sigma_{pc} \leqslant 0$ 计算值≥ 0MPa
	频遇组合斜截面主拉应力	-1.58 -0.81 -0.37 -0.13 -0.75 -0.13 -0.37 -0.81 -1.58	$\sigma_{tp} \leqslant 0.7f_{tk}$ 计算值≥ −1.86MPa
	频遇组合挠度（考虑长期增长系数）	0.000 -0.006 -0.012 -0.016 -0.018 -0.016 -0.012 -0.006 0.000	$y \leqslant (1/600)/L$ 计算值≥ −0.0356m
持久状况应力验算	标准作用组合正截面最大压应力	1.35 4.33 8.06 10.16 11.15 10.16 8.06 4.33 1.35 1.21 3.85 4.44 4.73 4.04 4.72 4.42 3.83 1.20	$\sigma_{kc}+\sigma_{pt} \leqslant 0.5f_{ck}$ 计算值≤ 16.20MPa
	预应力钢筋最大拉应力	1203MPa	$\sigma_{pe}+\sigma_p \leqslant 0.65f_{pk}$ 计算值≤ 1209MPa
	标准作用组合混凝土最大主压应力	1.74 4.33 8.06 10.16 11.15 10.16 8.06 4.33 1.74	$\sigma_{cp} \leqslant 0.6f_{ck}$ 计算值≤ 19.44MPa
短暂状况应力验算	不利状态上缘应力	-0.25 -0.49 0.31 0.58 1.02 0.58 0.31 -0.49 -0.25	$\sigma_{ct}^t \leqslant 0.70f'_{tk}$ 计算值≥ −1.86MPa
	不利状态下缘应力	0.68 6.22 9.60 11.56 11.08 11.56 9.60 6.22 0.68	$\sigma_{cc}^t \leqslant 0.70f'_{ck}$ 计算值≤ 22.68MPa
其他	放张阶段跨中挠度	0.000 0.010 0.020 0.026 0.029 0.026 0.020 0.010 0.000	—

注：1. 单位：弯矩（kN·m）、剪力（kN）、应力（MPa）、位移（m）。
2. 效应方向：应力（压为正、拉为负）、位移（上拱为正、下挠为负）。

内力与应力验算结果

跨径：22m　边梁

设计荷载：城—B 级、公路—Ⅱ级

表 1　弯矩组合

编号	荷载或组合	弯矩图	备注
①	预制梁自重	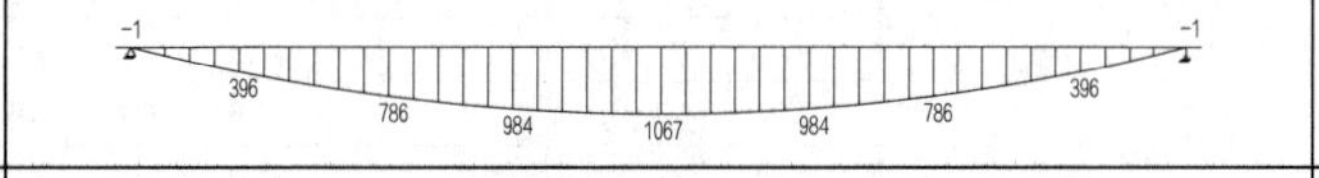	—
②	恒载	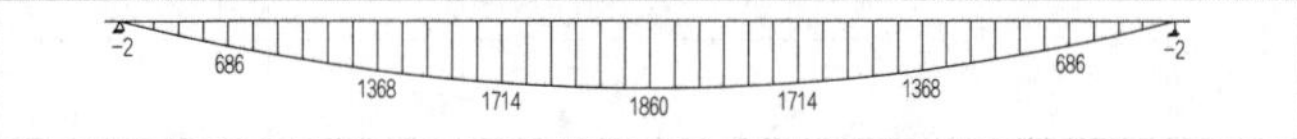	—
③	汽车荷载	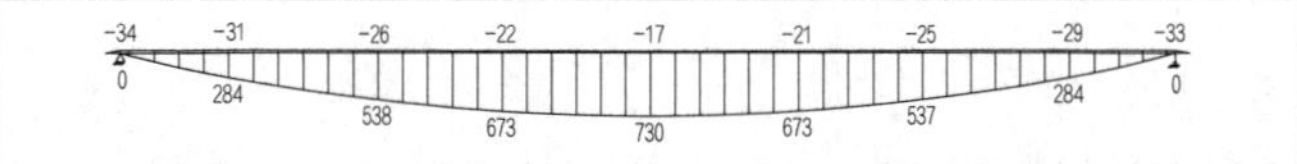	不计冲击（μ=0.233）
④	基本组合	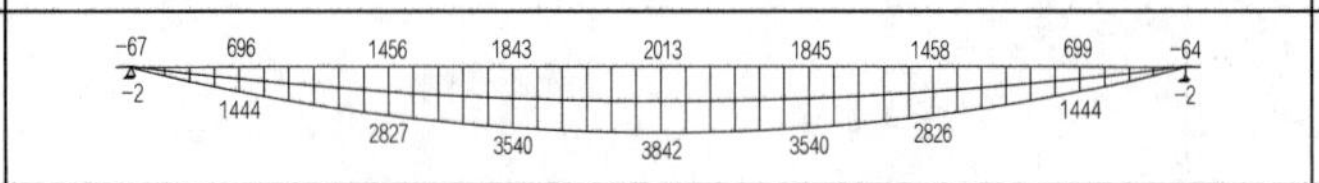	1.1×［1.2×②+1.4×③×（1+μ）］
⑤	频遇组合	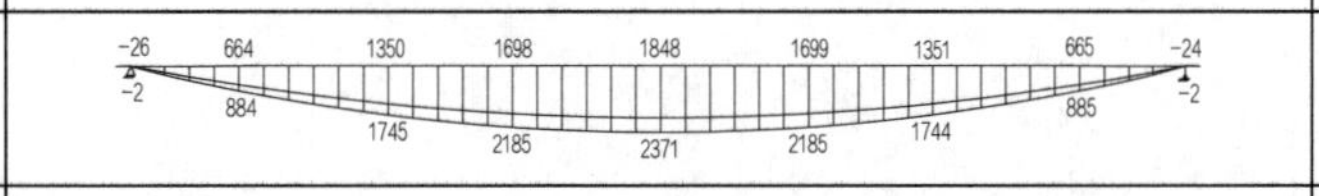	1.0×②+0.7×③
⑥	准永久组合	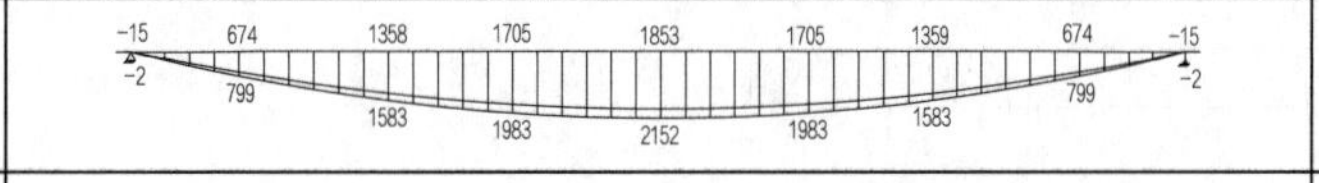	1.0×②+0.4×③
⑦	标准组合	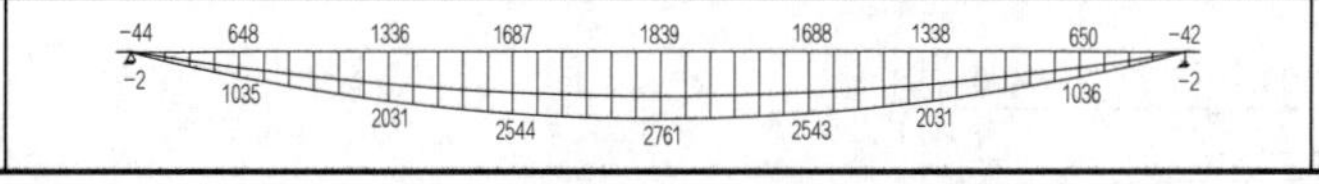	1.0×②+1.0×③×(1+μ)

表 2　剪力组合

编号	荷载或组合	剪力图	备注
①	预制梁自重	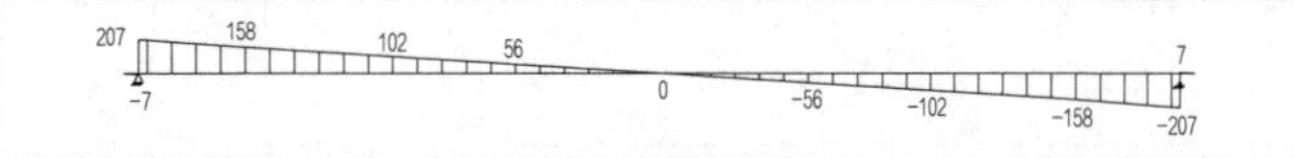	—
②	恒载	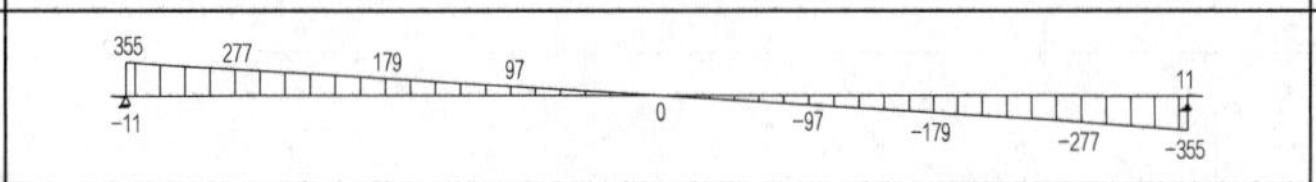	—
③	汽车荷载	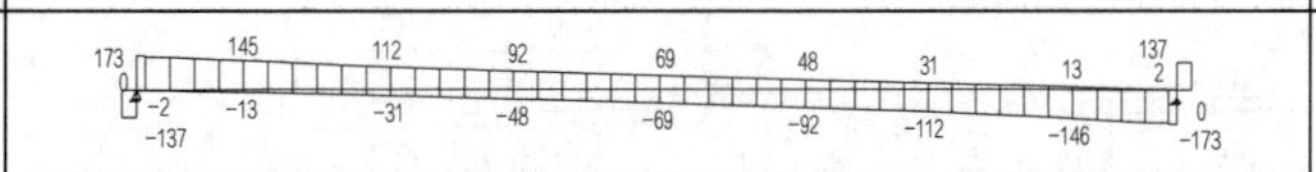	不计冲击（μ=0.233）
④	基本组合	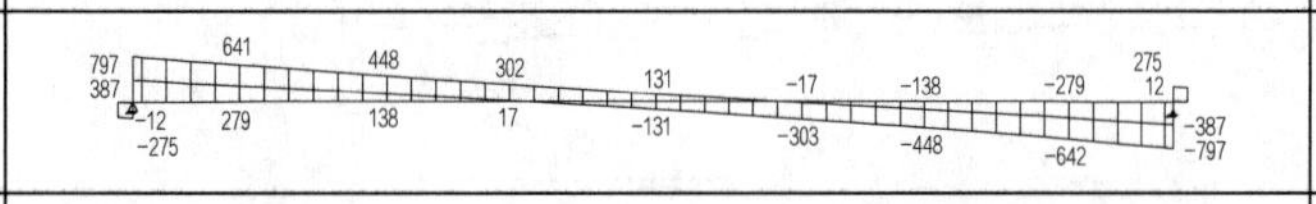	1.1×［1.2×②+1.4×③×（1+μ）］
⑤	频遇组合	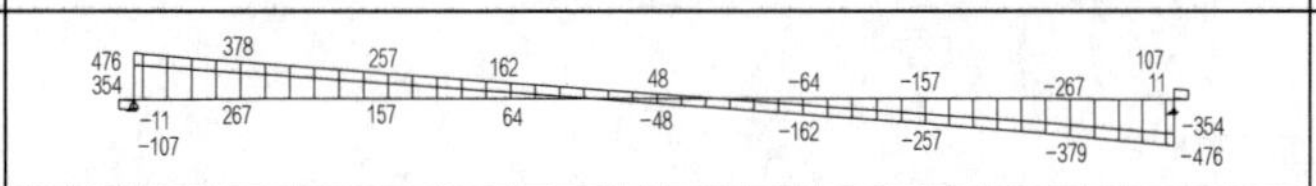	1.0×②+0.7×③
⑥	准永久组合	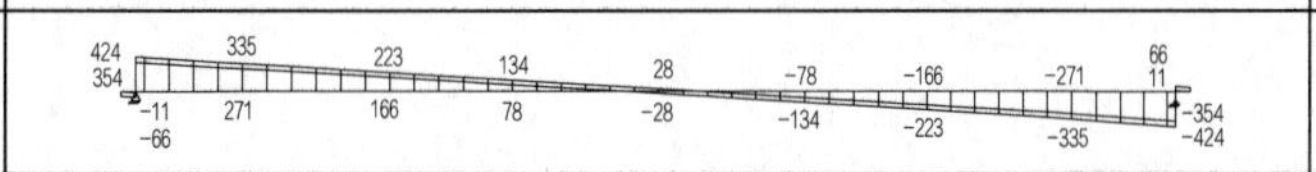	1.0×②+0.4×③
⑦	标准组合	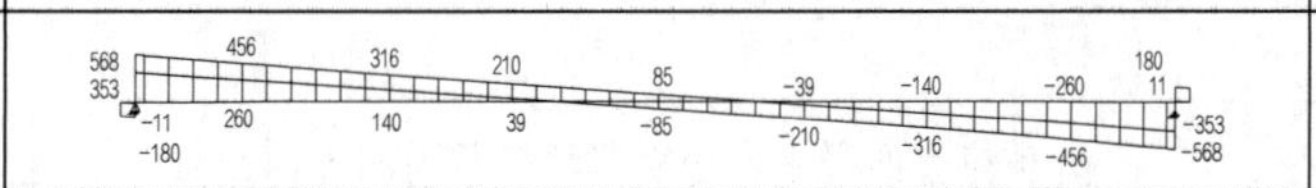	1.0×②+1.0×③×(1+μ)

表 3　结果验算

验算内容		计算值	范围限值
持久状况承载能力验算	抗弯承载能力	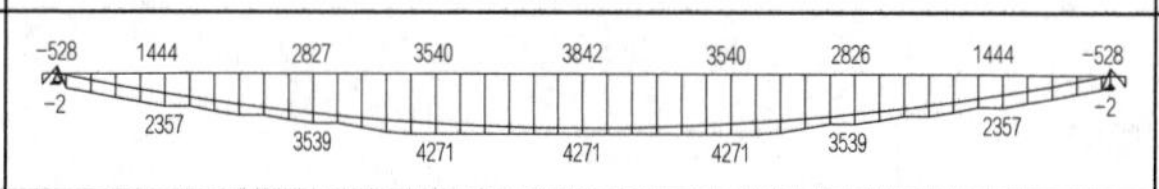	$\gamma_0 M_d \leq M_R$ 3842<4271kN·m
	抗剪承载能力	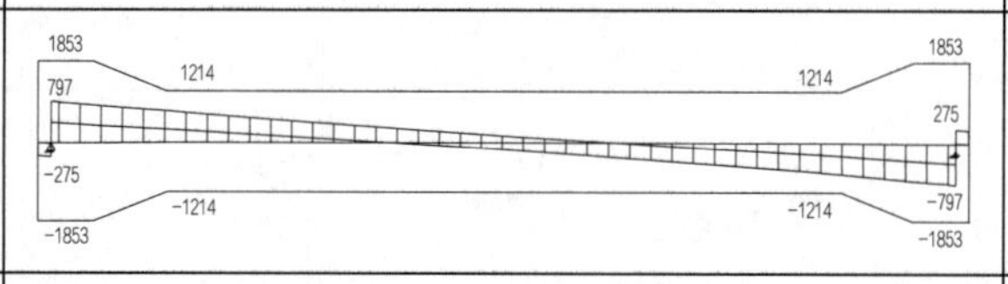	$\gamma_0 Q_d \leq Q_R$ 797<1853kN
持久状况正常使用验算	频遇组合正截面上下缘拉应力	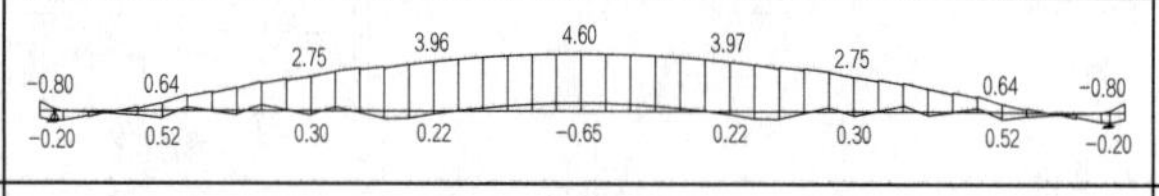	$\sigma_{st}-\sigma_{pc} \leq 0.7 f_{tk}$ 计算值≥ −1.86MPa
	准永久组合正截面上下缘拉应力	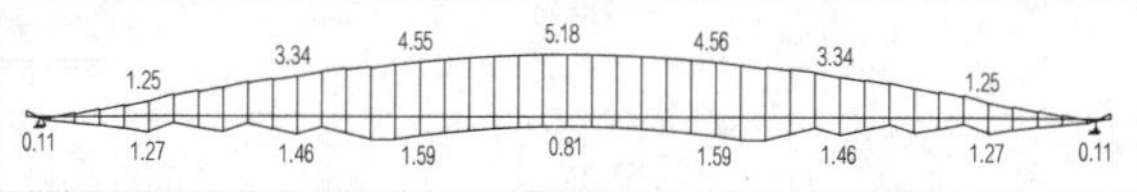	$\sigma_{lt}-\sigma_{pc} \leq 0$ 计算值≥ 0MPa
	频遇组合斜截面主拉应力	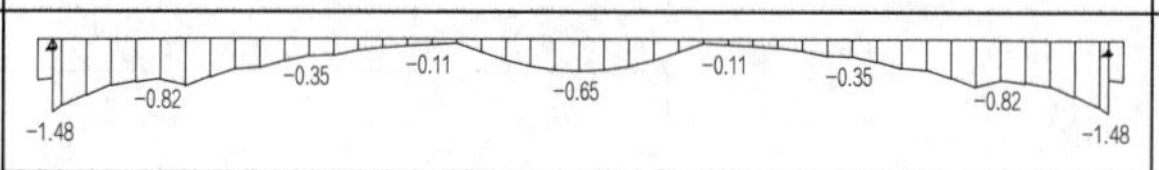	$\sigma_{tp} \leq 0.7 f_{tk}$ 计算值≥ −1.86MPa
	频遇组合挠度（考虑长期增长系数）	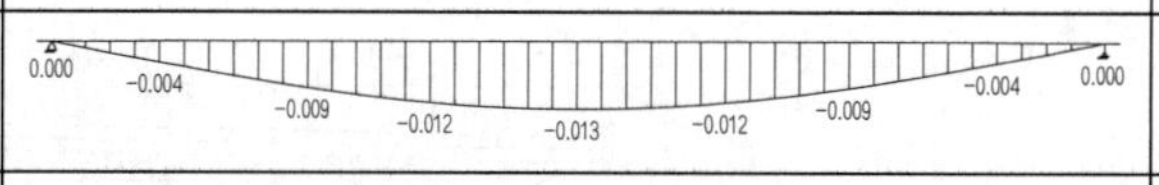	$y \leq (1/600)/L$ 计算值≥ −0.0356m
持久状况应力验算	标准作用组合正截面最大压应力	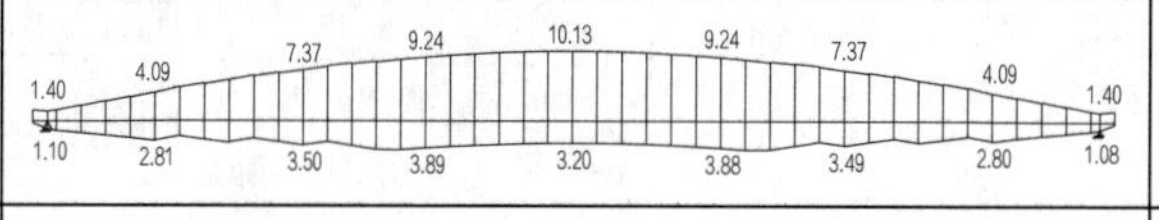	$\sigma_{kc}+\sigma_{pt} \leq 0.5 f_{ck}$ 计算值≤ 16.20MPa
	预应力钢筋最大拉应力	1201MPa	$\sigma_{pe}+\sigma_p \leq 0.65 f_{pk}$ 计算值≤ 1209MPa
	标准作用组合混凝土最大主压应力	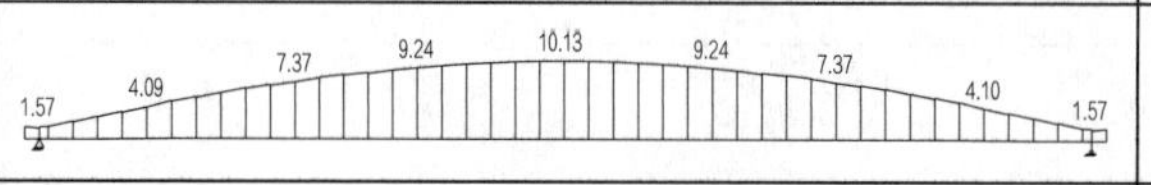	$\sigma_{cp} \leq 0.6 f_{ck}$ 计算值≤ 19.44MPa
短暂状况应力验算	不利状态上缘应力	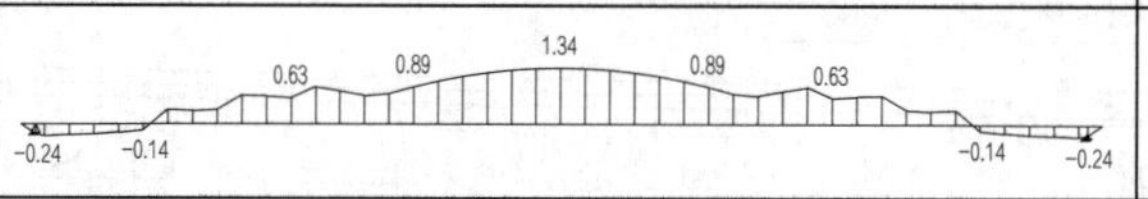	$\sigma^t_{ct} \leq 0.70 f'_{tk}$ 计算值≥ −1.86MPa
	不利状态下缘应力	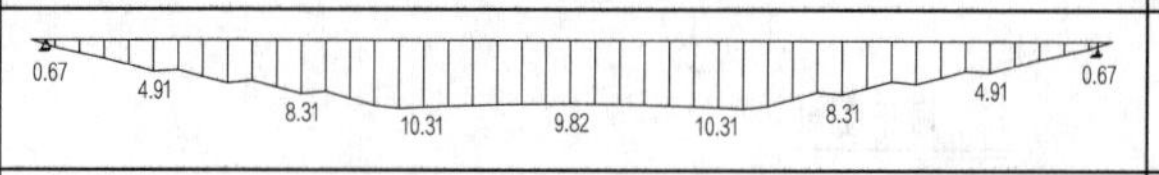	$\sigma^t_{cc} \leq 0.70 f'_{ck}$ 计算值≤ 22.68MPa
其他	放张阶段跨中挠度	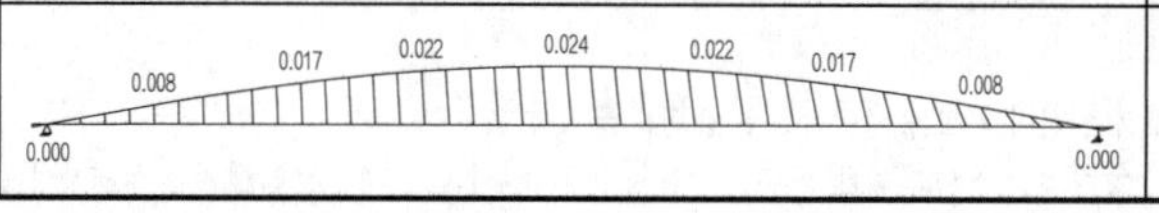	—

注：1. 单位：弯矩（kN·m）、剪力（kN）、应力（MPa）、位移（m）。
2. 效应方向：应力（压为正、拉为负）、位移（上拱为正、下挠为负）。

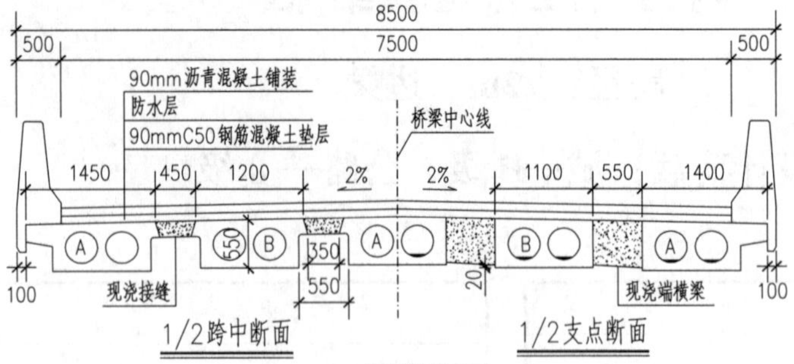

8.5m宽桥梁横断面 1:80

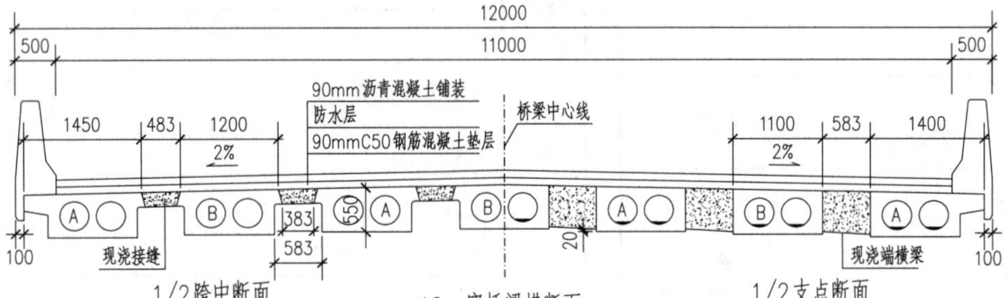

12m宽桥梁横断面 1:80

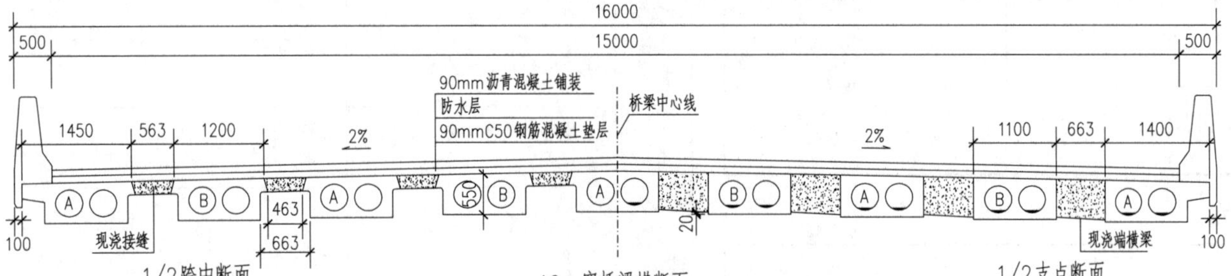

16m宽桥梁横断面 1:80

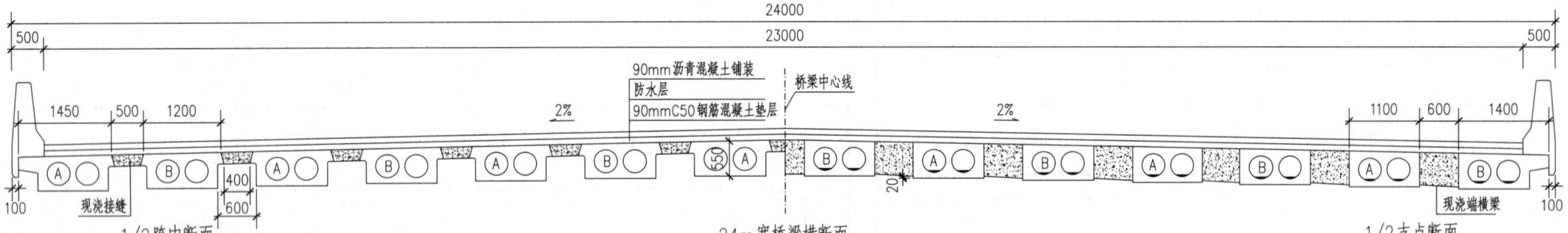

24m宽桥梁横断面 1:80

现浇接缝参数表

编号	桥宽（m）	空心板片数	现浇接缝上口宽 b（mm）	现浇接缝下口宽 b'（mm）
1	8.50	5	450	350
2	12.00	7	483	383
3	16.00	9	563	463
4	24.00	14	500	400

附注：1. 本图尺寸单位除标明外，其余均以毫米计。
2. 本图为城市桥梁中桥宽分别为8.5m、12m、16m、24m的典型横断面布置图，纵向计算时横向分布系数按最不利值取用。
3. 图中A、B代表不同钢筋布置的空心板，详见空心板钢筋图。
4. 如桥面板U形钢筋采用焊接连接，图中空心板全部采用A型空心板。如桥面板U形钢筋采用交错布置，图中空心板采用A、B型空心板。

10m预应力混凝土空心板典型横断面布置图 设计荷载：城—A级、城—B级	图集号	2024沪Q003
	页	34

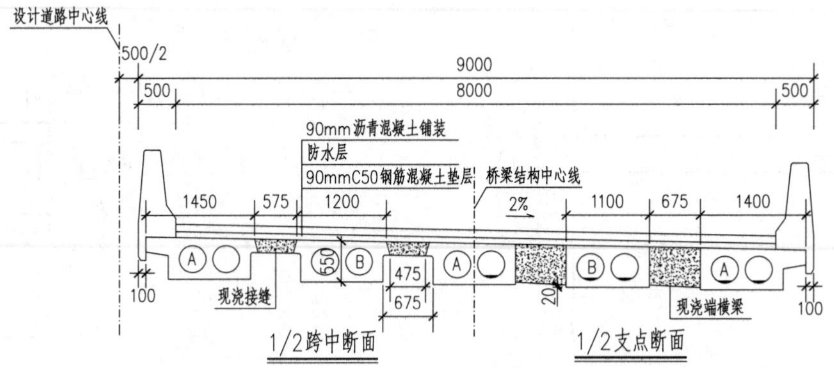

2x9.00m宽桥梁横断面 1:80

现浇接缝参数表

编号	桥宽(m)	空心板片数	现浇接缝上口宽 b(mm)	现浇接缝下口宽 b'(mm)
1	2x9.00	2x5	575	475
2	2x13.50	2x8	457	357
3	2x16.75	2x10	450	350

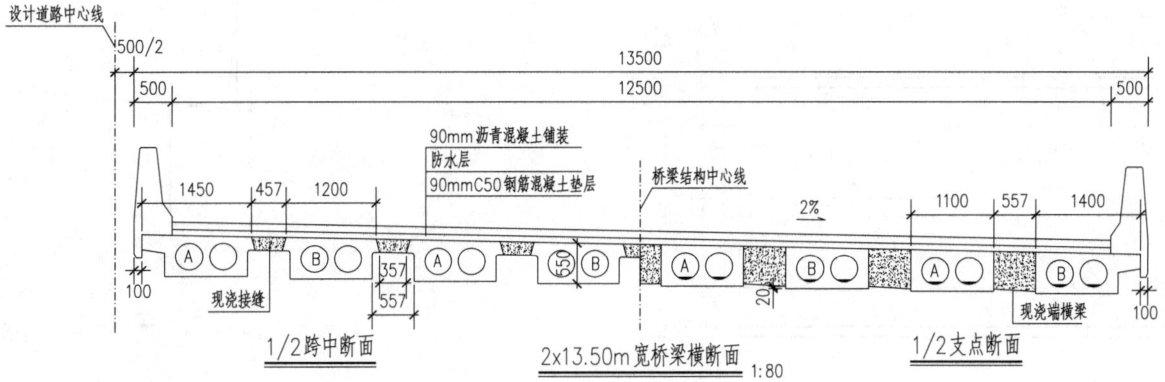

2x13.50m宽桥梁横断面 1:80

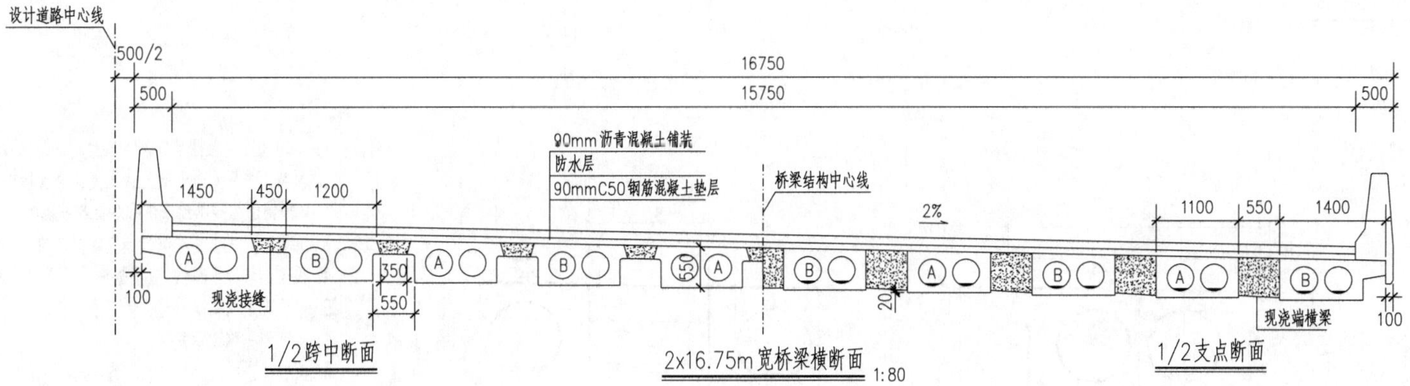

2x16.75m宽桥梁横断面 1:80

附注：1. 本图尺寸单位除标明外，其余均以毫米计。
2. 本图为公路桥梁中桥宽分别为2×9.00m、2×13.50m、2×16.75m的典型横断面布置图，纵向计算时横向分布系数按最不利值取用。
3. 图中A、B代表不同钢筋布置的空心板，详见空心板钢筋图。
4. 如桥面板U形钢筋采用焊接连接，图中空心板全部采用A型空心板。
如桥面板U形钢筋采用交错布置，图中空心板采用A、B型空心板。

10m预应力混凝土空心板典型横断面布置图 设计荷载：公路—I级、公路—II级	图集号	2024沪Q003
	页	35

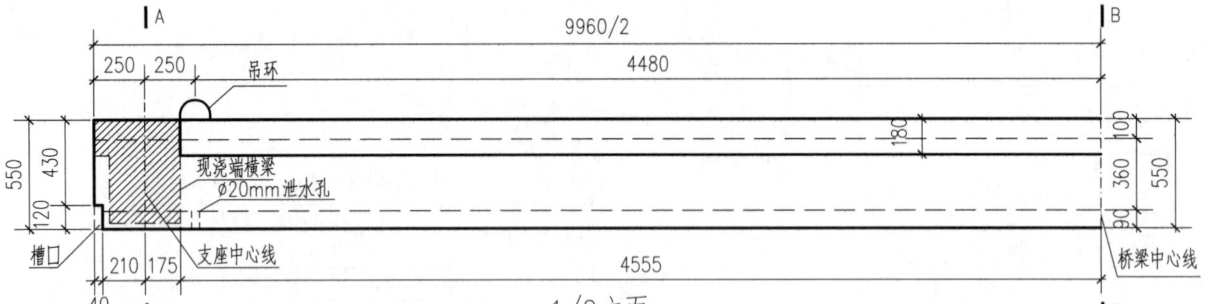

1/2立面 1:30

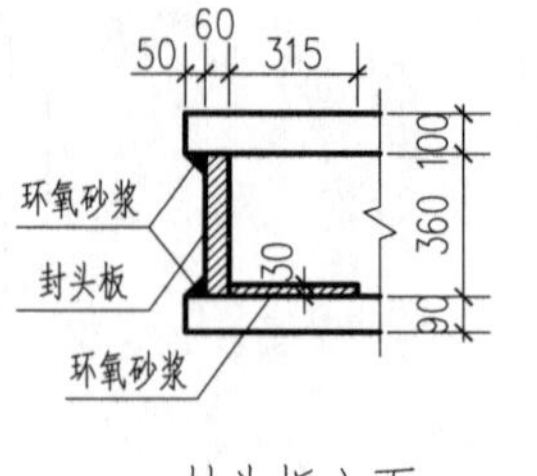

封头板立面 1:30

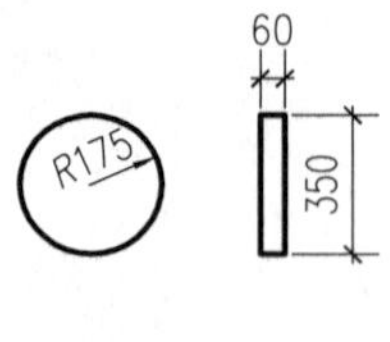

封头板大样 1:30

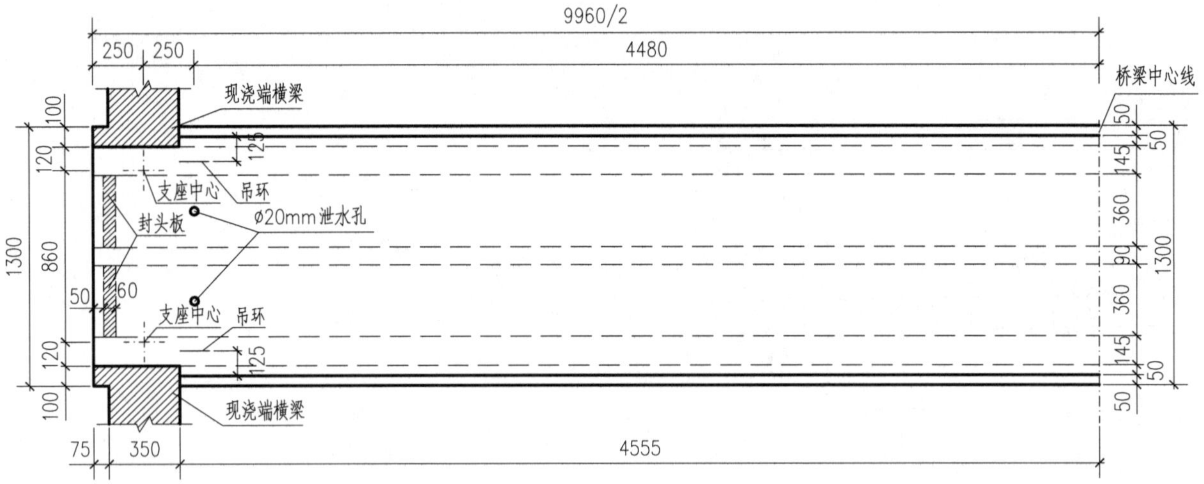

1/2平面 1:30

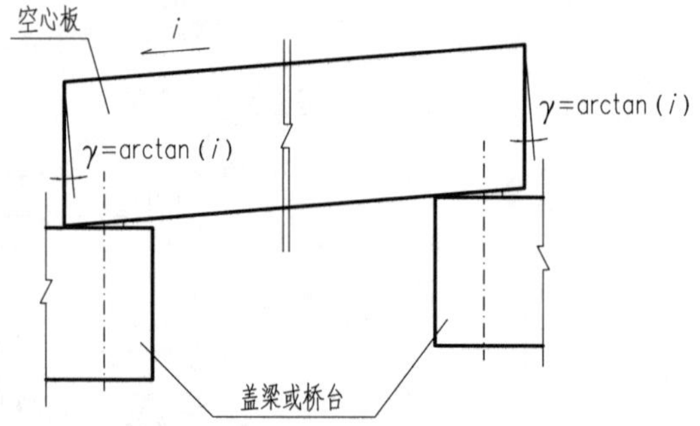

板端立面示意图

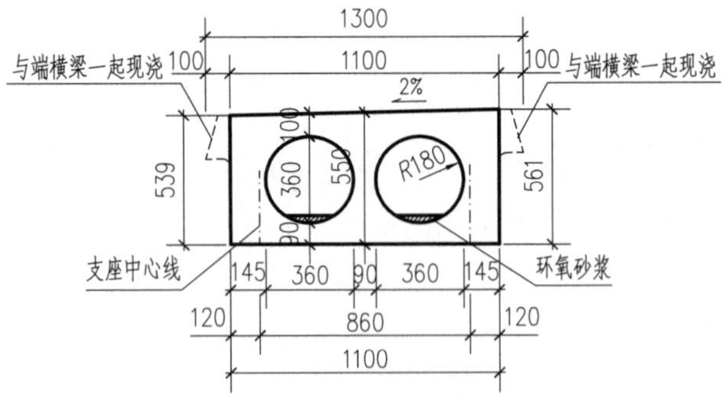

支点断面 1:30

(A—A)

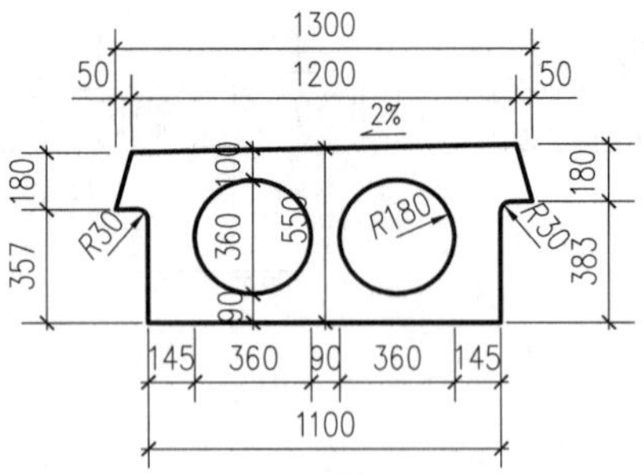

跨中断面 1:30

(B—B)

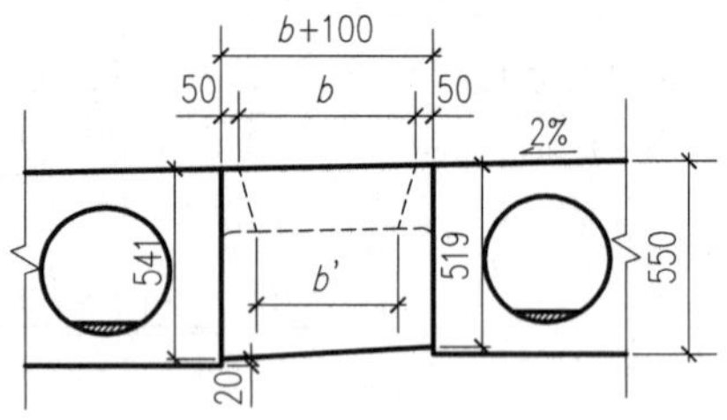

端横梁大样 1:30

附注：1. 本图尺寸单位除标明外，其余均以毫米计。
2. 预制梁采用C50混凝土，现浇接缝及端横梁采用C50混凝土（桥面板U形钢筋焊接）或采用C60低收缩混凝土（桥面板U形钢筋交错布置）。
3. 梁端面应根据桥梁纵坡调整方向及角度，保持铅垂。
4. 桥梁纵坡≥3%时，应根据纵坡修正梁长。
5. 梁底应采取调平措施，使支座保持水平，详见预应力混凝土空心板支座调平构造示意图。
6. 图中现浇接缝上口宽b、下口宽b'详见相应空心板典型横断面布置图。
7. 预制梁顶面混凝土必须充分拉毛。
8. 空心板采用预埋吊环钢筋起吊施工。
9. 板梁安装时应采取有效措施保证梁底四个支座均匀受力，避免由于支座脱空产生不良受力状态。
10. 施工单位应采取有效的封头板定位措施，确保封头板密封安装。

10m预应力混凝土空心板中梁构造图（斜交角0°） 设计荷载：城—A级、城—B级、公路—Ⅰ级、公路—Ⅱ级	图集号	2024沪Q003
	页	36

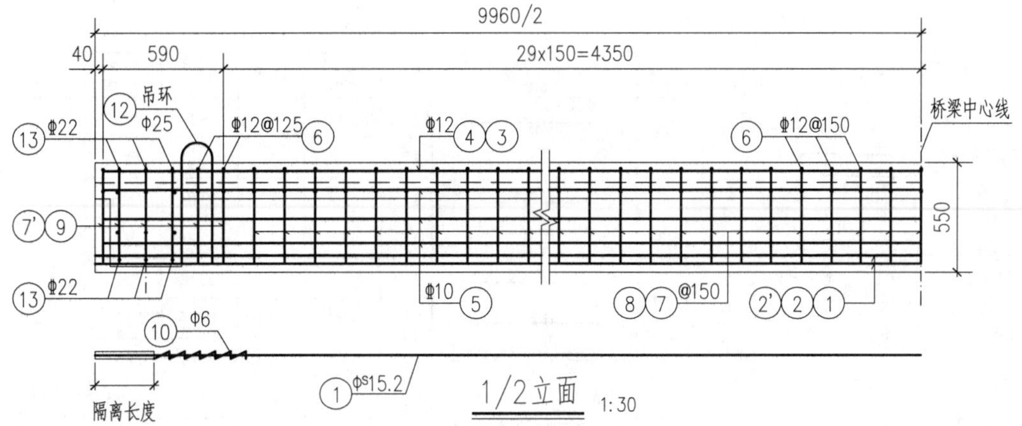

1/2立面 1:30

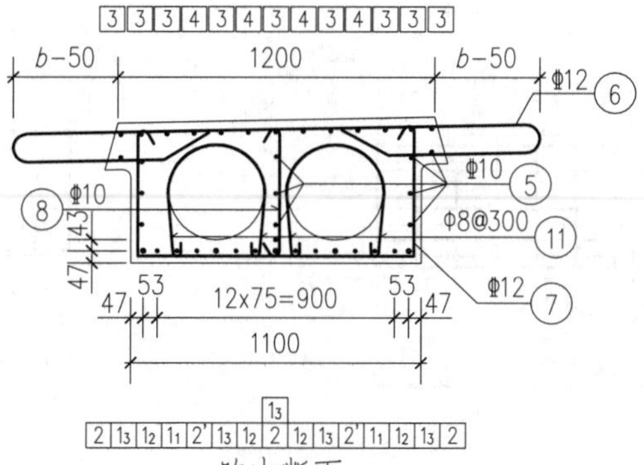

跨中断面 1:30

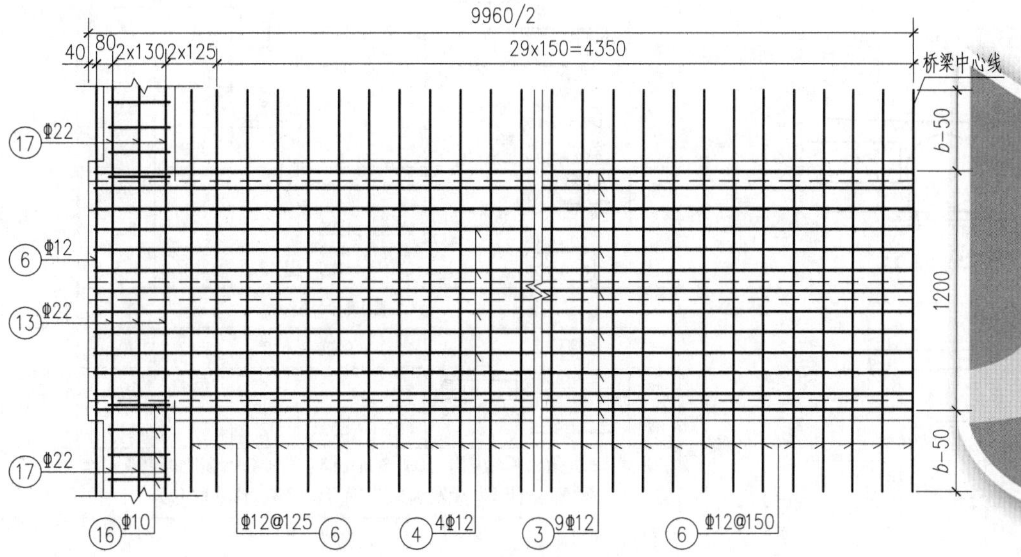

1/2平面 1:30

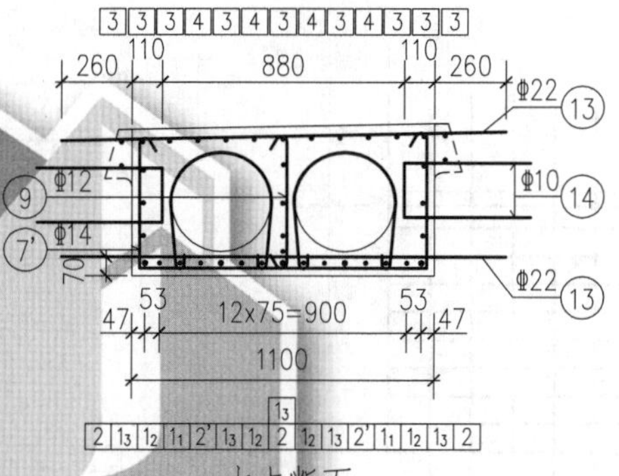

支点断面 1:30

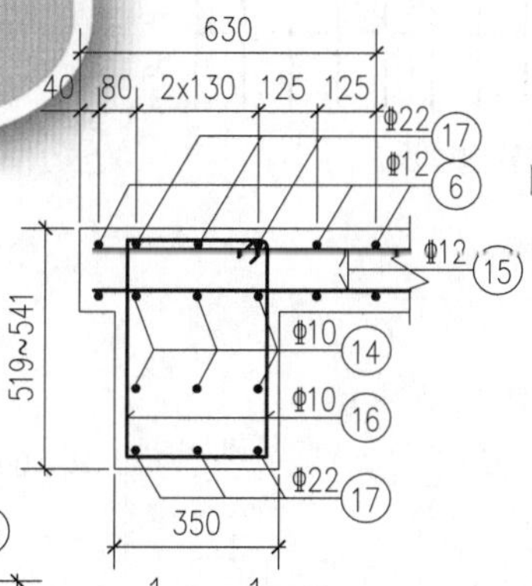

1 — 1 1:20

预应力钢绞线端部隔离长度表

编 号	隔离长度(mm)	根 数
1_1	2500	2
1_2	1500	4
1_3	100	5

混凝土材料明细表

混凝土	数量(m³)
梁体C50	4.25
现浇段C50/C60低收缩	0.87~1.18
封头板C30	0.023

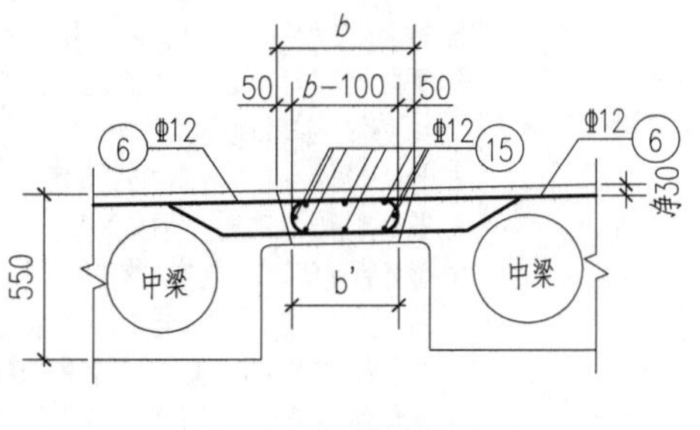

现浇桥面板钢筋 1:30

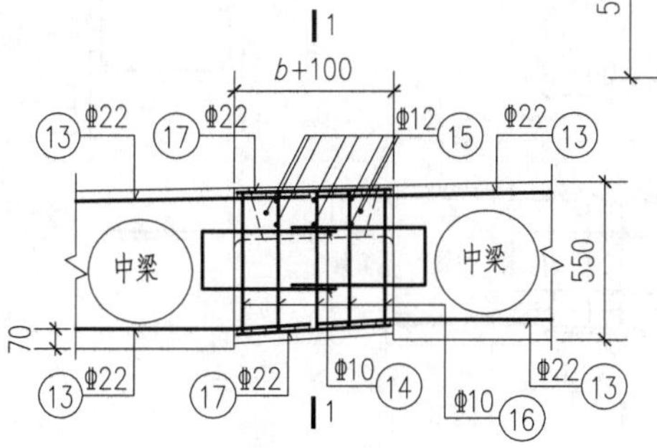

端横梁钢筋 1:30

钢筋材料明细表

编号	略图	直径	每根全长(mm)	根数	总长度(m)	总重(kg)	合计(kg)
1	9960	Φs15.2	9960	11	109.6	120.6	钢绞线: 120.6 HPB300: 76.6 HRB400: 754.4
2	9900	Φ20	9900	3	29.7	73.2	
2'	9900	Φ20	9900	2	19.8	48.8	
3	9900	Φ12	9900	9	89.1	79.1	
4	9900	Φ12	9900	4	39.6	35.2	
5	9900	Φ10	9900	11	108.9	67.1	
6	990+2xb; 170; 70+b; 200; 200; 70+b; 170	Φ12	3670	63	231.2	205.3	
7	120; 120; 476; 1046; 496	Φ12	2258	57	128.7	114.3	
7'	140; 140; 475; 1044; 495	Φ14	2294	12	27.5	33.3	
8	486; 100; 100	Φ10	686	57	39.1	24.1	
9	485; 120; 120	Φ12	725	12	8.7	7.7	
10	8x50; 50	Φ 6	1476	22	32.5	7.2	
11	581R=185; 230; 35; 47R=15	Φ 8	1205	68	81.9	32.3	
12	236R=75; 550; 550; 235; 300 300	Φ25	2406	4	9.6	37.1	
13	1620	Φ22	1620	12	19.4	58.0	
14	235+b/2; 200; 235+b/2	Φ10	1120	12	13.4	8.3	
现浇部分钢筋							
15	9900	Φ12	9900	8	79.2	70.3	HRB400: 100.1
16	467~489; 298; 100	Φ10	平均 1752	10	17.5	10.8	
17	80+b	Φ22	530	12	6.4	19.0	

注：1.本表中参数b按现浇接缝最小上口宽450mm计算，实际长度按照现浇接缝参数表中数值取值。
2.本表适用于安全等级为一级的空心板，若安全等级为二级，可取消钢筋②'。

附注：1. 本图尺寸单位除标明外，其余均以毫米计。
2. 预应力钢绞线采用预应力钢绞线1×7-15.20-1860-GB/T 5224，技术条件必须符合《预应力混凝土用钢绞线》GB/T 5224的规定。
3. 预应力钢绞线控制张拉应力为$0.75f_{pk}$，每根控制张拉力为195kN。
4. 切断预应力钢绞线时混凝土强度、弹性模量（或龄期）要求详见本设计说明六第9条规定。
5. 切断预应力钢绞线次序：由两侧向中间左右对称进行。
6. 预应力钢绞线两端须用内径ф20黑铁管或被认可的材料包裹隔离，隔离长度详见预应力钢绞线端部隔离长度表。
7. 槽口处理：钢绞线端部作防锈处理后，用水泥砂浆封闭抹平。
8. 最外侧钢筋的混凝土保护层厚度不小于20mm。
9. 钢筋⑩为D50螺旋钢筋，钢筋⑬在现浇端横梁处与钢筋⑦焊接。钢筋⑭在现浇端横梁处互相焊接。钢筋采用焊接连接时，焊接长度：单面焊10d，双面焊5d，d为钢筋直径。
10. 梁端设伸缩缝处应按伸缩缝装置构造要求设置预埋件。
11. 单梁安装净重为111kN，吊装，运输时必须注意平稳。
12. 本图对应A型空心板，B型空心板钢筋调整大样详见"B型空心板钢筋调整示意图"。
13. 抗芯模上浮钢筋⑪与空心板箍筋⑧、⑨纵向错位布置。

10m预应力混凝土空心板中梁钢筋图（斜交角0°） 设计荷载：城—A级、公路—Ⅰ级	图集号	2024沪Q003
	页	37

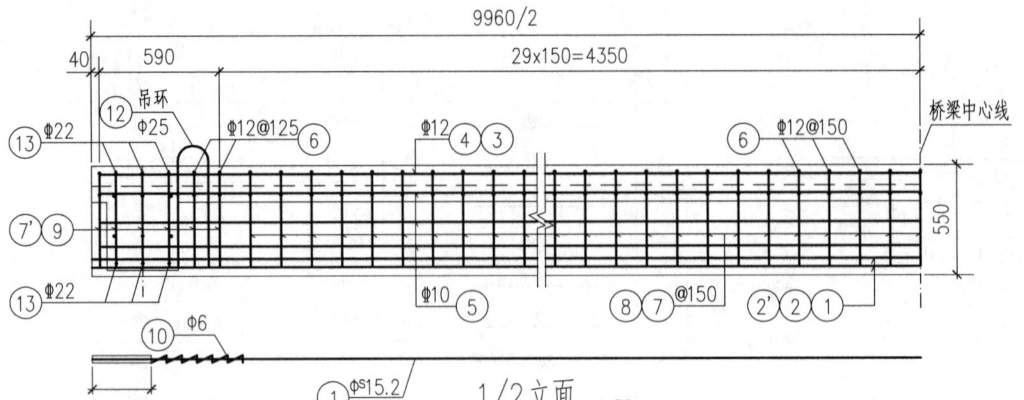

1/2立面 1:30

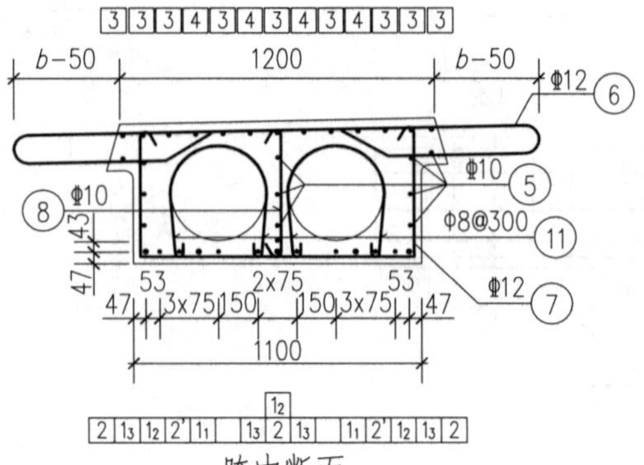

跨中断面 1:30

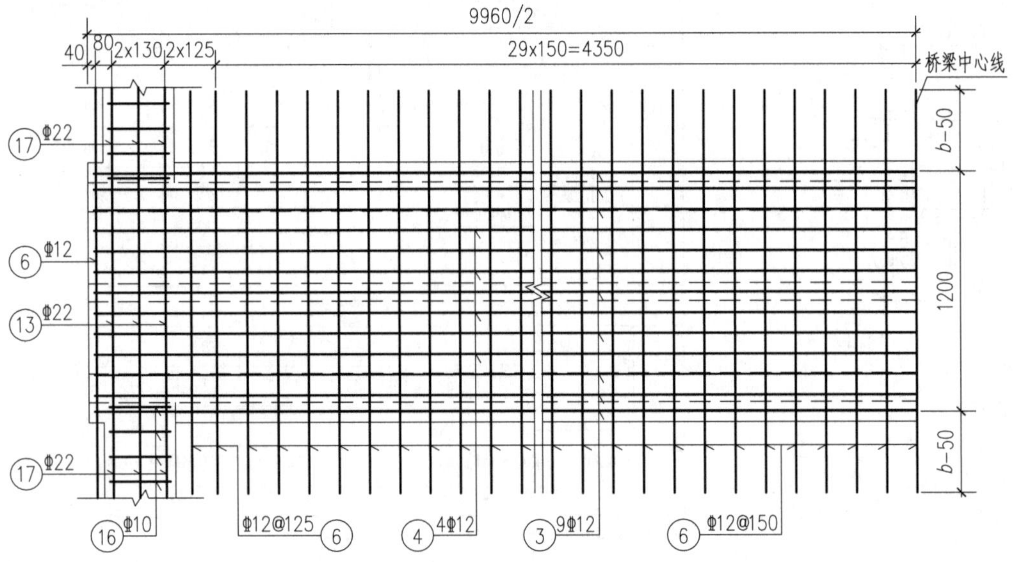

1/2平面 1:30

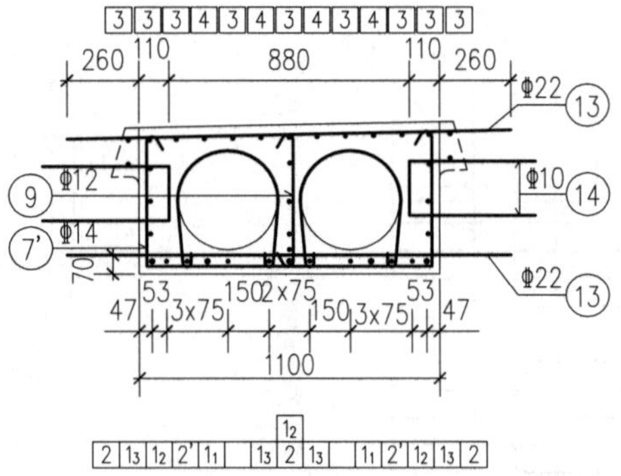

支点断面 1:30

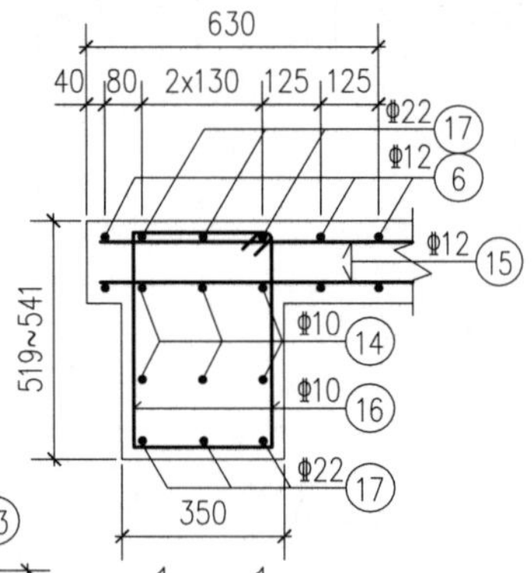

1 — 1 1:20

预应力钢绞线端部隔离长度表

编号	隔离长度（mm）	根数
l_1	2500	2
l_2	1500	3
l_3	100	4

混凝土材料明细表

混凝土	数量（m³）
梁体C50	4.25
现浇段C50/C60低收缩	0.87~1.18
封头板C30	0.023

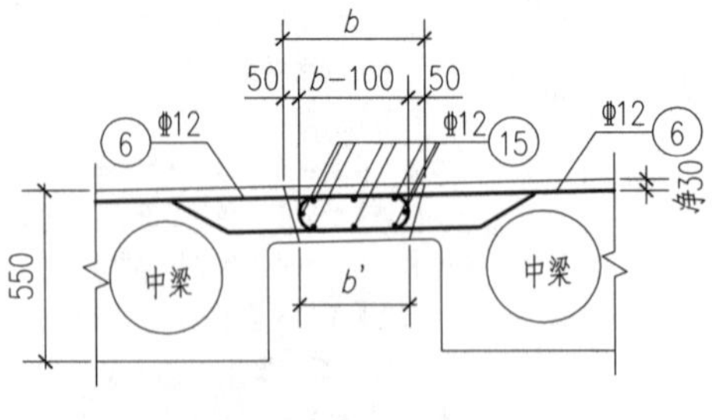

现浇桥面板钢筋 1:30

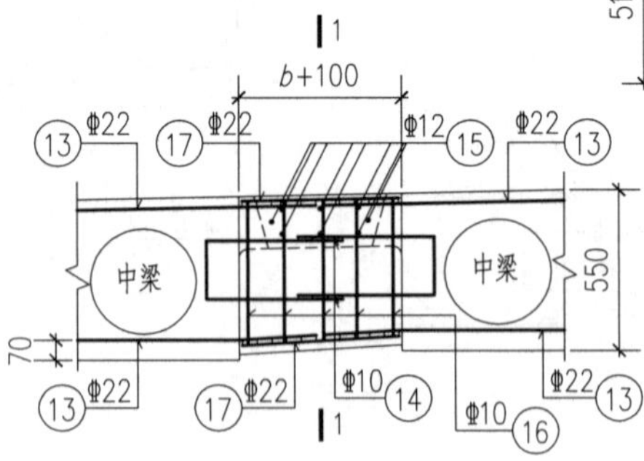

端横梁钢筋 1:30

钢筋材料明细表

编号	略图	直径	每根全长(mm)	根数	总长度(m)	总重(kg)	合计(kg)
1	9960	Φs15.2	9960	9	89.6	98.7	钢绞线：98.7 HPB300：75.3 HRB400：754.4
2	9900	Φ20	9900	3	29.7	73.2	
2'	9900	Φ20	9900	2	19.8	48.8	
3	9900	Φ12	9900	9	89.1	79.1	
4	9900	Φ12	9900	4	39.6	35.2	
5	9900	Φ10	9900	11	108.9	67.1	
6	170 990+2x*b* 170 70+*b* 200 200 70+*b*	Φ12	3670	63	231.2	205.3	
7	120 120 476 1046 496	Φ12	2258	57	128.7	114.3	
7'	140 140 475 1044 495	Φ14	2294	12	27.5	33.3	
8	486 100 100	Φ10	686	57	39.1	24.1	
9	485 120 120	Φ12	725	12	8.7	7.7	
10	8x50 50	Φ6	1476	18	26.6	5.9	
11	581*R*=185 230 35 47*R*=15	Φ8	1205	68	81.9	32.3	
12	236*R*=75 550 550 235 300 300	Φ25	2406	4	9.6	37.1	
13	1620	Φ22	1620	12	19.4	58.0	
14	235+*b*/2 200 235+*b*/2	Φ10	1120	12	13.4	8.3	
现浇部分钢筋							
15	9900	Φ12	9900	8	79.2	70.3	HRB400：100.1
16	467~489 298 100	Φ10	平均 1752	10	17.5	10.8	
17	80+*b*	Φ22	530	12	6.4	19.0	

注：1.本表中参数*b*按现浇接缝最小上口宽450mm计算，实际长度按照现浇接缝参数表中数值取值。
2.本表适用于安全等级为一级的空心板，若安全等级为二级，可取消钢筋②'。

附注：1. 本图尺寸单位除标明外，其余均以毫米计。

2. 预应力钢绞线采用预应力钢绞线 1×7-15.20-1860-GB/T 5224，技术条件必须符合《预应力混凝土用钢绞线》GB/T 5224 的规定。
3. 预应力钢绞线控制张拉应力为 $0.75f_{pk}$，每根控制张拉力为 195kN。
4. 切断预应力钢绞线时混凝土强度、弹性模量（或龄期）要求详见本设计说明六第 9 条规定。
5. 切断预应力钢绞线次序：由两侧向中间左右对称进行。
6. 预应力钢绞线两端须用内径 ϕ20 黑铁管或被认可的材料包裹隔离，隔离长度详见预应力钢绞线端部隔离长度表。
7. 槽口处理：钢绞线端部作防锈处理后，用水泥砂浆封闭抹平。
8. 最外侧钢筋的混凝土保护层厚度不小于 20mm。
9. 钢筋⑩为 D50 螺旋钢筋，钢筋⑬在现浇端横梁处与钢筋⑰焊接。钢筋⑭在现浇端横梁处互相焊接。钢筋采用焊接连接时，焊接长度：单面焊 10*d*，双面焊 5*d*，*d* 为钢筋直径。
10. 梁端设伸缩缝处应按伸缩缝装置构造要求设置预埋件。
11. 单梁安装净重为 111kN，吊装、运输时必须注意平稳。
12. 本图对应 A 型空心板，B 型空心板钢筋调整大样详见“B 型空心板钢筋调整示意图”。
13. 抗芯模上浮钢筋⑪与空心板箍筋⑧、⑨纵向错位布置。

10m 预应力混凝土空心板中梁钢筋图（斜交角 0°） 设计荷载：城—B 级、公路—Ⅱ级	图集号	2024沪Q003
	页	38

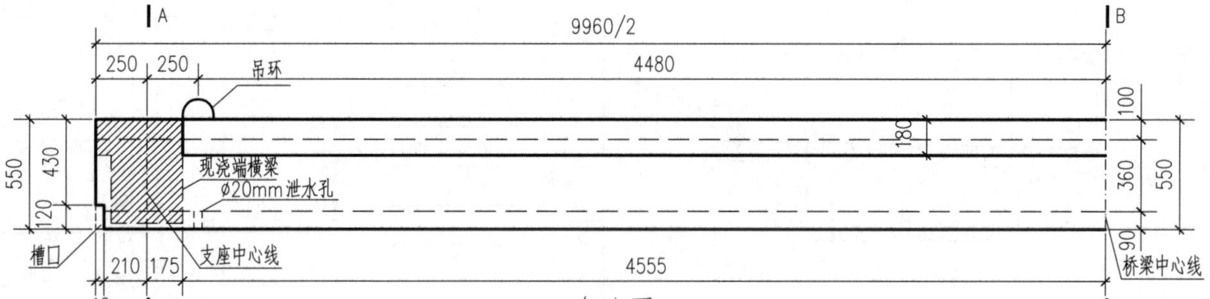

1/2立面 1:30

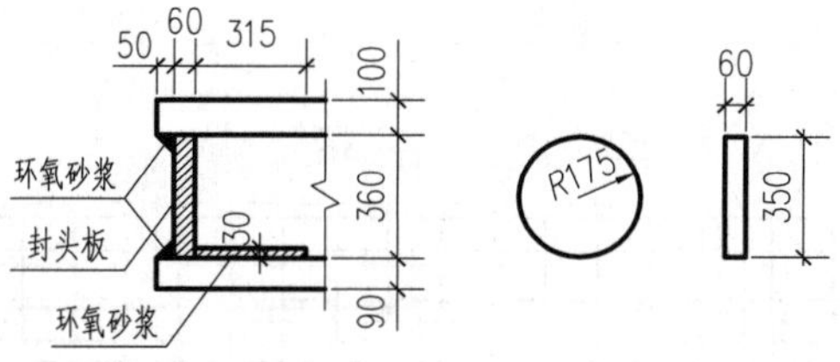

封头板立面 1:30　封头板大样 1:30

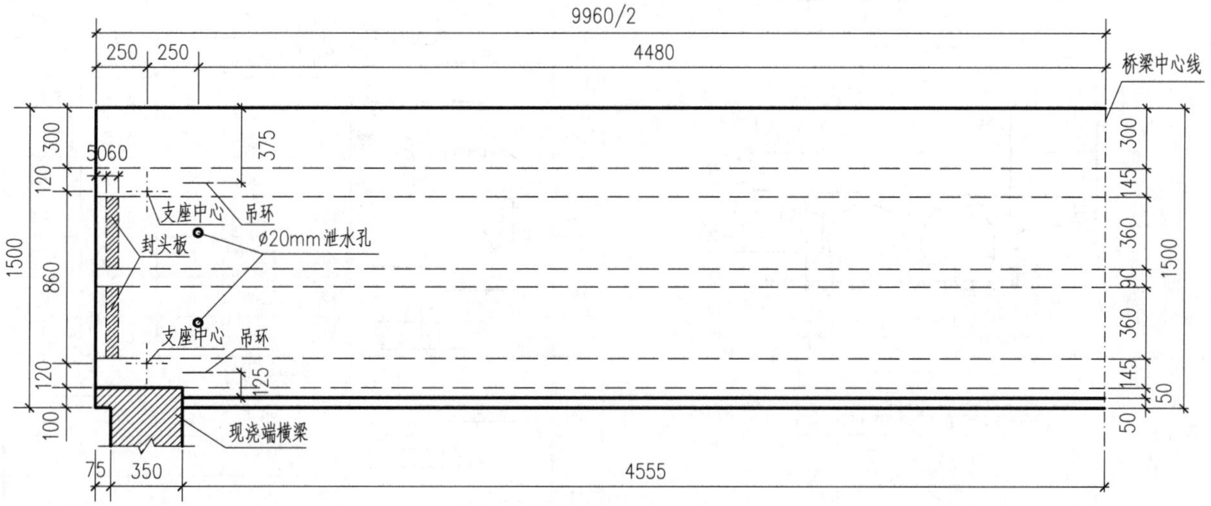

1/2平面 1:30

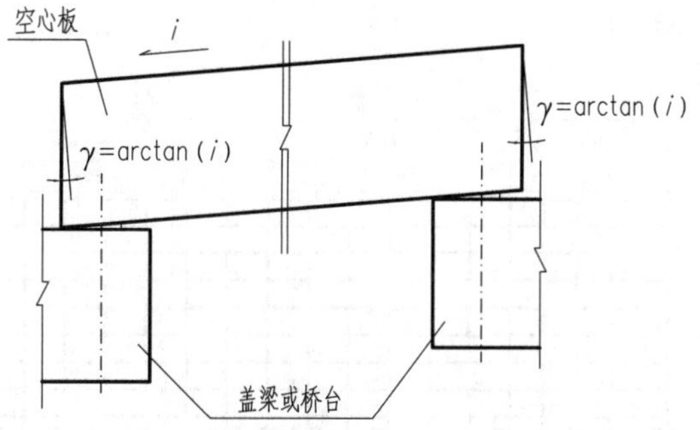

板端立面示意图

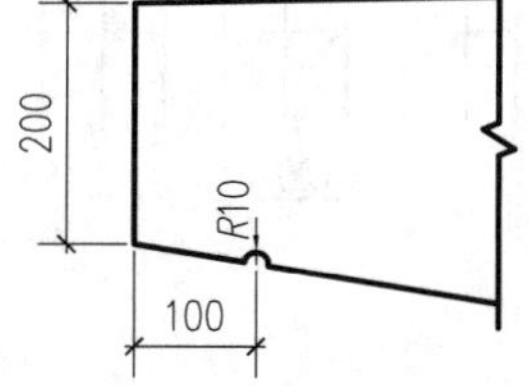

滴水槽大样 1:10

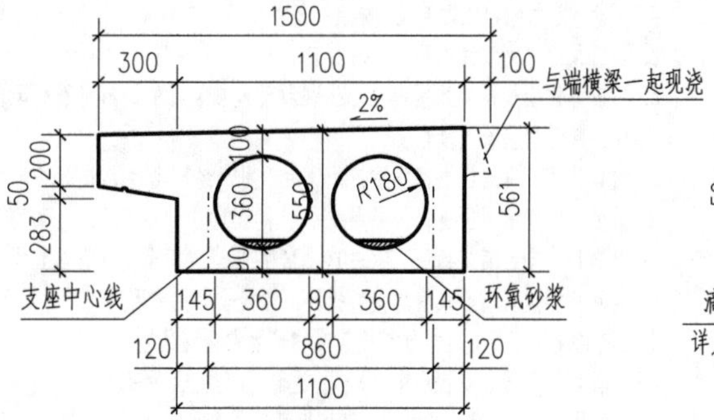

支点断面 1:30

(A—A)

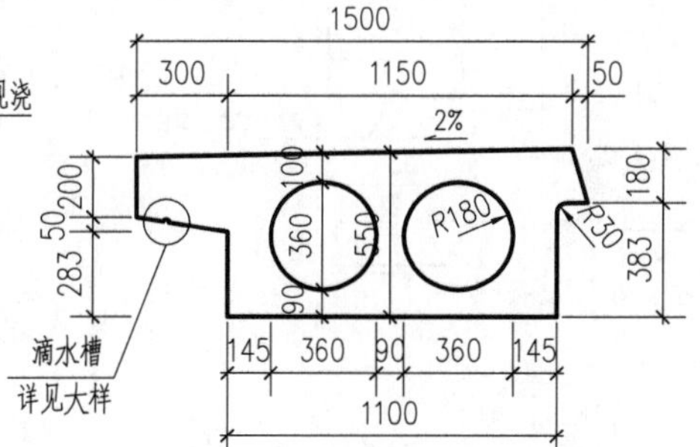

跨中断面 1:30

(B—B)

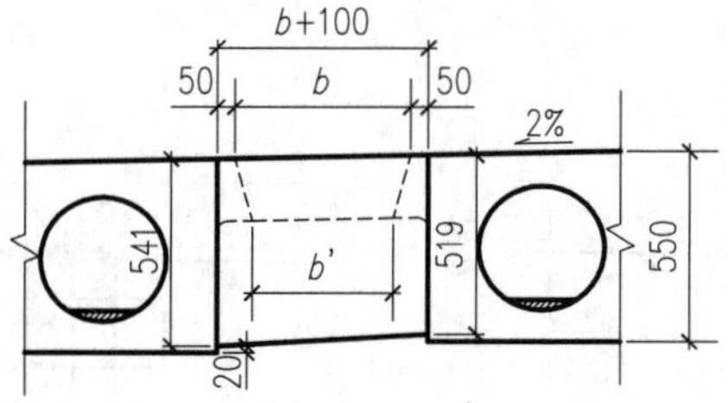

端横梁大样 1:30

附注：1. 本图尺寸单位除标明外，其余均以毫米计。
2. 预制梁采用C50混凝土，现浇接缝及端横梁采用C50混凝土（桥面板U形钢筋焊接）或采用C60低收缩混凝土（桥面板U形钢筋交错布置）。
3. 梁端面应根据桥梁纵坡调整方向及角度，保持铅垂。
4. 桥梁纵坡≥3%时，应根据纵坡修正梁长。
5. 梁底应采取调平措施，使支座保持水平，详见预应力混凝土空心板支座调平构造示意图。
6. 图中现浇接缝上口宽b、下口宽b'详见相应空心板典型横断面布置图。
7. 预制梁顶面混凝土必须充分拉毛。
8. 空心板采用预埋吊环钢筋起吊施工。
9. 板梁安装时应采取有效措施保证梁底四个支座均匀受力，避免由于支座脱空产生不良受力状态。
10. 施工单位应采取有效的封头板定位措施，确保封头板密封安装。

10m预应力混凝土空心板边梁构造图（斜交角0°） 设计荷载：城—A级、城—B级、公路—Ⅰ级、公路—Ⅱ级	图集号	2024沪Q003
	页	39

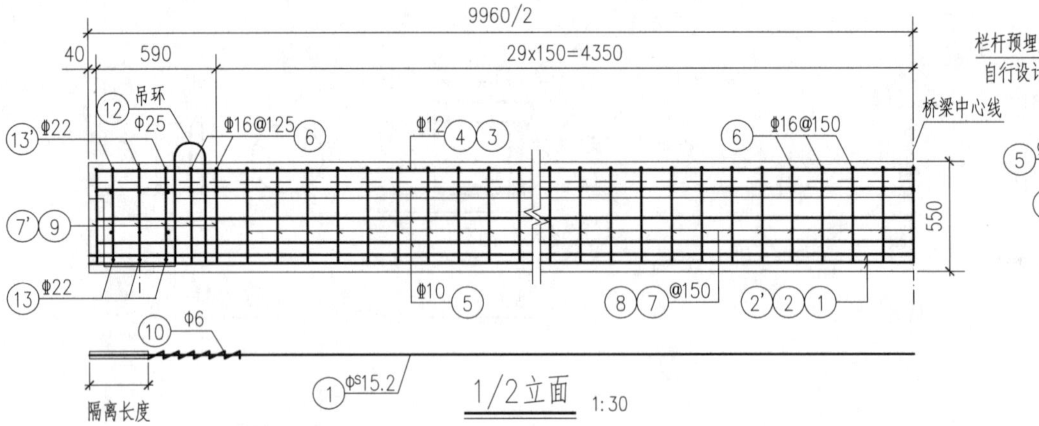

1/2立面 1:30

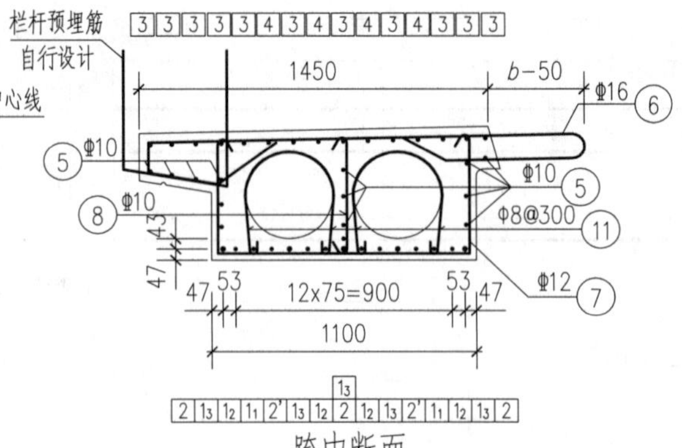

跨中断面 1:30

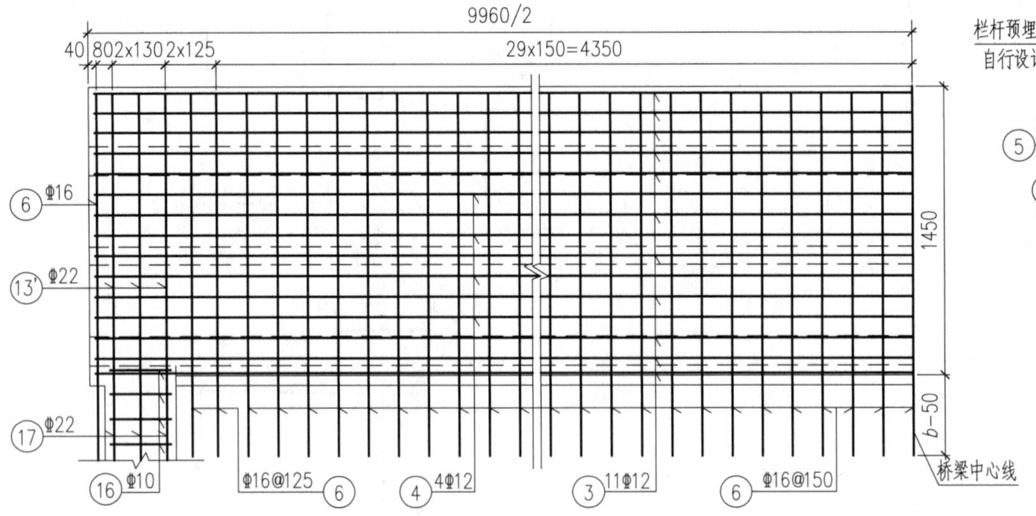

1/2平面 1:30

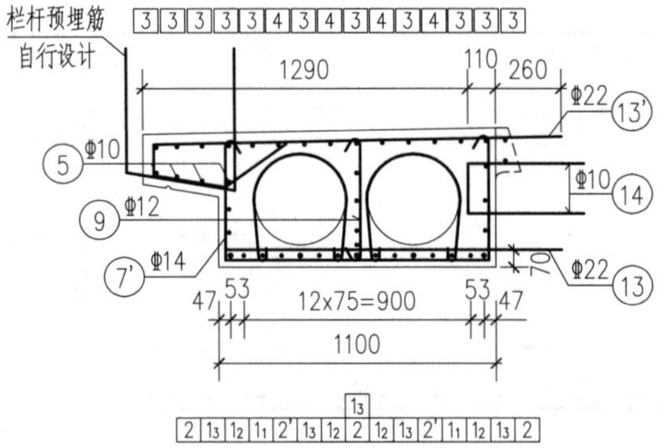

支点断面 1:30

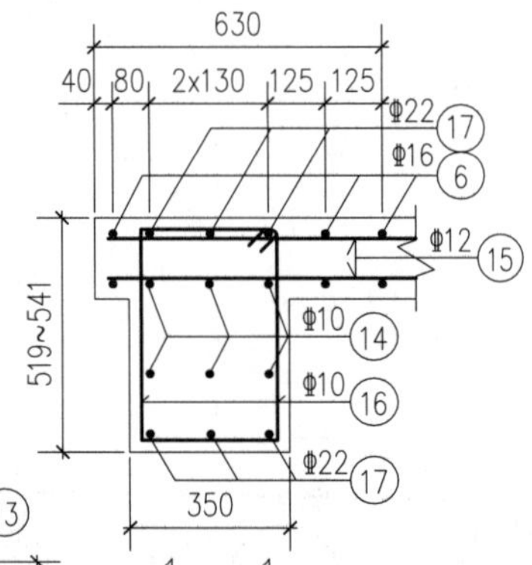

1 — 1 1:20

预应力钢绞线端部隔离长度表

编号	隔离长度（mm）	根数
1_1	2500	2
1_2	1500	4
1_3	100	5

混凝土材料明细表

混凝土	数量（m³）
梁体C50	4.81
现浇段C50/C60低收缩	0.44~0.59
封头板C30	0.023

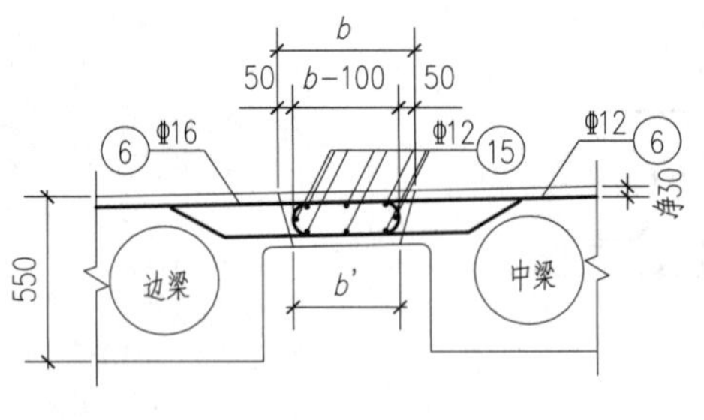

现浇桥面板钢筋 1:30

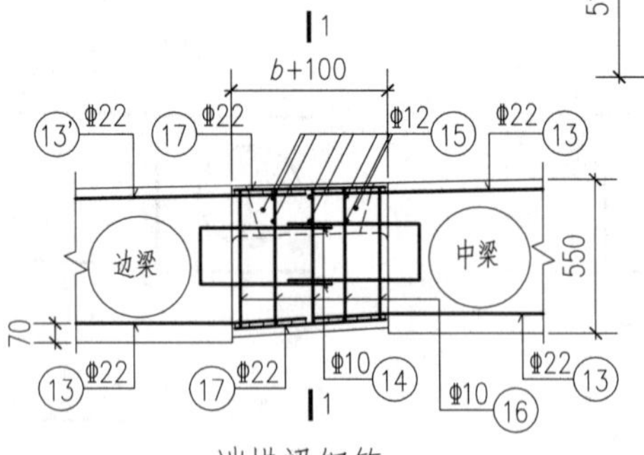

端横梁钢筋 1:30

钢筋材料明细表

编号	略图	直径	每根全长(mm)	根数	总长度(m)	总重(kg)	合计(kg)
1	9960	$\phi^s15.2$	9960	11	109.6	120.6	钢绞线：120.6 HPB300：76.6 HRB400：916.7
2	9900	Φ20	9900	3	29.7	73.2	
2'	9900	Φ20	9900	2	19.8	48.8	
3	9900	Φ12	9900	11	108.9	96.7	
4	9900	Φ12	9900	4	39.6	35.2	
5	9900	Φ10	9900	13	128.7	79.3	
6	1309+b, 129, 291, 300, 200, 75+b, 160	Φ16	3364	63	211.9	334.5	
7	120, 120, 476, 1046, 496	Φ12	2258	57	128.7	114.3	
7'	140, 140, 475, 1044, 495	Φ14	2294	12	27.5	33.3	
8	486, 100, 100	Φ10	686	57	39.1	24.1	
9	485, 120, 120	Φ12	725	12	8.7	7.7	
10	8x50, 50	Φ 6	1476	22	32.5	7.2	
11	581 R=185, 230, 35, 47 R=15	Φ 8	1205	68	81.9	32.3	
12	236 R=75, 550, 550, 235, 300 300	Φ25	2406	4	9.6	37.1	
13	1330	Φ22	1330	6	8.0	23.8	
13'	1618, 123, 288, 300	Φ22	2329	6	14.0	41.7	
14	235+b/2, 200, 235+b/2	Φ10	1120	6	6.7	4.1	
现浇部分钢筋							
15	9900	Φ12	9900	4	39.6	35.2	HRB400：50.1
16	467~489, 298, 100	Φ10	平均 1752	5	8.8	5.4	
17	80+b	Φ22	530	6	3.2	9.5	

注：1.本表中参数b按现浇接缝最小上口宽450mm计算，实际长度按照现浇接缝参数表中数值取值。

2.本表适用于安全等级为一级的空心板，若安全等级为二级，可取消钢筋②'。

附注：1. 本图尺寸单位除标明外，其余均以毫米计。

2. 预应力钢绞线采用预应力钢绞线 1×7-15.20-1860-GB/T 5224，技术条件必须符合《预应力混凝土用钢绞线》GB/T 5224 的规定。

3. 预应力钢绞线控制张拉应力为 $0.75f_{pk}$，每根控制张拉力为 195kN。

4. 切断预应力钢绞线时混凝土强度、弹性模量（或龄期）要求详见本设计说明六第 9 条规定。

5. 切断预应力钢绞线次序：由两侧向中间左右对称进行。

6. 预应力钢绞线两端须用内径 φ20 黑铁管或被认可的材料包裹隔离，隔离长度详见预应力钢绞线端部隔离长度表。

7. 槽口处理：钢绞线端部作防锈处理后，用水泥砂浆封闭抹平。

8. 最外侧钢筋的混凝土保护层厚度不小于 20mm。

9. 钢筋⑩为 D50 螺旋钢筋，钢筋⑬、⑬'在现浇端横梁处与钢筋⑰焊接。钢筋⑭在现浇端横梁处互相焊接。钢筋采用焊接连接时，焊接长度：单面焊 10d，双面焊 5d，d 为钢筋直径。

10. 梁端设伸缩缝处应按伸缩缝装置构造要求设置预埋件。

11. 单梁安装净重为 126kN，吊装、运输时必须注意平稳。

12. 本图对应 A 型空心板，B 型空心板钢筋调整大样详见"B 型空心板钢筋调整示意图"。

13. 抗芯模上浮钢筋⑪与空心板箍筋⑧、⑨纵向错位布置。

14. 栏杆预埋筋仅作示意，设计单位应根据栏杆防护等级及构造要求自行设计。

10m 预应力混凝土空心板边梁钢筋图（斜交角 0°） 设计荷载：城—A 级、公路—I级	图集号	2024沪Q003
	页	40

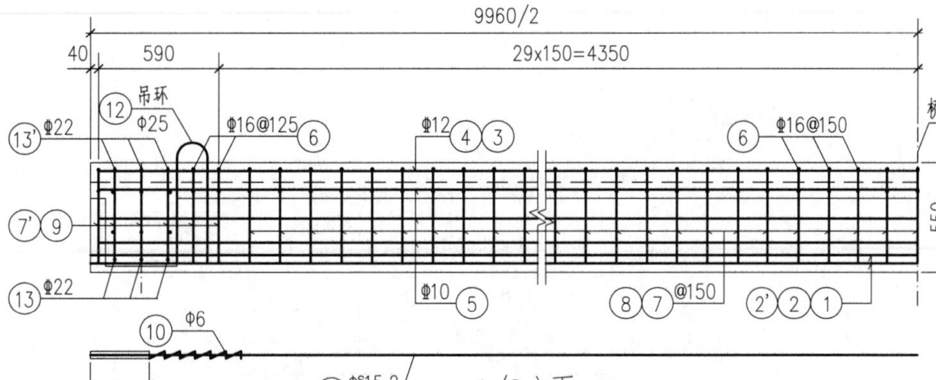

1/2立面 1:30

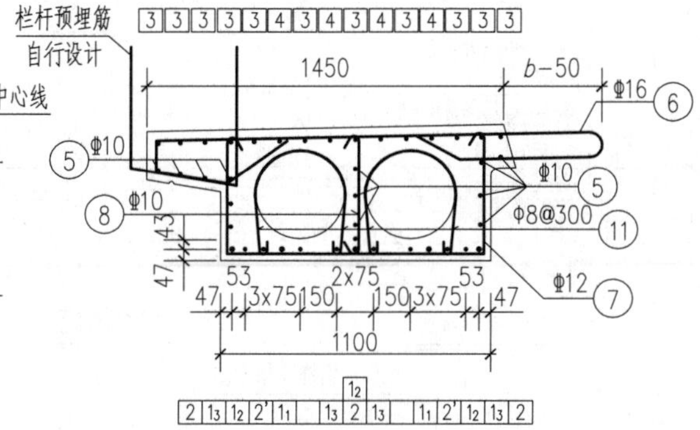

跨中断面 1:30

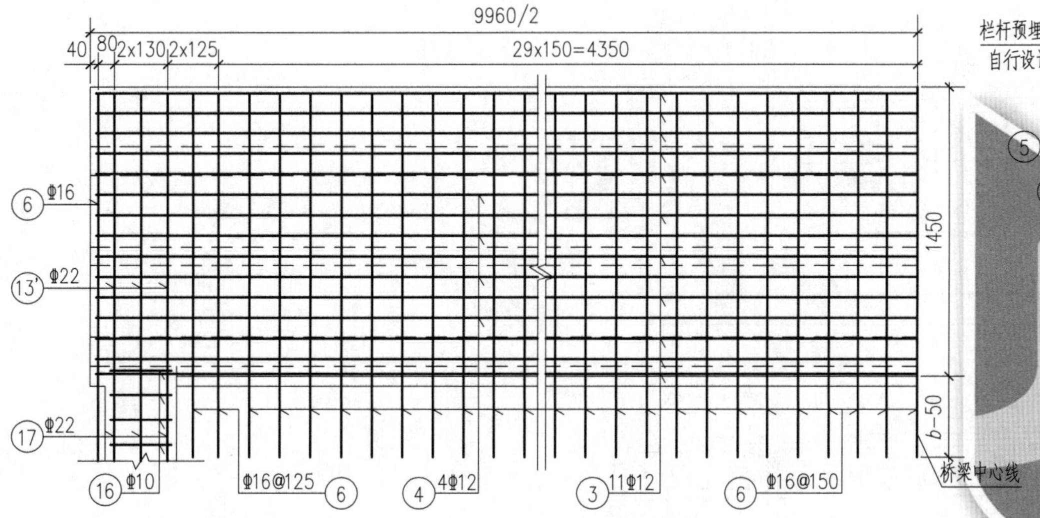

1/2平面 1:30

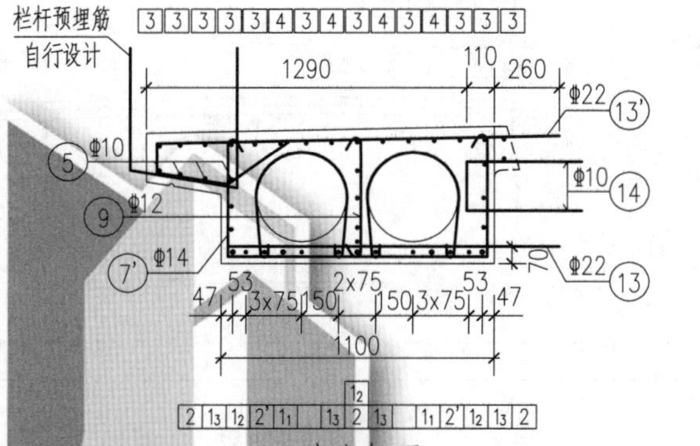

支点断面 1:30

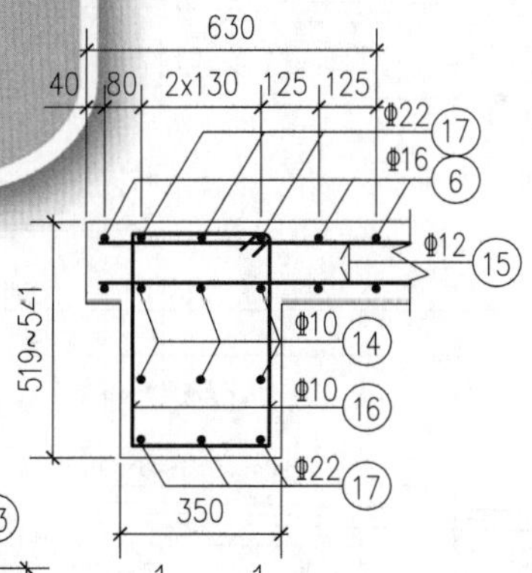

1—1 1:20

预应力钢绞线端部隔离长度表

编号	隔离长度(mm)	根数
l_1	2500	2
l_2	1500	3
l_3	100	4

混凝土材料明细表

混凝土	数量(m³)
梁体C50	4.81
现浇段C50/C60低收缩	0.44~0.59
封头板C30	0.023

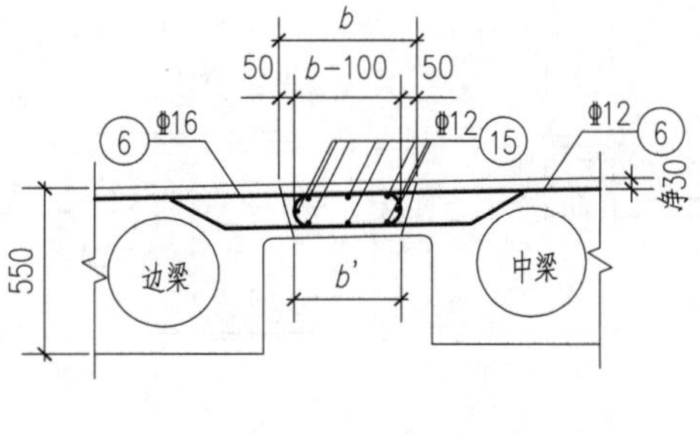

现浇桥面板钢筋 1:30

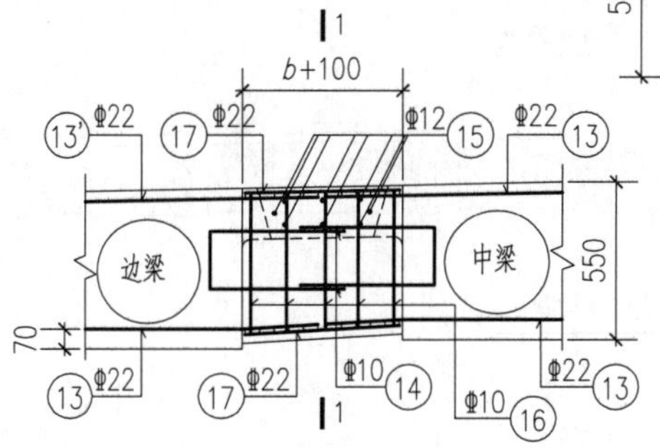

端横梁钢筋 1:30

钢筋材料明细表

编号	略图	直径	每根全长(mm)	根数	总长度(m)	总重(kg)	合计(kg)
1	9960	Φs15.2	9960	9	89.6	98.7	钢绞线: 98.7 HPB300: 75.3 HRB400: 916.7
2	9900	Φ20	9900	3	29.7	73.2	
2'	9900	Φ20	9900	2	19.8	48.8	
3	9900	Φ12	9900	11	108.9	96.7	
4	9900	Φ12	9900	4	39.6	35.2	
5	9900	Φ10	9900	13	128.7	79.3	
6	1309+b; 129; 291; 300; 200; 75+b; 160	Φ16	3364	63	211.9	334.5	
7	120; 120; 476; 1046; 496	Φ12	2258	57	128.7	114.3	
7'	140; 140; 475; 1044; 495	Φ14	2294	12	27.5	33.3	
8	486; 100; 100	Φ10	686	57	39.1	24.1	
9	485; 120; 120	Φ12	725	12	8.7	7.7	
10	8x50; 50	Φ6	1476	18	26.6	5.9	
11	581 R=185; 230; 35; 47 R=15	Φ8	1205	68	81.9	32.3	
12	236 R=75; 550; 550; 235; 300; 300	Φ25	2406	4	9.6	37.1	
13	1330	Φ22	1330	6	8.0	23.8	
13'	1618; 123; 288; 300	Φ22	2329	6	14.0	41.7	
14	235+b/2; 200; 235+b/2	Φ10	1120	6	6.7	4.1	
现浇部分钢筋							
15	9900	Φ12	9900	4	39.6	35.2	HRB400: 50.1
16	467~489; 298; 100	Φ10	平均 1752	5	8.8	5.4	
17	80+b	Φ22	530	6	3.2	9.5	

注：1.本表中参数b按现浇接缝最小上口宽450mm计算，实际长度按照现浇接缝参数表中数值取值。

2.本表适用于安全等级为一级的空心板，若安全等级为二级，可取消钢筋②'。

附注：1. 本图尺寸单位除标明外，其余均以毫米计。

2. 预应力钢绞线采用预应力钢绞线 1×7-15.20-1860-GB/T 5224，技术条件必须符合《预应力混凝土用钢绞线》GB/T 5224 的规定。

3. 预应力钢绞线控制张拉应力为 $0.75f_{pk}$，每根控制张拉力为 195kN。

4. 切断预应力钢绞线时混凝土强度、弹性模量（或龄期）要求详见本设计说明六第 9 条规定。

5. 切断预应力钢绞线次序：由两侧向中间左右对称进行。

6. 预应力钢绞线两端须用内径 ϕ20 黑铁管或被认可的材料包裹隔离，隔离长度详见预应力钢绞线端部隔离长度表。

7. 槽口处理：钢绞线端部作防锈处理后，用水泥砂浆封闭抹平。

8. 最外侧钢筋的混凝土保护层厚度不小于 20mm。

9. 钢筋⑩为 D50 螺旋钢筋，钢筋⑬、⑬'在现浇端横梁处与钢筋⑰焊接。钢筋⑭在现浇端横梁处互相焊接。钢筋采用焊接连接时，焊接长度：单面焊 10*d*，双面焊 5*d*，*d* 为钢筋直径。

10. 梁端设伸缩缝处应按伸缩装置构造要求设置预埋件。

11. 单梁安装净重为 126kN，吊装、运输时必须注意平稳。

12. 本图对应 A 型空心板，B 型空心板钢筋调整大样详见"B 型空心板钢筋调整示意图"。

13. 抗芯模上浮钢筋⑪与空心板箍筋⑧、⑨纵向错位布置。

14. 栏杆预埋筋仅作示意，设计单位应根据栏杆防护等级及构造要求自行设计。

10m 预应力混凝土空心板边梁钢筋图（斜交角 0°） 设计荷载：城—B 级、公路—Ⅱ级	图集号	2024沪Q003
	页	41

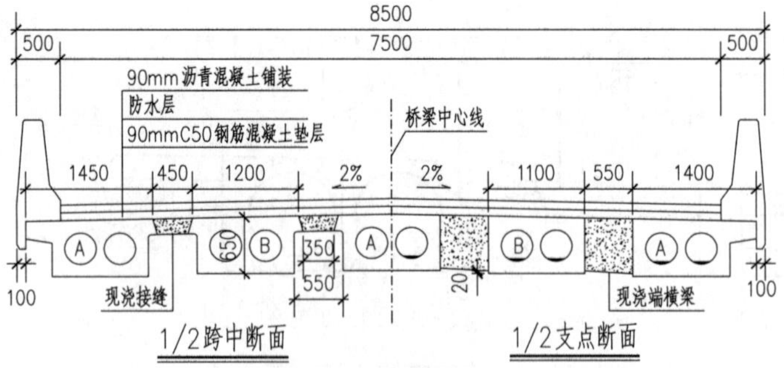

8.5m宽桥梁横断面 1:80

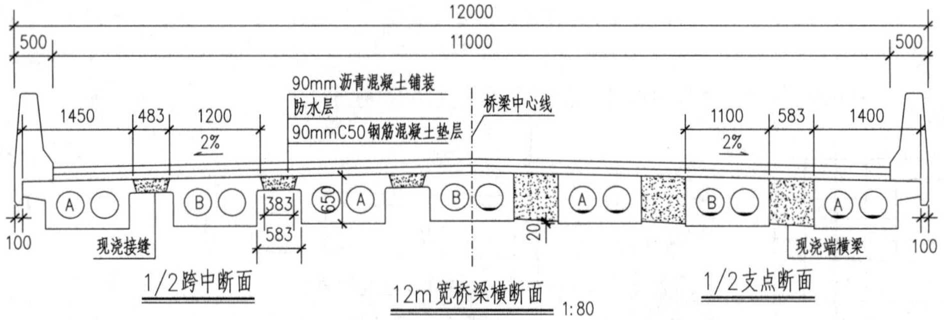

12m宽桥梁横断面 1:80

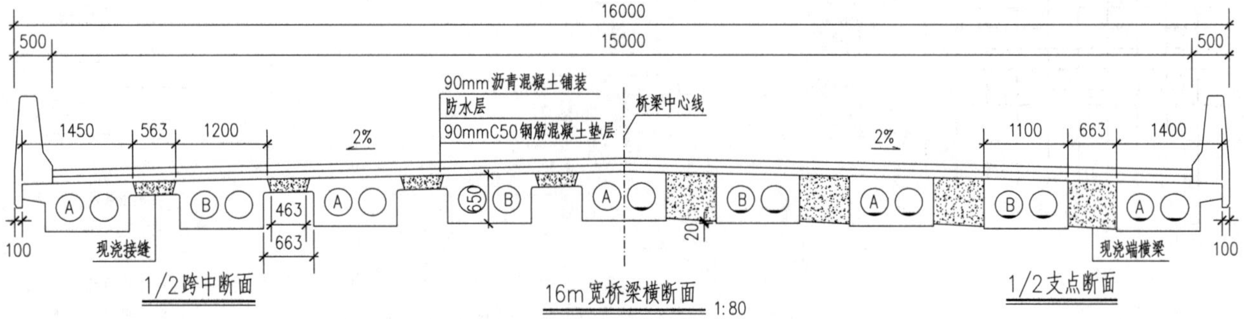

16m宽桥梁横断面 1:80

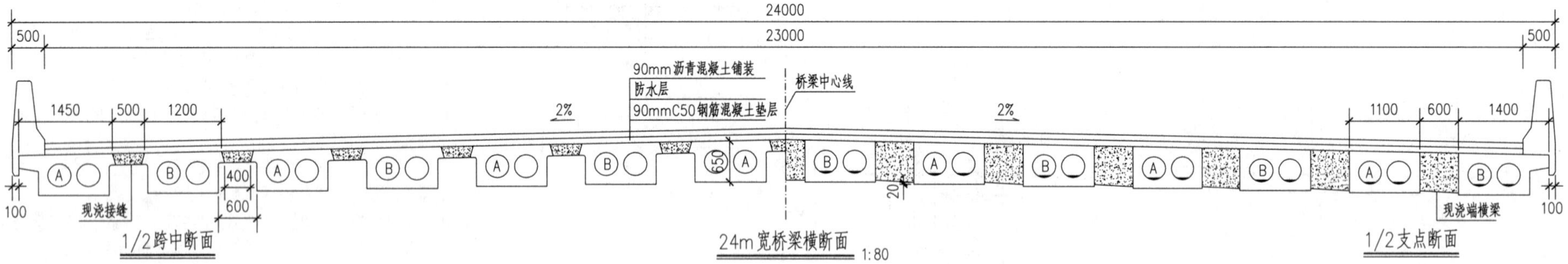

24m宽桥梁横断面 1:80

现浇接缝参数表

编　号	桥宽（m）	空心板片数	现浇接缝上口宽 b（mm）	现浇接缝下口宽 b'（mm）
1	8.50	5	450	350
2	12.00	7	483	383
3	16.00	9	563	463
4	24.00	14	500	400

附注：1. 本图尺寸单位除标明外，其余均以毫米计。
2. 本图为城市桥梁中桥宽分别为8.5m、12m、16m、24m的典型横断面布置图，纵向计算时横向分布系数按最不利值取用。
3. 图中A、B代表不同钢筋布置的空心板，详见空心板钢筋图。
4. 如桥面板U形钢筋采用焊接连接，图中空心板全部采用A型空心板。
如桥面板U形钢筋采用交错布置，图中空心板采用A、B型空心板。

13m预应力混凝土空心板典型横断面布置图 设计荷载：城—A级、城—B级	图集号	2024沪Q003
	页	42

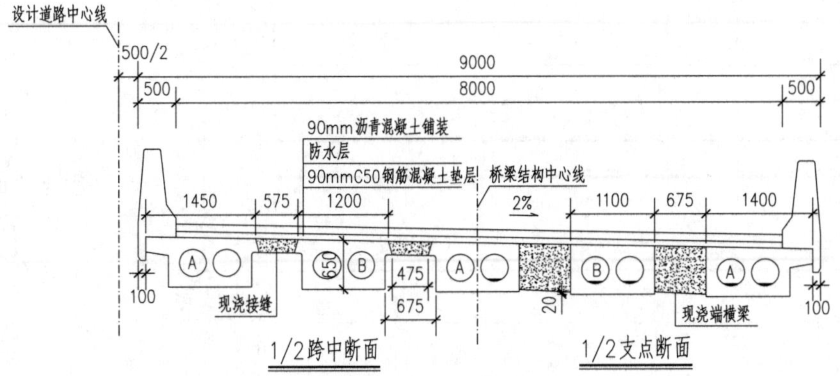

1/2跨中断面　　1/2支点断面

2x9.00m宽桥梁横断面 1:80

现浇接缝参数表

编号	桥宽（m）	空心板片数	现浇接缝上口宽 b（mm）	现浇接缝下口宽 b'（mm）
1	2x9.00	2x5	575	475
2	2x13.50	2x8	457	357
3	2x16.75	2x10	450	350

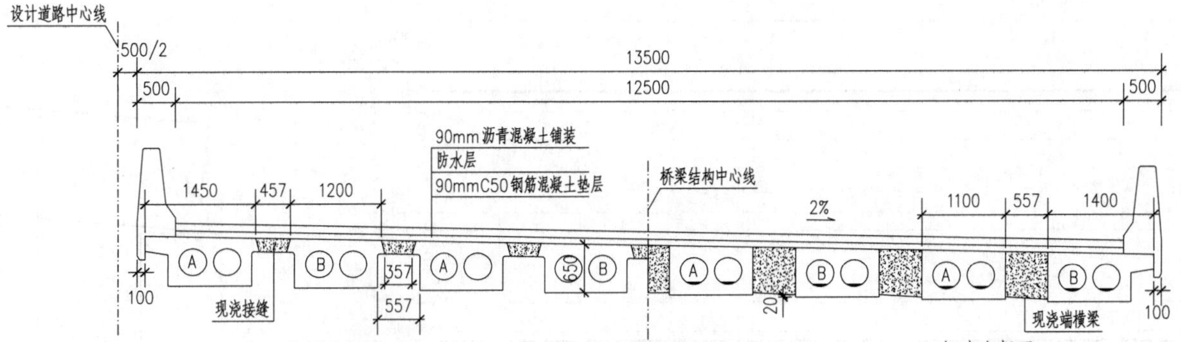

1/2跨中断面　　1/2支点断面

2x13.50m宽桥梁横断面 1:80

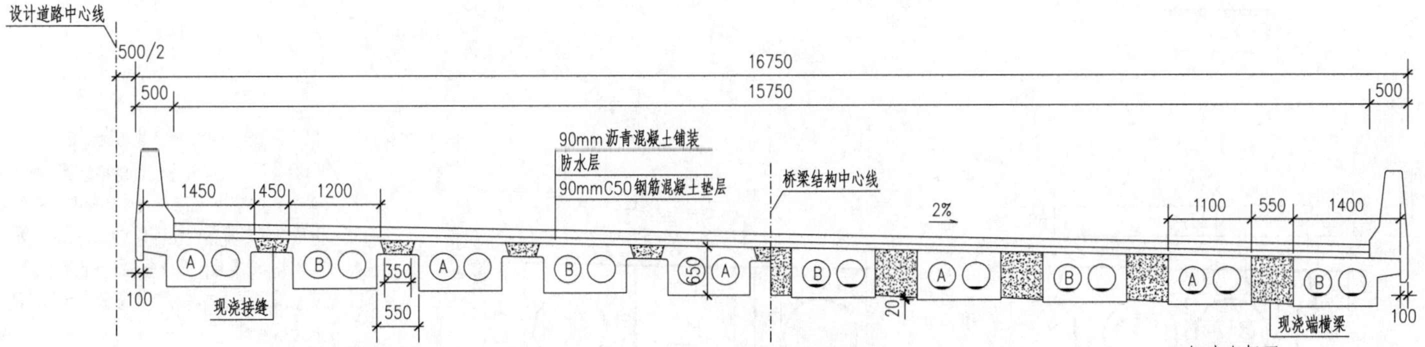

1/2跨中断面　　1/2支点断面

2x16.75m宽桥梁横断面 1:80

附注：1. 本图尺寸单位除标明外，其余均以毫米计。
2. 本图为公路桥梁中桥宽分别为2×9.00m、2×13.50m、2×16.75m的典型横断面布置图，纵向计算时横向分布系数按最不利值取用。
3. 图中A、B代表不同钢筋布置的空心板，详见空心板钢筋图。
4. 如桥面板U形钢筋采用焊接连接，图中空心板全部采用A型空心板。
如桥面板U形钢筋采用交错布置，图中空心板采用A、B型空心板。

13m预应力混凝土空心板典型横断面布置图 设计荷载：公路—Ⅰ级、公路—Ⅱ级	图集号	2024沪Q003
	页	43

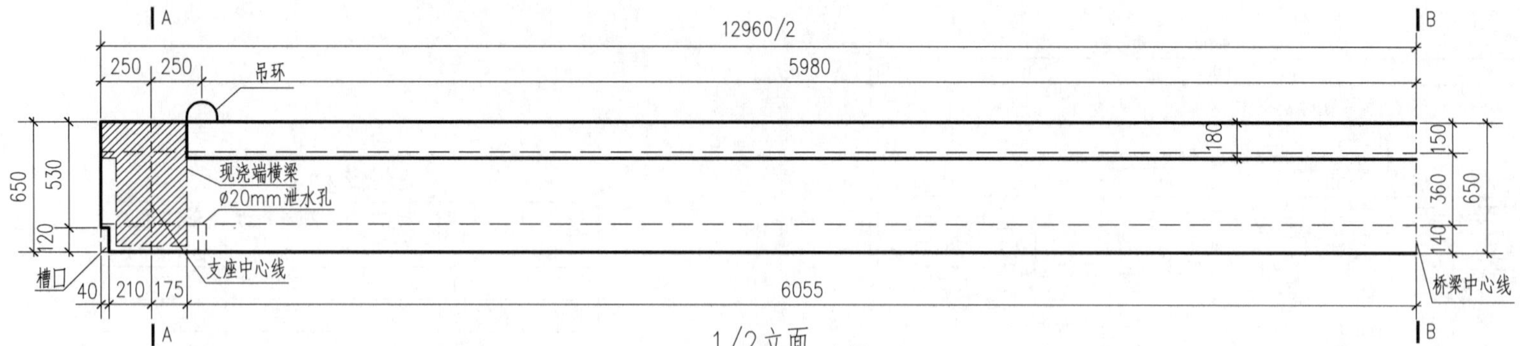

1/2立面 1:30

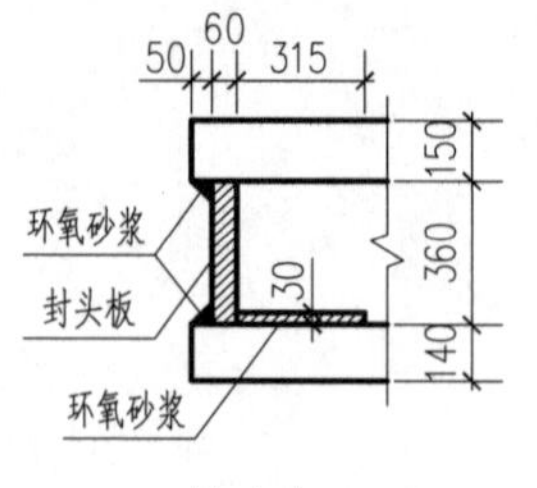

封头板立面 1:30

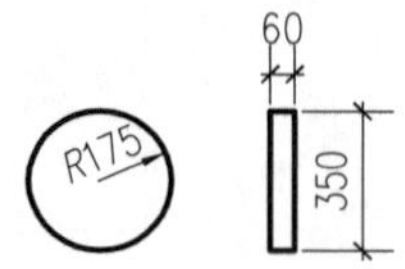

封头板大样 1:30

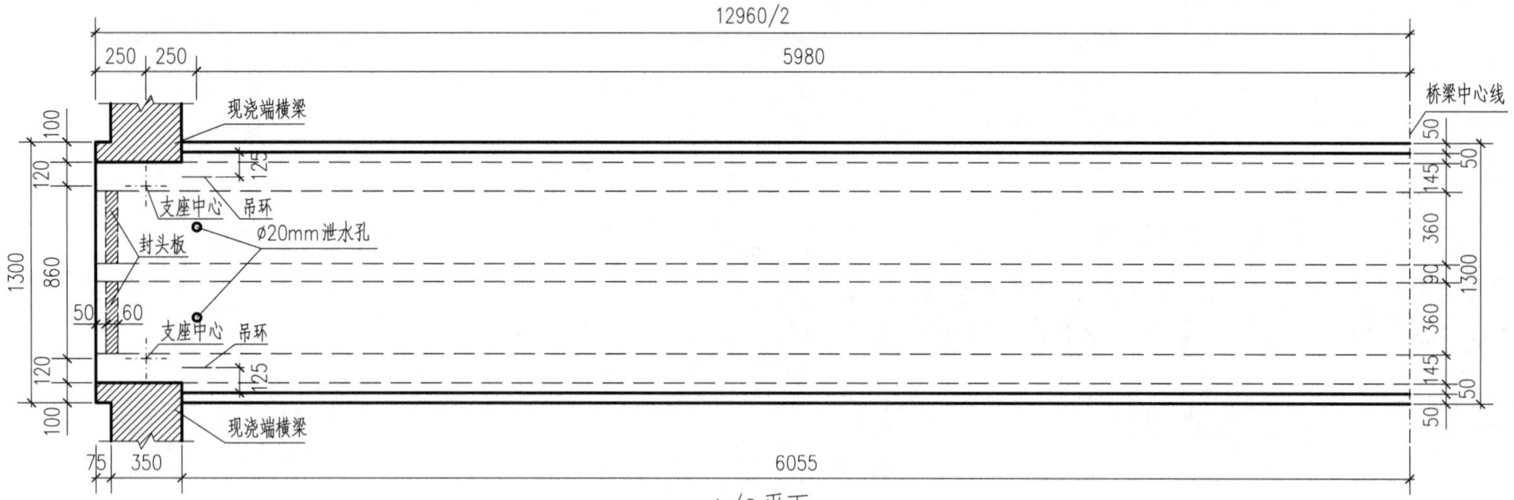

1/2平面 1:30

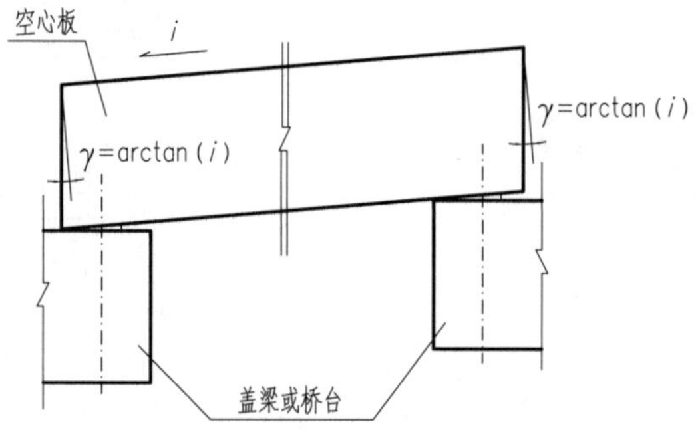

板端立面示意图

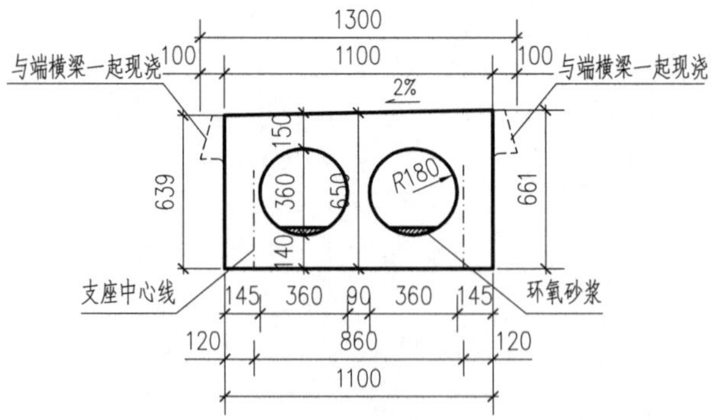

支点断面 1:30

(A—A)

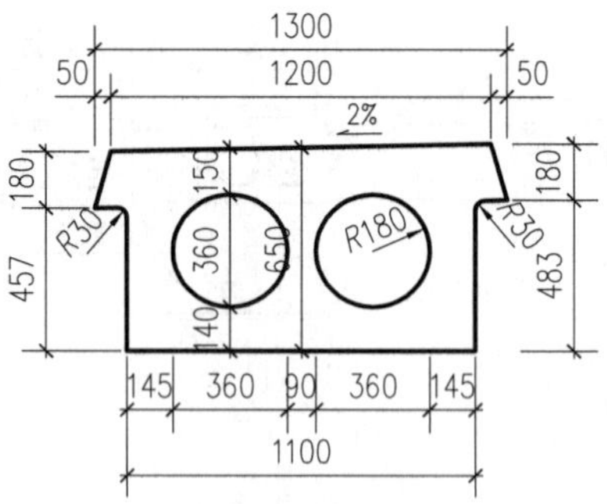

跨中断面 1:30

(B—B)

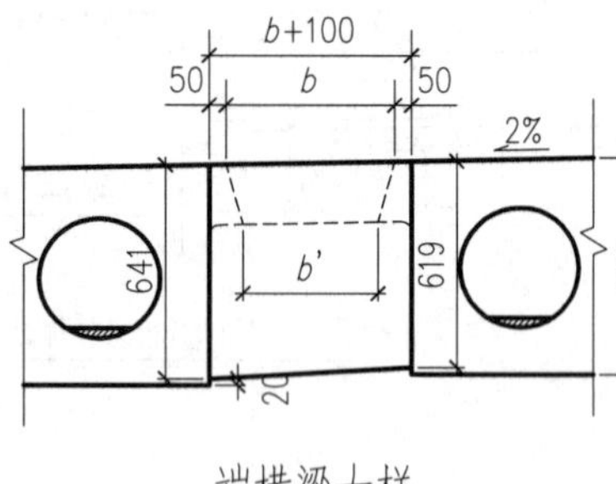

端横梁大样 1:30

附注：1. 本图尺寸单位除标明外，其余均以毫米计。

2. 预制梁采用C50混凝土，现浇接缝及端横梁采用C50混凝土（桥面板U形钢筋焊接）或采用C60低收缩混凝土（桥面板U形钢筋交错布置）。

3. 梁端面应根据桥梁纵坡调整方向及角度，保持铅垂。

4. 桥梁纵坡≥3%时，应根据纵坡修正梁长。

5. 梁底应采取调平措施，使支座保持水平，详见预应力混凝土空心板支座调平构造示意图。

6. 图中现浇接缝上口宽b、下口宽b'详见相应空心板典型横断面布置图。

7. 预制梁顶面混凝土必须充分拉毛。

8. 空心板采用预埋吊环钢筋起吊施工。

9. 板梁安装时应采取有效措施保证梁底四个支座均匀受力，避免由于支座脱空产生不良受力状态。

10. 施工单位应采取有效的封头板定位措施，确保封头板密封安装。

13m预应力混凝土空心板中梁构造图（斜交角0°） 设计荷载：城—A级、城—B级、公路—Ⅰ级、公路—Ⅱ级	图集号	2024沪Q003
	页	44

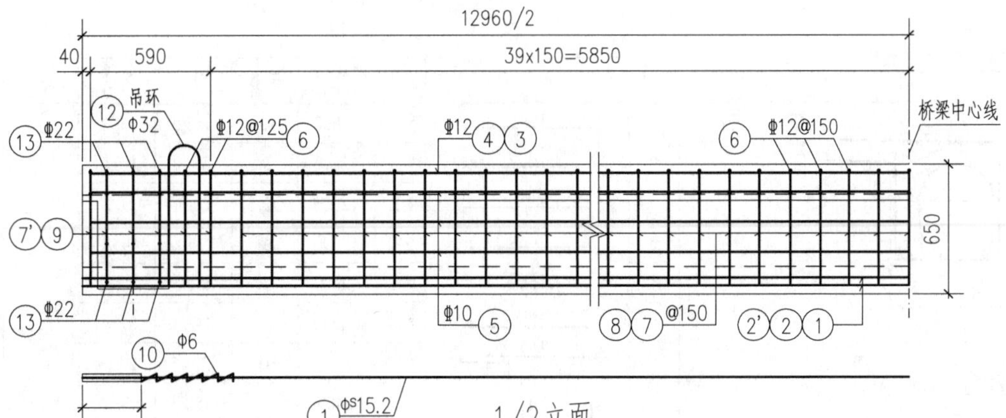

1/2立面 1:30

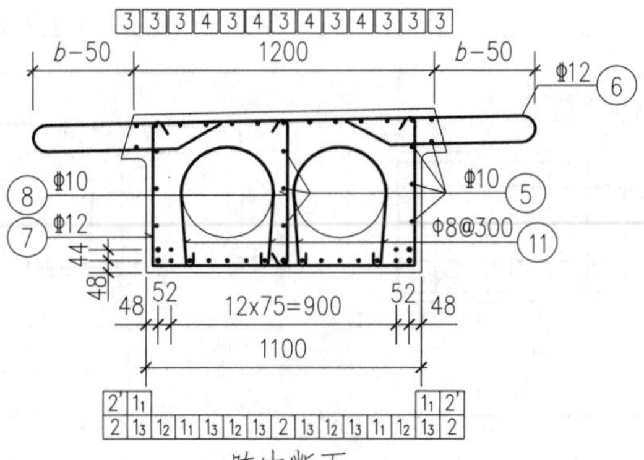

跨中断面 1:30

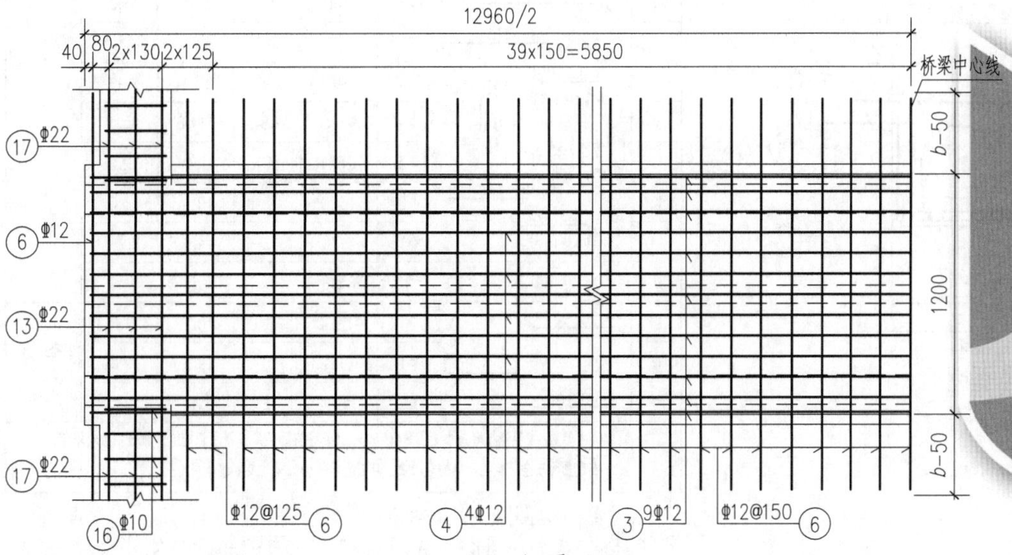

1/2平面 1:30

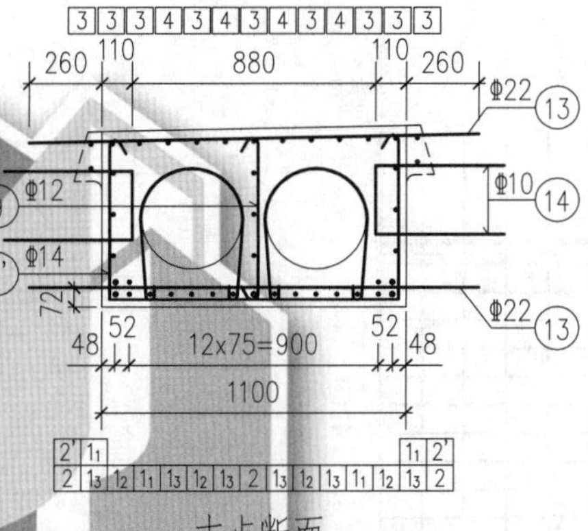

支点断面 1:30

预应力钢绞线端部隔离长度表

编 号	隔离长度(mm)	根 数
l₁	2500	4
l₂	1500	4
l₃	100	6

混凝土材料明细表

混凝土	数量(m^3)
梁体C50	6.96
现浇段C50/C60低收缩	1.13~1.52
封头板C30	0.023

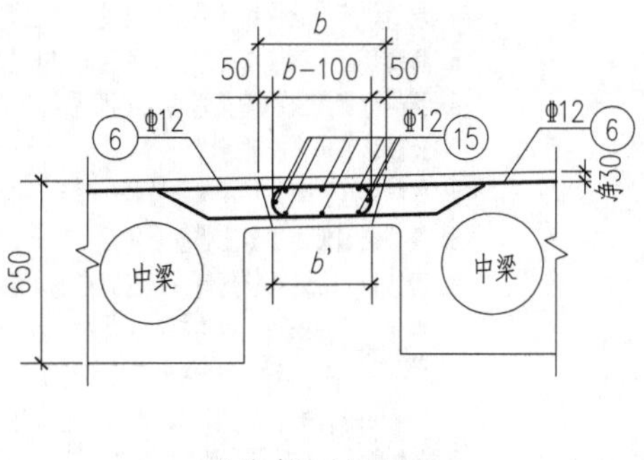

现浇桥面板钢筋 1:30

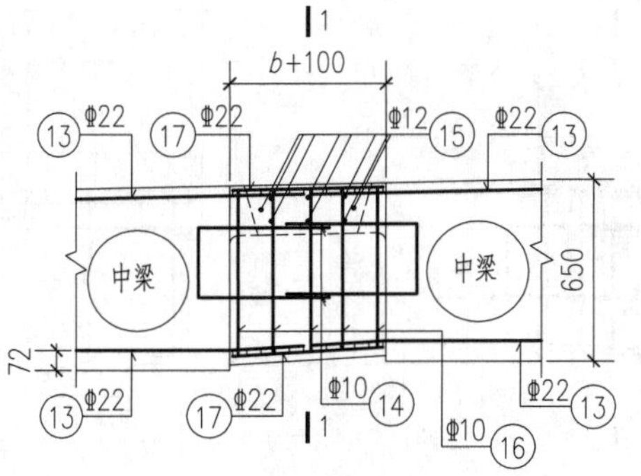

端横梁钢筋 1:30

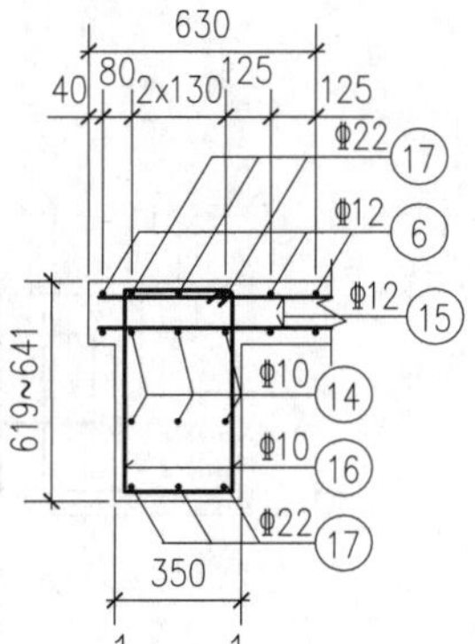

1 — 1 1:30

钢筋材料明细表

编 号	略 图	直 径	每根全长(mm)	根 数	总长度(m)	总 重(kg)	合 计(kg)
1	12960	Φs15.2	12960	14	181.4	199.8	钢绞线:199.8 HPB300:126.5 HRB400:1016.3
2	12900	Φ22	12900	3	38.7	115.5	
2'	12900	Φ22	12900	2	25.8	77.0	
3	12900	Φ12	12900	9	116.1	103.1	
4	12900	Φ12	12900	4	51.6	45.8	
5	12900	Φ10	12900	11	141.9	87.5	
6	990+2xb, 170, 70+b, 200, 200, 70+b, 170	Φ12	3670	83	304.6	270.4	
7	120, 120, 576, 1046, 596	Φ12	2458	77	189.3	168.0	
7'	140, 140, 575, 1044, 595	Φ14	2494	12	29.9	36.2	
8	586, 100, 100	Φ10	786	77	60.5	37.3	
9	585, 120, 120	Φ12	825	12	9.9	8.8	
10	8x50, 50; 581 R=185	Φ6	1476	28	41.3	9.2	
11	280, 35, 47 R=15	Φ8	1305	88	114.8	45.3	
12	251 R=80, 650, 650, 300, 350 350	Φ32	2851	4	11.4	72.0	
13	1620	Φ22	1620	12	19.4	58.0	
14	235+b/2, 250, 235+b/2	Φ10	1170	12	14.0	8.7	
现浇部分钢筋							
15	12900	Φ12	12900	8	103.2	91.6	HRB400:122.6
16	567~589, 298, 100	Φ10	平均 1952	10	19.5	12.0	
17	80+b	Φ22	530	12	6.4	19.0	

注:1.本表中参数b按现浇接缝最小上口宽450mm计算,实际长度按照现浇接缝参数表中数值取值。

2.本表适用于安全等级为一级的空心板,若安全等级为二级,可取消钢筋②'。

附注:1. 本图尺寸单位除标明外,其余均以毫米计。

2. 预应力钢绞线采用预应力钢绞线1×7-15.20-1860-GB/T 5224,技术条件必须符合《预应力混凝土用钢绞线》GB/T 5224的规定。

3. 预应力钢绞线控制张拉应力为$0.75f_{pk}$,每根控制张拉力为195kN。

4. 切断预应力钢绞线时混凝土强度、弹性模量(或龄期)要求详见本设计说明六第9条规定。

5. 切断预应力钢绞线次序:由两侧向中间左右对称进行。

6. 预应力钢绞线两端须用内径ϕ20黑铁管或认可的材料包裹隔离,隔离长度详见预应力钢绞线端部隔离长度表。

7. 槽口处理:钢绞线端部作防锈处理后,用水泥砂浆封闭抹平。

8. 最外侧钢筋的混凝土保护层厚度不小于20mm。

9. 钢筋⑩为D50螺旋钢筋,钢筋⑬在现浇端横梁处与钢筋⑰焊接,钢筋⑭在现浇端横梁处互相焊接。钢筋采用焊接连接时,焊接长度:单面焊10d,双面焊5d,d为钢筋直径。

10. 梁端设伸缩缝处应按伸缩缝装置构造要求设置预埋件。

11. 单梁安装净重为182kN,吊装、运输时必须注意平稳。

12. 本图对应A型空心板,B型空心板钢筋调整大样详见"B型空心板钢筋调整示意图"。

13. 抗芯模上浮钢筋⑪与空心板箍筋⑧、⑨纵向错位布置。

13m预应力混凝土空心板中梁钢筋图(斜交角0°) 设计荷载:城—A级、公路—Ⅰ级	图集号	2024沪Q003
	页	45

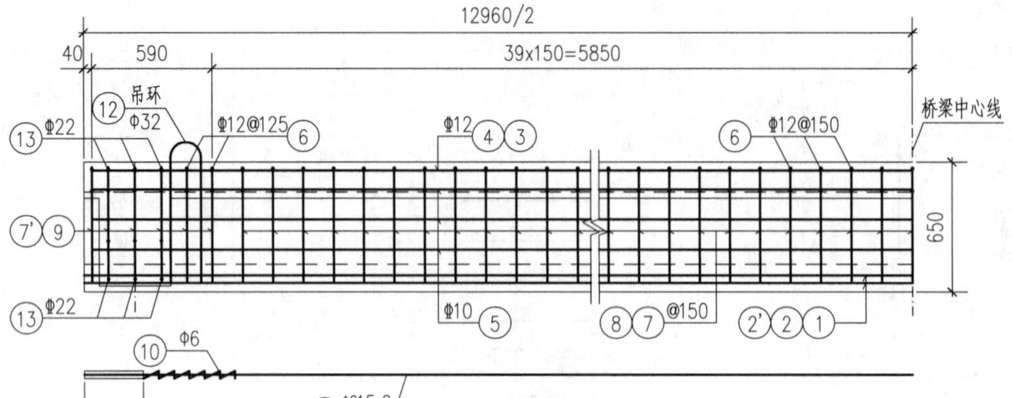

1/2立面 1:30

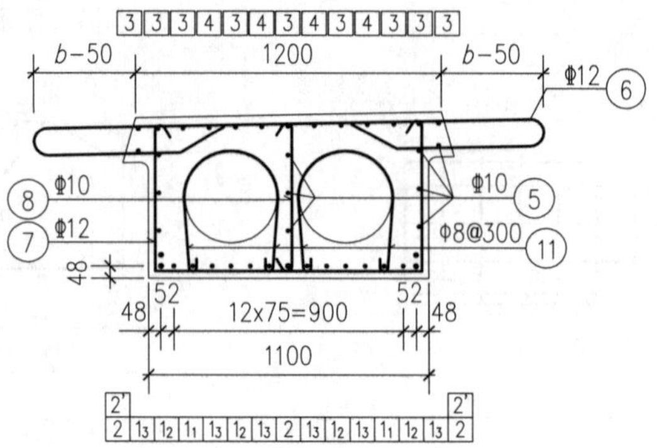

跨中断面 1:30

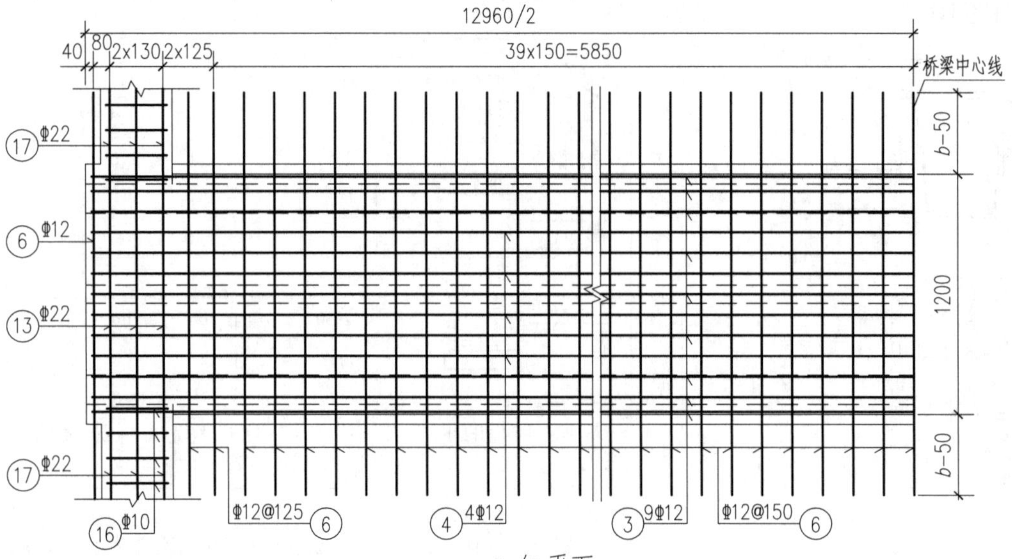

1/2平面 1:30

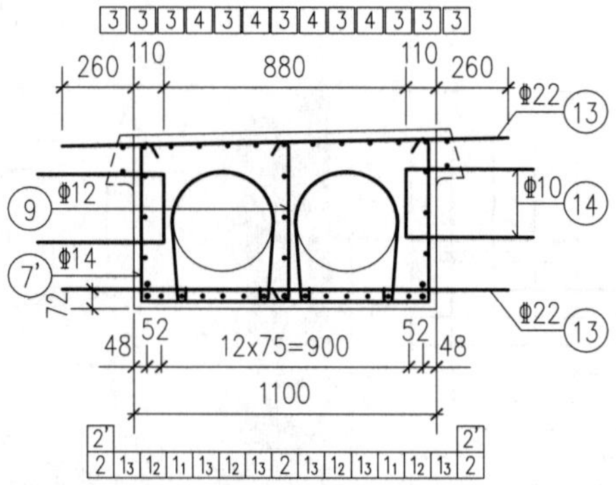

支点断面 1:30

预应力钢绞线端部隔离长度表

编 号	隔离长度(mm)	根 数
1_1	2500	2
1_2	1500	4
1_3	100	6

混凝土材料明细表

混凝土	数量(m^3)
梁体C50	6.96
现浇段C50/C60低收缩	1.13~1.52
封头板C30	0.023

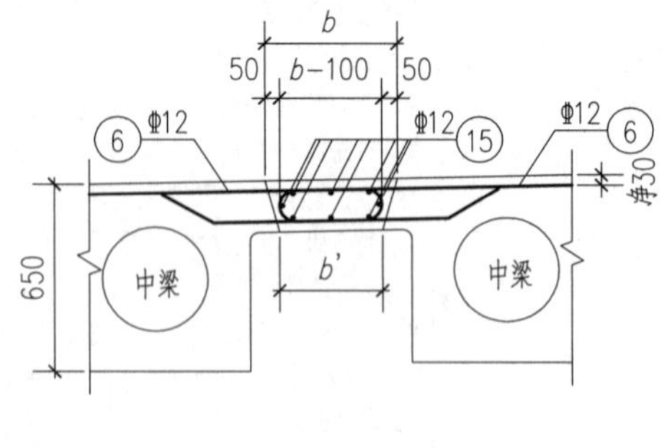

现浇桥面板钢筋 1:30

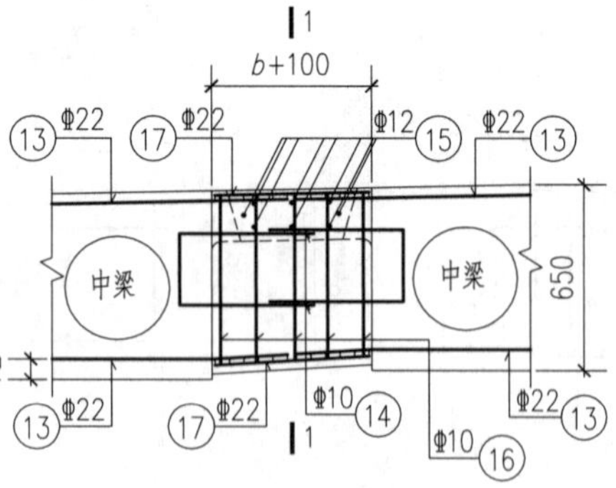

端横梁钢筋 1:30

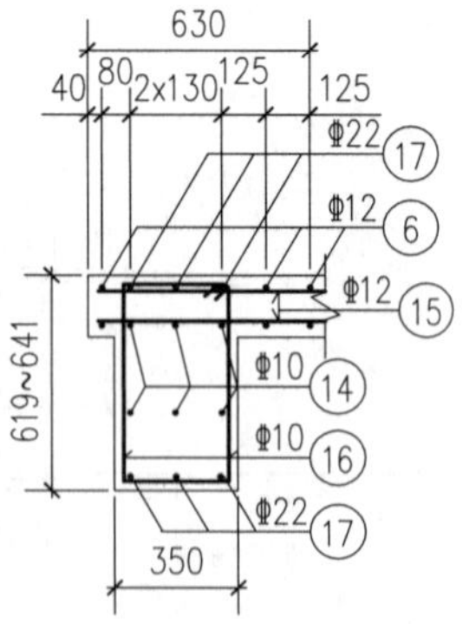

1 — 1 1:30

钢筋材料明细表

编号	略 图	直 径	每根全长(mm)	根 数	总长度(m)	总 重(kg)	合 计(kg)
1	12960	$Φ^s$15.2	12960	12	155.5	171.2	钢绞线: 171.2 HPB300: 125.2 HRB400: 1016.3
2	12900	Φ22	12900	3	38.7	115.5	
2'	12900	Φ22	12900	2	25.8	77.0	
3	12900	Φ12	12900	9	116.1	103.1	
4	12900	Φ12	12900	4	51.6	45.8	
5	12900	Φ10	12900	11	141.9	87.5	
6	990+2xb; 170; 70+b; 200; 200; 70+b; 170	Φ12	3670	83	304.6	270.4	
7	120; 120; 576; 1046; 596	Φ12	2458	77	189.3	168.0	
7'	140; 140; 575; 1044; 595	Φ14	2494	12	29.9	36.2	
8	586; 100; 100	Φ10	786	77	60.5	37.3	
9	585; 120; 120	Φ12	825	12	9.9	8.8	
10	8x50; 50	Φ 6	1476	24	35.4	7.9	
11	581 R=185; 280; 35; 47 R=15	Φ 8	1305	88	114.8	45.3	
12	251 R=80; 650; 650; 300; 350 350	Φ32	2851	4	11.4	72.0	
13	1620	Φ22	1620	12	19.4	58.0	
14	235+b/2; 250; 235+b/2	Φ10	1170	12	14.0	8.7	
现浇部分钢筋							
15	12900	Φ12	12900	8	103.2	91.6	HRB400: 122.6
16	567~589; 298; 100	Φ10	平均 1952	10	19.5	12.0	
17	80+b	Φ22	530	12	6.4	19.0	

注：1.本表中参数b按现浇接缝最小上口宽450mm计算，实际长度按照现浇接缝参数表中数值取值。
2.本表适用于安全等级为一级的空心板，若安全等级为二级，可取消钢筋②'。

附注：1. 本图尺寸单位除标明外，其余均以毫米计。
2. 预应力钢绞线采用预应力钢绞线1×7-15.20-1860-GB/T 5224，技术条件必须符合《预应力混凝土用钢绞线》GB/T 5224的规定。
3. 预应力钢绞线控制张拉应力为0.75f_{pk}，每根控制张拉力为195kN。
4. 切断预应力钢绞线时混凝土强度、弹性模量（或龄期）要求详见本设计说明六第9条规定。
5. 切断预应力钢绞线次序：由两侧向中间左右对称进行。
6. 预应力钢绞线两端须用内径ϕ20黑铁管或被认可的材料包裹隔离，隔离长度详见预应力钢绞线端部隔离长度表。
7. 槽口处理：钢绞线端部作防锈处理后，用水泥砂浆封闭抹平。
8. 最外侧钢筋的混凝土保护层厚度不小于20mm。
9. 钢筋⑩为D50螺旋钢筋，钢筋⑬在现浇端横梁处与钢筋⑰焊接。钢筋⑭在现浇端横梁处互相焊接。钢筋采用焊接连接时，焊接长度：单面焊10d，双面焊5d，d为钢筋直径。
10. 梁端设伸缩缝处应按伸缩缝装置构造要求设置预埋件。
11. 单梁安装净重为182kN，吊装、运输时必须注意平稳。
12. 本图对应A型空心板，B型空心板钢筋调整大样详见“B型空心板钢筋调整示意图”。
13. 抗芯模上浮钢筋⑪与空心板箍筋⑧、⑨纵向错位布置。

13m预应力混凝土空心板中梁钢筋图（斜交角0°） 设计荷载：城—B级、公路—Ⅱ级	图集号	2024沪Q003
	页	46

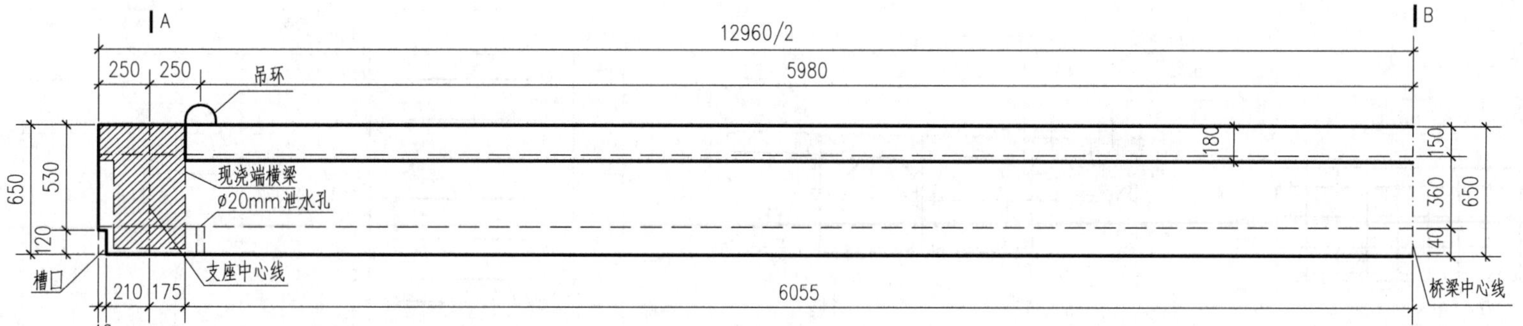

1/2立面 1:30

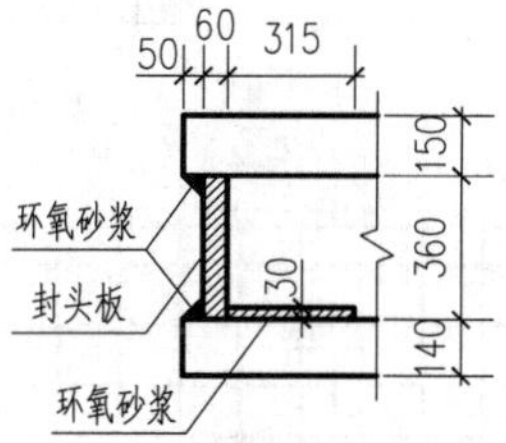

封头板立面 1:30

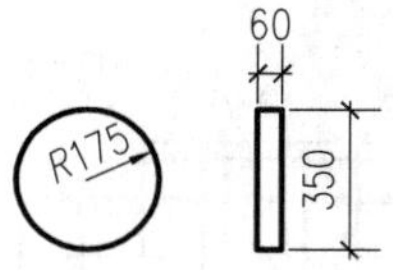

封头板大样 1:30

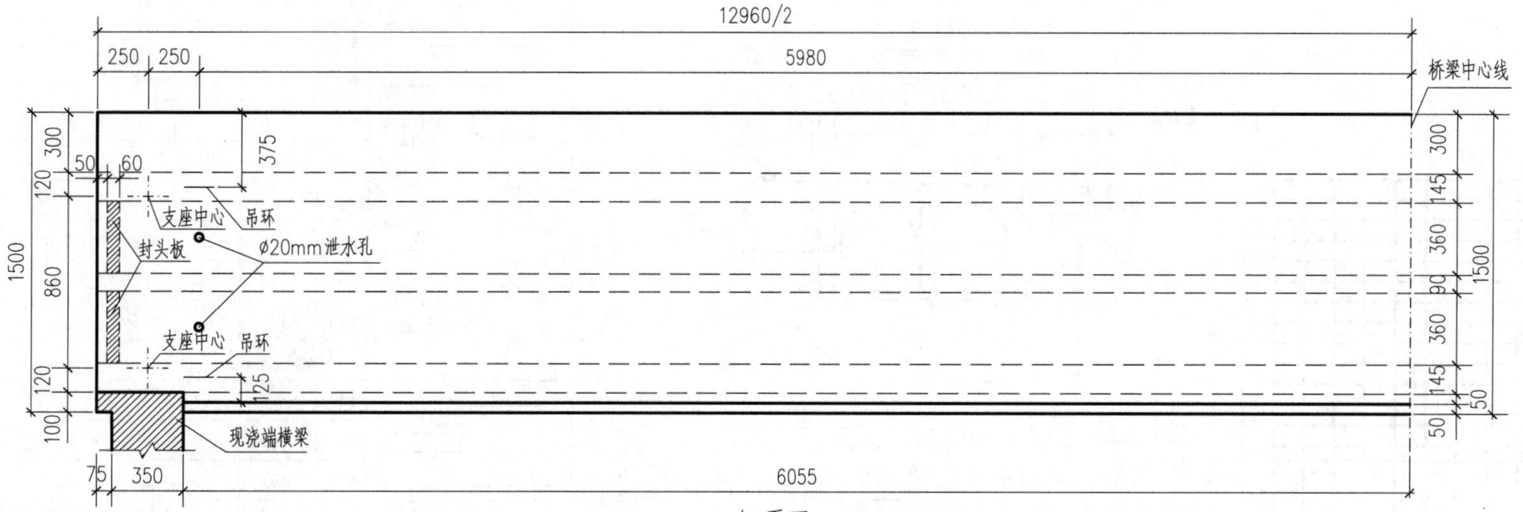

1/2平面 1:30

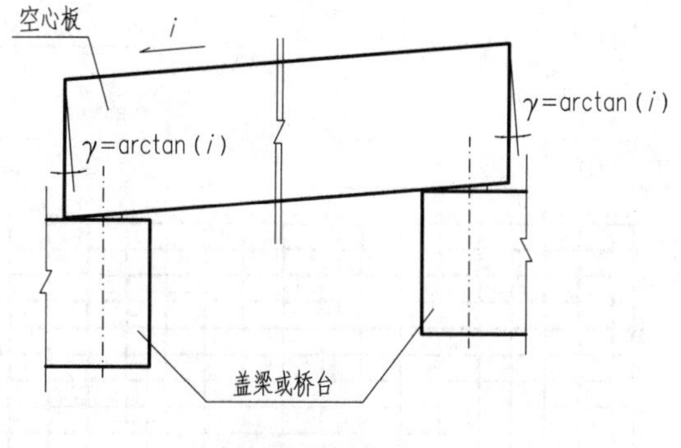

板端立面示意图

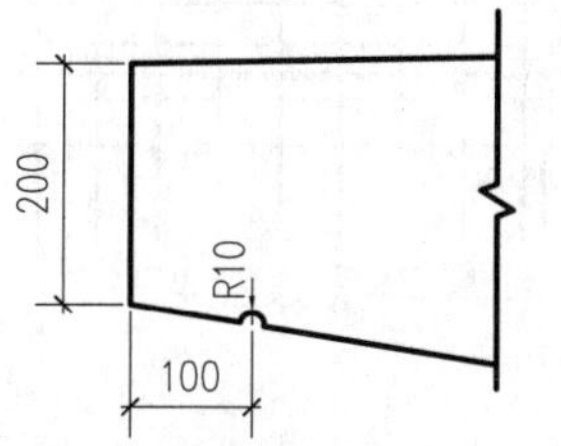

滴水槽大样 1:10

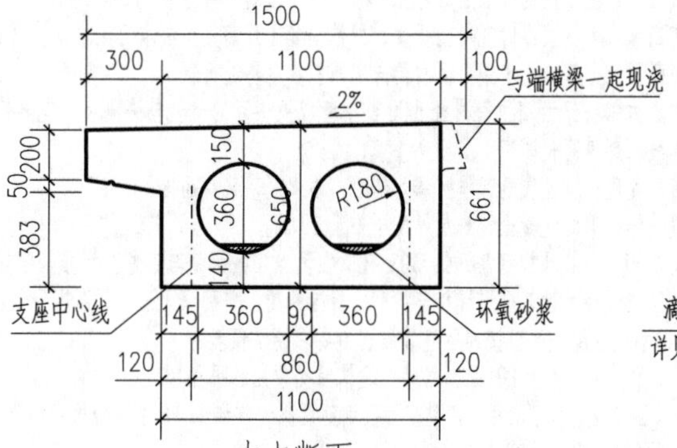

支点断面 1:30
(A–A)

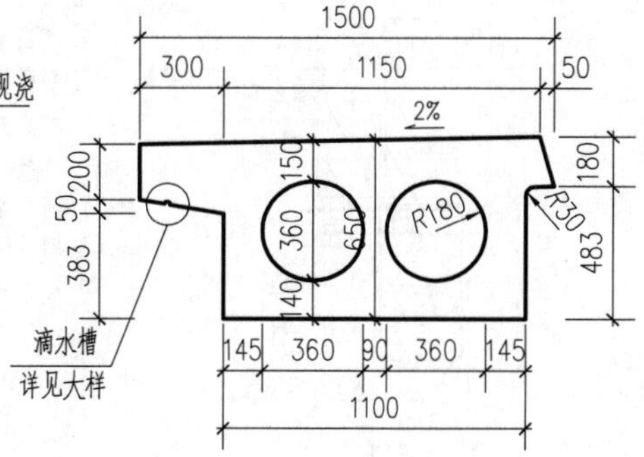

跨中断面 1:30
(B–B)

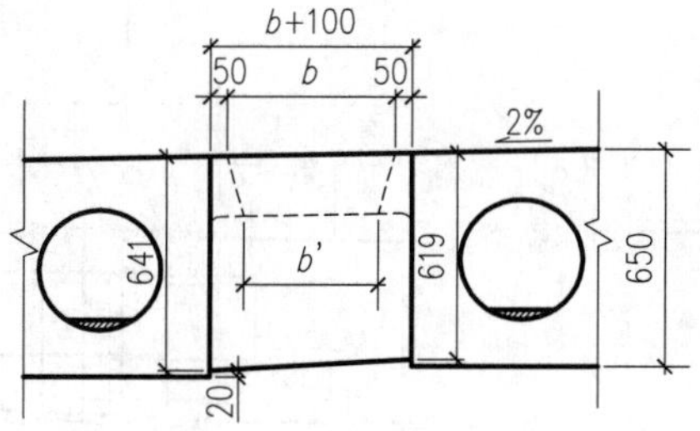

端横梁大样 1:30

附注：1. 本图尺寸单位除标明外，其余均以毫米计。
2. 预制梁采用C50混凝土，现浇接缝及端横梁采用C50混凝土（桥面板U形钢筋焊接）或采用C60低收缩混凝土（桥面板U形钢筋交错布置）。
3. 梁端面应根据桥梁纵坡调整方向及角度，保持铅垂。
4. 桥梁纵坡≥3%时，应根据纵坡修正梁长。
5. 梁底应采取调平措施，使支座保持水平，详见预应力混凝土空心板支座调平构造示意图。
6. 图中现浇接缝上口宽b、下口宽b'详见相应空心板典型横断面布置图。
7. 预制梁顶面混凝土必须充分拉毛。
8. 空心板采用预埋吊环钢筋起吊施工。
9. 板梁安装时应采取有效措施保证梁底四个支座均匀受力，避免由于支座脱空产生不良受力状态。
10. 施工单位应采取有效的封头板定位措施，确保封头板密封安装。

13m预应力混凝土空心板边梁构造图（斜交角0°） 设计荷载：城—A级、城—B级、公路—Ⅰ级、公路—Ⅱ级	图集号	2024沪Q003
	页	47

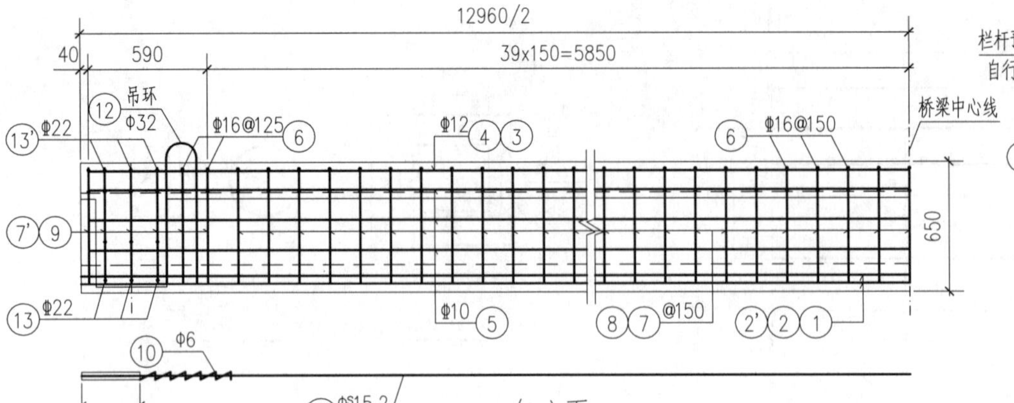

1/2立面 1:30

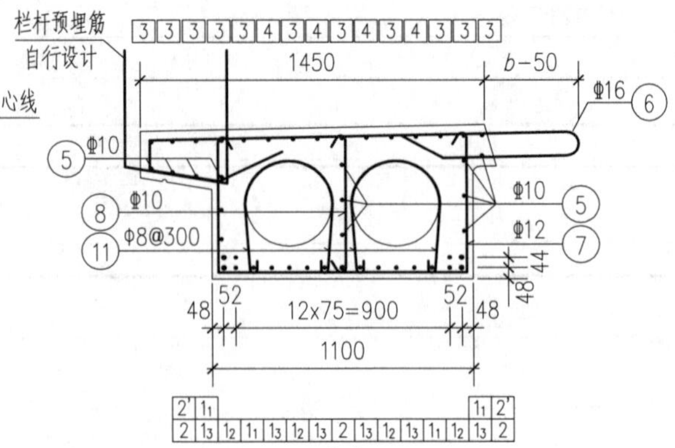

跨中断面 1:30

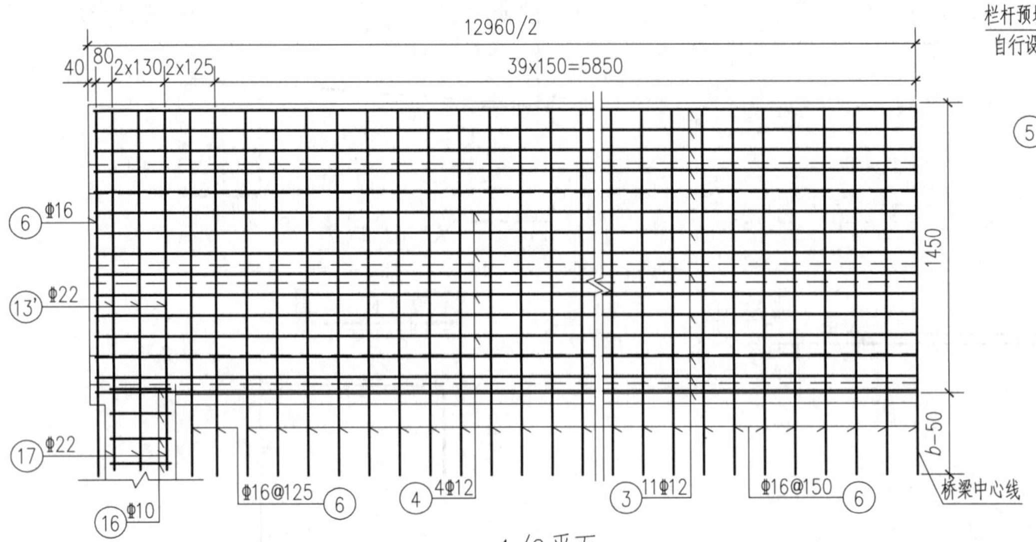

1/2平面 1:30

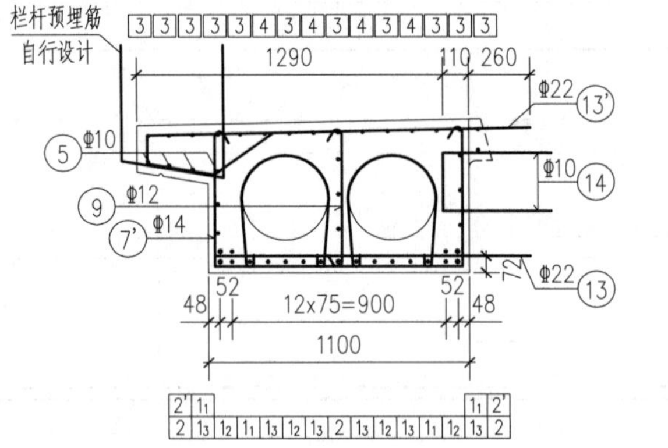

支点断面 1:30

钢筋材料明细表

编号	略图	直径	每根全长 (mm)	根数	总长度 (m)	总重 (kg)	合计 (kg)
1	12960	Φs15.2	12960	14	181.4	199.8	钢绞线: 199.8 HPB300: 126.5 HRB400: 1228.5
2	12900	Φ22	12900	3	38.7	115.5	
2'	12900	Φ22	12900	2	25.8	77.0	
3	12900	Φ12	12900	11	141.9	126.0	
4	12900	Φ12	12900	4	51.6	45.8	
5	12900	Φ10	12900	13	167.7	103.4	
6	1309+b, 129, 291, 300, 200, 75+b, 160	Φ16	3364	83	279.2	440.7	
7	120, 120, 576, 1046, 596	Φ12	2458	77	189.3	168.0	
7'	140, 140, 575, 1044, 595	Φ14	2494	12	29.9	36.2	
8	586, 100, 100	Φ10	786	77	60.5	37.3	
9	585, 120, 120	Φ12	825	12	9.9	8.8	
10	8x50, 50	Φ6	1476	28	41.3	9.2	
11	581 R=185, 280, 35, 47 R=15	Φ8	1305	88	114.8	45.3	
12	251 R=80, 650, 650, 300, 350, 350	Φ32	2851	4	11.4	72.0	
13	1330	Φ22	1330	6	8.0	23.8	
13'	1618, 123, 288, 300	Φ22	2329	6	14.0	41.7	
14	235+b/2, 250, 235+b/2	Φ10	1170	6	7.0	4.3	
现浇部分钢筋							
15	12900	Φ12	12900	4	51.6	45.8	HRB400: 61.3
16	567~589, 298, 100	Φ10	平均 1952	5	9.8	6.0	
17	80+b	Φ22	530	6	3.2	9.5	

注：1.本表中参数b按现浇接缝最小上口宽450mm计算，实际长度按照现浇接缝参数表中数值取值。
2.本表适用于安全等级为一级的空心板，若安全等级为二级，可取消钢筋②'。

预应力钢绞线端部隔离长度表

编号	隔离长度(mm)	根数
l_1	2500	4
l_2	1500	4
l_3	100	6

混凝土材料明细表

混凝土	数量(m^3)
梁体C50	7.69
现浇段C50/C60低收缩	0.56~0.76
封头板C30	0.023

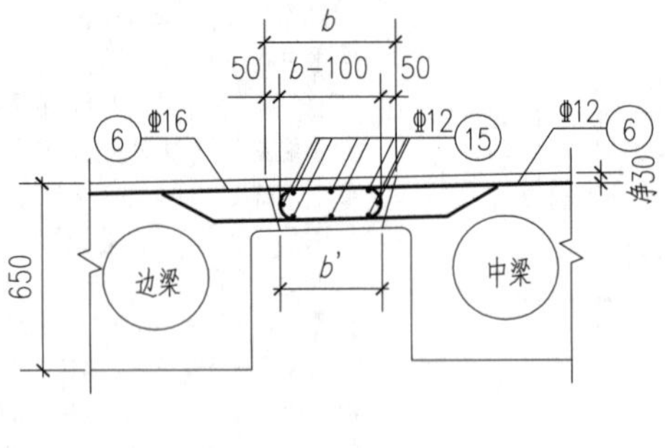

现浇桥面板钢筋 1:30

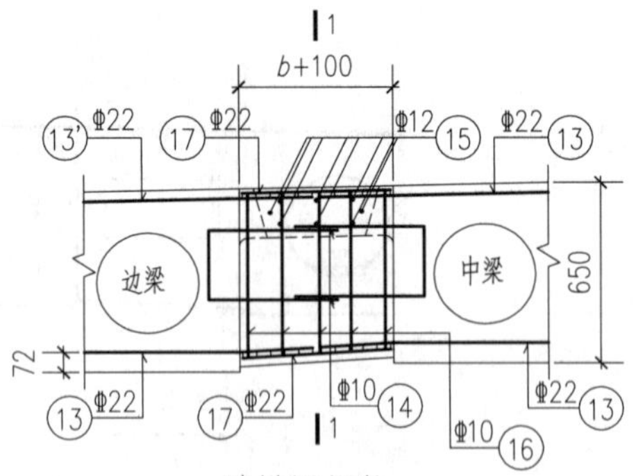

端横梁钢筋 1:30

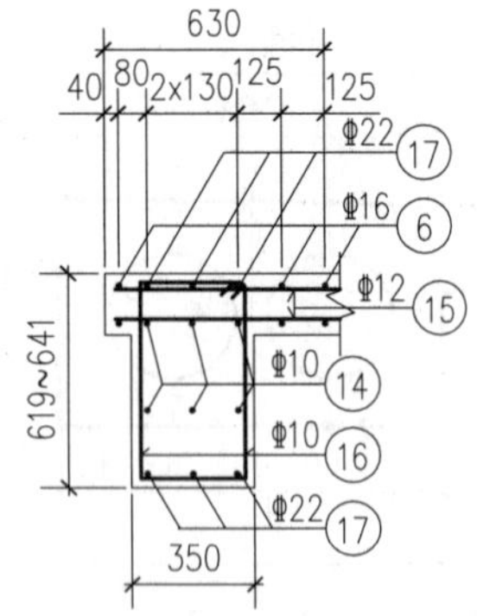

1—1 1:30

附注：1. 本图尺寸单位除标明外，其余均以毫米计。
2. 预应力钢绞线采用预应力钢绞线 1×7-15.20-1860-GB/T 5224，技术条件必须符合《预应力混凝土用钢绞线》GB/T 5224 的规定。
3. 预应力钢绞线控制张拉应力为 $0.75f_{pk}$，每根控制张拉力为 195kN。
4. 切断预应力钢绞线时混凝土强度、弹性模量（或龄期）要求详见本设计说明六第 9 条规定。
5. 切断预应力钢绞线次序：由两侧向中间左右对称进行。
6. 预应力钢绞线两端须用内径 ϕ20 黑铁管或被认可的材料包裹隔离，隔离长度详见预应力钢绞线端部隔离长度表。
7. 槽口处理：钢绞线端部作防锈处理后，用水泥砂浆封闭抹平。
8. 最外侧钢筋的混凝土保护层厚度不小于 20mm。
9. 钢筋⑩为 D50 螺旋钢筋，钢筋⑬、⑬'在现浇端横梁处与钢筋⑰焊接。钢筋⑭在现浇端横梁处互相焊接。钢筋采用焊接连接时，焊接长度：单面焊 10d，双面焊 5d，d 为钢筋直径。
10. 梁端设伸缩缝处应按伸缩缝装置构造要求设置预埋件。
11. 单梁安装净重为 201kN，吊装、运输时必须注意平稳。
12. 本图对应 A 型空心板，B 型空心板钢筋调整大样详见“B 型空心板钢筋调整示意图”。
13. 抗芯模上浮钢筋⑪与空心板箍筋⑧、⑨纵向错位布置。
14. 栏杆预埋筋仅作示意，设计单位应根据栏杆防护等级及构造要求自行设计。

13m 预应力混凝土空心板边梁钢筋图（斜交角 0°） 设计荷载：城—A 级、公路—Ⅰ级	图集号	2024沪Q003
	页	48

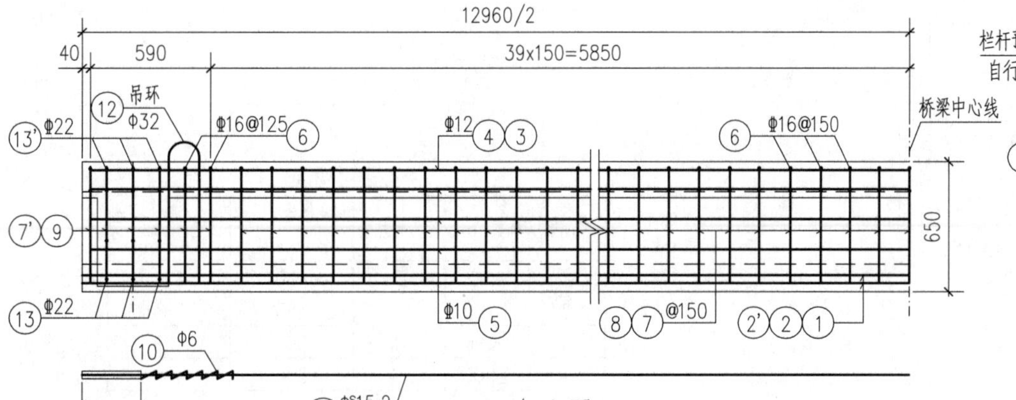

1/2立面 1:30

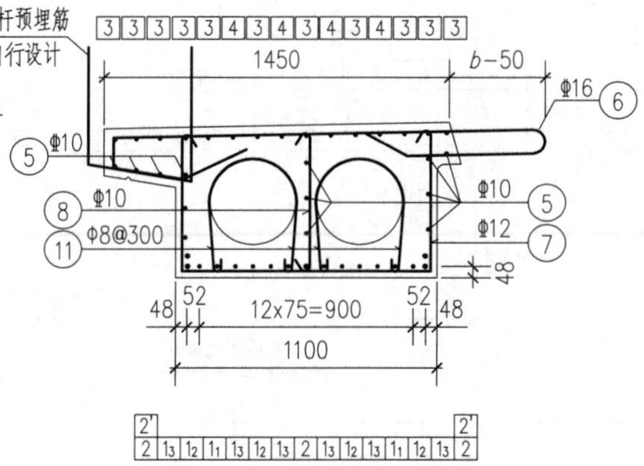

跨中断面 1:30

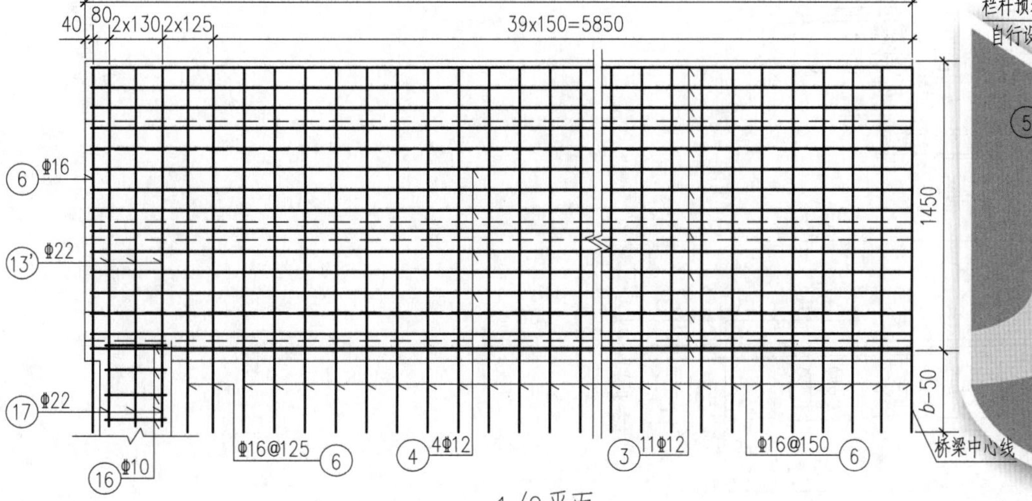

1/2平面 1:30

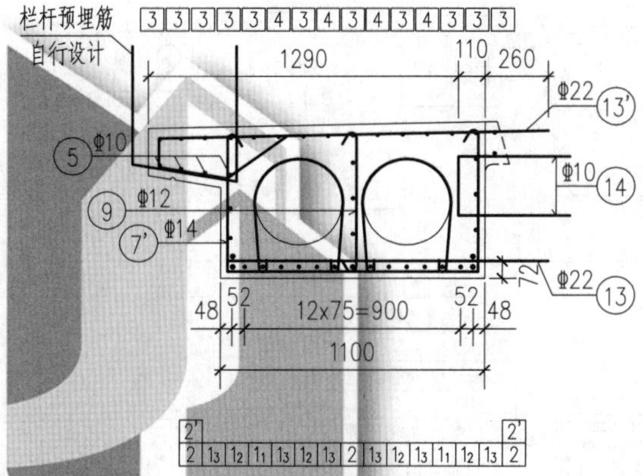

支点断面 1:30

钢筋材料明细表

编号	略图	直径	每根全长(mm)	根数	总长度(m)	总重(kg)	合计(kg)
1	12960	$\phi^{s}15.2$	12960	12	155.5	171.2	钢绞线：171.2 HPB300：125.2 HRB400：1228.5
2	12900	Φ22	12900	3	38.7	115.5	
2'	12900	Φ22	12900	2	25.8	77.0	
3	12900	Φ12	12900	11	141.9	126.0	
4	12900	Φ12	12900	4	51.6	45.8	
5	12900	Φ10	12900	13	167.7	103.4	
6	1309+b, 129, 291, 300, 200, 75+b, 160	Φ16	3364	83	279.2	440.7	
7	120, 120, 576, 1046, 596	Φ12	2458	77	189.3	168.0	
7'	140, 140, 575, 1044, 595	Φ14	2494	12	29.9	36.2	
8	586, 100, 100	Φ10	786	77	60.5	37.3	
9	585, 120, 120	Φ12	825	12	9.9	8.8	
10	8x50, 50	φ6	1476	24	35.4	7.9	
11	581 R=185, 280, 35, 47 R=15	φ8	1305	88	114.8	45.3	
12	251 R=80, 650, 650, 300, 350, 350	φ32	2851	4	11.4	72.0	
13	1330	Φ22	1330	6	8.0	23.8	
13'	1618, 123, 288, 300	Φ22	2329	6	14.0	41.7	
14	235+b/2, 250, 235+b/2	Φ10	1170	6	7.0	4.3	
现浇部分钢筋							
15	12900	Φ12	12900	4	51.6	45.8	HRB400：61.3
16	567~589, 298, 100	Φ10	平均 1952	5	9.8	6.0	
17	80+b	Φ22	530	6	3.2	9.5	

注：1.本表中参数b按现浇接缝最小上口宽450mm计算，实际长度按照现浇接缝参数表中数值取值。
2.本表适用于安全等级为一级的空心板，若安全等级为二级，可取消钢筋②'。

预应力钢绞线端部隔离长度表

编号	隔离长度(mm)	根数
1_1	2500	2
1_2	1500	4
1_3	100	6

混凝土材料明细表

混凝土	数量(m^3)
梁体C50	7.69
现浇段C50/C60低收缩	0.56~0.76
封头板C30	0.023

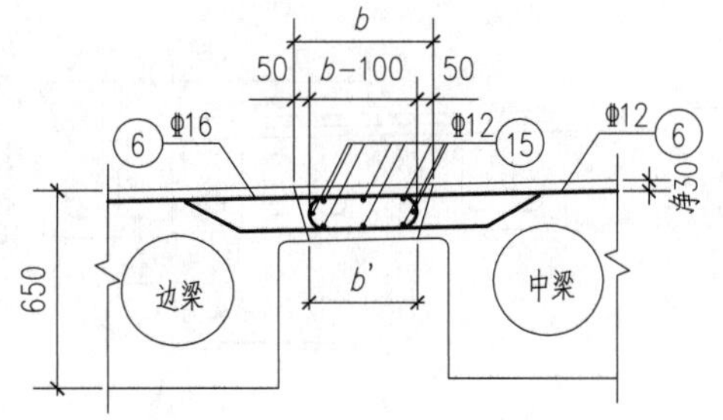

现浇桥面板钢筋 1:30

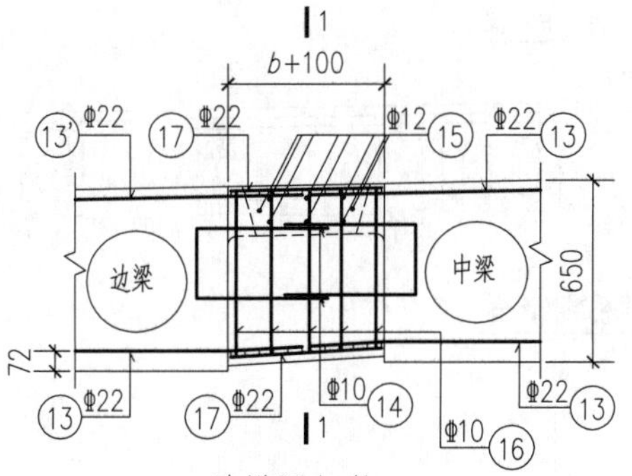

端横梁钢筋 1:30

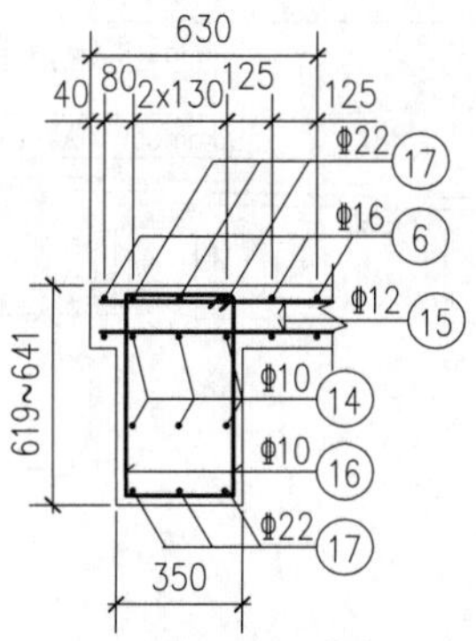

1—1 1:30

附注：1. 本图尺寸单位除标明外，其余均以毫米计。
2. 预应力钢绞线采用预应力钢绞线1×7-15.20-1860-GB/T 5224，技术条件必须符合《预应力混凝土用钢绞线》GB/T 5224的规定。
3. 预应力钢绞线控制张拉应力为$0.75f_{pk}$，每根控制张拉力为195kN。
4. 切断预应力钢绞线时混凝土强度、弹性模量（或龄期）要求详见本设计说明六第9条规定。
5. 切断预应力钢绞线次序：由两侧向中间左右对称进行。
6. 预应力钢绞线两端须用内径φ20黑铁管或被认可的材料包裹隔离，隔离长度详见预应力钢绞线端部隔离长度表。
7. 槽口处理：钢绞线端部作防锈处理后，用水泥砂浆封闭抹平。
8. 最外侧钢筋的混凝土保护层厚度不小于20mm。
9. 钢筋⑩为D50螺旋钢筋，钢筋⑬、⑬'在现浇端横梁处与钢筋⑰焊接。钢筋⑭在现浇端横梁处互相焊接。钢筋采用焊接连接时，焊接长度：单面焊10d，双面焊5d，d为钢筋直径。
10. 梁端设伸缩缝处应按伸缩缝装置构造要求设置预埋件。
11. 单梁安装净重为201kN，吊装、运输时必须注意平稳。
12. 本图对应A型空心板，B型空心板钢筋调整大样详见“B型空心板钢筋调整示意图”。
13. 抗芯模上浮钢筋⑪与空心板箍筋⑧、⑨纵向错位布置。
14. 栏杆预埋筋仅作示意，设计单位应根据栏杆防护等级及构造要求自行设计。

13m预应力混凝土空心板边梁钢筋图（斜交角0°） 设计荷载：城—B级、公路—Ⅱ级	图集号	2024沪Q003
	页	49

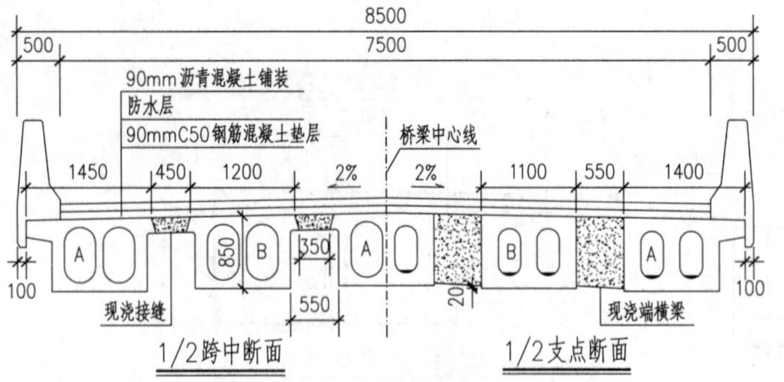

8.5m宽桥梁横断面 1:80

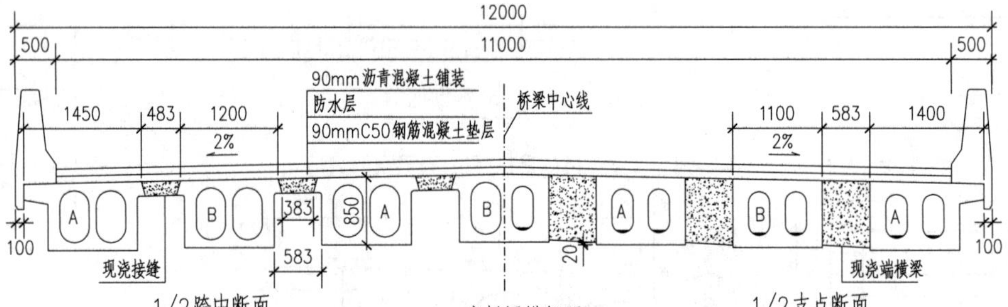

12m宽桥梁横断面 1:80

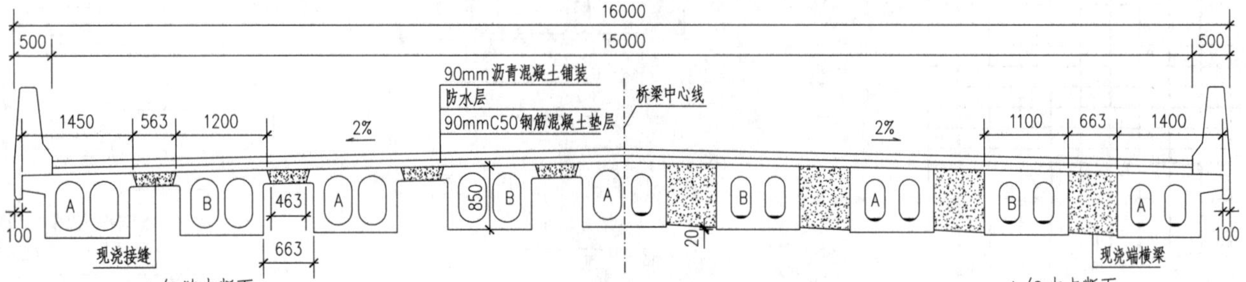

16m宽桥梁横断面 1:80

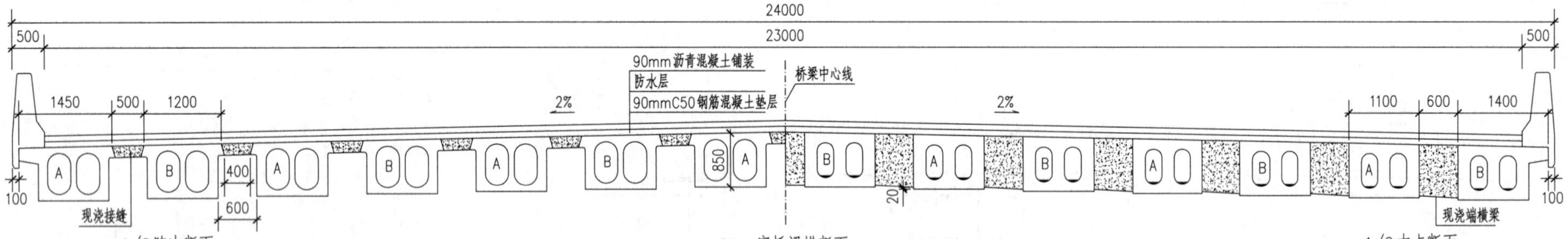

24m宽桥梁横断面 1:80

现浇接缝参数表

编号	桥宽(m)	空心板片数	现浇接缝上口宽 b(mm)	现浇接缝下口宽 b'(mm)
1	8.50	5	450	350
2	12.00	7	483	383
3	16.00	9	563	463
4	24.00	14	500	400

附注：1. 本图尺寸单位除标明外，其余均以毫米计。
2. 本图为城市桥梁中桥宽分别为8.5m、12m、16m、24m的典型横断面布置图，纵向计算时横向分布系数按最不利值取用。
3. 图中A、B代表不同钢筋布置的空心板，详见空心板钢筋图。
4. 如桥面板U形钢筋采用焊接连接，图中空心板全部采用A型空心板。如桥面板U形钢筋采用交错布置，图中空心板采用A、B型空心板。

16m预应力混凝土空心板典型横断面布置图 设计荷载：城—A级、城—B级	图集号	2024沪Q003
	页	50

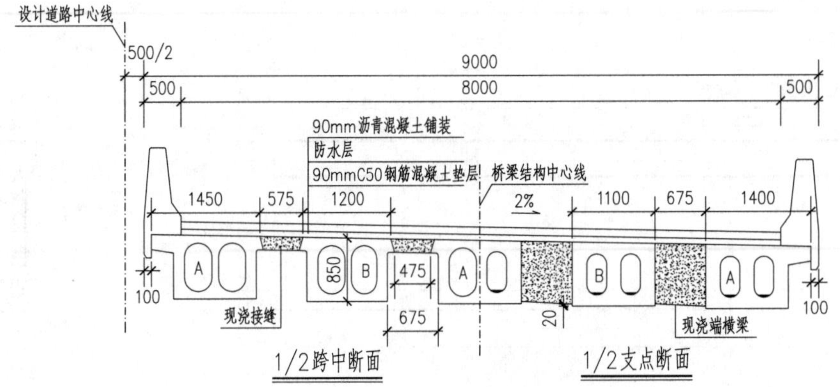

2x9.00m宽桥梁横断面 1:80

现浇接缝参数表

编 号	桥宽(m)	空心板片数	现浇接缝上口宽 b(mm)	现浇接缝下口宽 b′(mm)
1	2x9.00	2x5	575	475
2	2x13.50	2x8	457	357
3	2x16.75	2x10	450	350

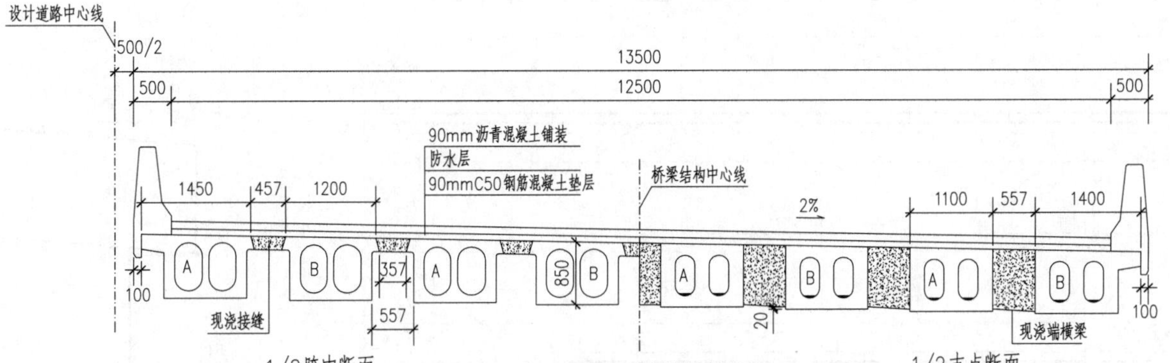

2x13.50m宽桥梁横断面 1:80

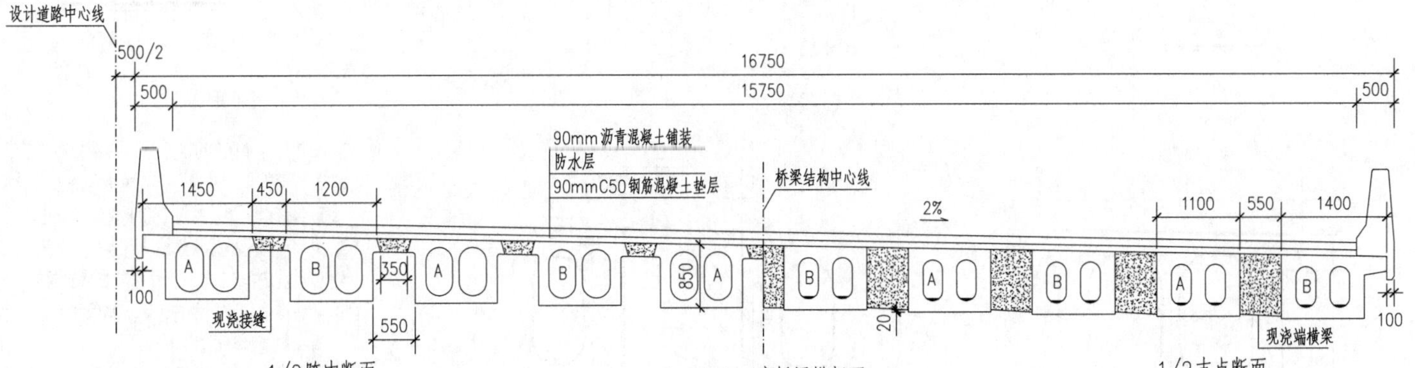

2x16.75m宽桥梁横断面 1:80

附注：1. 本图尺寸单位除标明外，其余均以毫米计。
2. 本图为公路桥梁中桥宽分别为2×9.00m、2×13.50m、2×16.75m的典型横断面布置图，纵向计算时横向分布系数按最不利值取用。
3. 图中A、B代表不同钢筋布置的空心板，详见空心板钢筋图。
4. 如桥面板U形钢筋采用焊接连接，图中空心板全部采用A型空心板。如桥面板U形钢筋采用交错布置，图中空心板采用A、B型空心板。

16m预应力混凝土空心板典型横断面布置图 设计荷载：公路—Ⅰ级、公路—Ⅱ级	图集号	2024沪Q003
	页	51

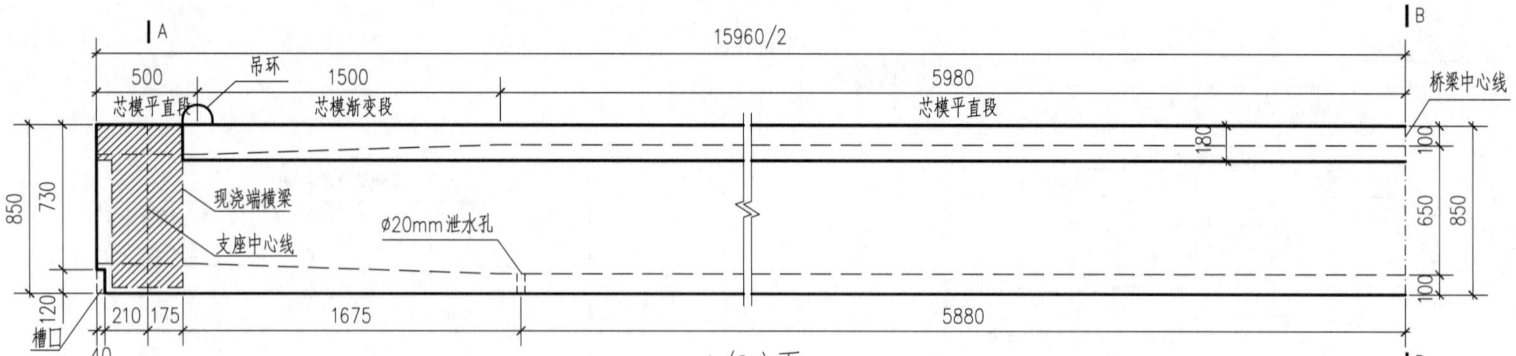

1/2立面 1:30

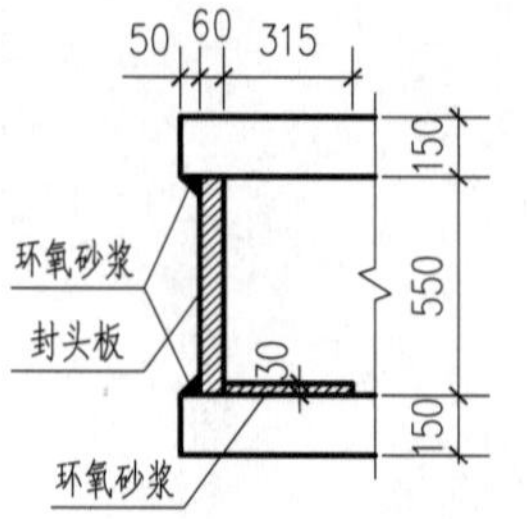

封头板立面 1:30

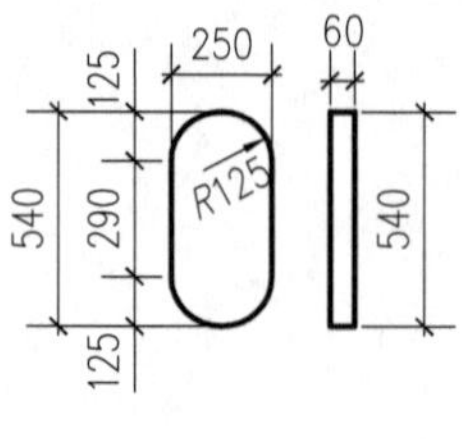

封头板大样 1:30

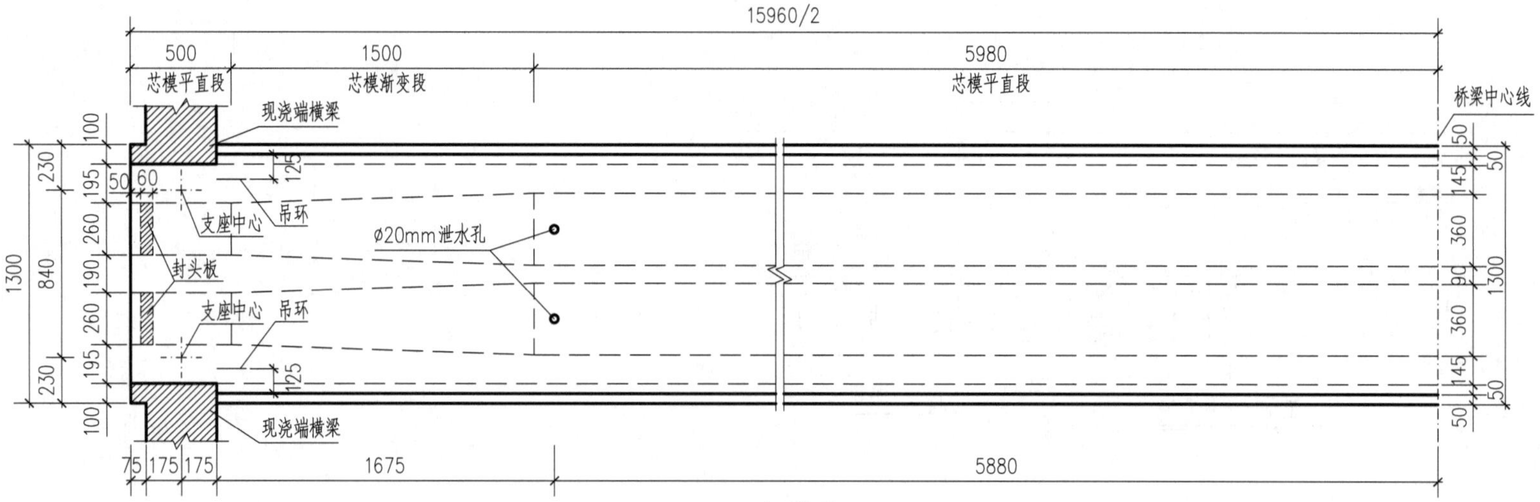

1/2平面 1:30

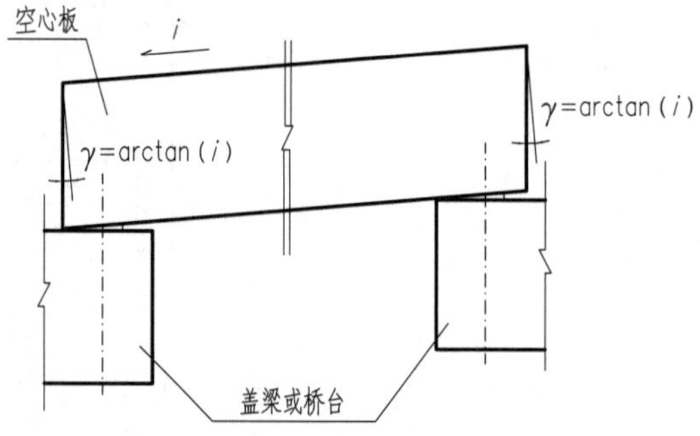

板端立面示意图

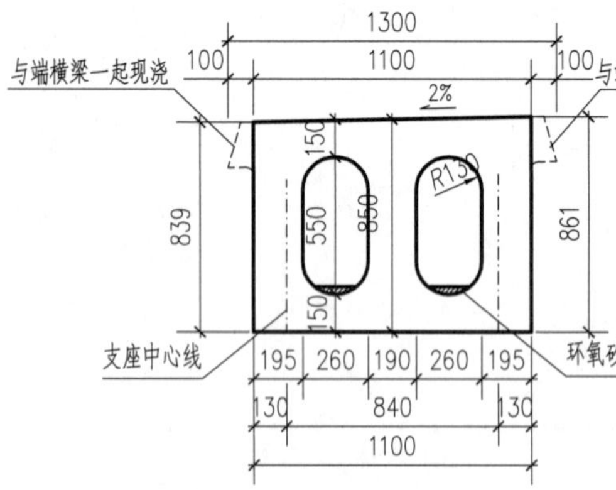

支点断面 1:30

（A—A）

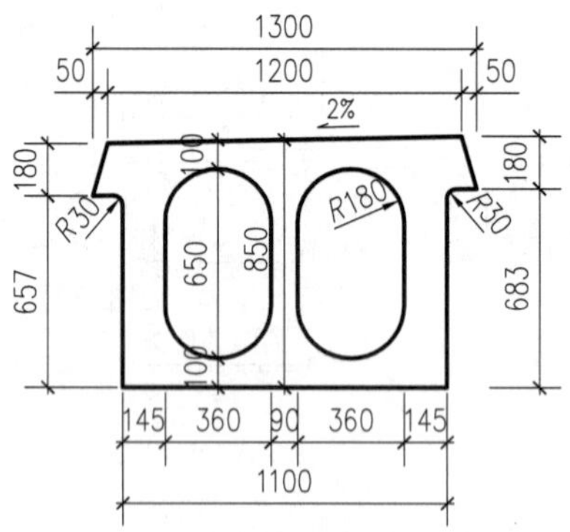

跨中断面 1:30

（B—B）

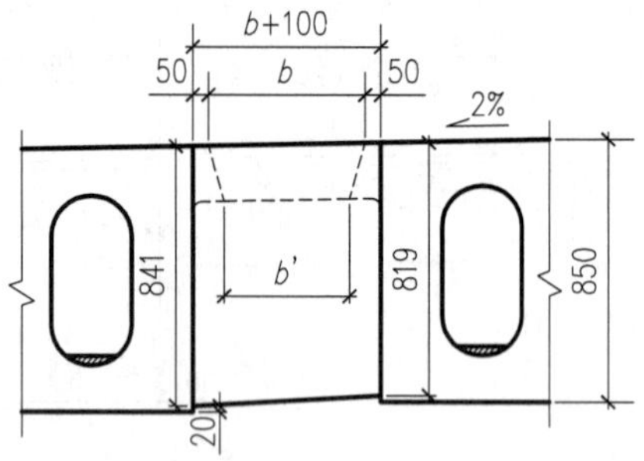

端横梁大样 1:30

附注：1. 本图尺寸单位除标明外，其余均以毫米计。
2. 预制梁采用 C50 混凝土，现浇接缝及端横梁采用 C50 混凝土（桥面板 U 形钢筋焊接）或采用 C60 低收缩混凝土（桥面板 U 形钢筋交错布置）。
3. 梁端面应根据桥梁纵坡调整方向及角度，保持铅垂。
4. 桥梁纵坡≥3％时，应根据纵坡修正梁长。
5. 梁底应采取调平措施，使支座保持水平，详见预应力混凝土空心板支座调平构造示意图。
6. 图中现浇接缝上口宽 *b*，下口宽 *b'* 详见相应空心板典型横断面布置图。
7. 预制梁顶面混凝土必须充分拉毛。
8. 空心板采用预埋吊环钢筋起吊施工。
9. 板梁安装时应采取有效措施保证梁底四个支座均匀受力，避免由于支座脱空产生不良受力状态。
10. 施工单位应采取有效的封头板定位措施，确保封头板密封安装。

16m 预应力混凝土空心板中梁构造图（斜交角 0°） 设计荷载：城—A 级、城—B 级、公路—Ⅰ级、公路—Ⅱ级	图集号	2024沪Q003
	页	52

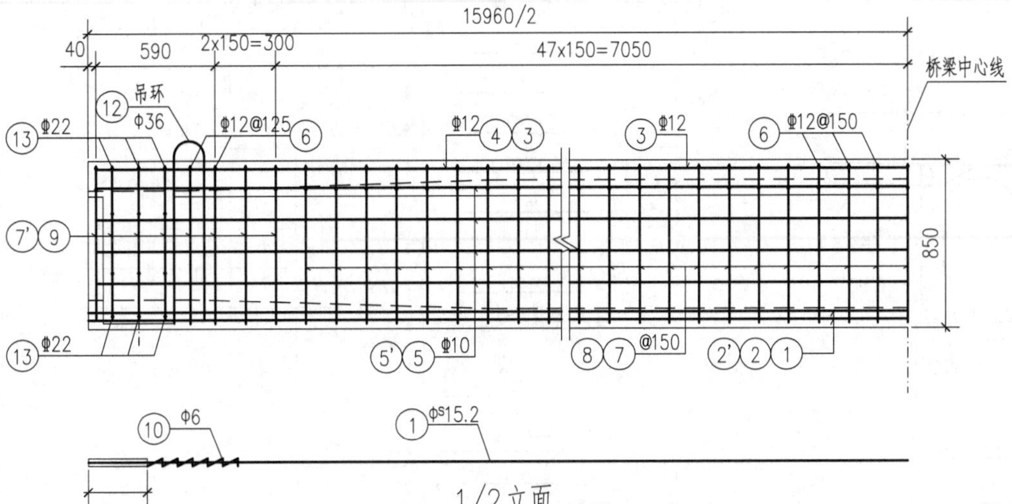

1/2立面 1:30

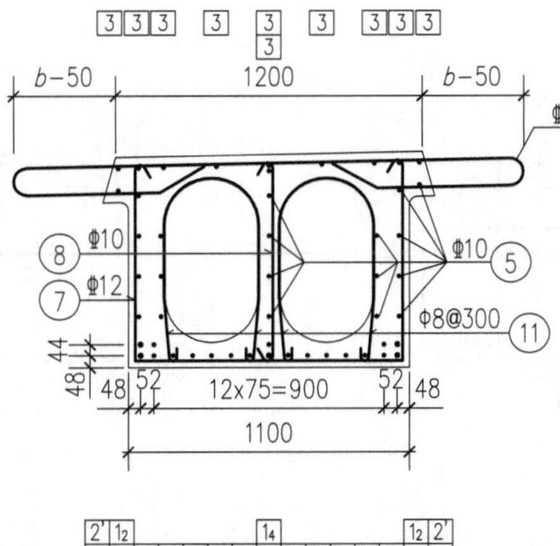

跨中断面 1:30

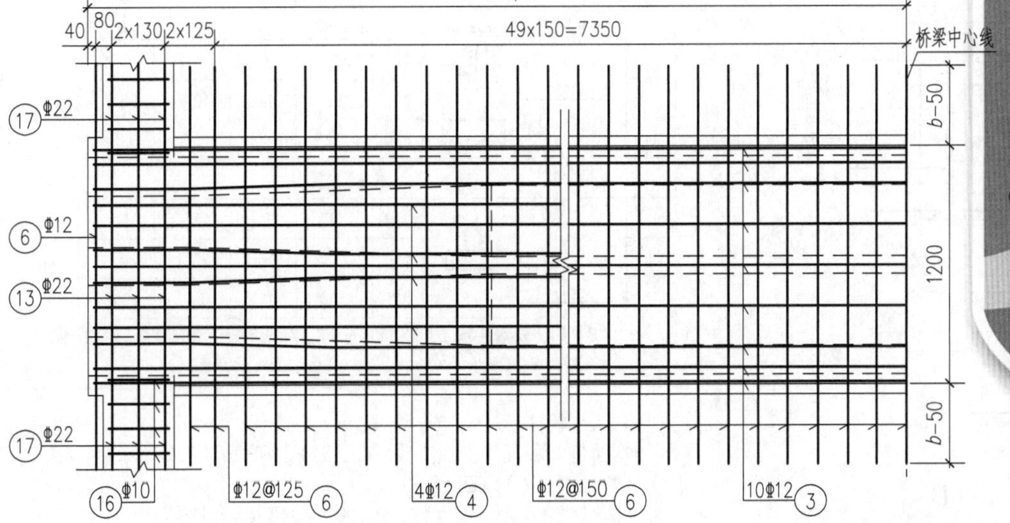

1/2平面 1:30

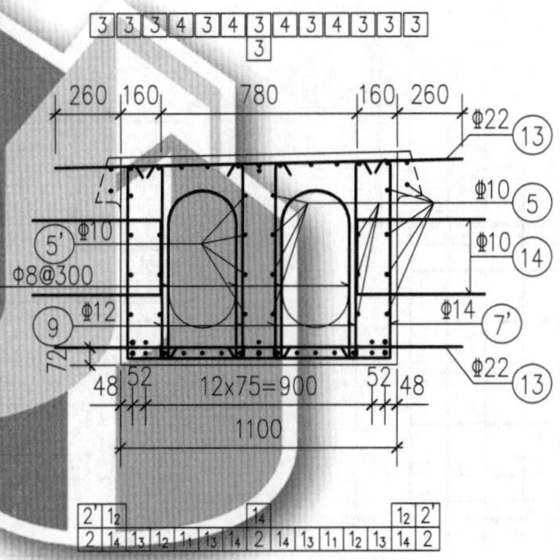

支点断面 1:30

预应力钢绞线端部隔离长度表

编 号	隔离长度(mm)	根 数
l_1	3500	2
l_2	2500	4
l_3	1500	4
l_4	100	5

混凝土材料明细表

混凝土	数量(m³)
梁体C50	9.14
现浇段C50/C60低收缩	1.42~1.92
封头板C30	0.029

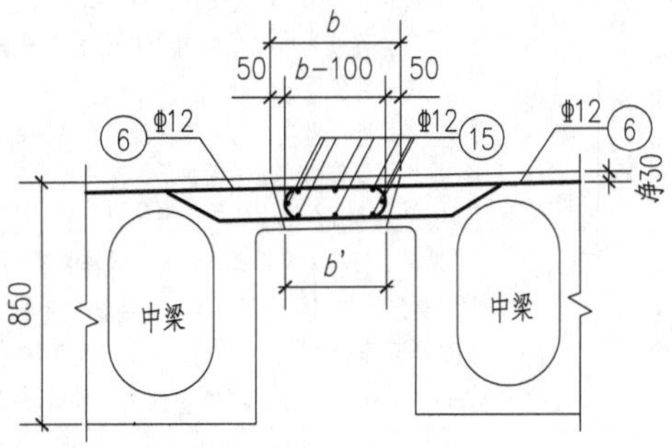

现浇桥面板钢筋 1:30

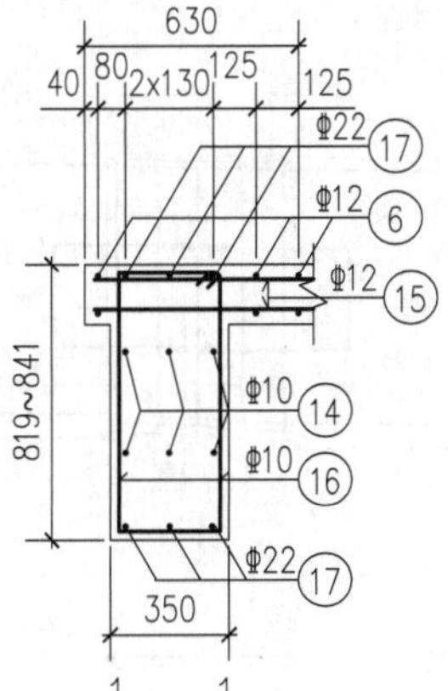

1 — 1 1:30

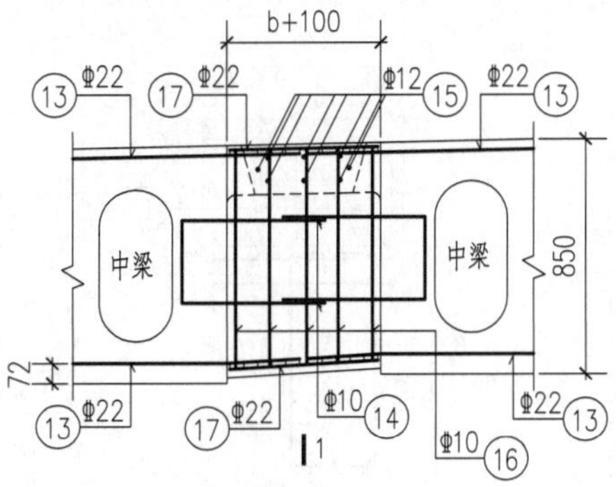

端横梁钢筋 1:30

钢筋材料明细表

编 号	略 图	直 径	每根全长(mm)	根 数	总长度(m)	总 重(kg)	合 计(kg)
1	15960	Φ^s15.2	15960	15	239.4	263.6	钢绞线: 263.6 HPB300: 191.6 HRB400: 1428.9
2	15900	Φ22	15900	3	47.7	142.3	
2'	15900	Φ22	15900	2	31.8	94.9	
3	15900	Φ12	15900	10	159.0	141.2	
4	4500	Φ12	4500	8	36.0	32.0	
5	15900	Φ10	15900	20	318	196.1	
5'	2500	Φ10	2500	8	20.0	12.3	
6	990+2xb; 170, 70+b, 200, 200, 70+b, 170	Φ12	3670	103	378.0	335.6	
7	120, 120, 776, 1046, 796	Φ12	2858	93	265.8	236.0	
7'	140, 140, 775, 1044, 795	Φ14	2894	16	46.3	56.0	
8	786, 100, 100	Φ10	986	93	91.7	56.5	
9	777~793, 120, 120	Φ12	平均 1025	64	65.6	58.2	
10	8x50, 50	Φ6	1476	30	44.3	9.8	
11	581 R=185, 530, 35	Φ8	1805	78	140.8	55.6	
11'	R=135~185, 530, 35, 47 R=15	Φ8	平均 1739	28	48.7	19.2	
12	267 R=85, 850, 850, 340, 350, 350	Φ36	3347	4	13.4	107.0	
13	1620	Φ22	1620	12	19.4	58.0	
14	285+b/2, 300, 285+b/2	Φ10	1320	12	15.8	9.8	
现浇部分钢筋							
15	15900	Φ12	15900	8	127.2	112.9	HRB400: 146.4
16	767~789, 298, 100	Φ10	平均 2352	10	23.5	14.5	
17	80+b	Φ22	530	12	6.4	19.0	

注：1.本表中参数b按现浇接缝最小上口宽450mm计算，实际长度按照现浇接缝参数表中数值取值。
2.本表适用于安全等级为一级的空心板，若安全等级为二级，可取消钢筋②'。

附注：1. 本图尺寸单位除标明外，其余均以毫米计。
2. 预应力钢绞线采用预应力钢绞线 1×7-15.20-1860-GB/T 5224，技术条件必须符合《预应力混凝土用钢绞线》GB/T 5224 的规定。
3. 预应力钢绞线控制张拉应力为 $0.75f_{pk}$，每根控制张拉力为 195kN。
4. 切断预应力钢绞线时混凝土强度、弹性模量（或龄期）要求详见本设计说明六第 9 条规定。
5. 切断预应力钢绞线次序：由两侧向中间左右对称进行。
6. 预应力钢绞线两端须用内径 ϕ20 黑铁管或被认可的材料包裹隔离，隔离长度详见预应力钢绞线端部隔离长度表。
7. 槽口处理：钢绞线端部作防锈处理后，用水泥砂浆封闭抹平。
8. 最外侧钢筋的混凝土保护层厚度不小于 20mm。
9. 钢筋⑩为 D50 螺旋钢筋，钢筋⑬在现浇端横梁处与钢筋⑰焊接。钢筋⑭在现浇端横梁处互相焊接。钢筋采用焊接连接时，焊接长度：单面焊 10d，双面焊 5d，d 为钢筋直径。
10. 梁端设伸缩缝处应按伸缩装置构造要求设置预埋件。
11. 单梁安装净重为 238kN，吊装、运输时必须注意平稳。
12. 本图对应 A 型空心板，B 型空心板钢筋调整大样详见“B 型空心板钢筋调整示意图”。
13. 抗芯模上浮钢筋⑪、⑪'与空心板箍筋⑧、⑨纵向错位布置。

16m 预应力混凝土空心板中梁钢筋图（斜交角 0°） 设计荷载：城—A 级、公路—Ⅰ级	图集号	2024沪Q003
	页	53

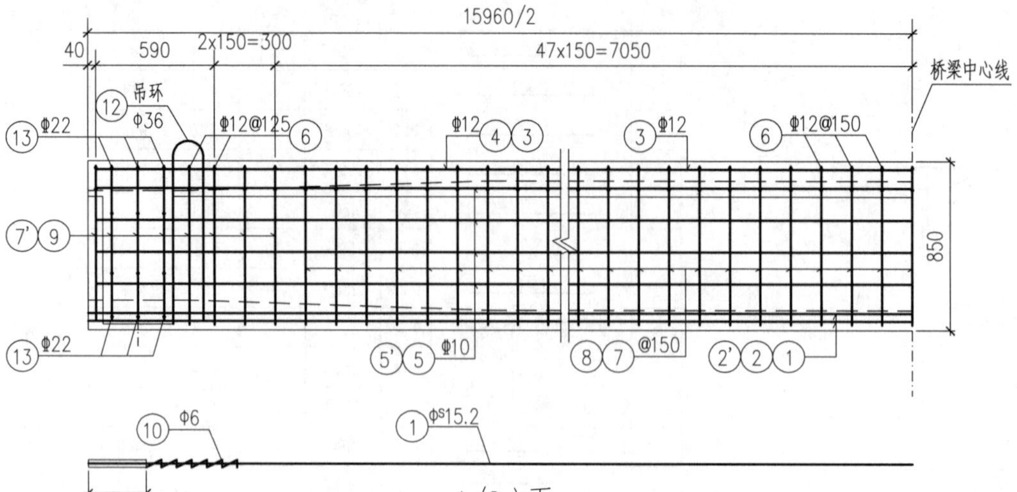

1/2立面 1:30

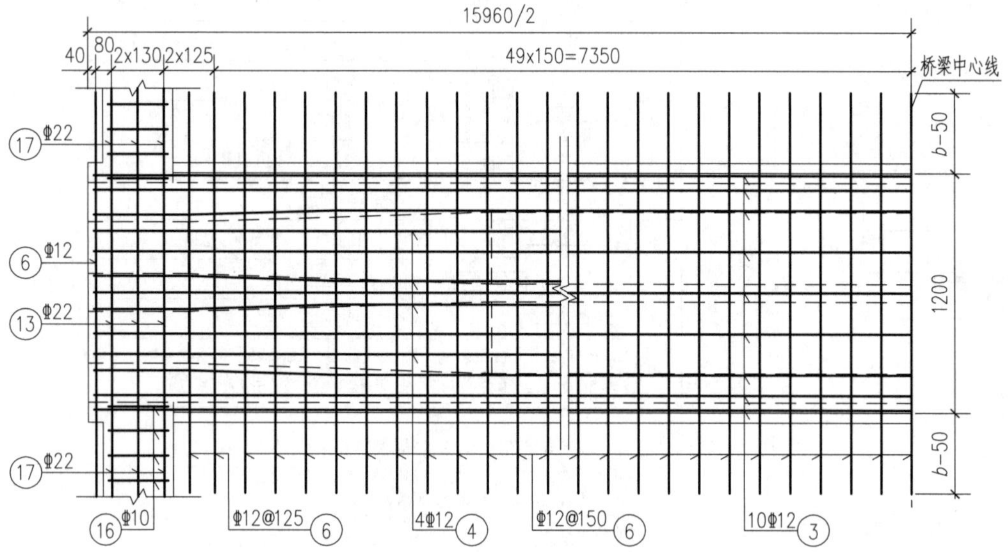

1/2平面 1:30

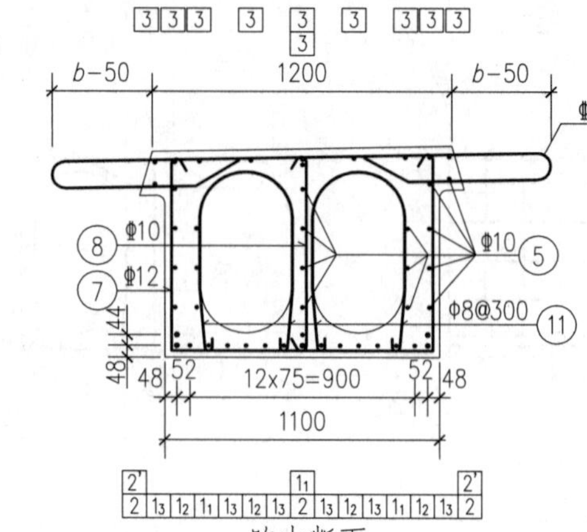

跨中断面 1:30

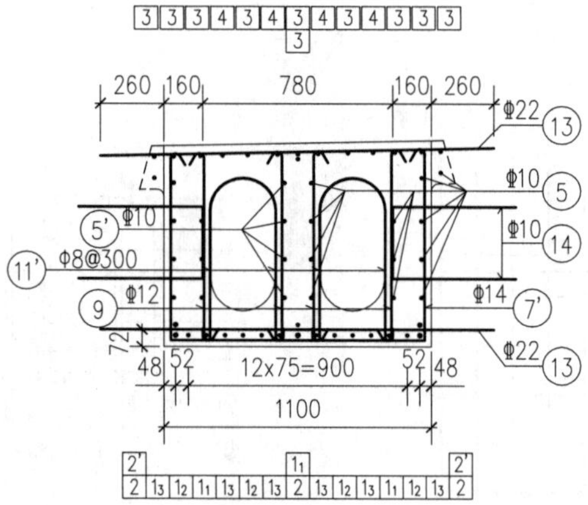

支点断面 1:30

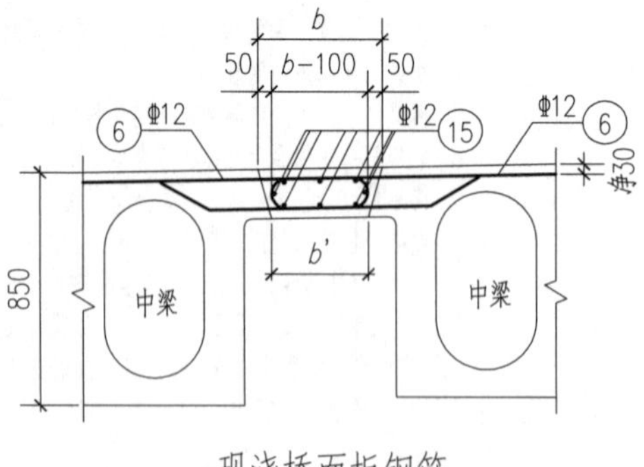

现浇桥面板钢筋 1:30

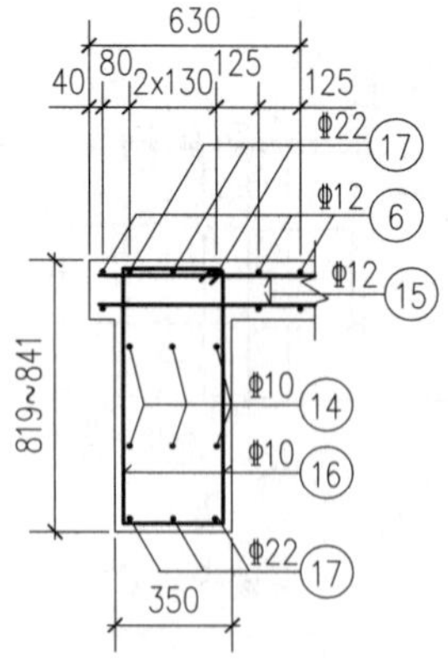

1 − 1 1:30

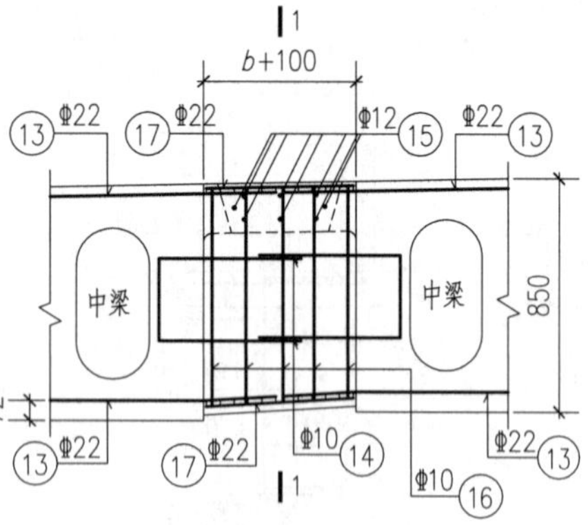

端横梁钢筋 1:30

钢筋材料明细表

编号	略图	直径	每根全长(mm)	根数	总长度(m)	总重(kg)	合计(kg)
1	15960	Φs15.2	15960	13	207.5	228.4	钢绞线：228.4 HPB300：190.3 HRB400：1428.9
2	15900	Φ22	15900	3	47.7	142.3	
2'	15900	Φ22	15900	2	31.8	94.9	
3	15900	Φ12	15900	10	159.0	141.2	
4	4500	Φ12	4500	8	36.0	32.0	
5	15900	Φ10	15900	20	318	196.1	
5'	2500	Φ10	2500	8	20.0	12.3	
6	990+2xb；170；70+b；200；200；70+b；170	Φ12	3670	103	378.0	335.6	
7	120；120；776；1046；796	Φ12	2858	93	265.8	236.0	
7'	140；140；775；1044；795	Φ14	2894	16	46.3	56.0	
8	786；100；100	Φ10	986	93	91.7	56.5	
9	777~793；120；120	Φ12	平均 1025	64	65.6	58.2	
10	8x50；50	Φ6	1476	26	38.4	8.5	
11	581 R=185；530；35	Φ8	1805	78	140.8	55.6	
11'	R=135~185；530；35；47 R=15	Φ8	平均 1739	28	48.7	19.2	
12	267 R=85；850；850；340；350；350	Φ36	3347	4	13.4	107.0	
13	1620	Φ22	1620	12	19.4	58.0	
14	285+b/2；300；285+b/2	Φ10	1320	12	15.8	9.8	
现浇部分钢筋							
15	15900	Φ12	15900	8	127.2	112.9	HRB400：146.4
16	767~789；298；100	Φ10	平均 2352	10	23.5	14.5	
17	80+b	Φ22	530	12	6.4	19.0	

注：1.本表中参数b按现浇接缝最小上口宽450mm计算，实际长度按照现浇接缝参数表中数值取值。
2.本表适用于安全等级为一级的空心板，若安全等级为二级，可取消钢筋②'。

预应力钢绞线端部隔离长度表

编号	隔离长度(mm)	根数
1_1	3000	3
1_2	1500	4
1_3	100	6

混凝土材料明细表

混凝土	数量(m^3)
梁体C50	9.14
现浇段C50/C60低收缩	1.42~1.92
封头板C30	0.029

附注：1. 本图尺寸单位除标明外，其余均以毫米计。
2. 预应力钢绞线采用预应力钢绞线 1×7-15.20-1860-GB/T 5224，技术条件必须符合《预应力混凝土用钢绞线》GB/T 5224 的规定。
3. 预应力钢绞线控制张拉应力为 $0.75f_{pk}$，每根控制张拉力为 195kN。
4. 切断预应力钢绞线时混凝土强度、弹性模量（或龄期）要求详见本设计说明六第 9 条规定。
5. 切断预应力钢绞线次序：由两侧向中间左右对称进行。
6. 预应力钢绞线两端须用内径 ϕ20 黑铁管或被认可的材料包裹隔离，隔离长度详见预应力钢绞线端部隔离长度表。
7. 槽口处理：钢绞线端部作防锈处理后，用水泥砂浆封闭抹平。
8. 最外侧钢筋的混凝土保护层厚度不小于 20mm。
9. 钢筋⑩为 D50 螺旋钢筋，钢筋⑬在现浇端横梁处与钢筋⑰焊接。钢筋⑭在现浇端横梁处互相焊接。钢筋采用焊接连接时，焊接长度：单面焊 10d，双面焊 5d，d 为钢筋直径。
10. 梁端设伸缩缝处应按伸缩缝装置构造要求设置预埋件。
11. 单梁安装净重为 238kN，吊装、运输时必须注意平稳。
12. 本图对应 A 型空心板，B 型空心板钢筋调整大样详见"B 型空心板钢筋调整示意图"。
13. 抗芯模上浮钢筋⑪、⑪'与空心板箍筋⑧、⑨纵向错位布置。

16m 预应力混凝土空心板中梁钢筋图（斜交角 0°） 设计荷载：城—B 级、公路—Ⅱ级	图集号	2024沪Q003
	页	54

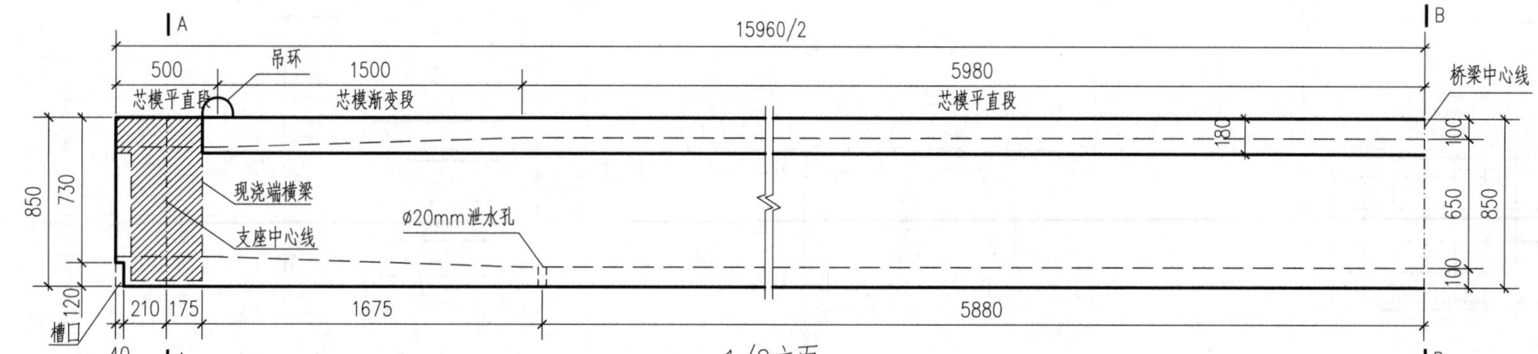

1/2立面 1:30

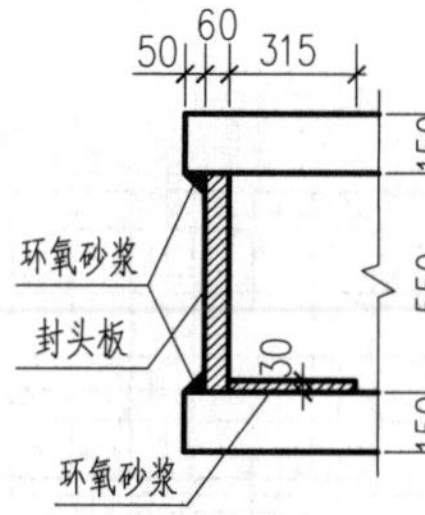

封头板立面 1:30

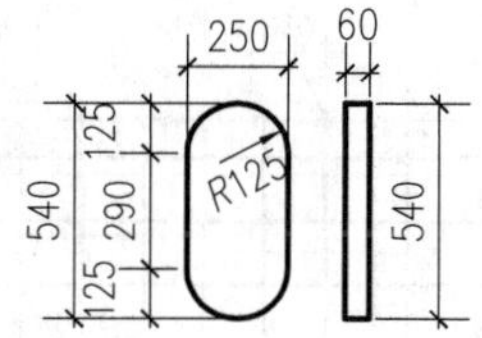

封头板大样 1:30

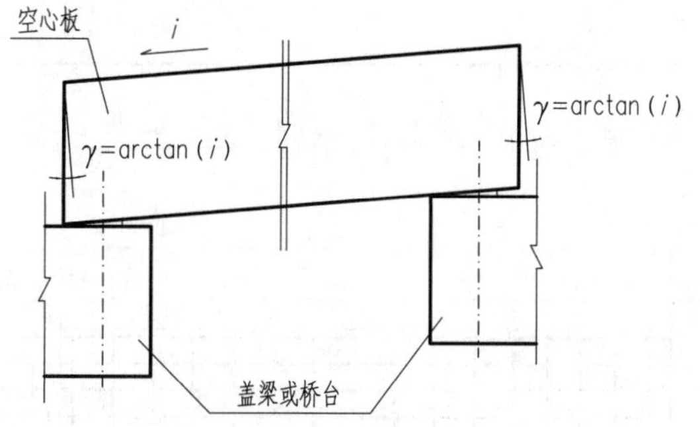

板端立面示意图

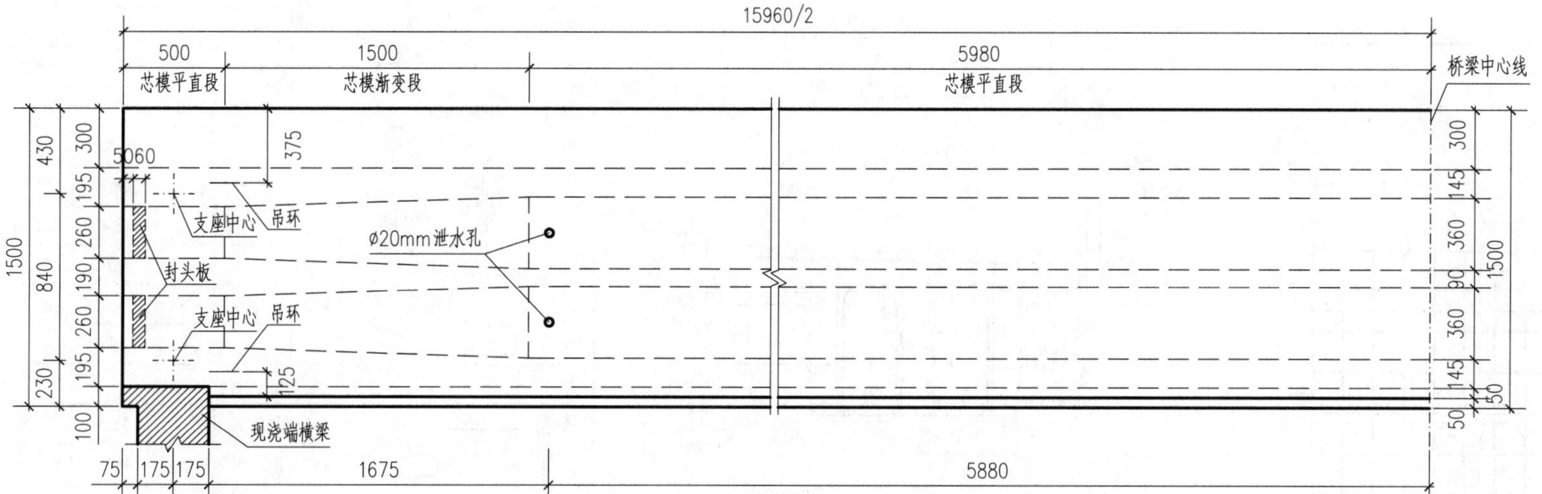

1/2平面 1:30

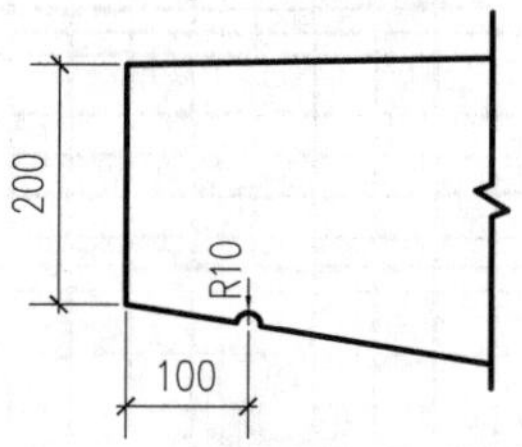

滴水槽大样 1:10

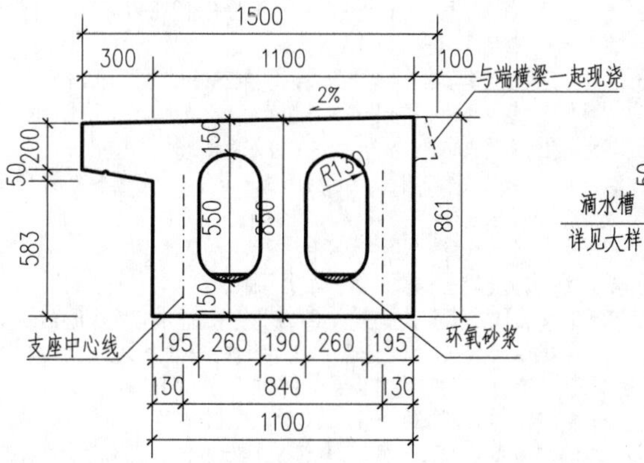

支点断面 1:30
(A—A)

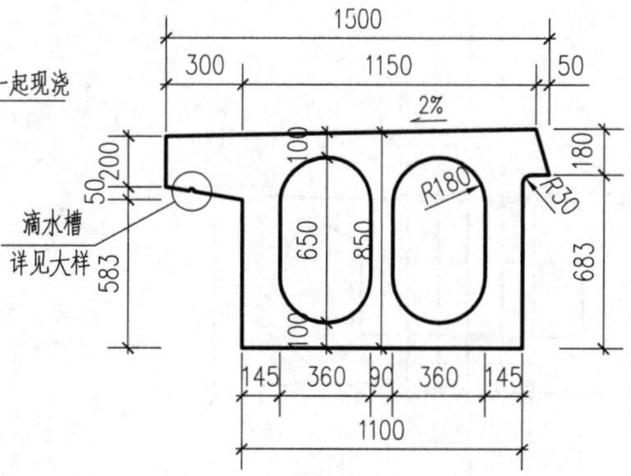

跨中断面 1:30
(B—B)

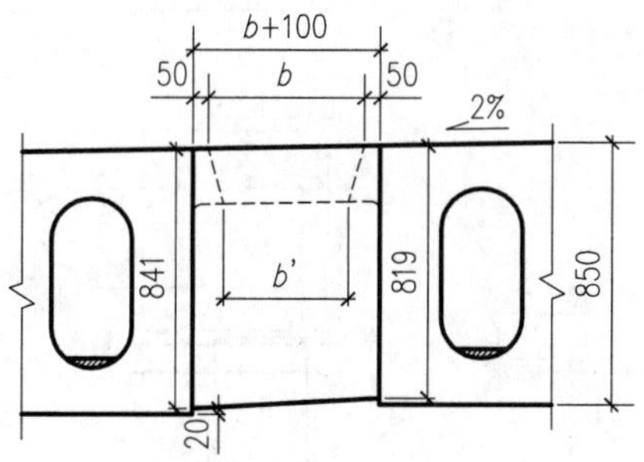

端横梁大样 1:30

附注：1. 本图尺寸单位除标明外，其余均以毫米计。
2. 预制梁采用C50混凝土，现浇接缝及端横梁采用C50混凝土（桥面板U形钢筋焊接）或采用C60低收缩混凝土（桥面板U形钢筋交错布置）。
3. 梁端面应根据桥梁纵坡调整方向及角度，保持铅垂。
4. 桥梁纵坡≥3%时，应根据纵坡修正梁长。
5. 梁底应采取调平措施，使支座保持水平，详见预应力混凝土空心板支座调平构造示意图。
6. 图中现浇接缝上口宽b，下口宽b'详见相应空心板典型横断面布置图。
7. 预制梁顶面混凝土必须充分拉毛。
8. 空心板采用预埋吊环钢筋起吊施工。
9. 板梁安装时应采取有效措施保证梁底四个支座均匀受力，避免由于支座脱空产生不良受力状态。
10. 施工单位应采取有效的封头板定位措施，确保封头板密封安装。

16m预应力混凝土空心板边梁构造图（斜交角0°） 设计荷载：城—A级、城—B级、公路—Ⅰ级、公路—Ⅱ级	图集号	2024沪Q003
	页	55

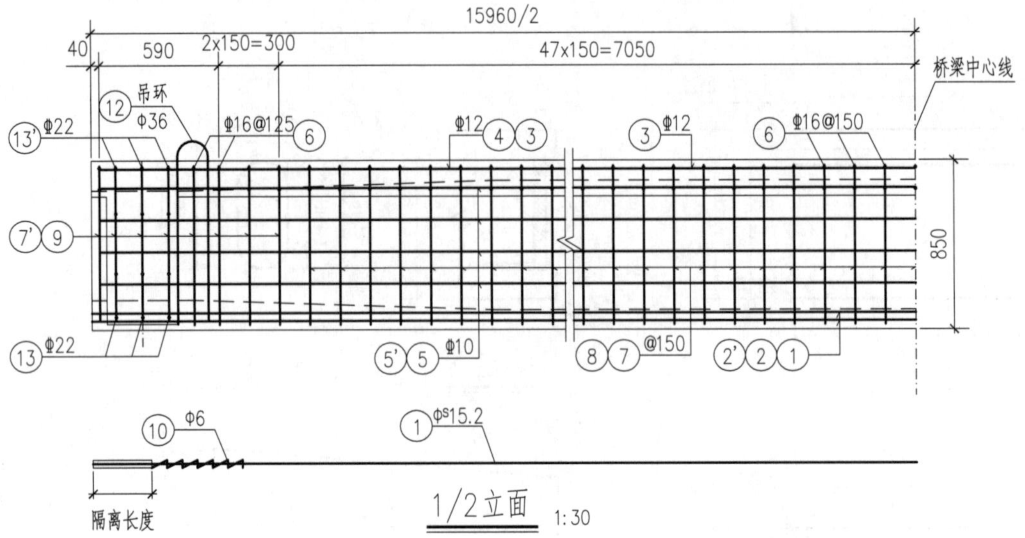

1/2立面 1:30

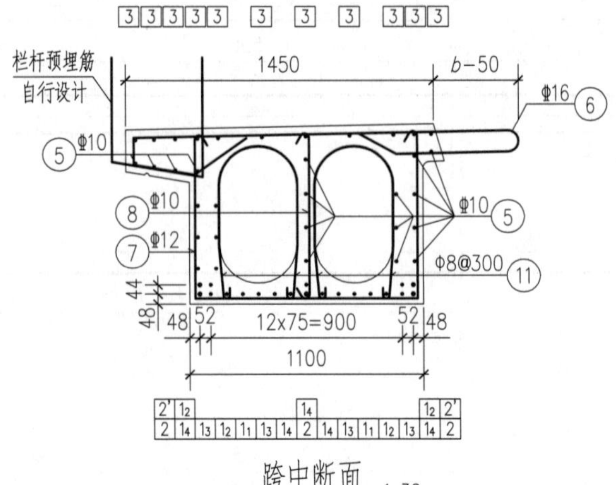

跨中断面 1:30

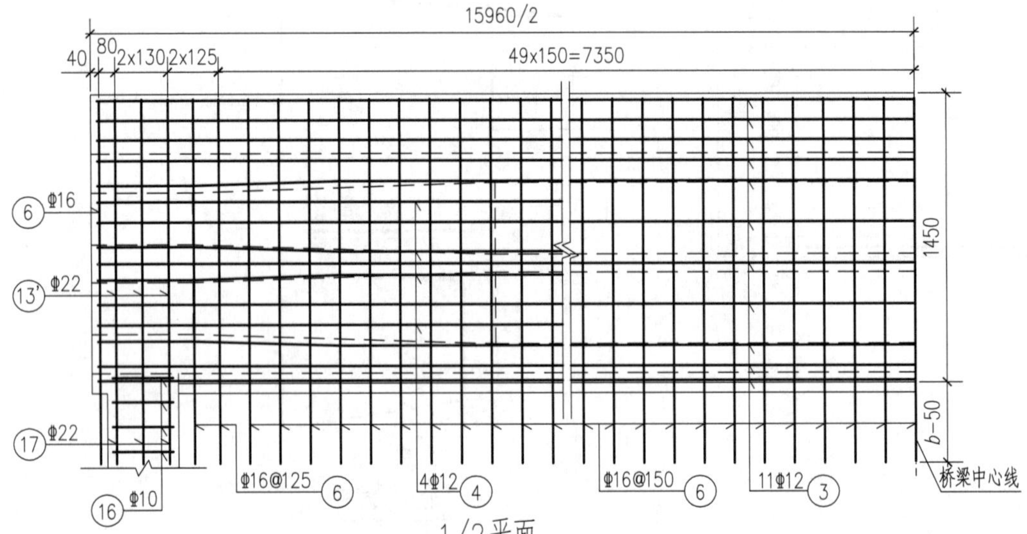

1/2平面 1:30

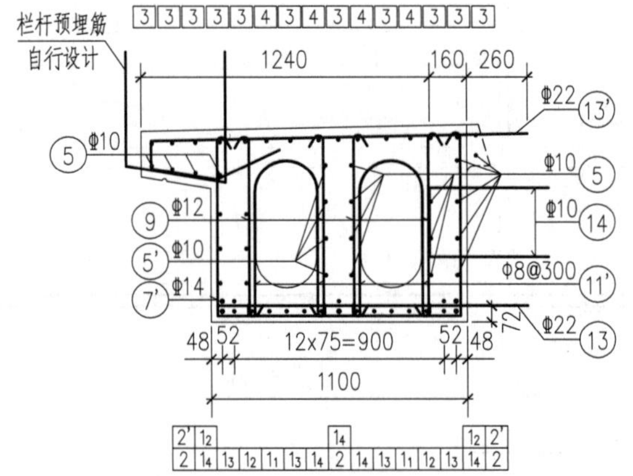

支点断面 1:30

预应力钢绞线端部隔离长度表

编号	隔离长度(mm)	根数
1_1	3500	2
1_2	2500	4
1_3	1500	4
1_4	100	5

混凝土材料明细表

混凝土	数量(m^3)
梁体C50	10.03
现浇板C50/C60低收缩	0.71~0.96
封头板C30	0.029

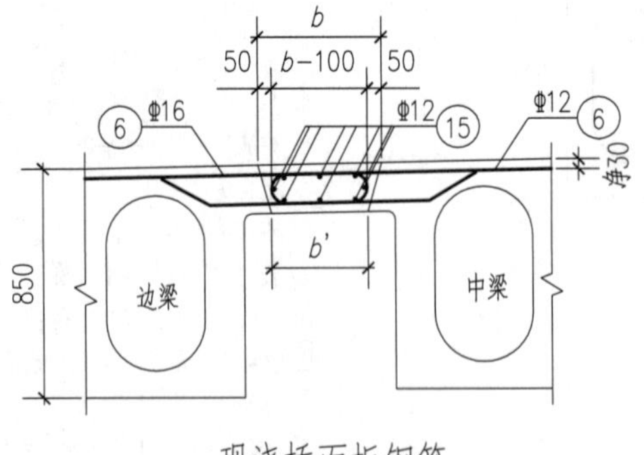

现浇桥面板钢筋 1:30

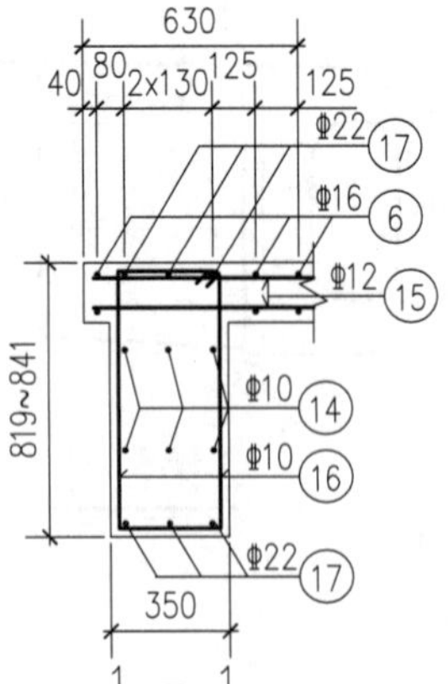

1 — 1 1:30

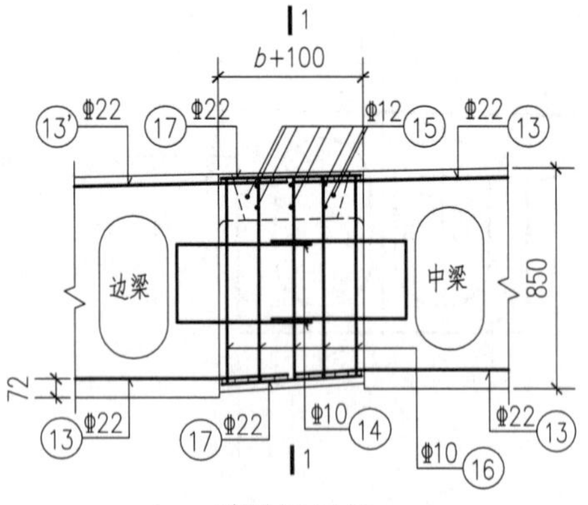

端横梁钢筋 1:30

钢筋材料明细表

编号	略图	直径	每根全长(mm)	根数	总长度(m)	总重(kg)	合计(kg)
1	15960	Φs15.2	15960	15	239.4	263.6	钢绞线: 263.6 HPB300: 191.6 HRB400: 1676.5
2	15900	Φ22	15900	3	47.7	142.3	
2'	15900	Φ22	15900	2	31.8	94.9	
3	15900	Φ12	15900	11	174.9	155.3	
4	4500	Φ12	4500	8	36.0	32.0	
5	15900	Φ10	15900	22	349.8	215.7	
5'	2500	Φ10	2500	8	20.0	12.3	
6	1309+b, 129, 291, 300, 200, 75+b, 160	Φ16	3364	103	346.5	546.9	
7	120, 120, 776, 1046, 796	Φ12	2858	93	265.8	236.0	
7'	140, 140, 775, 1044, 795	Φ14	2894	16	46.3	56.0	
8	786, 100, 100	Φ10	986	93	91.7	56.5	
9	777~793, 120, 120	Φ12	平均 1025	64	65.6	58.2	
10	8x50, 50	Φ6	1476	30	44.3	9.8	
11	581 R=185, 530, 35, 47 R=15	Φ8	1805	78	140.8	55.6	
11'	R=135~185, 530, 35, 47 R=15	Φ8	平均 1739	28	48.7	19.2	
12	267 R=85, 850, 850, 340, 350, 350	Φ36	3347	4	13.4	107.0	
13	1330	Φ22	1330	6	8.0	23.8	
13'	1618, 123, 288, 300	Φ22	2329	6	14.0	41.7	
14	285+b/2, 300, 285+b/2	Φ10	1320	6	7.9	4.9	
现浇部分钢筋							
15	15900	Φ12	15900	4	63.6	56.5	HRB400: 73.3
16	767~789, 298, 100	Φ10	平均 2352	5	11.8	7.3	
17	80+b	Φ22	530	6	3.2	9.5	

注：1. 本表中参数b按现浇接缝最小上口宽450mm计算，实际长度按照现浇接缝参数表中数值取值。
2. 本表适用于安全等级为一级的空心板，若安全等级为二级，可取消钢筋②'。

附注：1. 本图尺寸单位除标明外，其余均以毫米计。
2. 预应力钢绞线采用预应力钢绞线 1×7-15.20-1860-GB/T 5224，技术条件必须符合《预应力混凝土用钢绞线》GB/T 5224 的规定。
3. 预应力钢绞线控制张拉应力为 0.75f_{pk}，每根控制张拉力为 195kN。
4. 切断预应力钢绞线时混凝土强度、弹性模量（或龄期）要求详见本设计说明六第 9 条规定。
5. 切断预应力钢绞线次序：由两侧向中间左右对称进行。
6. 预应力钢绞线两端须用内径 ϕ20 黑铁管或被认可的材料包裹隔离，隔离长度详见预应力钢绞线端部隔离长度表。
7. 槽口处理：钢绞线端部作防锈处理后，用水泥砂浆封闭抹平。
8. 最外侧钢筋的混凝土保护层厚度不小于 20mm。
9. 钢筋⑩为 D50 螺旋钢筋，钢筋⑬、⑬'在现浇端横梁处与钢筋⑰焊接。钢筋⑭在现浇端横梁处互相焊接。钢筋采用焊接连接时，焊接长度：单面焊 10d，双面焊 5d，d 为钢筋直径。
10. 梁端设伸缩缝处应按伸缩装置构造要求设置预埋件。
11. 单梁安装净重为 262kN，吊装、运输时必须注意平稳。
12. 本图对应 A 型空心板，B 型空心板钢筋调整大样详见“B 型空心板钢筋调整示意图”。
13. 抗芯模上浮钢筋⑪、⑪'与空心板箍筋⑧、⑨纵向错位布置。
14. 栏杆预埋筋仅作示意，设计单位应根据栏杆防护等级及构造要求自行设计。

16m 预应力混凝土空心板边梁钢筋图（斜交角 0°） 设计荷载：城—A 级、公路—I级	图集号	2024沪Q003
	页	56

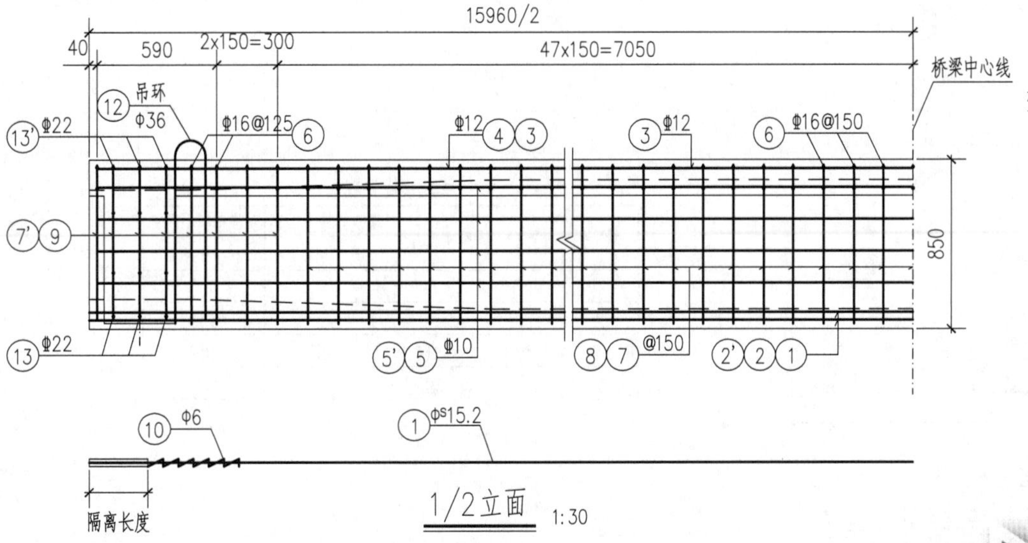

1/2立面 1:30

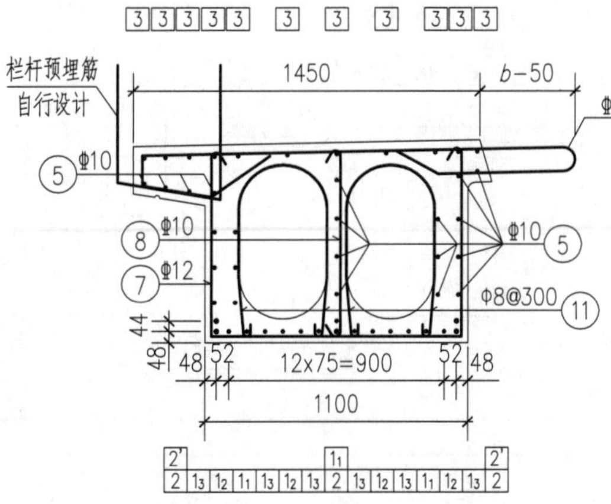

跨中断面 1:30

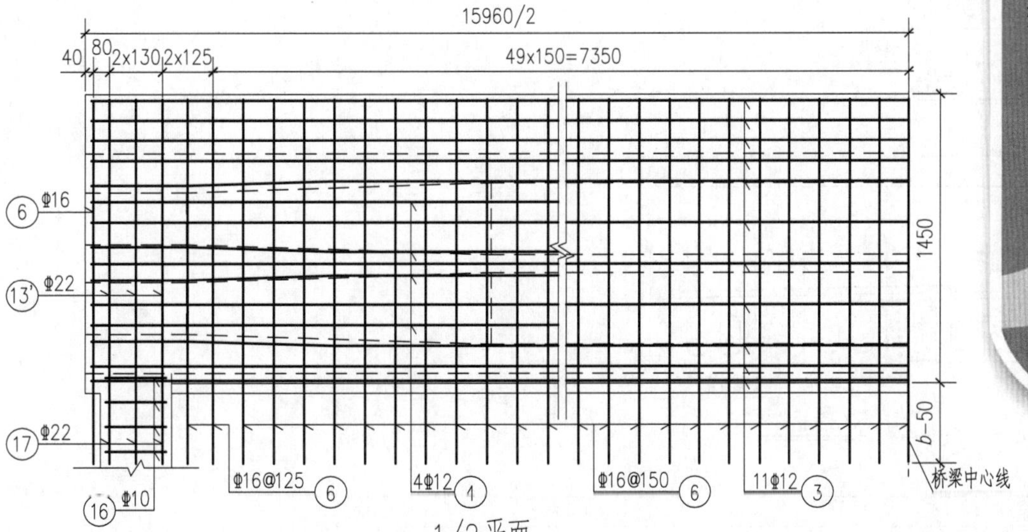

1/2平面 1:30

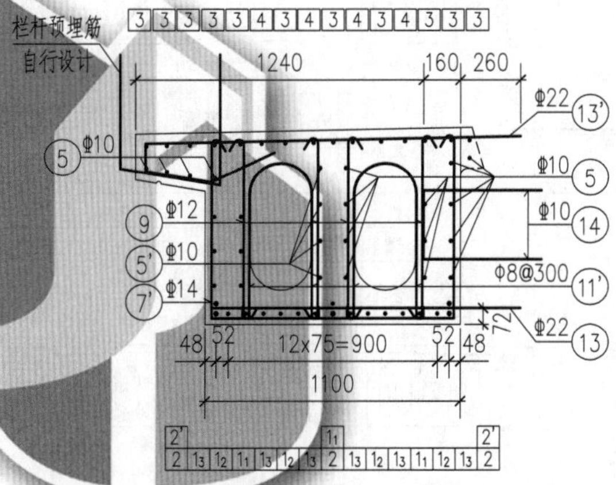

支点断面 1:30

预应力钢绞线端部隔离长度表

编 号	隔离长度（mm）	根 数
1_1	3000	3
1_2	1500	4
1_3	100	6

混凝土材料明细表

混凝土	数量（m³）
梁体C50	10.03
现浇段C50/C60低收缩	0.71~0.96
封头板C30	0.029

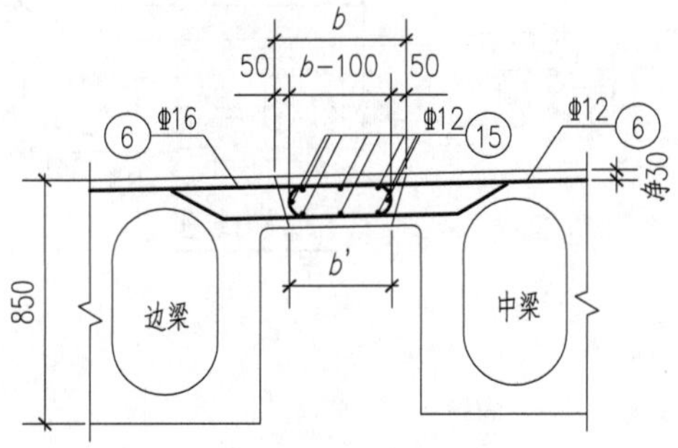

现浇桥面板钢筋 1:30

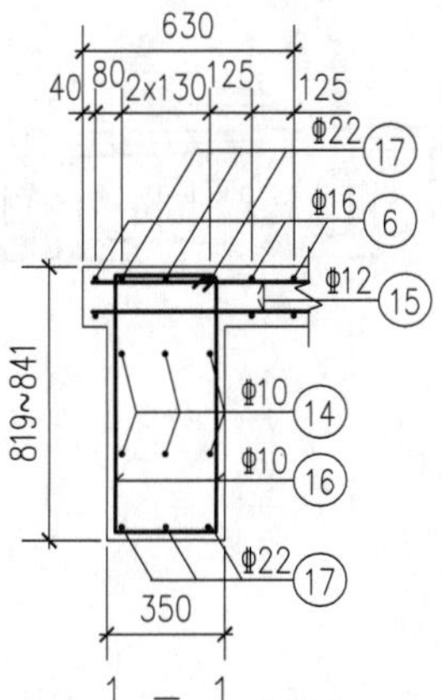

1 — 1 1:30

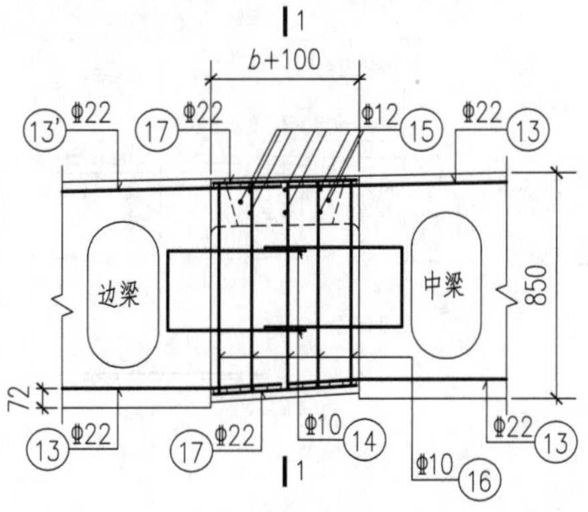

端横梁钢筋 1:30

钢筋材料明细表

编 号	略 图	直 径	每根全长（mm）	根 数	总长度（m）	总 重（kg）	合 计（kg）
1	15960	Φs15.2	15960	13	207.5	228.4	钢绞线：228.4 HPB300：190.3 HRB400：1676.5
2	15900	Φ22	15900	3	47.7	142.3	
2'	15900	Φ22	15900	2	31.8	94.9	
3	15900	Φ12	15900	11	174.9	155.3	
4	4500	Φ12	4500	8	36.0	32.0	
5	15900	Φ10	15900	22	349.8	215.7	
5'	2500	Φ10	2500	8	20.0	12.3	
6	1309+b 129 291 300 200 75+b 160	Φ16	3364	103	346.5	546.9	
7	120 120 776 1046 796	Φ12	2858	93	265.8	236.0	
7'	140 140 775 1044 795	Φ14	2894	16	46.3	56.0	
8	786 100 100	Φ10	986	93	91.7	56.5	
9	777~793 120 120	Φ12	平均 1025	64	65.6	58.2	
10	8x50 50	Φ 6	1476	26	38.4	8.5	
11	581 R=185 530 35 47 R=15	Φ 8	1805	78	140.8	55.6	
11'	R=135~185 530 35 47R=15	Φ 8	平均 1739	28	48.7	19.2	
12	267 R=85 850 850 340 350 350	Φ36	3347	4	13.4	107.0	
13	1330	Φ22	1330	6	8.0	23.8	
13'	1618 123 288 300	Φ22	2329	6	14.0	41.7	
14	285+b/2 300 285+b/2	Φ10	1320	6	7.9	4.9	
现浇部分钢筋							
15	15900	Φ12	15900	4	63.6	56.5	HRB400：73.3
16	767~789 298 100	Φ10	平均 2352	5	11.8	7.3	
17	80+b	Φ22	530	6	3.2	9.5	

注：1.本表中参数b按现浇接缝最小上口宽450mm计算，实际长度按照现浇接缝参数表中数值取值。
2.本表适用于安全等级为一级的空心板，若安全等级为二级，可取消钢筋②'。

附注：
1. 本图尺寸单位除标明外，其余均以毫米计。
2. 预应力钢绞线采用预应力钢绞线1×7-15.20-1860-GB/T 5224，技术条件必须符合《预应力混凝土用钢绞线》GB/T 5224的规定。
3. 预应力钢绞线控制张拉应力为0.75f_{pk}，每根控制张拉力为195kN。
4. 切断预应力钢绞线时混凝土强度、弹性模量（或龄期）要求详见本设计说明六第9条规定。
5. 切断预应力钢绞线次序：由两侧向中间左右对称进行。
6. 预应力钢绞线两端须用内径Φ20黑铁管或被认可的材料包裹隔离，隔离长度详见预应力钢绞线端部隔离长度表。
7. 槽口处理：钢绞线端部作防锈处理后，用水泥砂浆封闭抹平。
8. 最外侧钢筋的混凝土保护层厚度不小于20mm。
9. 钢筋⑩为D50螺旋钢筋，钢筋⑬、⑬'在现浇端横梁处与钢筋⑰焊接。钢筋⑭在现浇端横梁处互相焊接。钢筋采用焊接连接时，焊接长度：单面焊10d，双面焊5d，d为钢筋直径。
10. 梁端设伸缩缝处应按伸缩装置构造要求设置预埋件。
11. 单梁安装净重为262kN，吊装、运输时必须注意平稳。
12. 本图对应A型空心板，B型空心板钢筋调整大样详见“B型空心板钢筋调整示意图”。
13. 抗芯模上浮钢筋⑪、⑪'与空心板箍筋⑧、⑨纵向错位布置。
14. 栏杆预埋筋仅作示意，设计单位应根据栏杆防护等级及构造要求自行设计。

16m预应力混凝土空心板边梁钢筋图（斜交角0°） 设计荷载：城—B级、公路—Ⅱ级	图集号	2024沪Q003
	页	57

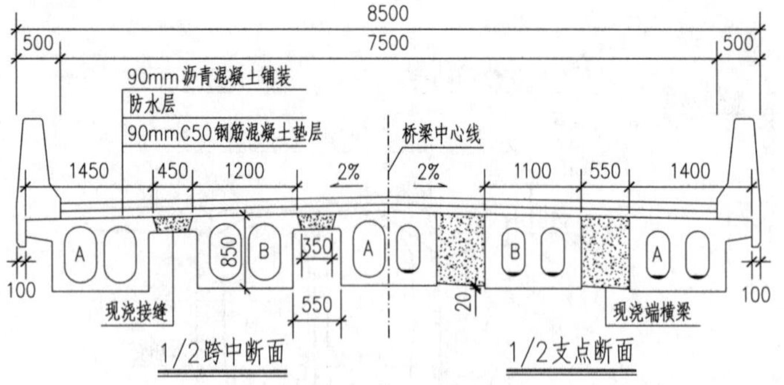

8.5m宽桥梁横断面 1:80

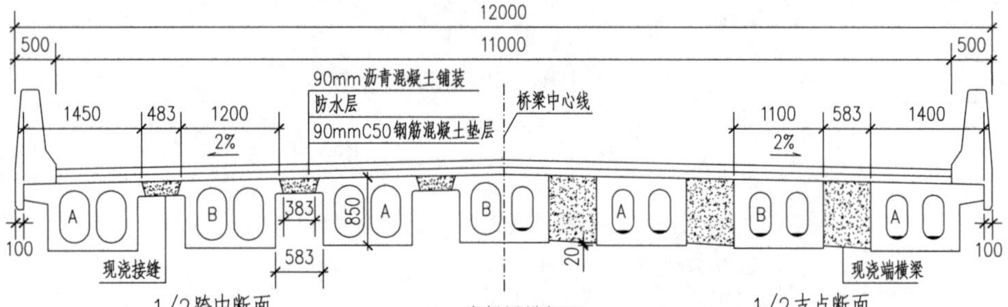

12m宽桥梁横断面 1:80

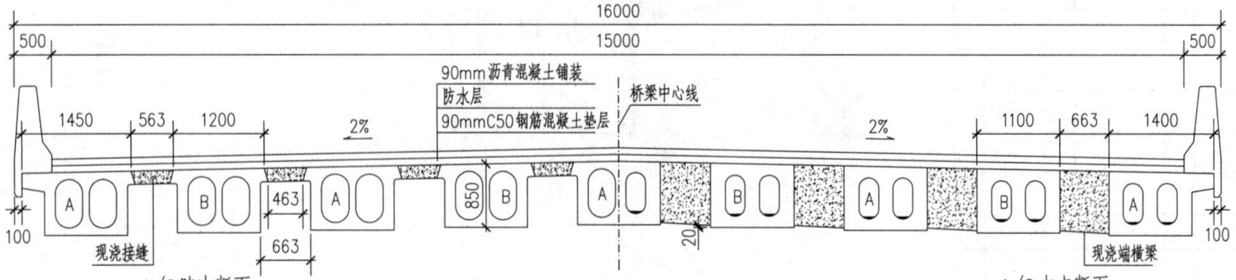

16m宽桥梁横断面 1:80

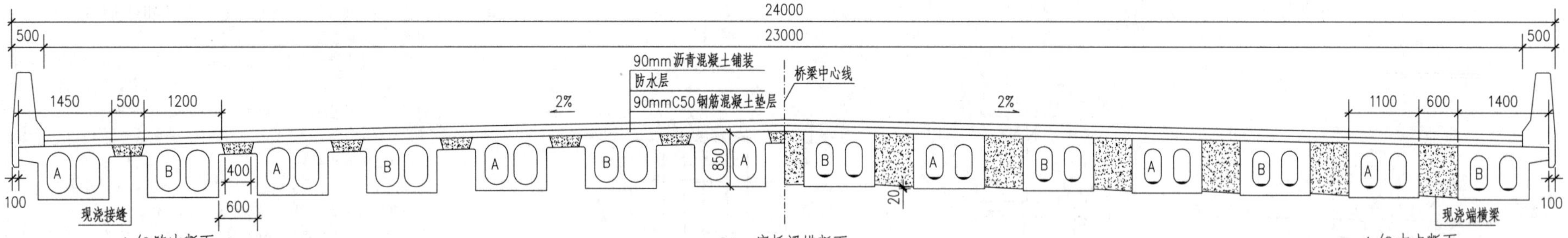

24m宽桥梁横断面 1:80

现浇接缝参数表

编号	桥宽(m)	空心板片数	现浇接缝上口宽 b(mm)	现浇接缝下口宽 b'(mm)
1	8.50	5	450	350
2	12.00	7	483	383
3	16.00	9	563	463
4	24.00	14	500	400

附注：1. 本图尺寸单位除标明外，其余均以毫米计。
2. 本图为城市桥梁中桥宽分别为 8.5m、12m、16m、24m 的典型横断面布置图，纵向计算时横向分布系数按最不利值取用。
3. 图中A、B代表不同钢筋布置的空心板，详见空心板钢筋图。
4. 如桥面板U形钢筋采用焊接连接，图中空心板全部采用A型空心板。如桥面板U形钢筋采用交错布置，图中空心板采用A、B型空心板。

18m预应力混凝土空心板典型横断面布置图 设计荷载：城—A级、城—B级	图集号	2024沪Q003
	页	58

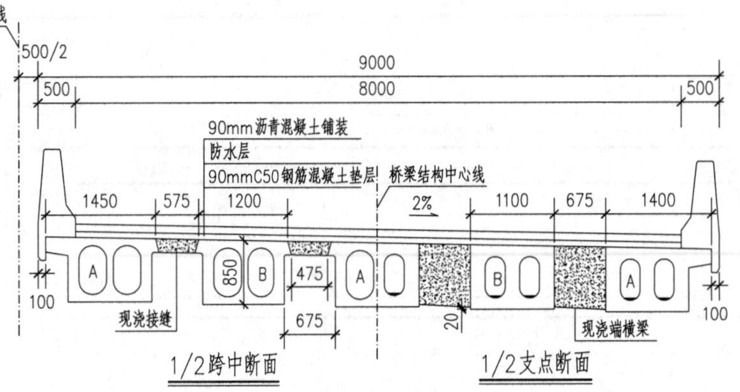

2x9.00m宽桥梁横断面 1:80

现浇接缝参数表

编 号	桥宽（m）	空心板片数	现浇接缝上口宽 b（mm）	现浇接缝下口宽 b'（mm）
1	2x9.00	2x5	575	475
2	2x13.50	2x8	457	357
3	2x16.75	2x10	450	350

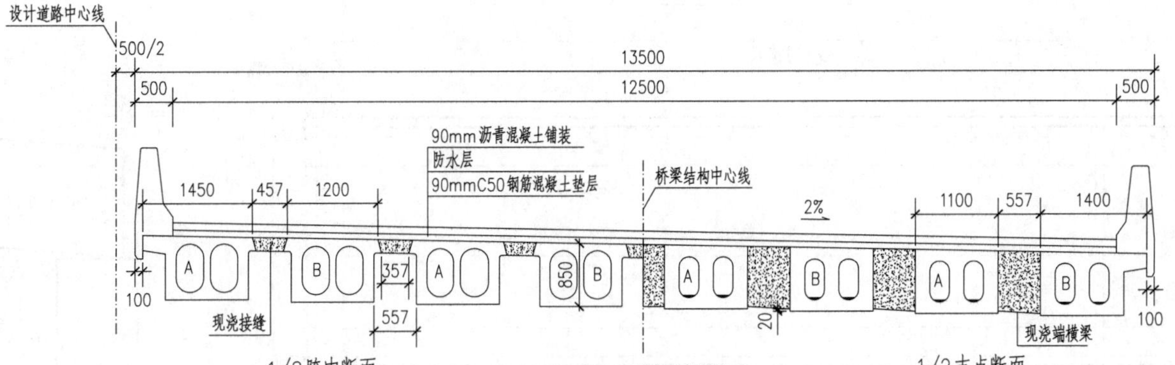

2x13.50m宽桥梁横断面 1:80

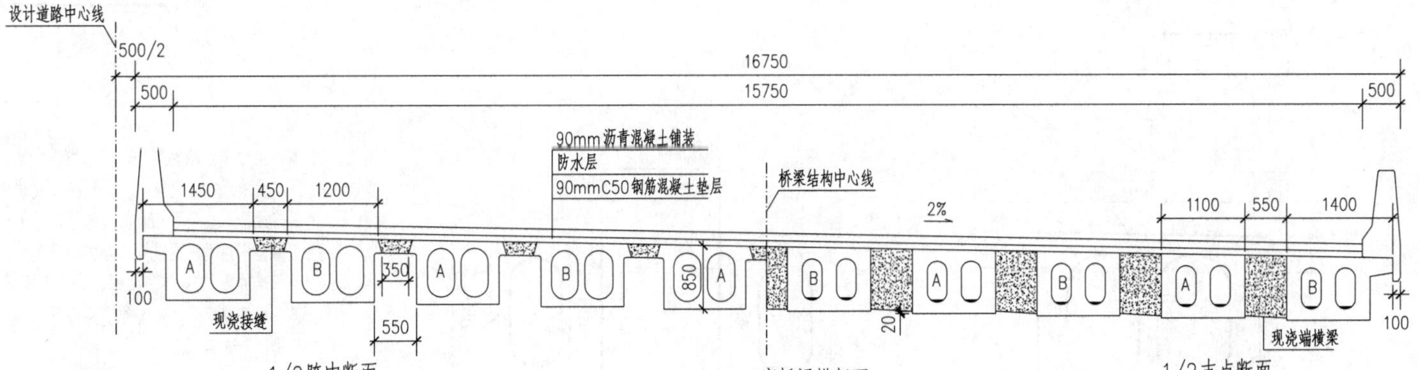

2x16.75m宽桥梁横断面 1:80

附注：1. 本图尺寸单位除标明外，其余均以毫米计。
2. 本图为公路桥梁中桥宽分别为 2×9.00m、2×13.50m、2×16.75m 的典型横断面布置图，纵向计算时横向分布系数按最不利值取用。
3. 图中 A、B 代表不同钢筋布置的空心板，详见空心板钢筋图。
4. 如桥面板U形钢筋采用焊接连接，图中空心板全部采用A型空心板。
如桥面板U形钢筋采用交错布置，图中空心板采用A、B型空心板。

18m预应力混凝土空心板典型横断面布置图 设计荷载：公路—Ⅰ级、公路—Ⅱ级	图集号	2024沪Q003
	页	59

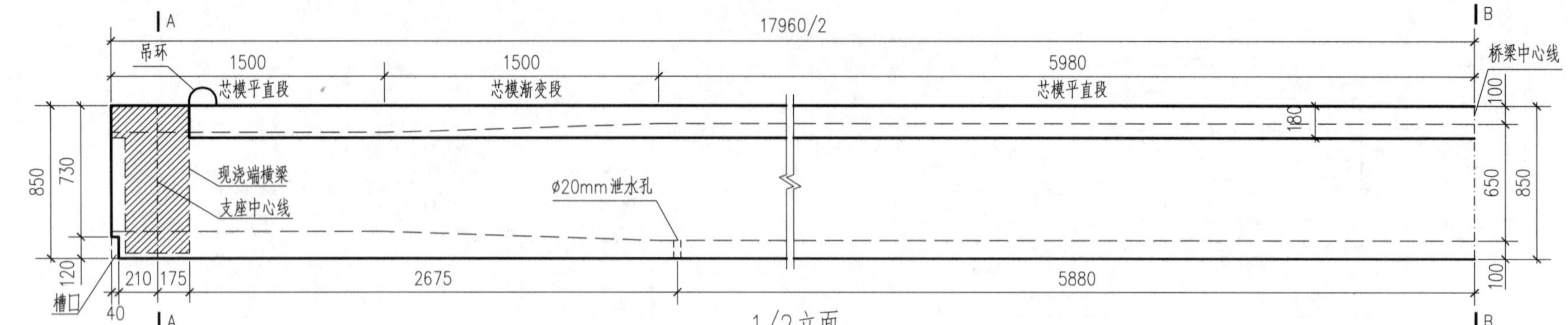

1/2立面 1:30

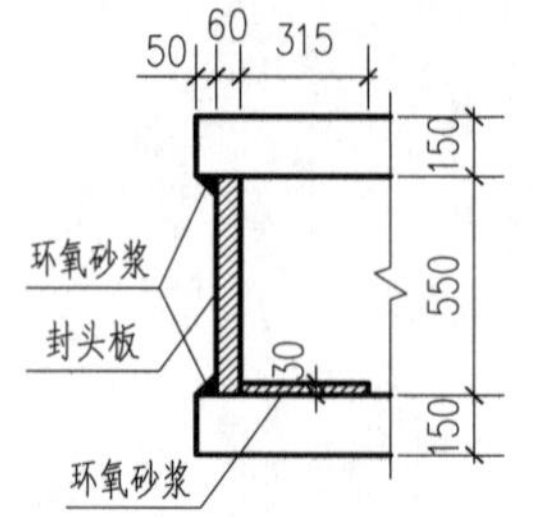

封头板立面 1:30

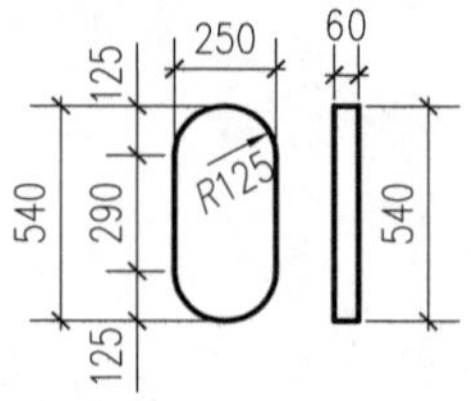

封头板大样 1:30

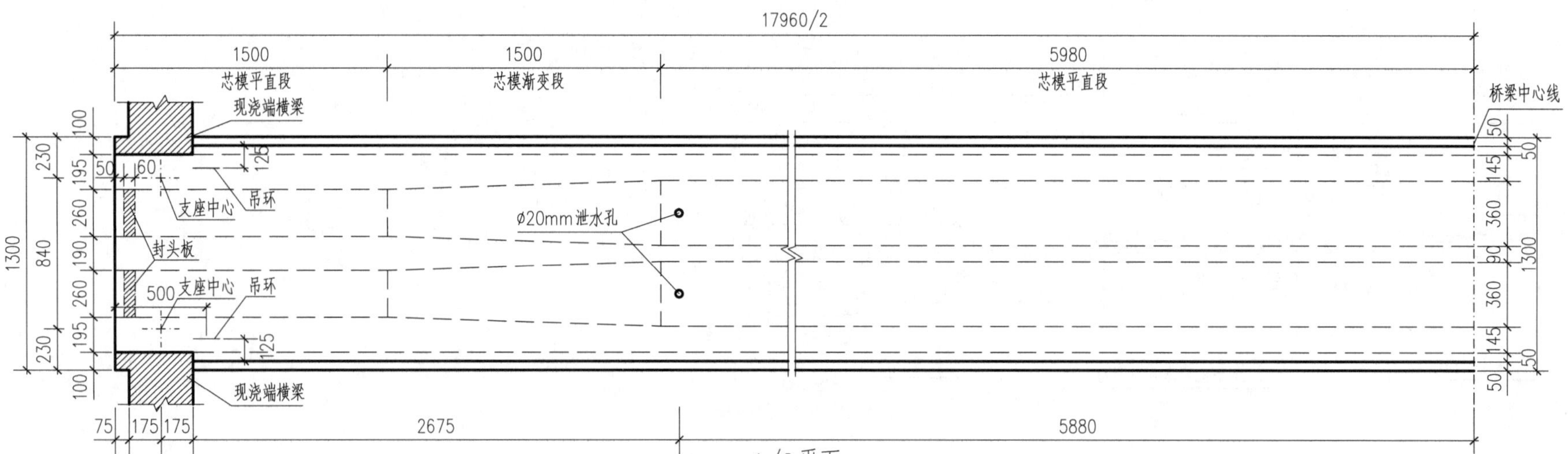

1/2平面 1:30

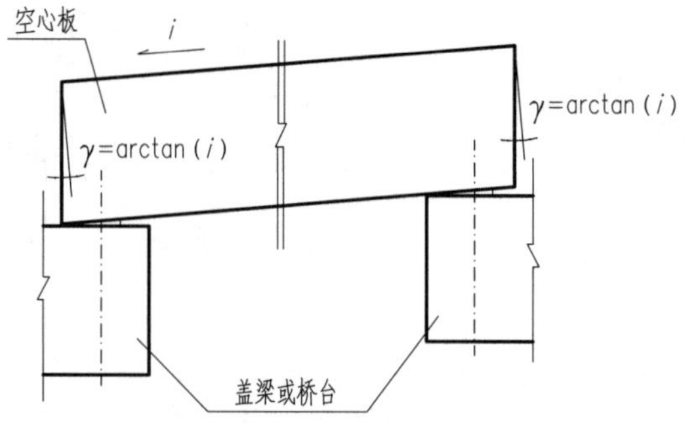

板端立面示意图

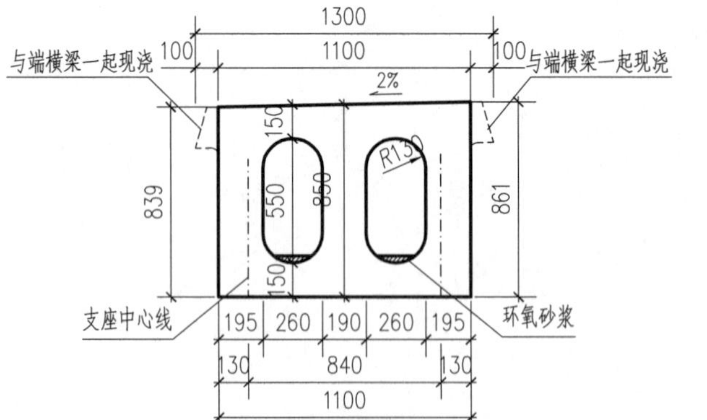

支点断面 1:30

(A–A)

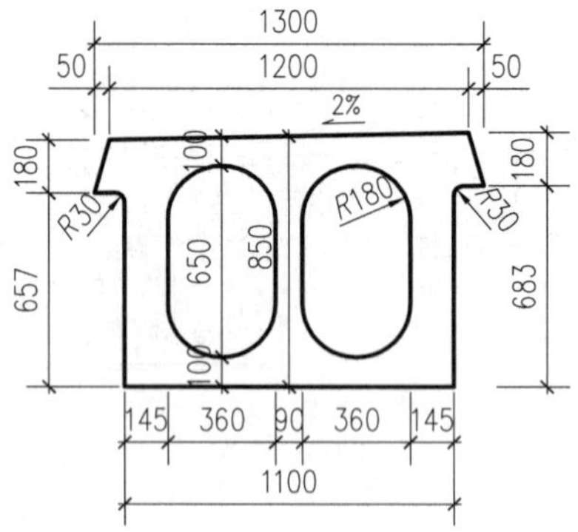

跨中断面 1:30

(B–B)

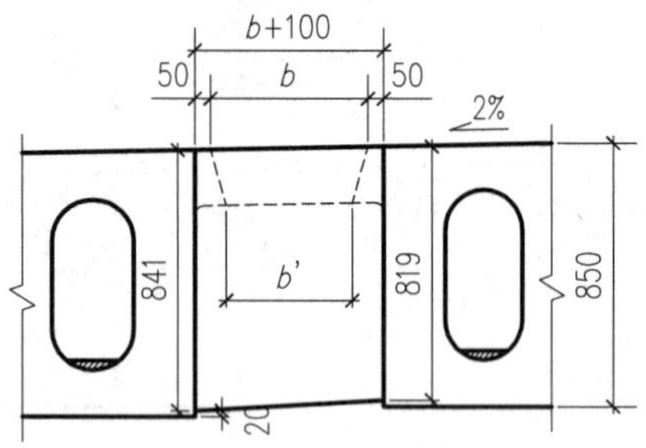

端横梁大样 1:30

附注：1. 本图尺寸单位除标明外，其余均以毫米计。

2. 预制梁采用C50混凝土，现浇接缝及端横梁采用C50混凝土（桥面板U形钢筋焊接）或采用C60低收缩混凝土（桥面板U形钢筋交错布置）。

3. 梁端面应根据桥梁纵坡调整方向及角度，保持铅垂。

4. 桥梁纵坡≥3%时，应根据纵坡修正梁长。

5. 梁底应采取调平措施，使支座保持水平，详见预应力混凝土空心板支座调平构造示意图。

6. 图中现浇接缝上口宽b，下口宽b'详见相应空心板典型横断面布置图。

7. 预制梁顶面混凝土必须充分拉毛。

8. 空心板采用预埋吊环钢筋起吊施工。

9. 板梁安装时应采取有效措施保证梁底四个支座均匀受力，避免由于支座脱空产生不良受力状态。

10. 施工单位应采取有效的封头板定位措施，确保封头板密封安装。

18m预应力混凝土空心板中梁构造图（斜交角0°）	图集号	2024沪Q003
设计荷载：城—A级、城—B级、公路—Ⅰ级、公路—Ⅱ级	页	60

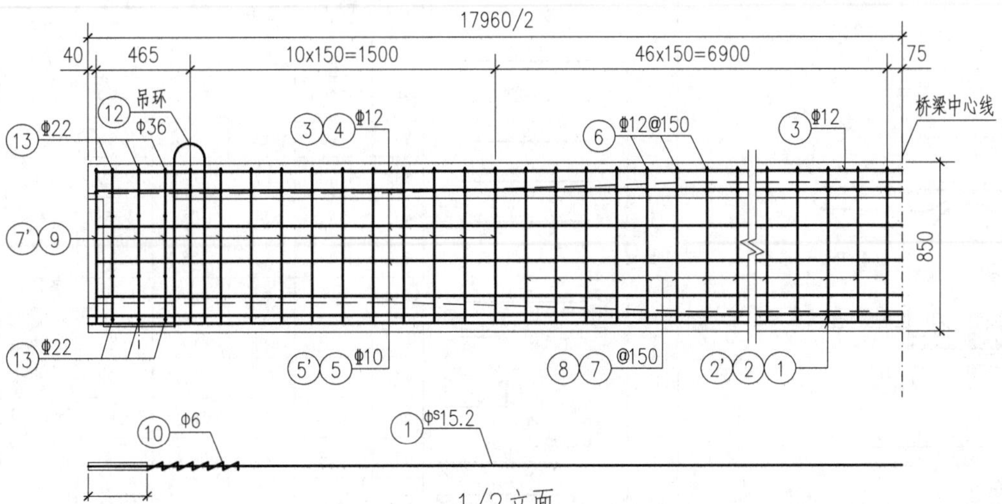

1/2立面 1:30

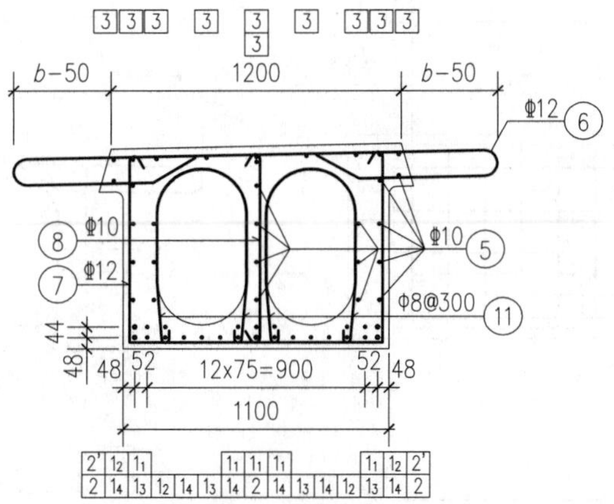

跨中断面 1:30

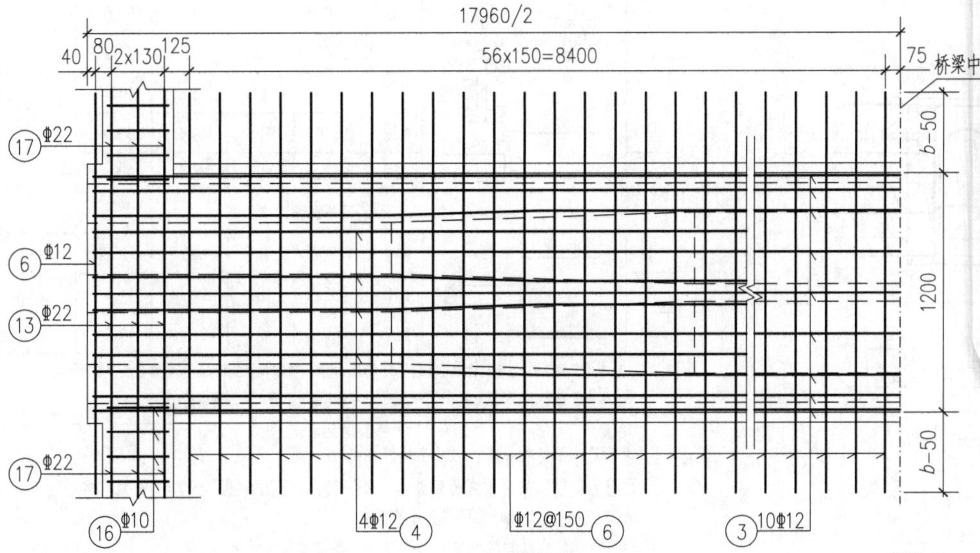

1/2平面 1:30

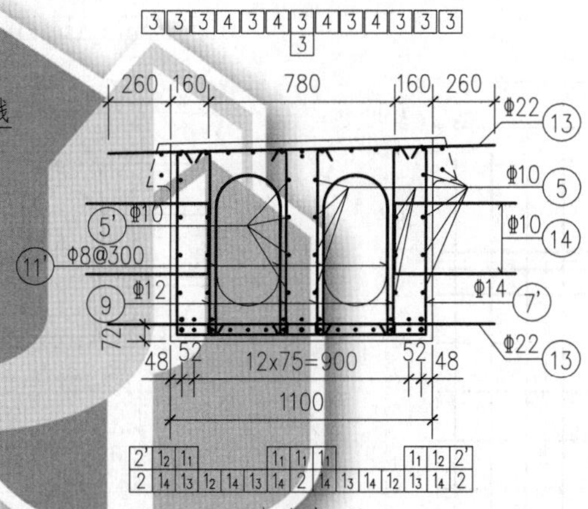

支点断面 1:30

预应力钢绞线端部隔离长度表

编 号	隔离长度(mm)	根 数
1_1	4500	5
1_2	3000	4
1_3	1500	4
1_4	100	6

混凝土材料明细表

混凝土	数量(m³)
梁体C50	10.55
现浇段C50/C60低收缩	1.56~2.11
封头板C30	0.029

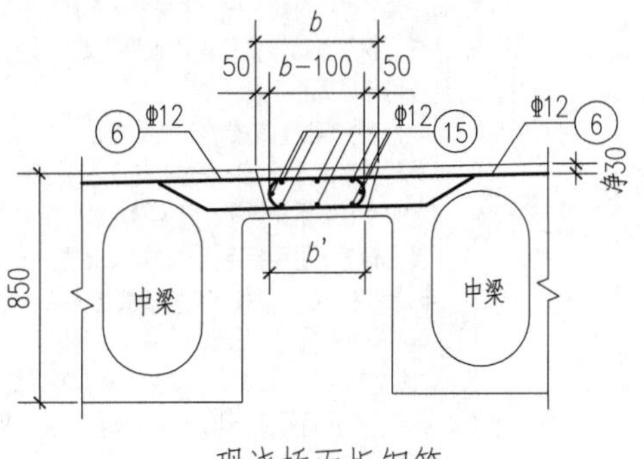

现浇桥面板钢筋 1:30

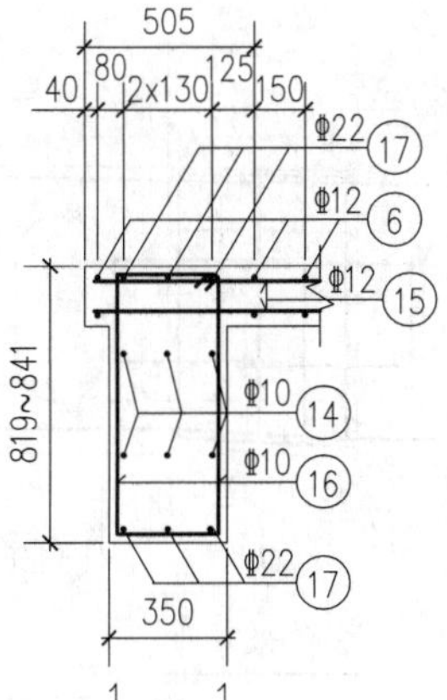

1 — 1 1:30

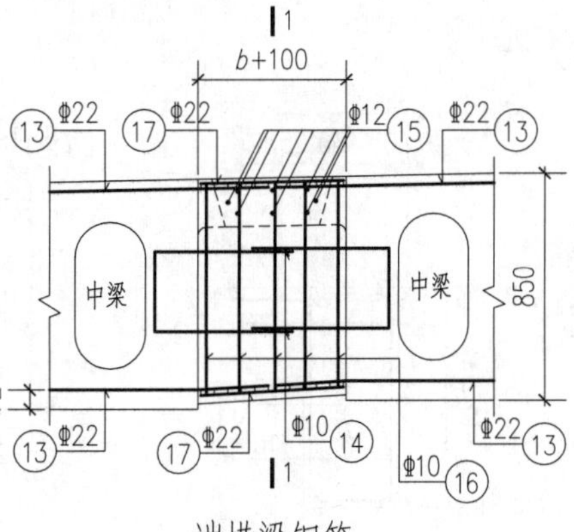

端横梁钢筋 1:30

钢筋材料明细表

编 号	略 图	直 径	每根全长(mm)	根 数	总长度(m)	总 重(kg)	合 计(kg)
1	17960	Φ^s15.2	17960	19	341.2	375.7	钢绞线：375.7 HPB300：204.3 HRB400：1648.6
2	17900	Φ22	17900	3	53.7	160.2	
2'	17900	Φ22	17900	2	35.8	106.8	
3	17900	Φ12	17900	10	179.0	158.9	
4	5000	Φ12	5000	8	40.0	35.5	
5	17900	Φ10	17900	20	358.0	220.7	
5'	3500	Φ10	3500	8	28.0	17.3	
6	990+2xb; 170; 70+b; 200; 200; 70+b; 170	Φ12	3670	116	425.7	378.0	
7	120 120; 776 1046 796	Φ12	2858	92	262.9	233.4	
7'	140 140; 775 1044 795	Φ14	2894	30	86.8	104.9	
8	786; 100 100	Φ10	986	92	90.7	55.9	
9	777~793; 120 120	Φ12	平均 1025	120	123.0	109.2	
10	8x50; 50	Φ 6	1476	38	56.1	12.4	
11	581 R=185; 530 35; 47R=15	Φ 8	1805	80	144.4	57.0	
11'	R=135~185; 530 35; 47R=15	Φ 8	平均 1767	40	70.7	27.9	
12	267R=85; 850 850 340; 350 350	Φ36	3347	4	13.4	107.0	
13	1620	Φ22	1620	12	19.4	58.0	
14	285+b/2; 300; 285+b/2	Φ10	1320	12	15.8	9.8	
现浇部分钢筋							
15	17900	Φ12	17900	8	143.2	127.1	HRB400：160.6
16	767~789; 298; 100	Φ10	平均 2352	10	23.5	14.5	
17	80+b	Φ22	530	12	6.4	19.0	

注：1.本表中参数b按现浇接缝最小上口宽450mm计算，实际长度按照现浇接缝参数表中数值取值。
2.本表适用于安全等级为一级的空心板，若安全等级为二级，可取消钢筋②'。

附注：1. 本图尺寸单位除标明外，其余均以毫米计。
2. 预应力钢绞线采用预应力钢绞线 1×7-15.20-1860-GB/T 5224，技术条件必须符合《预应力混凝土用钢绞线》GB/T 5224 的规定。
3. 预应力钢绞线控制张拉应力为 $0.75f_{pk}$，每根控制张拉力为 195kN。
4. 切断预应力钢绞线时混凝土强度、弹性模量（或龄期）要求详见本设计说明六第 9 条规定。
5. 切断预应力钢绞线次序：由两侧向中间左右对称进行。
6. 预应力钢绞线两端须用内径 ϕ20 黑铁管或被认可的材料包裹隔离，隔离长度详见预应力钢绞线端部隔离长度表。
7. 槽口处理：钢绞线端部作防锈处理后，用水泥砂浆封闭抹平。
8. 最外侧钢筋的混凝土保护层厚度不小于 20mm。
9. 钢筋⑩为 D50 螺旋钢筋，钢筋⑬在现浇端横梁处与钢筋⑰焊接。钢筋⑭在现浇端横梁处互相焊接。钢筋采用焊接连接时，焊接长度：单面焊 10d，双面焊 5d，d 为钢筋直径。
10. 梁端设伸缩缝处应按伸缩缝装置构造要求设置预埋件。
11. 单梁安装净重为 275kN，吊装、运输时必须注意平稳。
12. 本图对应 A 型空心板，B 型空心板钢筋调整大样详见 "B 型空心板钢筋调整示意图"。
13. 抗芯模上浮钢筋⑪、⑪'与空心板箍筋⑧、⑨纵向错位布置。

18m 预应力混凝土空心板中梁钢筋图（斜交角 0°） 设计荷载：城—A 级、公路—Ⅰ级	图集号	2024沪Q003
	页	61

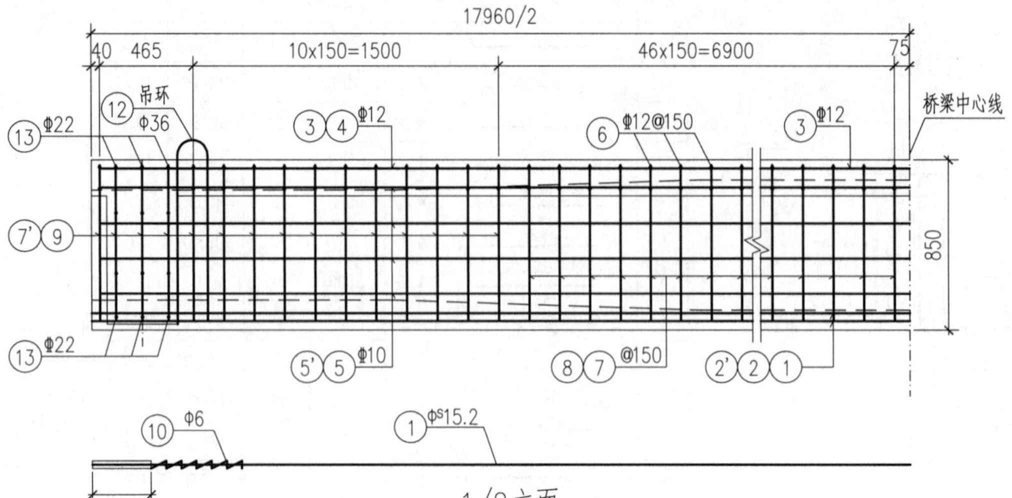

1/2立面 1:30

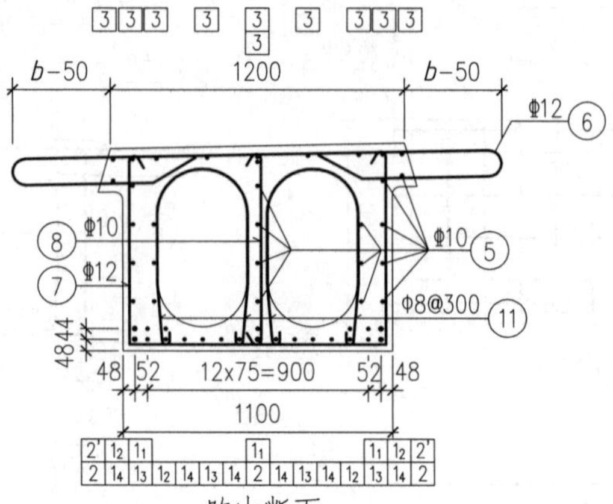

跨中断面 1:30

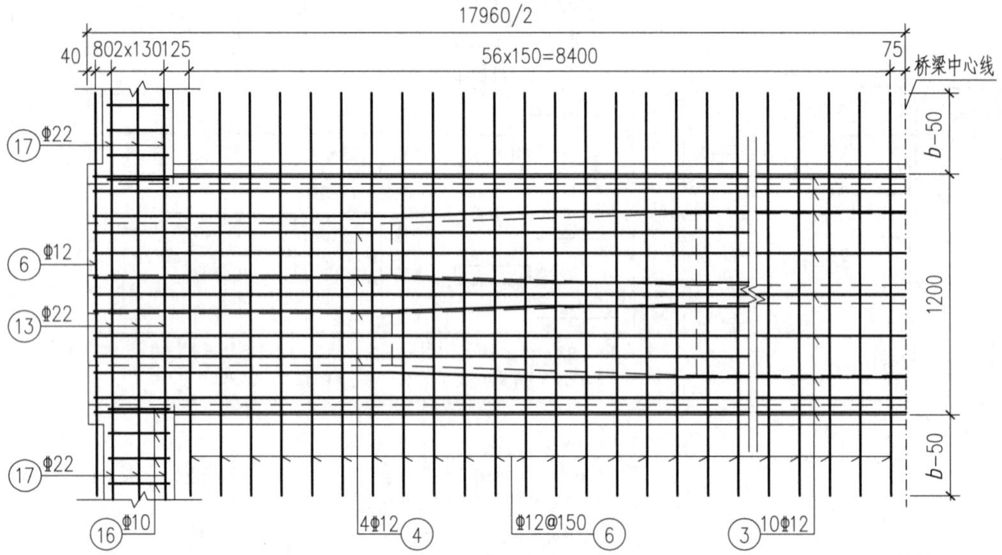

1/2平面 1:30

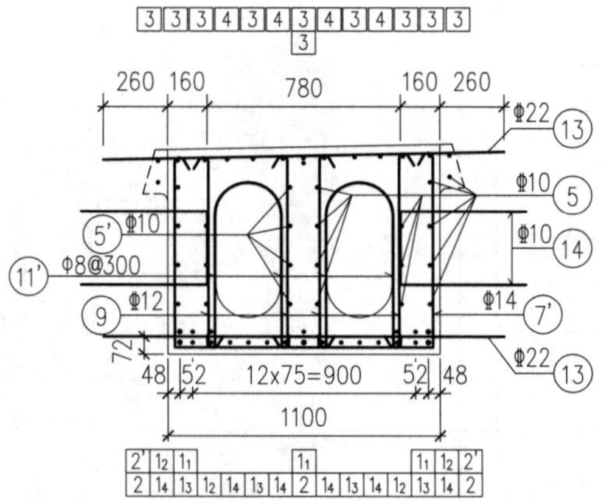

支点断面 1:30

预应力钢绞线端部隔离长度表

编 号	隔离长度(mm)	根 数
1_1	4500	3
1_2	3000	4
1_3	1500	4
1_4	100	6

混凝土材料明细表

混凝土	数量(m^3)
梁体C50	10.55
现浇段C50/C60低收缩	1.56~2.11
封头板C30	0.029

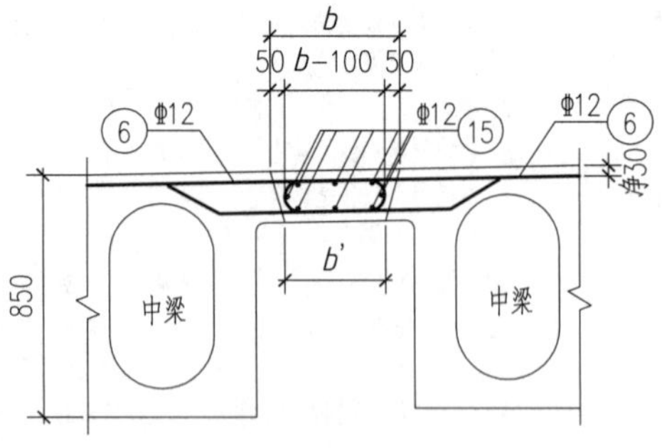

现浇桥面板钢筋 1:30

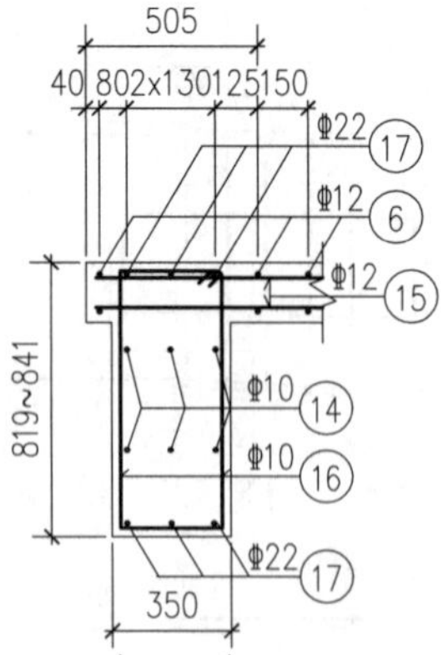

1 — 1 1:30

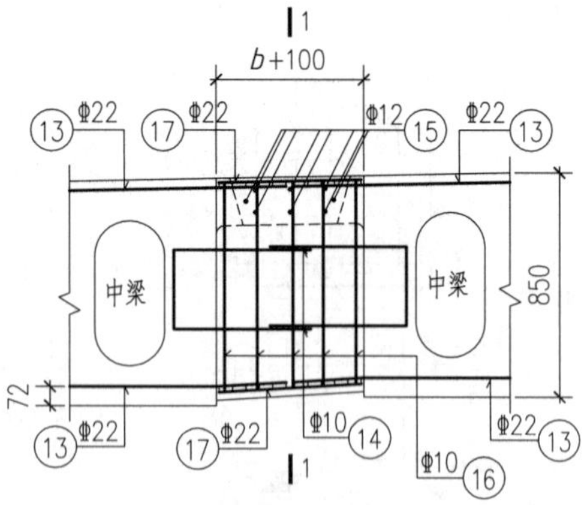

端横梁钢筋 1:30

钢筋材料明细表

编号	略图	直径	每根全长(mm)	根数	总长度(m)	总重(kg)	合计(kg)
1	17960	Φs15.2	17960	17	305.3	336.2	钢绞线: 336.2 HPB300: 203.0 HRB400: 1648.6
2	17900	Φ22	17900	3	53.7	160.2	
2′	17900	Φ22	17900	2	35.8	106.8	
3	17900	Φ12	17900	10	179.0	158.9	
4	5000	Φ12	5000	8	40.0	35.5	
5	17900	Φ10	17900	20	358.0	220.7	
5′	3500	Φ10	3500	8	28.0	17.3	
6	990+2xb; 170; 70+b; 200; 200; 70+b; 170	Φ12	3670	116	425.7	378.0	
7	120; 120; 776; 1046; 796	Φ12	2858	92	262.9	233.4	
7′	140; 140; 775; 1044; 795	Φ14	2894	30	86.8	104.9	
8	786; 100; 100	Φ10	986	92	90.7	55.9	
9	777~793; 120; 120	Φ12	平均 1025	120	123.0	109.2	
10	8x50; 50	Φ 6	1476	34	50.2	11.1	
11	581 R=185; 530; 35; 47 R=15	Φ 8	1805	80	144.4	57.0	
11′	R=135~185; 530; 35; 47 R=15	Φ 8	平均 1767	40	70.7	27.9	
12	267 R=85; 850; 850; 340; 350; 350	Φ36	3347	4	13.4	107.0	
13	1620	Φ22	1620	12	19.4	58.0	
14	285+b/2; 300; 285+b/2	Φ10	1320	12	15.8	9.8	
现浇部分钢筋							
15	17900	Φ12	17900	8	143.2	127.1	HRB400: 160.6
16	767~789; 298; 100	Φ10	平均 2352	10	23.5	14.5	
17	80+b	Φ22	530	12	6.4	19.0	

注：1.本表中参数b按现浇接缝最小上口宽450mm计算，实际长度按照现浇接缝参数表中数值取值。

2.本表适用于安全等级为一级的空心板，若安全等级为二级，可取消钢筋②′。

附注：1. 本图尺寸单位除标明外，其余均以毫米计。

2. 预应力钢绞线采用预应力钢绞线 1×7-15.20-1860-GB/T 5224，技术条件必须符合《预应力混凝土用钢绞线》GB/T 5224 的规定。

3. 预应力钢绞线控制张拉应力为 0.75f_{pk}，每根控制张拉力为 195kN。

4. 切断预应力钢绞线时混凝土强度、弹性模量（或龄期）要求详见本设计说明六第 9 条规定。

5. 切断预应力钢绞线次序：由两侧向中间左右对称进行。

6. 预应力钢绞线两端须用内径 ϕ20 黑铁管或被认可的材料包裹隔离，隔离长度详见预应力钢绞线端部隔离长度表。

7. 槽口处理：钢绞线端部作防锈处理后，用水泥砂浆封闭抹平。

8. 最外侧钢筋的混凝土保护层厚度不小于 20mm。

9. 钢筋⑩为 D50 螺旋钢筋，钢筋⑬在现浇端横梁处与钢筋⑰焊接。钢筋⑭在现浇端横梁处互相焊接。钢筋采用焊接连接时，焊接长度：单面焊 10d，双面焊 5d，d 为钢筋直径。

10. 梁端设伸缩缝处应按伸缩缝装置构造要求设置预埋件。

11. 单梁安装净重为 275kN，吊装、运输时必须注意平稳。

12. 本图对应 A 型空心板，B 型空心板钢筋调整大样详见“B 型空心板钢筋调整示意图”。

13. 抗芯模上浮钢筋⑪、⑪′与空心板箍筋⑧、⑨纵向错位布置。

18m 预应力混凝土空心板中梁钢筋图（斜交角 0°） 设计荷载：城—B 级、公路—Ⅱ级	图集号	2024沪Q003
	页	62

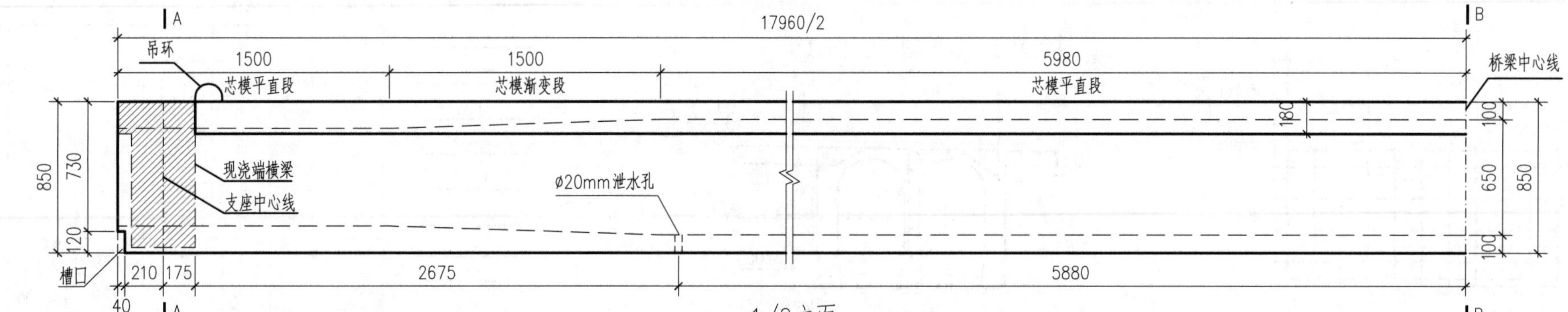

1/2立面 1:30

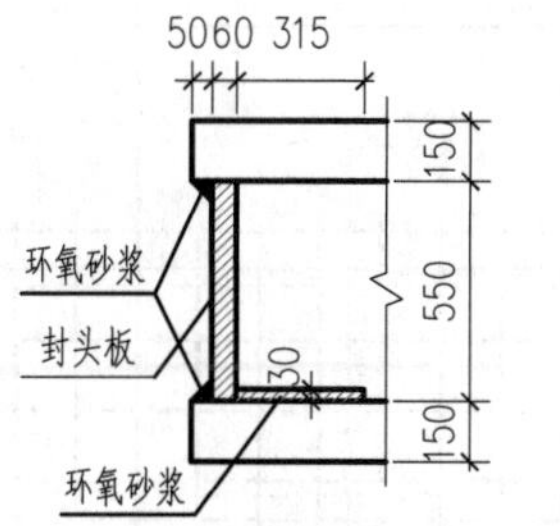

封头板立面 1:30

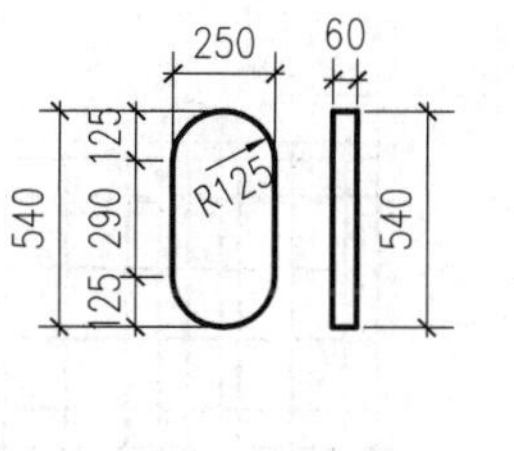

封头板大样 1:30

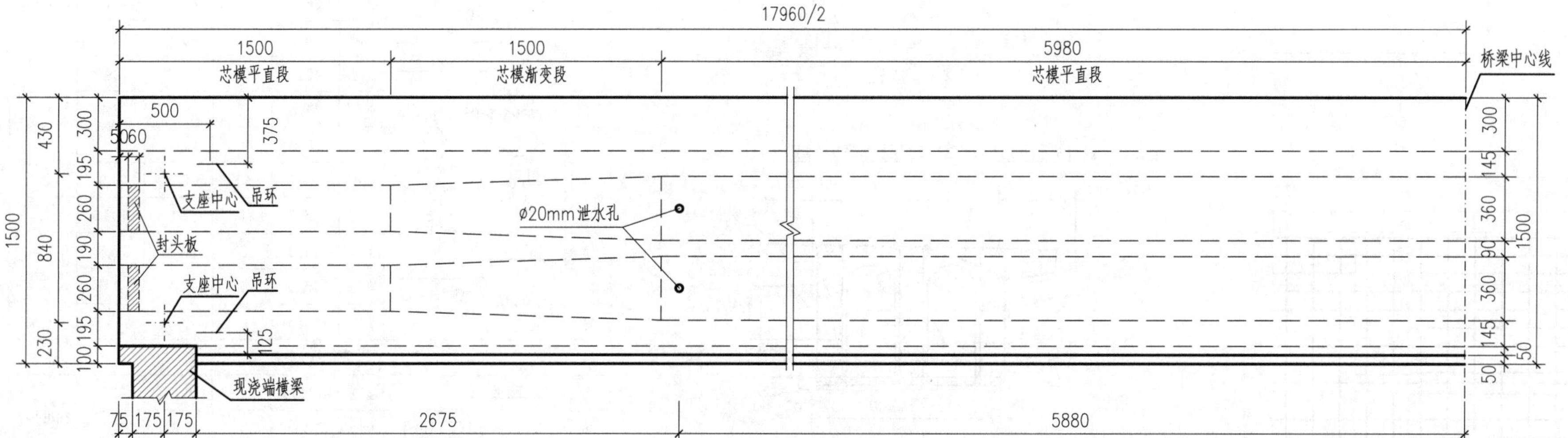

1/2平面 1:30

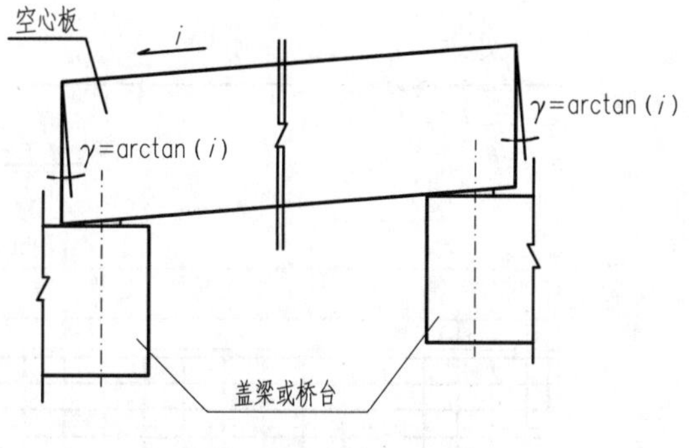

板端立面示意图

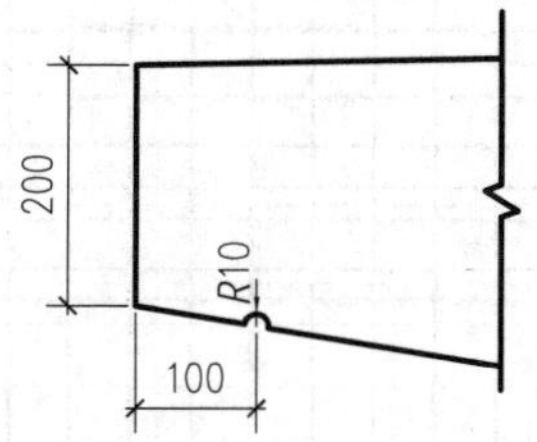

滴水槽大样 1:10

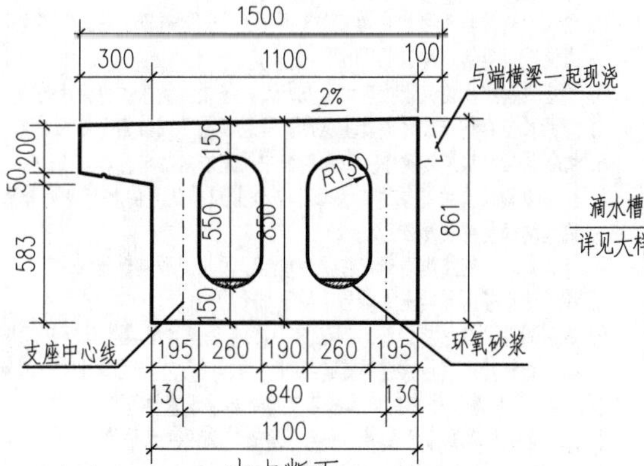

支点断面 1:30

（A—A）

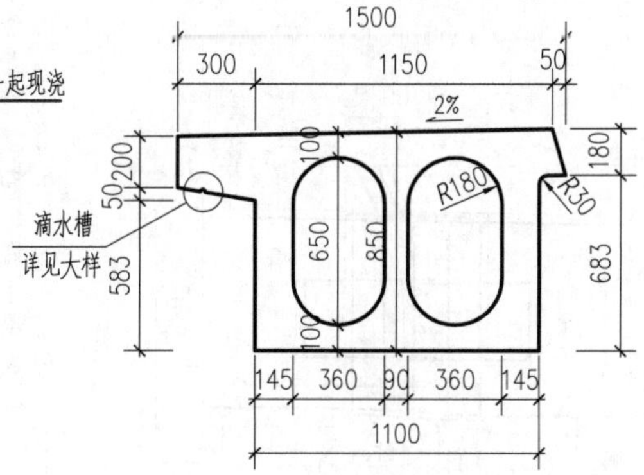

跨中断面 1:30

（B—B）

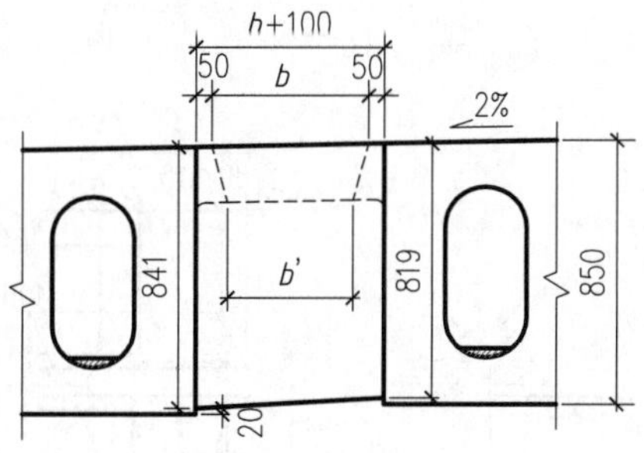

端横梁大样 1:30

附注：1. 本图尺寸单位除标明外，其余均以毫米计。

2. 预制梁采用C50混凝土，现浇接缝及端横梁采用C50混凝土（桥面板U形钢筋焊接）或采用C60低收缩混凝土（桥面板U形钢筋交错布置）。

3. 梁端面应根据桥梁纵坡调整方向及角度，保持铅垂。

4. 桥梁纵坡≥3%时，应根据纵坡修正梁长。

5. 梁底应采取调平措施，使支座保持水平，详见预应力混凝土空心板支座调平构造示意图。

6. 图中现浇接缝上口宽b，下口宽b'详见相应空心板典型横断面布置图。

7. 预制梁顶面混凝土必须充分拉毛。

8. 空心板采用预埋吊环钢筋起吊施工。

9. 板梁安装时应采取有效措施保证梁底四个支座均匀受力，避免由于支座脱空产生不良受力状态。

10. 施工单位应采取有效的封头板定位措施，确保封头板密封安装。

18m预应力混凝土空心板边梁构造图（斜交角0°） 设计荷载：城—A级、城—B级、公路—Ⅰ级、公路—Ⅱ级	图集号	2024沪Q003
	页	63

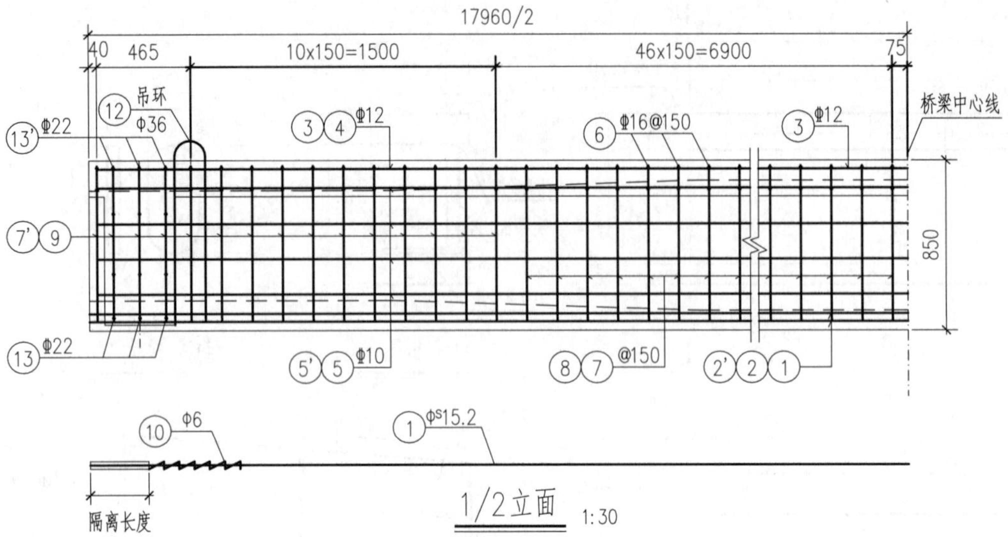

1/2立面 1:30

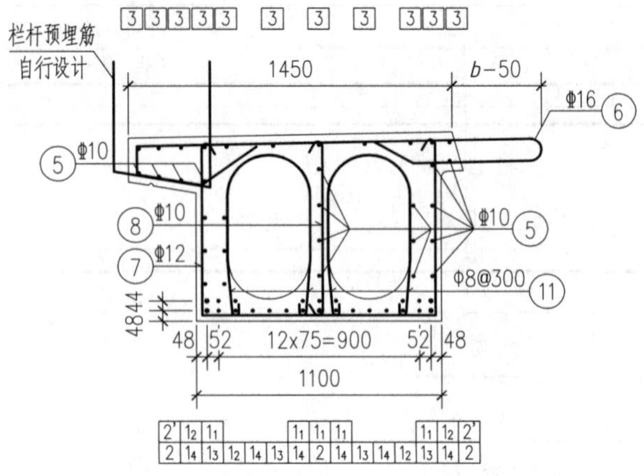

跨中断面 1:30

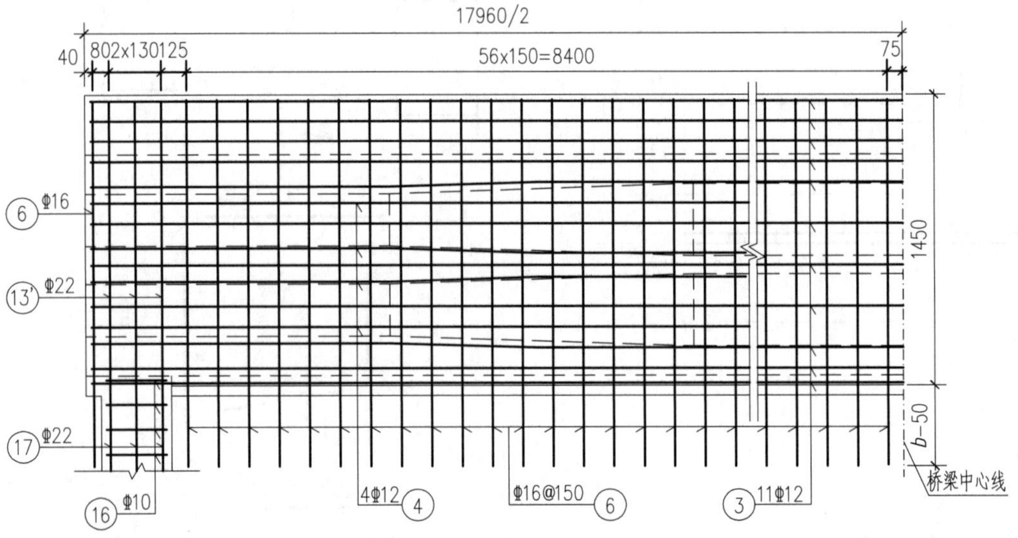

1/2平面 1:30

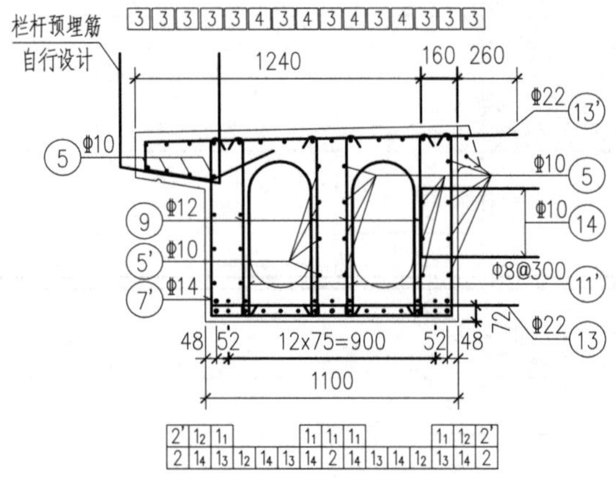

支点断面 1:30

预应力钢绞线端部隔离长度表

编号	隔离长度(mm)	根数
1₁	4500	5
1₂	3000	4
1₃	1500	4
1₄	100	6

混凝土材料明细表

混凝土	数量(m^3)
梁体C50	11.55
现浇段C50/C60低收缩	0.78~1.06
封头板C30	0.029

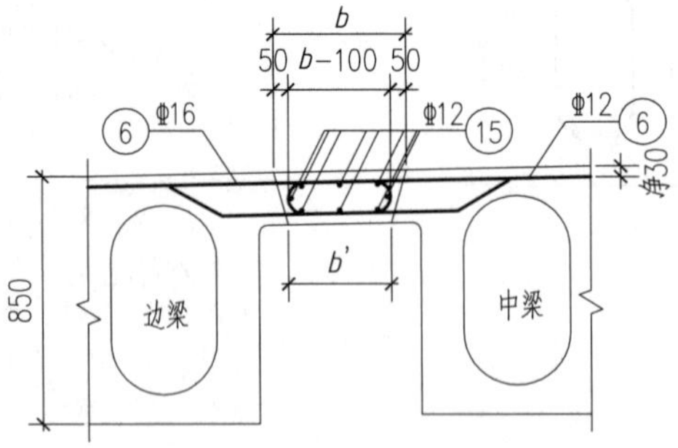

现浇桥面板钢筋 1:30

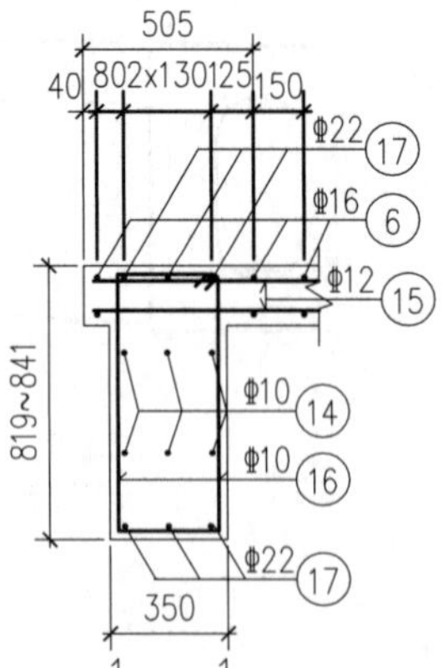

1 — 1 1:30

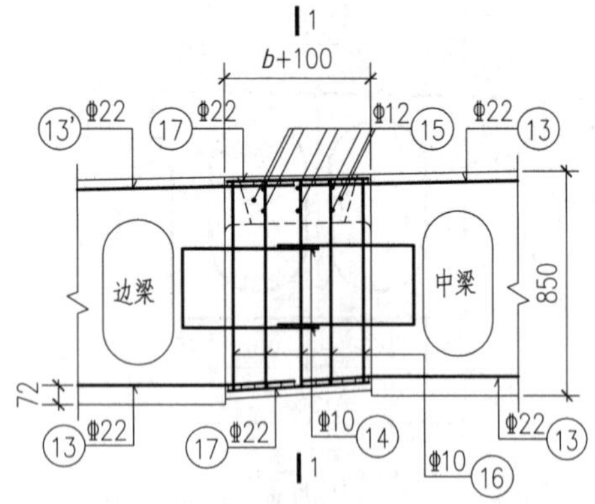

端横梁钢筋 1:30

钢筋材料明细表

编号	略图	直径	每根全长(mm)	根数	总长度(m)	总重(kg)	合计(kg)
1	17960	Φ^s15.2	17960	19	341.2	375.7	钢绞线：375.7 HPB300：204.3 HRB400：1927.1
2	17900	Φ22	17900	3	53.7	160.2	
2'	17900	Φ22	17900	2	35.8	106.8	
3	17900	Φ12	17900	11	196.9	174.8	
4	5000	Φ12	5000	8	40.0	35.5	
5	17900	Φ10	17900	22	393.8	242.8	
5'	3500	Φ10	3500	8	28.0	17.3	
6	（略图）	Φ16	3364	116	390.2	615.9	
7	（略图）	Φ12	2858	92	262.9	233.4	
7'	（略图）	Φ14	2894	30	86.8	104.9	
8	（略图）	Φ10	986	92	90.7	55.9	
9	（略图）	Φ12	平均 1025	120	123.0	109.2	
10	（略图）	φ6	1476	38	56.1	12.4	
11	（略图）	φ8	1805	80	144.4	57.0	
11'	（略图）	φ8	平均 1767	40	70.7	27.9	
12	（略图）	φ36	3347	4	13.4	107.0	
13	1330	Φ22	1330	6	8.0	23.8	
13'	（略图）	Φ22	2329	6	14.0	41.7	
14	（略图）	Φ10	1320	6	7.9	4.9	
现浇部分钢筋							
15	17900	Φ12	17900	4	71.6	63.6	HRB400：80.4
16	（略图）	Φ10	平均 2352	5	11.8	7.3	
17	80+b	Φ22	530	6	3.2	9.5	

注：1.本表中参数b按现浇接缝最小上口宽450mm计算，实际长度按照现浇接缝参数表中数值取值。
2.本表适用于安全等级为一级的空心板，若安全等级为二级，可取消钢筋②'。

附注：1. 本图尺寸单位除标明外，其余均以毫米计。
2. 预应力钢绞线采用预应力钢绞线 1×7-15.20-1860-GB/T 5224，技术条件必须符合《预应力混凝土用钢绞线》GB/T 5224 的规定。
3. 预应力钢绞线控制张拉应力为 $0.75f_{pk}$，每根控制张拉力为 195kN。
4. 切断预应力钢绞线时混凝土强度、弹性模量（或龄期）要求详见本设计说明六第 9 条规定。
5. 切断预应力钢绞线次序：由两侧向中间左右对称进行。
6. 预应力钢绞线两端须用内径 φ20 黑铁管或被认可的材料包裹隔离，隔离长度详见预应力钢绞线端部隔离长度表。
7. 槽口处理：钢绞线端部作防锈处理后，用水泥砂浆封闭抹平。
8. 最外侧钢筋的混凝土保护层厚度不小于 20mm。
9. 钢筋⑩为 D50 螺旋钢筋，钢筋⑬、⑬'在现浇端横梁处与钢筋⑰焊接。钢筋⑭在现浇端横梁处互相焊接。钢筋采用焊接连接时，焊接长度：单面焊 10d，双面焊 5d，d 为钢筋直径。
10. 梁端设伸缩缝处应按伸缩缝装置构造要求设置预埋件。
11. 单梁安装净重为 301kN，吊装、运输时必须注意平稳。
12. 本图对应 A 型空心板，B 型空心板钢筋调整大样详见“B 型空心板钢筋调整示意图”。
13. 抗芯模上浮钢筋⑪、⑪'与空心板箍筋⑧、⑨纵向错位布置。
14. 栏杆预埋筋仅作示意，设计单位应根据栏杆防护等级及构造要求自行设计。

18m 预应力混凝土空心板边梁钢筋图（斜交角 0°） 设计荷载：城—A 级、公路—I级	图集号	2024沪Q003
	页	64

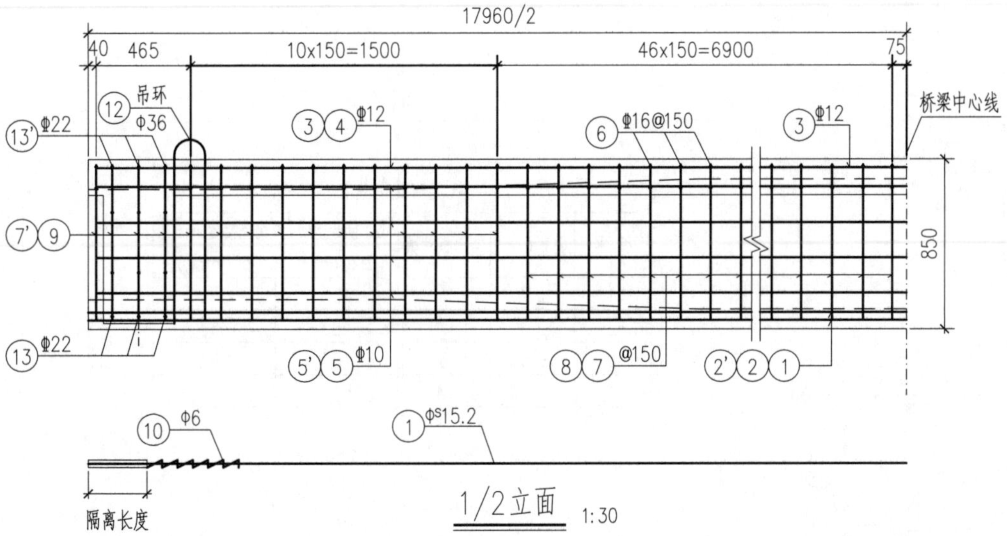

1/2立面 1:30

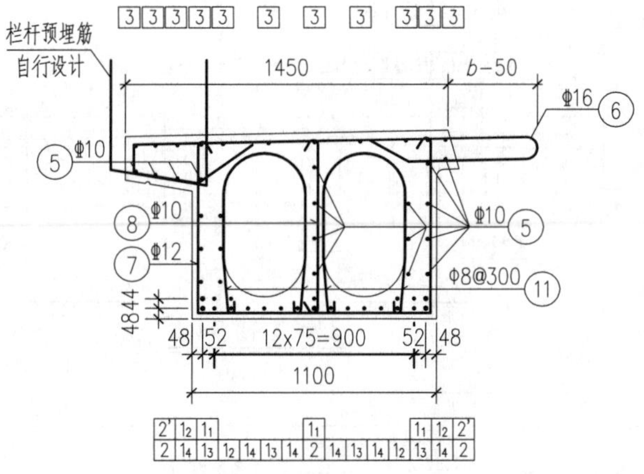

跨中断面 1:30

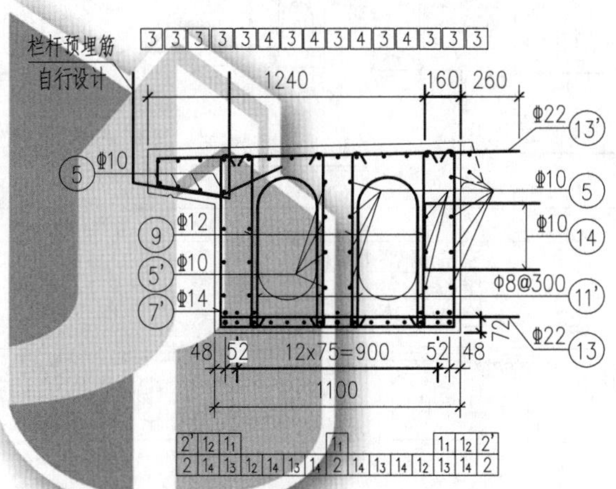

支点断面 1:30

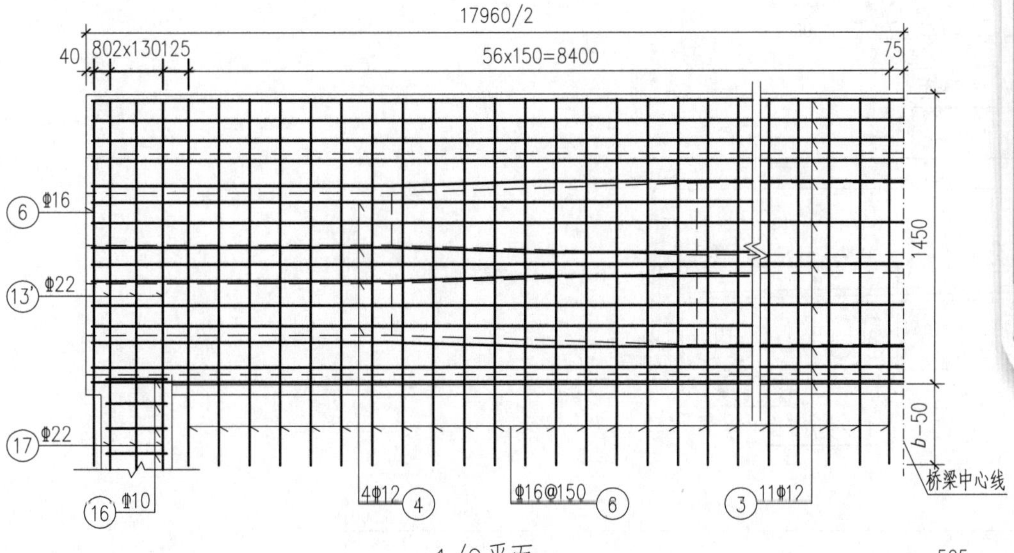

1/2平面 1:30

预应力钢绞线端部隔离长度表

编 号	隔离长度（mm）	根 数
1_1	4500	3
1_2	3000	4
1_3	1500	4
1_4	100	6

混凝土材料明细表

混凝土	数量（m³）
梁体C50	11.55
现浇段C50/C60低收缩	0.78~1.06
封头板C30	0.029

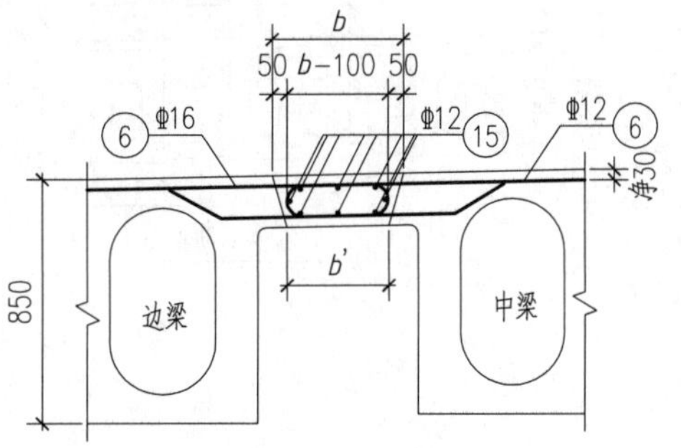

现浇桥面板钢筋 1:30

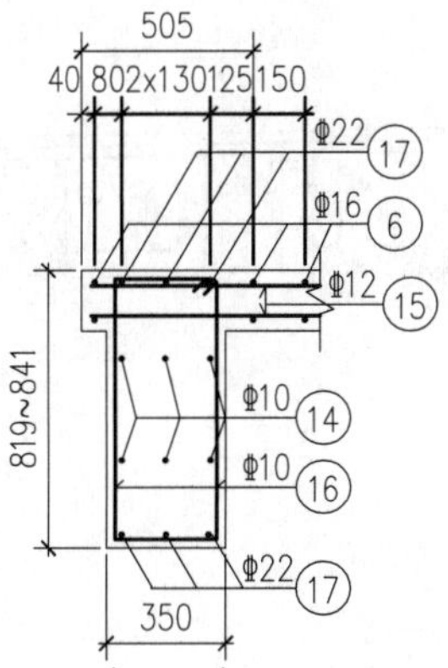

1 — 1 1:30

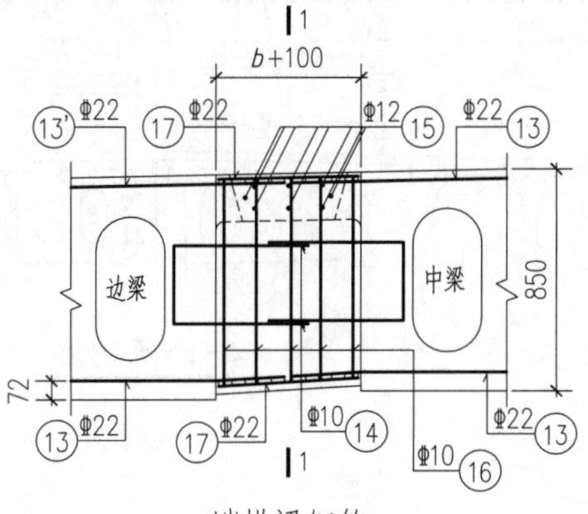

端横梁钢筋 1:30

钢筋材料明细表

编 号	略 图	直 径	每根全长 (mm)	根 数	总长度 (m)	总 重 (kg)	合 计 (kg)
1	17960	Φˢ15.2	17960	17	305.3	336.2	钢绞线：336.2 HPB300：203.0 HRB400：1927.1
2	17900	Φ22	17900	3	53.7	160.2	
2′	17900	Φ22	17900	2	35.8	106.8	
3	17900	Φ12	17900	11	196.9	174.8	
4	5000	Φ12	5000	8	40.0	35.5	
5	17900	Φ10	17900	22	393.8	242.8	
5′	3500	Φ10	3500	8	28.0	17.3	
6	1309+b 129 291 300 200 75+b 160	Φ16	3364	116	390.2	615.9	
7	120 120 776 1046 796	Φ12	2858	92	262.9	233.4	
7′	140 140 775 1044 795	Φ14	2894	30	86.8	104.9	
8	786 100 100	Φ10	986	92	90.7	55.9	
9	777~793 120 120	Φ12	平均 1025	120	123.0	109.2	
10	8x50 50	Φ6	1476	34	50.2	11.1	
11	581R=185 530 35 47R=15	Φ8	1805	80	144.4	57.0	
11′	R=135~185 530 35 47R=15	Φ8	平均 1767	40	70.7	27.9	
12	267R=85 850 850 340 350 350	Φ36	3347	4	13.4	107.0	
13	1330	Φ22	1330	6	8.0	23.8	
13′	1618 123 288 300	Φ22	2329	6	14.0	41.7	
14	285+b/2 300 285+b/2	Φ10	1320	6	7.9	4.9	
现浇部分钢筋							
15	17900	Φ12	17900	4	71.6	63.6	HRB400：80.4
16	767~789 298 100	Φ10	平均 2352	5	11.8	7.3	
17	80+b	Φ22	530	6	3.2	9.5	

注：1.本表中参数b按现浇接缝最小上口宽450mm计算，实际长度按照现浇接缝参数表中数值取值。
2.本表适用于安全等级为一级的空心板，若安全等级为二级，可取消钢筋②′。

附注：
1. 本图尺寸单位除标明外，其余均以毫米计。
2. 预应力钢绞线采用预应力钢绞线 1×7-15.20-1860-GB/T 5224，技术条件必须符合《预应力混凝土用钢绞线》GB/T 5224 的规定。
3. 预应力钢绞线控制张拉应力为 $0.75f_{pk}$，每根控制张拉力为 195kN。
4. 切断预应力钢绞线时混凝土强度、弹性模量（或龄期）要求详见本设计说明六第 9 条规定。
5. 切断预应力钢绞线次序：由两侧向中间左右对称进行。
6. 预应力钢绞线两端须用内径 φ20 黑铁管或被认可的材料包裹隔离，隔离长度详见预应力钢绞线端部隔离长度表。
7. 槽口处理：钢绞线端部作防锈处理后，用水泥砂浆封闭抹平。
8. 最外侧钢筋的混凝土保护层厚度不小于 20mm。
9. 钢筋⑩为 D50 螺旋钢筋，钢筋⑬、⑬′在现浇端横梁处与钢筋⑰焊接。钢筋⑭在现浇端横梁处互相焊接。钢筋采用焊接连接时，焊接长度：单面焊 10d，双面焊 5d，d 为钢筋直径。
10. 梁端设伸缩缝处应按伸缩缝装置构造要求设置预埋件。
11. 单梁安装净重为 301kN，吊装、运输时必须注意平稳。
12. 本图对应 A 型空心板，B 型空心板钢筋调整大样详见“B 型空心板钢筋调整示意图”。
13. 抗芯模上浮钢筋⑪、⑪′与空心板箍筋⑧、⑨纵向错位布置。
14. 栏杆预埋筋仅作示意，设计单位应根据栏杆防护等级及构造要求自行设计。

18m 预应力混凝土空心板边梁钢筋图（斜交角 0°） 设计荷载：城—B 级、公路—Ⅱ级	图集号	2024沪Q003
	页	65

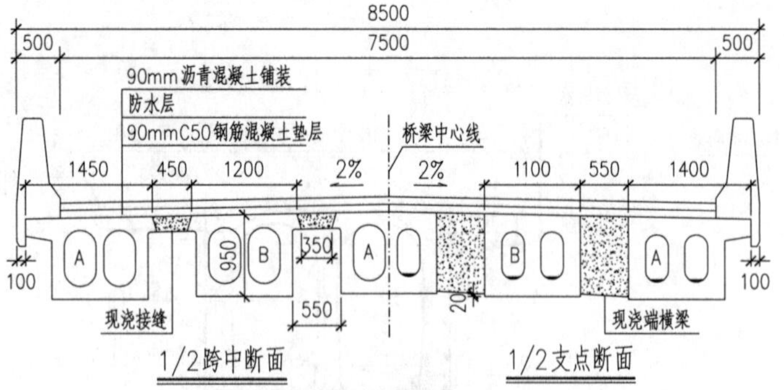

8.5m宽桥梁横断面 1:80

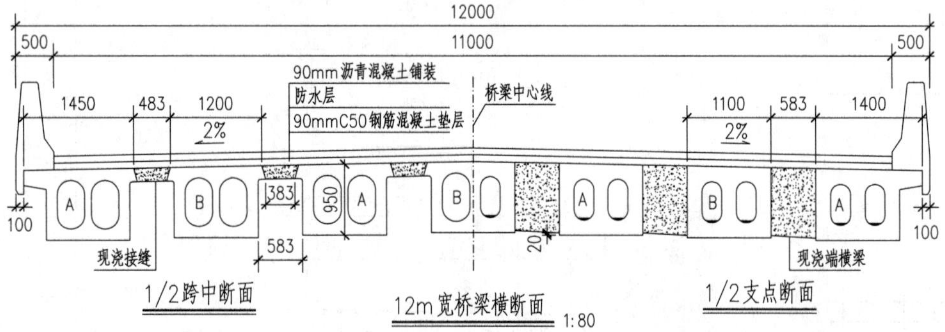

12m宽桥梁横断面 1:80

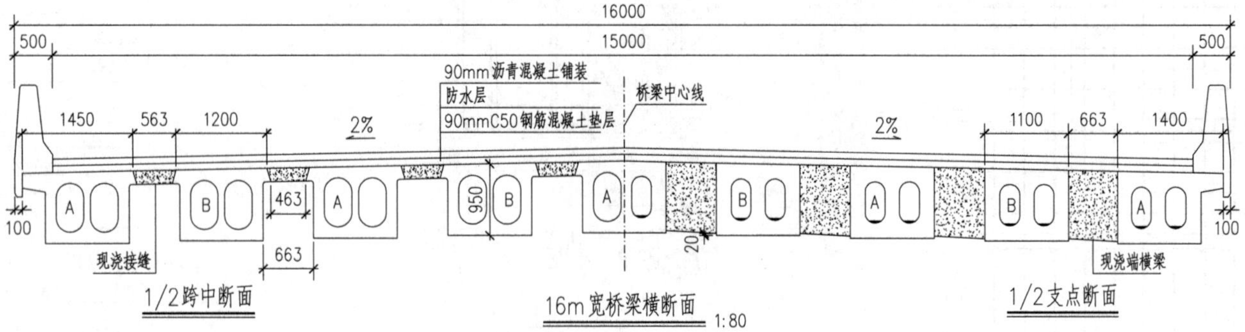

16m宽桥梁横断面 1:80

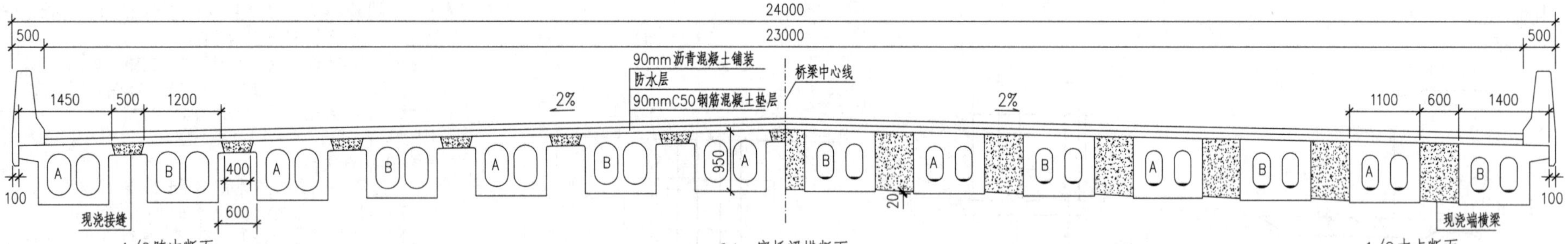

24m宽桥梁横断面 1:80

现浇接缝参数表

编号	桥宽（m）	空心板片数	现浇接缝上口宽 b（mm）	现浇接缝下口宽 b'（mm）
1	8.50	5	450	350
2	12.00	7	483	383
3	16.00	9	563	463
4	24.00	14	500	400

附注：1. 本图尺寸单位除标明外，其余均以毫米计。
2. 本图为城市桥梁中桥宽分别为 8.5m、12m，16m，24m 的典型横断面布置图，纵向计算时横向分布系数按最不利值取用。
3. 图中 A、B 代表不同钢筋布置的空心板，详见空心板钢筋图。
4. 如桥面板 U 形钢筋采用焊接连接，图中空心板全部采用 A 型空心板。
如桥面板 U 形钢筋采用交错布置，图中空心板采用 A、B 型空心板。

20m 预应力混凝土空心板典型横断面布置图 设计荷载：城—A 级、城—B 级	图集号	2024沪Q003
	页	66

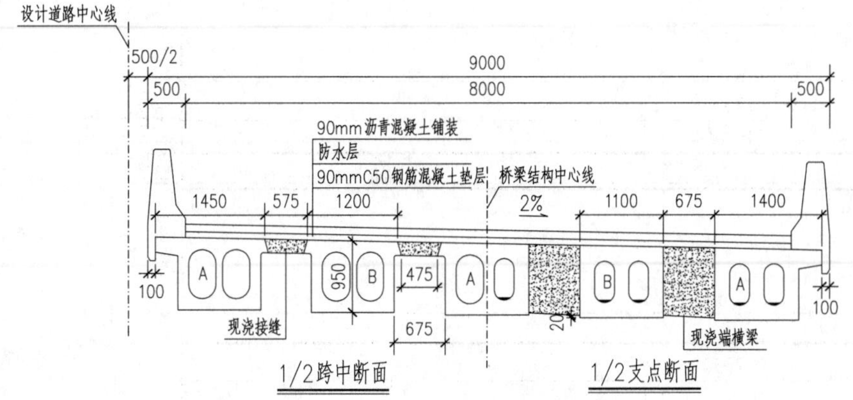

2x9.00m宽桥梁横断面 1:80

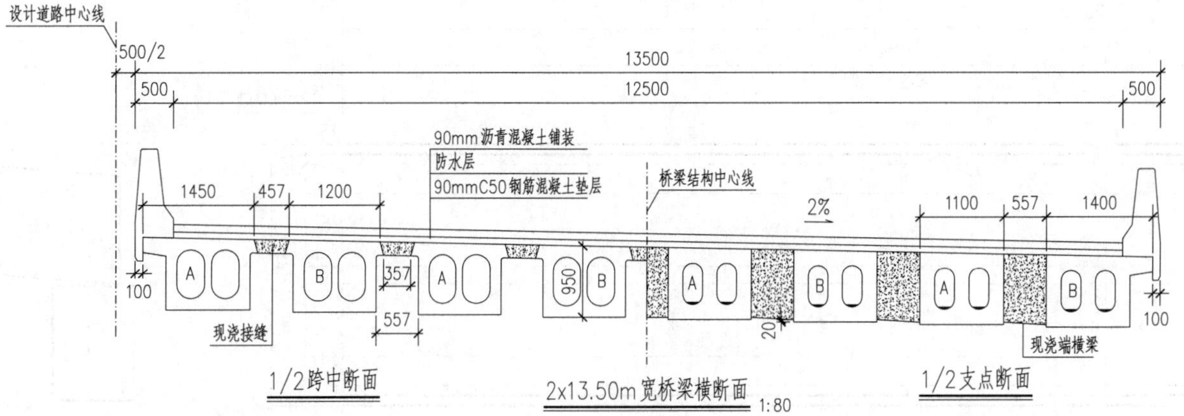

2x13.50m宽桥梁横断面 1:80

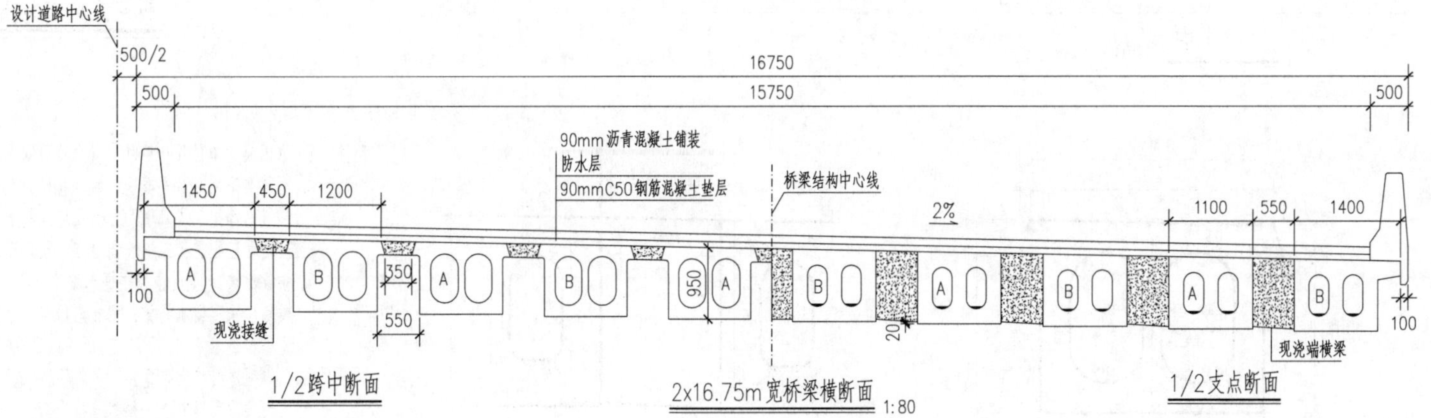

2x16.75m宽桥梁横断面 1:80

现浇接缝参数表

编号	桥宽(m)	空心板片数	现浇接缝上口宽 b(mm)	现浇接缝下口宽 b'(mm)
1	2x9.00	2x5	575	475
2	2x13.50	2x8	457	357
3	2x16.75	2x10	450	350

附注：1. 本图尺寸单位除标明外，其余均以毫米计。
2. 本图为公路桥梁中桥宽分别为2×9.00m、2×13.50m、2×16.75m的典型横断面布置图，纵向计算时横向分布系数按最不利值取用。
3. 图中A、B代表不同钢筋布置的空心板，详见空心板钢筋图。
4. 如桥面板U形钢筋采用焊接连接，图中空心板全部采用A型空心板。
如桥面板U形钢筋采用交错布置，图中空心板采用A、B型空心板。

20m预应力混凝土空心板典型横断面布置图 设计荷载：公路—Ⅰ级、公路—Ⅱ级	图集号	2024沪Q003
	页	67

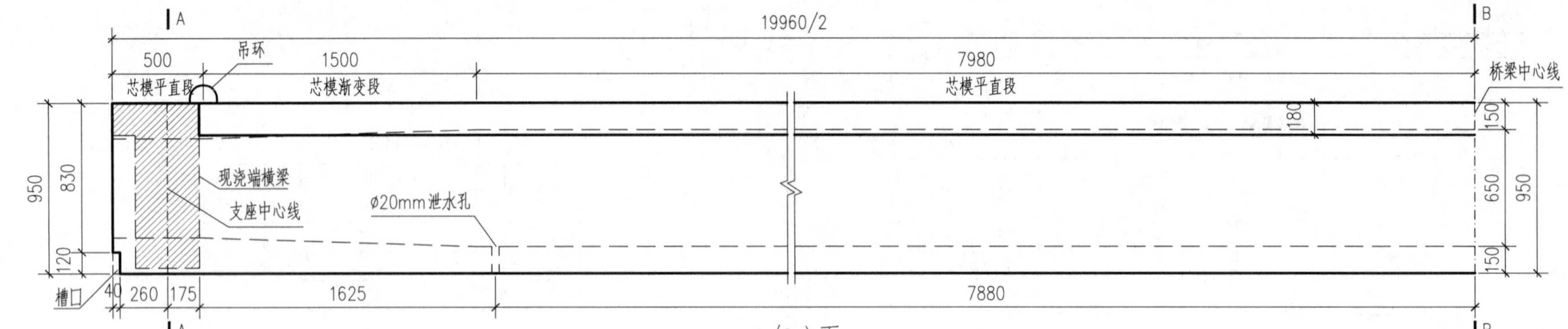

1/2立面 1:30

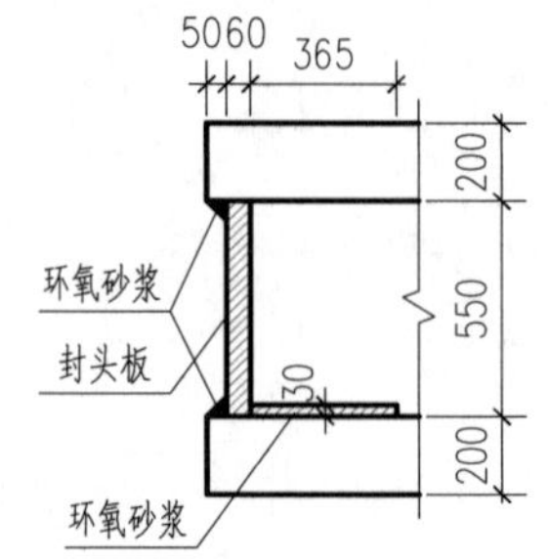

封头板立面 1:30

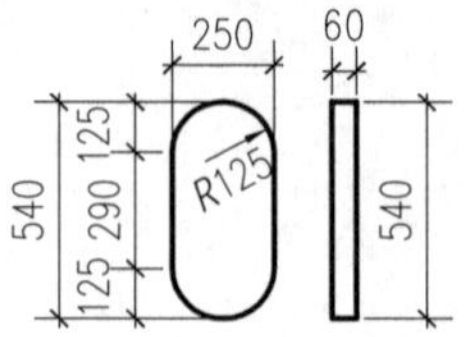

封头板大样 1:30

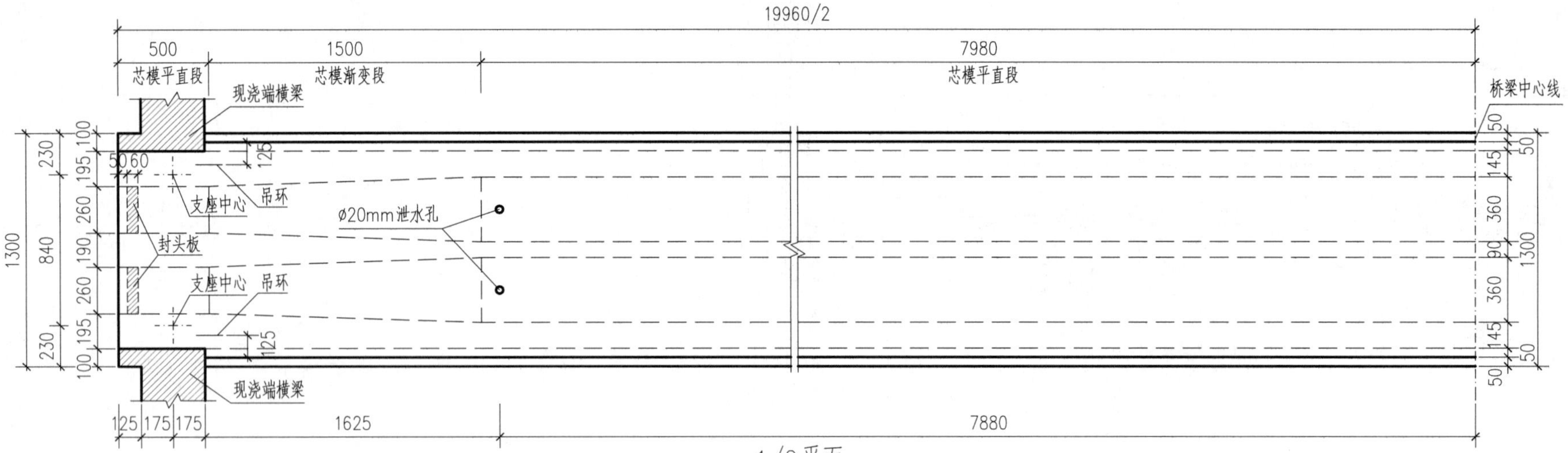

1/2平面 1:30

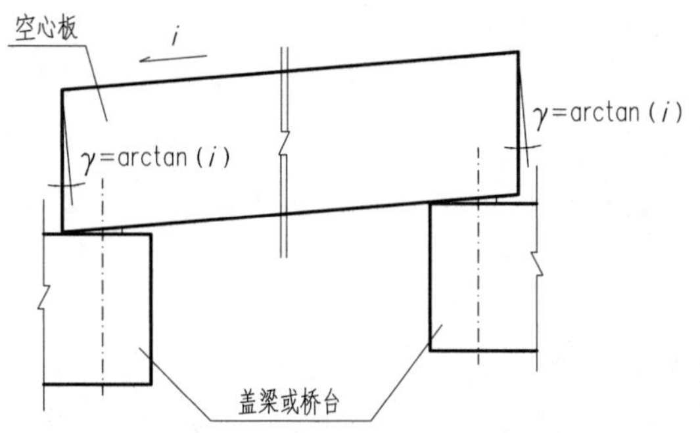

板端立面示意图

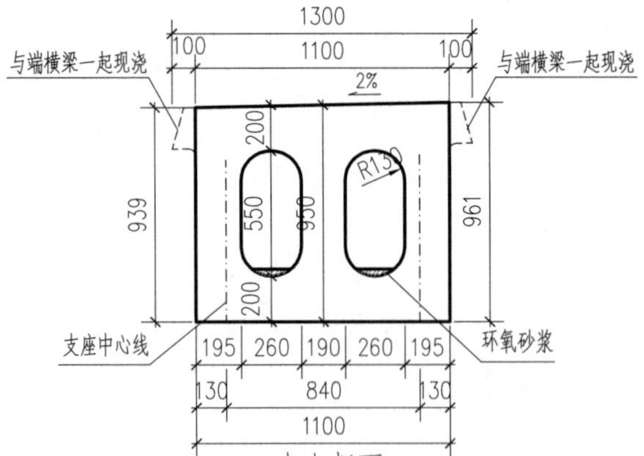

支点断面 1:30

(A—A)

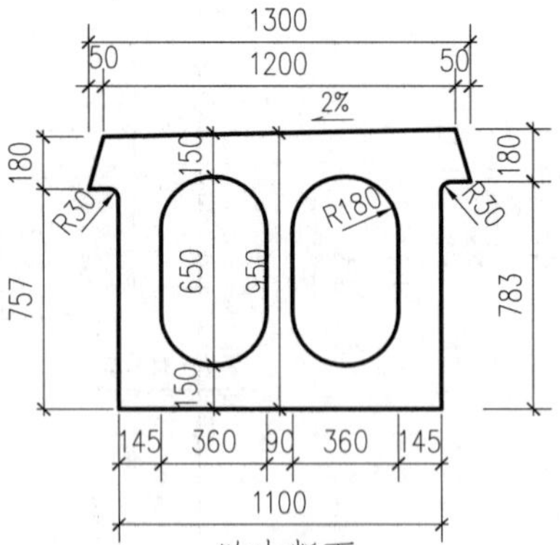

跨中断面 1:30

(B—B)

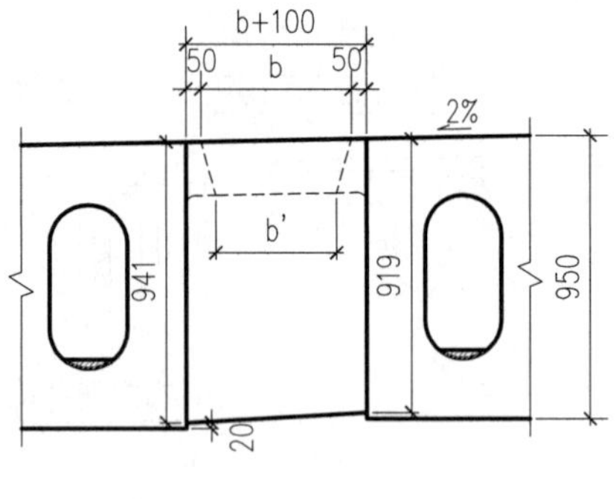

端横梁大样 1:30

附注：1. 本图尺寸单位除标明外，其余均以毫米计。

2. 预制梁采用C50混凝土，现浇接缝及端横梁采用C50混凝土（桥面板U形钢筋焊接）或采用C60低收缩混凝土（桥面板U形钢筋交错布置）。

3. 梁端面应根据桥梁纵坡调整方向及角度，保持铅垂。

4. 桥梁纵坡≥3%时，应根据纵坡修正梁长。

5. 梁底应采取调平措施，使支座保持水平，详见预应力混凝土空心板支座调平构造示意图。

6. 图中现浇接缝上口宽b，下口宽b'详见相应空心板典型横断面布置图。

7. 预制梁顶面混凝土必须充分拉毛。

8. 空心板采用预埋吊环钢筋起吊施工。

9. 板梁安装时应采取有效措施保证梁底四个支座均匀受力，避免由于支座脱空产生不良受力状态。

10. 施工单位应采取有效的封头板定位措施，确保封头板密封安装。

20m预应力混凝土空心板中梁构造图（斜交角0°） 设计荷载：城—A级、城—B级、公路—Ⅰ级、公路—Ⅱ级	图集号	2024沪Q003
	页	68

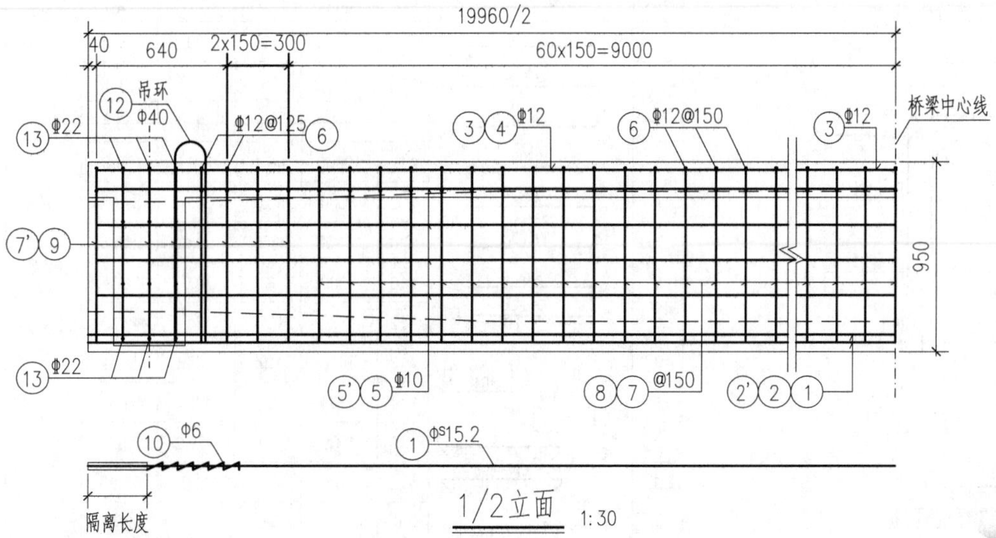

1/2立面 1:30

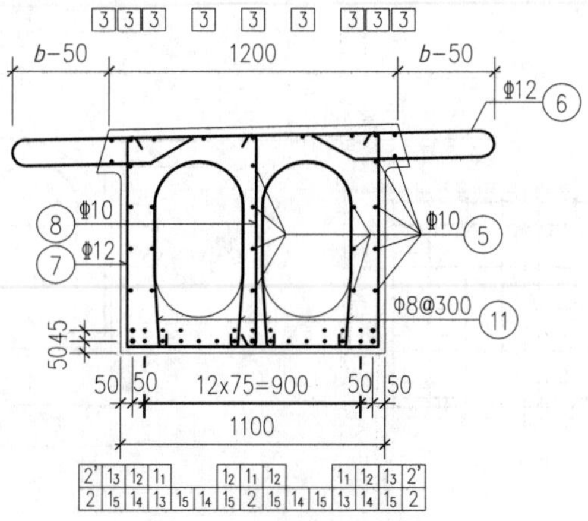

跨中断面 1:30

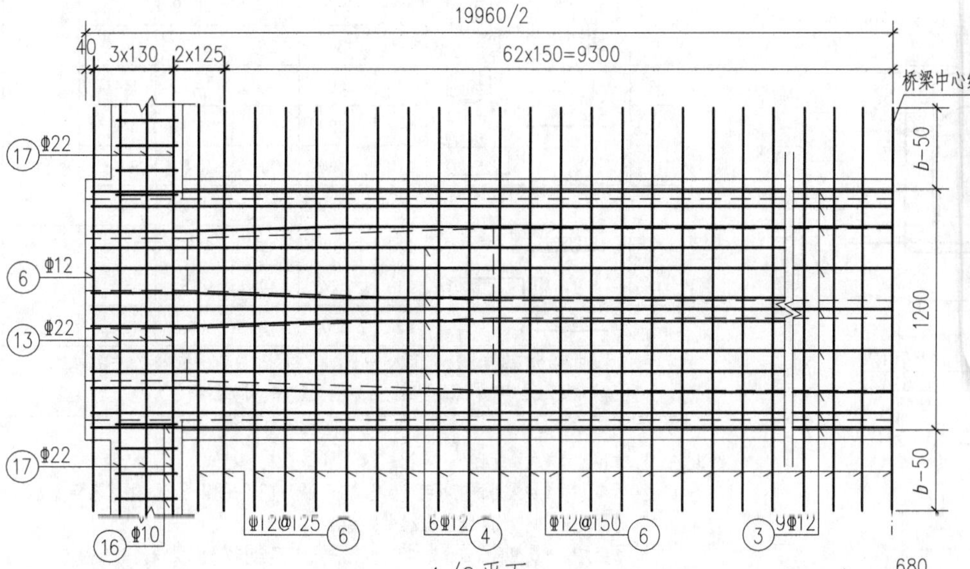

1/2平面 1:30

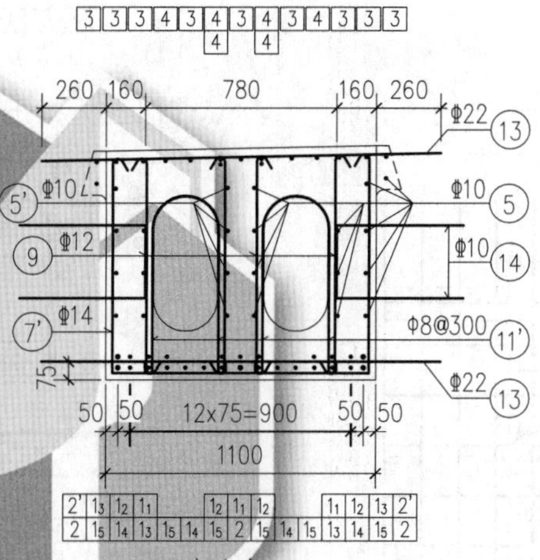

支点断面 1:30

预应力钢绞线端部隔离长度表

编 号	隔离长度(mm)	根 数
1_1	6000	3
1_2	4500	4
1_3	3000	4
1_4	1500	4
1_5	100	6

混凝土材料明细表

混凝土	数量(m³)
梁体C50	13.54
现浇段C50/C60低收缩	1.75~2.36
封头板C30	0.029

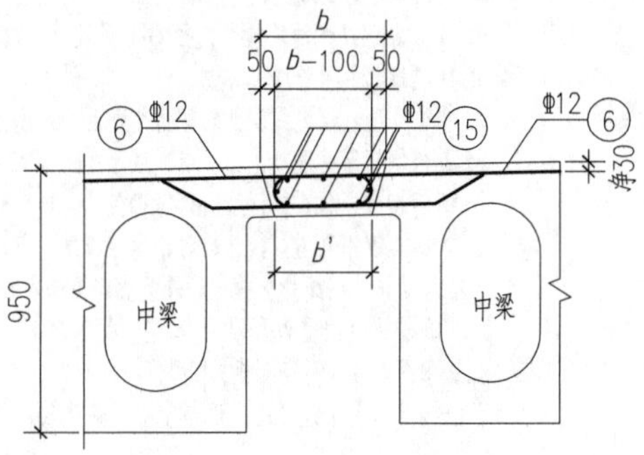

现浇桥面板钢筋 1:30

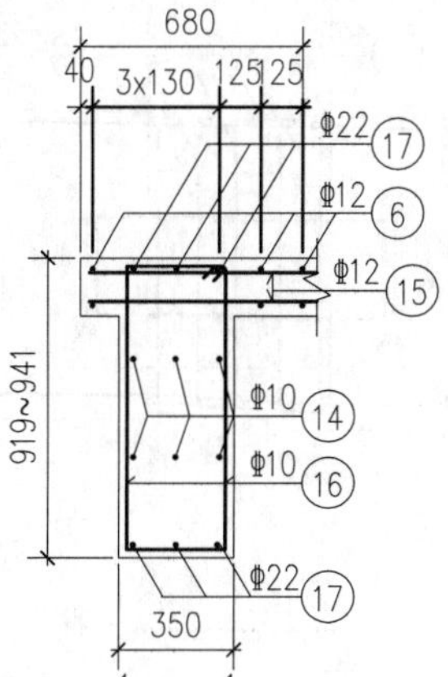

1 — 1 1:30

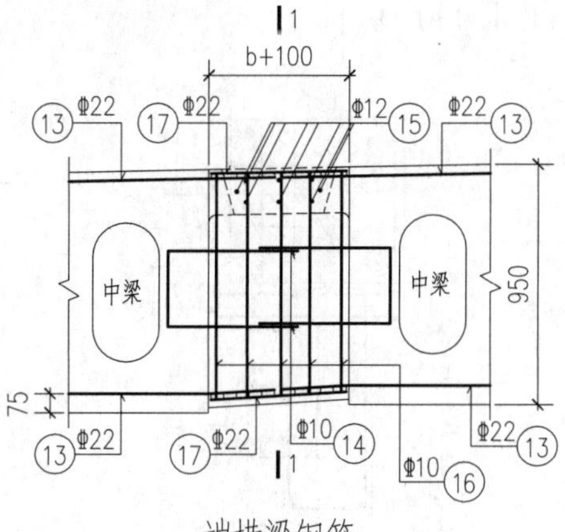

端横梁钢筋 1:30

钢筋材料明细表

编号	略图	直径	每根全长(mm)	根数	总长度(m)	总重(kg)	合计(kg)
1	19960	$Φ^S$15.2	19960	21	419.2	461.5	钢绞线：461.5 HPB300：258.6 HRB400：1873.3
2	19900	Φ25	19900	3	59.7	230.0	
2'	19900	Φ25	19900	2	39.8	153.4	
3	19900	Φ12	19900	9	179.1	159.0	
4	5500	Φ12	5500	12	66.0	58.6	
5	19900	Φ10	19900	20	398.0	245.4	
5'	2500	Φ10	2500	8	20.0	12.3	
6	990+2xb; 170; 70+b 200 200 70+b; 170	Φ12	3670	129	473.4	420.3	
7	120 120; 876 1046 896	Φ12	3058	119	363.9	323.1	
7'	140 140; 875 1044 895	Φ14	3094	16	49.5	59.8	
8	886; 100 100	Φ10	1086	119	129.2	79.7	
9	877~893; 120 120	Φ12	平均 1125	64	72.0	63.9	
10	8x50; 50	Φ 6	1476	42	62.0	13.8	
11	581 R=185; 580 35; 47 R=15	Φ 8	1905	106	201.9	79.7	
11'	R=135~185; 580 35; 47 R=15	Φ 8	平均 1847	28	51.7	20.4	
12	267 R=85; 950 950 375; 375 375	Φ40	3667	4	14.7	144.7	
13	1620	Φ22	1620	12	19.4	58.0	
14	285+b/2; 300; 285+b/2	Φ10	1320	12	15.8	9.8	
现浇部分钢筋							
15	19900	Φ12	19900	8	159.2	141.3	HRB400：176.0
16	867~889; 298 100	Φ10	平均 2552	10	25.5	15.7	
17	80+b	Φ22	530	12	6.4	19.0	

注：1.本表中参数b按现浇接缝最小上口宽450mm计算，实际长度按照现浇接缝参数表中数值取值。
2.本表适用于安全等级为一级的空心板，若安全等级为二级，可取消钢筋②'。

附注：1. 本图尺寸单位除标明外，其余均以毫米计。
2. 预应力钢绞线采用预应力钢绞线 1×7-15.20-1860-GB/T 5224，技术条件必须符合《预应力混凝土用钢绞线》GB/T 5224 的规定。
3. 预应力钢绞线控制张拉应力为 $0.75f_{pk}$，每根控制张拉力为 195kN。
4. 切断预应力钢绞线时混凝土强度、弹性模量（或龄期）要求详见本设计说明六第 9 条规定。
5. 切断预应力钢绞线次序：由两侧向中间左右对称进行。
6. 预应力钢绞线两端须用内径 ϕ20 黑铁管或被认可的材料包裹隔离，隔离长度详见预应力钢绞线端部隔离长度表。
7. 槽口处理：钢绞线端部作防锈处理后，用水泥砂浆封闭抹平。
8. 最外侧钢筋的混凝土保护层厚度不小于 20mm。
9. 钢筋⑩为 D50 螺旋钢筋，钢筋⑬在现浇端横梁处与钢筋⑰焊接。钢筋⑭在现浇端横梁处互相焊接。钢筋采用焊接连接时，焊接长度：单面焊 10d，双面焊 5d，d 为钢筋直径。
10. 梁端设伸缩缝处应按伸缩缝装置构造要求设置预埋件。
11. 单梁安装净重为 353kN，吊装、运输时必须注意平稳。
12. 本图对应 A 型空心板，B 型空心板钢筋调整大样详见“B 型空心板钢筋调整示意图”。
13. 抗芯模上浮钢筋⑪、⑪'与空心板箍筋⑧、⑨纵向错位布置。

20m 预应力混凝土空心板中梁钢筋图（斜交角 0°）
设计荷载：城—A 级、公路—Ⅰ级

图集号	2024沪Q003
页	69

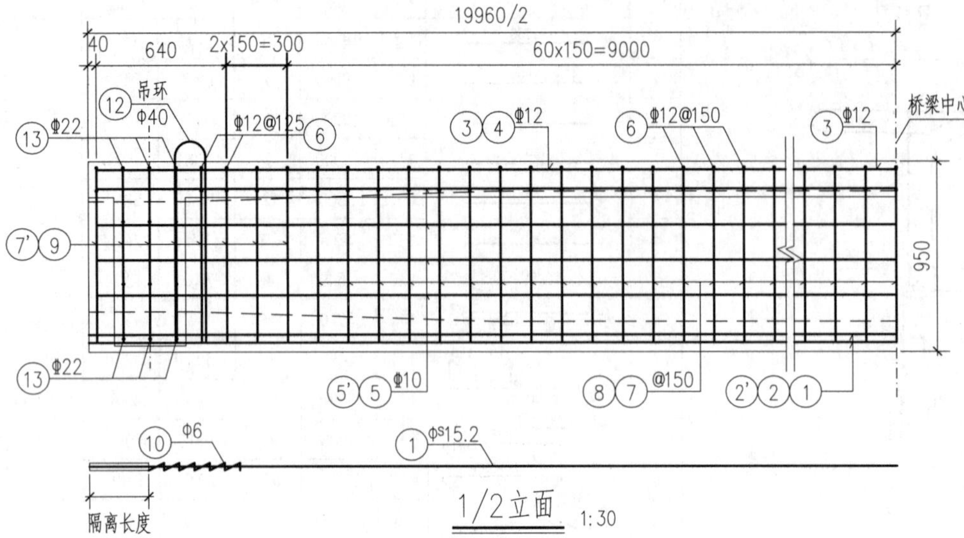

1/2立面 1:30

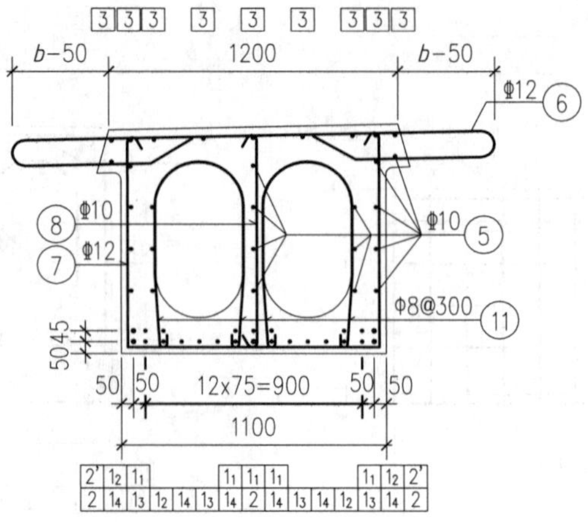

跨中断面 1:30

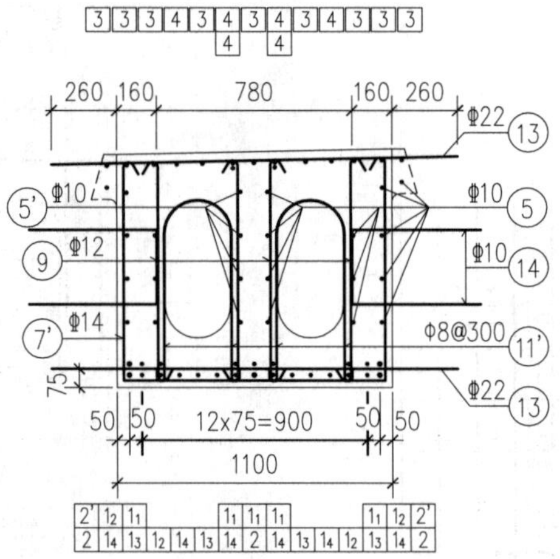

支点断面 1:30

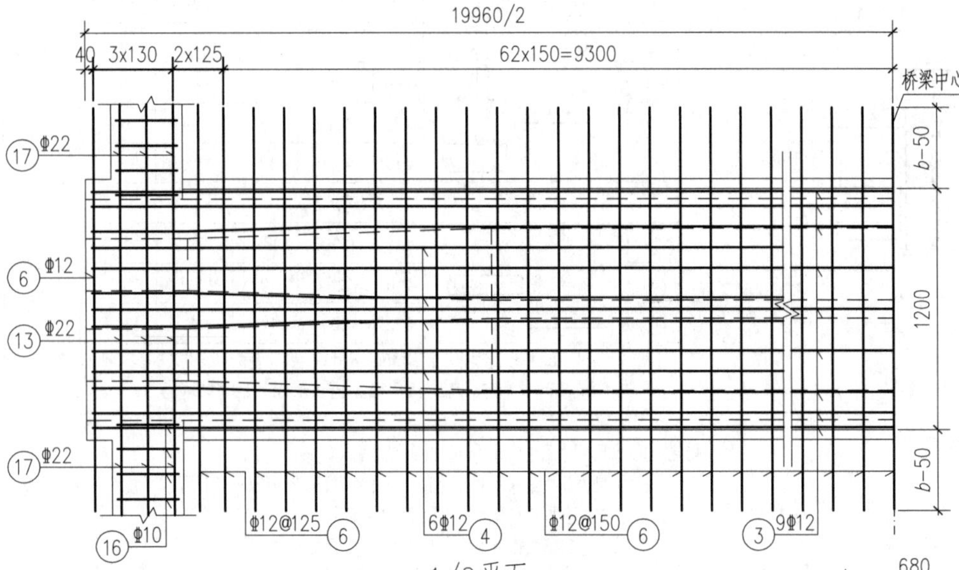

1/2平面 1:30

预应力钢绞线端部隔离长度表

编 号	隔离长度(mm)	根 数
1_1	4500	5
1_2	3000	4
1_3	1500	4
1_4	100	6

混凝土材料明细表

混凝土	数量(m³)
梁体C50	13.54
现浇段C50/C60低收缩	1.75~2.36
封头板C30	0.029

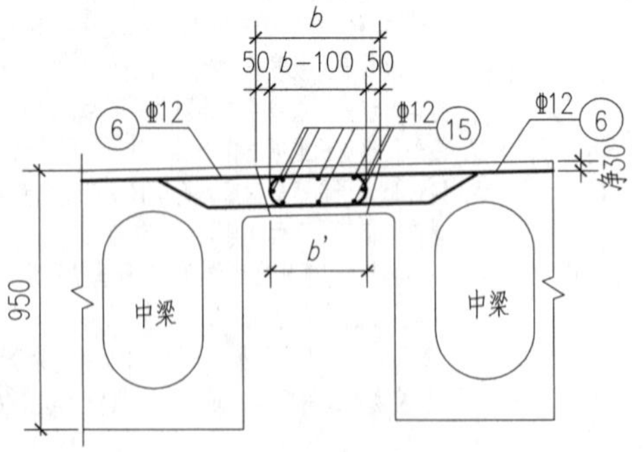

现浇桥面板钢筋 1:30

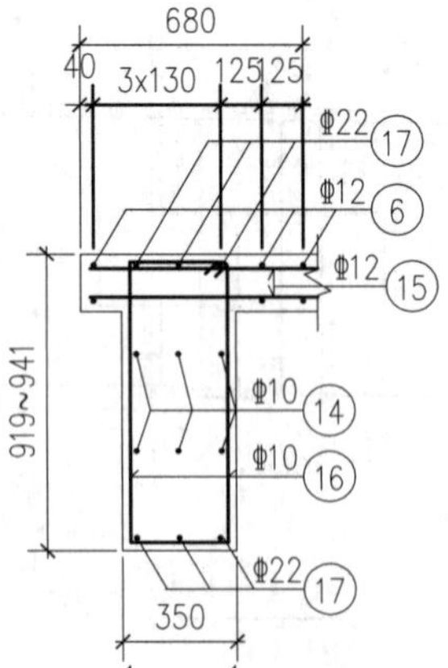

1 — 1 1:30

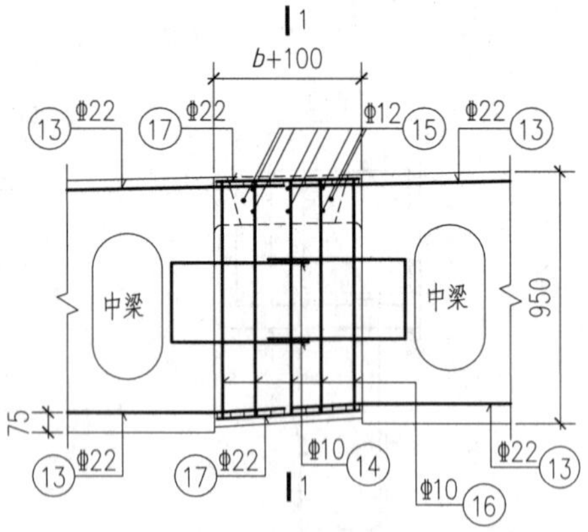

端横梁钢筋 1:30

钢筋材料明细表

编 号	略 图	直 径	每根全长(mm)	根 数	总长度(m)	总 重(kg)	合 计(kg)
1	19960	Φ^s15.2	19960	19	379.2	417.5	钢绞线: 417.5 HPB300: 257.2 HRB400: 1873.3
2	19900	Φ25	19900	3	59.7	230.0	
2'	19900	Φ25	19900	2	39.8	153.4	
3	19900	Φ12	19900	9	179.1	159.0	
4	5500	Φ12	5500	12	66.0	58.6	
5	19900	Φ10	19900	20	398.0	245.4	
5'	2500	Φ10	2500	8	20.0	12.3	
6	990+2xb, 170, 70+b, 200, 200, 70+b, 170	Φ12	3670	129	473.4	420.3	
7	120, 120, 876, 1046, 896	Φ12	3058	119	363.9	323.1	
7'	140, 140, 875, 1044, 895	Φ14	3094	16	49.5	59.8	
8	886, 100, 100	Φ10	1086	119	129.2	79.7	
9	877~893, 120, 120	Φ12	平均 1125	64	72.0	63.9	
10	8x50, 50	Φ 6	1476	38	56.1	12.4	
11	581R=185, 580, 35, 47R=15	Φ 8	1905	106	201.9	79.7	
11'	R=135~185, 580, 35, 47R=15	Φ 8	平均 1847	28	51.7	20.4	
12	267R=85, 950, 950, 375, 375, 375	Φ40	3667	4	14.7	144.7	
13	1620	Φ22	1620	12	19.4	58.0	
14	285+b/2, 300, 285+b/2	Φ10	1320	12	15.8	9.8	
现浇部分钢筋							
15	19900	Φ12	19900	8	159.2	141.3	HRB400: 176.0
16	867~889, 298, 100	Φ10	平均 2552	10	25.5	15.7	
17	80+b	Φ22	530	12	6.4	19.0	

注：1.本表中参数b按现浇接缝最小上口宽450mm计算，实际长度按照现浇接缝参数表中数值取值。

2.本表适用于安全等级为一级的空心板，若安全等级为二级，可取消钢筋②'。

附注：1. 本图尺寸单位除标明外，其余均以毫米计。

2. 预应力钢绞线采用预应力钢绞线 1×7-15.20-1860-GB/T 5224，技术条件必须符合《预应力混凝土用钢绞线》GB/T 5224 的规定。

3. 预应力钢绞线控制张拉应力为 $0.75f_{pk}$，每根控制张拉力为 195kN。

4. 切断预应力钢绞线时混凝土强度、弹性模量（或龄期）要求详见本设计说明六第 9 条规定。

5. 切断预应力钢绞线次序：由两侧向中间左右对称进行。

6. 预应力钢绞线两端须用内径 ϕ20 黑铁管或被认可的材料包裹隔离，隔离长度详见预应力钢绞线端部隔离长度表。

7. 槽口处理：钢绞线端部作防锈处理后，用水泥砂浆封闭抹平。

8. 最外侧钢筋的混凝土保护层厚度不小于 20mm。

9. 钢筋⑩为 D50 螺旋钢筋，钢筋⑬在现浇端横梁处与钢筋⑰焊接。钢筋⑭在现浇端横梁处互相焊接。钢筋采用焊接连接时，焊接长度：单面焊 10d，双面焊 5d，d 为钢筋直径。

10. 梁端设伸缩缝处应按伸缩缝装置构造要求设置预埋件。

11. 单梁安装净重为 353kN，吊装、运输时必须注意平稳。

12. 本图对应 A 型空心板，B 型空心板钢筋调整大样详见"B 型空心板钢筋调整示意图"。

13. 抗芯模上浮钢筋⑪、⑪'与空心板箍筋⑧、⑨纵向错位布置。

20m 预应力混凝土空心板中梁钢筋图（斜交角 0°） 设计荷载：城—B 级、公路—Ⅱ级	图集号	2024沪Q003	
	页	70	

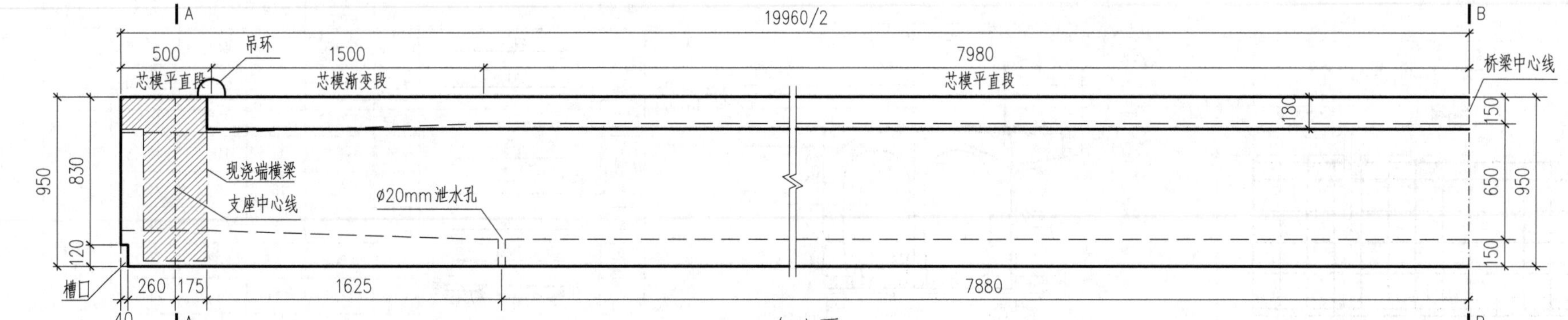

1/2立面 1:30

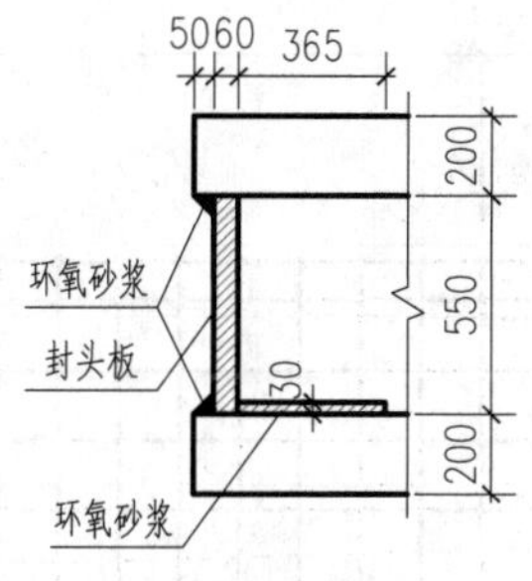

封头板立面 1:30

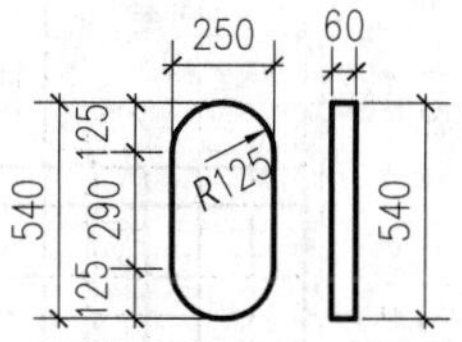

封头板大样 1:30

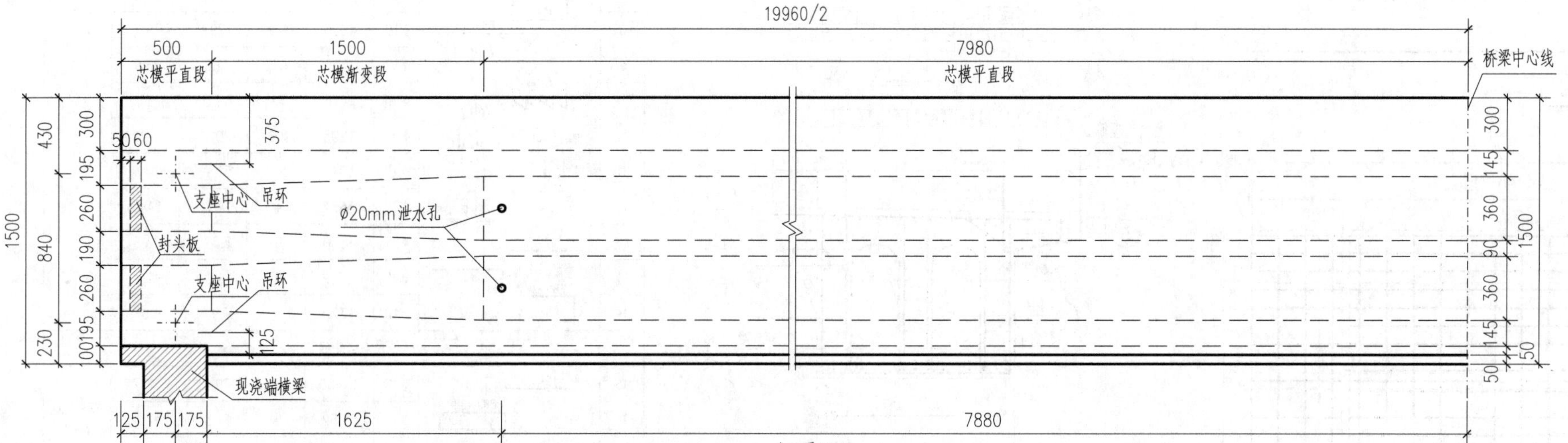

1/2平面 1:30

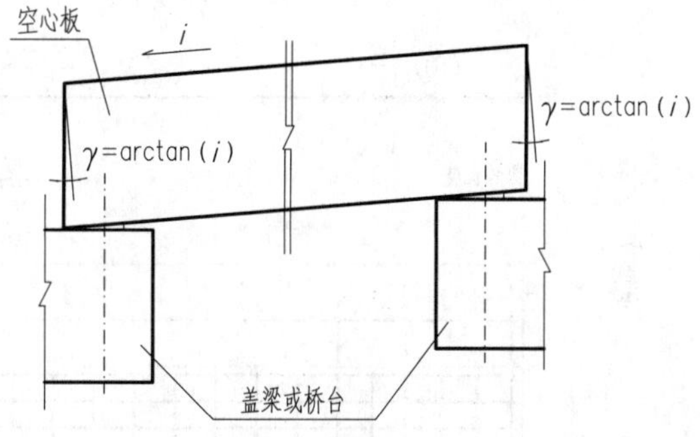

板端立面示意图

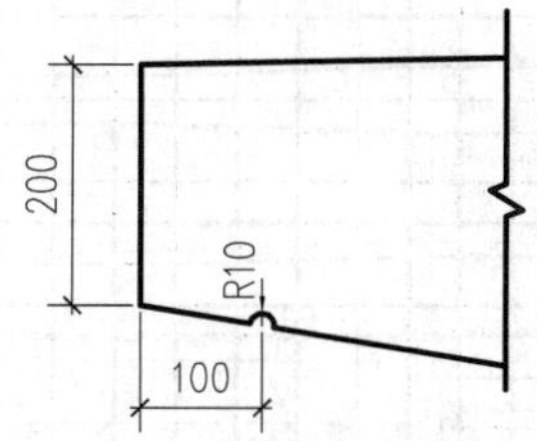

滴水槽大样 1:10

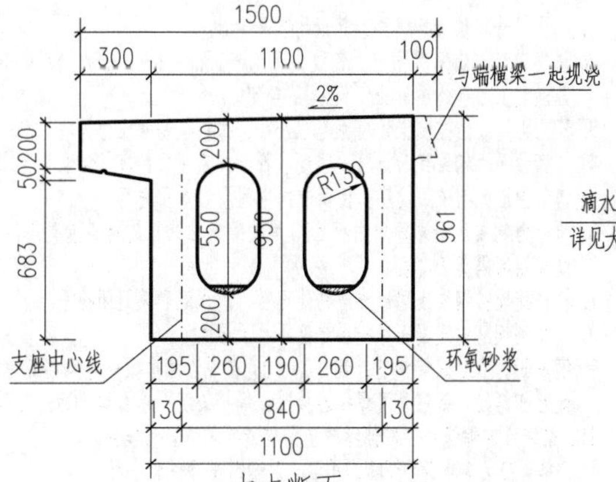

支点断面 1:30

（A－A）

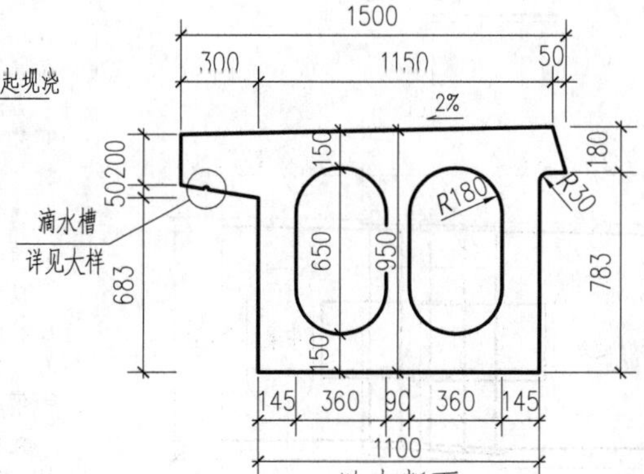

跨中断面 1:30

（B－B）

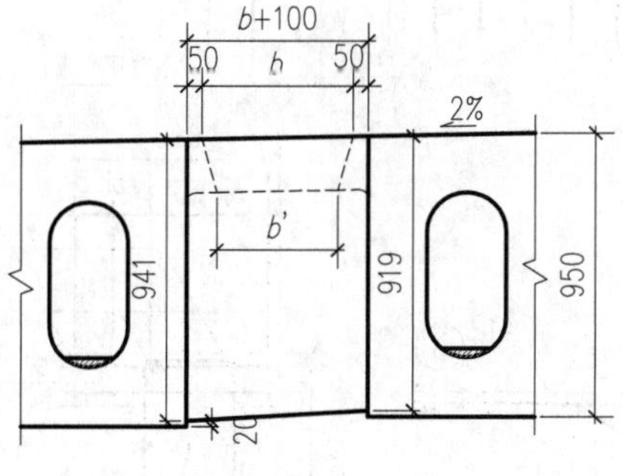

端横梁大样 1:30

附注：1. 本图尺寸单位除标明外，其余均以毫米计。
2. 预制梁采用C50混凝土，现浇接缝及端横梁采用C50混凝土（桥面板U形钢筋焊接）或采用C60低收缩混凝土（桥面栅形钢筋交错布置）。
3. 梁端面应根据桥梁纵坡调整方向及角度，保持铅垂。
4. 桥梁纵坡≥3%时，应根据纵坡修正梁长。
5. 梁底应采取调平措施，使支座保持水平，详见预应力混凝土空心板支座调平构造示意图。
6. 图中现浇接缝上口宽b，下口宽b'详见相应空心板典型横断面布置图。
7. 预制梁顶面混凝土必须充分拉毛。
8. 空心板采用预埋吊环钢筋起吊施工。
9. 板梁安装时应采取有效措施保证梁底四个支座均匀受力，避免由于支座脱空产生不良受力状态。
10. 施工单位应采取有效的封头板定位措施，确保封头板密封安装。

20m预应力混凝土空心板边梁构造图（斜交角0°） 设计荷载：城—A级、城—B级、公路—Ⅰ级、公路—Ⅱ级	图集号	2024沪Q003
	页	71

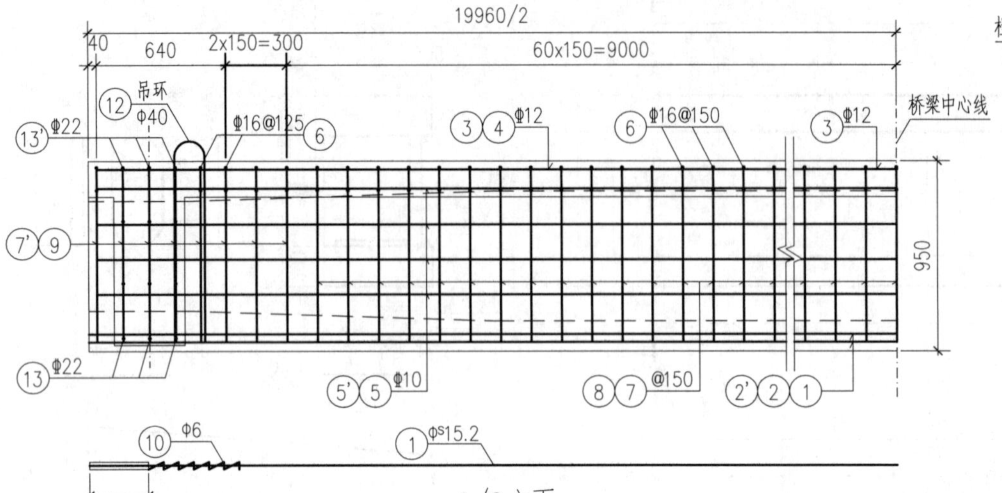

1/2立面 1:30

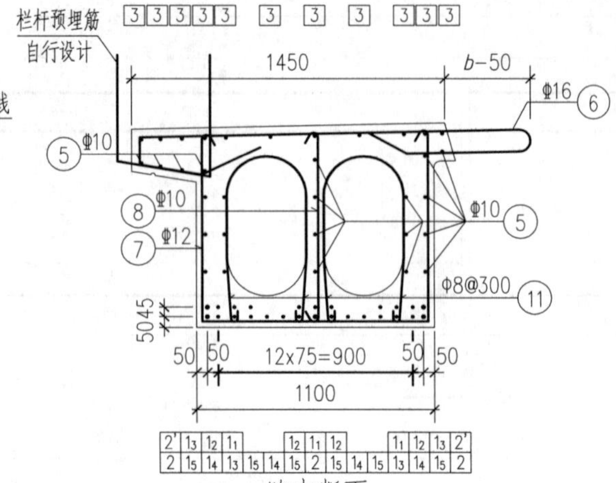

跨中断面 1:30

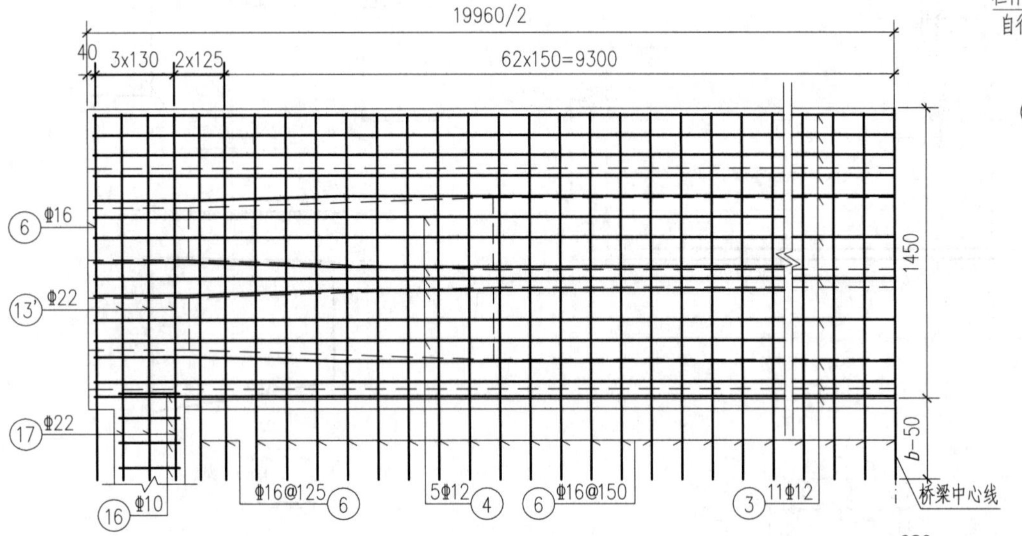

1/2平面 1:30

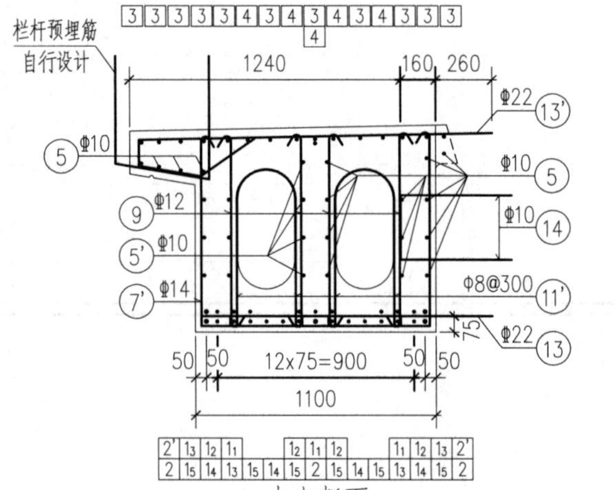

支点断面 1:30

预应力钢绞线端部隔离长度表

编 号	隔离长度(mm)	根 数
l_1	6000	3
l_2	4500	4
l_3	3000	4
l_4	1500	4
l_5	100	6

混凝土材料明细表

混凝土	数量(m^3)
梁体C50	14.65
现浇段C50/C60低收缩	0.87~1.18
封头板C30	0.029

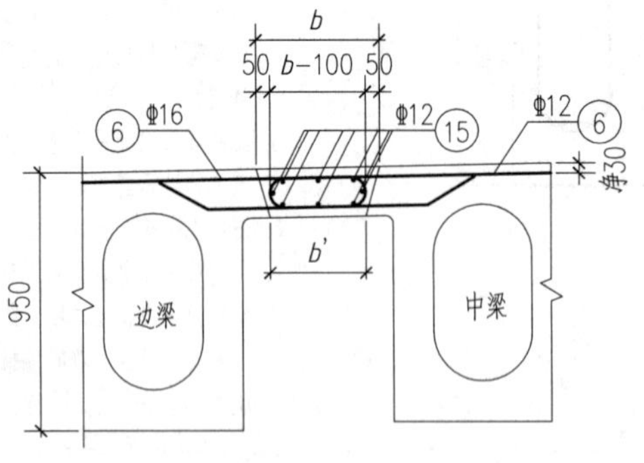

现浇桥面板钢筋 1:30

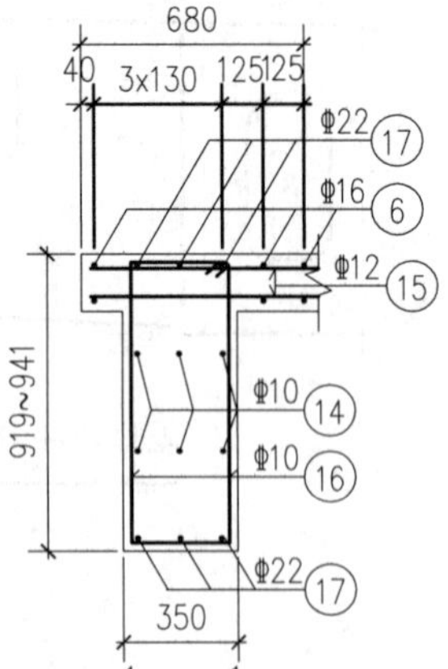

1 — 1 1:30

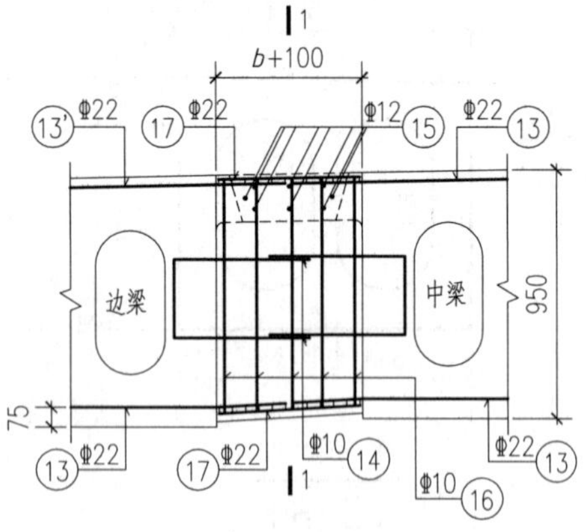

端横梁钢筋 1:30

钢筋材料明细表

编 号	略 图	直 径	每根全长(mm)	根 数	总长度(m)	总 重(kg)	合 计(kg)
1	19960	Φ^s15.2	19960	21	419.2	461.5	钢绞线: 461.5 HPB300: 258.6 HRB400: 2190.5
2	19900	Φ25	19900	3	59.7	230.0	
2'	19900	Φ25	19900	2	39.8	153.4	
3	19900	Φ12	19900	11	218.9	194.3	
4	5500	Φ12	5500	10	55.0	48.8	
5	19900	Φ10	19900	22	437.8	269.9	
5'	2500	Φ10	2500	8	20.0	12.3	
6	1309+b, 129, 291, 300, 200, 75+b, 160	Φ16	3364	129	434.0	684.9	
7	120, 120, 876, 1046, 896	Φ12	3058	119	363.9	323.1	
7'	140, 140, 875, 1044, 895	Φ14	3094	16	49.5	59.8	
8	886, 100, 100	Φ10	1086	119	129.2	79.7	
9	877~893, 120, 120	Φ12	平均 1125	64	72.0	63.9	
10	8x50, 50	Φ6	1476	42	62.0	13.8	
11	581 R=185, 580, 35, 47 R=15	Φ8	1905	106	201.9	79.7	
11'	R=135~185, 580, 35, 47 R=15	Φ8	平均 1847	28	51.7	20.4	
12	267 R=85, 950, 950, 375, 375, 375	Φ40	3667	4	14.7	144.7	
13	1330	Φ22	1330	6	8.0	23.8	
13'	1618, 123, 288, 300	Φ22	2329	6	14.0	41.7	
14	285+b/2, 300, 285+b/2	Φ10	1320	6	7.9	4.9	
现浇部分钢筋							
15	19900	Φ12	19900	4	79.6	70.7	HRB400: 88.1
16	867~889, 298, 100	Φ10	平均 2552	5	12.8	7.9	
17	80+b	Φ22	530	6	3.2	9.5	

注：1.本表中参数b按现浇接缝最小上口宽450mm计算，实际长度按照现浇接缝参数表中数值取值。
2.本表适用于安全等级为一级的空心板，若安全等级为二级，可取消钢筋②'。

附注：1. 本图尺寸单位除标明外，其余均以毫米计。
2. 预应力钢绞线采用预应力钢绞线 1×7-15.20-1860-GB/T 5224，技术条件必须符合《预应力混凝土用钢绞线》GB/T 5224 的规定。
3. 预应力钢绞线控制张拉应力为 $0.75f_{pk}$，每根控制张拉力为 195kN。
4. 切断预应力钢绞线时混凝土强度、弹性模量（或龄期）要求详见本设计说明六第 9 条规定。
5. 切断预应力钢绞线次序：由两侧向中间左右对称进行。
6. 预应力钢绞线两端须用内径 ϕ20 黑铁管或被认可的材料包裹隔离，隔离长度详见预应力钢绞线端部隔离长度表。
7. 槽口处理：钢绞线端部作防锈处理后，用水泥砂浆封闭抹平。
8. 最外侧钢筋的混凝土保护层厚度不小于 20mm。
9. 钢筋⑩为 D50 螺旋钢筋，钢筋⑬、⑬'在现浇端横梁处与钢筋⑰焊接。钢筋⑭在现浇端横梁处互相焊接。钢筋采用焊接连接时，焊接长度：单面焊 10d，双面焊 5d，d 为钢筋直径。
10. 梁端设伸缩缝处应按伸缩缝装置构造要求设置预埋件。
11. 单梁安装净重为 382kN，吊装、运输时必须注意平稳。
12. 本图对应 A 型空心板，B 型空心板钢筋调整大样详见“B 型空心板钢筋调整示意图”。
13. 抗芯模上浮钢筋⑪、⑪'与空心板箍筋⑧、⑨纵向错位布置。
14. 栏杆预埋筋仅作示意，设计单位应根据栏杆防护等级及构造要求自行设计。

20m 预应力混凝土空心板边梁钢筋图（斜交角 0°） 设计荷载：城—A 级、公路—Ⅰ级	图集号	2024沪Q003
	页	72

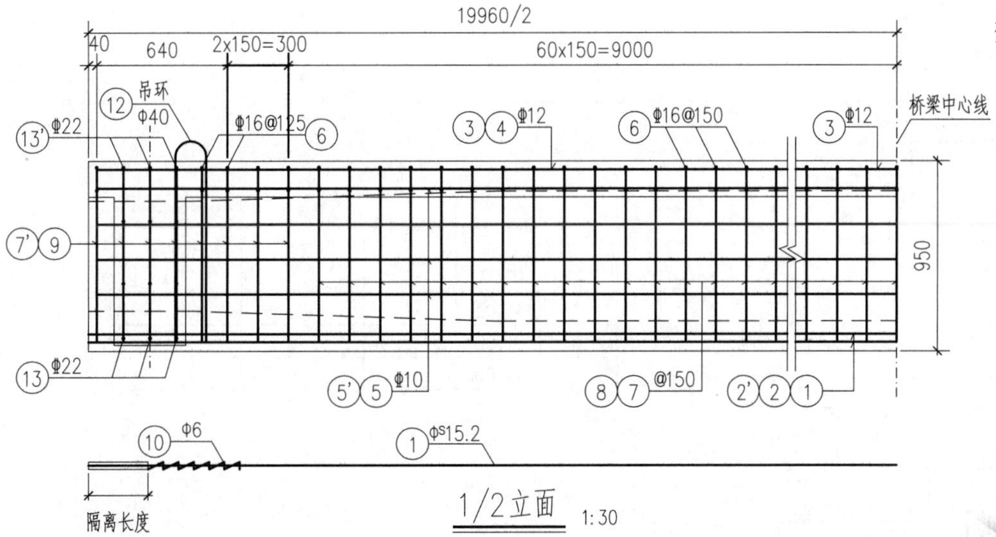

1/2立面 1:30

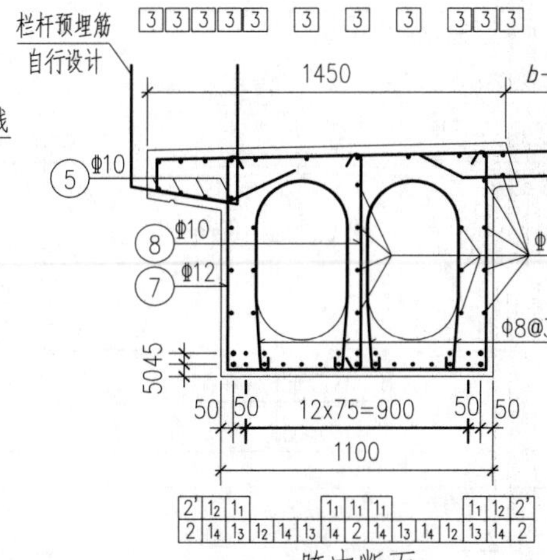

跨中断面 1:30

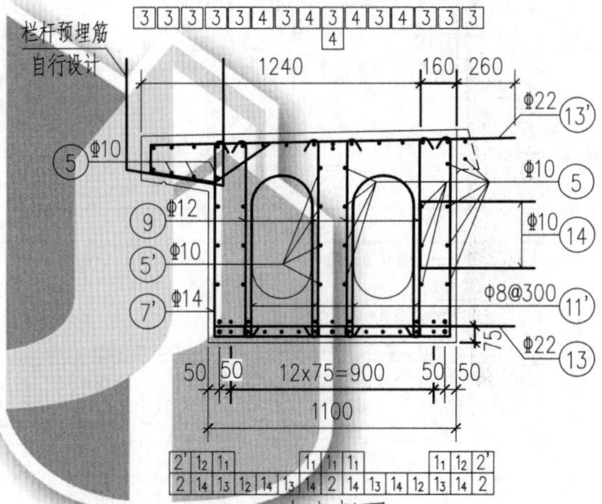

支点断面 1:30

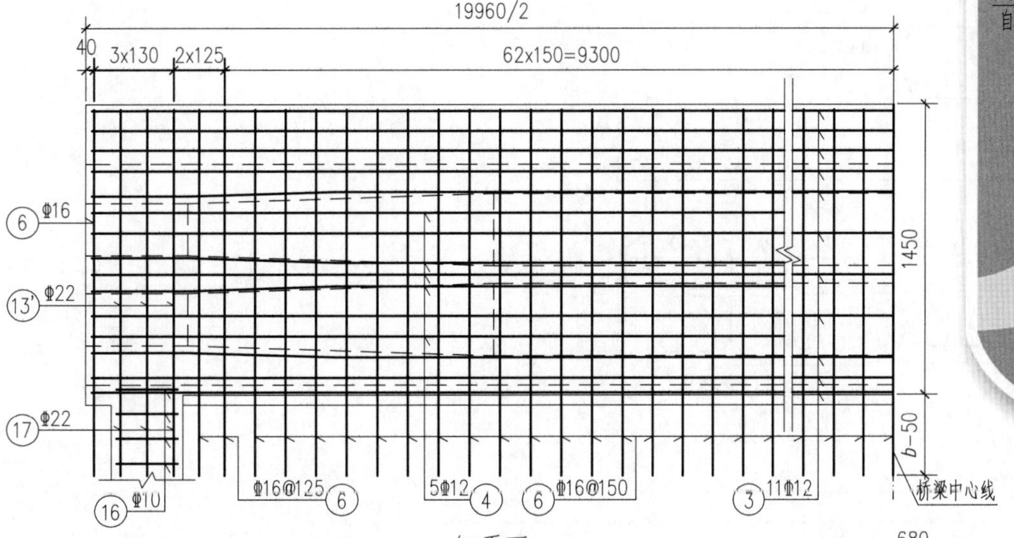

1/2平面 1:30

预应力钢绞线端部隔离长度表

编 号	隔离长度(mm)	根 数
1_1	4500	5
1_2	3000	4
1_3	1500	4
1_4	100	6

混凝土材料明细表

混凝土	数量(m^3)
梁体C50	14.65
现浇段C50/C60低收缩	0.87~1.18
封头板C30	0.029

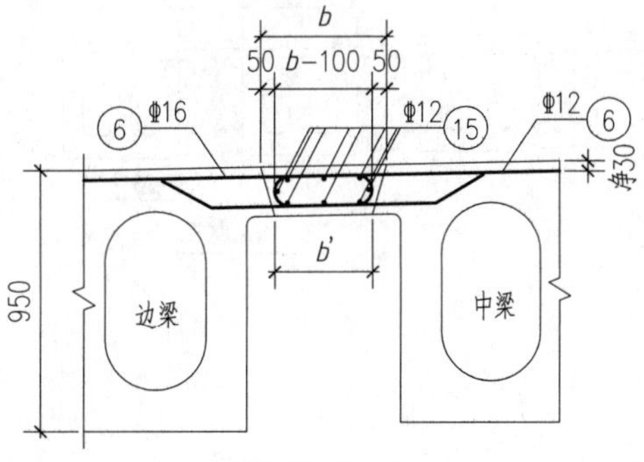

现浇桥面板钢筋 1:30

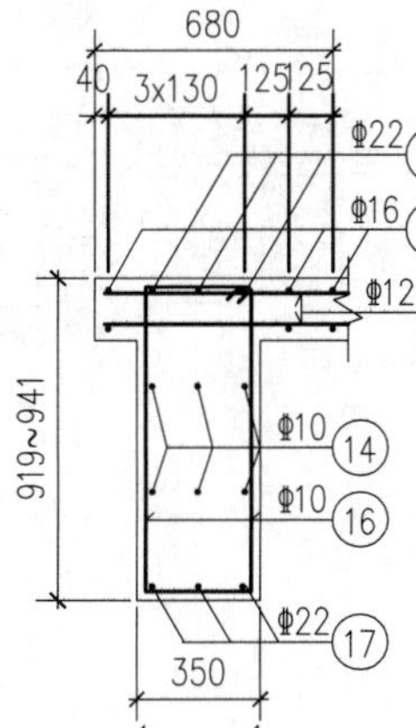

1—1 1:30

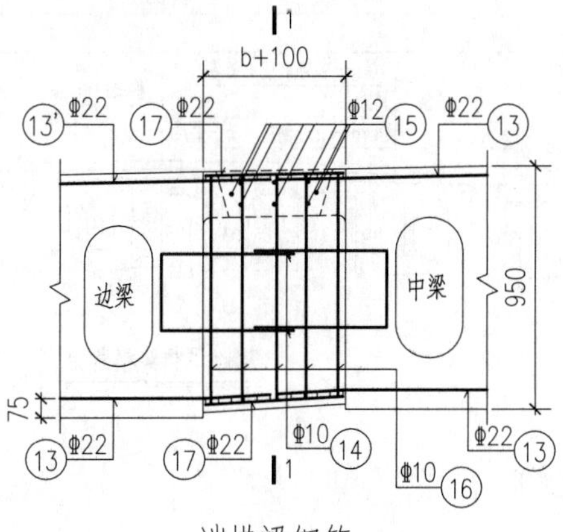

端横梁钢筋 1:30

钢筋材料明细表

编 号	略 图	直 径	每根全长(mm)	根 数	总长度(m)	总 重(kg)	合 计(kg)
1	19960	Φ^s15.2	19960	19	379.2	417.5	钢绞线:417.5 HPB300:257.2 HRB400:2190.5
2	19900	Φ25	19900	3	59.7	230.0	
2'	19900	Φ25	19900	2	39.8	153.4	
3	19900	Φ12	19900	11	218.9	194.3	
4	5500	Φ12	5500	10	55.0	48.8	
5	19900	Φ10	19900	22	437.8	269.9	
5'	2500	Φ10	2500	8	20.0	12.3	
6	1309+b, 129, 291, 300, 200, 75+b, 160	Φ16	3364	129	434.0	684.9	
7	120, 120, 876, 1046, 896	Φ12	3058	119	363.9	323.1	
7'	140, 140, 875, 1044, 895	Φ14	3094	16	49.5	59.8	
8	886, 100, 100	Φ10	1086	119	129.2	79.7	
9	877~893, 120, 120	Φ12	平均 1125	64	72.0	63.9	
10	8x50, 50	Φ6	1476	38	56.1	12.4	
11	581R=185, 580, 35, 47R=15	Φ8	1905	106	201.9	79.7	
11'	R=135~185, 580, 35, 47R=15	Φ8	平均 1847	28	51.7	20.4	
12	267R=85, 950, 950, 375, 375 375	Φ40	3667	4	14.7	144.7	
13	1330	Φ22	1330	6	8.0	23.8	
13'	1618, 123, 288, 300	Φ22	2329	6	14.0	41.7	
14	285+b/2, 300, 285+b/2	Φ10	1320	6	7.9	4.9	
现浇部分钢筋							
15	19900	Φ12	19900	4	79.6	70.7	HRB400:88.1
16	867~889, 298, 100	Φ10	平均 2552	5	12.8	7.9	
17	80+b	Φ22	530	6	3.2	9.5	

注:1.本表中参数b按现浇接缝最小上口宽450mm计算,实际长度按照现浇接缝参数表中数值取值。
2.本表适用于安全等级为一级的空心板,若安全等级为二级,可取消钢筋②'。

附注:1. 本图尺寸单位除标明外,其余均以毫米计。
2. 预应力钢绞线采用预应力钢绞线1×7-15.20-1860-GB/T 5224,技术条件必须符合《预应力混凝土用钢绞线》GB/T 5224的规定。
3. 预应力钢绞线控制张拉应力为$0.75f_{pk}$,每根控制张拉力为195kN。
4. 切断预应力钢绞线时混凝土强度、弹性模量(或龄期)要求详见本设计说明六第9条规定。
5. 切断预应力钢绞线次序:由两侧向中间左右对称进行。
6. 预应力钢绞线两端须用内径ϕ20黑铁管或被认可的材料包裹隔离,隔离长度详见预应力钢绞线端部隔离长度表。
7. 槽口处理:钢绞线端部作防锈处理后,用水泥砂浆封闭抹平。
8. 最外侧钢筋的混凝土保护层厚度不小于20mm。
9. 钢筋⑩为D50螺旋钢筋,钢筋⑬、⑬'在现浇端横梁处与钢筋⑰焊接。钢筋⑭在现浇端横梁处互相焊接。钢筋采用焊接连接时,焊接长度:单面焊10d,双面焊5d,d为钢筋直径。
10. 梁端设伸缩缝处应按伸缩装置构造要求设置预埋件。
11. 单梁安装净重为382kN,吊装、运输时必须注意平稳。
12. 本图对应A型空心板,B型空心板钢筋调整大样详见"B型空心板钢筋调整示意图"。
13. 抗芯模上浮钢筋⑪、⑪'与空心板箍筋⑧、⑨纵向错位布置。
14. 栏杆预埋筋仅作示意,设计单位应根据栏杆防护等级及构造要求自行设计。

20m预应力混凝土空心板边梁钢筋图(斜交角0°) 设计荷载:城—B级、公路—Ⅱ级	图集号	2024沪Q003
	页	73

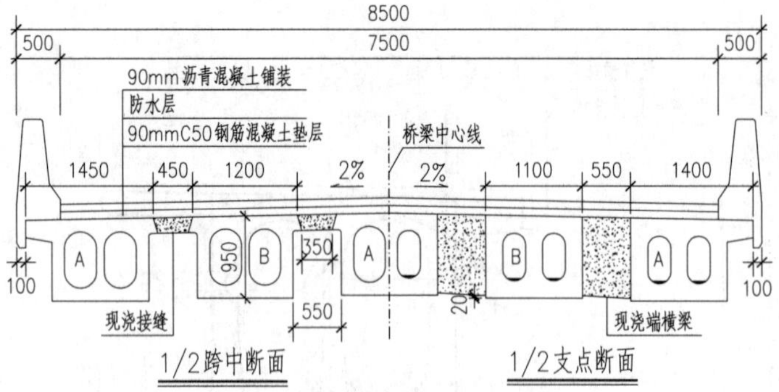

8.5m宽桥梁横断面 1:80

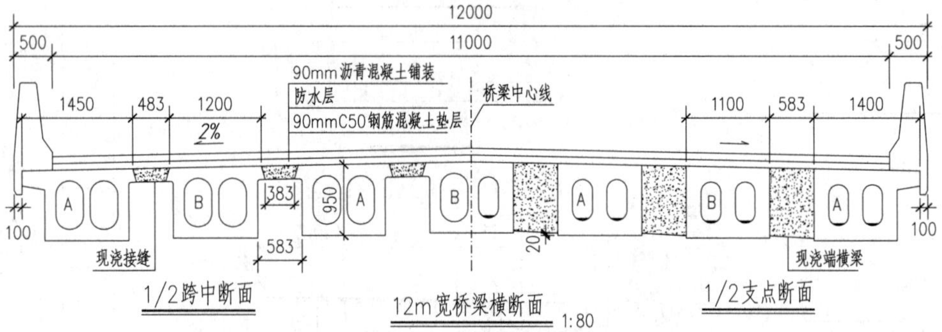

12m宽桥梁横断面 1:80

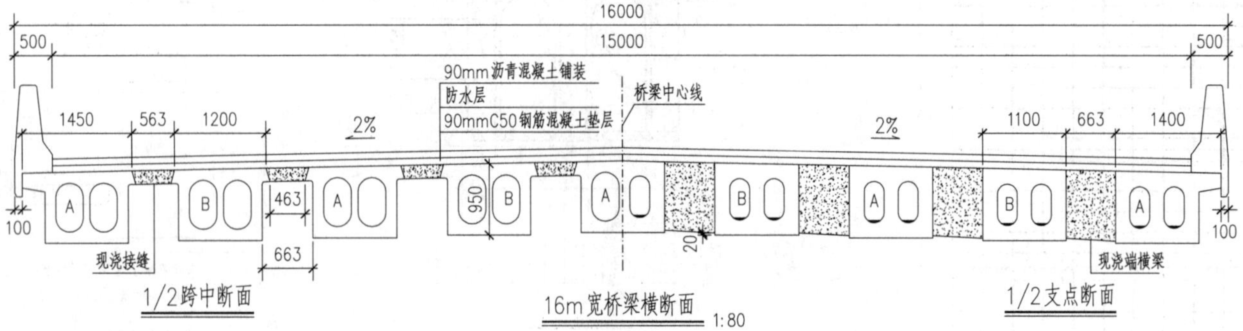

16m宽桥梁横断面 1:80

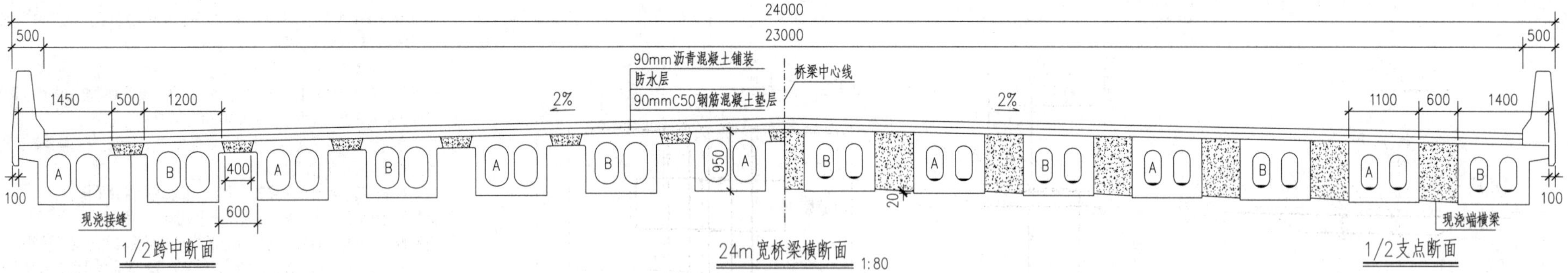

24m宽桥梁横断面 1:80

现浇接缝参数表

编号	桥宽(m)	空心板片数	现浇接缝上口宽 b(mm)	现浇接缝下口宽 b'(mm)
1	8.50	5	450	350
2	12.00	7	483	383
3	16.00	9	563	463
4	24.00	14	500	400

附注：1. 本图尺寸单位除标明外，其余均以毫米计。
2. 本图为城市桥梁中桥宽分别为8.5m、12m、16m、24m的典型横断面布置图，纵向计算时横向分布系数按最不利值取用。
3. 图中A、B代表不同钢筋布置的空心板，详见空心板钢筋图。
4. 如桥面板U形钢筋采用焊接连接，图中空心板全部采用A型空心板。如桥面板U形钢筋采用交错布置，图中空心板采用A、B型空心板。

22m预应力混凝土空心板典型横断面布置图 设计荷载：城—A级、城—B级	图集号	2024沪Q003
	页	74

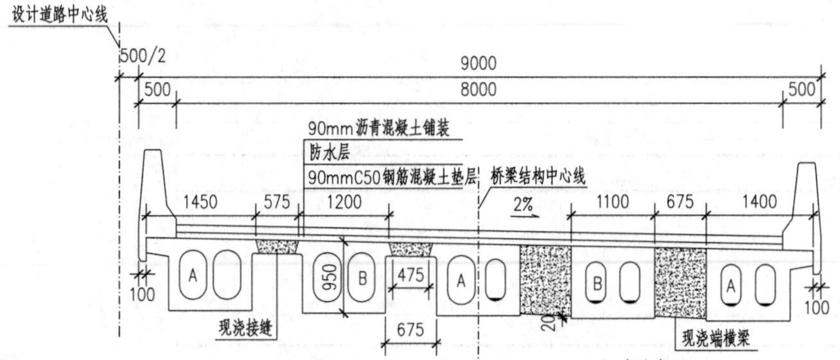

1/2跨中断面　　1/2支点断面

2x9.00m宽桥梁横断面 1:80

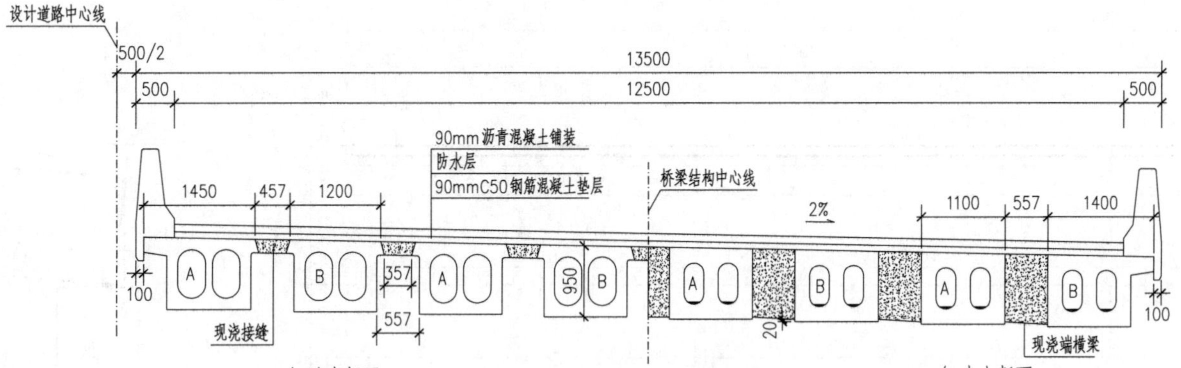

1/2跨中断面　　2x13.50m宽桥梁横断面 1:80　　1/2支点断面

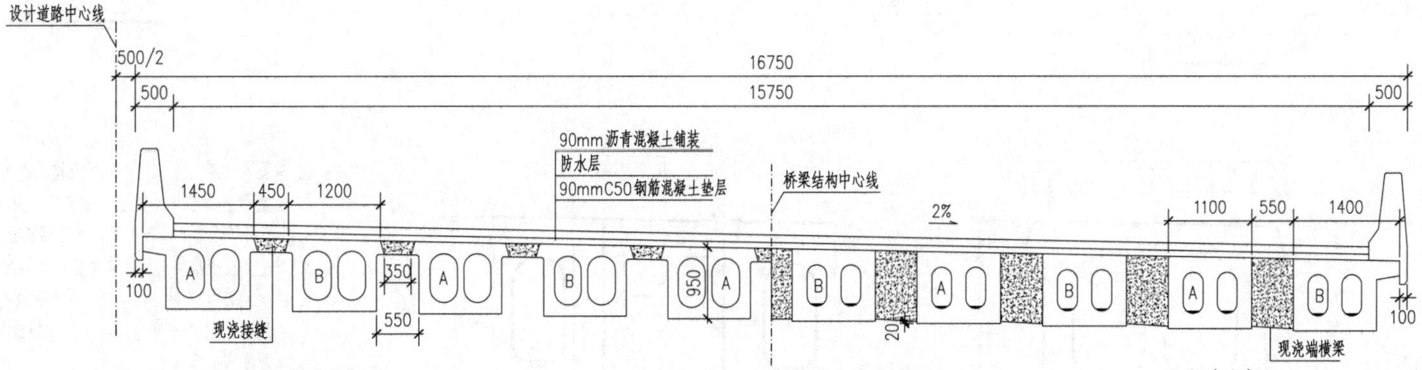

1/2跨中断面　　2x16.75m宽桥梁横断面 1:80　　1/2支点断面

现浇接缝参数表

编号	桥宽(m)	空心板片数	现浇接缝上口宽 b(mm)	现浇接缝下口宽 b'(mm)
1	2x9.00	2x5	575	475
2	2x13.50	2x8	457	357
3	2x16.75	2x10	450	350

附注：1. 本图尺寸单位除标明外，其余均以毫米计。
2. 本图为公路桥梁中桥宽分别为2×9.00m、2×13.50m、2×16.75m的典型横断面布置图，纵向计算时横向分布系数按最不利值取用。
3. 图中A、B代表不同钢筋布置的空心板，详见空心板钢筋图。
4. 如桥面板U形钢筋采用焊接连接，图中空心板全部采用A型空心板。
如桥面板U形钢筋采用交错布置，图中空心板采用A、B型空心板。

22m预应力混凝土空心板典型横断面布置图 设计荷载：公路—Ⅰ级、公路—Ⅱ级	图集号	2024沪Q003
	页	75

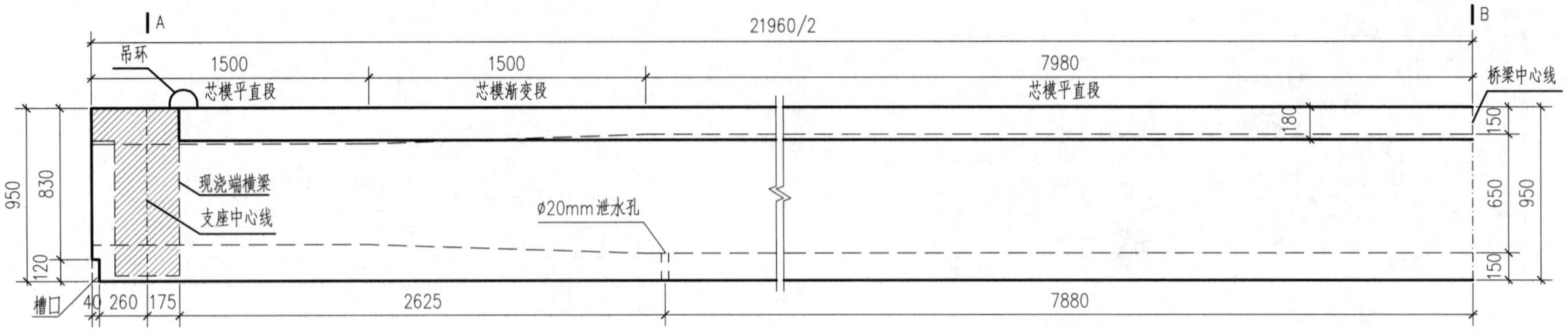

1/2立面 1:30

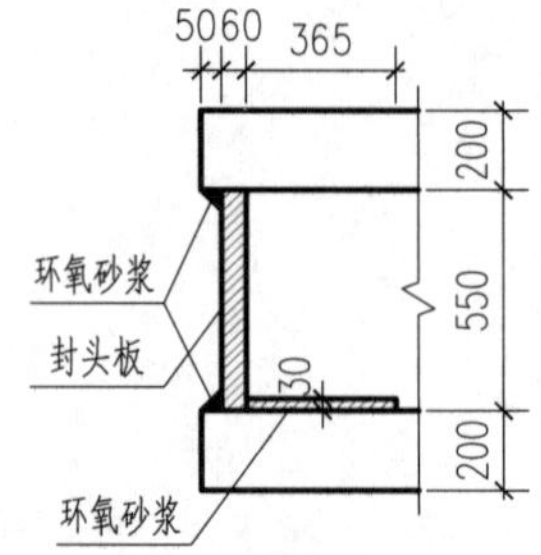

封头板立面 1:30

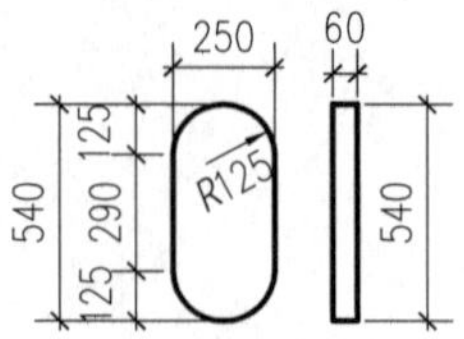

封头板大样 1:30

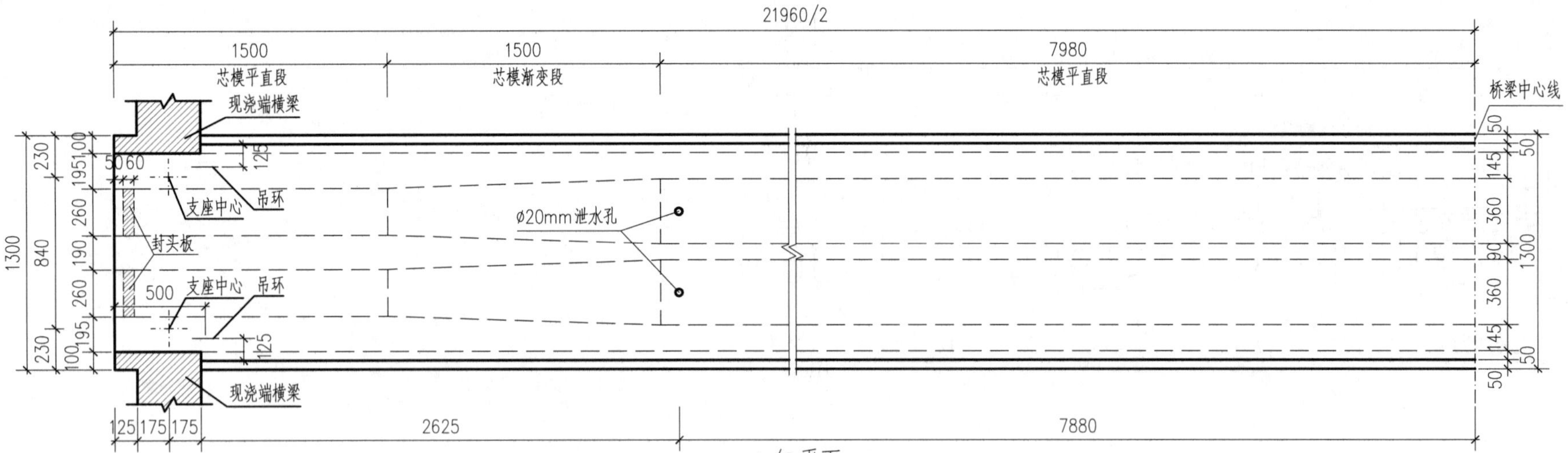

1/2平面 1:30

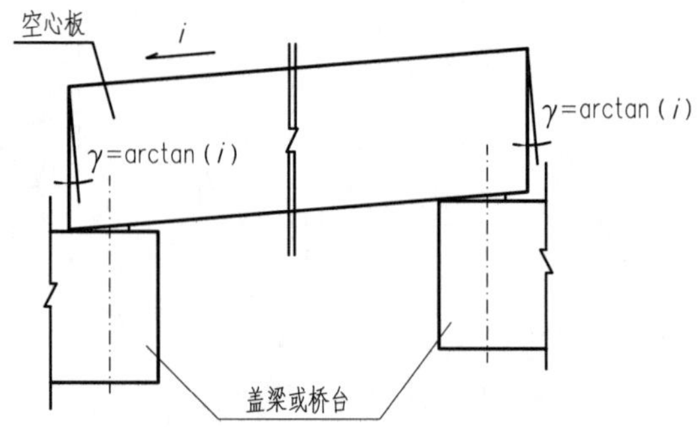

板端立面示意图

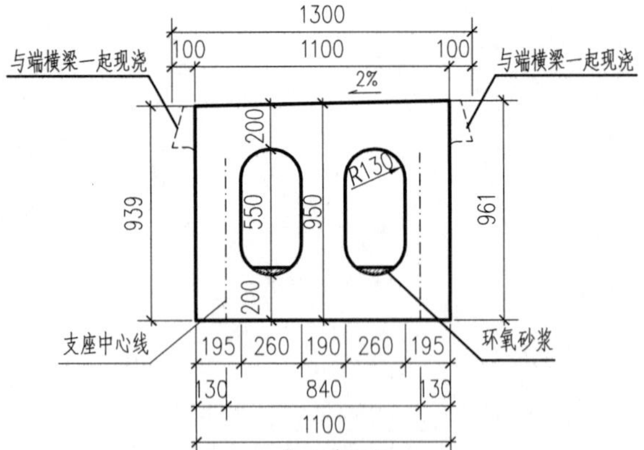

支点断面 1:30

(A—A)

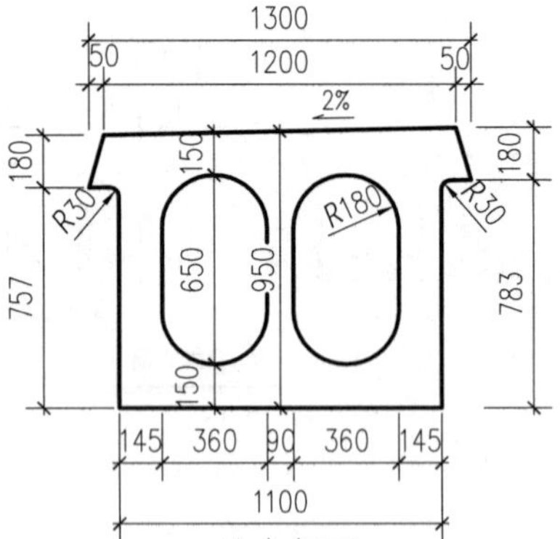

跨中断面 1:30

(B—B)

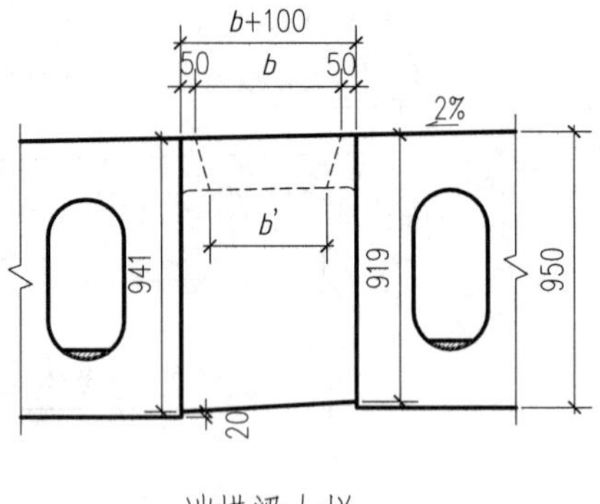

端横梁大样 1:30

附注：1. 本图尺寸单位除标明外，其余均以毫米计。

2. 预制梁采用 C50 混凝土，现浇接缝及端横梁采用 C50 混凝土（桥面板 U 形钢筋焊接）或采用 C60 低收缩混凝土（桥面板 U 形钢筋交错布置）。

3. 梁端面应根据桥梁纵坡调整方向及角度，保持铅垂。

4. 桥梁纵坡≥3% 时，应根据纵坡修正梁长。

5. 梁底应采取调平措施，使支座保持水平，详见预应力混凝土空心板支座调平构造示意图。

6. 图中现浇接缝上口宽 b、下口宽 b' 详见相应空心板典型横断面布置图。

7. 预制梁顶面混凝土必须充分拉毛。

8. 空心板采用预埋吊环钢筋起吊施工。

9. 板梁安装时应采取有效措施保证梁底四个支座均匀受力，避免由于支座脱空产生不良受力状态。

10. 施工单位应采取有效的封头板定位措施，确保封头板密封安装。

22m 预应力混凝土空心板中梁构造图（斜交角 0°） 设计荷载：城—A 级、城—B 级、公路—Ⅰ级、公路—Ⅱ级	图集号	2024沪Q003
	页	76

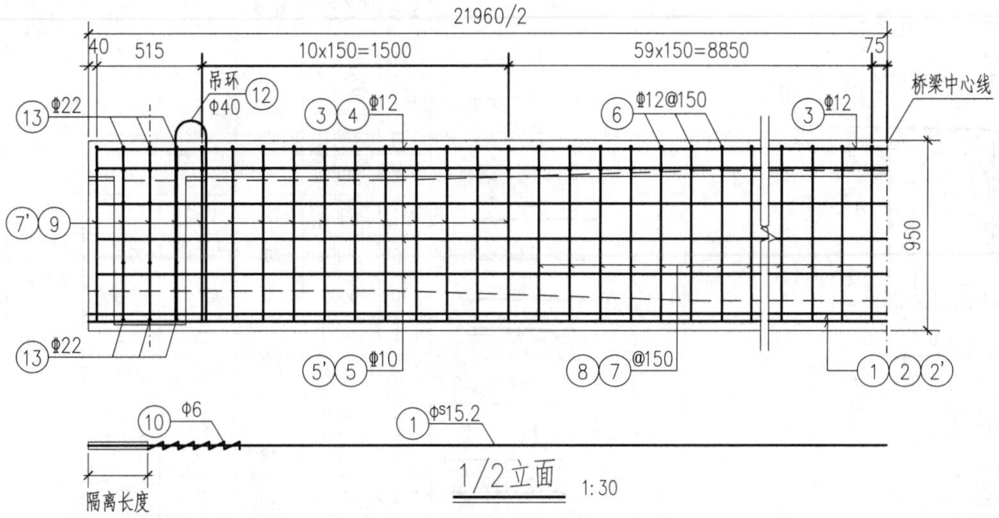

1/2立面 1:30

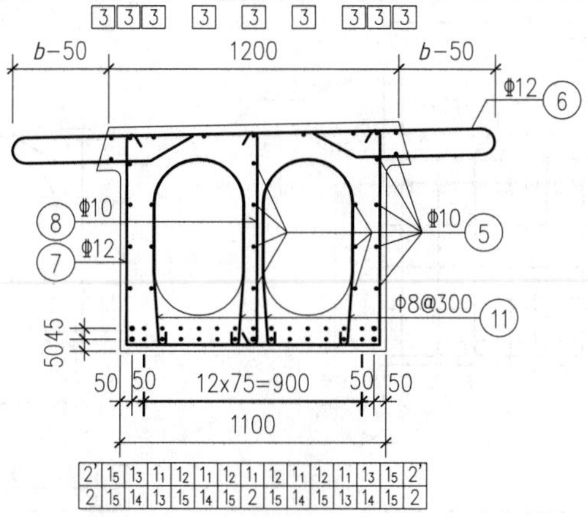

跨中断面 1:30

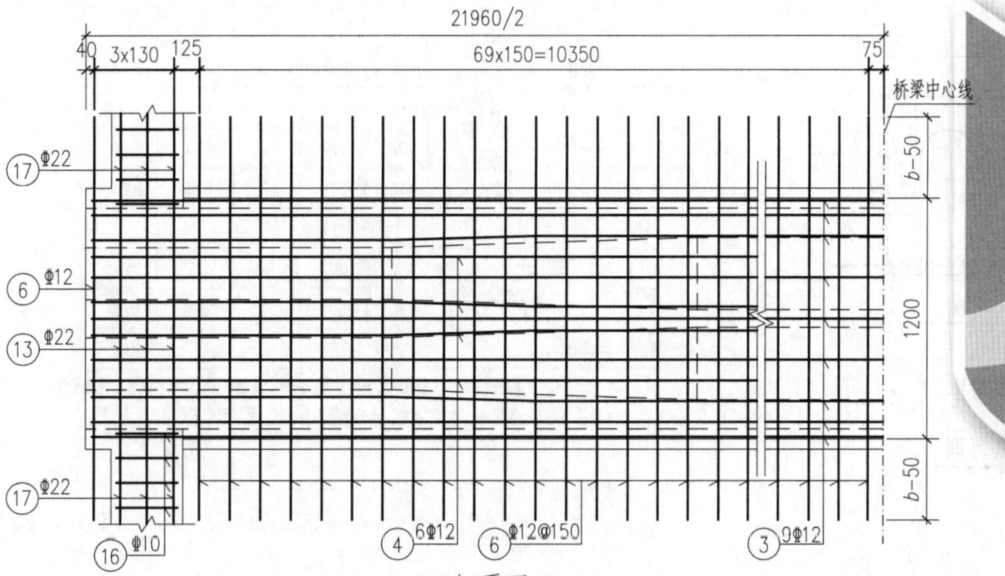

1/2平面 1:30

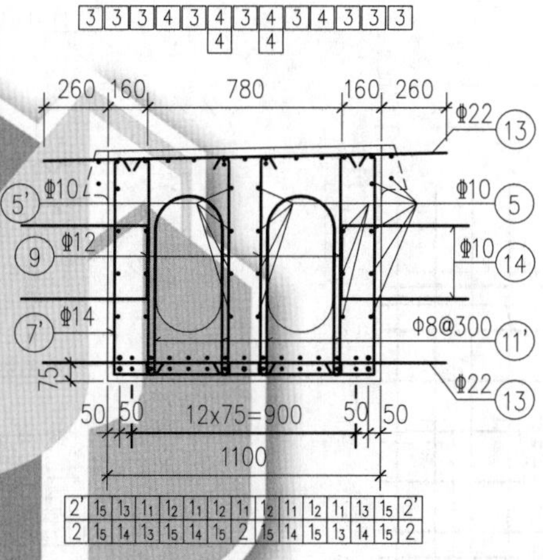

支点断面 1:30

预应力钢绞线端部隔离长度表

编号	隔离长度(mm)	根数
1_1	6000	5
1_2	4500	4
1_3	3000	4
1_4	1500	4
1_5	100	8

混凝土材料明细表

混凝土	数量(m^3)
梁体C50	15.17
现浇段C50/C60低收缩	1.89~2.56
封头板C30	0.029

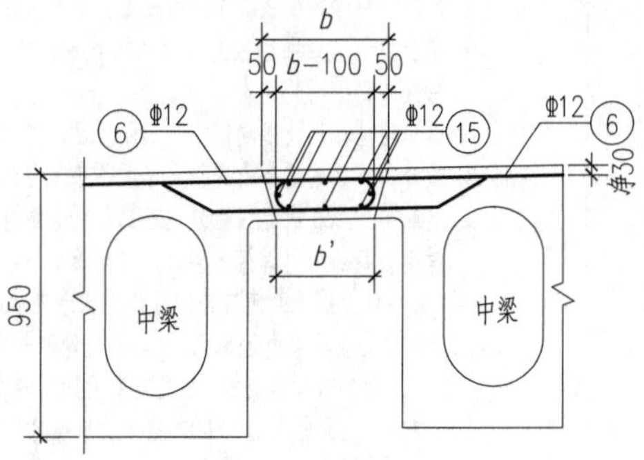

现浇桥面板钢筋 1:30

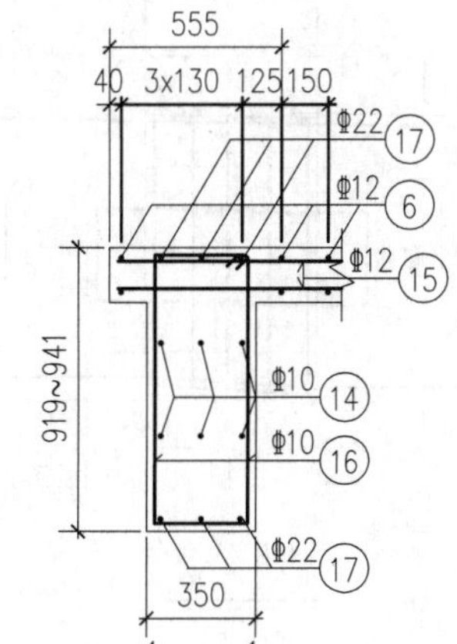

1 — 1 1:30

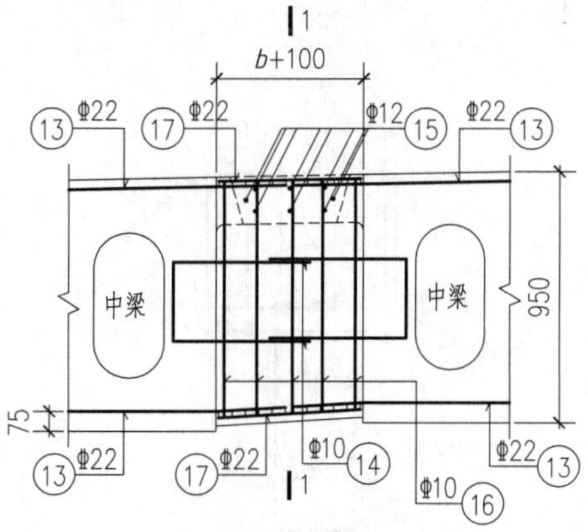

端横梁钢筋 1:30

钢筋材料明细表

编号	略图	直径	每根全长(mm)	根数	总长度(m)	总重(kg)	合计(kg)
1	21960	Φs15.2	21960	25	549.0	604.4	钢绞线:604.4 HPB300:270.2 HRB400:2110.2
2	21900	Φ25	21900	3	65.7	253.2	
2'	21900	Φ25	21900	2	43.8	168.8	
3	21900	Φ12	21900	9	197.1	175.0	
4	6000	Φ12	6000	12	72.0	63.9	
5	21900	Φ10	21900	20	438.0	270.0	
5'	3500	Φ10	3500	8	28.0	17.3	
6	990+2xb; 170; 70+b; 200; 200; 70+b; 170	Φ12	3670	142	521.1	462.7	
7	120 120; 876; 1046; 896	Φ12	3058	118	360.8	320.4	
7'	140 140; 875; 1044; 895	Φ14	3094	30	92.8	112.2	
8	886; 100; 100	Φ10	1086	118	128.1	79.0	
9	877~893; 120; 120	Φ12	平均 1125	120	135.0	119.9	
10	8x50; 50	Φ6	1476	50	73.8	16.4	
11	581 R=185; 580; 35; 47 R=15	Φ8	1905	106	201.9	79.7	
11'	R=135~185; 580; 35; 47 R=15	Φ8	平均 1864	40	74.6	29.4	
12	267 R=85; 950; 950; 375; 375 375	Φ40	3667	4	14.7	144.7	
13	1620	Φ22	1620	12	19.4	58.0	
14	285+b/2; 300; 285+b/2	Φ10	1320	12	15.8	9.8	
现浇部分钢筋							
15	21900	Φ12	21900	8	175.2	155.5	HRB400: 190.2
16	867~889; 298; 100	Φ10	平均 2552	10	25.5	15.7	
17	80+b	Φ22	530	12	6.4	19.0	

注：1.本表中参数b按现浇接缝最小上口宽450mm计算，实际长度按照现浇接缝参数表中数值取值。
2.本表适用于安全等级为一级的空心板，若安全等级为二级，可取消钢筋②'。

附注：1. 本图尺寸单位除标明外，其余均以毫米计。
2. 预应力钢绞线采用预应力钢绞线1×7-15.20-1860-GB/T 5224，技术条件必须符合《预应力混凝土用钢绞线》GB/T 5224的规定。
3. 预应力钢绞线控制张拉应力为$0.75f_{pk}$，每根控制张拉力为195kN。
4. 切断预应力钢绞线时混凝土强度、弹性模量（或龄期）要求详见本设计说明六第9条规定。
5. 切断预应力钢绞线次序：由两侧向中间左右对称进行。
6. 预应力钢绞线两端须用内径ϕ20黑铁管或被认可的材料包裹隔离，隔离长度详见预应力钢绞线端部隔离长度表。
7. 槽口处理：钢绞线端部作防锈处理后，用水泥砂浆封闭抹平。
8. 最外侧钢筋的混凝土保护层厚度不小于20mm。
9. 钢筋⑩为D50螺旋钢筋，钢筋⑬在现浇端横梁处与钢筋⑰焊接。钢筋⑭在现浇端横梁处互相焊接。钢筋采用焊接连接时，焊接长度：单面焊10d，双面焊5d，d为钢筋直径。
10. 梁端设伸缩缝处应按伸缩缝装置构造要求设置预埋件。
11. 单梁安装净重为395kN，吊装、运输时必须注意平稳。
12. 本图对应A型空心板，B型空心板钢筋调整大样详见"B型空心板钢筋调整示意图"。
13. 抗芯模上浮钢筋⑪、⑪'与空心板箍筋⑧、⑨纵向错位布置。

22m预应力混凝土空心板中梁钢筋图（斜交角0°） 设计荷载：城—A级、公路—Ⅰ级	图集号	2024沪Q003
	页	77

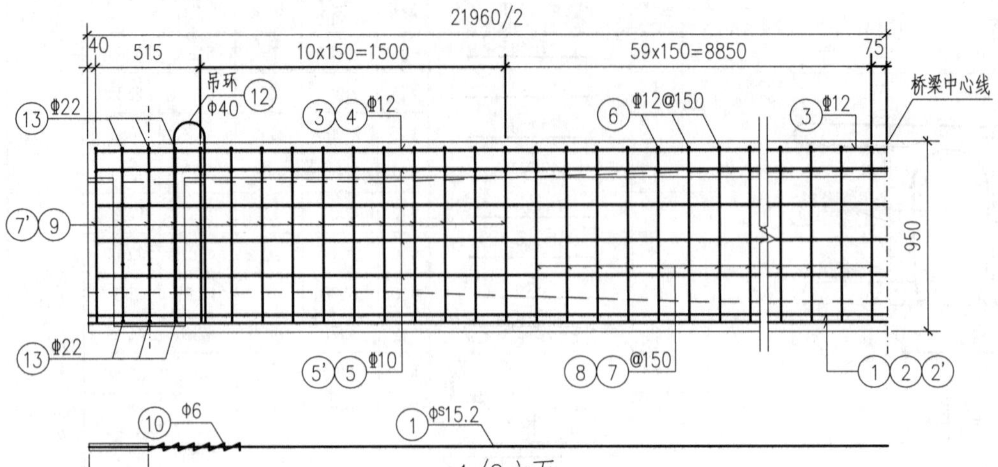

1/2立面 1:30

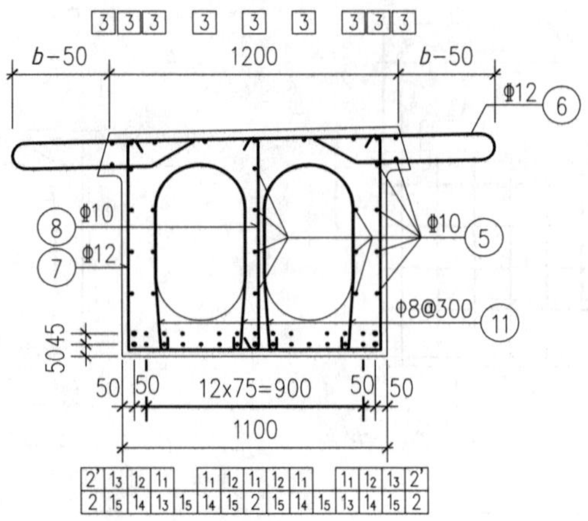

跨中断面 1:30

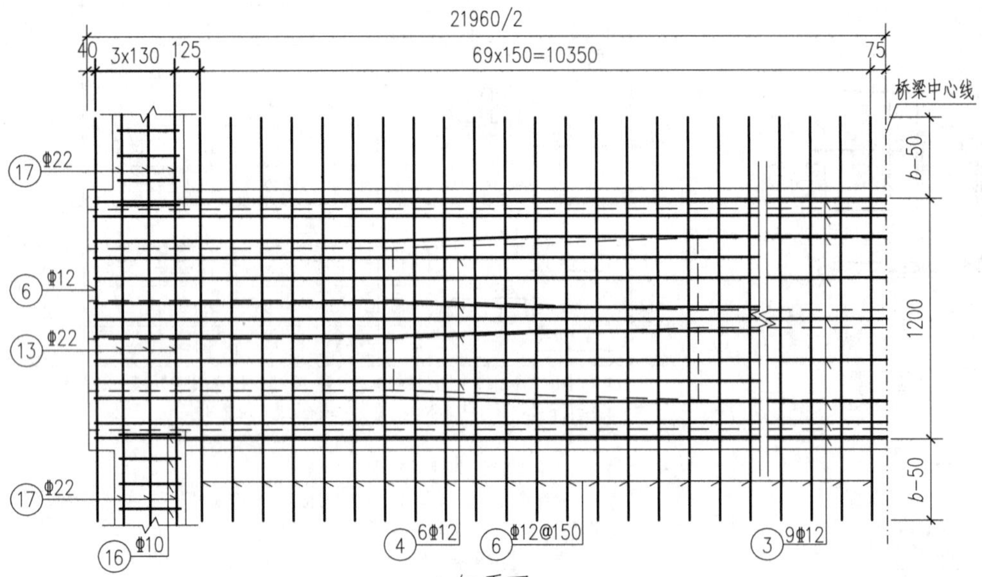

1/2平面 1:30

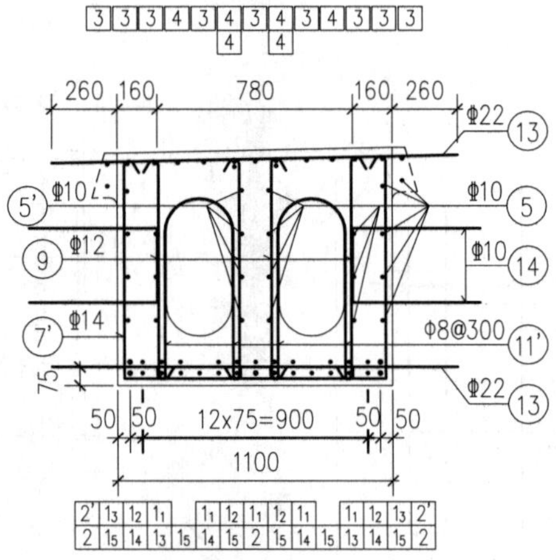

支点断面 1:30

预应力钢绞线端部隔离长度表

编 号	隔离长度(mm)	根 数
1_1	6000	5
1_2	4500	4
1_3	3000	4
1_4	1500	4
1_5	100	6

混凝土材料明细表

混凝土	数量(m^3)
梁体C50	15.17
现浇段C50/C60低收缩	1.89~2.56
封头板C30	0.029

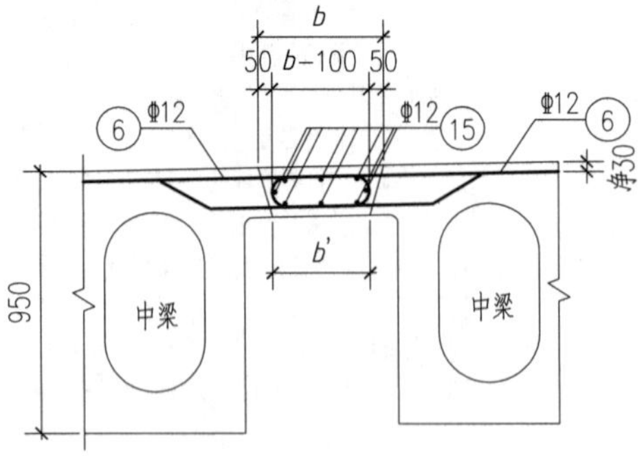

现浇桥面板钢筋 1:30

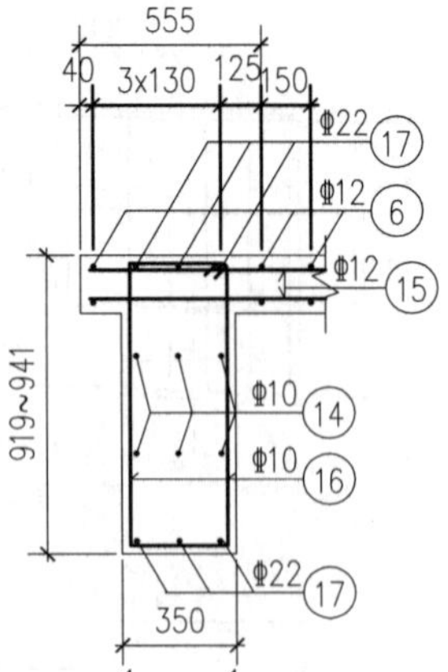

1 — 1 1:30

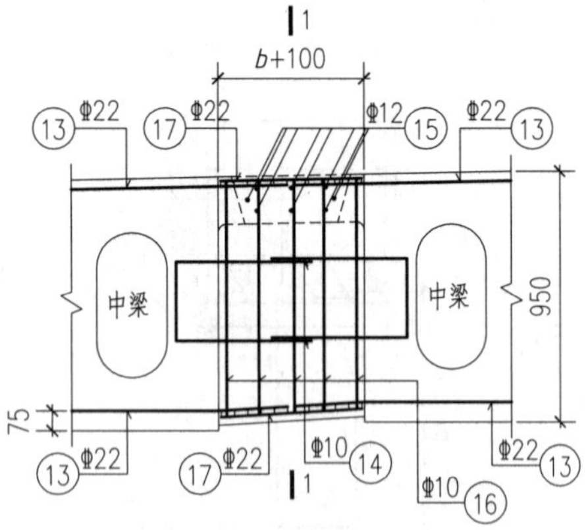

端横梁钢筋 1:30

钢筋材料明细表

编 号	略 图	直 径	每根全长(mm)	根 数	总长度(m)	总 重(kg)	合 计(kg)
1	21960	$Φ^S$15.2	21960	23	505.1	556.1	钢绞线:556.1 HPB300:268.9 HRB400:2110.2
2	21900	Φ25	21900	3	65.7	253.2	
2′	21900	Φ25	21900	2	43.8	168.8	
3	21900	Φ12	21900	9	197.1	175.0	
4	6000	Φ12	6000	12	72.0	63.9	
5	21900	Φ10	21900	20	438.0	270.0	
5′	3500	Φ10	3500	8	28.0	17.3	
6	990+2xb; 170; 70+b; 200; 200; 70+b; 170	Φ12	3670	142	521.1	462.7	
7	120 120; 876; 1046; 896	Φ12	3058	118	360.8	320.4	
7′	140 140; 875; 1044; 895	Φ14	3094	30	92.8	112.2	
8	886; 100; 100	Φ10	1086	118	128.1	79.0	
9	877~893; 120; 120	Φ12	平均 1125	120	135.0	119.9	
10	8x50; 50	Φ 6	1476	46	67.9	15.1	
11	581R=185; 580; 35; 47R=15	Φ 8	1905	106	201.9	79.7	
11′	R=135~185; 580; 35; 47R=15	Φ 8	平均 1864	40	74.6	29.4	
12	267R=85; 950; 950; 375; 375 375	Φ40	3667	4	14.7	144.7	
13	1620	Φ22	1620	12	19.4	58.0	
14	285+b/2; 300; 285+b/2	Φ10	1320	12	15.8	9.8	
现浇部分钢筋							
15	21900	Φ12	21900	8	175.2	155.5	HRB400:190.2
16	867~889; 298; 100	Φ10	平均 2552	10	25.5	15.7	
17	80+b	Φ22	530	12	6.4	19.0	

注:1.本表中参数b按现浇接缝最小上口宽450mm计算,实际长度按照现浇接缝参数表中数值取值。
2.本表适用于安全等级为一级的空心板,若安全等级为二级,可取消钢筋②′。

附注:1. 本图尺寸单位除标明外,其余均以毫米计。
2. 预应力钢绞线采用预应力钢绞线1×7-15.20-1860-GB/T 5224,技术条件必须符合《预应力混凝土用钢绞线》GB/T 5224的规定。
3. 预应力钢绞线控制张拉应力为$0.75f_{pk}$,每根控制张拉力为195kN。
4. 切断预应力钢绞线时混凝土强度、弹性模量(或龄期)要求详见本设计说明六第9条规定。
5. 切断预应力钢绞线次序:由两侧向中间左右对称进行。
6. 预应力钢绞线两端须用内径ϕ20黑铁管或被认可的材料包裹隔离,隔离长度详见预应力钢绞线端部隔离长度表。
7. 槽口处理:钢绞线端部作防锈处理后,用水泥砂浆封闭抹平。
8. 最外侧钢筋的混凝土保护层厚度不小于20mm。
9. 钢筋⑩为D50螺旋钢筋,钢筋⑬在现浇端横梁处与钢筋⑰焊接。钢筋⑭在现浇端横梁处互相焊接。钢筋采用焊接连接时,焊接长度:单面焊10d,双面焊5d,d为钢筋直径。
10. 梁端设伸缩缝处应按伸缩缝装置构造要求设置预埋件。
11. 单梁安装净重为395kN,吊装、运输时必须注意平稳。
12. 本图对应A型空心板,B型空心板钢筋调整大样详见“B型空心板钢筋调整示意图”。
13. 抗芯模上浮钢筋⑪、⑪′与空心板箍筋⑧、⑨纵向错位布置。

22m预应力混凝土空心板中梁钢筋图(斜交角0°) 设计荷载:城—B级、公路—Ⅱ级	图集号	2024沪Q003
	页	78

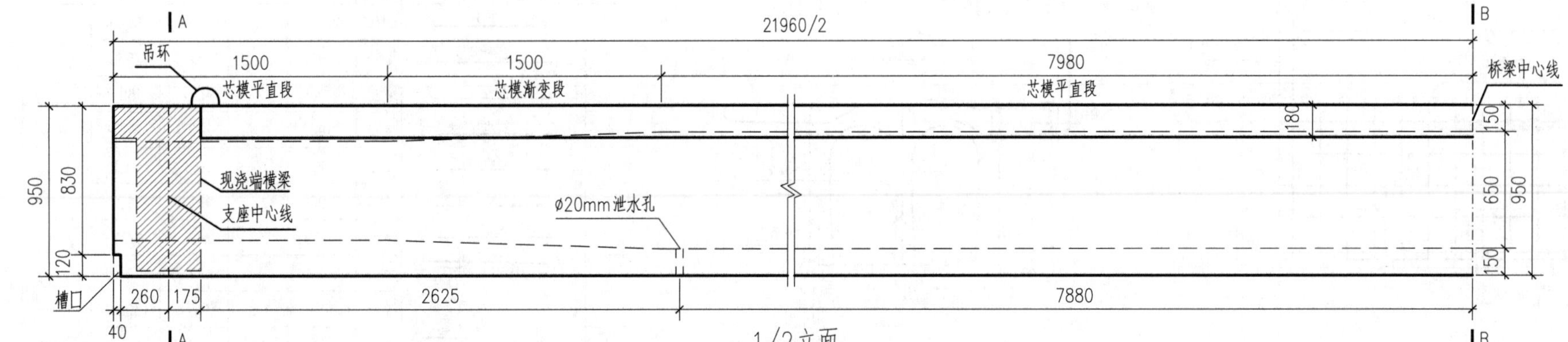

1/2立面 1:30

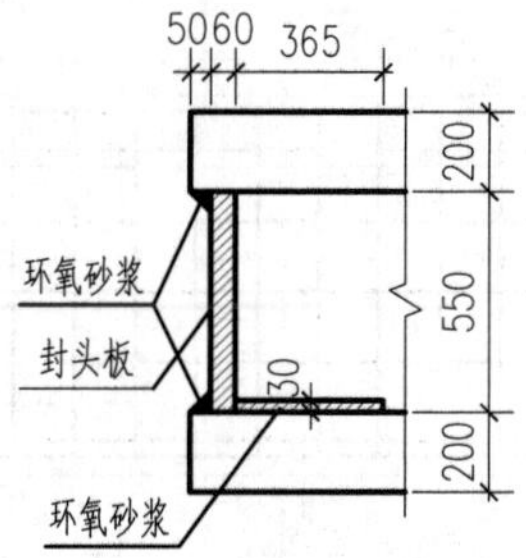

封头板立面 1:30

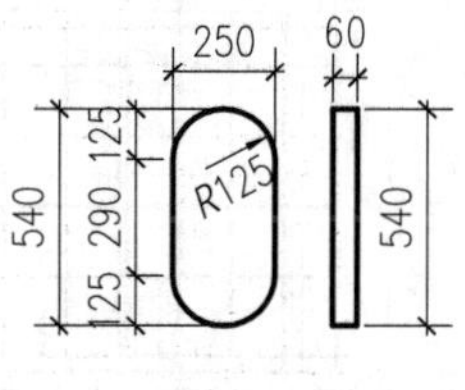

封头板大样 1:30

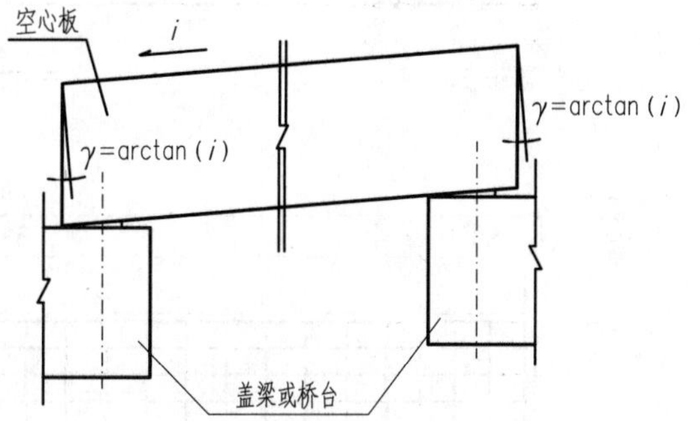

板端立面示意图

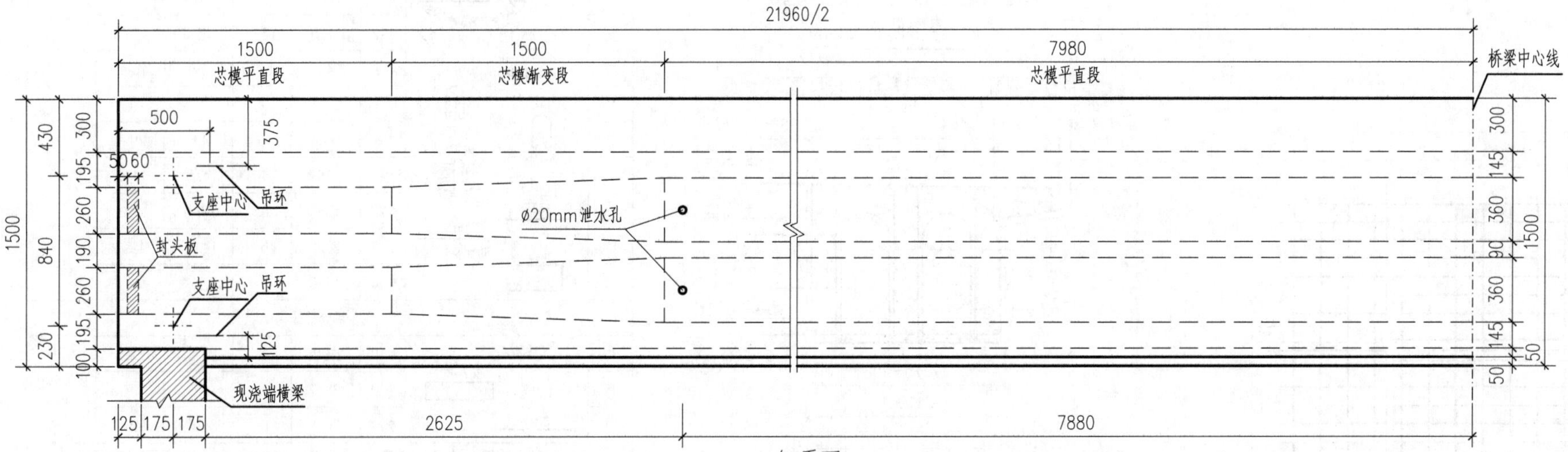

1/2平面 1:30

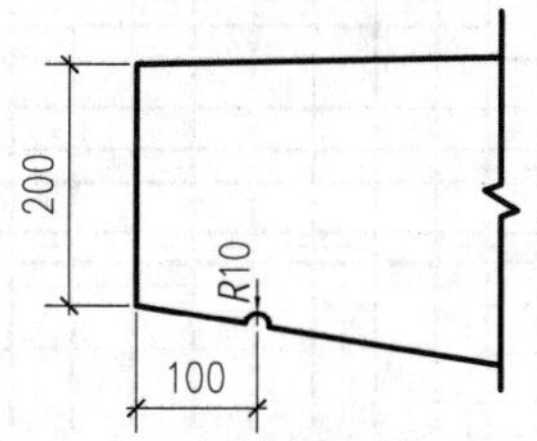

滴水槽大样 1:10

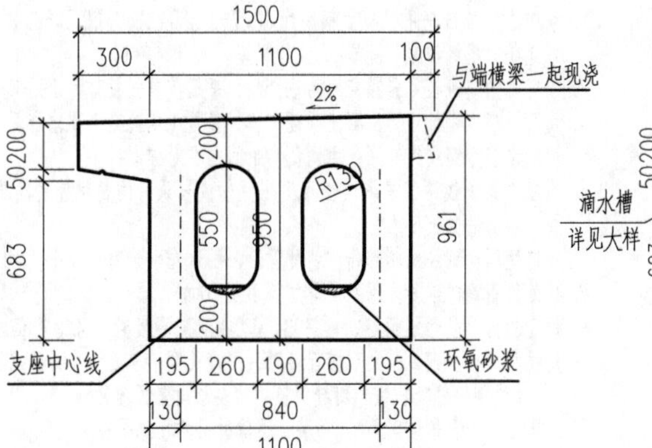

支点断面 1:30

(A—A)

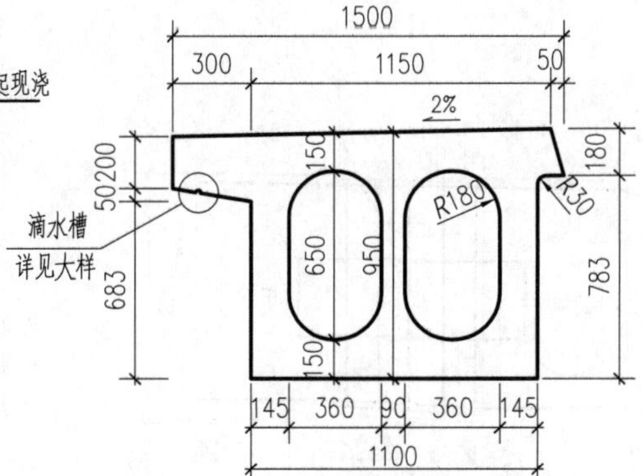

跨中断面 1:30

(B—B)

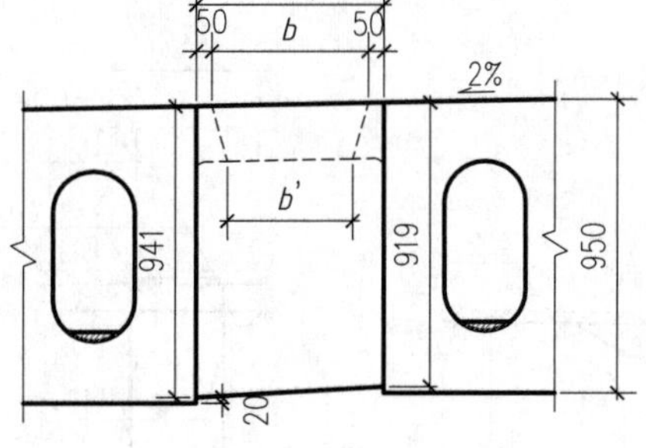

端横梁大样 1:30

附注：1. 本图尺寸单位除标明外，其余均以毫米计。
2. 预制梁采用 C50 混凝土，现浇接缝及端横梁采用 C50 混凝土（桥面板 U 形钢筋焊接）或采用 C60 低收缩混凝土（桥面板 U 形钢筋交错布置）。
3. 梁端面应根据桥梁纵坡调整方向及角度，保持铅垂。
4. 桥梁纵坡≥3% 时，应根据纵坡修正梁长。
5. 梁底应采取调平措施，使支座保持水平，详见预应力混凝土空心板支座调平构造示意图。
6. 图中现浇接缝上口宽 b，下口宽 b' 详见相应空心板典型横断面布置图。
7. 预制梁顶面混凝土必须充分拉毛。
8. 空心板采用预埋吊环钢筋起吊施工。
9. 板梁安装时应采取有效措施保证梁底四个支座均匀受力，避免由于支座脱空产生不良受力状态。
10. 施工单位应采取有效的封头板定位措施，确保封头板密封安装。

22m 预应力混凝土空心板边梁构造图（斜交角 0°） 设计荷载：城—A 级、城—B 级、公路—Ⅰ级、公路—Ⅱ级	图集号	2024沪Q003
	页	79

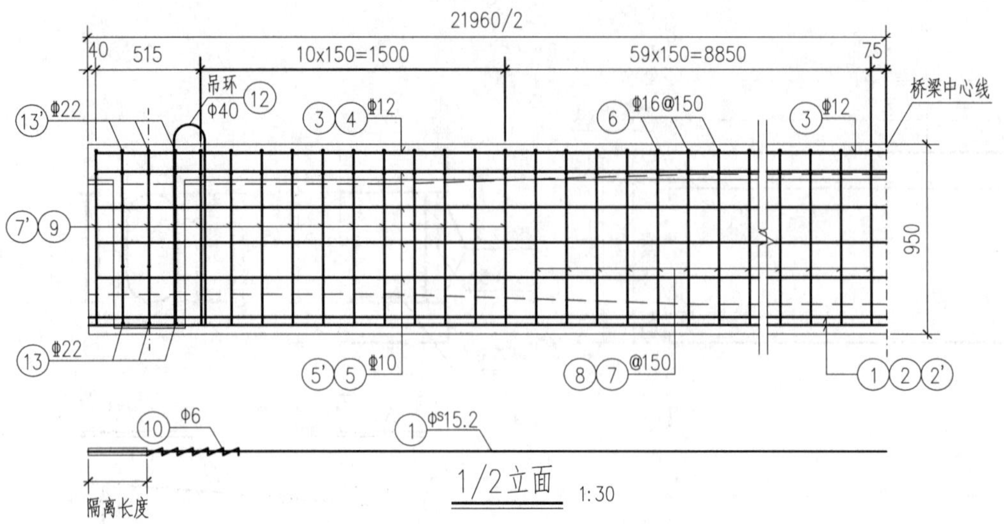

1/2立面 1:30

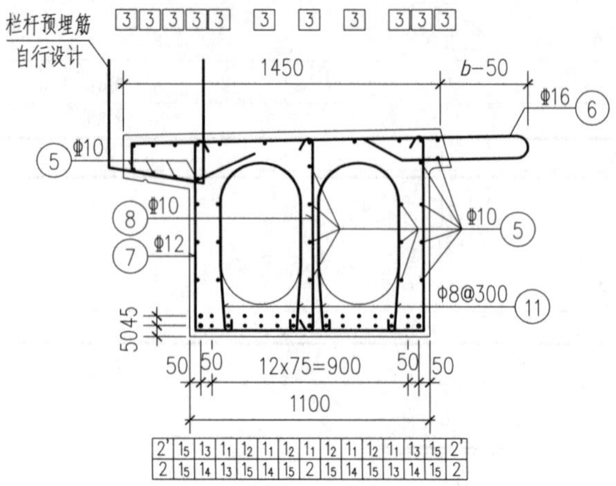

跨中断面 1:30

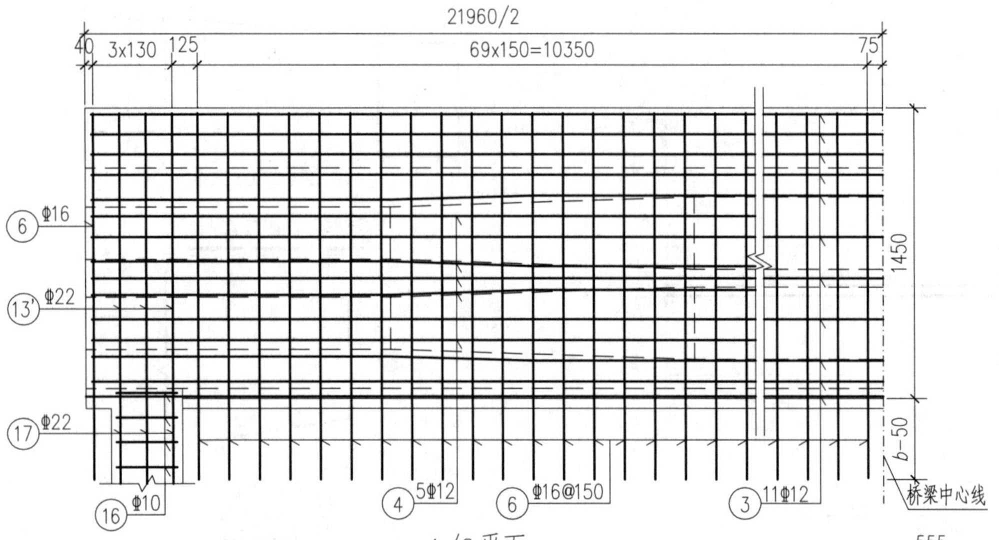

1/2平面 1:30

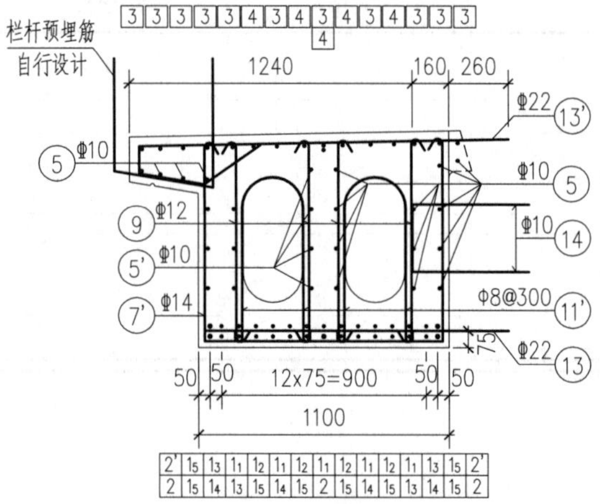

支点断面 1:30

预应力钢绞线端部隔离长度表

编 号	隔离长度(mm)	根 数
l_1	6000	5
l_2	4500	4
l_3	3000	4
l_4	1500	4
l_5	100	8

混凝土材料明细表

混凝土	数量(m³)
梁体C50	16.39
现浇段C50/C60低收缩	0.95~1.28
封头板C30	0.029

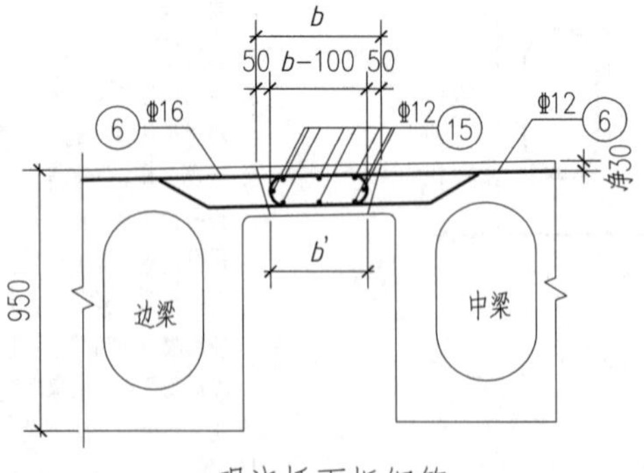

现浇桥面板钢筋 1:30

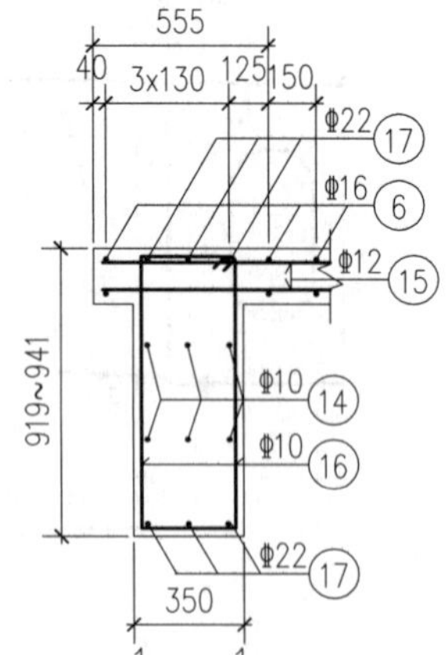

1 — 1 1:30

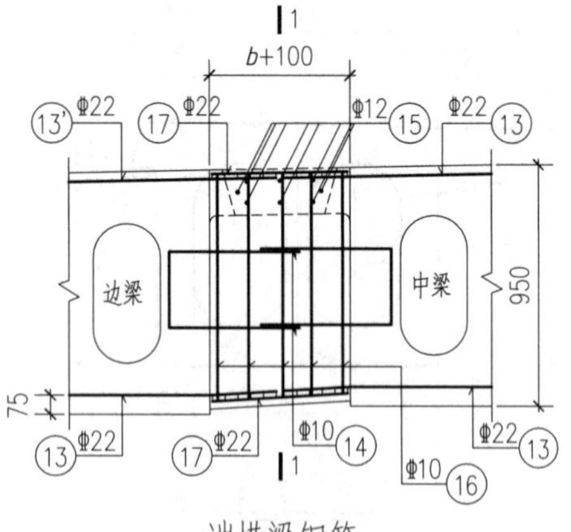

端横梁钢筋 1:30

钢筋材料明细表

编 号	略 图	直 径	每根全长(mm)	根 数	总长度(m)	总 重(kg)	合 计(kg)
1	21960	Φs15.2	21960	25	549.0	604.4	钢绞线：604.4 HPB300：270.2 HRB400：2459.4
2	21900	Φ25	21900	3	65.7	253.2	
2'	21900	Φ25	21900	2	43.8	168.8	
3	21900	Φ12	21900	11	240.9	213.9	
4	6000	Φ12	6000	10	60.0	53.3	
5	21900	Φ10	21900	22	481.8	297.0	
5'	3500	Φ10	3500	8	28.0	17.3	
6	1309+b, 129, 291, 300, 200, 75+b, 160	Φ16	3364	142	477.7	754.0	
7	120, 120, 876, 1046, 896	Φ12	3058	118	360.8	320.4	
7'	140, 140, 875, 1044, 895	Φ14	3094	30	92.8	112.2	
8	886, 100, 100	Φ10	1086	118	128.1	79.0	
9	877~893, 120, 120	Φ12	平均 1125	120	135.0	119.9	
10	8x50, 50	Φ6	1476	50	73.8	16.4	
11	581 R=185, 580, 35, 47 R=15	Φ8	1905	106	201.9	79.7	
11'	R=135~185, 580, 35, 47 R=15	Φ8	平均 1864	40	74.6	29.4	
12	267 R=85, 950, 950, 375, 375, 375	Φ40	3667	4	14.7	144.7	
13	1330	Φ22	1330	6	8.0	23.8	
13'	1618, 123, 288, 300	Φ22	2329	6	14.0	41.7	
14	285+b/2, 300, 285+b/2	Φ10	1320	6	7.9	4.9	
现浇部分钢筋							
15	21900	Φ12	21900	4	87.6	77.8	HRB400：95.2
16	867~889, 298, 100	Φ10	平均 2552	5	12.8	7.9	
17	80+b	Φ22	530	6	3.2	9.5	

注：1.本表中参数b按现浇接缝最小上口宽450mm计算，实际长度按照现浇接缝参数表中数值取值。
2.本表适用于安全等级为一级的空心板，若安全等级为二级，可取消钢筋②'。

附注：1. 本图尺寸单位除标明外，其余均以毫米计。
2. 预应力钢绞线采用预应力钢绞线 1×7-15.20-1860-GB/T 5224，技术条件必须符合《预应力混凝土用钢绞线》GB/T 5224 的规定。
3. 预应力钢绞线控制张拉应力为 $0.75f_{pk}$，每根控制张拉力为 195kN。
4. 切断预应力钢绞线时混凝土强度、弹性模量（或龄期）要求详见本设计说明六第 9 条规定。
5. 切断预应力钢绞线次序：由两侧向中间左右对称进行。
6. 预应力钢绞线两端须用内径 φ20 黑铁管或被认可的材料包裹隔离，隔离长度详见预应力钢绞线端部隔离长度表。
7. 槽口处理：钢绞线端部作防锈处理后，用水泥砂浆封闭抹平。
8. 最外侧钢筋的混凝土保护层厚度不小于 20mm。
9. 钢筋⑩为 D50 螺旋钢筋，钢筋⑬、⑬'在现浇端横梁处与钢筋⑰焊接。钢筋⑭在现浇端横梁处互相焊接。钢筋采用焊接连接时，焊接长度：单面焊 10d，双面焊 5d，d 为钢筋直径。
10. 梁端设伸缩缝处应按伸缩缝装置构造要求设置预埋件。
11. 单梁安装净重为 427kN，吊装、运输时必须注意平稳。
12. 本图对应 A 型空心板，B 型空心板钢筋调整大样详见“B 型空心板钢筋调整示意图”。
13. 抗芯模上浮钢筋⑪、⑪'与空心板箍筋⑧、⑨纵向错位布置。
14. 栏杆预埋筋仅作示意，设计单位应根据栏杆防护等级及构造要求自行设计。

22m 预应力混凝土空心板边梁钢筋图（斜交角 0°） 设计荷载：城—A 级、公路—Ⅰ级	图集号	2024沪Q003
	页	80

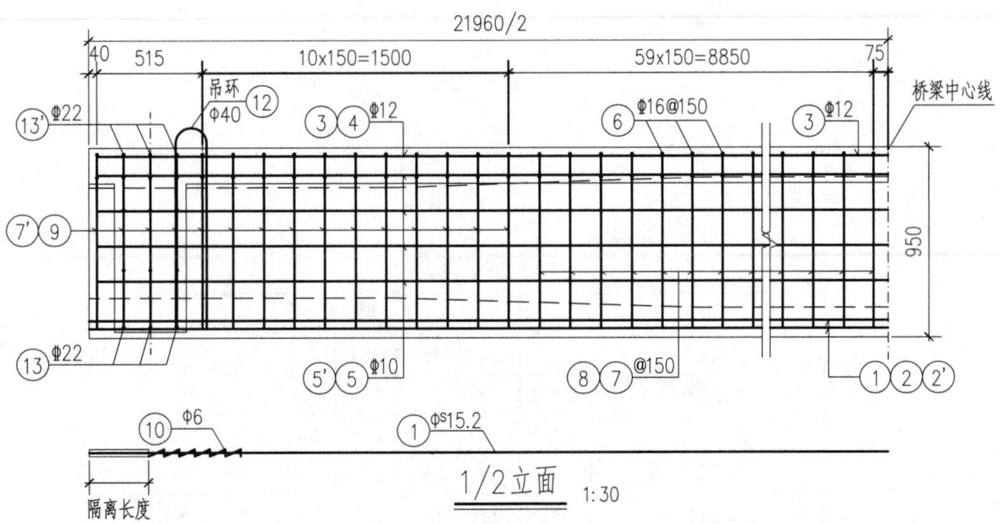

1/2立面 1:30

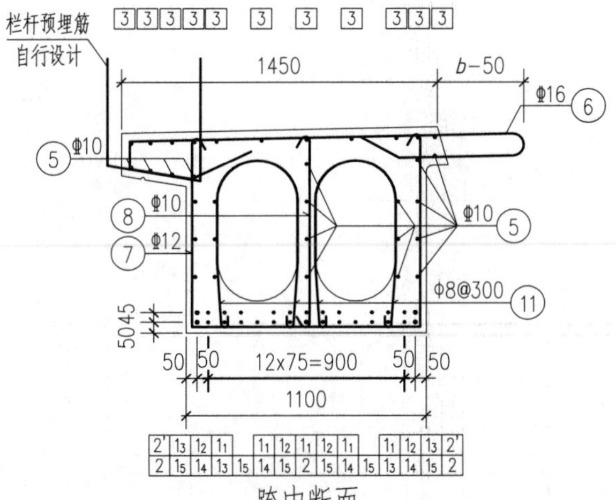

跨中断面 1:30

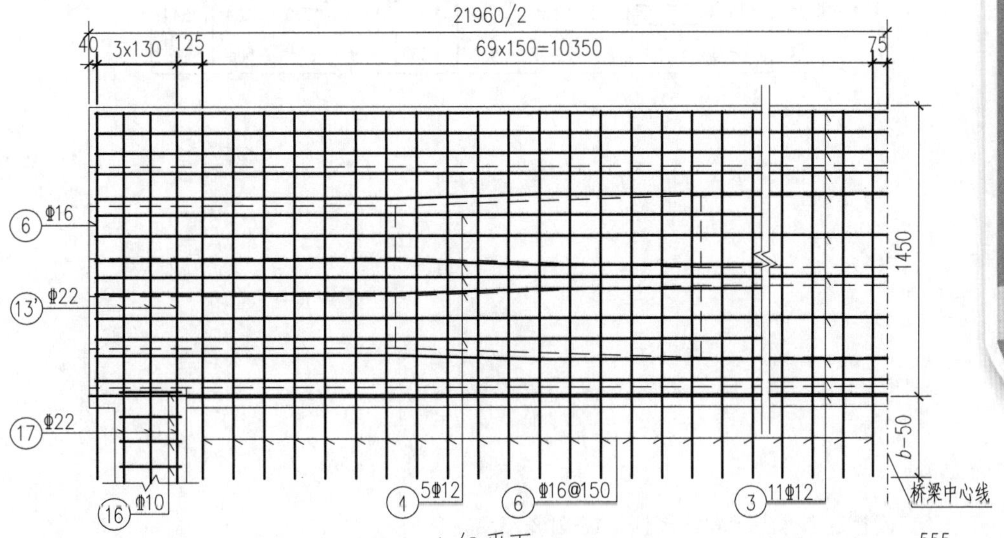

1/2平面 1:30

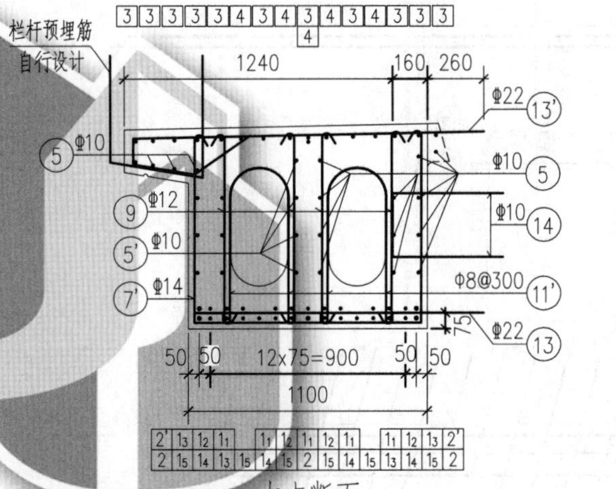

支点断面 1:30

预应力钢绞线端部隔离长度表

编 号	隔离长度(mm)	根 数
1₁	6000	5
1₂	4500	4
1₃	3000	4
1₄	1500	4
1₅	100	6

混凝土材料明细表

混凝土	数量(m^3)
梁体C50	16.39
现浇段C50/C60低收缩	0.95~1.28
封头板C30	0.029

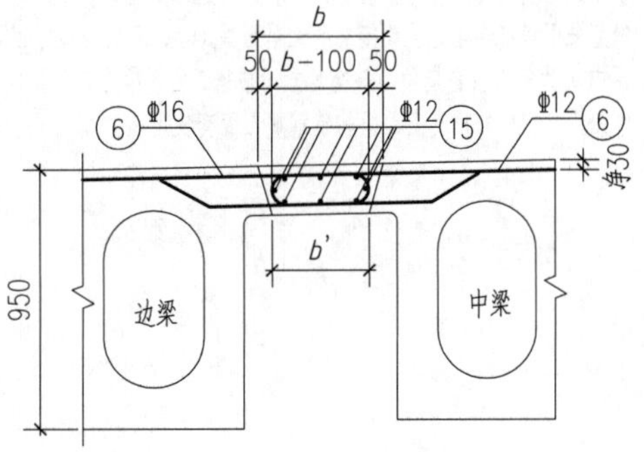

现浇桥面板钢筋 1:30

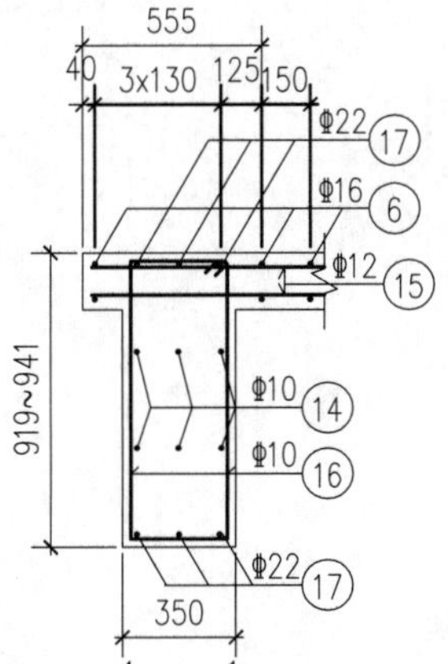

1 — 1 1:30

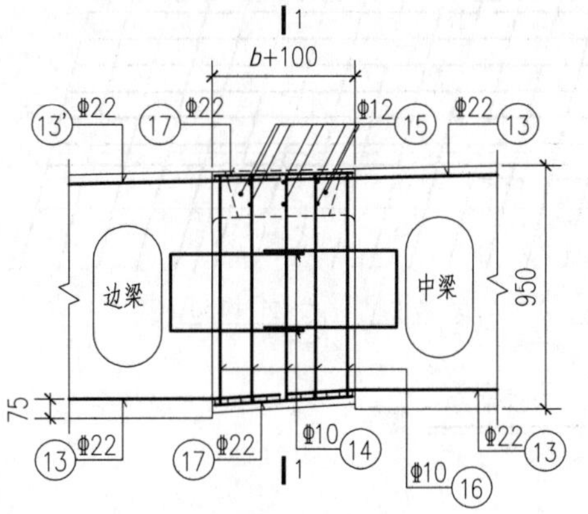

端横梁钢筋 1:30

钢筋材料明细表

编号	略图	直径	每根全长(mm)	根数	总长度(m)	总重(kg)	合计(kg)
1	21960	$\Phi^s15.2$	21960	23	505.1	556.1	钢绞线: 556.1 HPB300: 268.9 HRB400: 2459.4
2	21900	Φ25	21900	3	65.7	253.2	
2'	21900	Φ25	21900	2	43.8	168.8	
3	21900	Φ12	21900	11	240.9	213.9	
4	6000	Φ12	6000	10	60.0	53.3	
5	21900	Φ10	21900	22	481.8	297.0	
5'	3500	Φ10	3500	8	28.0	17.3	
6	1309+b, 129, 291, 300, 200, 75+b, 160	Φ16	3364	142	477.7	754.0	
7	120, 120, 876, 1046, 896	Φ12	3058	118	360.8	320.4	
7'	140, 140, 875, 1044, 895	Φ14	3094	30	92.8	112.2	
8	886, 100, 100	Φ10	1086	118	128.1	79.0	
9	877~893, 120, 120	Φ12	平均 1125	120	135.0	119.9	
10	8x50, 50	Φ6	1476	46	67.9	15.1	
11	581R=185, R=135~185, 580, 35, 47R=15	Φ8	1905	106	201.9	79.7	
11'	580, 35, 47R=15	Φ8	平均 1864	40	74.6	29.4	
12	267R=85, 950, 950, 375, 375, 375	Φ40	3667	4	14.7	144.7	
13	1330	Φ22	1330	6	8.0	23.8	
13'	1618, 123, 288, 300	Φ22	2329	6	14.0	41.7	
14	285+b/2, 300, 285+b/2	Φ10	1320	6	7.9	4.9	
现浇部分钢筋							
15	21900	Φ12	21900	4	87.6	77.8	HRB400: 95.2
16	867~889, 298, 100	Φ10	平均 2552	5	12.8	7.9	
17	80+b	Φ22	530	6	3.2	9.5	

注：1.本表中参数b按现浇接缝最小上口宽450mm计算，实际长度按照现浇接缝参数表中数值取值。
2.本表适用于安全等级为一级的空心板，若安全等级为二级，可取消钢筋②'。

附注：1. 本图尺寸单位除标明外，其余均以毫米计。
2. 预应力钢绞线采用预应力钢绞线1×7-15.20-1860-GB/T 5224，技术条件必须符合《预应力混凝土用钢绞线》GB/T 5224的规定。
3. 预应力钢绞线控制张拉应力为$0.75f_{pk}$，每根控制张拉力为195kN。
4. 切断预应力钢绞线时混凝土强度、弹性模量（或龄期）要求详见本设计说明六第9条规定。
5. 切断预应力钢绞线次序：由两侧向中间左右对称进行。
6. 预应力钢绞线两端须用内径ϕ20黑铁管或被认可的材料包裹隔离，隔离长度详见预应力钢绞线端部隔离长度表。
7. 槽口处理：钢绞线端部作防锈处理后，用水泥砂浆封闭抹平。
8. 最外侧钢筋的混凝土保护层厚度不小于20mm。
9. 钢筋⑩为D50螺旋钢筋，钢筋⑬、⑬'在现浇端横梁处与钢筋⑰焊接。钢筋⑭在现浇端横梁处互相焊接。钢筋采用焊接连接时，焊接长度：单面焊10d，双面焊5d，d为钢筋直径。
10. 梁端设伸缩缝处应按伸缩缝装置构造要求设置预埋件。
11. 单梁安装净重为427kN，吊装、运输时必须注意稳。
12. 本图对应A型空心板，B型空心板钢筋调整大样详见"B型空心板钢筋调整示意图"。
13. 抗芯模上浮钢筋⑪、⑪'与空心板箍筋⑧、⑨纵向错位布置。
14. 栏杆预埋筋仅作示意，设计单位应根据栏杆防护等级及构造要求自行设计。

22m预应力混凝土空心板边梁钢筋图（斜交角0°） 设计荷载：城—B级、公路—Ⅱ级	图集号	2024沪Q003
	页	81

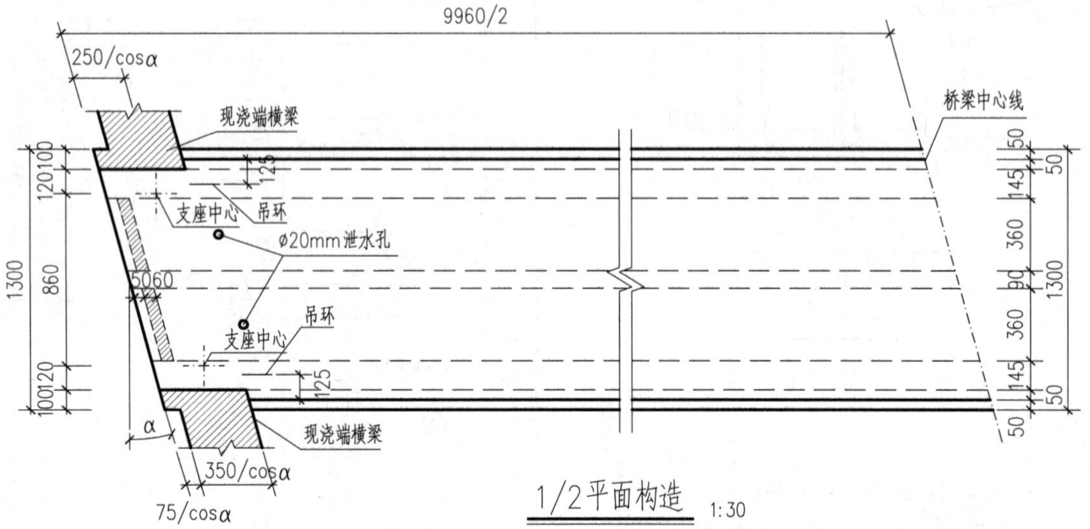

1/2平面构造 1:30

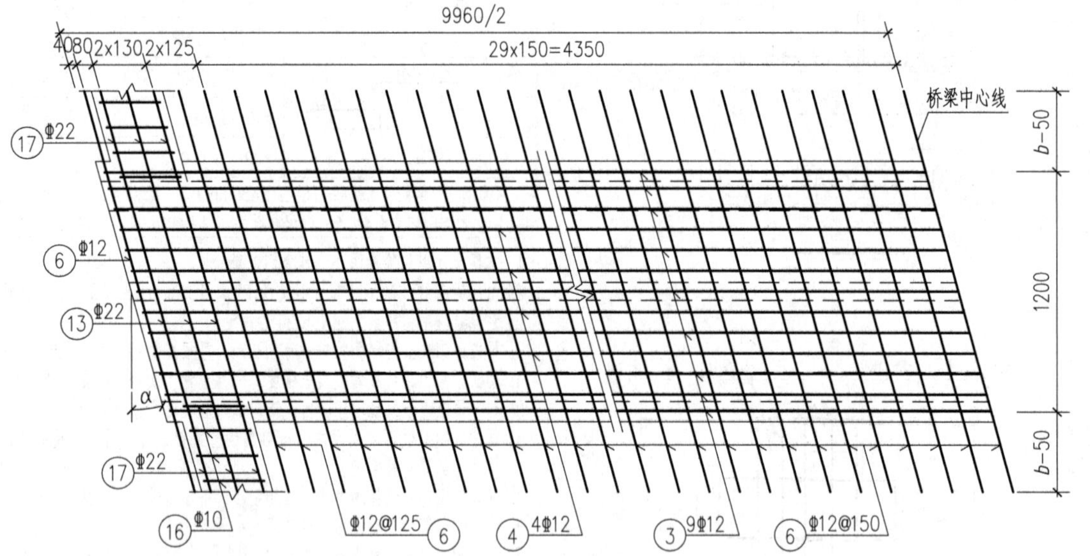

1/2平面钢筋 1:30

10m空心板中梁斜交钢筋调整表

编号	略图	直径	每根全长(mm)					
			5°	10°	15°	20°	25°	30°
6	(990+2xb)/cosα；170；200；200；170；(70+b)/cosα；(70+b)/cosα	Φ12	3681	3715	3773	3858	3973	4123
7	120；120；476；496；1046/cosα	Φ12	2262	2274	2295	2325	2366	2420
7'	140；140；475；495；1044/cosα	Φ14	2298	2310	2331	2361	2402	2456
13	1620/cosα	Φ22	1626	1645	1677	1724	1787	1871
14	(235+b/2)/cosα；200；(235+b/2)/cosα	Φ10	1124	1134	1152	1179	1215	1262
16	467~489；298/cosα；100	Φ10	平均1754	平均1761	平均1773	平均1790	平均1814	平均1844
17	(80+b)/cosα	Φ22	532	538	549	564	585	612

附注：1. 本图尺寸单位除标明外，其余均以毫米计。

2. 最外侧钢筋的混凝土保护层厚度不小于20mm。

3. 钢筋⑬在现浇端横梁处与钢筋⑰焊接。钢筋⑭在现浇端横梁处互相焊接。钢筋采用焊接连接时，焊接长度：单面焊10d，双面焊5d，d为钢筋直径。

4. 图中α为空心板斜交角，斜交角方向根据工程所需方向确定。

5. 本图应与相应的正交空心板构造钢筋图配套使用。

10m预应力混凝土空心板中梁斜交大样	图集号	2024沪Q003
	页	82

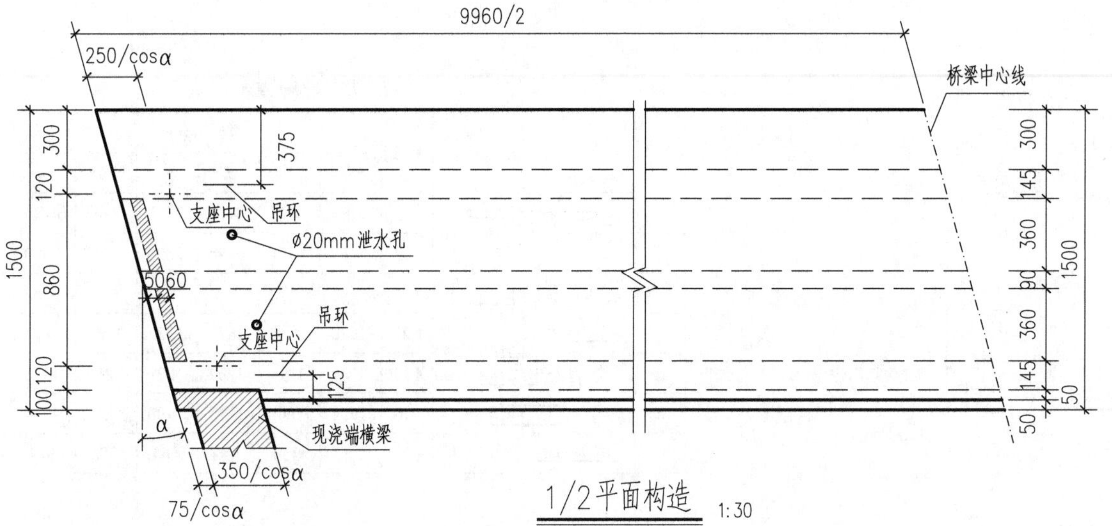

1/2平面构造 1:30

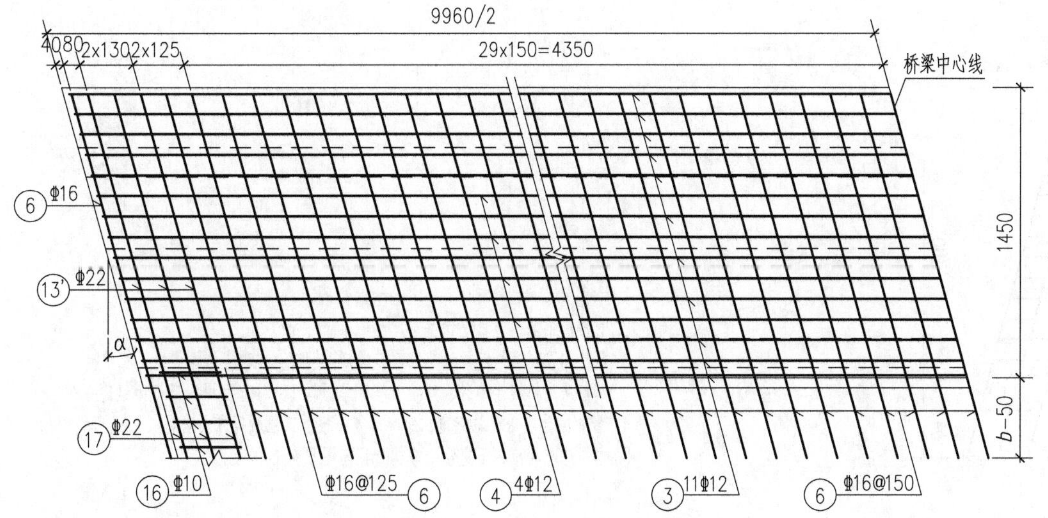

1/2平面钢筋 1:30

10m空心板边梁斜交钢筋调整表

编号	略图	直径	每根全长(mm)					
			5°	10°	15°	20°	25°	30°
6	(1309+*b*)/cosα, 129, 160, 291/cosα, 300, 200, (75+*b*)/cosα	Φ16	3374	3404	3455	3529	3630	3762
7	120, 120, 476, 496, 1046/cosα	Φ12	2262	2274	2295	2325	2366	2420
7'	140, 140, 475, 495, 1044/cosα	Φ14	2298	2310	2331	2361	2402	2456
13	1330/cosα	Φ22	1335	1351	1377	1415	1467	1536
13'	1618/cosα, 123, 288/cosα, 300	Φ22	2336	2358	2396	2451	2526	2624
14	(235+*b*/2)/cosα, 200, (235+*b*/2)/cosα	Φ10	1124	1134	1152	1179	1215	1262
16	298/cosα, 467~489, 100	Φ10	平均1754	平均1761	平均1773	平均1790	平均1814	平均1844
17	(80+*b*)/cosα	Φ22	532	538	549	564	585	612

附注：1. 本图尺寸单位除标明外，其余均以毫米计。
2. 最外侧钢筋的混凝土保护层厚度不小于20mm。
3. 钢筋⑬、⑬'在现浇端横梁处与钢筋⑰焊接。钢筋⑭在现浇端横梁处互相焊接。钢筋采用焊接连接时，焊接长度：单面焊10*d*，双面焊5*d*，*d*为钢筋直径。
4. 图中α为空心板斜交角，斜交角方向根据工程所需方向确定。
5. 本图应与相应的正交空心板构造钢筋图配套使用。

10m预应力混凝土空心板边梁斜交大样	图集号	2024沪Q003
	页	83

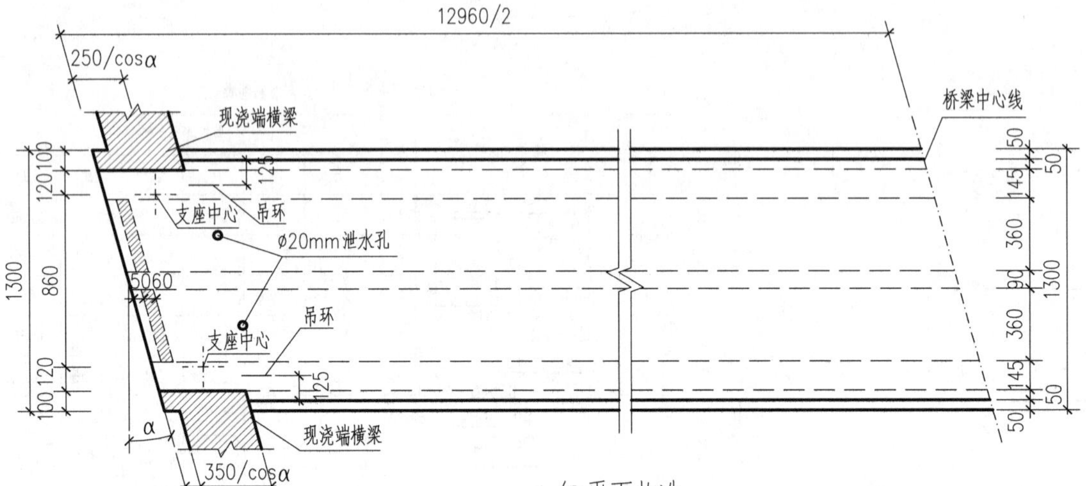

1/2平面构造 1:30

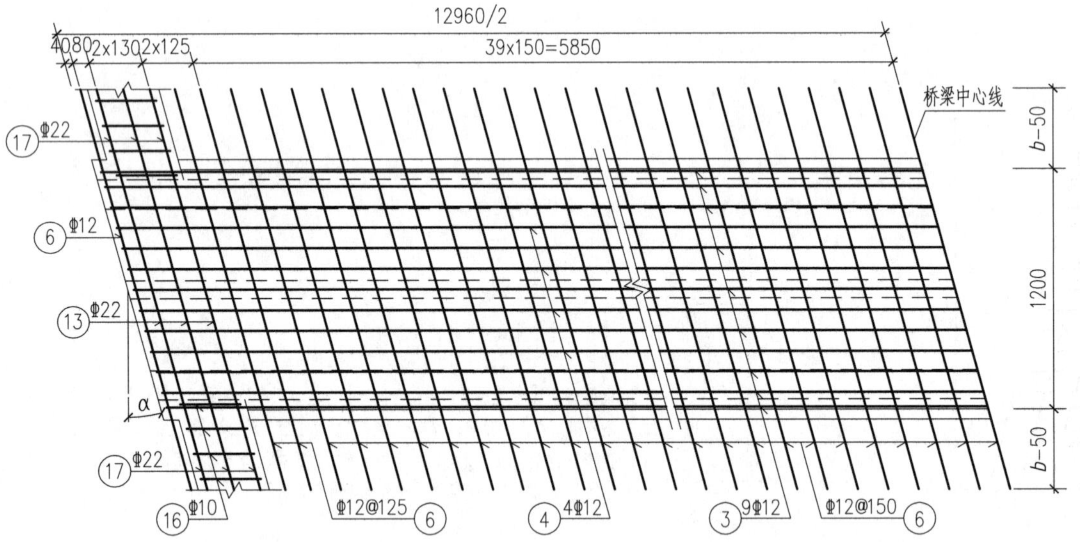

1/2平面钢筋 1:30

13m空心板中梁斜交钢筋调整表

编号	略图	直径	每根全长(mm)					
			5°	10°	15°	20°	25°	30°
6	(990+2xb)/cosα 170 170 200 200 (70+b)/cosα (70+b)/cosα	Φ12	3681	3715	3773	3858	3973	4123
7	120 120 576 596 1046/cosα	Φ12	2462	2474	2495	2525	2566	2620
7'	140 140 575 595 1044/cosα	Φ14	2498	2510	2531	2561	2602	2656
13	1620/cosα	Φ22	1626	1645	1677	1724	1787	1871
14	(235+b/2)/cosα 250 (235+b/2)/cosα	Φ10	1174	1184	1202	1229	1265	1312
16	567~589 298/cosα 100	Φ10	平均1954	平均1961	平均1973	平均1990	平均2014	平均2044
17	(80+b)/cosα	Φ22	532	538	549	564	585	612

附注：1. 本图尺寸单位除标明外，其余均以毫米计。
2. 最外侧钢筋的混凝土保护层厚度不小于20mm。
3. 钢筋⑬在现浇端横梁处与钢筋⑰焊接。钢筋⑭在现浇端横梁处互相焊接。钢筋采用焊接连接时，焊接长度：单面焊10d，双面焊5d，d为钢筋直径。
4. 图中α为空心板斜交角，斜交角方向根据工程所需方向确定。
5. 本图应与相应的正交空心板构造钢筋图配套使用。

13m预应力混凝土空心板中梁斜交大样	图集号	2024沪Q003
	页	84

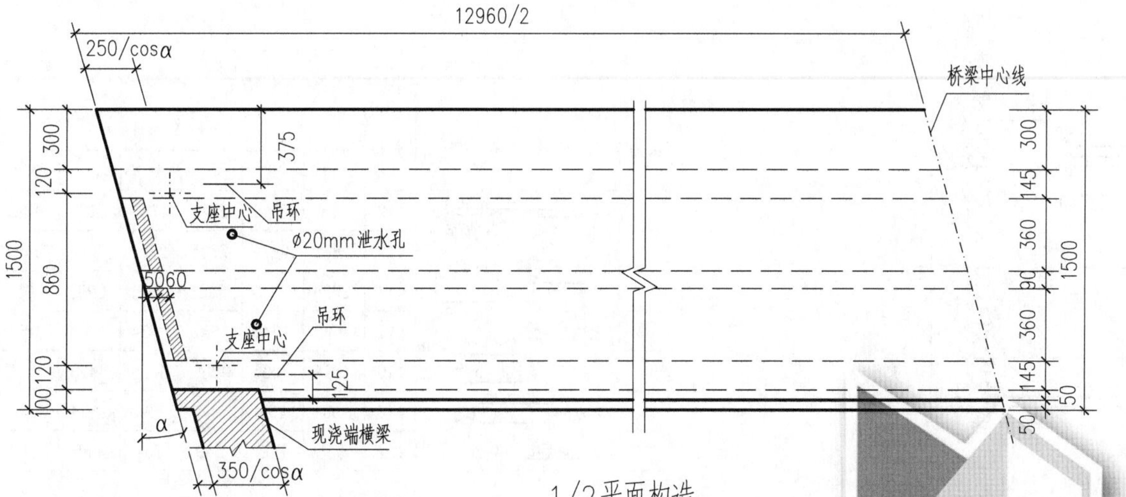

1/2平面构造 1:30

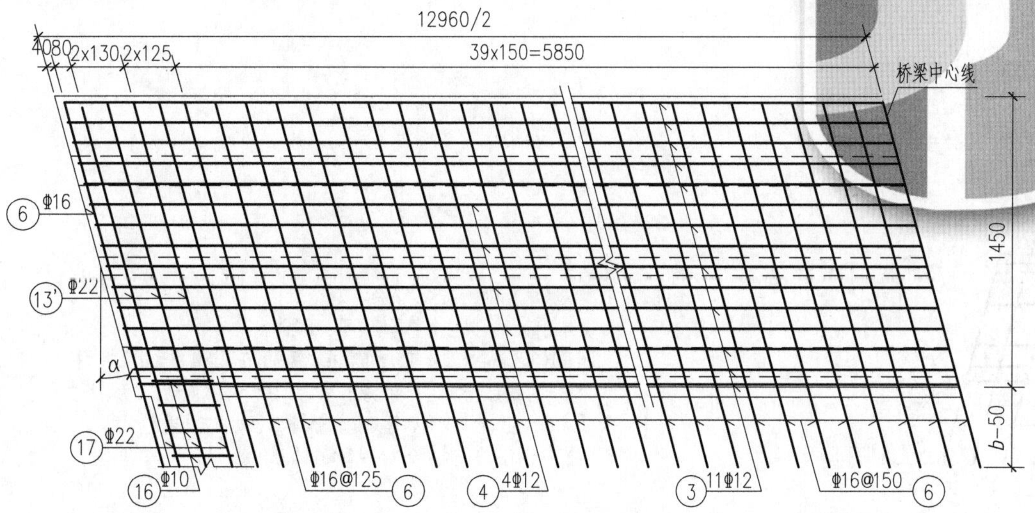

1/2平面钢筋 1:30

13m空心板边梁斜交钢筋调整表

编号	略图	直径	每根全长(mm)					
			5°	10°	15°	20°	25°	30°
6	(1309+b)/cosα, 129, 291/cosα, 300, 200, 160, (75+b)/cosα	Φ16	3374	3404	3455	3529	3630	3762
7	120, 120, 576, 596, 1046/cosα	Φ12	2462	2474	2495	2525	2566	2620
7'	140, 140, 575, 595, 1044/cosα	Φ14	2498	2510	2531	2561	2602	2656
13	1330/cosα	Φ22	1335	1351	1377	1415	1467	1536
13'	1618/cosα, 123, 288/cosα, 300	Φ22	2336	2358	2396	2451	2526	2624
14	(235+b/2)/cosα, 250, (235+b/2)/cosα	Φ10	1174	1184	1202	1229	1265	1312
16	567~589, 298/cosα, 100	Φ10	平均1954	平均1961	平均1973	平均1990	平均2014	平均2044
17	(80+b)/cosα	Φ22	532	538	549	564	585	612

附注：1. 本图尺寸单位除标明外，其余均以毫米计。
2. 最外侧钢筋的混凝土保护层厚度不小于20mm。
3. 钢筋⑬、⑬'在现浇端横梁处与钢筋⑰焊接。钢筋⑭在现浇端横梁处互相焊接。钢筋采用焊接连接时，焊接长度：单面焊10d，双面焊5d，d为钢筋直径。
4. 图中α为空心板斜交角，斜交角方向根据工程所需方向确定。
5. 本图应与相应的正交空心板构造钢筋图配套使用。

13m预应力混凝土空心板边梁斜交大样	图集号	2024沪Q003	
	页	85	

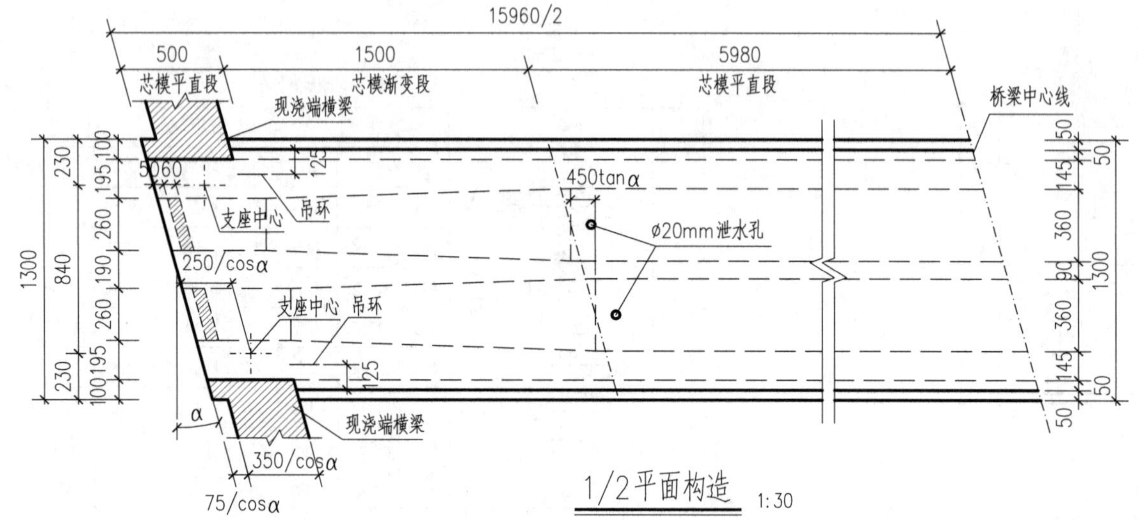

1/2平面构造 1:30

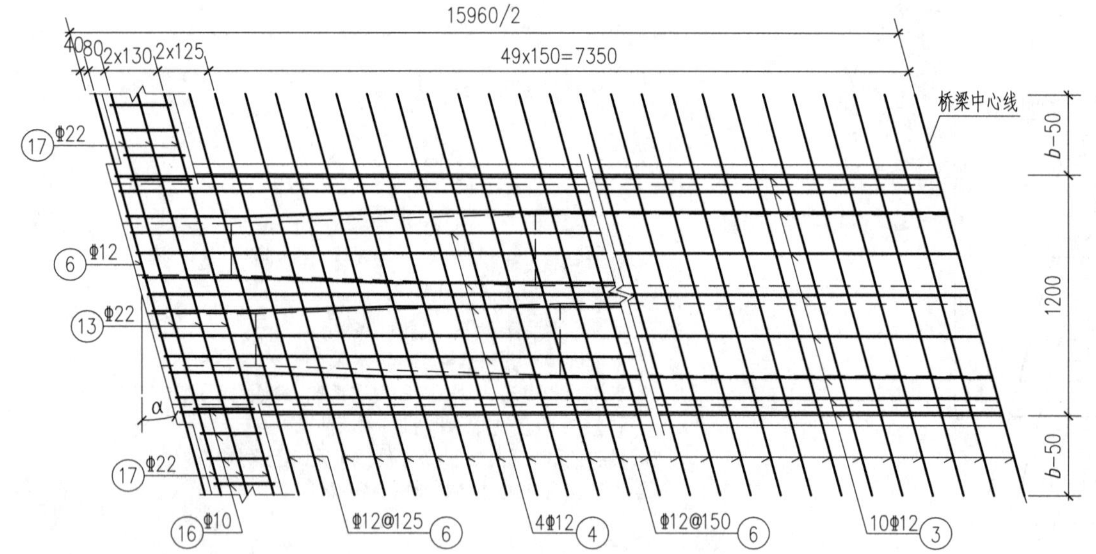

1/2平面钢筋 1:30

16m空心板中梁斜交钢筋调整表

编号	略图	直径	每根全长(mm)					
			5°	10°	15°	20°	25°	30°
6	(990+2xb)/cosα 170 200 200 170 (70+b)/cosα (70+b)/cosα	Φ12	3681	3715	3773	3858	3973	4123
7	120 120 776 796 1046/cosα	Φ12	2862	2874	2895	2925	2966	3020
7'	140 140 775 795 1044/cosα	Φ14	2898	2910	2931	2961	3002	3056
13	1620/cosα	Φ22	1626	1645	1677	1724	1787	1871
14	(285+b/2)/cosα 300 (285+b/2)/cosα	Φ10	1324	1336	1356	1385	1425	1478
16	767~789 298/cosα 100	Φ10	平均2354	平均2361	平均2373	平均2390	平均2414	平均2444
17	(80+b)/cosα	Φ22	532	538	549	564	585	612

附注：1. 本图尺寸单位除标明外，其余均以毫米计。
2. 最外侧钢筋的混凝土保护层厚度不小于20mm。
3. 钢筋⑬在现浇端横梁处与钢筋⑰焊接。钢筋⑭在现浇端横梁处互相焊接。钢筋采用焊接连接时，焊接长度：单面焊10d，双面焊5d，d为钢筋直径。
4. 图中α为空心板斜交角，斜交角方向根据工程所需方向确定。
5. 本图应与相应的正交空心板构造钢筋图配套使用。

16m预应力混凝土空心板中梁斜交大样	图集号	2024沪Q003
	页	86

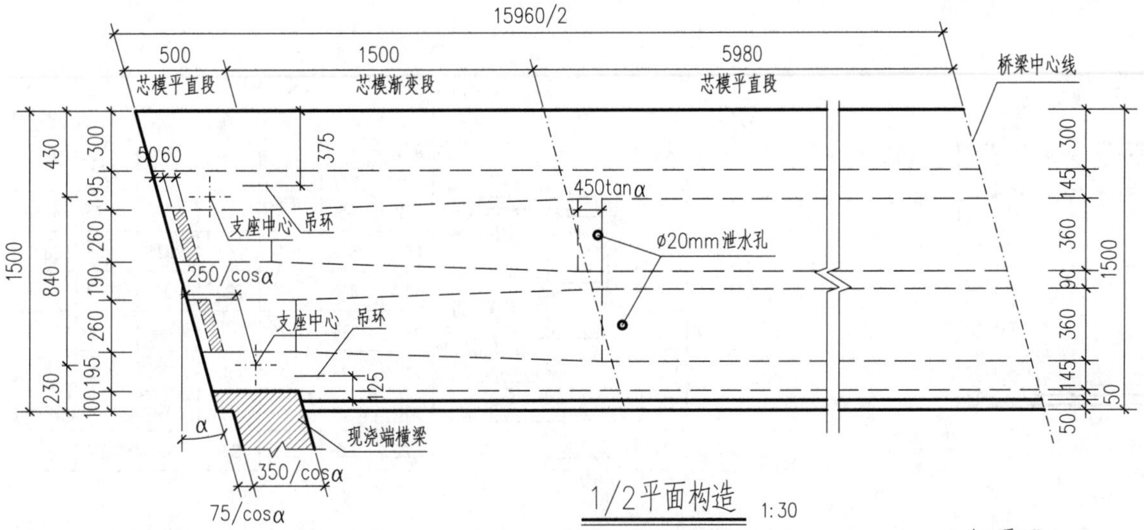

1/2平面构造 1:30

1/2平面 1:30

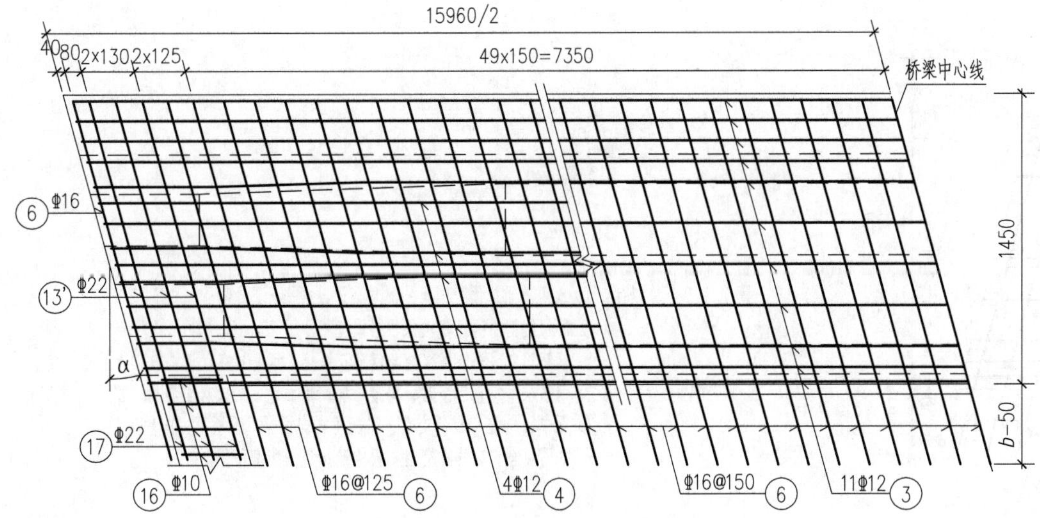

1/2平面钢筋 1:30

16m空心板边梁斜交钢筋调整表

编号	略图	直径	每根全长(mm)					
			5°	10°	15°	20°	25°	30°
6	(1309+b)/cosα, 129, 291/cosα, 300, 200, 160, (75+b)/cosα	Φ16	3374	3404	3455	3529	3630	3762
7	120, 120, 776, 796, 1046/cosα	Φ12	2862	2874	2895	2925	2966	3020
7'	140, 140, 775, 795, 1044/cosα	Φ14	2898	2910	2931	2961	3002	3056
13	1330/cosα	Φ22	1335	1351	1377	1415	1467	1536
13'	1618/cosα, 123, 288/cosα, 300	Φ22	2336	2358	2396	2451	2526	2624
14	(285+b/2)/cosα, 300, (285+b/2)/cosα	Φ10	1324	1336	1356	1385	1425	1478
16	767~789, 298/cosα, 100	Φ10	平均2354	平均2361	平均2373	平均2390	平均2414	平均2444
17	(80+b)/cosα	Φ22	532	538	549	564	585	612

附注：1. 本图尺寸单位除标明外，其余均以毫米计。

2. 最外侧钢筋的混凝土保护层厚度不小于20mm。

3. 钢筋⑬、⑬'在现浇端横梁处与钢筋⑰焊接。钢筋⑭在现浇端横梁处互相焊接。钢筋采用焊接连接时，焊接长度：单面焊10d，双面焊5d，d为钢筋直径。

4. 图中α为空心板斜交角，斜交角方向根据工程所需方向确定。

5. 本图应与相应的正交空心板构造钢筋图配套使用。

16m预应力混凝土空心板边梁斜交大样	图集号	2024沪Q003
	页	87

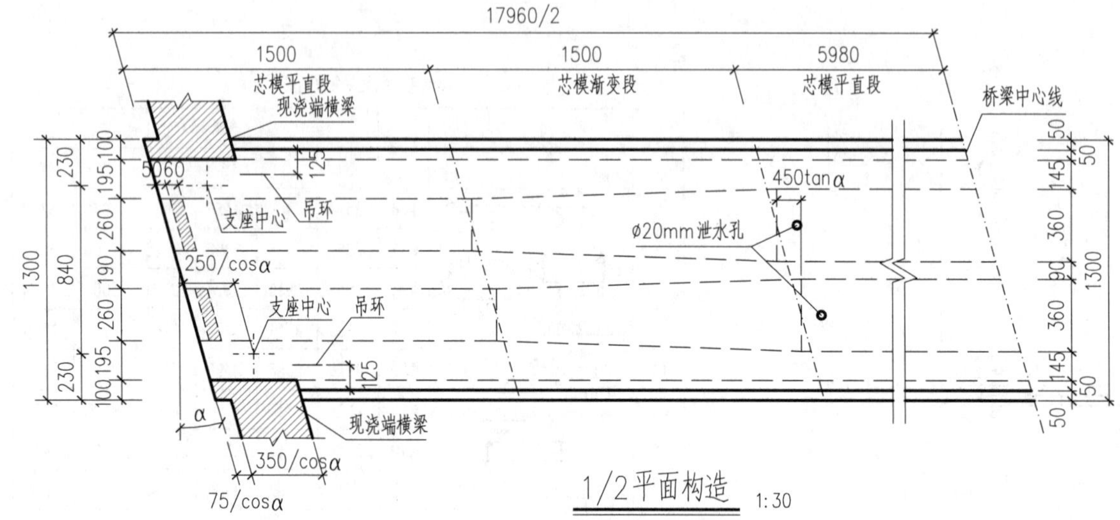

1/2平面构造 1:30

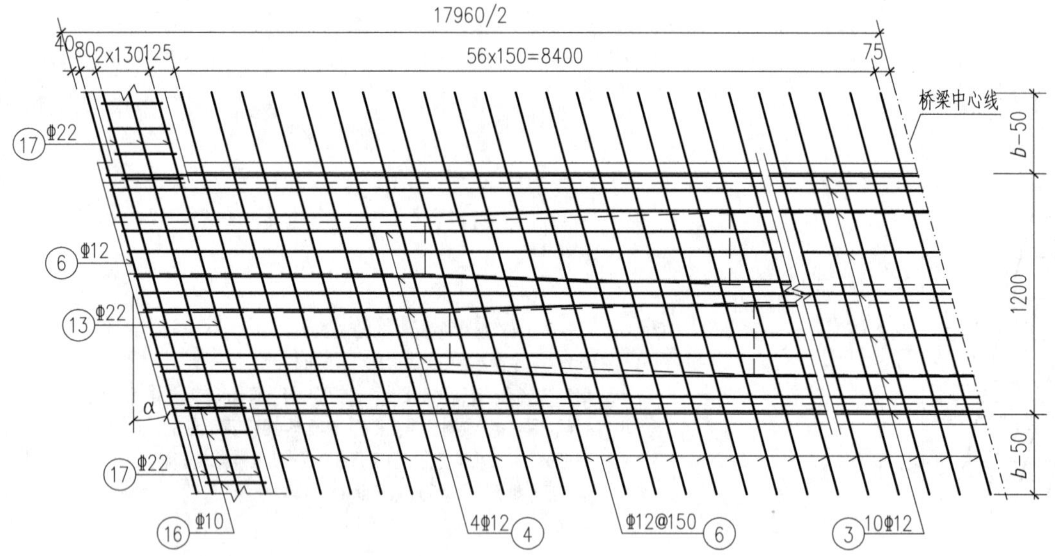

1/2平面钢筋 1:30

18m空心板中梁斜交钢筋调整表

编号	略图	直径	每根全长(mm)					
			5°	10°	15°	20°	25°	30°
6	(990+2xb)/cosα；170；200；200；170；(70+b)/cosα；(70+b)/cosα	Φ12	3681	3715	3773	3858	3973	4123
7	120；120；776；796；1046/cosα	Φ12	2862	2874	2895	2925	2966	3020
7'	140；140；775；795；1044/cosα	Φ14	2898	2910	2931	2961	3002	3056
13	1620/cosα	Φ22	1626	1645	1677	1724	1787	1871
14	(285+b/2)/cosα；300；(285+b/2)/cosα	Φ10	1324	1336	1356	1385	1425	1478
16	767~789；298/cosα；100	Φ10	平均2354	平均2361	平均2373	平均2390	平均2414	平均2444
17	(80+b)/cosα	Φ22	532	538	549	564	585	612

附注：1. 本图尺寸单位除标明外，其余均以毫米计。
2. 最外侧钢筋的混凝土保护层厚度不小于20mm。
3. 钢筋⑬在现浇端横梁处与钢筋⑰焊接。钢筋⑭在现浇端横梁处互相焊接。钢筋采用焊接连接时，焊接长度：单面焊10d，双面焊5d，d为钢筋直径。
4. 图中α为空心板斜交角，斜交角方向根据工程所需方向确定。
5. 本图应与相应的正交空心板构造钢筋图配套使用。

18m预应力混凝土空心板中梁斜交大样	图集号	2024沪Q003
	页	88

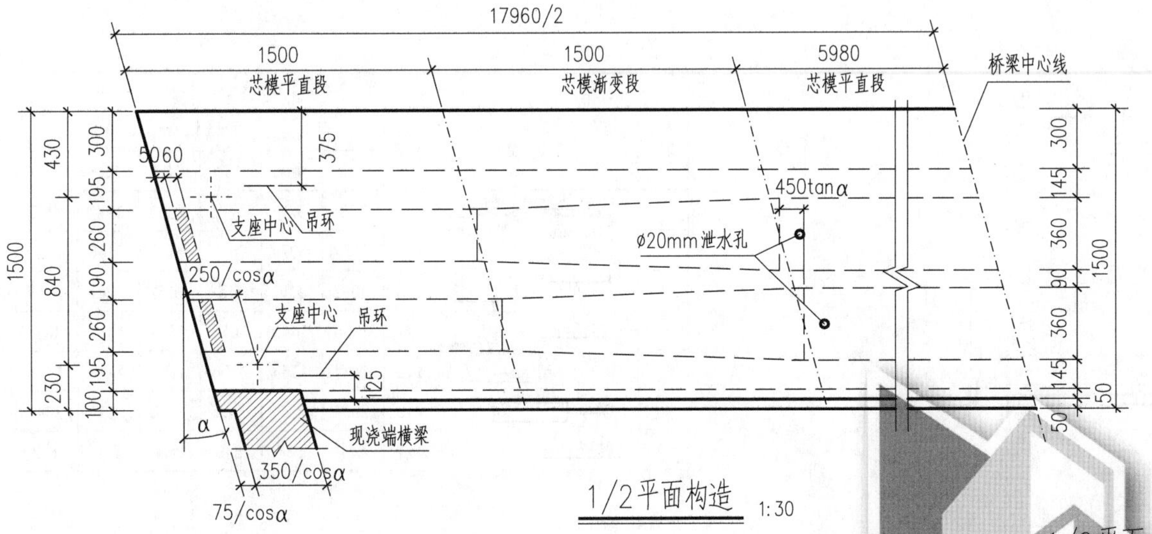

1/2平面构造 1:30

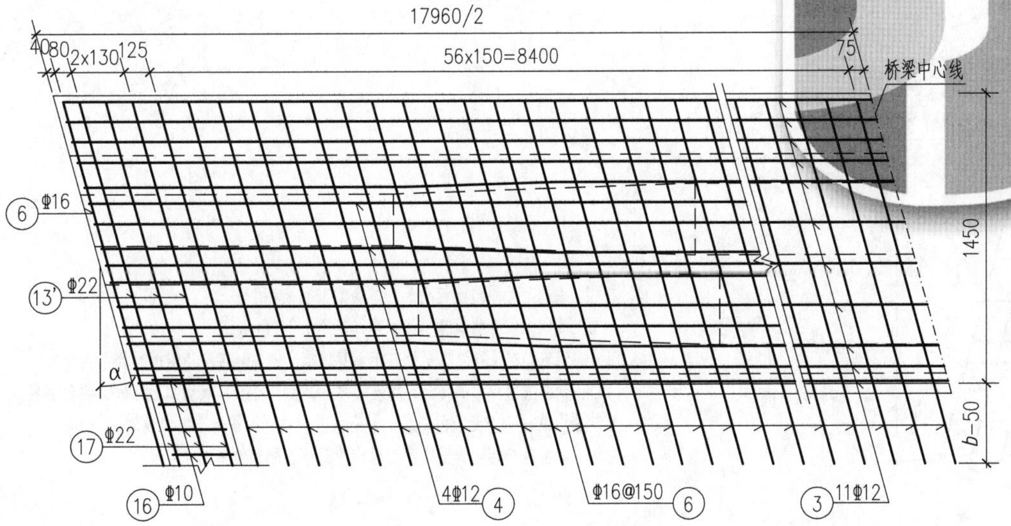

1/2平面钢筋 1:30

18m空心板边梁斜交钢筋调整表

编号	略图	直径	每根全长(mm)					
			5°	10°	15°	20°	25°	30°
6	(1309+b)/cosα, 129, 291/cosα, 300, 200, 160, (75+b)/cosα	Φ16	3374	3404	3455	3529	3630	3762
7	120, 120, 776, 796, 1046/cosα	Φ12	2862	2874	2895	2925	2966	3020
7'	140, 140, 775, 795, 1044/cosα	Φ14	2898	2910	2931	2961	3002	3056
13	1330/cosα	Φ22	1335	1351	1377	1415	1467	1536
13'	1618/cosα, 123, 288/cosα, 300	Φ22	2336	2358	2396	2451	2526	2624
14	(285+b/2)/cosα, 300, (285+b/2)/cosα	Φ10	1324	1336	1356	1385	1425	1478
16	767~789, 298/cosα, 100	Φ10	平均2354	平均2361	平均2373	平均2390	平均2414	平均2444
17	(80+b)/cosα	Φ22	532	538	549	564	585	612

附注：1. 本图尺寸单位除标明外，其余均以毫米计。
2. 最外侧钢筋的混凝土保护层厚度不小于20mm。
3. 钢筋⑬、⑬'在现浇端横梁处与钢筋⑰焊接。钢筋⑭在现浇端横梁处互相焊接。钢筋采用焊接连接时，焊接长度：单面焊10d，双面焊5d，d为钢筋直径。
4. 图中α为空心板斜交角，斜交角方向根据工程所需方向确定。
5. 本图应与相应的正交空心板构造钢筋图配套使用。

18m预应力混凝土空心板边梁斜交大样	图集号	2024沪Q003
	页	89

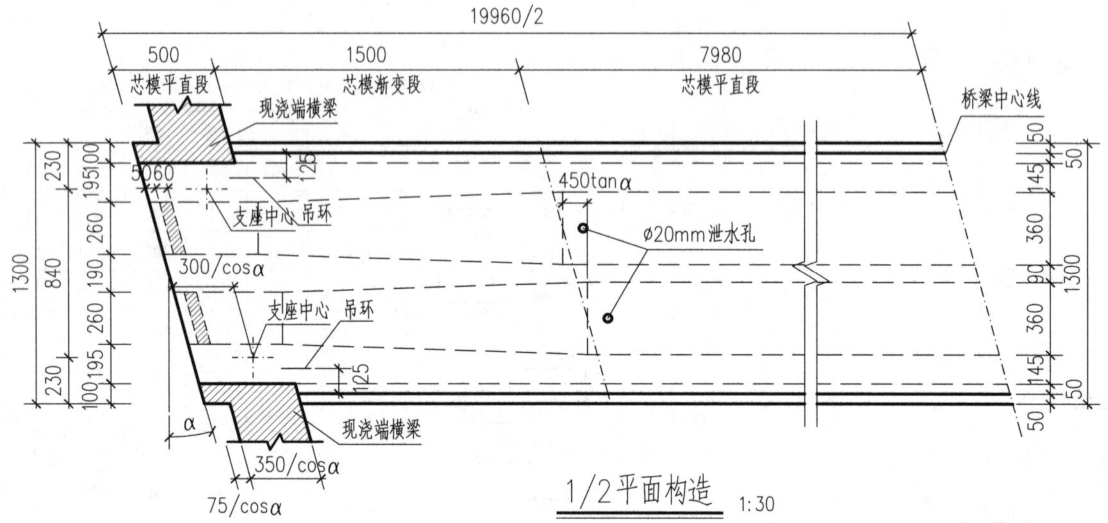

1/2平面构造 1:30

1/2平面 1:30

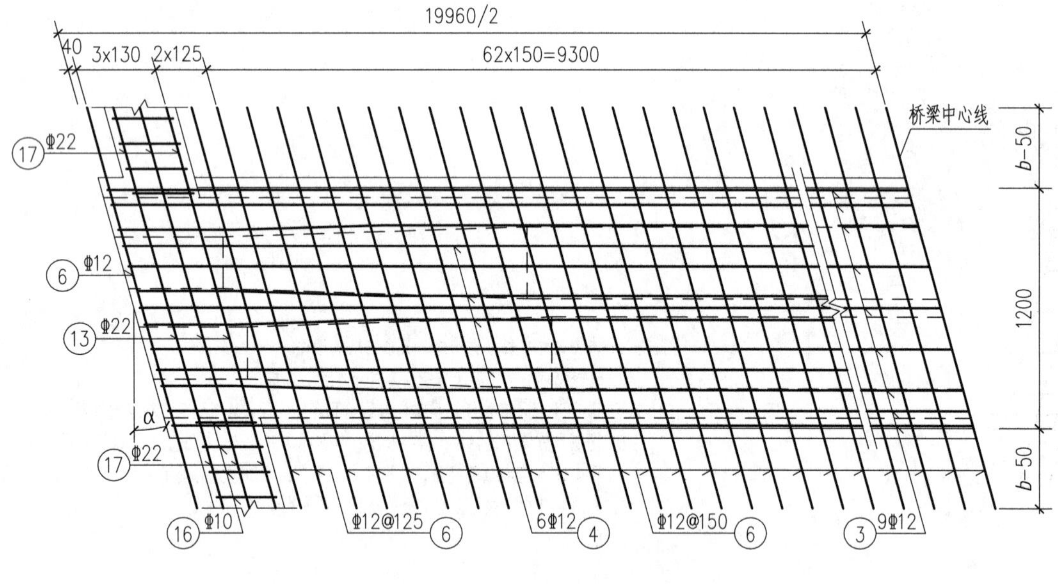

1/2平面钢筋 1:30

20m空心板中梁斜交钢筋调整表

编号	略图	直径	每根全长(mm)					
			5°	10°	15°	20°	25°	30°
6	(990+2xb)/cosα, 170, 200, 200, 170, (70+b)/cosα, (70+b)/cosα	Φ12	3681	3715	3773	3858	3973	4123
7	120, 120, 876, 896, 1046/cosα	Φ12	3062	3074	3095	3125	3166	3220
7'	140, 140, 875, 895, 1044/cosα	Φ14	3098	3110	3131	3161	3202	3256
13	1620/cosα	Φ22	1626	1645	1677	1724	1787	1871
14	(285+b/2)/cosα, 300, (285+b/2)/cosα	Φ10	1324	1336	1356	1385	1425	1478
16	867~889, 298/cosα, 100	Φ10	平均2554	平均2561	平均2573	平均2590	平均2614	平均2644
17	(80+b)/cosα	Φ22	532	538	549	564	585	612

附注：1. 本图尺寸单位除标明外，其余均以毫米计。
2. 最外侧钢筋的混凝土保护层厚度不小于20mm。
3. 钢筋⑬在现浇端横梁处与钢筋⑰焊接。钢筋⑭在现浇端横梁处互相焊接。钢筋采用焊接连接时，焊接长度：单面焊10d，双面焊5d，d为钢筋直径。
4. 图中α为空心板斜交角，斜交角方向根据工程所需方向确定。
5. 本图应与相应的正交空心板构造钢筋图配套使用。

20m预应力混凝土空心板中梁斜交大样	图集号	2024沪Q003
	页	90

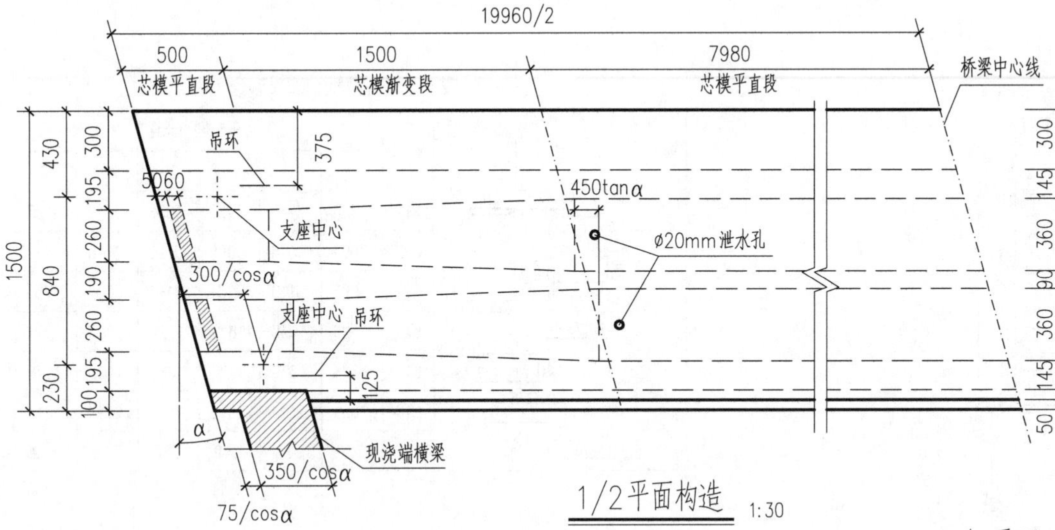

1/2平面构造 1:30

1/2平面 1:30

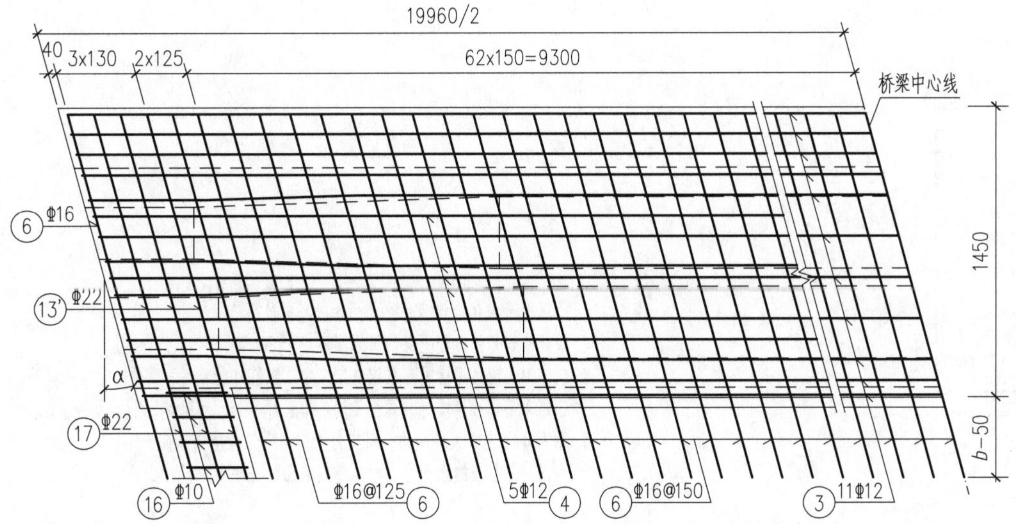

1/2平面钢筋 1:30

20m空心板边梁斜交钢筋调整表

编 号	略 图	直 径	每根全长(mm)					
			5°	10°	15°	20°	25°	30°
6	129 (1309+*b*)/cosα 160 291/cosα 300 200 (75+*b*)/cosα	Φ16	3374	3404	3455	3529	3630	3762
7	120 120 876 896 1046/cosα	Φ12	3062	3074	3095	3125	3166	3220
7'	140 140 875 895 1044/cosα	Φ14	3098	3110	3131	3161	3202	3256
13	1330/cosα	Φ22	1335	1351	1377	1415	1467	1536
13'	1618/cosα 123 288/cosα 300	Φ22	2336	2358	2396	2451	2526	2624
14	(285+*b*/2)/cosα 300 (285+*b*/2)/cosα	Φ10	1324	1336	1356	1385	1425	1478
16	867~889 298/cosα 100	Φ10	平均2554	平均2561	平均2573	平均2590	平均2614	平均2644
17	(80+*b*)/cosα	Φ22	532	538	549	564	585	612

附注：1. 本图尺寸单位除标明外，其余均以毫米计。
2. 最外侧钢筋的混凝土保护层厚度不小于20mm。
3. 钢筋⑬、⑬'在现浇端横梁处与钢筋⑰焊接。钢筋⑭在现浇端横梁处互相焊接。钢筋采用焊接连接时，焊接长度：单面焊10*d*，双面焊5*d*，*d*为钢筋直径。
4. 图中α为空心板斜交角，斜交角方向根据工程所需方向确定。
5. 本图应与相应的正交空心板构造钢筋图配套使用。

20m预应力混凝土空心板边梁斜交大样	图集号	2024沪Q003
	页	91

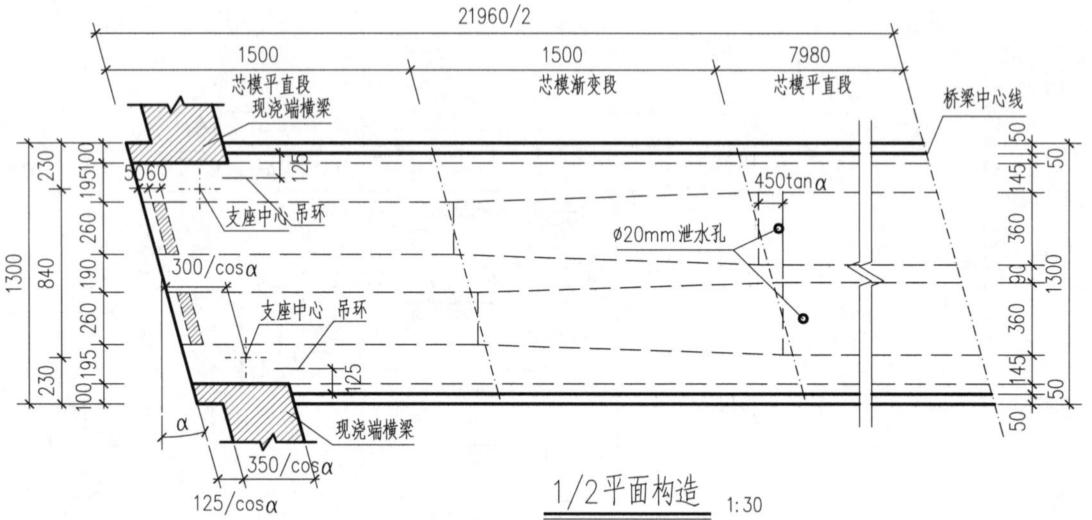

1/2平面构造 1:30

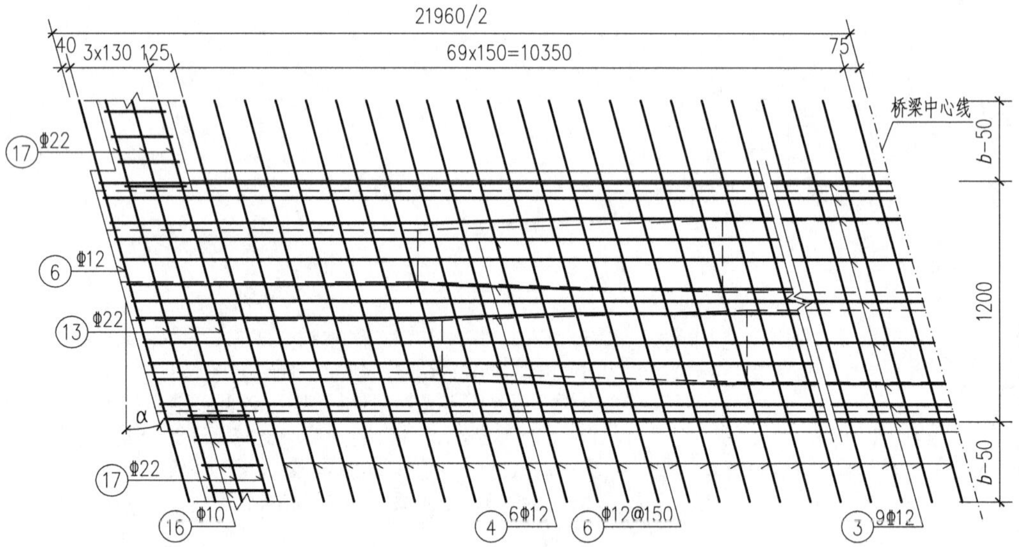

1/2平面钢筋 1:30

22m空心板中梁斜交钢筋调整表

编号	略图	直径	每根全长(mm)					
			5°	10°	15°	20°	25°	30°
6	(990+2xb)/cosα; 170; 200; 200; 170; (70+b)/cosα; (70+b)/cosα	Φ12	3681	3715	3773	3858	3973	4123
7	120; 120; 876; 896; 1046/cosα	Φ12	3062	3074	3095	3125	3166	3220
7'	140; 140; 875; 895; 1044/cosα	Φ14	3098	3110	3131	3161	3202	3256
13	1620/cosα	Φ22	1626	1645	1677	1724	1787	1871
14	(285+b/2)/cosα; 300; (285+b/2)/cosα	Φ10	1324	1336	1356	1385	1425	1478
16	867~889; 298/cosα; 100	Φ10	平均2554	平均2561	平均2573	平均2590	平均2614	平均2644
17	(80+b)/cosα	Φ22	532	538	549	564	585	612

附注：1. 本图尺寸单位除标明外，其余均以毫米计。
2. 最外侧钢筋的混凝土保护层厚度不小于20mm。
3. 钢筋⑬在现浇端横梁处与钢筋⑰焊接。钢筋⑭在现浇端横梁处互相焊接。钢筋采用焊接连接时，焊接长度：单面焊10d，双面焊5d，d为钢筋直径。
4. 图中α为空心板斜交角，斜交角方向根据工程所需方向确定。
5. 本图应与相应的正交空心板构造钢筋图配套使用。

22m预应力混凝土空心板中梁斜交大样	图集号	2024沪Q003
	页	92

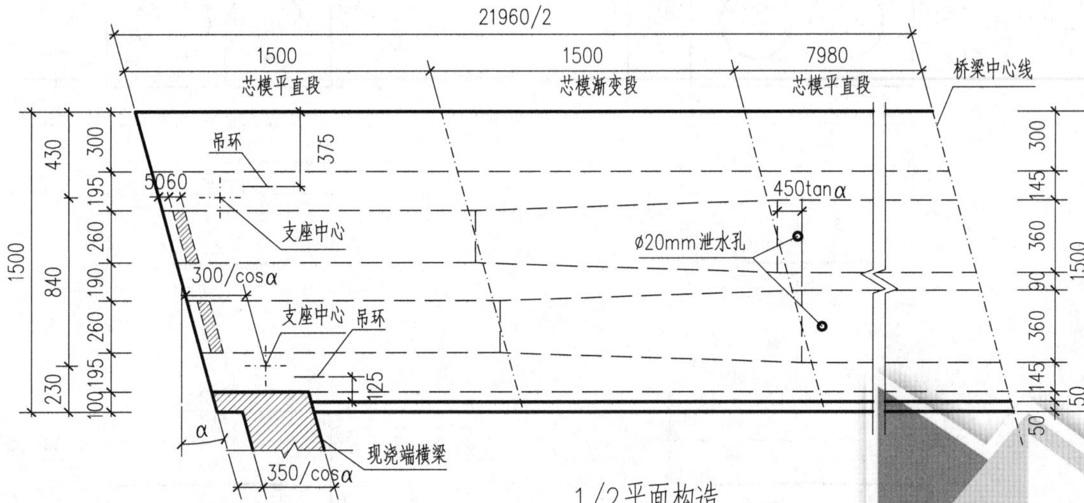

1/2平面构造 1:30

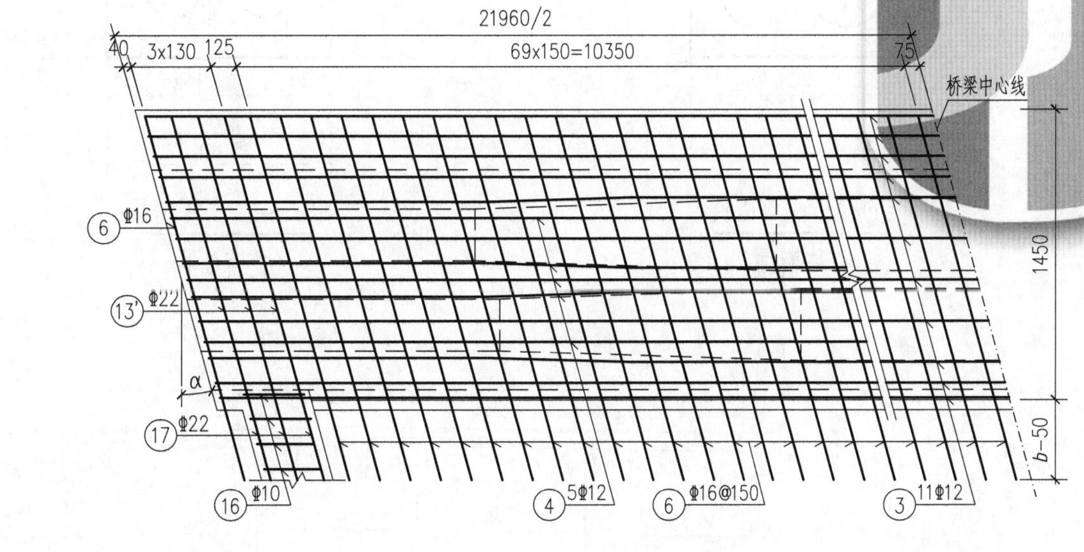

1/2平面钢筋 1:30

22m空心板边梁斜交钢筋调整表

编号	略图	直径	每根全长(mm)					
			5°	10°	15°	20°	25°	30°
6	(1309+b)/cosα, 129, 291/cosα, 300, 200, 160, (75+b)/cosα	Φ16	3374	3404	3455	3529	3630	3762
7	120, 120, 876, 896, 1046/cosα	Φ12	3062	3074	3095	3125	3166	3220
7'	140, 140, 875, 895, 1044/cosα	Φ14	3098	3110	3131	3161	3202	3256
13	1330/cosα	Φ22	1335	1351	1377	1415	1467	1536
13'	1618/cosα, 123, 288/cosα, 300	Φ22	2336	2358	2396	2451	2526	2624
14	(285+b/2)/cosα, 300, (285+b/2)/cosα	Φ10	1324	1336	1356	1385	1425	1478
16	867~889, 298/cosα, 100	Φ10	平均2554	平均2561	平均2573	平均2590	平均2614	平均2644
17	(80+b)/cosα	Φ22	532	538	549	564	585	612

附注：1. 本图尺寸单位除标明外，其余均以毫米计。
2. 最外侧钢筋的混凝土保护层厚度不小于20mm。
3. 钢筋⑬、⑬'在现浇端横梁处与钢筋⑰焊接。钢筋⑭在现浇端横梁处互相焊接。钢筋采用焊接连接时，焊接长度：单面焊10d，双面焊5d，d为钢筋直径。
4. 图中α为空心板斜交角，斜交角方向根据工程所需方向确定。
5. 本图应与相应的正交空心板构造钢筋图配套使用。

22m预应力混凝土空心板边梁斜交大样	图集号	2024沪Q003
	页	93

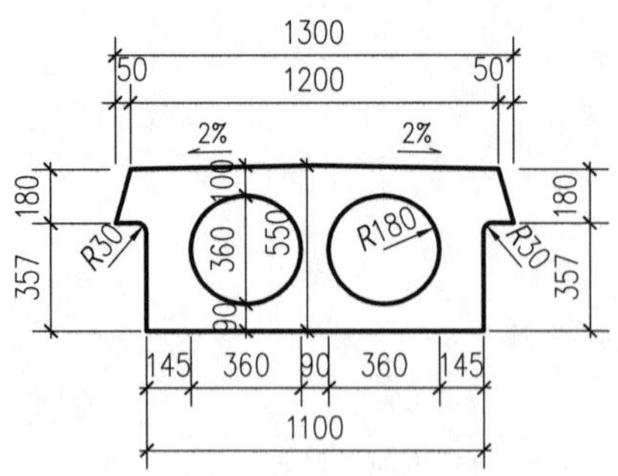

10m空心板 1:30

跨中断面

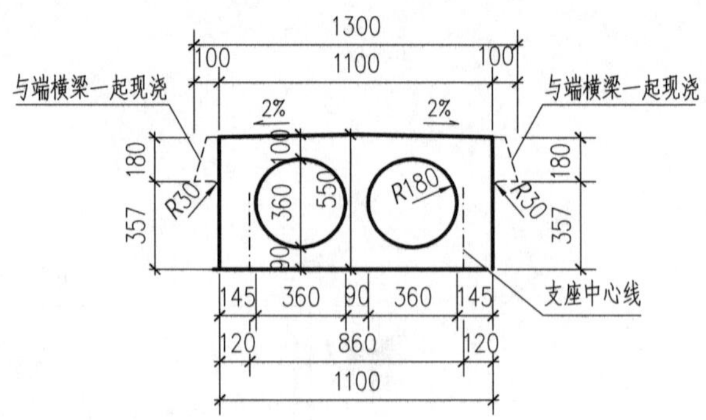

10m空心板 1:30

支点断面

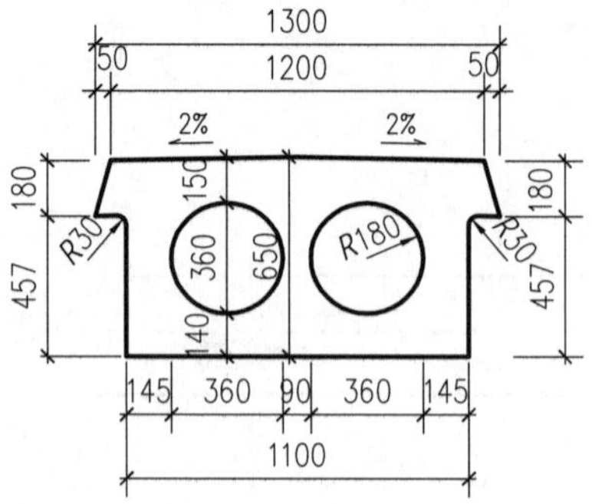

13m空心板 1:30

跨中断面

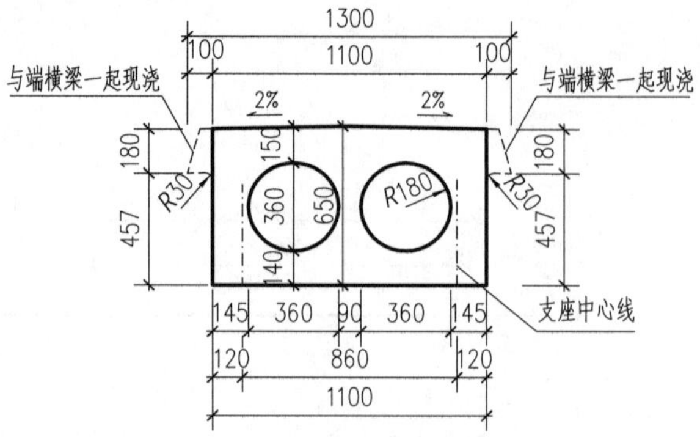

13m空心板 1:30

支点断面

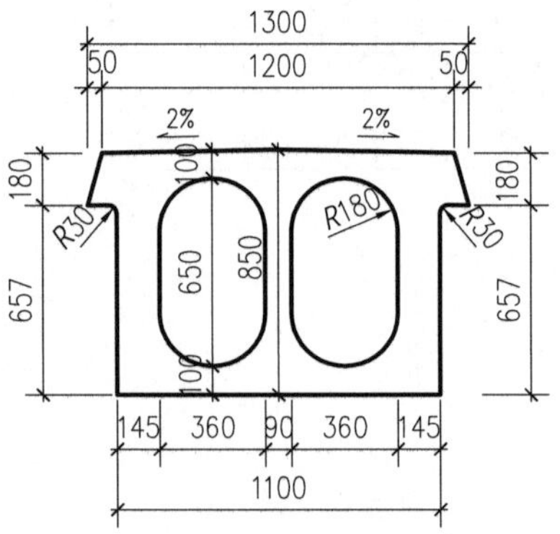

16~18m空心板 1:30

跨中断面

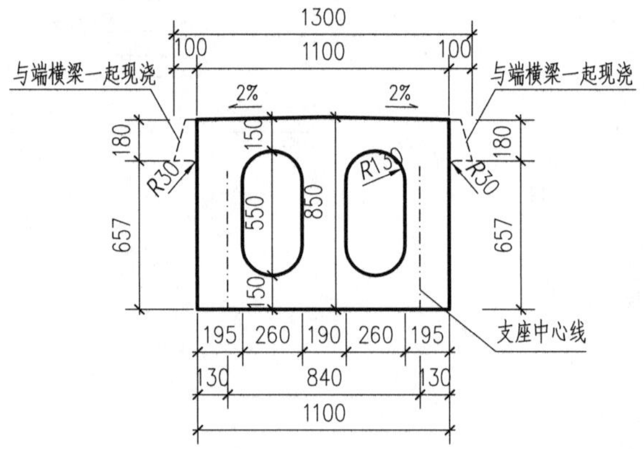

16~18m空心板 1:30

支点断面

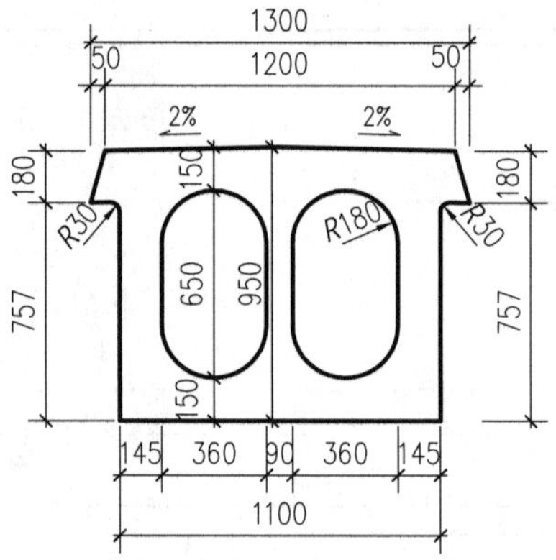

20~22m空心板 1:30

跨中断面

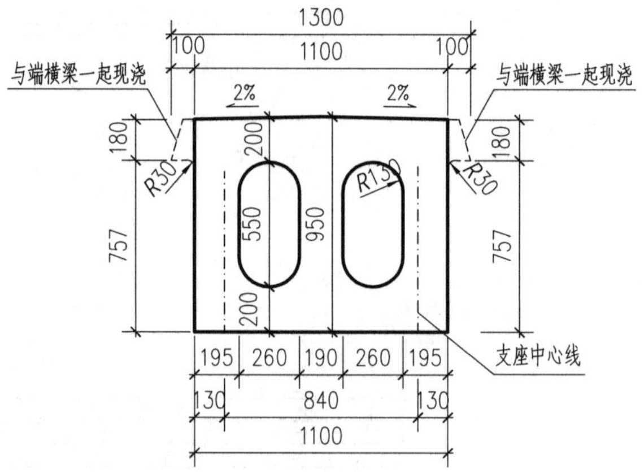

20~22m空心板 1:30

支点断面

钢筋材料调整表

跨径（m）	编号	略图	直径	每根全长（mm）	跨径（m）	编号	略图	直径	每根全长（mm）
10	7	120 120 476 1046 476	Φ12	2238	13	7	120 120 576 1046 576	Φ12	2438
	7'	140 140 475 1044 475	Φ14	2274		7'	140 140 575 1044 575	Φ14	2474
16~18	7	120 120 776 1046 776	Φ12	2838	20~22	7	120 120 876 1046 876	Φ12	3038
	7'	140 140 775 1044 775	Φ14	2874		7'	140 140 875 1044 875	Φ14	3074
	9	778~785 120 120	Φ12	均1022		9	878~885 120 120	Φ12	均1122

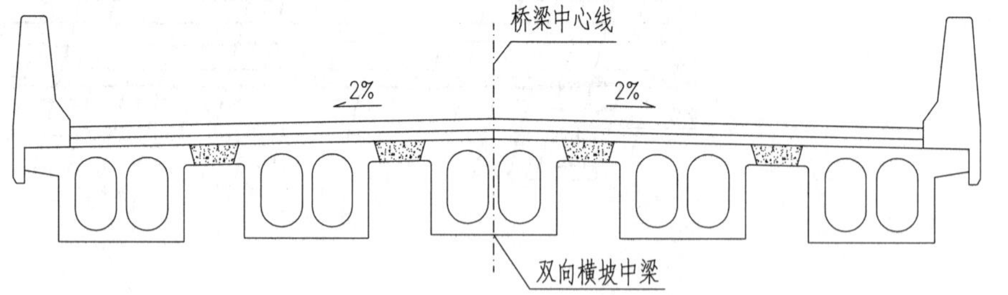

位置示意图

附注：1. 本图尺寸单位除标明外，其余均以毫米计。

2. 本图适用于双向横坡中梁，图中仅示横断面，其余构造详见与之对应的单向横坡中梁构造图。

3. 本图钢筋材料表仅表示与单向横坡中梁相比需要调整的钢筋，其他未调整的钢筋详见与之对应的单向横坡中梁钢筋材料明细表。

预应力混凝土空心板双向横坡中梁构造钢筋调整	图集号	2024沪Q003
	页	94

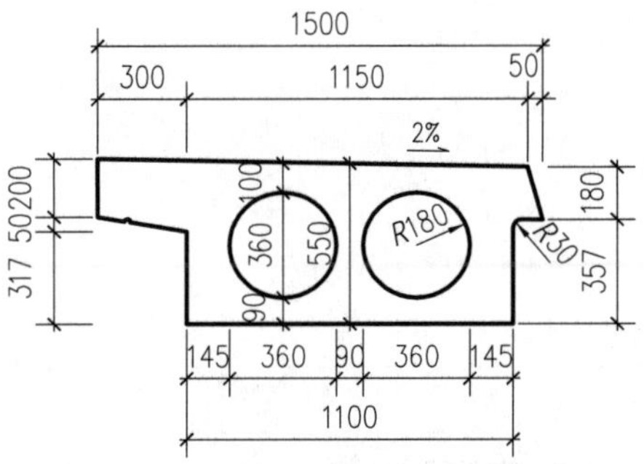

10m空心板 1:30

跨中断面

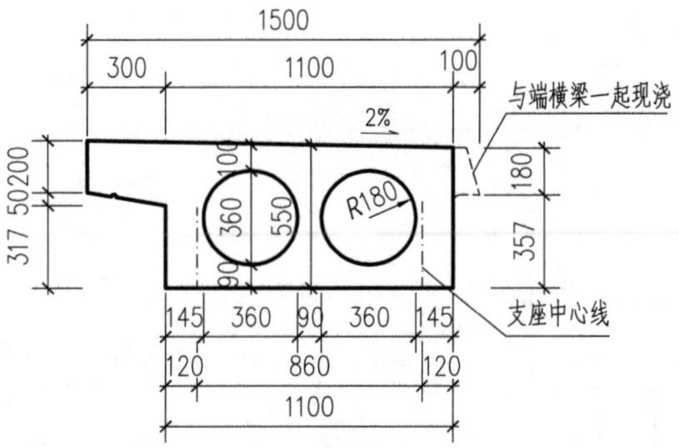

10m空心板 1:30

支点断面

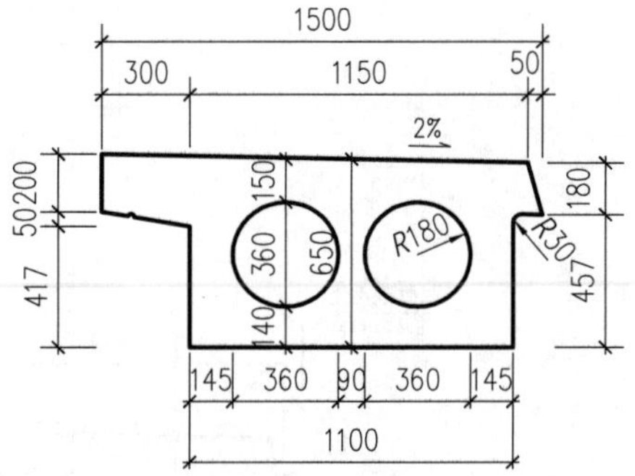

13m空心板 1:30

跨中断面

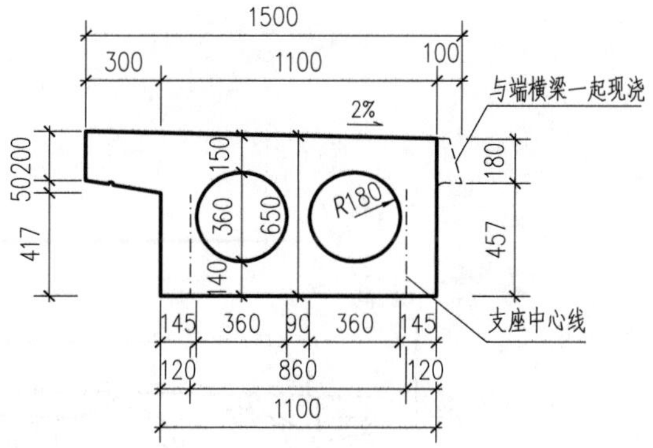

13m空心板 1:30

支点断面

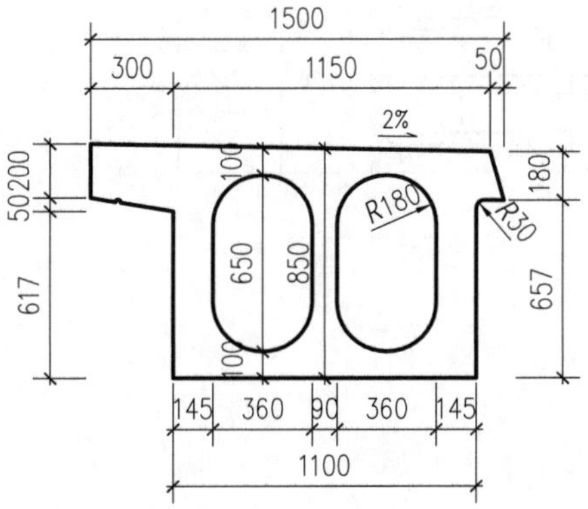

16~18m空心板 1:30

跨中断面

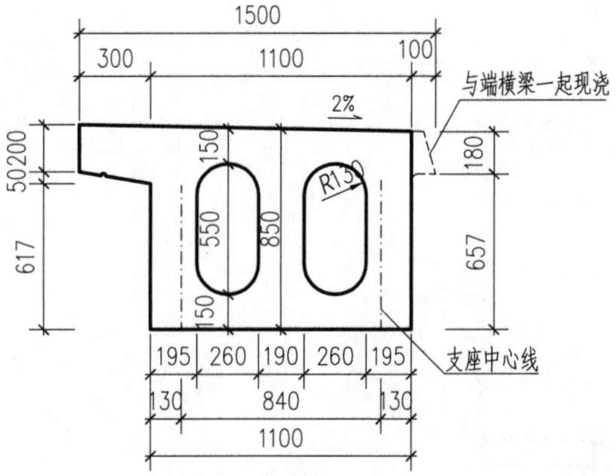

16~18m空心板 1:30

支点断面

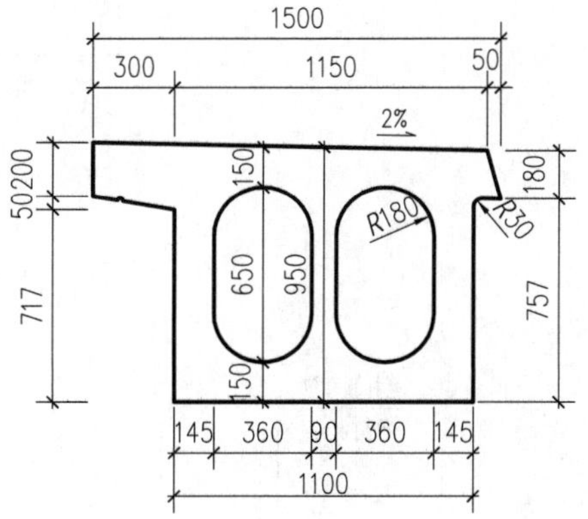

20~22m空心板 1:30

跨中断面

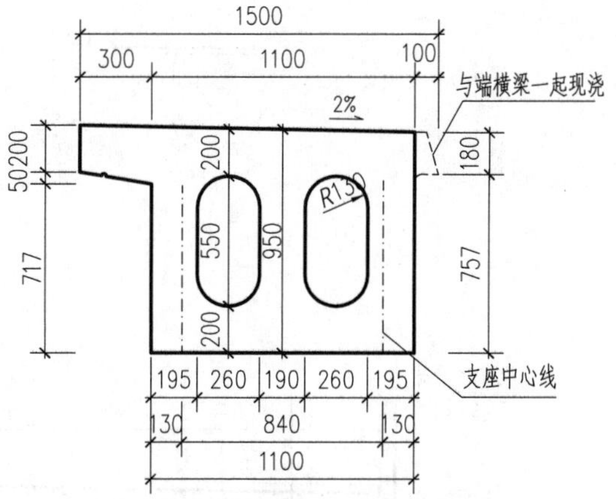

20~22m空心板 1:30

支点断面

钢筋材料调整表

编号	略图	直径	每根全长(mm)
6	1311+b, 127, 292, 300, 200, 73+b, 160	Φ16	3363
13'	1618, 122, 290, 300	Φ22	2330

附注：1. 本图尺寸单位除标明外，其余均以毫米计。

2. 本图适用于反向横坡边梁，图中仅示横断面，其余构造详见与之对应的正向横坡边梁构造图。

3. 本图钢筋材料表仅表示与单向横坡外边梁相比需要调整的钢筋，其他未调整的钢筋详见与之对应的外边梁钢筋材料明细表。

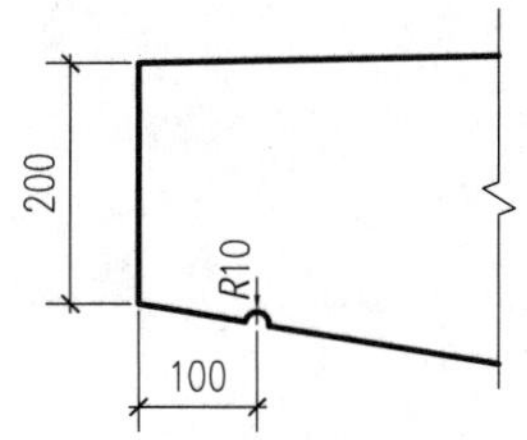

滴水槽大样 1:10

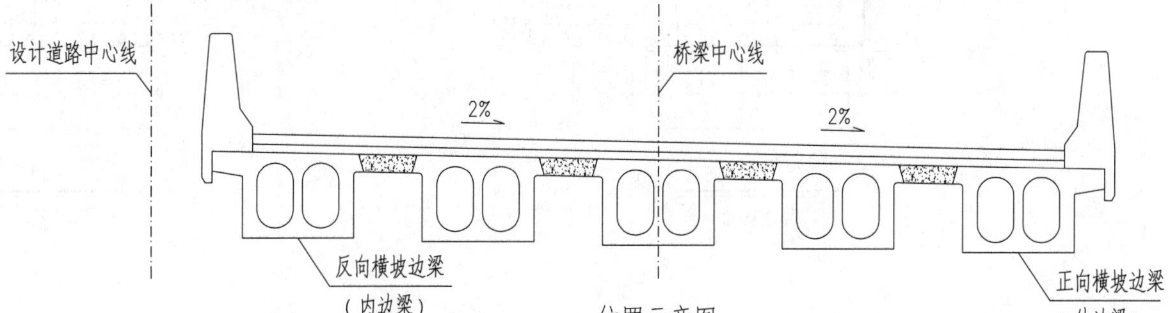

位置示意图

预应力混凝土空心板反向横坡边梁构造钢筋调整	图集号	2024沪Q003
	页	95

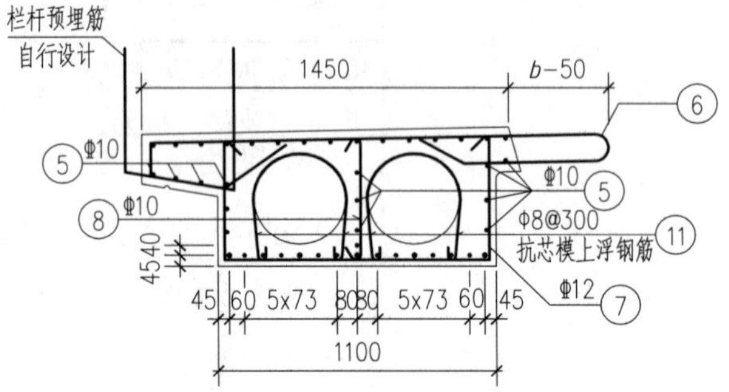

10m边梁 1:30

跨中断面

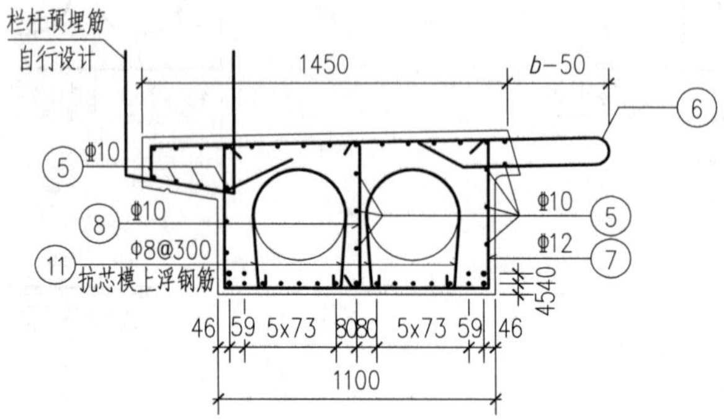

13m边梁 1:30

跨中断面

钢筋材料调整表

类别	编号	栏杆防护等级	略图	直径	每根全长(mm)
外边梁	6	人行栏杆	131 292 300 1309+b 200 74+b 163	Φ14	3369
		A、B级防撞栏杆	131 292 300 1309+b 200 74+b 163	Φ14	3369
		SA、SB级防撞栏杆	129 291 300 1309+b 200 75+b 160	Φ16	3364
		SS级防撞栏杆	125 289 300 1309+b 200 77+b 154	Φ20	3354
内边梁	6	人行栏杆	129 292 300 1311+b 200 72+b 163	Φ14	3367
		A、B级防撞栏杆	129 292 300 1311+b 200 72+b 163	Φ14	3367
		SA、SB级防撞栏杆	127 291 300 1311+b 200 73+b 160	Φ16	3362
		SS级防撞栏杆	123 289 300 1311+b 200 75+b 154	Φ20	3352

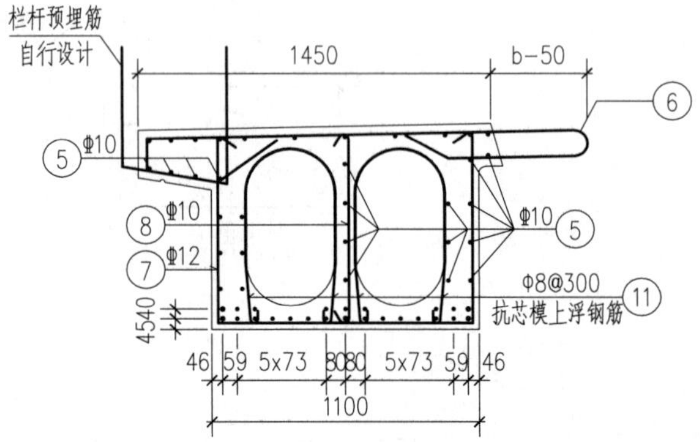

16~18m边梁 1:30

跨中断面

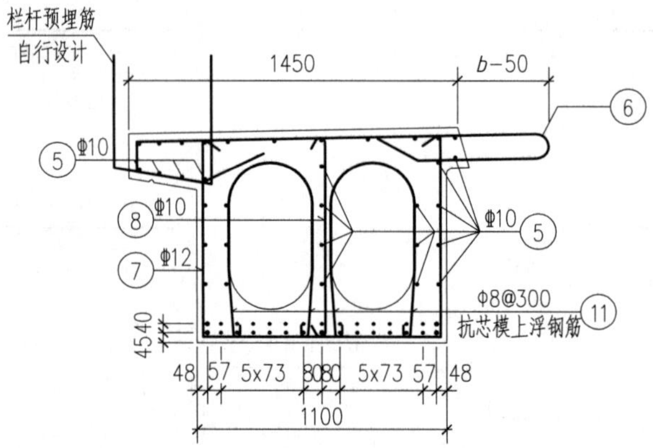

20~22m边梁 1:30

跨中断面

附注：1. 本图尺寸单位除标明外，其余均以毫米计。
2. 图中预应力钢筋根数仅为示意，详见各跨径空心板钢筋图。
3. 本图钢筋材料表仅表示不同防护等级下边梁需要调整的钢筋，其他未调整的钢筋详见与之对应的空心板钢筋材料明细表。

不同栏杆防护等级预应力混凝土空心板边梁钢筋调整	图集号	2024沪Q003
	页	96

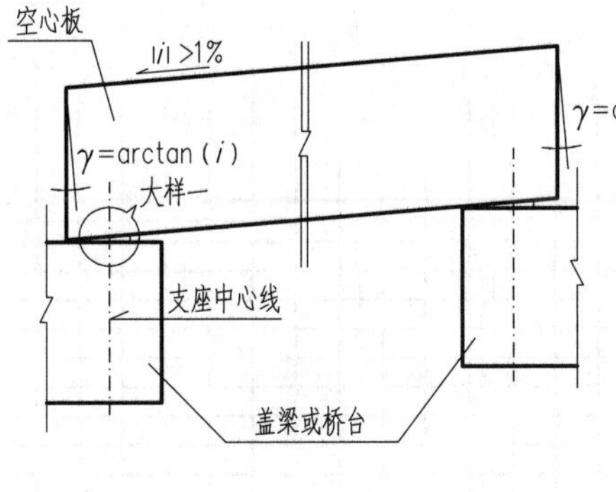

空心板立面

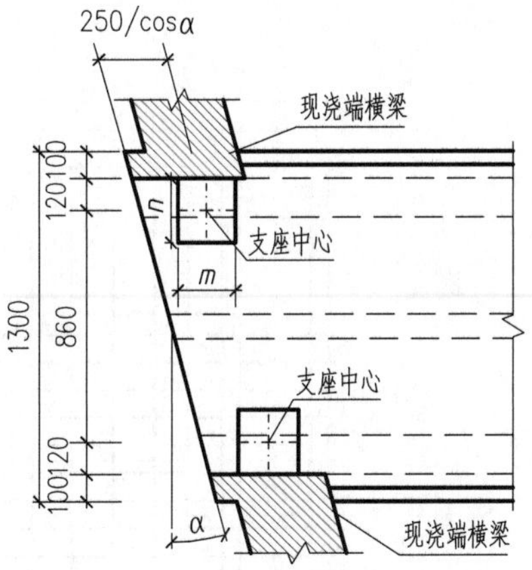

支座调平层平面 1:30

(10~13m)

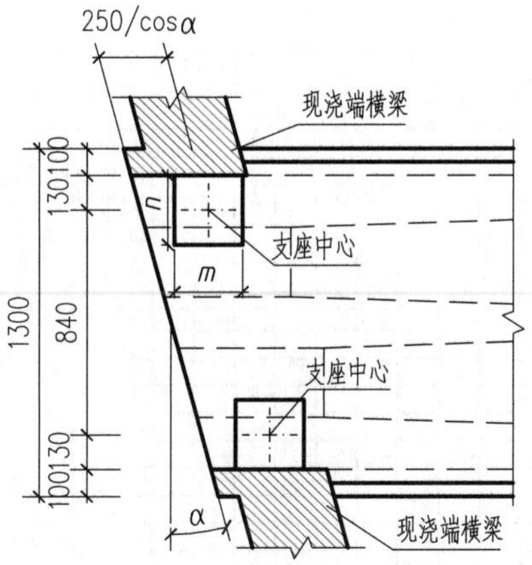

支座调平层平面 1:30

(16~18m)

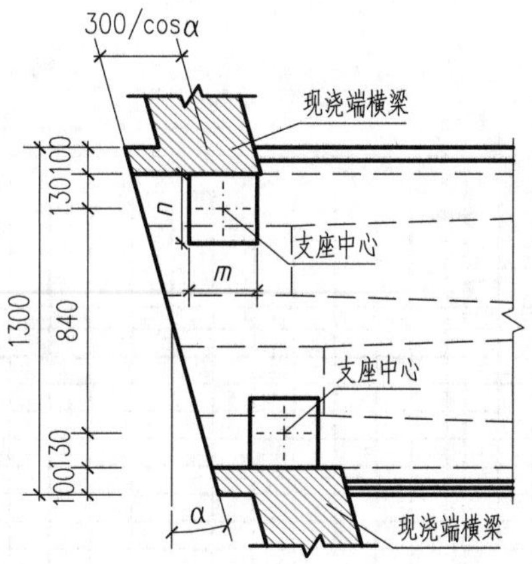

支座调平层平面 1:30

(20~22m)

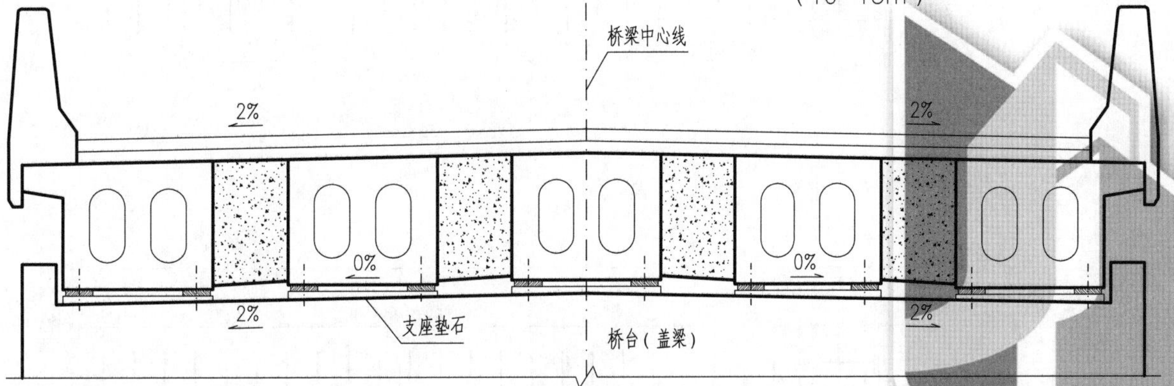

空心板横断面

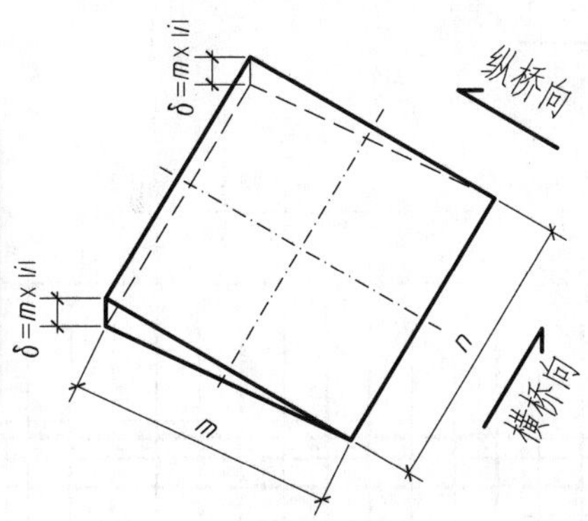

楔形钢垫板大样

|i|≤3%

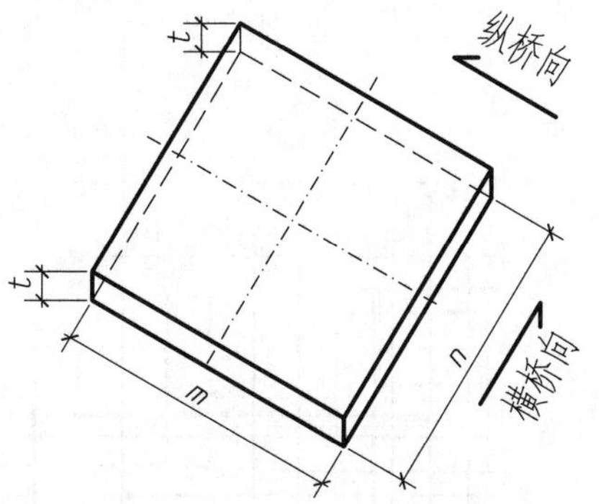

支座预埋钢板大样

|i|>3%

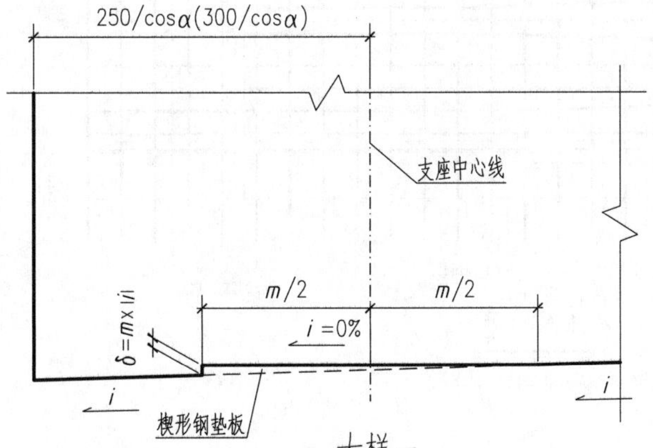

大样一 1:5

|i|≤3%

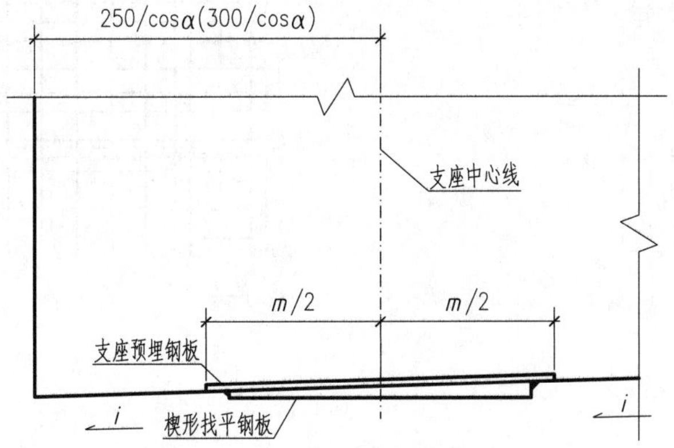

大样一 1:5

|i|>3%

附注：1. 本图尺寸单位除标明外，其余均以毫米计。

2. 空心板底面横向为平坡，盖梁（桥台）顶面通过设置支座垫石调平。

3. 空心板纵桥向根据纵坡不同采用不同的调平方法。当桥梁纵坡|i|≤3%时，采用预制时梁底放置楔形钢垫板的方法调平梁底支承面；当桥梁纵坡|i|>3%时，采用梁底预埋钢板、其下焊接楔形找平钢板的方法调平梁底支承面，空心板在预制时须保证支座调平层的位置及高度正确。

4. 空心板预制时，根据桥梁纵坡制作楔形钢垫板或支座预埋钢板，垫于支座调平位置处。空心板预制时，须采取临时固定措施，防止楔形钢垫板或支座预埋钢板在混凝土浇筑过程中移位。

5. 图中楔形钢垫板或支座预埋钢板尺寸根据支座型号确定。

预应力混凝土空心板支座调平构造示意图	图集号	2024沪Q003
	页	97

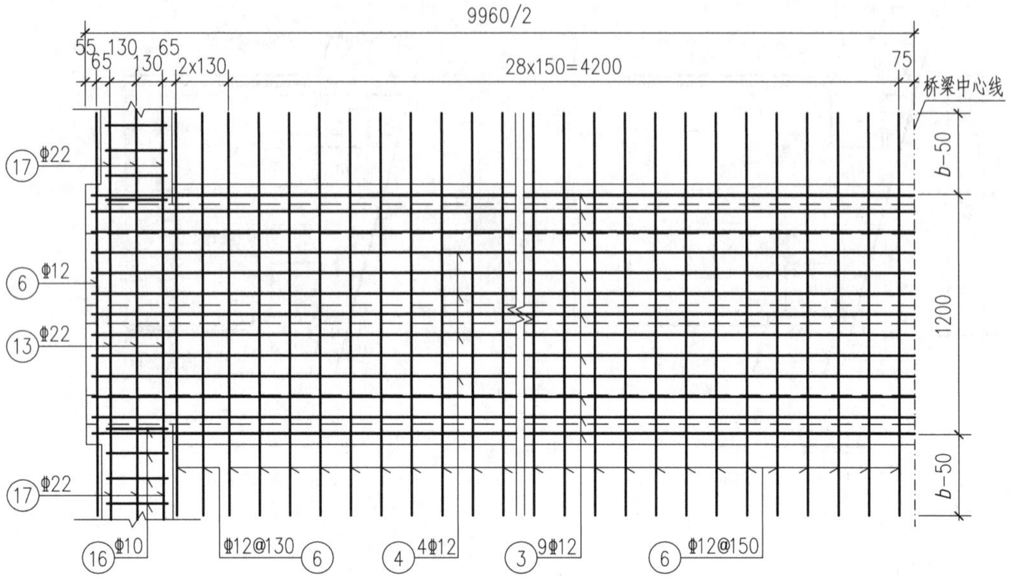

1/2平面 1:30

(10m)

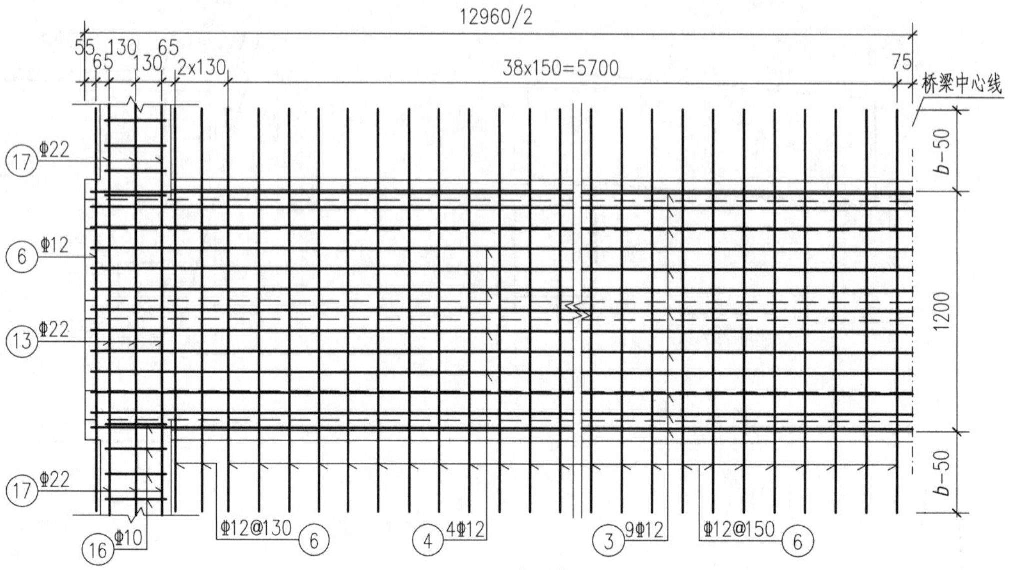

1/2平面 1:30

(13m)

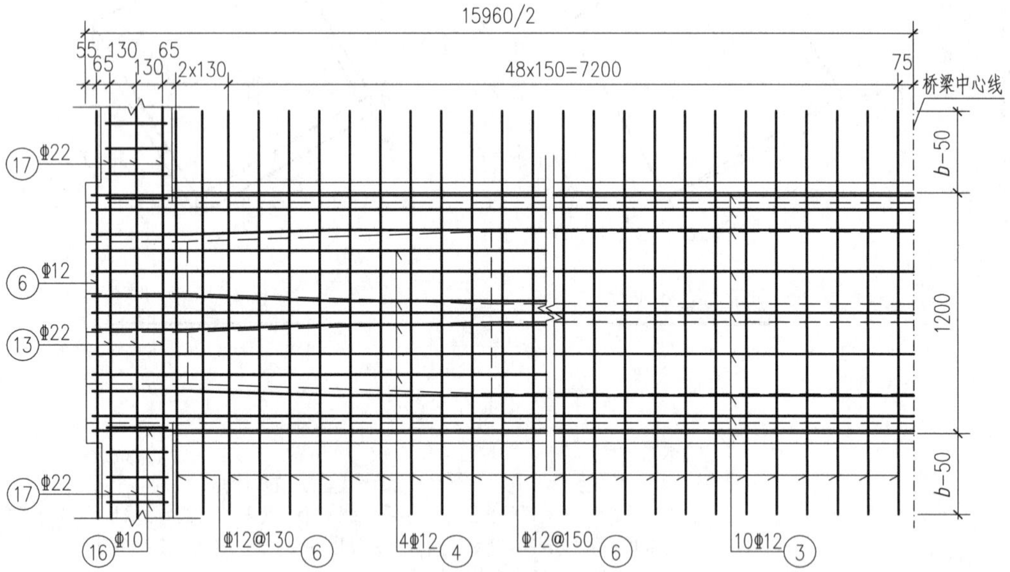

1/2平面 1:30

(16m)

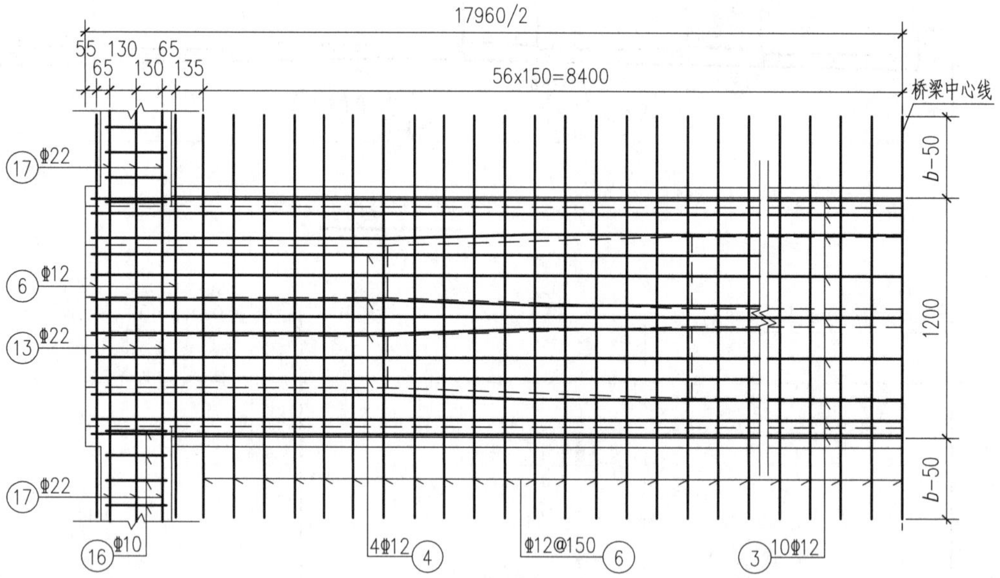

1/2平面 1:30

(18m)

附注：B型空心板桥面板钢筋，箍筋按本图间距调整，其余钢筋布置同A型空心板。

B型空心板钢筋调整示意图（一）	图集号	2024沪Q003
	页	98

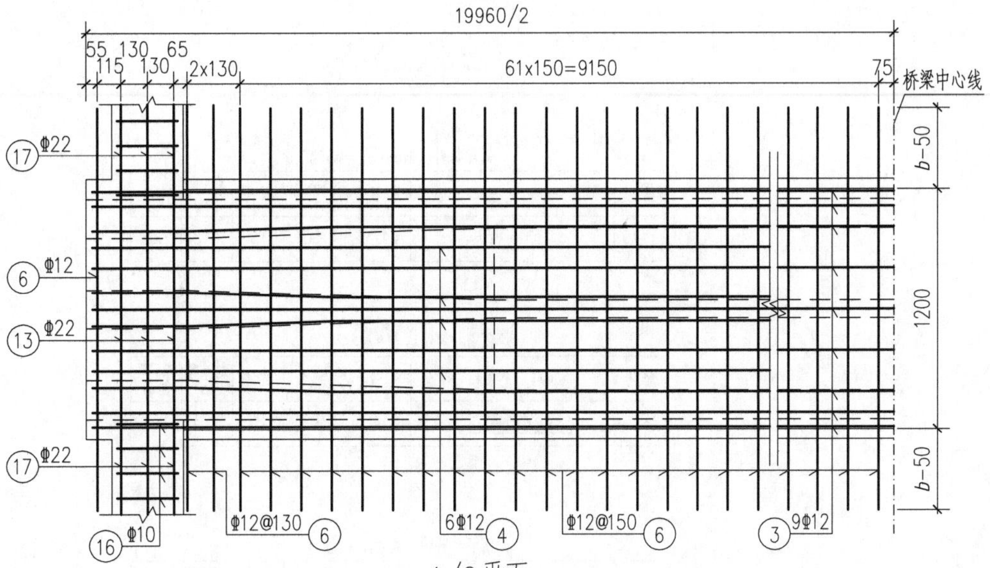

1/2平面 1:30

(20m)

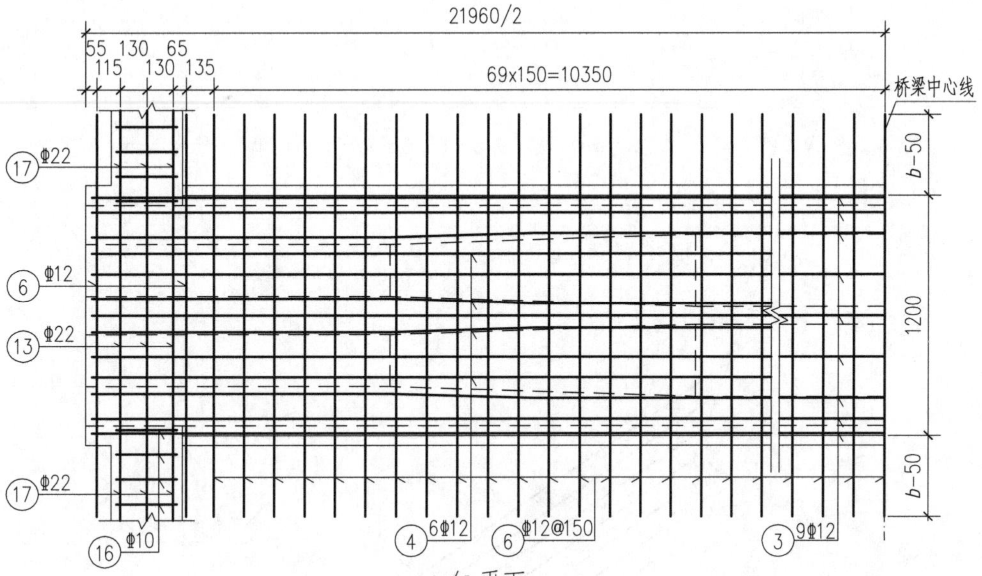

1/2平面 1:30

(22m)

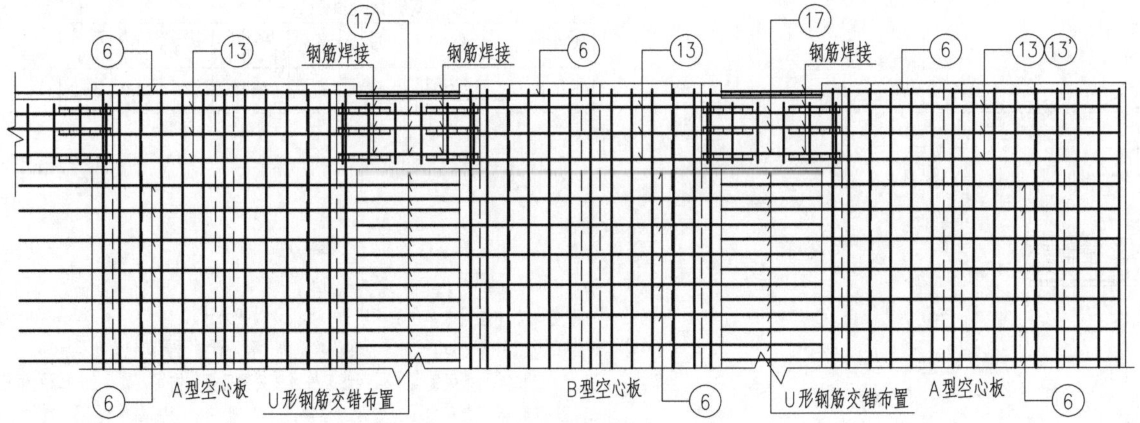

空心板钢筋错位布置大样 1:30

B型空心板钢筋数量调整表

编号 \ 跨径	10m	13m	16m	18m	20m	23m
6	64	84	104	117	130	143
7	58	78	94	101	120	127
8	58	78	94	101	120	127

附注：1. B型空心板桥面板钢筋、箍筋按本图间距调整，其余钢筋布置同A型空心板。
2. 钢筋采用焊接连接时，焊接长度：单面焊10d，双面焊5d，d为钢筋直径。

B型空心板钢筋调整示意图（二）	图集号	2024沪Q003
	页	99

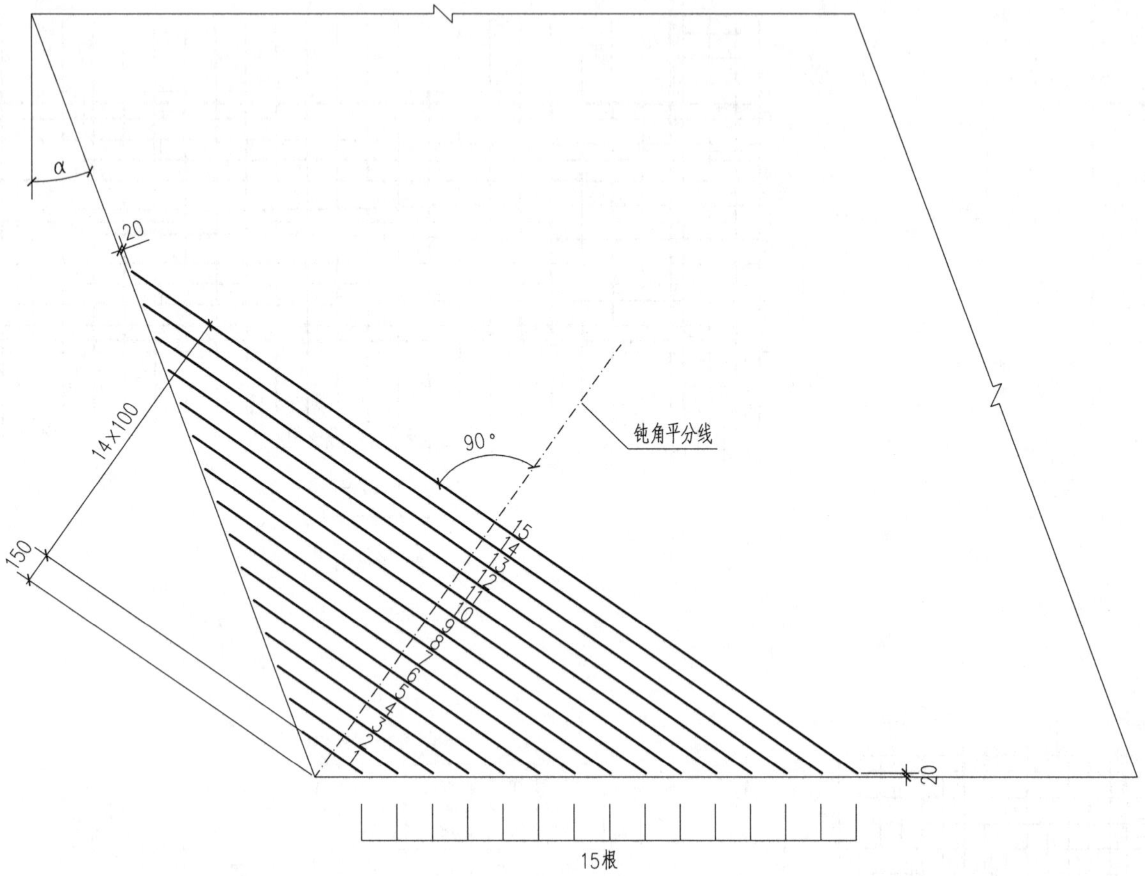

桥面铺装钝角加强钢筋平面布置 1:30

钢筋材料明细表（α=15°）

编号	略图	直径	每根全长（mm）	根数	总长度(m)	总重(kg)
1~15	325~3974	φ12	平均 2150	15	32.3	28.6

钢筋材料明细表（α=20°）

编号	略图	直径	每根全长（mm）	根数	总长度(m)	总重(kg)
1~15	359~4358	φ12	平均 2359	15	35.4	31.4

钢筋材料明细表（α=25°）

编号	略图	直径	每根全长（mm）	根数	总长度(m)	总重(kg)
1~15	396~4792	φ12	平均 2594	15	38.9	34.5

钢筋材料明细表（α=30°）

编号	略图	直径	每根全长（mm）	根数	总长度(m)	总重(kg)
1~15	440~5289	φ12	平均 2865	15	43.0	38.2

附注：1. 本图尺寸单位除标明外，其余均以毫米计。
2. 斜交角≥15°时，须在桥梁钝角位置增设桥面铺装钝角加强钢筋。
3. 桥面铺装钝角加强钢筋与桥面铺装钢筋绑扎固定，置于桥面铺装钢筋下。
4. 表中数量为 1 个钝角工程量。

桥面铺装钝角加强钢筋图	图集号	2024沪Q003
	页	100

第二分册　铰接空心板（桥梁）

跨　径：10m、13m、16m、18m、20m、22m

斜交角：0°、5°、10°、15°、20°、25°、30°

荷　载：城—B 级、公路—Ⅱ级

第二分册　铰接空心板（桥梁）

批准部门：上海市住房和城乡建设管理委员会　　批准文号：沪建标定〔2023〕509号

主编单位：上海市政工程设计研究总院（集团）有限公司　　统一编号：DBJT 08-101-2024

施行日期：2024年2月1日　　图集号：2024沪Q003

主编单位负责人：

主编单位技术负责人：

技术审定人：

审核人：

设计人：

目　录

设 计 说 明

一、编制依据及适用范围

1. 本标准设计根据上海市住房和城乡建设管理委员会《2021年上海市工程建设规范、建筑标准设计编制计划》(沪建标定〔2020〕771号)和上海市交通委员会《2021年度标准规范项目计划》(沪交科〔2021〕169号)进行修编。

2. 本标准设计适用于上海地区既有桥梁维修工程中需要局部更换的先张法预应力混凝土铰接空心板(桥梁)。使用本图集时应注意以下事宜:

(1)车行道≥7m(≥7块板)时,可直接套用本图集的有关图纸。

(2)4m≤车行道<7m(≥4块板且<7块板),且设置一根机动车道时,可直接套用本图集的有关图纸。

(3)人群荷载不控制设计,使用单位可根据实际桥面布置情况作调整。

二、采用标准及规范

(1)《公路工程技术标准》JTG B01

(2)《工程结构可靠性设计统一标准》GB 50153

(3)《公路工程结构可靠性设计统一标准》JTG 2120

(4)《工程结构通用规范》GB 55001

(5)《混凝土结构通用规范》GB 55008

(6)《城市道路交通工程项目规范》GB 55011

(7)《公路桥涵设计通用规范》JTG D60

(8)《公路钢筋混凝土及预应力混凝土桥涵设计规范》JTG 3362

(9)《城市桥梁设计规范(2019年版)》CJJ 11

(10)《公路装配式混凝土桥梁设计规范》JTG/T 3365—05

(11)《混凝土结构耐久性设计标准》GB/T 50476

(12)《公路工程混凝土结构耐久性设计规范》JTG/T 3310

(13)《公路交通安全设施设计规范》JTG D81

(14)《公路交通安全设施设计细则》JTG/T D81

(15)《城市道路交通设施设计规范(2019年版)》GB 50688

(16)《公路桥涵施工技术规范》JTG/T 3650

(17)《城市桥梁工程施工与质量验收规范》CJJ 2

(18)《城市道路桥梁工程施工质量验收规范》DG/TJ 08—2152

(19)《公路工程质量检验评定标准 第一册 土建工程》JTG F80/1

三、主要技术标准

1. 空心板参数见表1。

表1 空心板参数

跨径(m)	10	13	16	18	20	22
板长(m)	9.96	12.96	15.96	17.96	19.96	21.96
计算跨径(m)	9.46	12.46	15.46	17.46	19.36	21.36
板高(m)	0.52	0.62	0.82	0.82	0.90	0.90

2. 荷载:

(1)永久作用:混凝土重度为26kN/m^3;桥面铺装重度为24kN/m^3。

(2)设计荷载:城—B级、公路—Ⅱ级。

3. 设计基准期:100年;设计使用年限:50年。

4. 桥梁设计安全等级:一级/二级。

5. 耐久性环境类别:Ⅰ类。

6. 防撞护栏:栏杆自重按10kN/m取用;水平荷载按防护等级分A/B、SA/SB两种撞击力计算,A/B、SA/SB分别取效应值大者作为设计值。

7. 斜交角:0°、5°、10°、15°、20°、25°、30°。

四、主要材料

1. 混凝土:采用C50混凝土、C50钢纤维混凝土和C30混凝土。

C50混凝土:预制梁、铺装调平层;

C50钢纤维混凝土:铰缝;

C30混凝土:封头板。

2. 预应力钢筋:采用钢绞线,规格为1x7-15.20-1860-GB/T 5224,用符号ϕ^s表示,技术条必须符合《预应力混凝土用钢绞线》GB/T 5224的规定。也可采用相当标准的其他规格钢绞线。如采用其他规格钢绞线等效代换,须另行设计。

3. 普通钢筋:采用HPB300和HRB400钢筋。

HPB300 钢筋：用于吊环钢筋和直径 <10mm 的构造钢筋，其技术条件必须符合《钢筋混凝土用钢　第 1 部分：热轧光圆钢筋》GB 1499.1 的规定，用符号 ϕ 表示；

HRB400 钢筋：用于受力钢筋和直径≥ 10mm 的构造钢筋，其技术条件必须符合《钢筋混凝土用钢　第 2 部分：热轧带肋钢筋》GB 1499.2 的规定，用符号 Φ 表示。

五、设计要点及计算数据

1. 空心板按照 A 类预应力混凝土受弯构件进行设计。
2. 横向分布系数：支点按杠杆法计算，四分点到跨中按铰接板（梁）法计算，支点到四分点按直线内插计算。
3. 桥面铺装：桥面铺装按 80mm 钢筋混凝土垫层 +80mm 沥青混凝土面层。桥面铺装不计入结构断面（计算结构基频时，计入 80mm 的钢筋混凝土垫层厚度）。
4. 桥面宽度按 7 块板 2 车道考虑。桥面布置为 0.4m（防撞栏杆）+7.0m（车行道）+0.4m（防撞栏杆）=7.8m。
5. 计算预应力损失时，不考虑蒸汽养护时预应力钢筋与台座之间的温度差（当采用蒸汽养护时，须另行考虑该部分损失）；计算锚具变形、钢筋回缩损失时，回缩值取 6mm，张拉台座长度取 100m。计算收缩徐变损失时，传力锚固龄期取 3~7d，加载龄期取 7d，成桥后按龄期 3650d 计算徐变损失，年平均相对湿度 RH 取 40%~70%，构件与大气接触的周边长度 μ 取空心板的周长加内孔周长的一半。
6. 在荷载短期效应组合下控制混凝土下缘拉应力小于 1.0MPa；在荷载长期效应组合下控制混凝土下缘不出现拉应力。在施工安装阶段，乘以动力系数，控制混凝土上缘拉应力不超过 $0.7f'_{tk}$（f'_{tk} 为施工安装阶段混凝土轴心抗拉强度标准值）。
7. 空心板内模采用芯模成形，10~13m 采用等截面圆形芯模，16~22m 采用等截面圆端形芯模。芯模宜采用刚度增强型充气加劲橡胶芯模，也可采用钢质、PVC、高密度泡沫等芯模。不得采用橡胶充气气囊。

六、施工要求

1. 采用的材料必须按有关标准、规范的规定进行检测，验证合格后方可使用。工程中所采用的混凝土原材料应统一，宜采用同一生产厂家、同一品种、同一批号且连续进场的产品。
2. 预应力工艺所采用的工具、仪表必须按有关规定进行标定、检验，未经标定、检验或超过张拉次数的工具、仪表不得使用。
3. 结构尺寸、预应力钢筋及其包裹隔离位置、钢筋安放位置必须准确。
4. 采用充气加劲橡胶芯模时，应按产品使用要求达到有效气压，充气后芯模截面成型误差控制在 3mm 以内。
5. 施工时应严格控制芯模变形、上浮和偏位，预制空心板顶底板、腹板厚度误差控制在 5mm 以内。
6. 预应力钢筋锚下的张拉控制应力为 $\sigma_{con}=0.75f_{pk}$，采用应力及伸长量双控制。张拉程序为 0→初应力→ $1.0\sigma_{con}$（持荷 5min 锚固），其中 σ_{con} 为预应力钢筋锚下的张拉控制应力。扣除锚具变形、钢筋回缩损失后，100m 台座的张拉总伸长量理论值为 707mm。
7. 空心板混凝土浇筑后，上表面必须充分拉毛。浇筑桥面铺装混凝土前应将梁顶浮浆、油污清除干净，以保证新、老混凝土良好结合。
8. 当昼夜平均气温低于 5℃或最低气温低于 -3℃时，应按冬季施工处理，以保证工程质量。
9. 预应力筋放张时混凝土强度不应低于设计强度等级的 80%，弹性模量不应低于混凝土 28d 弹性模量的 80%。当采用混凝土龄期代替弹性模量控制，日平均气温≥ 20℃时不应少于 5d，日平均气温 <20℃时不应少于 7d。
10. 空心板混凝土浇筑后应及时进行养护，可采用自然养护，也可采用蒸汽养护。
    1）采用自然养护时，对暴露于大气环境中的混凝土表面采用适宜的材料进行覆盖，并洒水养护。当环境相对湿度 <60% 时，自然养护的时间不宜少于 28d；当环境相对湿度≥ 60% 时，自然养护的时间不宜少于 14d。
    2）采用蒸汽养护时，分静停、升温、恒温、降温及自然养护五个阶段。静停期间应保持棚内温度不低于 5℃，混凝土浇筑完成 4h 后方可升温，且升温速度不应大于 10℃ /h；恒温时应将温度控制在 50℃以下，恒温时间不宜小于 24h 或根据试验确定；降温速度不应大于 5℃ /h；蒸汽养护结束后，应立即进入自然养护阶段，且养护时间不宜少于 7d。蒸汽养护期间、撤除保温设施及模板时，梁体混凝土表层温度与环境温度之差不应大于 15℃。
    3）当环境温度低于 5℃时，空心板表面宜喷涂养护剂，并采取保温养护措施，不得对混凝土表面洒水。
    4）采用蒸汽养护时，预应力筋放张时混凝土强度不应低于设计强度等级的 90%，混凝土龄期不应少于 48h。
11. 空心板混凝土强度达到设计强度等级的 80% 后才能移梁、堆放，达到 100% 设计强度等级后才能运输、安装。
12. 本图集空心板采用多层堆放（堆放层数不得超过 3 层）、单层运输，堆放与运输时梁体不得倒置，临时支座应在设置在支座中心位置。
13. 本图集空心板采用预埋吊环钢筋起吊，空心板预制时须预埋好吊环钢筋，并固定牢靠，防止混凝土浇筑时吊环钢筋位置发生扰动。如采用其他方式起吊安装（如架桥机安装），须根据吊装方案对吊装阶段空心板受力进行验算。
14. 铰缝混凝土采用 C50 钢纤维混凝土，钢纤维含量为 50kg/m³，缝内混凝土须浇筑密实饱满。铰缝混凝土施工前，在铰缝底垫楔形橡胶条，防止混凝土浇筑时漏浆，影响铰缝质量。
15. 板梁安装时应采取有效措施保证梁底四个支座均匀受力，避免由于支座脱空产生不良受力状态。
16. 为防止空心板上拱度过大，空心板存梁期不得超过 90d。
17. 为防止相邻空心板龄期差异过大而产生较大的收缩应力，同一跨桥梁更换的铰接空心板龄期差异不得超过 14d。
18. 空心板梁底应采取调平措施，使支座保持水平。预制时，须预埋好相关调平预埋件。

19. 空心板在预制时，注意护栏、伸缩缝、泄水孔、防雷接地等各种预埋筋（件）的预埋。

20. 栏杆施工须在混凝土铺装施工完成后进行，若有特殊原因需在铺装施工前进行，必须采取措施防止边梁倾覆，并对结构重新验算。

21. 为保证混凝土品质，提高耐久性，混凝土除满足相关标准及规范的要求外，还应满足如下技术要求：

1）水泥应采用品质稳定、强度等级不低于 42.5 级的硅酸盐水泥或普通硅酸盐水泥。避免使用早期强度较高的水泥和高 C3A 含量的水泥。

2）粗集料应级配合理、质地均匀坚固，不宜采用砂岩碎石。粗集料最大公称粒径≤ 20mm，针片状颗粒含量（按质量计）<15%，吸水率（按质量计）<2.0%，压碎指标 <20%。

3）细集料应选择级配合理、质地均匀坚固的中粗河沙，细度模数宜为 2.3~3.7，含泥量（按质量计）<3.0%，吸水率（按质量计）<2.0%。不得使用淡化海砂、山砂及风化严重的多孔砂。

4）外加剂应具有减水率高、塌落度损失小、适量引气、能细化混凝土孔结构、能明显改善或提高混凝土耐久性、与水泥有良好的适应性等性能，外加剂产品应经过相应级别的鉴定认证。

5）混凝土拌和料中因各种原材料（水泥、矿物掺和料、集料、外加剂和拌和水等）引入的水溶氯离子总量不应超过胶凝材料重的 0.06%；混凝土中的总碱含量不应超过 3.0kg/m^3。严禁使用碱活性集料。

6）混凝土最大水胶比和胶凝材料用量如表 2 所示。

表 2　混凝土水胶比及胶凝材料用量

混凝土强度等级	最大水胶比	最小胶凝材料用量（kg/m^3）	最大胶凝材料用量（kg/m^3）
C50	0.36	360	480

7）其他技术要求按照《公路桥涵施工技术规范》JTG/T 3650 执行。

七、主编单位、参编单位、编写人员

主 编 单 位：上海市政工程设计研究总院（集团）有限公司

参 编 单 位：上海市城市建设设计研究总院（集团）有限公司

同济大学建筑设计研究院（集团）有限公司

主要编写人员：马　骉　张剑英　陆元春　张哲元　张英姿　陈　明　沈桂平　顾民杰　王　萍　沈炯伟　刘晓苹　张晨南　蔡　亮

主要修编人员：马　骉　顾民杰　陆元春　张哲元　沈炯伟　王　萍　张晨南　蔡　亮

审 查 人 员：钱寅泉　姚红英　石雪飞　李国平　邓青儿　黄少文　张春雷

表1 空心板毛截面特性

跨径（m）	中板			边板	
10	A（m²）	0.30093	0.39042	A（m²）	0.39868
	h（m）	0.52000		h（m）	0.52000
	Y_s（m）	0.26646		Y_s（m）	0.22924
	Y_x（m）	0.25354		Y_x（m）	0.29076
	I（m⁴）	0.00956	0.01568	I（m⁴）	0.01178
	W_s（m³）	0.03586		W_s（m³）	0.05137
	W_x（m³）	0.03769		W_x（m³）	0.04050
	S_0（m³）	0.02472		S_0（m³）	0.03082
13	A（m²）	0.39993	0.48942	A（m²）	0.49818
	h（m）	0.62000		h（m）	0.62000
	Y_s（m）	0.29070		Y_s（m）	0.25644
	Y_x（m）	0.32930		Y_x（m）	0.36356
	I（m⁴）	0.01675	0.02431	I（m⁴）	0.01976
	W_s（m³）	0.05762		W_s（m³）	0.07706
	W_x（m³）	0.05087		W_x（m³）	0.05435
	S_0（m³）	0.03714		S_0（m³）	0.04369
16/18	A（m²）	0.38912	0.46912	A（m²）	0.48837
	h（m）	0.82000		h（m）	0.82000
	Y_s（m）	0.42427		Y_s（m）	0.36306
	Y_x（m）	0.39573		Y_x（m）	0.45694
	I（m⁴）	0.03230	0.04540	I（m⁴）	0.04046
	W_s（m³）	0.07613		W_s（m³）	0.11144
	W_x（m³）	0.08162		W_x（m³）	0.08855
	S_0（m³）	0.05120		S_0（m³）	0.06270
20/22	A（m²）	0.46542	0.54542	A（m²）	0.56652
	h（m）	0.90000		h（m）	0.90000
	Y_s（m）	0.46486		Y_s（m）	0.40438
	Y_x（m）	0.43514		Y_x（m）	0.49562
	I（m⁴）	0.04632	0.06376	I（m⁴）	0.05706
	W_s（m³）	0.09964		W_s（m³）	0.14111
	W_x（m³）	0.10644		W_x（m³）	0.11513
	S_0（m³）	0.06757		S_0（m³）	0.08313
备注			此列为计入80mm混凝土铺装后的截面特性，计算冲击时用		

表2 空心板计算数据

板型	跨径（m）	计算跨径（m）	横向分布系数			冲击系数
			跨中	支点	栏杆	
中板	10	9.46	0.323	0.5	0.27	0.433
边板			0.368		0.45	
中板	13	12.46	0.313	0.5	0.28	0.355
边板			0.349		0.41	
中板	16	15.46	0.310	0.5	0.27	0.337
边板			0.361		0.40	
中板	18	17.46	0.306	0.5	0.28	0.294
边板			0.357		0.39	
中板	20	19.36	0.303	0.5	0.28	0.275
边板			0.349		0.38	
中板	22	21.36	0.301	0.5	0.28	0.240
边板			0.347		0.38	

注：1. 边板跨中横向分布按不等刚度法计算，中板、边板按实际刚度输入；中板跨中横向分布按等刚度法计算，中板、边板均按中板的刚度输入，取用边板位置的横向分布系数。对于新老空心板在拼缝处断开、不做铰缝的拼接，横向分布须重新计算。

2. 当桥梁宽度超出下图中所给的桥宽范围时，须复核计算其横向分布系数。如果超过表2中的控制值，不能直接套用本标准图，须另行设计。

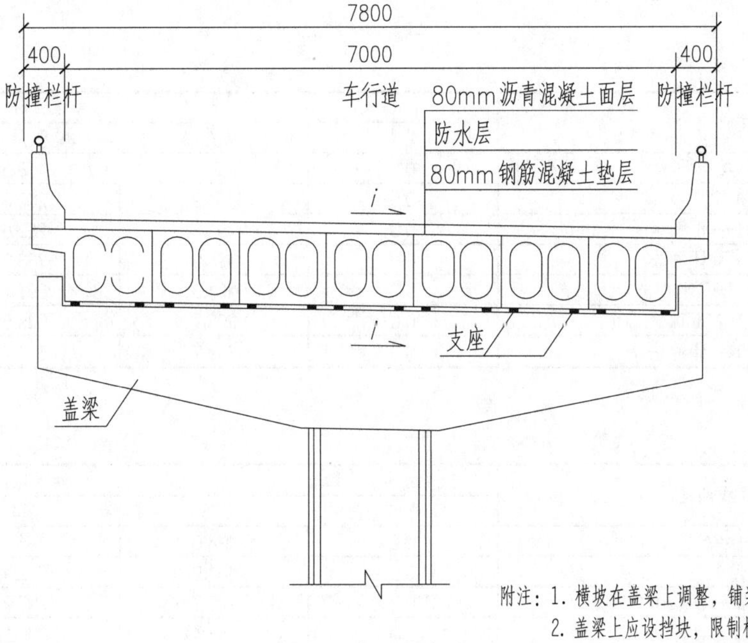

横断面布置示意图

（单位：毫米）

附注：1. 横坡在盖梁上调整，铺装等厚。

2. 盖梁上应设挡块，限制板梁横向移动。

3. 支座设置必须满足《公路桥涵设计通用规范》JTG D60和《公路钢筋混凝土及预应力混凝土桥涵设计规范》JTG 3362的规定。

截面特性、计算数据及横断面布置	图集号	2024沪Q003
	页	107

内力汇总表

跨径：10m　中板

设计荷载：城—B 级、公路—Ⅱ级

荷载或组合	弯矩（kN·m）					剪力（kN）				
	支点	L/8	L/4	3L/8	跨中 L/2	支点	L/8	L/4	3L/8	跨中 L/2
预制梁自重	0.0	40.0	68.7	86.0	91.7	38.9	29.2	19.4	9.7	0.0
恒载	0.0	73.6	126.5	158.2	168.8	71.6	53.7	35.8	17.9	0.0
城—B 级、公路—Ⅱ级（计冲击）	0.0	154.4	210.2	261.7	278.9	195.9	140.4	95.3	77.7	60.8
基本组合（计冲击）	0.0	335.0	490.7	611.8	652.2	396.2	287.1	194.0	143.2	93.6
频遇组合（不计冲击）	0.0	149.2	229.4	286.3	305.3	167.5	122.4	82.4	55.9	29.8
准永久组合（不计冲击）	0.0	116.8	185.3	231.4	246.8	126.4	93.0	62.4	39.6	17.0
标准组合（计冲击）	0.0	228.0	336.7	419.9	447.7	267.5	194.1	131.1	95.6	60.8

跨径：10m　边板

设计荷载：城—B 级、公路—Ⅱ级

荷载或组合	弯矩（kN·m）					剪力（kN）				
	支点	L/8	L/4	3L/8	跨中 L/2	支点	L/8	L/4	3L/8	跨中 L/2
预制梁自重	0.0	52.5	90.3	112.9	120.5	51.0	38.3	25.6	12.8	0.0
恒载	0.0	94.0	161.6	202.1	215.6	91.4	68.6	45.7	22.9	0.0
城—B 级、公路—Ⅱ级（计冲击）	0.0	163.0	238.8	297.4	317.5	213.1	160.2	114.1	93.5	73.6
基本组合（计冲击）	0.0	375.1	581.1	724.8	773.5	448.8	337.1	236.1	174.2	113.4
频遇组合（不计冲击）	0.0	173.8	278.5	347.7	371.0	195.7	147.0	101.6	68.6	36.1
准永久组合（不计冲击）	0.0	139.6	228.4	285.3	304.4	151.0	113.4	77.6	49.0	20.6
标准组合（计冲击）	0.0	257.0	400.4	499.5	533.1	304.5	228.7	159.8	116.4	73.6

跨径：13m　中板

设计荷载：城—B 级、公路—Ⅱ级

荷载或组合	弯矩（kN·m）					剪力（kN）				
	支点	L/8	L/4	3L/8	跨中 L/2	支点	L/8	L/4	3L/8	跨中 L/2
预制梁自重	0.0	92.4	158.6	198.3	211.5	68.0	51.0	34.0	17.0	0.0
恒载	0.0	151.9	260.8	326.1	347.9	112.0	83.9	55.9	28.0	0.0
城—B 级、公路—Ⅱ级（计冲击）	0.0	191.8	252.6	314.8	336.4	204.0	141.9	90.1	73.5	57.7
基本组合（计冲击）	0.0	495.9	733.3	915.2	977.3	462.0	329.2	212.6	150.1	88.8
频遇组合（不计冲击）	0.0	251.3	391.7	489.2	522.2	217.7	157.4	102.6	66.0	29.9
准永久组合（不计冲击）	0.0	208.7	335.6	419.3	447.5	172.4	125.9	82.6	49.7	17.1
标准组合（计冲击）	0.0	343.7	513.4	640.9	684.3	316.0	225.7	146.0	101.5	57.7

跨径：13m　边板

设计荷载：城—B 级、公路—Ⅱ级

荷载或组合	弯矩（kN·m）					剪力（kN）				
	支点	L/8	L/4	3L/8	跨中 L/2	支点	L/8	L/4	3L/8	跨中 L/2
预制梁自重	0.0	114.0	195.6	244.7	261.0	83.9	62.9	42.0	21.0	0.0
恒载	0.0	181.9	312.4	390.6	416.7	134.0	100.5	67.0	33.5	0.0
城—B 级、公路—Ⅱ级（计冲击）	0.0	206.7	297.2	370.2	395.8	206.7	152.7	106.1	86.6	68.0
基本组合（计冲击）	0.0	558.4	870.1	1085.7	1159.6	495.2	367.8	251.8	177.6	104.7
频遇组合（不计冲击）	0.0	289.0	466.4	582.4	621.8	241.1	179.6	122.0	78.4	35.2
准永久组合（不计冲击）	0.0	243.1	400.4	500.2	533.9	195.2	145.7	98.4	59.1	20.1
标准组合（计冲击）	0.0	388.6	609.6	760.8	812.5	340.7	253.2	173.1	120.1	68.0

内力汇总表

跨径：16m　中板
设计荷载：城—B 级、公路—Ⅱ级

荷载或组合	弯矩（kN·m）					剪力（kN）				
	支点	L/8	L/4	3L/8	跨中 L/2	支点	L/8	L/4	3L/8	跨中 L/2
预制梁自重	0.0	137.8	236.5	295.7	315.4	81.7	61.3	40.9	20.4	0.0
恒载	0.0	229.5	393.8	492.4	525.3	136.0	102.0	68.0	34.0	0.0
城—B 级、公路—Ⅱ级（计冲击）	0.0	243.5	338.8	421.5	449.2	198.7	141.4	95.1	77.4	60.5
基本组合（计冲击）	0.0	678.0	1041.6	1299.1	1385.2	485.5	352.3	236.3	164.1	93.2
频遇组合（不计冲击）	0.0	357.2	571.4	713.4	760.9	240.2	176.1	117.9	74.6	31.7
准永久组合（不计冲击）	0.0	302.5	495.3	618.7	659.9	195.5	144.4	96.5	57.2	18.1
标准组合（计冲击）	0.0	473.0	732.6	913.9	974.5	334.7	243.4	163.2	111.4	60.5

跨径：16m　边板
设计荷载：城—B 级、公路—Ⅱ级

荷载或组合	弯矩（kN·m）					剪力（kN）				
	支点	L/8	L/4	3L/8	跨中 L/2	支点	L/8	L/4	3L/8	跨中 L/2
预制梁自重	0.0	171.8	294.9	368.7	393.3	102.0	76.4	50.9	25.5	0.0
恒载	0.0	277.3	475.8	594.9	634.6	164.0	123.3	82.2	41.1	0.0
城—B 级、公路—Ⅱ级（计冲击）	0.0	262.3	391.2	487.1	519.2	202.7	152.2	110.3	89.7	70.1
基本组合（计冲击）	0.0	770.0	1230.5	1535.4	1637.2	528.6	397.1	278.3	192.4	108.0
频遇组合（不计冲击）	0.0	414.8	680.9	850.3	906.8	270.3	203.1	140.0	88.1	36.8
准永久组合（不计冲击）	0.0	355.9	593.0	740.9	790.2	224.7	168.9	115.2	68.0	21.0
标准组合（计冲击）	0.0	539.6	867.0	1082.0	1153.8	366.7	275.5	192.5	130.8	70.1

跨径：18m　中板
设计荷载：城—B 级、公路—Ⅱ级

荷载或组合	弯矩（kN·m）					剪力（kN）				
	支点	L/8	L/4	3L/8	跨中 L/2	支点	L/8	L/4	3L/8	跨中 L/2
预制梁自重	0.0	175.9	301.7	377.2	402.4	92.3	69.2	46.1	23.1	0.0
恒载	0.0	294.5	505.3	631.8	673.9	155.0	115.9	77.3	38.6	0.0
城—B 级、公路—Ⅱ级（计冲击）	0.0	272.4	381.1	474.8	506.1	197.8	141.6	94.8	76.9	59.9
基本组合（计冲击）	0.0	808.2	1253.9	1565.2	1668.9	509.3	371.1	247.9	169.4	92.3
频遇组合（不计冲击）	0.0	442.1	711.8	889.1	948.1	262.2	192.6	128.6	80.3	32.5
准永久组合（不计冲击）	0.0	370.8	623.3	778.8	830.6	216.3	150.7	106.6	62.4	18.6
标准组合（计冲击）	0.0	566.9	886.4	1106.6	1180.0	352.8	257.5	172.0	115.5	59.9

跨径：18m　边板
设计荷载：城—B 级、公路—Ⅱ级

荷载或组合	弯矩（kN·m）					剪力（kN）				
	支点	L/8	L/4	3L/8	跨中 L/2	支点	L/8	L/4	3L/8	跨中 L/2
预制梁自重	0.0	219.3	376.2	470.4	501.8	115.0	86.3	57.5	28.8	0.0
恒载	0.0	352.2	604.2	755.4	805.8	185.0	138.6	92.4	46.2	0.0
城—B 级、公路—Ⅱ级（计冲击）	0.0	294.0	440.5	549.4	585.7	195.4	152.7	110.0	89.3	69.6
基本组合（计冲击）	0.0	917.7	1475.9	1843.2	1965.6	545.1	418.1	291.4	198.5	107.1
频遇组合（不计冲击）	0.0	511.5	842.9	1053.1	1123.1	290.9	221.3	152.0	94.6	37.7
准永久组合（不计冲击）	0.0	443.2	740.6	925.5	987.1	245.5	185.9	126.4	73.8	21.5
标准组合（计冲击）	0.0	646.2	1044.7	1304.8	1391.5	380.4	291.3	202.4	135.5	69.6

内力汇总表

跨径：20m　中板

设计荷载：城—B 级、公路—Ⅱ级

荷载或组合	弯矩（kN·m）					剪力（kN）				
	支点	L/8	L/4	3L/8	跨中 L/2	支点	L/8	L/4	3L/8	跨中 L/2
预制梁自重	0.0	260.4	446.5	558.1	595.3	117.3	92.2	61.5	30.7	0.0
恒载	0.0	407.5	698.5	873.1	931.4	183.5	144.3	96.2	48.1	0.0
城—B 级、公路—Ⅱ级（计冲击）	0.0	311.9	428.7	533.9	569.0	193.3	144.3	94.8	76.8	59.7
基本组合（计冲击）	0.0	1018.1	1582.2	1974.8	2105.6	539.8	412.8	273.0	181.8	91.9
频遇组合（不计冲击）	0.0	578.7	933.9	1166.4	1243.8	289.6	223.6	148.3	90.3	32.8
准永久组合（不计冲击）	0.0	505.3	833.0	1040.7	1109.9	244.1	189.6	126.0	72.2	18.7
标准组合（计冲击）	0.0	719.3	1127.2	1407.0	1500.3	376.7	288.6	191.0	124.9	59.7

跨径：20m　边板

设计荷载：城—B 级、公路—Ⅱ级

荷载或组合	弯矩（kN·m）					剪力（kN）				
	支点	L/8	L/4	3L/8	跨中 L/2	支点	L/8	L/4	3L/8	跨中 L/2
预制梁自重	0.0	314.0	538.3	672.8	717.7	141.4	111.2	74.1	37.1	0.0
恒载	0.0	476.1	816.1	1020.1	1088.1	214.4	168.6	112.4	56.2	0.0
城—B 级、公路—Ⅱ级（计冲击）	0.0	333.7	490.8	612.0	652.4	198.0	154.3	109.1	88.3	68.6
基本组合（计冲击）	0.0	1142.2	1833.0	2289.0	2441.0	587.9	460.2	316.4	210.2	105.6
频遇组合（不计冲击）	0.0	659.3	1085.6	1356.2	1446.4	323.1	253.4	172.3	104.7	37.7
准永久组合（不计冲击）	0.0	580.8	970.1	1212.2	1292.9	276.5	217.0	146.6	83.9	21.5
标准组合（计冲击）	0.0	809.7	1306.9	1632.1	1740.5	412.4	322.9	221.5	144.5	68.6

跨径：22m　中板

设计荷载：城—B 级、公路—Ⅱ级

荷载或组合	弯矩（kN·m）					剪力（kN）				
	支点	L/8	L/4	3L/8	跨中 L/2	支点	L/8	L/4	3L/8	跨中 L/2
预制梁自重	0.0	317.0	543.5	679.4	724.6	130.0	101.8	67.9	33.9	0.0
恒载	0.0	496.0	850.3	1062.9	1133.7	203.4	159.2	106.2	53.1	0.0
城—B 级、公路—Ⅱ级（计冲击）	0.0	344.8	474.3	590.5	629.3	194.2	143.9	94.3	76.2	59.1
基本组合（计冲击）	0.0	1185.7	1852.8	2312.4	2465.6	567.6	431.8	285.4	187.5	91.0
频遇组合（不计冲击）	0.0	690.6	1118.0	1396.2	1489.0	313.0	240.5	159.4	96.1	33.4
准永久组合（不计冲击）	0.0	607.2	1003.3	1253.4	1336.7	266.0	205.7	136.6	77.7	19.1
标准组合（计冲击）	0.0	840.8	1324.6	1653.4	1763.0	397.6	303.1	200.5	129.3	59.1

跨径：22m　边板

设计荷载：城—B 级、公路—Ⅱ级

荷载或组合	弯矩（kN·m）					剪力（kN）				
	支点	L/8	L/4	3L/8	跨中 L/2	支点	L/8	L/4	3L/8	跨中 L/2
预制梁自重	0.0	382.2	655.2	819.0	873.7	156.7	122.7	81.8	40.9	0.0
恒载	0.0	579.5	993.4	1241.8	1324.6	237.6	186.0	124.0	62.0	0.0
城—B 级、公路—Ⅱ级（计冲击）	0.0	369.3	543.2	677.3	721.9	199.1	154.0	108.6	87.7	68.0
基本组合（计冲击）	0.0	1333.6	2147.9	2682.1	2860.2	620.2	482.8	330.9	217.0	104.7
频遇组合（不计冲击）	0.0	787.9	1300.1	1624.1	1732.1	350.0	273.0	185.3	111.5	38.4
准永久组合（不计冲击）	0.0	698.6	1168.7	1460.2	1557.4	301.8	235.7	159.1	90.3	21.9
标准组合（计冲击）	0.0	948.8	1536.6	1919.0	2046.5	436.7	340.1	232.6	149.7	68.0

应力验算汇总表

10m 中板

设计荷载：城—B 级、公路—Ⅱ级

1. 预应力钢束根数：8 根
2. 跨中截面运营阶段预应力损失：

   锚具变形损失 σ_{l2}=23.4MPa

   混凝土的弹性压缩损失 σ_{l4}=68.0MPa

   预应力钢筋松弛损失 σ_{l5}=50.8MPa

   混凝土的收缩徐变损失 σ_{l6}=222.4MPa
3. 持久状况承载能力极限状态验算：

   跨中弯矩：M_R=702.4kN・m>($\gamma_0 M_d$=652.2kN・m)

   支点剪力：V_{cs}=416.2kN>($\gamma_0 V_d$=396.2kN)
4. 各截面正应力验算 (MPa)：

		跨中 $L/2$	$3L/8$	$L/4$	$L/8$	支点
频遇组合	下缘 $\sigma_{pc}-\sigma_{st}$	1.8	2.2	1.6	1.9	1.0
准永久组合	下缘 $\sigma_{pc}-\sigma_{lt}$	3.3	3.6	2.7	2.7	0.7
标准组合	上缘 $\sigma_{kc}+\sigma_{pt}$	9.7	8.9	7.2	4.7	1.2
	钢束 $\sigma_{pe}+\sigma_{p}$	1084.0	1071.0	840.0	867.9	159.1
断张阶段	上缘 $\sigma_{上}$	−1.1	−1.2	−0.9	−1.0	−0.1
	下缘 $\sigma_{下}$	10.4	10.4	8.2	6.4	0.9
吊装阶段	上缘 $\sigma_{上}$	−1.6	−1.7	−1.4	−1.4	−0.4
	下缘 $\sigma_{下}$	10.7	10.8	8.6	6.8	1.2

5. 支点主拉应力：

$$\sigma_{tp}=-1.58\text{MPa}<0.7f_{tk}=-1.855\text{MPa}$$

6. 跨中挠度验算：($<L/600$=0.0158m)

   断张阶段：f=−0.014m

   运营阶段：f=0.004m

10m 边板

设计荷载：城—B 级、公路—Ⅱ级

1. 预应力钢束根数：9 根
2. 跨中截面运营阶段预应力损失：

   锚具变形损失 σ_{l2}=23.4MPa

   混凝土的弹性压缩损失 σ_{l4}=73.9MPa

   预应力钢筋松弛损失 σ_{l5}=50.8MPa

   混凝土的收缩徐变损失 σ_{l6}=229.3MPa
3. 持久状况承载能力极限状态验算：

   跨中弯矩：M_R=791.7kN・m>($\gamma_0 M_d$=773.5kN・m)

   支点剪力：V_{cs}=456.4kN>($\gamma_0 V_d$=448.8kN)
4. 各截面正应力验算 (MPa)：

		跨中 $L/2$	$3L/8$	$L/4$	$L/8$	支点
频遇组合	下缘 $\sigma_{pc}-\sigma_{st}$	1.7	2.2	1.7	2.6	1.1
准永久组合	下缘 $\sigma_{pc}-\sigma_{lt}$	3.2	3.6	2.9	3.4	0.9
标准组合	上缘 $\sigma_{kc}+\sigma_{pt}$	7.5	6.8	5.5	3.2	−1.0
	钢束 $\sigma_{pe}+\sigma_{p}$	1077.0	1069.0	862.0	893.8	149.9
断张阶段	上缘 $\sigma_{上}$	−1.4	−1.5	−1.2	−1.3	−0.1
	下缘 $\sigma_{下}$	11.0	11.1	9.0	7.5	1.1
吊装阶段	上缘 $\sigma_{上}$	−1.9	−2.0	−1.7	−1.7	−0.4
	下缘 $\sigma_{下}$	11.4	11.5	9.5	7.9	1.5

5. 支点主拉应力：

$$\sigma_{tp}=-1.77\text{MPa}<0.7f_{tk}=-1.855\text{MPa}$$

6. 跨中挠度验算：($<L/600$=0.0158m)

   断张阶段：f=−0.015m

   运营阶段：f=0.005m

应力验算汇总表

13m　中板

设计荷载：城—B级、公路—Ⅱ级

1. 预应力钢束根数：11根
2. 跨中截面运营阶段预应力损失：

锚具变形损失 σ_{l2}=23.4MPa

混凝土的弹性压缩损失 σ_{l4}=86.0MPa

预应力钢筋松弛损失 σ_{l5}=50.8MPa

混凝土的收缩徐变损失 σ_{l6}=244.8MPa

3. 持久状况承载能力极限状态验算：

跨中弯矩：M_R=1088.0kN·m>($\gamma_0 M_d$=977.3kN·m)

支点剪力：V_{cs}=501.4kN>($\gamma_0 V_d$=462.0kN)

4. 各截面正应力验算(MPa)：

		跨中 $L/2$	$3L/8$	$L/4$	$L/8$	支点
频遇组合	下缘 $\sigma_{pc}-\sigma_{st}$	2.1	2.7	2.6	1.8	1.0
准永久组合	下缘 $\sigma_{pc}-\sigma_{lt}$	3.5	4.0	3.7	2.6	0.8
标准组合	上缘 $\sigma_{kc}+\sigma_{pt}$	8.1	7.4	5.8	3.9	−0.8
	钢束 $\sigma_{pe}+\sigma_{p}$	1052.0	1048.0	1080.0	714.2	153.9
断张阶段	上缘 $\sigma_{上}$	−1.2	−1.4	−1.2	−1.0	−0.1
	下缘 $\sigma_{下}$	11.9	12.1	10.0	6.9	1.0
吊装阶段	上缘 $\sigma_{上}$	−1.9	−2.1	−1.8	−1.5	−0.4
	下缘 $\sigma_{下}$	12.4	12.7	10.5	7.4	1.4

5. 支点主拉应力：

$$\sigma_{tp}=-1.59\text{MPa}<0.7f_{tk}=-1.855\text{MPa}$$

6. 跨中挠度验算：(<L/600=0.0208m)

断张阶段：f=−0.024m

运营阶段：f=0.007m

13m　边板

设计荷载：城—B级、公路—Ⅱ级

1. 预应力钢束根数：12根
2. 跨中截面运营阶段预应力损失：

锚具变形损失 σ_{l2}=23.4MPa

混凝土的弹性压缩损失 σ_{l4}=91.2MPa

预应力钢筋松弛损失 σ_{l5}=50.8MPa

混凝土的收缩徐变损失 σ_{l6}=250.6MPa

3. 持久状况承载能力极限状态验算：

跨中弯矩：M_R=1203.0kN·m>($\gamma_0 M_d$=1159.6kN·m)

支点剪力：V_{cs}=538.8kN>($\gamma_0 V_d$=495.2kN)

4. 各截面正应力验算(MPa)：

		跨中 $L/2$	$3L/8$	$L/4$	$L/8$	支点
频遇组合	下缘 $\sigma_{pc}-\sigma_{st}$	1.7	2.4	2.5	2.3	1.1
准永久组合	下缘 $\sigma_{pc}-\sigma_{lt}$	3.2	3.8	3.7	3.1	1.0
标准组合	上缘 $\sigma_{kc}+\sigma_{pt}$	6.9	6.3	4.9	2.9	−0.7
	钢束 $\sigma_{pe}+\sigma_{p}$	1049.0	1045.0	1072.0	745.1	154.3
断张阶段	上缘 $\sigma_{上}$	−1.2	−1.4	−1.3	−1.2	−0.2
	下缘 $\sigma_{下}$	12.2	12.5	10.5	7.8	1.2
吊装阶段	上缘 $\sigma_{上}$	−1.9	−2.0	−1.8	−1.6	−0.4
	下缘 $\sigma_{下}$	12.9	13.1	11.1	8.4	1.6

5. 支点主拉应力：

$$\sigma_{tp}=-1.66\text{MPa}<0.7f_{tk}=-1.855\text{MPa}$$

6. 跨中挠度验算：(<L/600=0.0208m)

断张阶段：f=−0.025m

运营阶段：f=0.008m

应力验算汇总表

16m 中板

设计荷载：城—B 级、公路—Ⅱ级

1. 预应力钢束根数：11 根
2. 跨中截面运营阶段预应力损失：

   锚具变形损失 σ_{l2}=23.4MPa

   混凝土的弹性压缩损失 σ_{l4}=80.2MPa

   预应力钢筋松弛损失 σ_{l5}=52.0MPa

   混凝土的收缩徐变损失 σ_{l6}=248.6MPa
3. 持久状况承载能力极限状态验算：

   跨中弯矩：M_R=1619.0kN·m>($\gamma_0 M_d$=1385.2kN·m)

   支点剪力：V_{cs}=660.1kN>($\gamma_0 V_d$=485.5kN)
4. 各截面正应力验算(MPa)：

		跨中 $L/2$	$3L/8$	$L/4$	$L/8$	支点
频遇组合	下缘 $\sigma_{pc}-\sigma_{st}$	1.1	1.7	1.9	1.6	0.4
准永久组合	下缘 $\sigma_{pc}-\sigma_{lt}$	2.4	2.8	2.8	2.2	0.4
标准组合	上缘 $\sigma_{kc}+\sigma_{pt}$	9.9	9.1	7.1	4.6	−0.1
	钢束 $\sigma_{pe}+\sigma_p$	1052.2	1048.3	896.3	831.8	166.1
断张阶段	上缘 $\sigma_上$	0.1	−0.2	−0.8	−0.4	0.0
	下缘 $\sigma_下$	9.9	10.1	10.2	5.9	0.7
吊装阶段	上缘 $\sigma_上$	−0.7	−0.9	−1.4	−0.9	−0.3
	下缘 $\sigma_下$	10.4	10.6	10.6	6.3	1.0

5. 支点主拉应力：

$$\sigma_{tp}=-1.18\text{MPa}<0.7f_{tk}=-1.855\text{MPa}$$

6. 跨中挠度验算：(<L/600=0.0258m)

   断张阶段：f=−0.024m

   运营阶段：f=0.004m

16m 边板

设计荷载：城—B 级、公路—Ⅱ级

1. 预应力钢束根数：12 根
2. 跨中截面运营阶段预应力损失：

   锚具变形损失 σ_{l2}=23.4MPa

   混凝土的弹性压缩损失 σ_{l4}=85.4MPa

   预应力钢筋松弛损失 σ_{l5}=52.0MPa

   混凝土的收缩徐变损失 σ_{l6}=254.0MPa
3. 持久状况承载能力极限状态验算：

   跨中弯矩：M_R=1766.0kN·m>($\gamma_0 M_d$=1637.2kN·m)

   支点剪力：V_{cs}=672.7kN>($\gamma_0 V_d$=528.6kN)
4. 各截面正应力验算(MPa)：

		跨中 $L/2$	$3L/8$	$L/4$	$L/8$	支点
频遇组合	下缘 $\sigma_{pc}-\sigma_{st}$	0.9	1.5	3.0	2.1	0.5
准永久组合	下缘 $\sigma_{pc}-\sigma_{lt}$	2.2	2.7	3.9	2.7	0.5
标准组合	上缘 $\sigma_{kc}+\sigma_{pt}$	7.7	7.0	5.2	3.2	−0.1
	钢束 $\sigma_{pe}+\sigma_p$	1048.0	1043.1	994.6	854.5	167.6
断张阶段	上缘 $\sigma_上$	2.1	1.7	0.8	0.4	0.1
	下缘 $\sigma_下$	7.6	8.0	8.7	5.6	0.7
吊装阶段	上缘 $\sigma_上$	−0.2	−0.4	−1.0	−0.8	−0.3
	下缘 $\sigma_下$	10.2	10.4	10.7	6.9	1.2

5. 支点主拉应力：

$$\sigma_{tp}=-1.29\text{MPa}<0.7f_{tk}=-1.855\text{MPa}$$

6. 跨中挠度验算：(<L/600=0.0258m)

   断张阶段：f=−0.025m

   运营阶段：f=0.007m

应力验算汇总表

18m 中板

设计荷载：城—B 级、公路—Ⅱ级

1. 预应力钢束根数：13 根
2. 跨中截面运营阶段预应力损失：
   锚具变形损失 σ_{l2}=23.4MPa
   混凝土的弹性压缩损失 σ_{l4}=94.0MPa
   预应力钢筋松弛损失 σ_{l5}=52.0MPa
   混凝土的收缩徐变损失 σ_{l6}=273.6MPa
3. 持久状况承载能力极限状态验算：
   跨中弯矩：M_R=1826.1kN·m>($\gamma_0 M_d$=1668.9kN·m)
   支点剪力：V_{cs}=690.8kN>($\gamma_0 V_d$=509.3kN)
4. 各截面正应力验算(MPa)：

		跨中 $L/2$	$3L/8$	$L/4$	$L/8$	支点
频遇组合	下缘 $\sigma_{pc}-\sigma_{st}$	0.5	1.1	1.7	1.4	0.4
准永久组合	下缘 $\sigma_{pc}-\sigma_{lt}$	1.9	2.5	2.8	2.1	0.4
标准组合	上缘 $\sigma_{kc}+\sigma_{pt}$	12.1	11.2	8.7	5.6	−0.1
	钢束 $\sigma_{pe}+\sigma_{p}$	1026.2	1021.4	879.5	954.3	184.5
断张阶段	上缘 $\sigma_{上}$	0.5	0.2	−0.2	−0.2	0.0
	下缘 $\sigma_{下}$	11.2	11.5	10.2	6.5	0.7
吊装阶段	上缘 $\sigma_{上}$	−0.4	−0.7	−1.0	−0.8	−0.3
	下缘 $\sigma_{下}$	11.8	12.1	10.9	6.9	1.0

5. 支点主拉应力：

$$\sigma_{tp}=-1.35\text{MPa}<0.7f_{tk}=-1.855\text{MPa}$$

6. 跨中挠度验算：(<$L/600$=0.0291m)
   断张阶段：f=−0.036m
   运营阶段：f=0.003m

18m 边板

设计荷载：城—B 级、公路—Ⅱ级

1. 预应力钢束根数：15 根
2. 跨中截面运营阶段预应力损失：
   锚具变形损失 σ_{l2}=23.4MPa
   混凝土的弹性压缩损失 σ_{l4}=104.0MPa
   预应力钢筋松弛损失 σ_{l5}=52.0MPa
   混凝土的收缩徐变损失 σ_{l6}=282.4MPa
3. 持久状况承载能力极限状态验算：
   跨中弯矩：M_R=2136.8kN·m>($\gamma_0 M_d$=1965.6kN·m)
   支点剪力：V_{cs}=702.3kN>($\gamma_0 V_d$=545.1kN)
4. 各截面正应力验算(MPa)：

		跨中 $L/2$	$3L/8$	$L/4$	$L/8$	支点
频遇组合	下缘 $\sigma_{pc}-\sigma_{st}$	0.8	1.6	2.3	1.8	0.6
准永久组合	下缘 $\sigma_{pc}-\sigma_{lt}$	2.3	3.0	3.4	2.5	0.6
标准组合	上缘 $\sigma_{kc}+\sigma_{pt}$	9.3	8.5	6.6	4.0	−0.1
	钢束 $\sigma_{pe}+\sigma_{p}$	1013.9	1009.1	881.5	961.2	183.5
断张阶段	上缘 $\sigma_{上}$	0.2	−0.1	−0.4	−0.4	0.0
	下缘 $\sigma_{下}$	12.3	12.6	11.6	7.1	0.9
吊装阶段	上缘 $\sigma_{上}$	0.6	0.3	−0.2	−0.4	−0.3
	下缘 $\sigma_{下}$	11.5	11.9	11.1	7.0	1.2

5. 支点主拉应力：

$$\sigma_{tp}=-1.42\text{MPa}<0.7f_{tk}=-1.855\text{MPa}$$

6. 跨中挠度验算：(<$L/600$=0.0291m)
   断张阶段：f=−0.038m
   运营阶段：f=0.008m

应力验算汇总表

20m 中板

设计荷载：城—B 级、公路—Ⅱ级

1. 预应力钢束根数：15 根
2. 跨中截面运营阶段预应力损失：

   锚具变形损失 σ_{l2}=23.4MPa

   混凝土的弹性压缩损失 σ_{l4}=103.3MPa

   预应力钢筋松弛损失 σ_{l5}=50.8MPa

   混凝土的收缩徐变损失 σ_{l6}=240.2MPa
3. 持久状况承载能力极限状态验算：

   跨中弯矩：M_R=2369.7kN·m>($\gamma_0 M_d$=2105.6kN·m)

   支点剪力：V_{cs}=732.9kN>($\gamma_0 V_d$=539.8kN)
4. 各截面正应力验算 (MPa)：

		跨中 $L/2$	$3L/8$	$L/4$	$L/8$	支点
频遇组合	下缘 $\sigma_{pc}-\sigma_{st}$	−0.3	0.4	2.1	1.6	0.7
准永久组合	下缘 $\sigma_{pc}-\sigma_{lt}$	0.9	1.6	3.0	2.3	0.7
标准组合	上缘 $\sigma_{kc}+\sigma_{pt}$	11.6	10.7	8.0	5.1	−0.2
	钢束 $\sigma_{pe}+\sigma_{p}$	1044.3	1040.1	1038.6	1108.1	317.1
断张阶段	上缘 $\sigma_{上}$	1.3	0.9	0.0	−0.3	−0.4
	下缘 $\sigma_{下}$	9.9	10.3	10.6	7.0	1.4
吊装阶段	上缘 $\sigma_{上}$	0.1	−0.2	−0.9	−0.9	−0.4
	下缘 $\sigma_{下}$	10.8	11.1	11.2	7.5	1.4

5. 支点主拉应力：

$$\sigma_{tp}=-1.44\text{MPa}<0.7f_{tk}=-1.855\text{MPa}$$

6. 跨中挠度验算：(<L/600=0.0323m)

   断张阶段：f=−0.018m

   运营阶段：f=−0.002m

20m 边板

设计荷载：城—B 级、公路—Ⅱ级

1. 预应力钢束根数：17 根
2. 跨中截面运营阶段预应力损失：

   锚具变形损失 σ_{l2}=23.4MPa

   混凝土的弹性压缩损失 σ_{l4}=113.2MPa

   预应力钢筋松弛损失 σ_{l5}=50.8MPa

   混凝土的收缩徐变损失 σ_{l6}=251.4MPa
3. 持久状况承载能力极限状态验算：

   跨中弯矩：M_R=2678.2kN·m>($\gamma_0 M_d$=2441.0kN·m)

   支点剪力：V_{cs}=741.6kN>($\gamma_0 V_d$=587.9kN)
4. 各截面正应力验算 (MPa)：

		跨中 $L/2$	$3L/8$	$L/4$	$L/8$	支点
频遇组合	下缘 $\sigma_{pc}-\sigma_{st}$	0.0	0.8	2.5	2.6	1.1
准永久组合	下缘 $\sigma_{pc}-\sigma_{lt}$	1.3	1.9	3.5	3.3	1.1
标准组合	上缘 $\sigma_{kc}+\sigma_{pt}$	9.2	8.5	6.3	3.6	−0.3
	钢束 $\sigma_{pe}+\sigma_{p}$	1028.1	1023.7	1020.6	1081.2	314.8
断张阶段	上缘 $\sigma_{上}$	0.9	0.6	−0.2	−0.6	−0.5
	下缘 $\sigma_{下}$	10.8	11.2	11.6	8.5	1.9
吊装阶段	上缘 $\sigma_{上}$	−0.1	−0.4	−1.0	−1.1	−0.5
	下缘 $\sigma_{下}$	11.8	12.1	12.3	9.0	1.9

5. 支点主拉应力：

$$\sigma_{tp}=-1.54\text{MPa}<0.7f_{tk}=-1.855\text{MPa}$$

6. 跨中挠度验算：(<L/600=0.0323m)

   断张阶段：f=−0.020m

   运营阶段：f=−0.006m

应力验算汇总表

22m　中板

设计荷载：城—B 级、公路—Ⅱ级

1. 预应力钢束根数：19 根
2. 跨中截面运营阶段预应力损失：
   锚具变形损失 σ_{l2}=23.4MPa
   混凝土的弹性压缩损失 σ_{l4}=127.2MPa
   预应力钢筋松弛损失 σ_{l5}=50.8MPa
   混凝土的收缩徐变损失 σ_{l6}=273.1MPa
3. 持久状况承载能力极限状态验算：
   跨中弯矩：M_R=2803.7kN・m>($\gamma_0 M_d$=2465.6kN・m)
   支点剪力：V_{cs}=735.9kN>($\gamma_0 V_d$=567.6kN)
4. 各截面正应力验算(MPa)：

		跨中 $L/2$	$3L/8$	$L/4$	$L/8$	支点
频遇组合	下缘 $\sigma_{pc}-\sigma_{st}$	0.0	0.9	2.1	2.0	1.1
准永久组合	下缘 $\sigma_{pc}-\sigma_{lt}$	1.4	2.1	3.1	2.8	1.1
标准组合	上缘 $\sigma_{kc}+\sigma_{pt}$	13.5	12.5	9.5	5.8	−0.3
	钢束 $\sigma_{pe}+\sigma_p$	996.9	992.1	1006.6	1079.0	314.4
断张阶段	上缘 $\sigma_上$	1.6	1.2	0.3	−0.3	−0.6
	下缘 $\sigma_下$	12.5	12.9	12.3	8.6	2.0
吊装阶段	上缘 $\sigma_上$	0.1	−0.2	−0.8	−1.1	−0.6
	下缘 $\sigma_下$	13.5	13.8	13.0	9.1	1.9

5. 支点主拉应力：

$$\sigma_{tp}=-1.49\text{MPa}<0.7f_{tk}=-1.855\text{MPa}$$

6. 跨中挠度验算：(<L/600=0.0356m)
   断张阶段：f=−0.026m
   运营阶段：f=−0.001m

22m　边板

设计荷载：城—B 级、公路—Ⅱ级

1. 预应力钢束根数：21 根
2. 跨中截面运营阶段预应力损失：
   锚具变形损失 σ_{l2}=23.4MPa
   混凝土的弹性压缩损失 σ_{l4}=136.3MPa
   预应力钢筋松弛损失 σ_{l5}=50.8MPa
   混凝土的收缩徐变损失 σ_{l6}=282.2MPa
3. 持久状况承载能力极限状态验算：
   跨中弯矩：M_R=3174.2kN・m>($\gamma_0 M_d$=2860.2kN・m)
   支点剪力：V_{cs}=741.6kN>($\gamma_0 V_d$=620.2kN)
4. 各截面正应力验算(MPa)：

		跨中 $L/2$	$3L/8$	$L/4$	$L/8$	支点
频遇组合	下缘 $\sigma_{pc}-\sigma_{st}$	0.0	0.9	2.4	1.5	1.1
准永久组合	下缘 $\sigma_{pc}-\sigma_{lt}$	1.5	2.3	3.5	2.3	1.1
标准组合	上缘 $\sigma_{kc}+\sigma_{pt}$	10.8	9.9	7.5	4.6	−0.3
	钢束 $\sigma_{pe}+\sigma_p$	984.8	979.7	991.5	1087.1	314.8
断张阶段	上缘 $\sigma_上$	1.2	0.8	0.1	−0.1	−0.5
	下缘 $\sigma_下$	13.1	13.6	13.1	8.0	1.9
吊装阶段	上缘 $\sigma_上$	0.0	−0.3	−0.9	−0.8	−0.5
	下缘 $\sigma_下$	14.3	14.6	14.0	8.6	1.9

5. 支点主拉应力：

$$\sigma_{tp}=-1.69\text{MPa}<0.7f_{tk}=-1.855\text{MPa}$$

6. 跨中挠度验算：(<L/600=0.0356m)
   断张阶段：f=−0.028m
   运营阶段：f=−0.005m

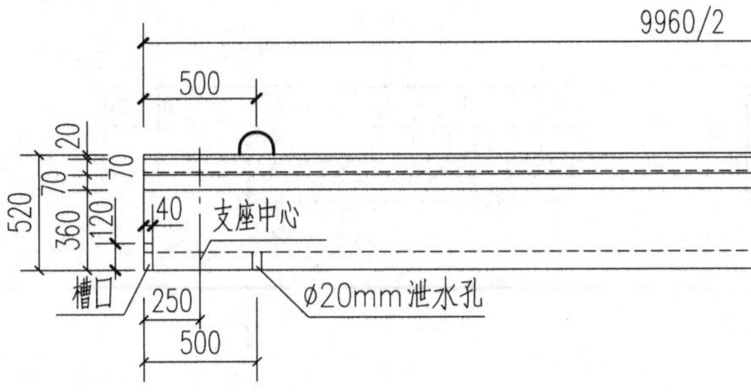

立 面

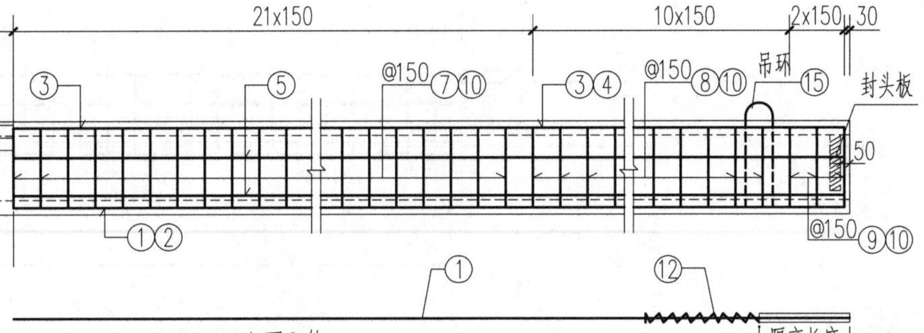

立面配筋

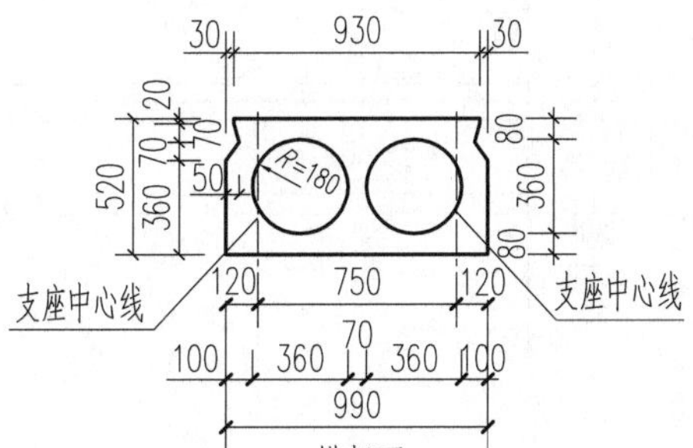

横断面

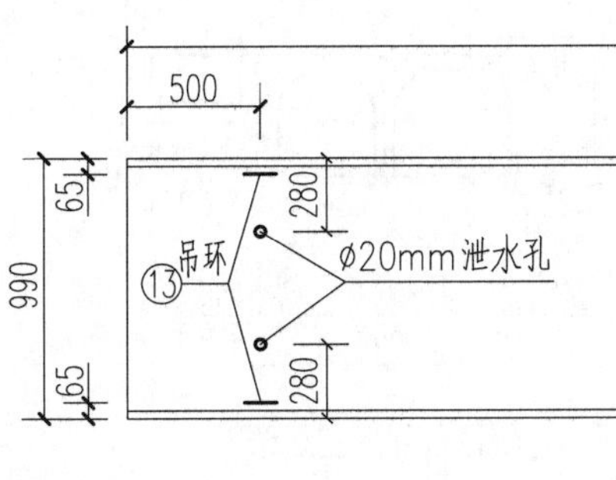

平 面

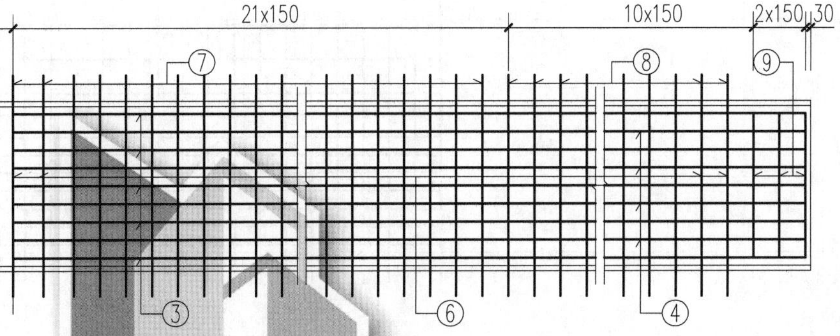

板顶配筋

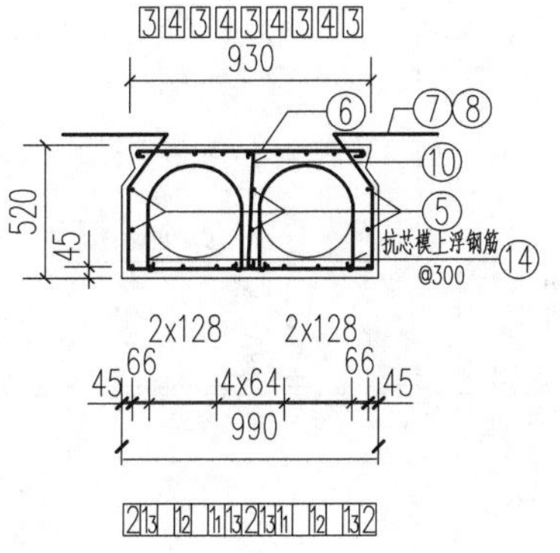

横断面配筋

钢筋明细表

编号	略图	直径(mm)	每根长(mm)	根数	总长(m)	总重(kg)	备注
1	9960	Φ^{s}15.20	9960	8	79.68	87.81	钢绞线
2	9860	Φ16	9860	3	29.6	46.7	
3	9900	Φ12	9900	5	49.5	43.9	
4	9900	Φ12	9900	4	39.6	35.2	
5	9900	Φ10	9900	6	59.4	36.6	
6	110 860	Φ10	1080	61	65.9	40.6	
7	260 450 938 320	Φ10	2998	41	122.9	75.8	
8	260 450 936 320	Φ12	2996	20	59.9	53.2	
9	180 850 300 936 320	Φ12	2906	6	17.4	15.5	
10	110 460	Φ10	680	67	45.6	28.1	
12	8x50 50	Φ6	1476	16	23.6	5.2	D50螺旋钢筋
13	R=75 236 520 200 300	Φ20	2276	4	9.1	22.5	
14	R=183 575 215 60	Φ8	1125	68	76.5	30.2	芯模定位钢筋
合计	钢绞线 (kg)	87.81					
	钢筋 (kg)	433.5					
	混凝土 (m³)	C50: 3.00　每条铰缝C50（钢纤维）: 0.155　封头板C30: 0.023					

注：本材料表适用于安全等级为一级的空心板，若安全等级为二级，钢筋②直径可改为Φ14

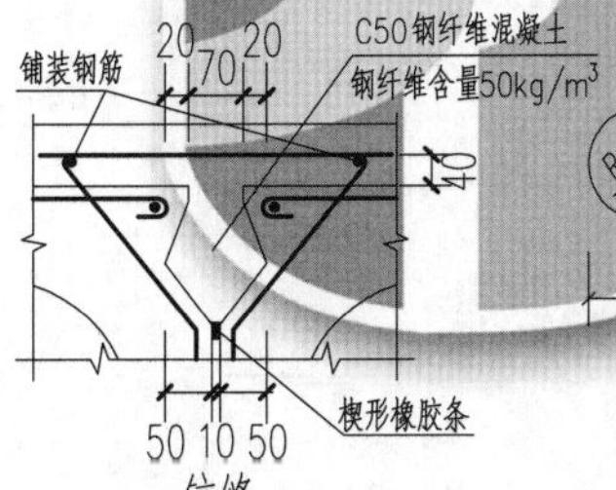

铰缝

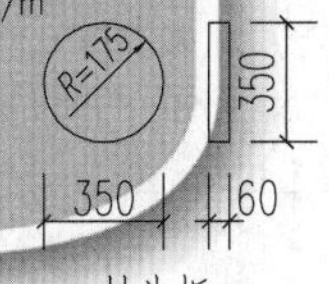

封头板

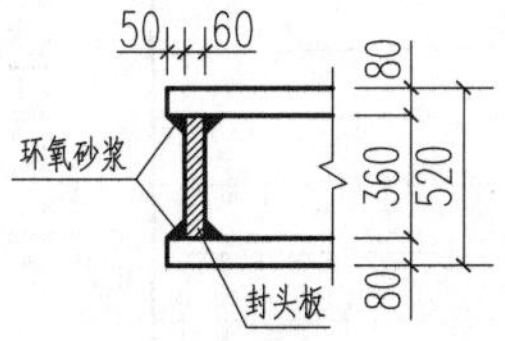

封头板立面

端部隔离长度表

编号	隔离长度(mm)	根数
1₁	2500	2
1₂	1000	2
1₃	100	4

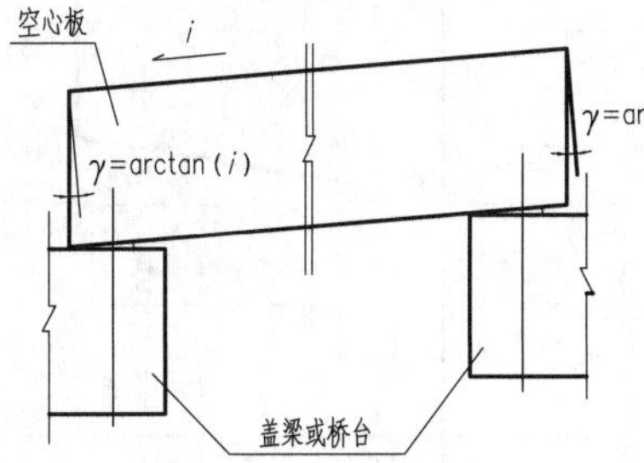

板端立面示意图

附注：1. 本图尺寸单位均以毫米计。

2. 预应力钢绞线采用预应力钢绞线1×7-15.20-1860-GB/T 5224，技术条件必须符合《预应力混凝土用钢绞线》GB/T 5224的规定。
3. 预应力钢绞线控制张拉应力为$0.75f_{pk}$，每根控制张拉力为195kN。
4. 切断预应力钢绞线时混凝土强度、弹性模量（或龄期）要求详见本设计说明六第9条规定。
5. 切断预应力钢绞线次序：由两侧向中间左右对称进行。
6. 预应力钢绞线两端须用内径ϕ20黑铁管或被认可的材料包裹隔离，隔离长度详见预应力钢绞线端部隔离长度表。
7. 槽口处理：钢绞线端部作防锈处理后，用水泥砂浆封闭抹平。
8. 板梁混凝土浇筑后，上表面必须充分拉毛。
9. 最外侧钢筋的混凝土保护层厚度不小于20mm。
10. 伸缩缝预埋件按工程设计图纸要求设置。
11. 单梁安装净重为79kN，吊装、运输时必须注意平稳。
12. 芯模定位钢筋：在保证芯模不上浮的前提下，施工单位可根据实际经验适当调整。
13. 梁端面应根据桥梁纵坡调整方向及角度，保持铅垂。
14. 空心板预制时，梁底应采取调平措施，使支座保持水平。
15. 施工单位应采取有效的封头板定位措施，确保封头板密封安装。

10m预应力混凝土空心板（中板、斜交角0°） 设计荷载：城—B级、公路—Ⅱ级	图集号	2024沪Q003
	页	117

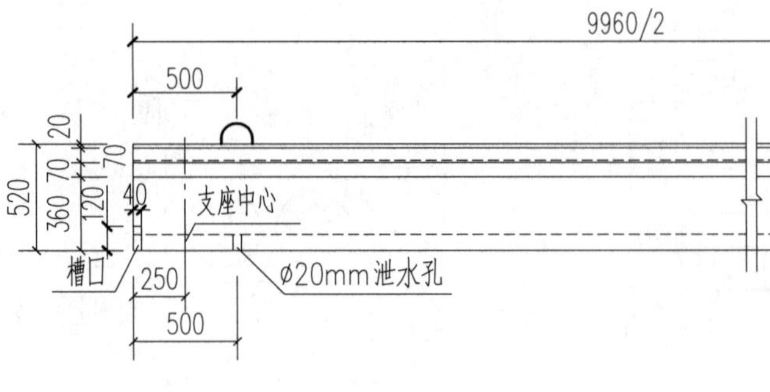

立面

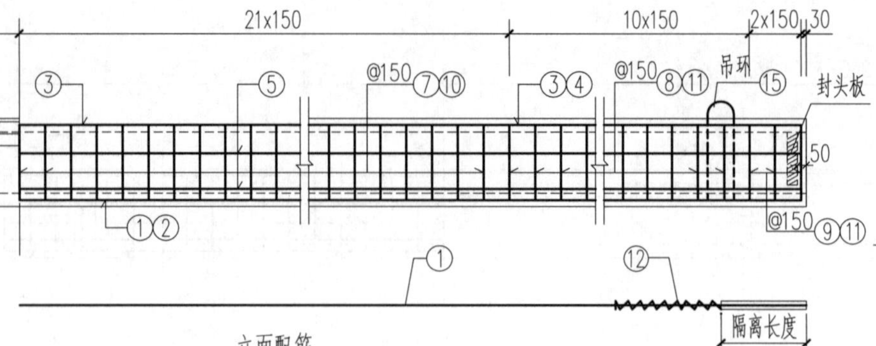

立面配筋

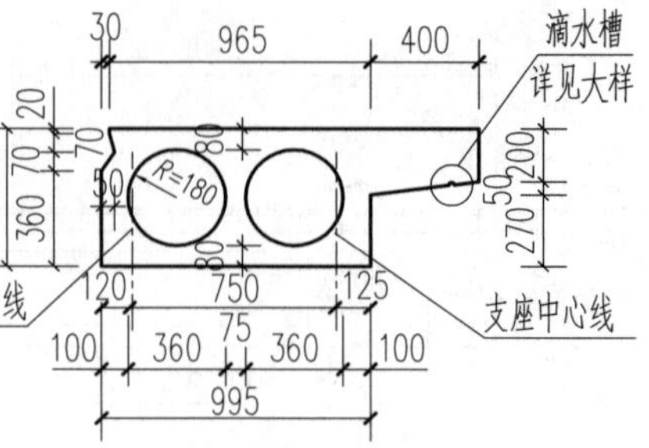

横断面

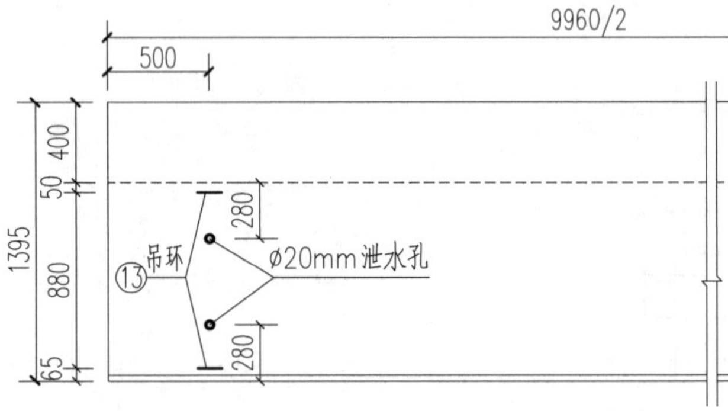

平面

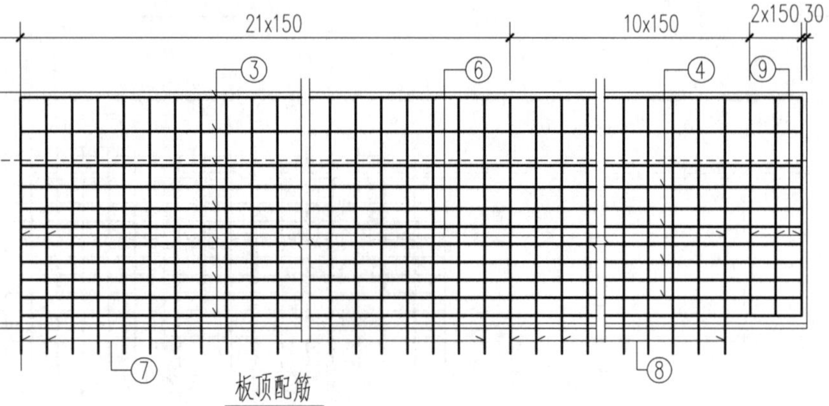

板顶配筋

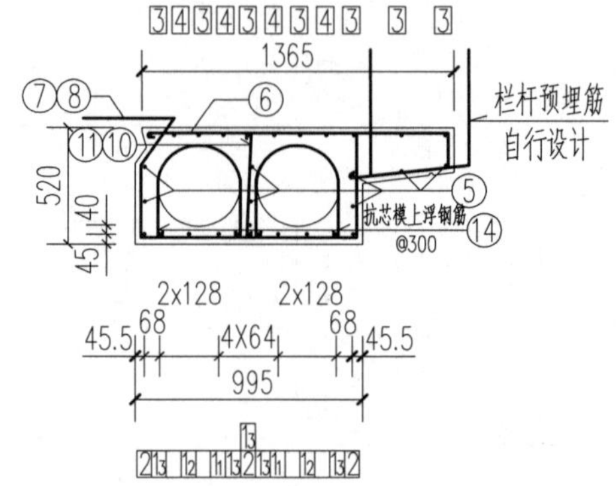

横断面配筋

钢筋明细表

编号	略图	直径(mm)	每根长(mm)	根数	总长(m)	总重(kg)	备注
1		Φ^{s}15.20	9960	9	89.64	98.78	钢绞线
2		Φ 16	9860	3	29.6	46.7	
3		Φ 12	9900	7	69.3	61.5	
4		Φ 12	9900	4	39.6	35.2	
5		Φ 10	9900	8	79.2	48.8	
6		Φ 14	2138	61	130.4	157.6	适用于A/B级防撞栏杆、人行栏杆
(6)		(Φ 16)	(2172)	(61)	(132.5)	(209.1)	适用于SA/SB级防撞栏杆
7		Φ 10	2538	41	104.1	64.2	
8		Φ 12	2566	20	51.3	45.6	
9		Φ 12	3966	6	23.8	21.1	
10		Φ 10	680	41	27.9	17.2	
11		Φ 12	740	26	19.2	17.1	
12		Φ 6	1476	18	26.6	5.9	D50螺旋钢筋
13		Φ 22	2296	4	9.2	27.4	
14		Φ 8	1125	68	76.5	30.2	芯模定位钢筋
合计	钢绞线 (kg)	98.78					
	钢筋 (kg)	578.5(630.0)					
	混凝土 (m³)	C50: 3.97　每条铰缝C50(钢纤维): 0.08　封头板C30: 0.023					

注：本材料表适用于安全等级为一级的空心板，若安全等级为二级，钢筋②直径可改为Φ14

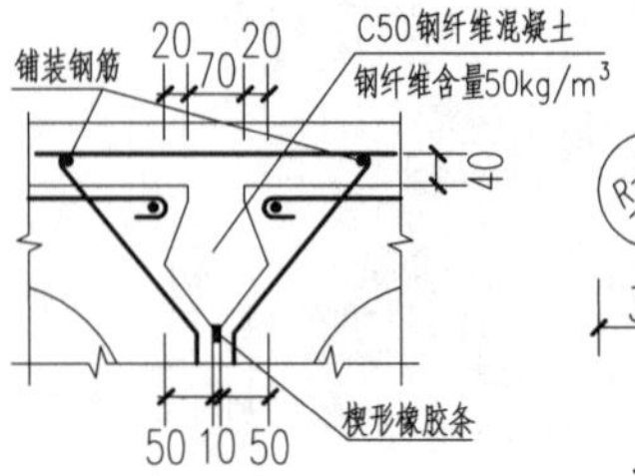

铰缝

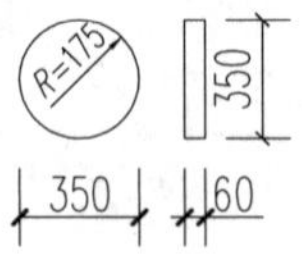

封头板

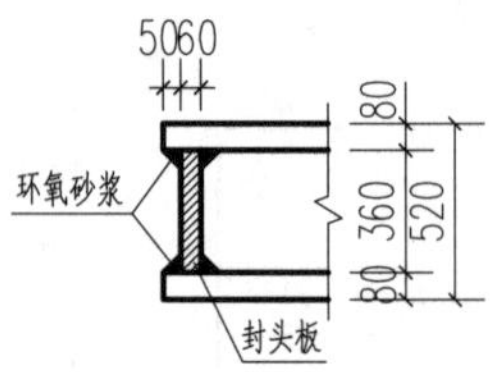

封头板立面

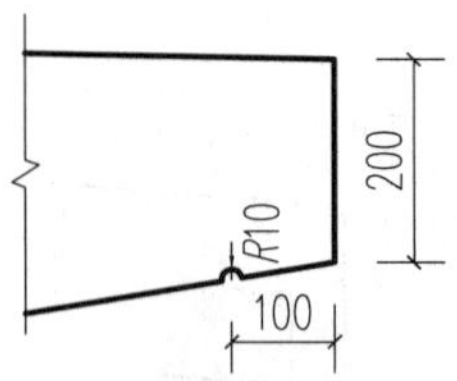

滴水槽大样

端部隔离长度表

编号	隔离长度(mm)	根数
1₁	2500	2
1₂	1000	2
1₃	100	5

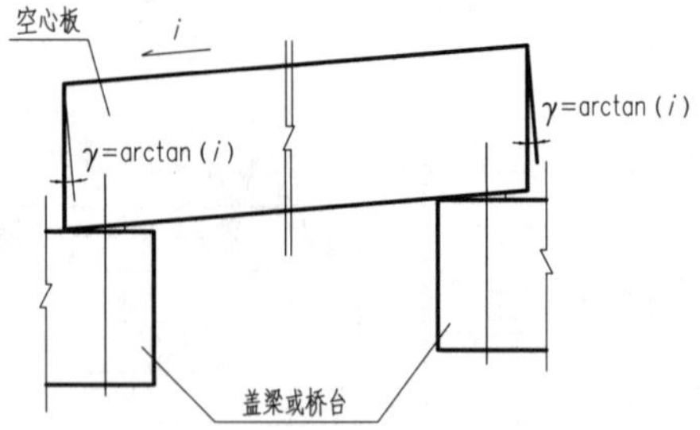

板端立面示意图

附注：
1. 本图尺寸单位均以毫米计。
2. 预应力钢绞线采用预应力钢绞线1×7-15.20-1860-GB/T 5224，技术条件必须符合《预应力混凝土用钢绞线》GB/T 5224的规定。
3. 预应力钢绞线控制张拉应力为$0.75f_{pk}$，每根控制张拉力为195kN。
4. 切断预应力钢绞线时混凝土强度、弹性模量（或龄期）要求详见本设计说明六第9条规定。
5. 切断预应力钢绞线次序：由两侧向中间左右对称进行。
6. 预应力钢绞线两端须用内径ϕ20黑铁管或被认可的材料包裹隔离，隔离长度详见预应力钢绞线端部隔离长度表。
7. 槽口处理：钢绞线端部作防锈处理后，用水泥砂浆封闭抹平。
8. 板梁混凝土浇筑后，上表面必须充分拉毛。
9. 最外侧钢筋的混凝土保护层厚度不小于20mm。
10. 伸缩缝及栏杆预埋件按工程设计图纸要求设置。
11. 单梁安装净重为104kN，吊装、运输时必须注意平稳。
12. 钢筋明细表中，钢筋⑥有括号的数字适用于SA/SB级防撞栏杆，无括号的数字适用于A/B级防撞栏杆及人行栏杆。
13. 芯模定位钢筋：在保证芯模不上浮的前提下，施工单位可根据实际经验适当调整。
14. 梁端面应根据桥梁纵坡调整方向及角度，保持铅垂。
15. 空心板预制时，梁底应采取调平措施，使支座保持水平。
16. 栏杆预埋筋仅作示意，设计单位应根据栏杆防护等级及构造要求自行设计。
17. 施工单位应采取有效的封头板定位措施，确保封头板密封安装。

10m预应力混凝土空心板（边板、斜交角0°） 设计荷载：城—B级、公路—Ⅱ级	图集号	2024沪Q003	
	页	118	

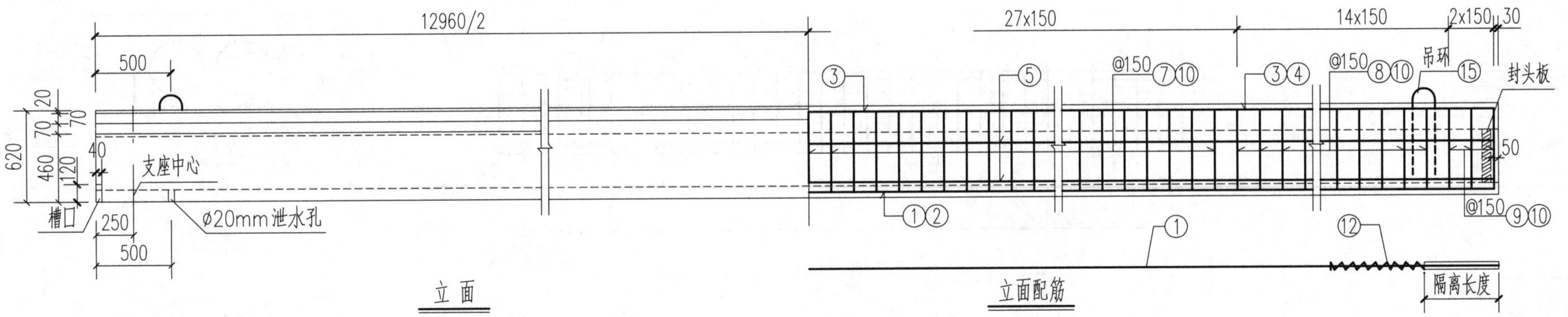

立面

立面配筋

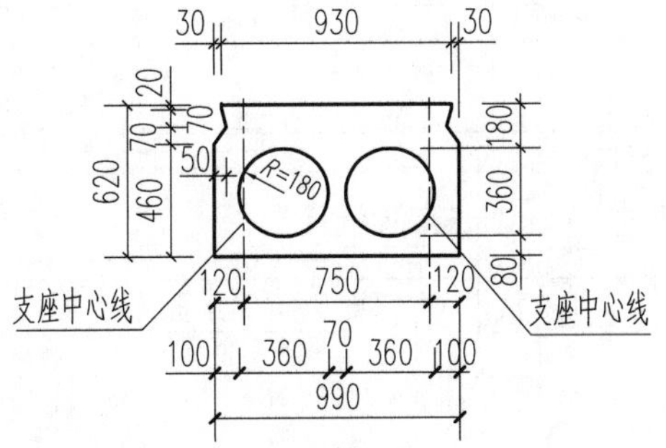

横断面

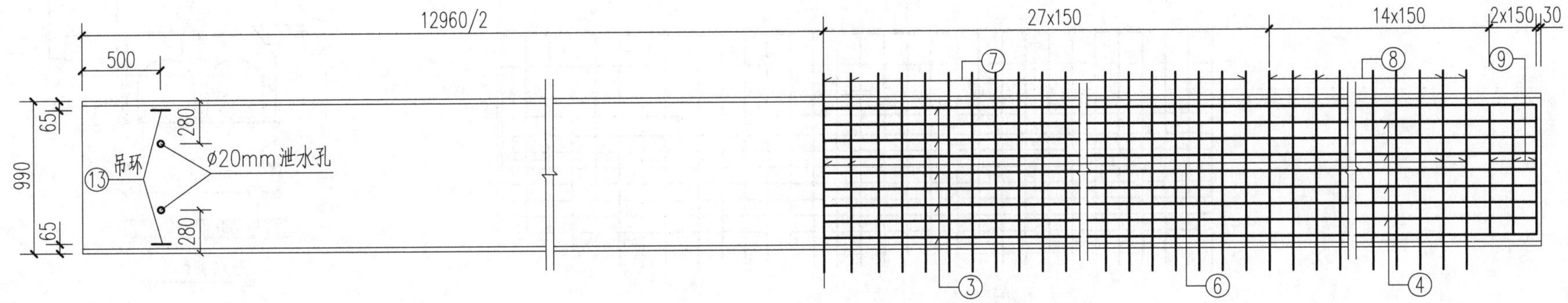

平面

板顶配筋

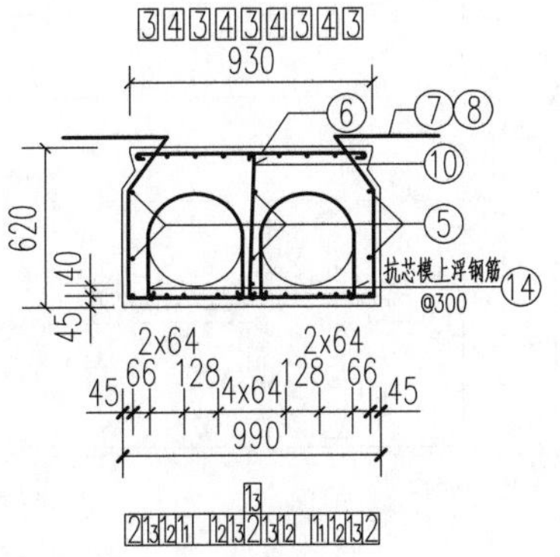

横断面配筋

钢筋明细表

编号	略图	直径 (mm)	每根长 (mm)	根数	总长 (m)	总重 (kg)	备注
1	12960	Φ^{s}15.20	12960	11	142.56	157.10	钢绞线
2	12860	Φ 18	12860	3	38.6	77.1	
3	12900	Φ 12	12900	5	64.5	57.3	
4	12900	Φ 12	12900	4	51.6	45.8	
5	12900	Φ 10	12900	6	77.4	47.7	
6	860	Φ 10	1080	81	87.5	53.9	
7		Φ 10	3198	53	169.5	104.5	
8		Φ 12	3196	28	89.5	79.4	
9		Φ 12	3106	6	18.6	16.5	
10	560	Φ 10	780	87	67.9	41.8	
12	8x50	Φ 6	1476	22	32.5	7.2	D50螺旋钢筋
13		Φ 25	2546	4	10.2	39.2	
14		Φ 8	1125	88	99	39.1	芯模定位钢筋
合计	钢绞线 (kg)	157.10					
	钢筋 (kg)	609.6					
	混凝土 (m^3)	C50: 5.18 每条铰缝C50(钢纤维): 0.21 封头板C30:0.023					

注：本材料表适用于安全等级为一级的空心板，若安全等级为二级，钢筋②直径可改为Φ16

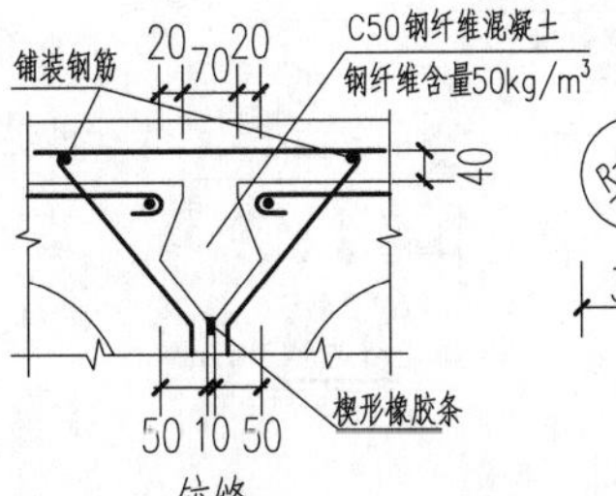

铰缝

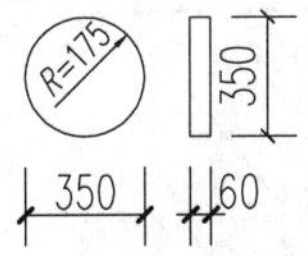

封头板

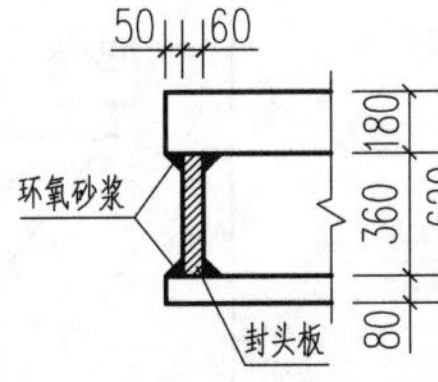

封头板立面

端部隔离长度表

编号	隔离长度(mm)	根数
1_1	3500	2
1_2	1500	4
1_3	100	5

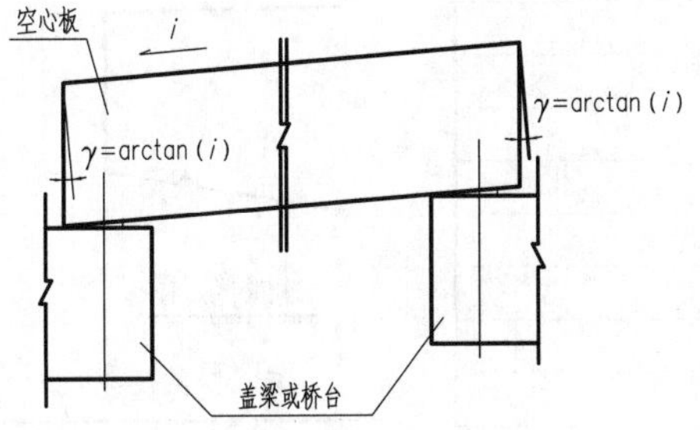

板端立面示意图

附注：1. 本图尺寸单位均以毫米计。
2. 预应力钢绞线采用预应力钢绞线1×7-15.20-1860-GB/T 5224，技术条件必须符合《预应力混凝土用钢绞线》GB/T 5224的规定。
3. 预应力钢绞线控制张拉应力为$0.75f_{pk}$，每根控制张拉力为195kN。
4. 切断预应力钢绞线时混凝土强度、弹性模量（或龄期）要求详见本设计说明六第9条规定。
5. 切断预应力钢绞线次序：由两侧向中间左右对称进行。
6. 预应力钢绞线两端须用内径ϕ20黑铁管或被认可的材料包裹隔离，隔离长度详见预应力钢绞线端部隔离长度表。
7. 槽口处理：钢绞线端部作防锈处理后，用水泥砂浆封闭抹平。
8. 板梁混凝土浇筑后，上表面必须充分拉毛。
9. 最外侧钢筋的混凝土保护层厚度不小于20mm。
10. 伸缩缝预埋件按工程设计图纸要求设置。
11. 单梁安装净重为135kN，吊装、运输时必须注意平稳。
12. 芯模定位钢筋：在保证芯模不上浮的前提下，施工单位可根据实际经验适当调整。
13. 梁端面应根据桥梁纵坡调整方向及角度，保持铅垂。
14. 空心板预制时，梁底应采取调平措施，使支座保持水平。
15. 施工单位应采取有效的封头板定位措施，确保封头板密封安装。

13m预应力混凝土空心板（中板、斜交角0°）设计荷载：城—B级、公路—Ⅱ级	图集号	2024沪Q003
	页	119

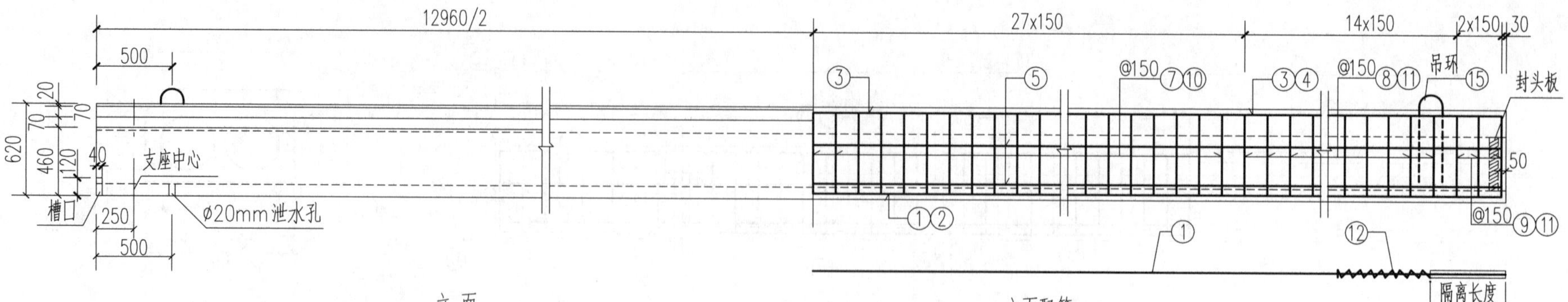

立 面

立面配筋

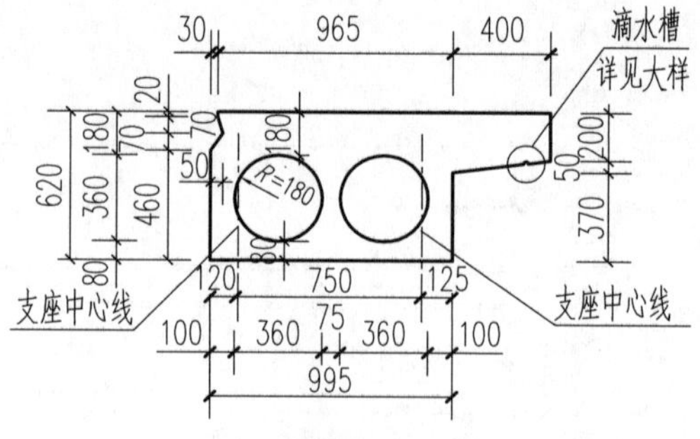

横断面

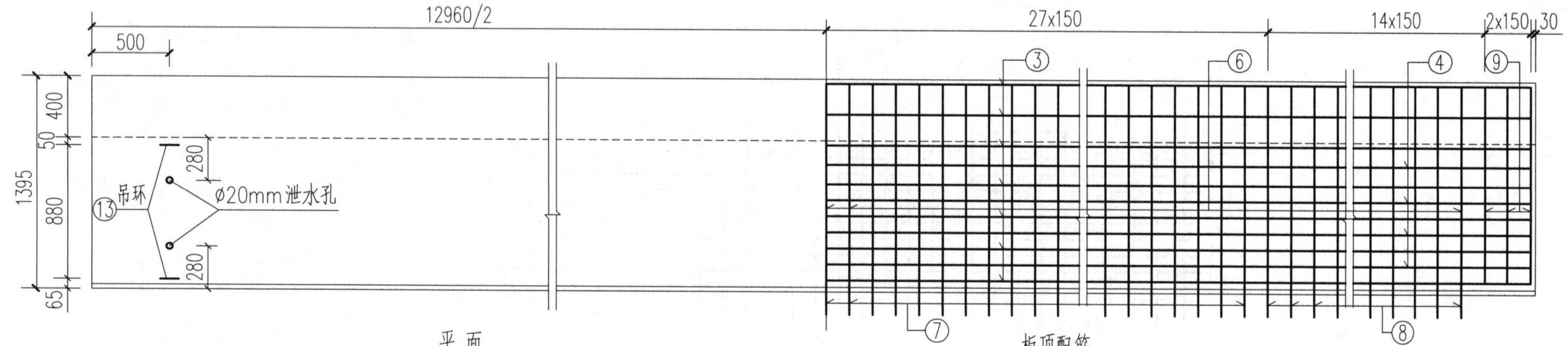

平 面

板顶配筋

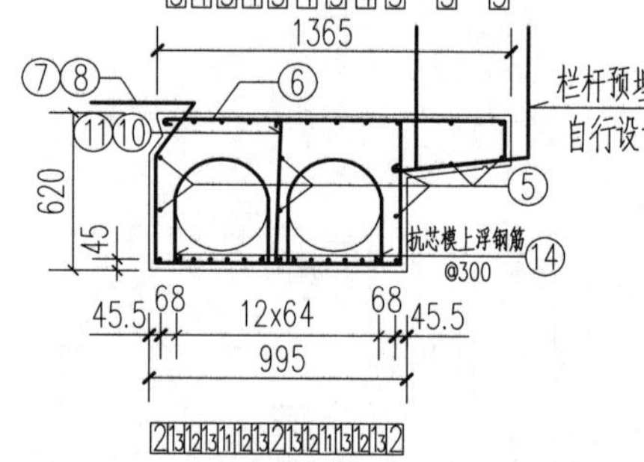

横断面配筋

钢筋明细表

编号	略图	直径 (mm)	每根长 (mm)	根数	总长 (m)	总重 (kg)	备注
1	12960	Φˢ15.20	12960	12	155.52	171.38	钢绞线
2	12860	Φ 18	12860	3	38.6	77.1	
3	12900	Φ 12	12900	7	90.3	80.2	
4	12900	Φ 12	12900	4	51.6	45.8	
5	12900	Φ 10	12900	8	103.2	63.6	
6	160 1290 160 128 400	Φ 14	2138	81	173.2	209.3	适用于A/B级防撞栏杆、人行栏杆
(6)	180 1287 180 125 400	(Φ 16)	(2172)	(81)	(175.9)	(277.7)	适用于SA/SB级防撞栏杆
7	450 420 260 938 110 560	Φ 10	2738	53	145.1	89.5	
8	450 420 260 140 936 560	Φ 12	2766	28	77.4	68.8	
9	180 1240 420 700 540 150	Φ 12	4166	6	25	22.2	
10	110 560 936	Φ 10	780	53	41.3	25.5	
11	140 560	Φ 12	840	34	28.6	25.4	
12	8x50 50	Φ 6	1476	24	35.4	7.9	D50螺旋钢筋
13	R=75 236 620 300 260 R=183 575 215 60	Φ 28	2596	4	10.4	50.2	
14		Φ 8	1125	88	99	39.1	芯模定位钢筋
合计	钢绞线 (kg)	171.38					
	钢筋 (kg)	804.6 (873)					
	混凝土 (m³)	C50: 6.46　每条铰缝C50（钢纤维）: 0.11　封头板C30:0.023					

注：本材料表适用于安全等级为一级的空心板，若安全等级为二级，钢筋②直径可改为Φ16

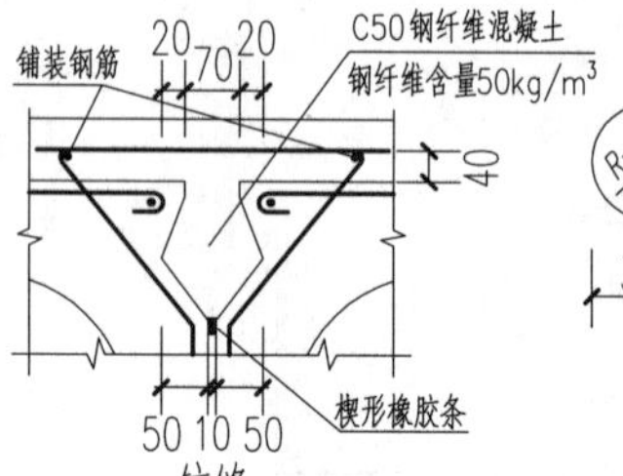

铰缝

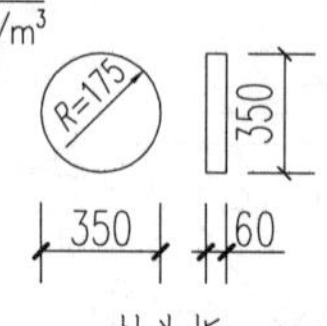

封头板

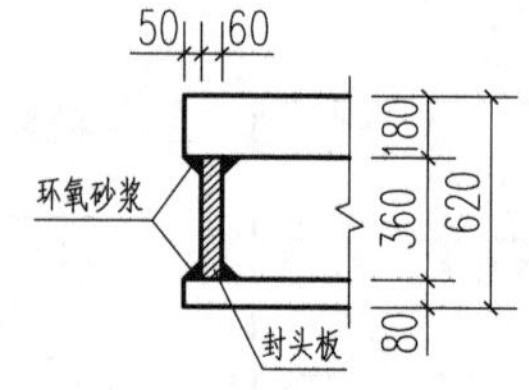

封头板立面

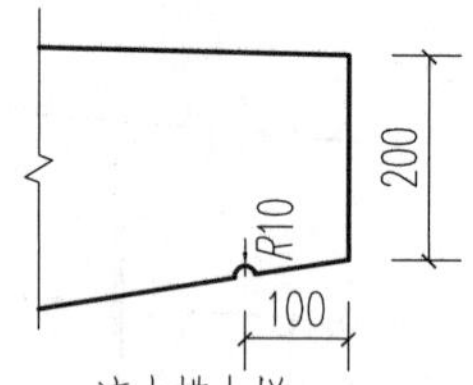

滴水槽大样

端部隔离长度表

编号	隔离长度(mm)	根数
l_1	3500	2
l_2	1500	4
l_3	100	6

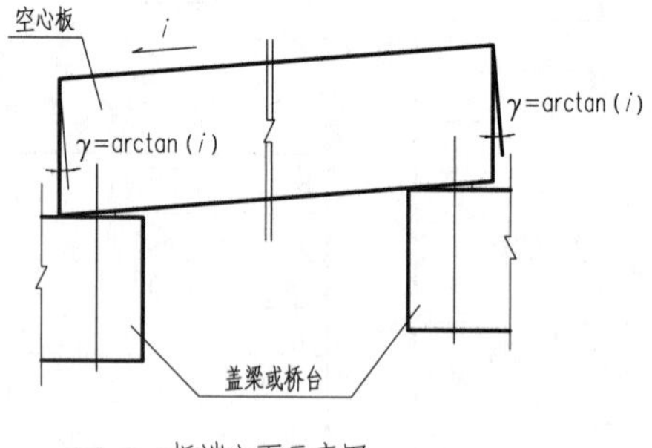

板端立面示意图

附注：1. 本图尺寸单位均以毫米计。

2. 预应力钢绞线采用预应力钢绞线1×7-15.20-1860-GB/T 5224，技术条件必须符合《预应力混凝土用钢绞线》GB/T 5224的规定。

3. 预应力钢绞线控制张拉应力为$0.75f_{pk}$，每根控制张拉力为195kN。

4. 切断预应力钢绞线时混凝土强度、弹性模量（或龄期）要求详见本设计说明六第9条规定。

5. 切断预应力钢绞线次序：由两侧向中间左右对称进行。

6. 预应力钢绞线两端须用内径ϕ20黑铁管或被认可的材料包裹隔离，隔离长度详见预应力钢绞线端部隔离长度表。

7. 槽口处理：钢绞线端部作防锈处理后，用水泥砂浆封闭抹平。

8. 板梁混凝土浇筑后，上表面必须充分拉毛。

9. 最外侧钢筋的混凝土保护层厚度不小于20mm。

10. 伸缩缝及栏杆预埋件按工程设计图纸要求设置。

11. 单梁安装净重为169kN，吊装、运输时必须注意平稳。

12. 钢筋明细表中，钢筋⑥有括号的数字适用于SA/SB级防撞栏杆，无括号的数字适用于A/B级防撞栏杆及人行栏杆。

13. 芯模定位钢筋：在保证芯模不上浮的前提下，施工单位可根据实际经验适当调整。

14. 梁端面应根据桥梁纵坡调整方向及角度，保持铅垂。

15. 空心板预制时，梁底应采取调平措施，使支座保持水平。

16. 栏杆预埋筋仅作示意，设计单位应根据栏杆防护等级及构造要求自行设计。

17. 施工单位应采取有效的封头板定位措施，确保封头板密封安装。

13m预应力混凝土空心板（边板、斜交角0°） 设计荷载：城—B级、公路—Ⅱ级	图集号	2024沪Q003
	页	120

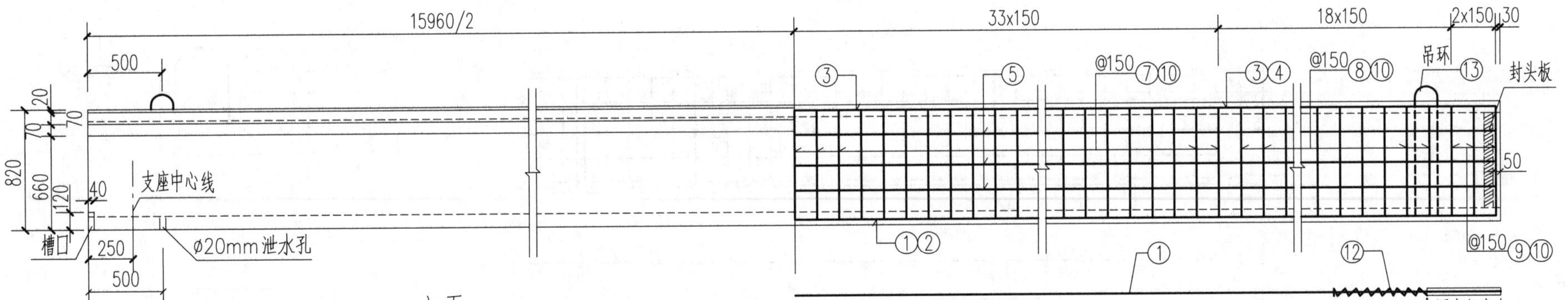

立 面　　　立面配筋

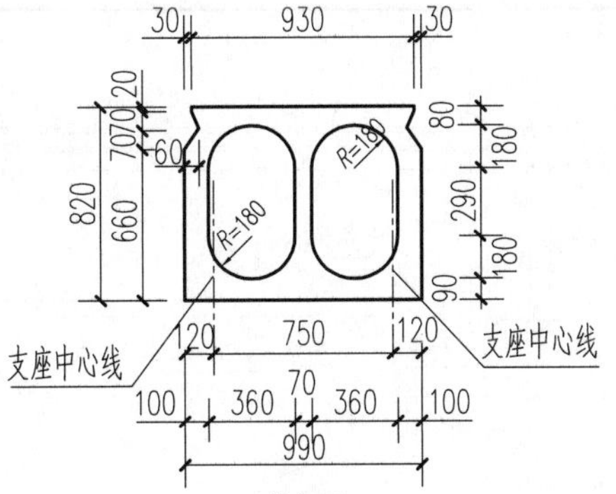

横断面

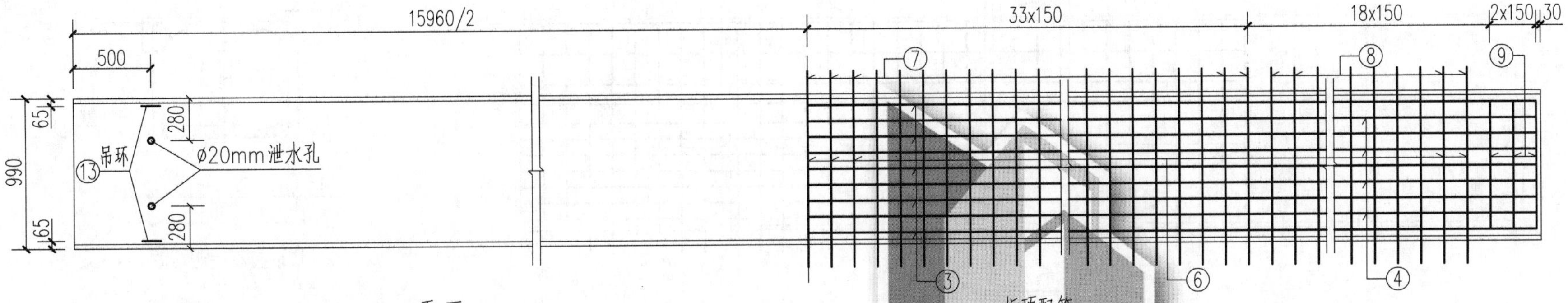

平 面　　　板顶配筋

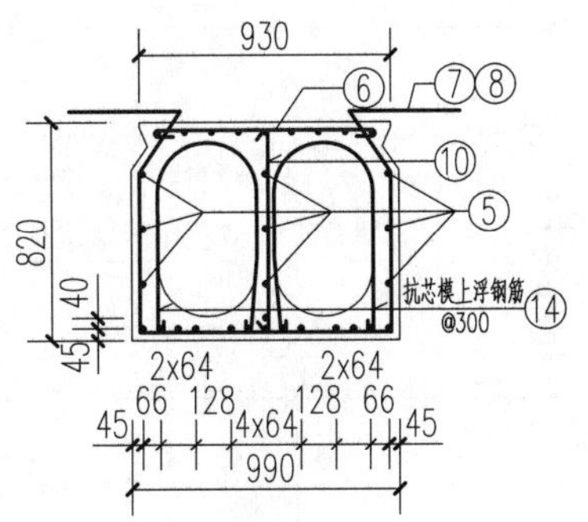

横断面配筋

钢筋明细表

编号	略图	直径 (mm)	每根长 (mm)	根数	总长 (m)	总重 (kg)	备注
1	15960	$\Phi^{s}15.20$	15960	11	175.56	193.47	钢绞线
2	15860	Φ 20	15860	3	47.6	117.3	
3	15900	Φ 12	15900	5	79.5	70.6	
4	15900	Φ 12	15900	4	63.6	56.5	
5	15900	Φ 10	15900	9	143.1	88.2	
6	860 110	Φ 10	1080	101	109.1	67.3	
7	260 450 938 620	Φ 10	3598	67	241.1	148.6	
8	260 450 936 620	Φ 12	3596	34	122.3	108.5	
9	180 300 850 936 620	Φ 12	3506	6	21.0	18.7	
10	760 110	Φ 10	980	107	104.9	64.7	
12	8x50 50	Φ 6	1476	22	32.5	7.2	D50螺旋钢筋
13	R=75 236 820 260 300	Φ 28	2996	4	12.0	57.9	
14	R=183 575 517 60	Φ 8	1729	108	186.7	73.7	芯模定位钢筋
合计	钢绞线 (kg)	193.47					
	钢筋 (kg)	879.2					
	混凝土 (m^3)	C50: 6.18　每条铰缝C50(钢纤维): 0.33　封头板C30: 0.05					
注：本材料表适用于安全等级为一级的空心板，若安全等级为二级，钢筋②直径可改为Φ18							

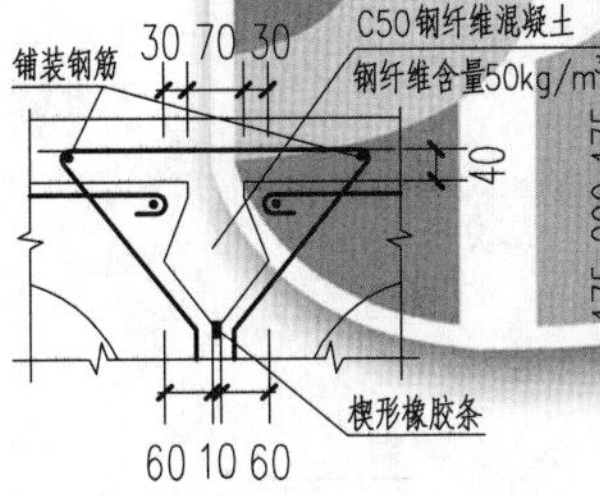

铰缝

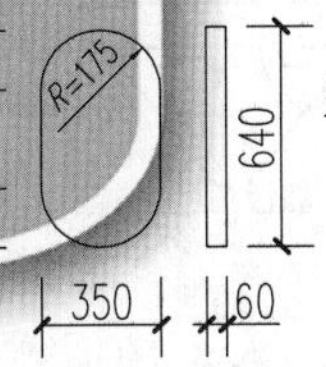

封头板

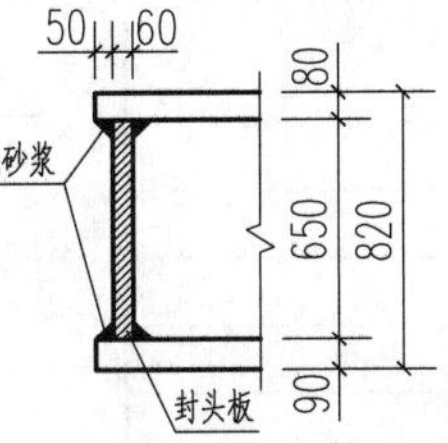

封头板立面

端部隔离长度表

编号	隔离长度(mm)	根数
1_1	3500	3
1_2	1500	4
1_3	100	4

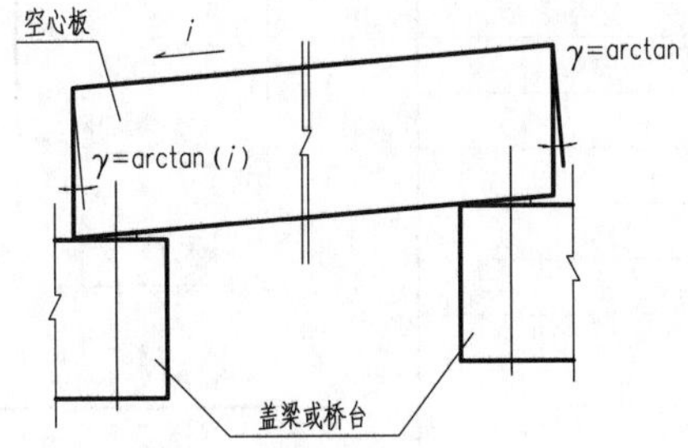

板端立面示意图

附注：1. 本图尺寸单位均以毫米计。

2. 预应力钢绞线采用预应力钢绞线1×7-15.20-1860-GB/T 5224，技术条件必须符合《预应力混凝土用钢绞线》GB/T 5224的规定。

3. 预应力钢绞线控制张拉应力为$0.75f_{pk}$，每根控制张拉力为195kN。

4. 切断预应力钢绞线时混凝土强度、弹性模量（或龄期）要求详见本设计说明六第9条规定。

5. 切断预应力钢绞线次序：由两侧向中间左右对称进行。

6. 预应力钢绞线两端须用内径φ20黑铁管或被认可的材料包裹隔离，隔离长度详见预应力钢绞线端部隔离长度表。

7. 槽口处理：钢绞线端部作防锈处理后，用水泥砂浆封闭抹平。

8. 板梁混凝土浇筑后，上表面必须充分拉毛。

9. 最外侧钢筋的混凝土保护层厚度不小于20mm。

10. 伸缩缝及栏杆预埋件按工程设计图纸要求设置。

11. 单梁安装净重为162kN，吊装、运输时必须注意平稳。

12. 芯模定位钢筋：在保证芯模不上浮的前提下，施工单位可根据实际经验适当调整。

13. 梁端面应根据桥梁纵坡调整方向及角度，保持铅垂。

14. 空心板预制时，梁底应采取调平措施，使支座保持水平。

15. 施工单位应采取有效的封头板定位措施，确保封头板密封安装。

16m预应力混凝土空心板（中板、斜交角0°） 设计荷载：城—B级、公路—Ⅱ级	图集号	2024沪Q003
	页	121

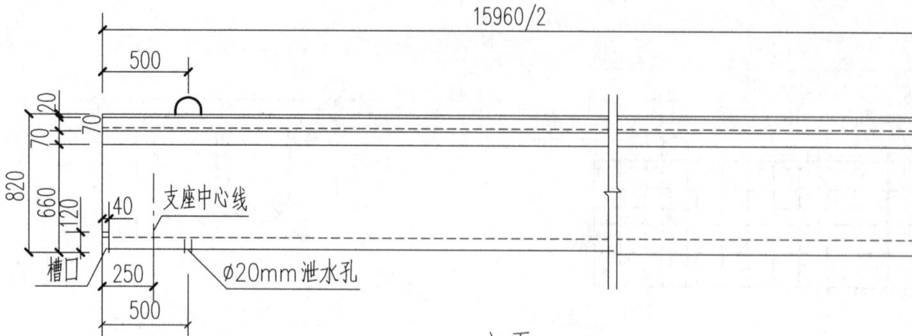

立面

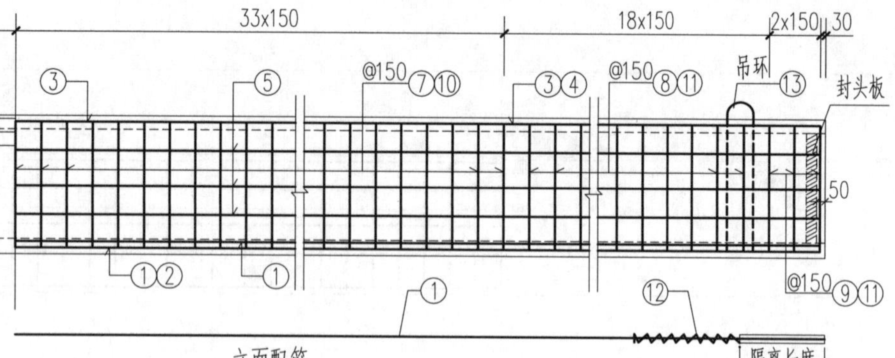

立面配筋

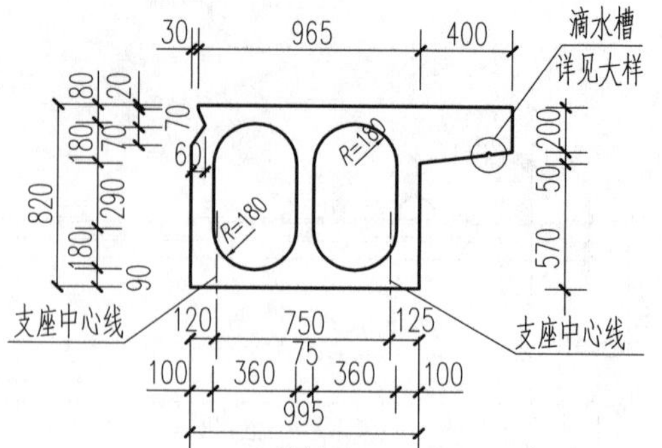

横断面

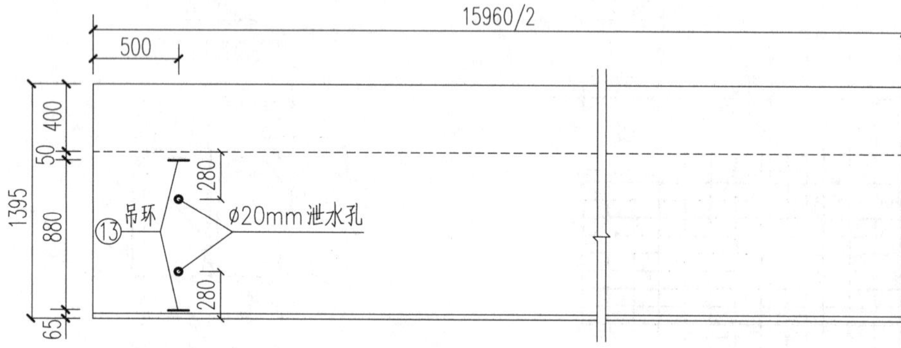

平面

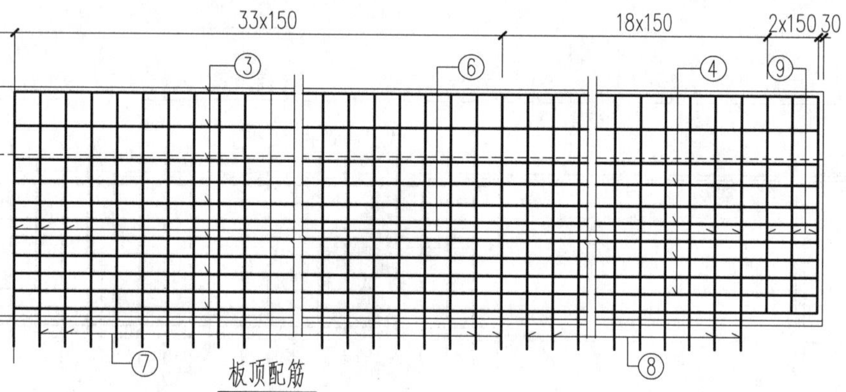

板顶配筋

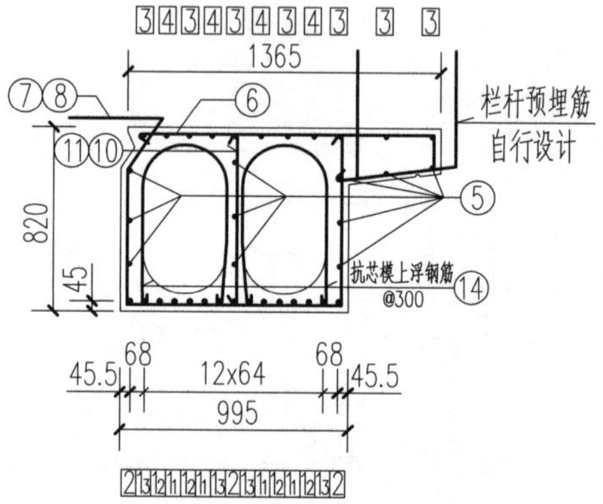

横断面配筋

钢筋明细表

编号	略图	直径 (mm)	每根长 (mm)	根数	总长 (m)	总重 (kg)	备注
1	15960	Φˢ15.20	15960	12	191.52	211.06	钢绞线
2	15860	Φ 20	15860	3	47.6	117.3	
3	15900	Φ 12	15900	7	111.3	98.8	
4	15900	Φ 12	15900	4	63.6	56.5	
5	15900	Φ 10	15900	11	174.9	107.8	
6		Φ 14	2138	101	215.9	260.9	适用于A/B级防撞栏杆、人行栏杆
(6)		(Φ 16)	(2172)	(101)	(219.4)	(346.2)	适用于SA/SB级防撞栏杆
7		Φ 10	3138	67	210.2	129.6	
8		Φ 12	3166	34	107.6	95.6	
9		Φ 12	4566	6	27.4	24.3	
10		Φ 10	980	67	65.7	40.5	
11		Φ 12	1040	40	41.6	36.9	
12		Φ 6	1476	24	35.4	7.9	D50螺旋钢筋
13		Φ 32	3191	4	12.8	80.6	
14		Φ 8	1729	108	186.7	73.7	芯模定位钢筋
合计	钢绞线 (kg)	211.06					
	钢筋 (kg)	1130.4 (1215.7)					
	混凝土 (m^3)	C50: 7.78 每条铰缝C50（钢纤维）:0.165 封头板C30: 0.05					

注：本材料表适用于安全等级为一级的空心板，若安全等级为二级，钢筋②直径可改为Φ18

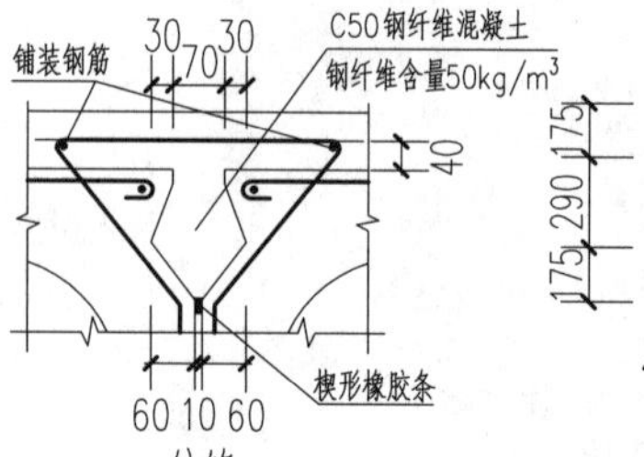

铰缝

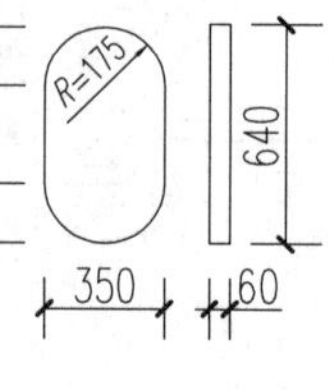

封头板

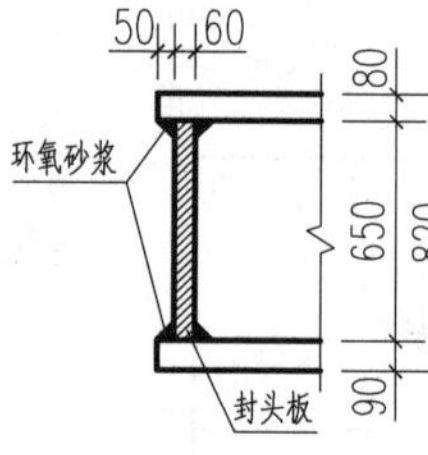

封头板立面

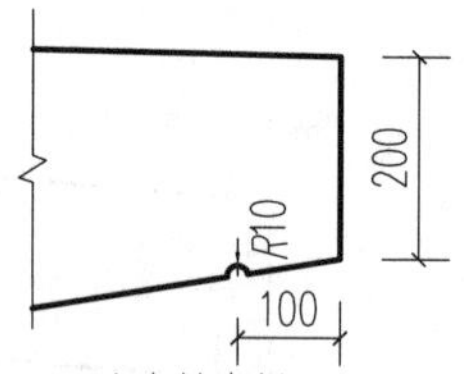

滴水槽大样

端部隔离长度表

编号	隔离长度(mm)	根数
1₁	3000	4
1₂	1500	4
1₃	100	4

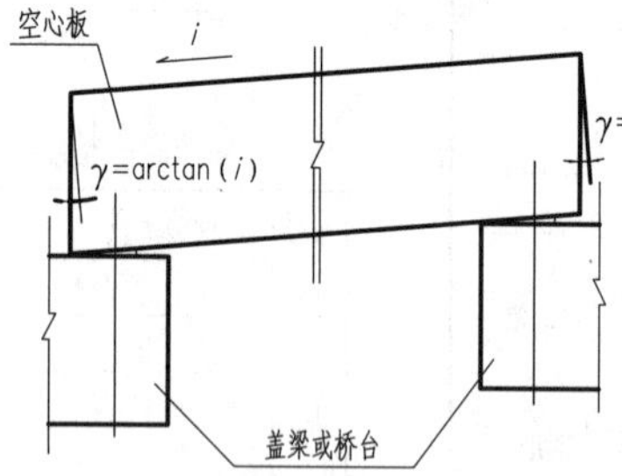

板端立面示意图

附注：1. 本图尺寸单位均以毫米计。
2. 预应力钢绞线采用预应力钢绞线 1×7-15.20-1860-GB/T 5224，技术条件必须符合《预应力混凝土用钢绞线》GB/T 5224 的规定。
3. 预应力钢绞线控制张拉应力为 $0.75f_{pk}$，每根控制张拉力为 195kN。
4. 切断预应力钢绞线时混凝土强度、弹性模量（或龄期）要求详见本设计说明六第 9 条规定。
5. 切断预应力钢绞线次序：由两侧向中间左右对称进行。
6. 预应力钢绞线两端须用内径 ϕ20 黑铁管或被认可的材料包裹隔离，隔离长度详见预应力钢绞线端部隔离长度表。
7. 槽口处理：钢绞线端部作防锈处理后，用水泥砂浆封闭抹平。
8. 板梁混凝土浇筑后，上表面必须充分拉毛。
9. 最外侧钢筋的混凝土保护层厚度不小于 20mm。
10. 伸缩缝及栏杆预埋件按工程设计图纸要求设置。
11. 单梁安装净重为 203kN，吊装、运输时必须注意平稳。
12. 钢筋明细表中，钢筋⑥有括号的数字适用于 SA/SB 级防撞栏杆，无括号的数字适用于 A/B 级防撞栏杆及人行栏杆。
13. 芯模定位钢筋：在保证芯模不上浮的前提下，施工单位可根据实际经验适当调整。
14. 梁端面应根据桥梁纵坡调整方向及角度，保持铅垂。
15. 空心板预制时，梁底应采取调平措施，使支座保持水平。
16. 栏杆预埋筋仅作示意，设计单位应根据栏杆防护等级及构造要求自行设计。
17. 施工单位应采取有效的封头板定位措施，确保封头板密封安装。

16m 预应力混凝土空心板（边板、斜交角 0°） 设计荷载：城—B 级、公路—Ⅱ级	图集号	2024沪Q003
	页	122

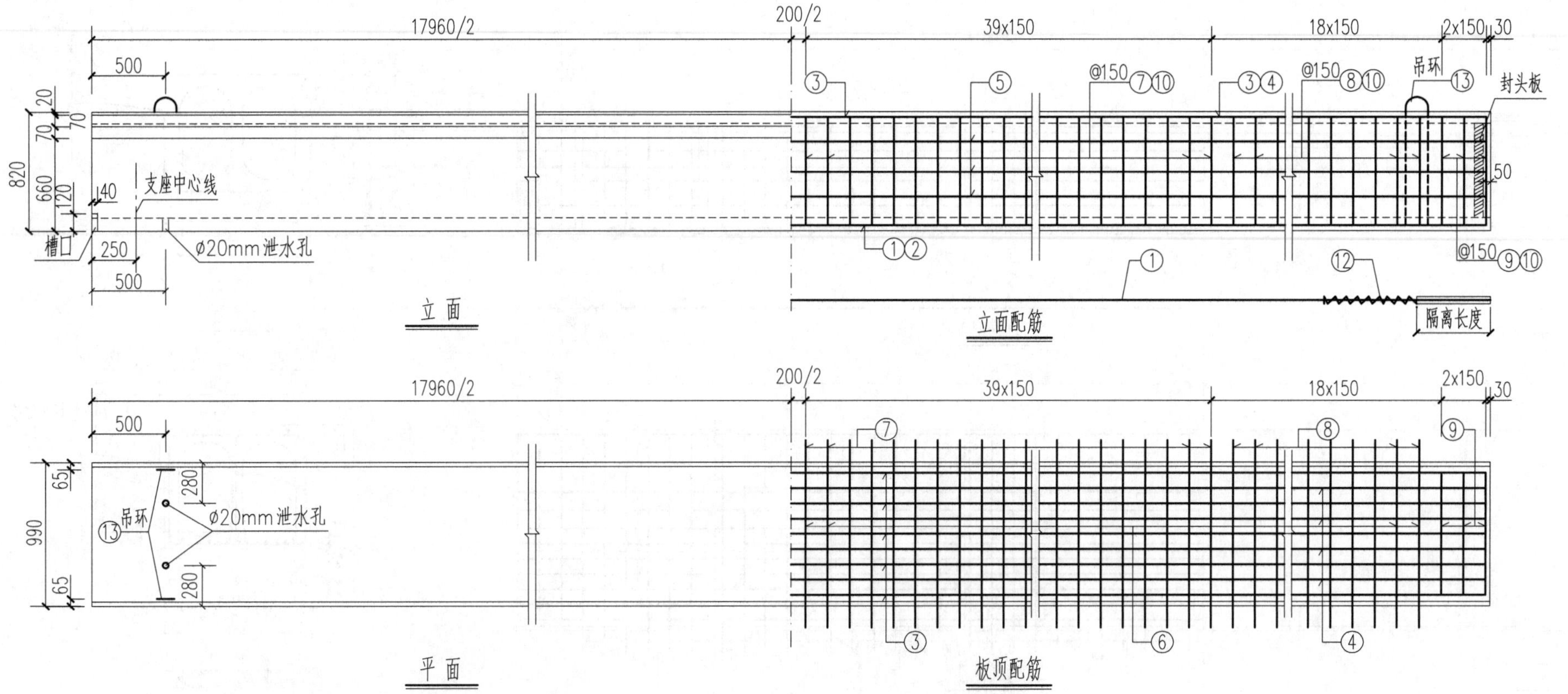

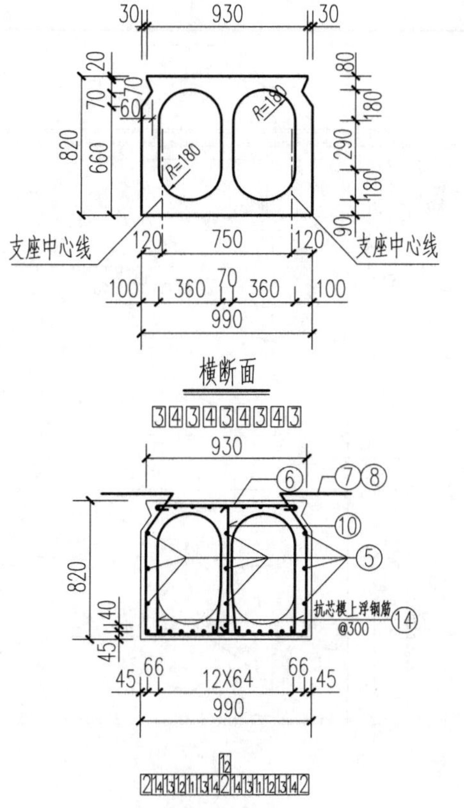

钢筋明细表

编号	略图	直径 (mm)	每根长 (mm)	根数	总长 (m)	总重 (kg)	备注
1	17960	Φ^s15.20	17960	13	233.48	257.29	钢绞线
2	17860	Φ 20	17860	3	53.6	132.1	
3	17900	Φ 12	17900	5	89.5	79.5	
4	17900	Φ 12	17900	4	71.6	63.6	
5	17900	Φ 10	17900	9	161.1	99.3	
6	860, 110	Φ 10	1080	114	123.1	75.9	
7	450, 260, 938, 620	Φ 10	3598	80	287.8	177.5	
8	450, 260, 936, 620	Φ 12	3596	34	122.3	108.5	
9	180, 850, 300, 936, 620	Φ 12	3506	6	21.0	18.7	
10	760, 110	Φ 10	980	120	117.6	72.5	
12	8x50, 50	Φ 6	1476	26	38.4	8.5	D50螺旋钢筋
13	R=75, 236, 820, 260, 300	Φ 28	2996	4	12.0	57.9	
14	R=183, 575, 517, 60	Φ 8	1729	120	207.5	81.9	芯模定位钢筋
合计	钢绞线 (kg)	257.29					
	钢筋 (kg)	975.9					
	混凝土 (m^3)	C50: 6.95　每条铰缝C50（钢纤维）: 0.37　封头板C30: 0.05					

注：本材料表适用于安全等级为一级的空心板，若安全等级为二级，钢筋②直径可改为Φ18

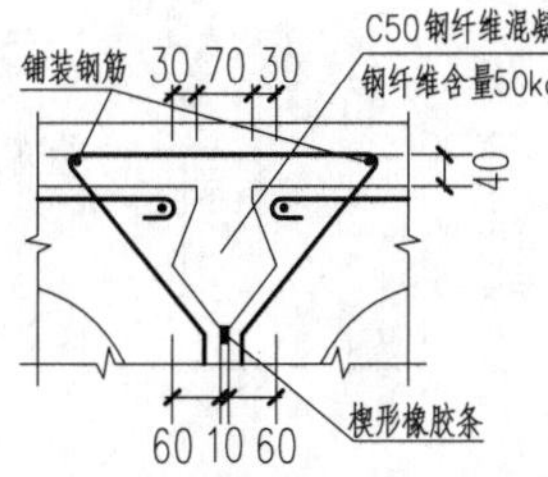

铰缝

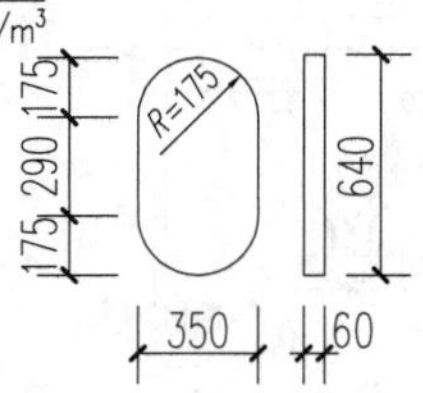

封头板

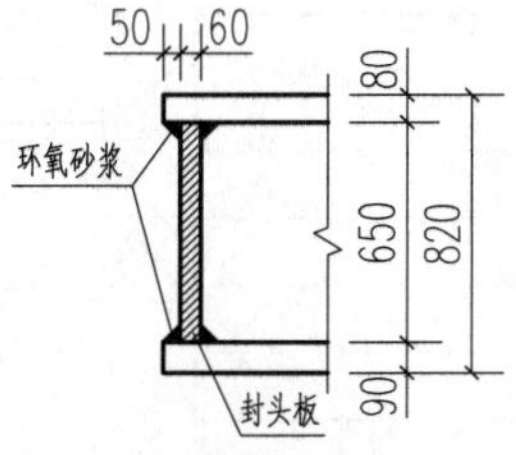

封头板立面

端部隔离长度表

编号	隔离长度(mm)	根数
1_1	4500	2
1_2	3000	3
1_3	1500	4
1_4	100	4

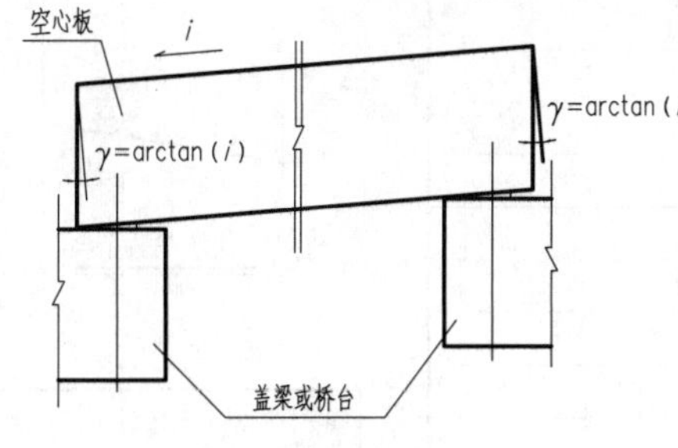

板端立面示意图

附注：1. 本图尺寸单位均以毫米计。

2. 预应力钢绞线采用预应力钢绞线1×7-15.20-1860-GB/T 5224，技术条件必须符合《预应力混凝土用钢绞线》GB/T 5224的规定。
3. 预应力钢绞线控制张拉应力为0.75f_{pk}，每根控制张拉力为195kN。
4. 切断预应力钢绞线时混凝土强度、弹性模量（或龄期）要求详见本设计说明六第9条规定。
5. 切断预应力钢绞线次序：由两侧向中间左右对称进行。
6. 预应力钢绞线两端须用内径φ20黑铁管或被认可的材料包裹隔离，隔离长度详见预应力钢绞线端部隔离长度表。
7. 槽口处理：钢绞线端部作防锈处理后，用水泥砂浆封闭抹平。
8. 板梁混凝土浇筑后，上表面必须充分拉毛。
9. 最外侧钢筋的混凝土保护层厚度不小于20mm。
10. 伸缩缝及栏杆预埋件按工程设计图纸要求设置。
11. 单梁安装净重为182kN，吊装、运输时必须注意平稳。
12. 芯模定位钢筋：在保证芯模不上浮的前提下，施工单位可根据实际经验适当调整。
13. 梁端面应根据桥梁纵坡调整方向及角度，保持铅垂。
14. 空心板预制时，梁底应采取调平措施，使支座保持水平。
15. 施工单位应采取有效的封头板定位措施，确保封头板密封安装。

18m预应力混凝土空心板（中板、斜交角0°） 设计荷载：城—B级、公路—Ⅱ级	图集号	2024沪Q003
	页	123

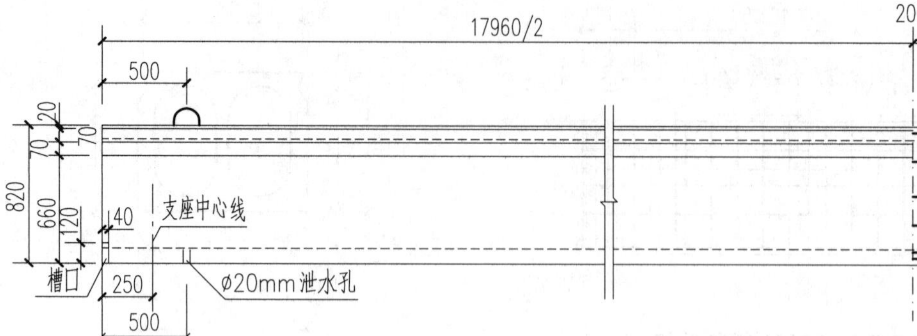

立面

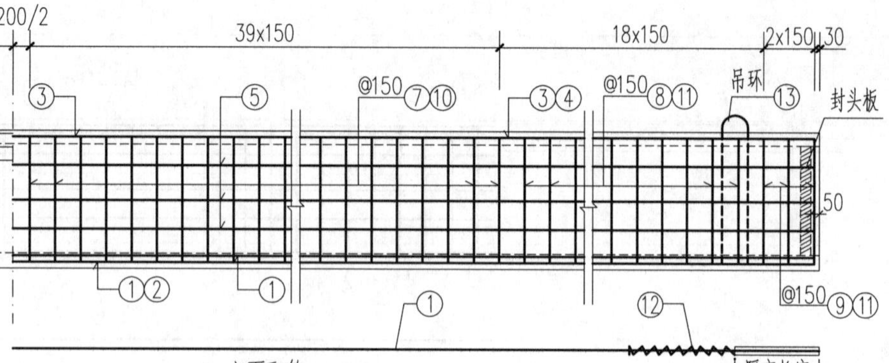

立面配筋

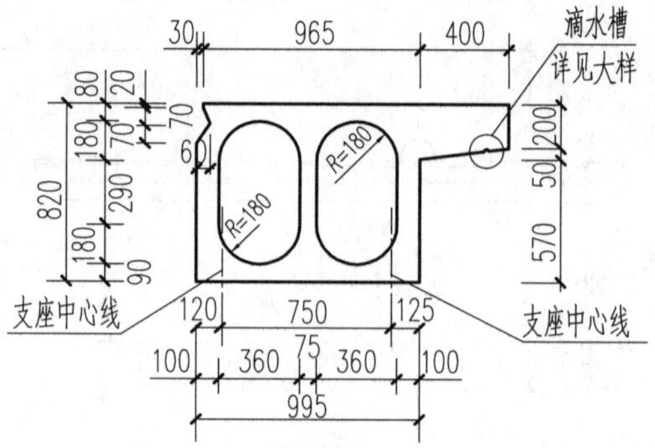

横断面

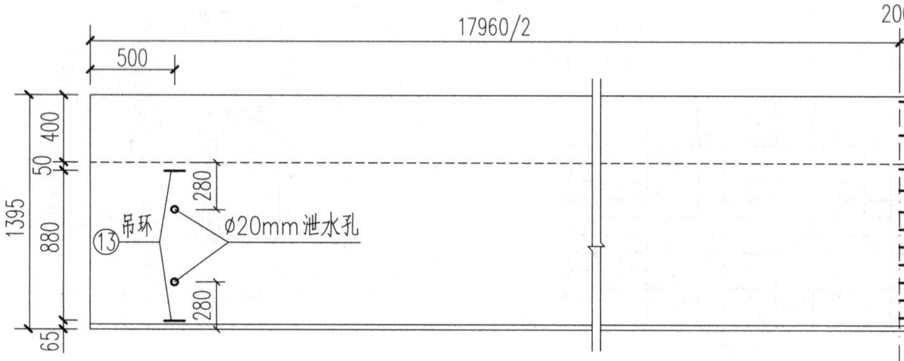

平面

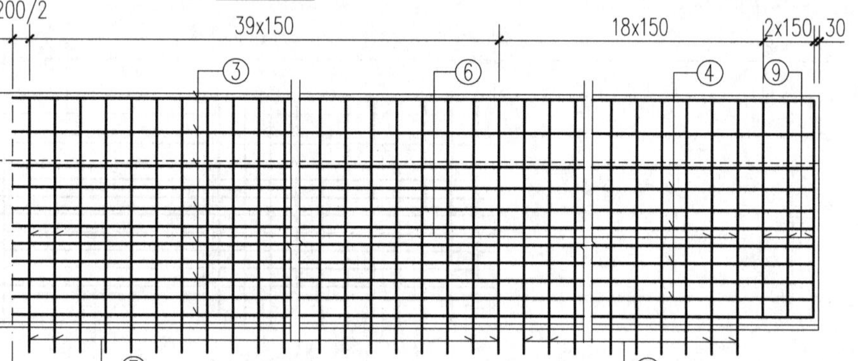

板顶配筋

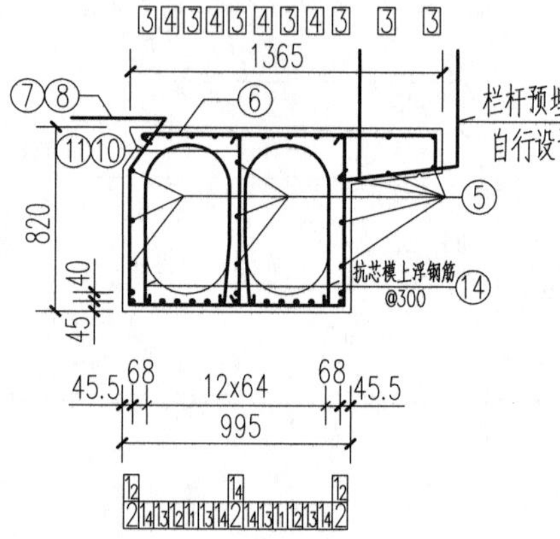

横断面配筋

钢筋明细表

编号	略图	直径 (mm)	每根长 (mm)	根数	总长 (m)	总重 (kg)	备注
1	17960	Φ^s15.20	17960	15	269.40	296.88	钢绞线
2	17860	Φ 20	17860	3	53.6	132.1	
3	17900	Φ 12	17900	7	125.3	111.2	
4	17900	Φ 12	17900	4	71.6	63.6	
5	17900	Φ 10	17900	11	196.9	121.4	
6		Φ 14	2138	114	243.7	294.5	适用于A/B级防撞栏杆、人行栏杆
(6)		(Φ 16)	(2172)	(114)	(247.6)	(390.8)	适用于SA/SB级防撞栏杆
7		Φ 10	3138	80	251.0	154.8	
8		Φ 12	3166	34	107.6	95.6	
9		Φ 12	4566	6	27.4	24.3	
10		Φ 10	980	80	78.4	48.3	
11		Φ 12	1040	40	41.6	36.9	
12		Φ 6	1476	30	44.3	9.8	D50螺旋钢筋
13		Φ 32	3191	4	12.8	80.6	
14		Φ 8	1729	120	207.5	81.9	芯模定位钢筋
合计	钢绞线 (kg)	296.88					
	钢筋 (kg)	1255.0 (1351.3)					
	混凝土 (m^3)	C50: 8.75 每条铰缝C50(钢纤维): 0.19 封头板C30: 0.05					

注：本材料表适用于安全等级为一级的空心板，若安全等级为二级，钢筋②直径可改为Φ18

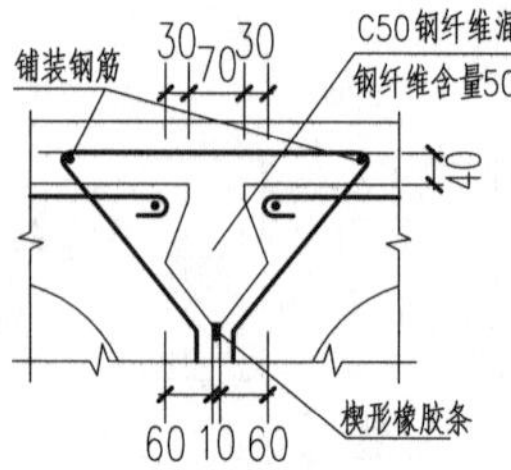

铰缝

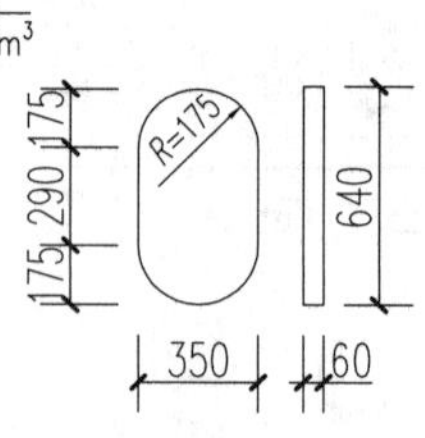

封头板

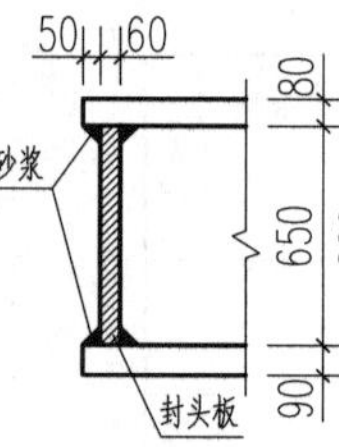

封头板立面

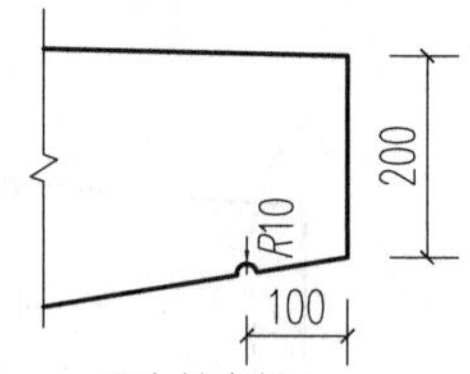

滴水槽大样

端部隔离长度表

编号	隔离长度(mm)	根数
1₁	4500	2
1₂	3000	4
1₃	1500	4
1₄	100	5

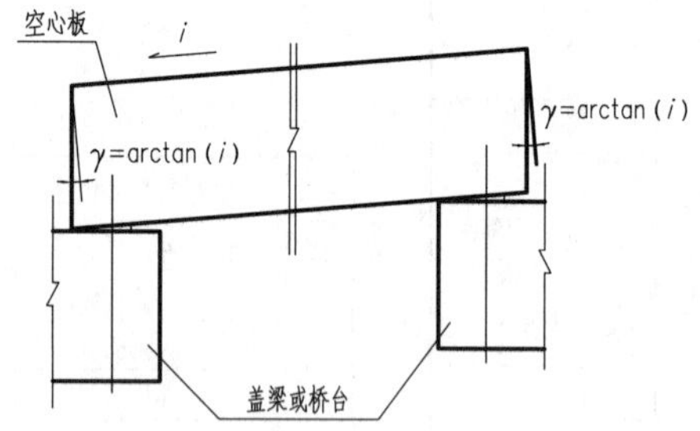

板端立面示意图

附注：1. 本图尺寸单位均以毫米计。
2. 预应力钢绞线采用预应力钢绞线1×7-15.20-1860-GB/T 5224，技术条件必须符合《预应力混凝土用钢绞线》GB/T 5224的规定。
3. 预应力钢绞线控制张拉应力为$0.75f_{pk}$，每根控制张拉力为195kN。
4. 切断预应力钢绞线时混凝土强度、弹性模量（或龄期）要求详见本设计说明六第9条规定。
5. 切断预应力钢绞线次序：由两侧向中间左右对称进行。
6. 预应力钢绞线两端须用内径Φ20黑铁管或被认可的材料包裹隔离，隔离长度详见预应力钢绞线端部隔离长度表。
7. 槽口处理：钢绞线端部作防锈处理后，用水泥砂浆封闭抹平。
8. 板梁混凝土浇筑后，上表面必须充分拉毛。
9. 主钢筋净保护层不小于30mm，箍筋净保护层不小于20mm。
10. 伸缩缝及栏杆预埋件按工程设计图纸要求设置。
11. 单梁安装净重为229kN，吊装、运输时必须注意平稳。
12. 钢筋明细表中钢筋⑥有括号的数字适用于SA/SB级防撞栏杆，无括号的数字适用于A/B级防撞栏杆及人行栏杆。
13. 芯模定位钢筋：在保证芯模不上浮的前提下，施工单位可根据实际经验适当调整。
14. 梁端面应根据桥梁纵坡调整方向及角度，保持铅垂。
15. 空心板预制时，梁底应采取调平措施。使支座保持水平。
16. 栏杆预埋筋仅作示意，设计单位应根据栏杆防护等级及构造要求自行设计。
17. 施工单位应采取有效的封头板定位措施，确保封头板密封安装。

18m预应力混凝土空心板（边板、斜交角0°） 设计荷载：城—B级、公路—Ⅱ级	图集号	2024沪Q003
	页	124

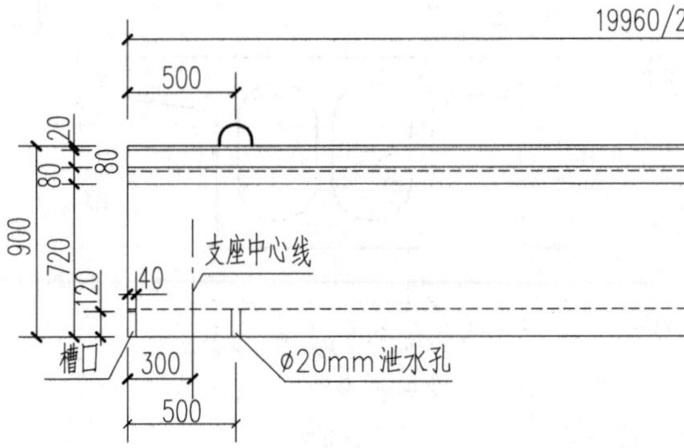

立 面

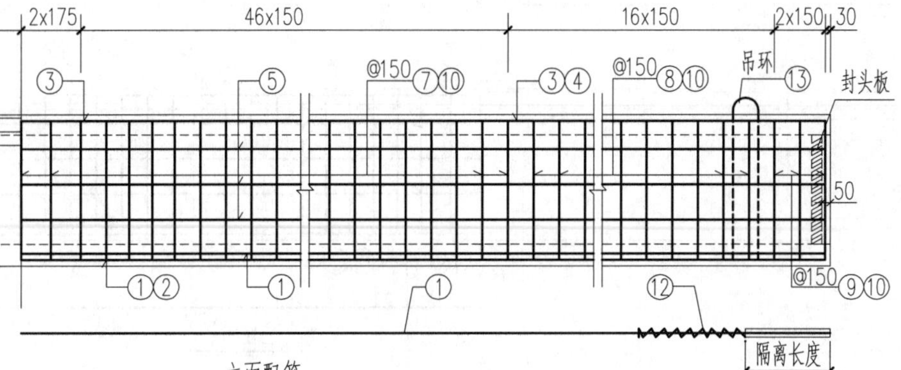

立面配筋

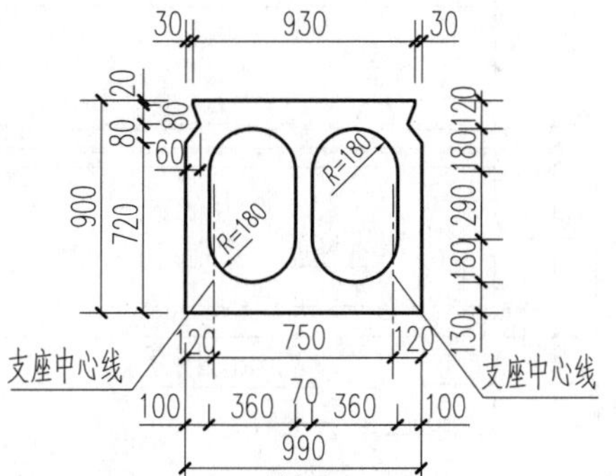

横断面

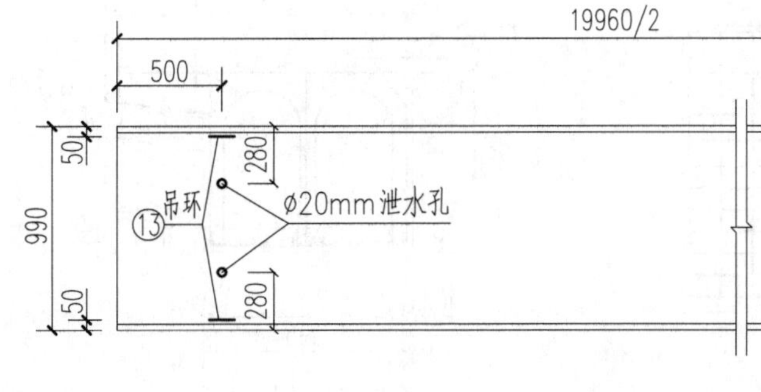

平 面

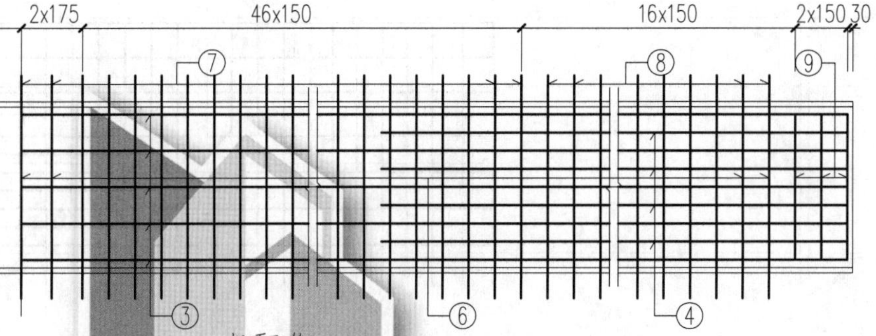

板顶配筋

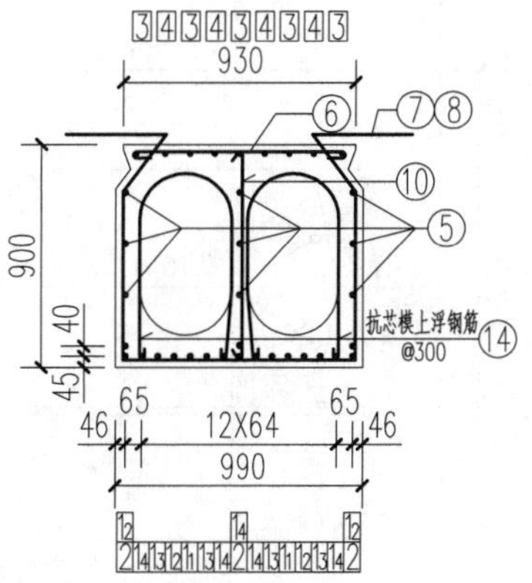

横断面配筋

钢筋明细表

编号	略图	直径(mm)	每根长(mm)	根数	总长(m)	总重(kg)	备注
1	19960	Φˢ15.20	19960	15	299.40	329.94	钢绞线
2	19860	Φ22	19860	3	59.6	177.8	
3	19900	Φ12	19900	5	99.5	88.4	
4	6500	Φ12	6500	8	52.0	46.2	
5	19900	Φ10	19900	9	179.1	110.4	
6	860, 110	Φ10	1080	127	137.2	84.6	
7	290, 450, 938, 680	Φ10	3778	97	366.5	225.9	
8	290, 450, 936, 680	Φ12	3776	30	113.3	100.6	
9	200, 830, 340, 936, 680	Φ12	3666	6	22.0	19.5	
10	840, 110	Φ10	1060	133	141.0	86.9	
12	8x50, 50	Φ6	1476	30	44.3	9.8	D50螺旋钢筋
13	R=85, 267, 900, 340, 350	Φ36	3447	4	13.8	110.2	
14	R=183, 575, 555, 60	Φ8	1805	134	241.9	95.4	芯模定位钢筋
合计	钢绞线 (kg)	329.94					
	钢筋 (kg)	1155.7					
	混凝土 (m^3)	C50: 9.29　每条铰缝C50(钢纤维): 0.45　封头板C30: 0.05					

注：本材料表适用于安全等级为一级的空心板，若安全等级为二级，钢筋②直径可改为Φ20

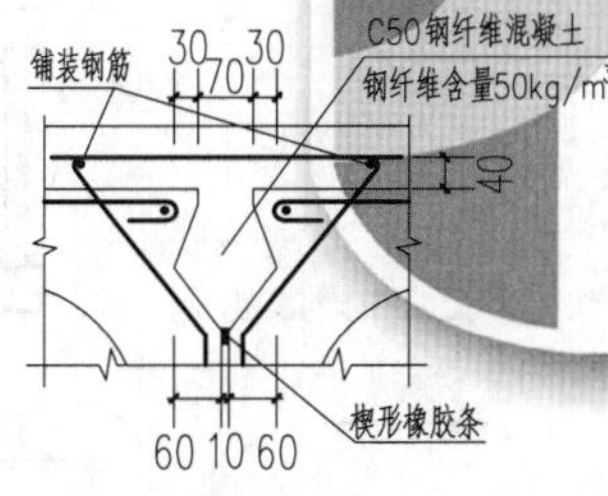

铰缝

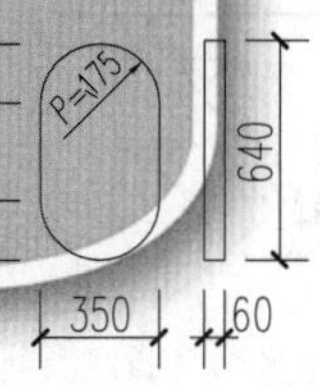

封头板

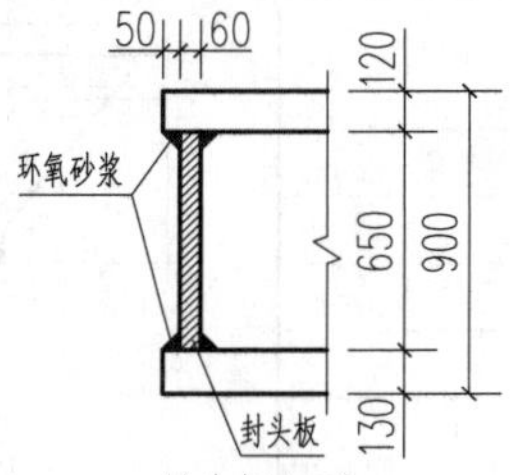

封头板立面

端部隔离长度表

编号	隔离长度(mm)	根数
1_1	4500	2
1_2	3000	4
1_3	1500	4
1_4	100	5

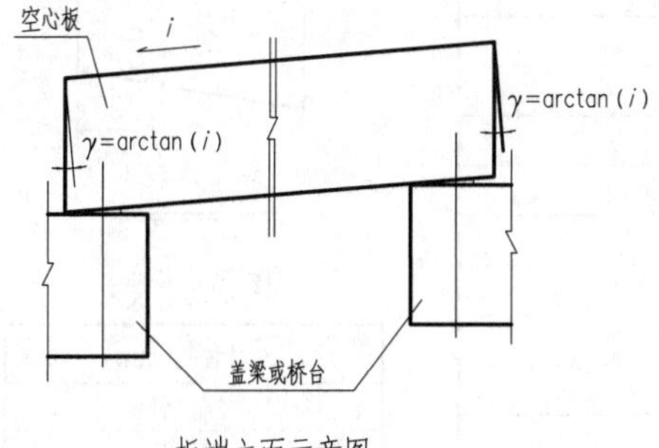

板端立面示意图

附注：1. 本图尺寸单位均以毫米计。
2. 预应力钢绞线采用预应力钢绞线1×7-15.20-1860-GB/T 5224，技术条件必须符合《预应力混凝土用钢绞线》GB/T 5224的规定。
3. 预应力钢绞线控制张拉应力为$0.75f_{pk}$，每根控制张拉力为195kN。
4. 切断预应力钢绞线时混凝土强度、弹性模量（或龄期）要求详见本设计说明六第9条规定。
5. 切断预应力钢绞线次序：由两侧向中间左右对称进行。
6. 预应力钢绞线两端须用内径ϕ20黑铁管或被认可的材料包裹隔离，隔离长度详见预应力钢绞线端部隔离长度表。
7. 槽口处理：钢绞线端部作防锈处理后，用水泥砂浆封闭抹平。
8. 板梁混凝土浇筑后，上表面必须充分拉毛。
9. 最外侧钢筋的混凝土保护层厚度不小于20mm。
10. 伸缩缝预埋件按工程设计图纸要求设置。
11. 单梁安装净重为243kN，吊装、运输时必须注意平稳。
12. 芯模定位钢筋：在保证芯模不上浮的前提下，施工单位可根据实际经验适当调整。
13. 梁端面应根据桥梁纵坡调整方向及角度，保持铅垂。
14. 空心板预制时，梁底应采取调平措施，使支座保持水平。
15. 施工单位应采取有效的封头板定位措施，确保封头板密封安装。

20m预应力混凝土空心板（中板、斜交角0°） 设计荷载：城—B级、公路—Ⅱ级	图集号	2024沪Q003
	页	125

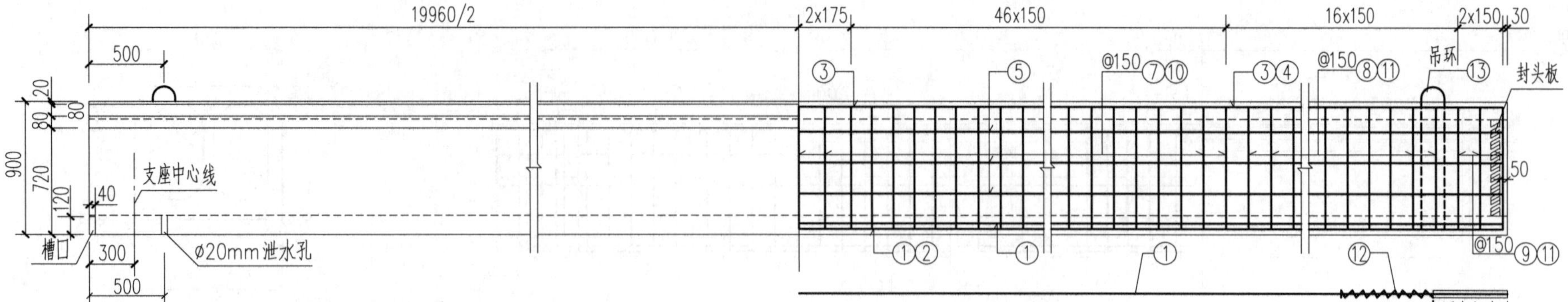

立面

立面配筋

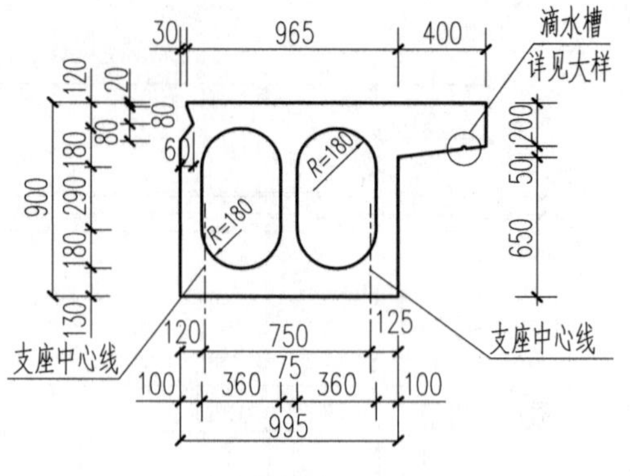

横断面

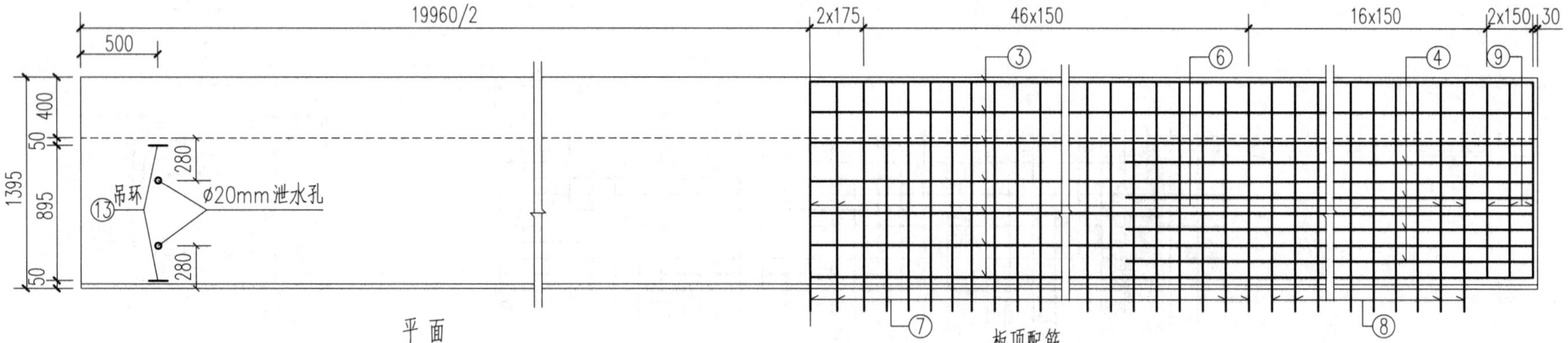

平面

板顶配筋

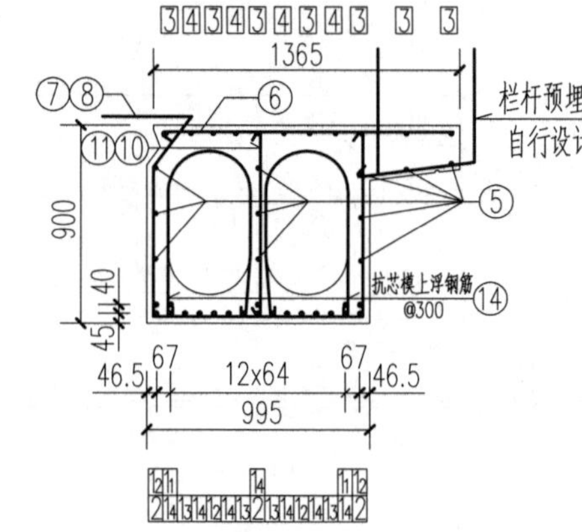

横断面配筋

钢筋明细表

编号	略图	直径(mm)	每根长(mm)	根数	总长(m)	总重(kg)	备注
1	19960	Φˢ15.20	19960	17	339.32	373.93	钢绞线
2	19860	Φ 22	19860	3	59.6	177.8	
3	19900	Φ 12	19900	7	139.3	123.7	
4	6500	Φ 12	6500	8	52.0	46.2	
5	19900	Φ 10	19900	11	218.9	135.0	
6		Φ 14	2138	127	271.5	328.1	适用于A/B级防撞栏杆、人行栏杆
(6)		(Φ 16)	(2172)	(127)	(275.8)	(435.4)	适用于SA/SB级防撞栏杆
7		Φ 10	3308	97	320.9	197.8	
8		Φ 12	3336	30	100.1	88.9	
9		Φ 12	4701	6	28.2	25.0	
10		Φ 10	1060	97	102.8	63.4	
11		Φ 12	1120	36	40.3	35.8	
12		Φ 6	1476	34	50.2	11.1	D50螺旋钢筋
13		Φ 40	3567	4	14.3	140.7	
14		Φ 8	1805	134	241.9	95.4	芯模定位钢筋
合计	钢绞线(kg)	373.93					
	钢筋(kg)	1468.9 (1576.2)					
	混凝土(m³)	C50:11.31 每条铰缝C50(钢纤维):0.45 封头板C30:0.05					

注：本材料表适用于安全等级为一级的空心板，若安全等级为二级，钢筋②直径可改为Φ20

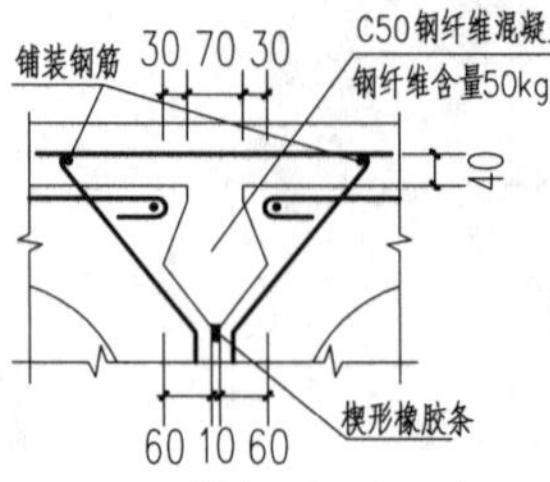

铰缝

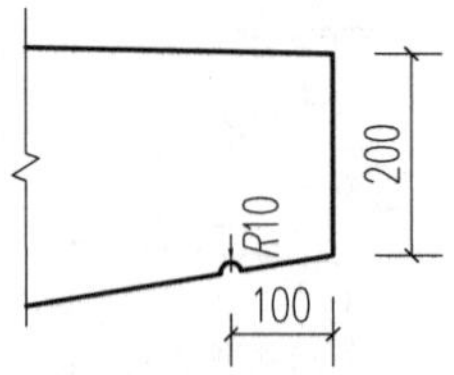

滴水槽大样

端部隔离长度表

编号	隔离长度(mm)	根数
1₁	4500	2
1₂	3000	4
1₃	1500	4
1₄	100	7

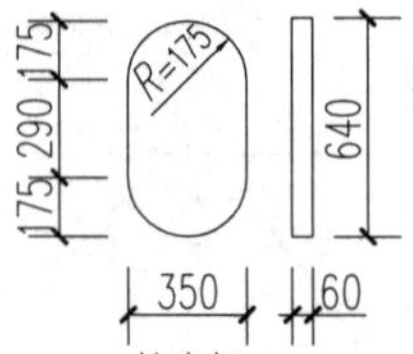

封头板

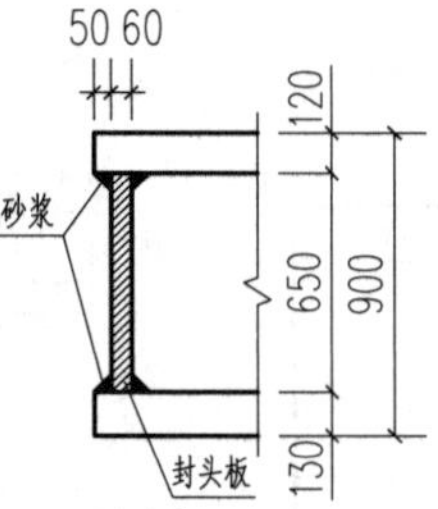

封头板立面

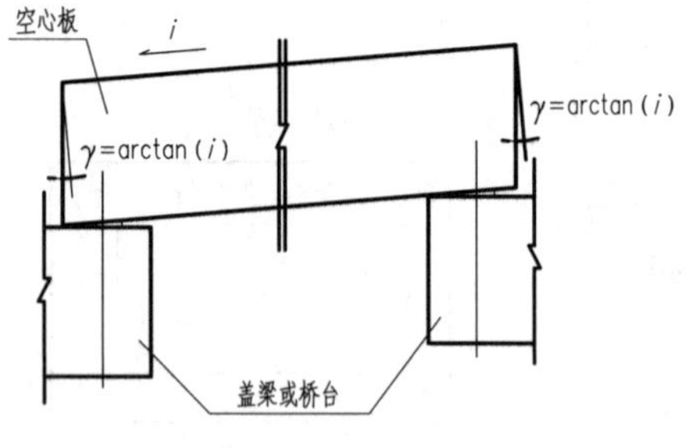

板端立面示意图

附注：1. 本图尺寸单位均以毫米计。

2. 预应力钢绞线采用预应力钢绞线 1×7-15.20-1860-GB/T 5224，技术条件必须符合《预应力混凝土用钢绞线》GB/T 5224 的规定。
3. 预应力钢绞线控制张拉应力为 $0.75f_{pk}$，每根控制张拉力为 195kN。
4. 切断预应力钢绞线时混凝土强度、弹性模量（或龄期）要求详见本设计说明六第 9 条规定。
5. 切断预应力钢绞线次序：由两侧向中间左右对称进行。
6. 预应力钢绞线两端须用内径 ϕ20 黑铁管或被认可的材料包裹隔离，隔离长度详见预应力钢绞线端部隔离长度表。
7. 槽口处理：钢绞线端部作防锈处理后，用水泥砂浆封闭抹平。
8. 板梁混凝土浇筑后，上表面必须充分拉毛。
9. 最外侧钢筋的混凝土保护层厚度不小于 20mm。
10. 伸缩缝及栏杆预埋件按工程设计图纸要求设置。
11. 单梁安装净重为 295kN，吊装、运输时必须注意平稳。
12. 钢筋明细表中，钢筋⑥有括号的数字适用于 SA/SB 级防撞栏杆，无括号的数字适用于 A/B 级防撞栏杆及人行栏杆。
13. 芯模定位钢筋：在保证芯模不上浮的前提下，施工单位可根据实际经验适当调整。
14. 梁端面应根据桥梁纵坡调整方向及角度，保持铅垂。
15. 空心板预制时，梁底应采取调平措施，使支座保持水平。
16. 栏杆预埋筋仅作示意，设计单位应根据栏杆防护等级及构造要求自行设计。
17. 施工单位应采取有效的封头板定位措施，确保封头板密封安装。

20m预应力混凝土空心板（边板、斜交角0°）设计荷载：城—B级、公路—Ⅱ级	图集号	2024沪Q003
	页	126

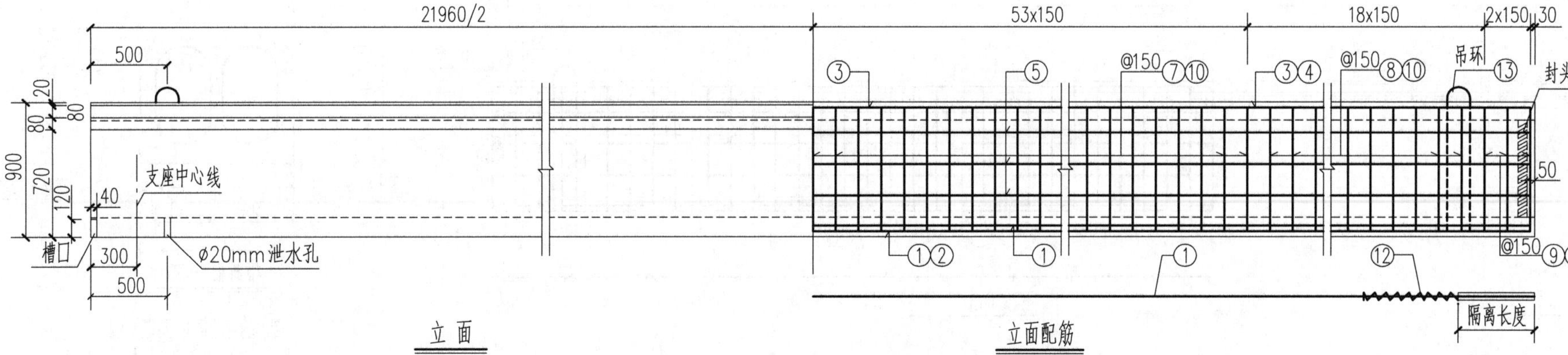

立面　　立面配筋

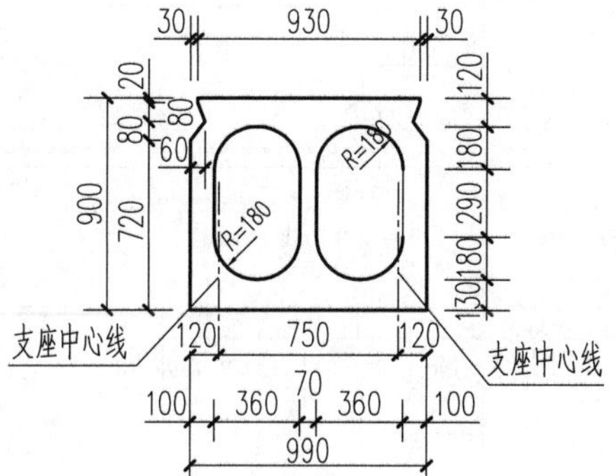

横断面

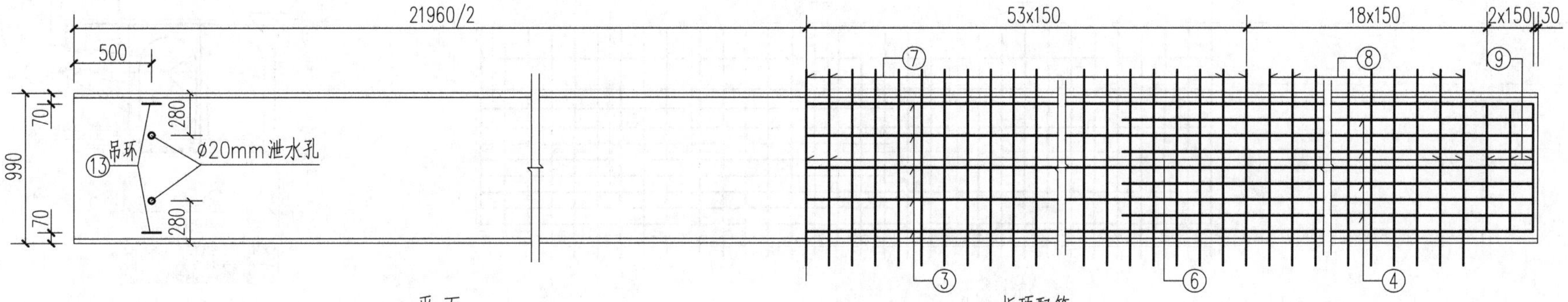

平面　　板顶配筋

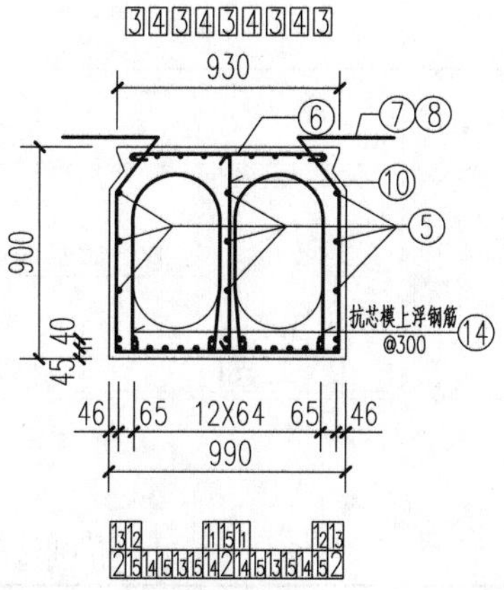

横断面配筋

钢筋明细表

编号	略图	直径(mm)	每根长(mm)	根数	总长(m)	总重(kg)	备注
1	21960	Φˢ15.20	21960	19	417.24	459.80	钢绞线
2	21860	Φ 22	21860	3	65.6	195.7	
3	21900	Φ 12	21900	5	109.5	97.2	
4	7000	Φ 12	7000	8	56.0	49.7	
5	21900	Φ 10	21900	9	197.1	121.6	
6	860, 110	Φ 10	1080	141	152.3	93.9	
7	450, 290, 938, 680	Φ 10	3778	107	404.2	249.2	
8	450, 290, 936, 680	Φ 12	3776	34	128.4	114.0	
9	200, 340, 830, 936, 680	Φ 12	3666	6	22.0	19.5	
10	840, 110	Φ 10	1060	147	155.8	96.1	
12	8x50, 50	Φ 6	1476	38	56.1	12.4	D50螺旋钢筋
13	R=85, 267, 900, 340, 350	Φ 36	3447	4	13.8	110.2	
14	R=183, 575, 555, 60	Φ 8	1805	148	267.1	105.4	芯模定位钢筋
合计	钢绞线 (kg)	459.80					
	钢筋 (kg)	1264.9					
	混凝土 (m^3)	C50:10.22　每条铰缝C50(钢纤维):0.49　封头板C30:0.05					

注：本材料表适用于安全等级为一级的空心板，若安全等级为二级，钢筋②直径可改为Φ20

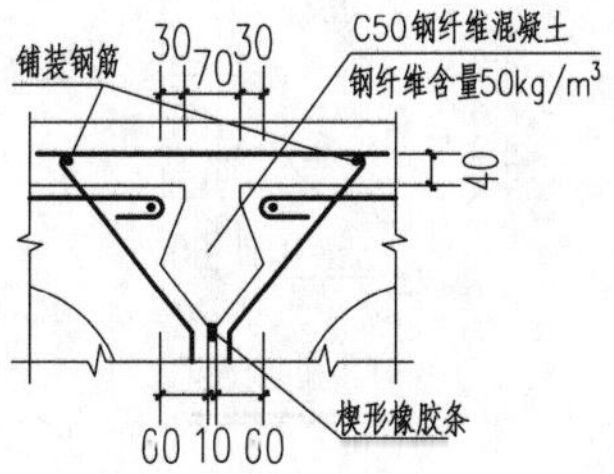

铰缝

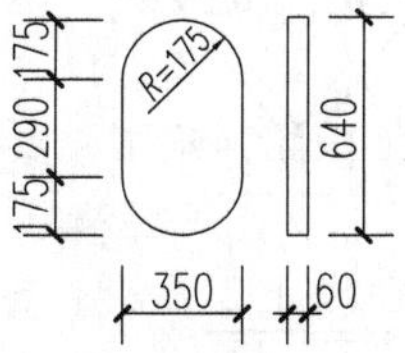

封头板

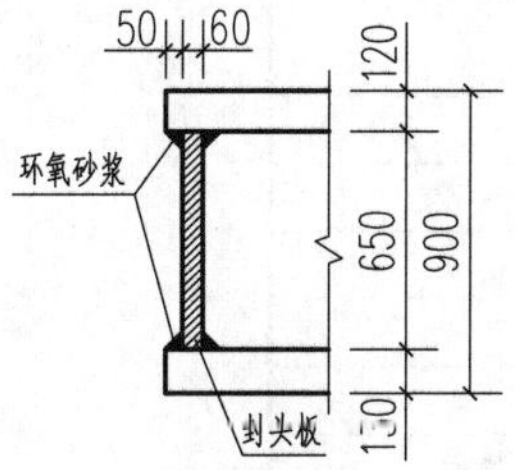

封头板立面

端部隔离长度表

编号	隔离长度(mm)	根数
l_1	6000	2
l_2	4500	2
l_3	3000	4
l_4	1500	4
l_5	100	7

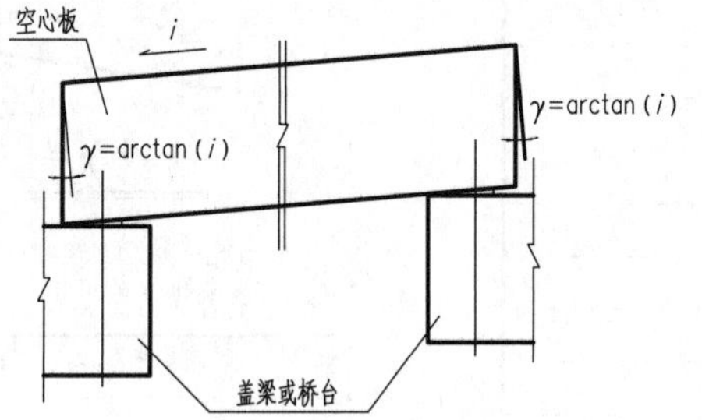

板端立面示意图

附注：1. 本图尺寸单位均以毫米计。
2. 预应力钢绞线采用预应力钢绞线 1×7-15.20-1860-GB/T 5224，技术条件必须符合《预应力混凝土用钢绞线》GB/T 5224 的规定。
3. 预应力钢绞线控制张拉应力为 $0.75f_{pk}$，每根控制张拉力为 195kN。
4. 切断预应力钢绞线时混凝土强度、弹性模量（或龄期）要求详见本设计说明六第 9 条规定。
5. 切断预应力钢绞线次序：由两侧向中间左右对称进行。
6. 预应力钢绞线两端须用内径 φ20 黑铁管或被认可的材料包裹隔离，隔离长度详见预应力钢绞线端部隔离长度表。
7. 槽口处理：钢绞线端部作防锈处理后，用水泥砂浆封闭抹平。
8. 板梁混凝土浇筑后，上表面必须充分拉毛。
9. 最外侧钢筋的混凝土保护层厚度不小于 20mm。
10. 伸缩缝预埋件按工程设计图纸要求设置。
11. 单梁安装净重为 267kN，吊装、运输时必须注意平稳。
12. 芯模定位钢筋：在保证芯模不上浮的前提下，施工单位可根据实际经验适当调整。
13. 梁端面应根据桥梁纵坡调整方向及角度，保持铅垂。
14. 空心板预制时，梁底应采取调平措施，使支座保持水平。
15. 施工单位应采取有效的封头板定位措施，确保封头板密封安装。

22m 预应力混凝土空心板（中板、斜交角 0°）设计荷载：城—B 级、公路—Ⅱ级	图集号	2024沪Q003
	页	127

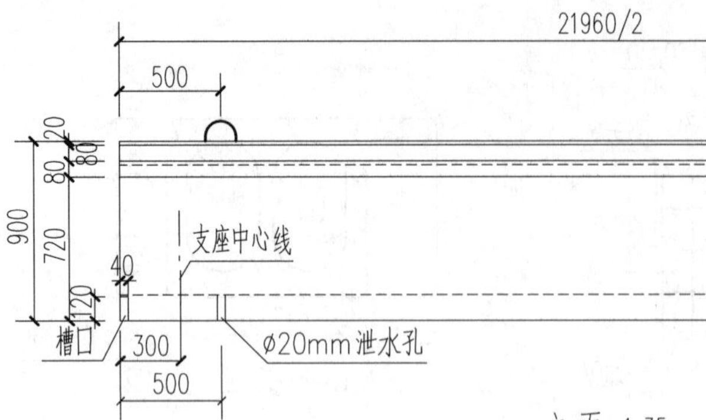

立面 1:35

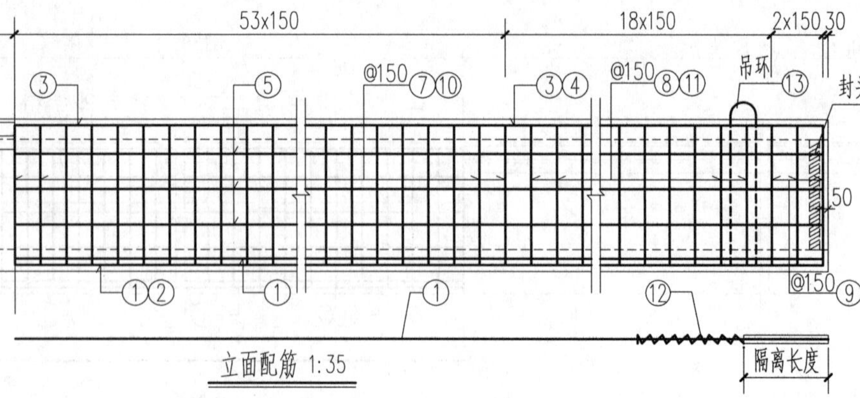

立面配筋 1:35

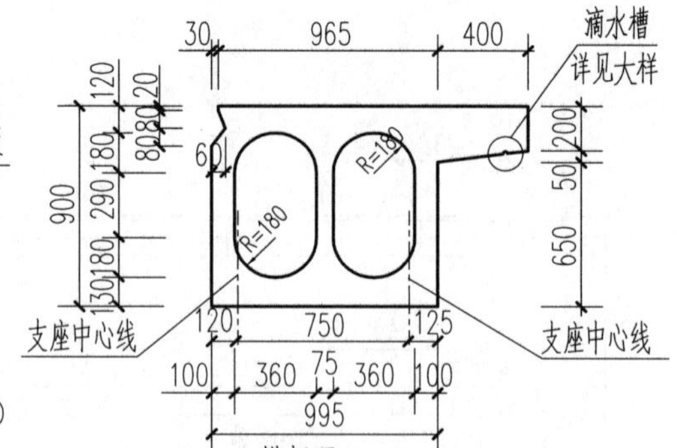

横断面 1:35

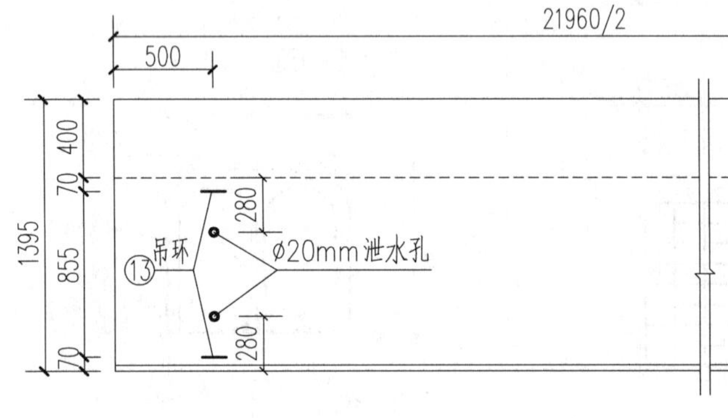

平面 1:35

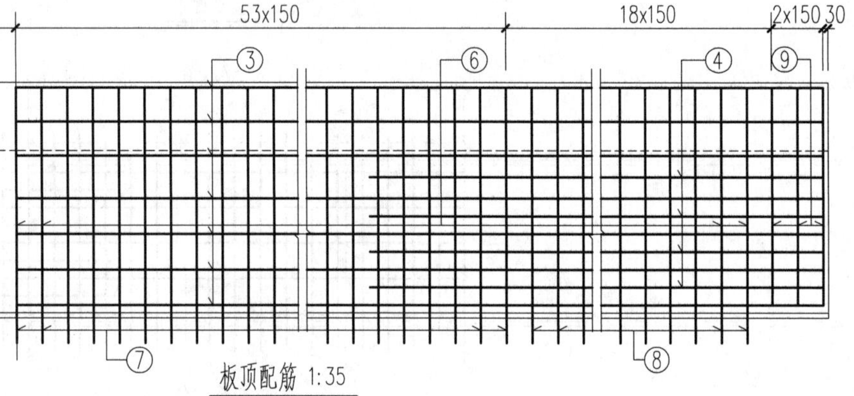

板顶配筋 1:35

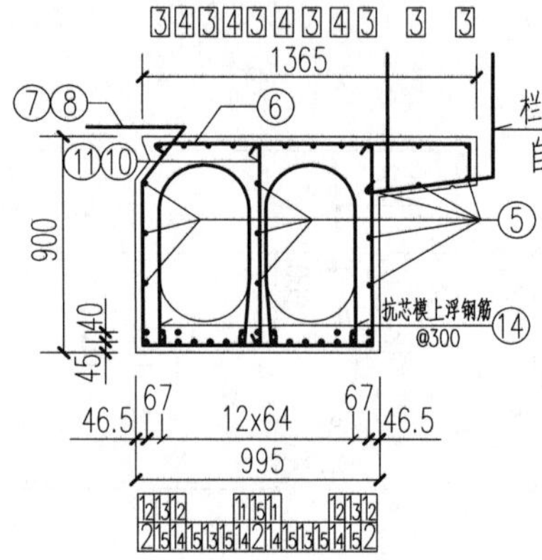

横断面配筋 1:35

钢筋明细表

编号	略图	直径(mm)	每根长(mm)	根数	总长(m)	总重(kg)	备注
1	21960	Φ^s15.20	21960	21	461.16	508.20	钢绞线
2	21860	Φ 22	21860	3	65.6	195.7	
3	21900	Φ 12	21900	7	153.3	136.1	
4	7000	Φ 12	7000	8	56.0	49.7	
5	21900	Φ 10	21900	11	240.9	148.5	
6	160 1290 160 128 400	Φ 14	2138	141	301.5	364.3	适用于SA/SB级防撞栏杆
(6)	180 1287 180 125 400	(Φ 16)	(2172)	(141)	(306.3)	(483.4)	适用于A/B级防撞栏杆、人行栏杆
7	450 290 110 680 938 840	Φ 10	3308	107	354.0	218.2	
8	450 290 140 680 936 840	Φ 12	3336	34	113.4	100.7	
9	200 1215 150 680 980 540	Φ 12	4701	6	28.2	25.0	
10	840 936 110	Φ 10	1060	107	113.4	69.9	
11	840 140	Φ 12	1120	40	44.8	39.8	
12	8x50 50	Φ 6	1476	42	62.0	13.8	D50 螺旋钢筋
13	R=85 267 900 375 375	Φ 40	3567	4	14.3	140.7	
14	R=183 575 555 60	Φ 8	1805	148	267.1	105.4	芯模定位钢筋
合计	钢绞线 (kg)	508.20					
	钢筋 (kg)	1607.8(1726.9)					
	混凝土 (m^3)	C50:12.45 每条铰缝C50(钢纤维):0.49 封头板C30:0.05					

注：本材料表适用于安全等级为一级的空心板，若安全等级为二级，钢筋②直径可改为Φ20

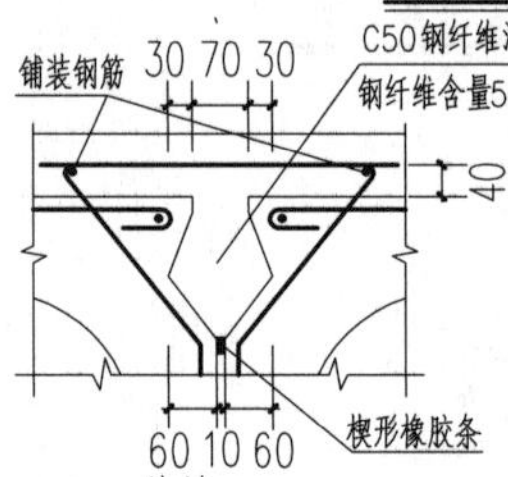

铰缝 1:15

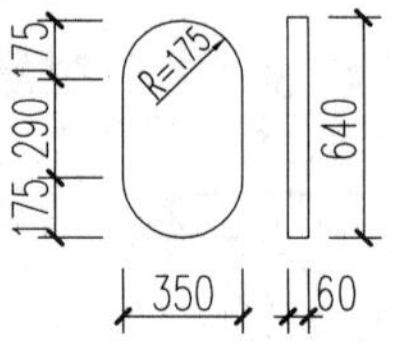

封头板 1:35

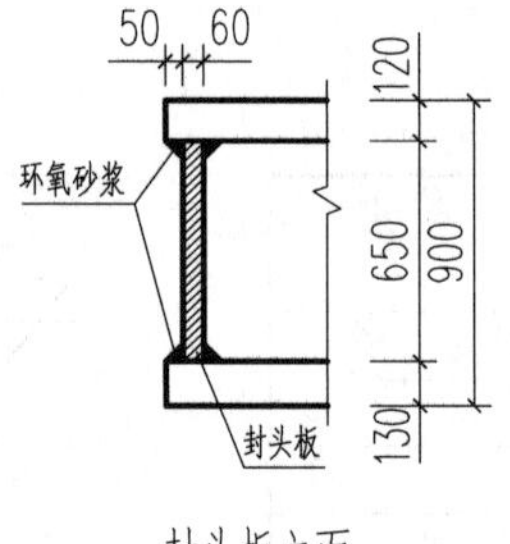

封头板立面

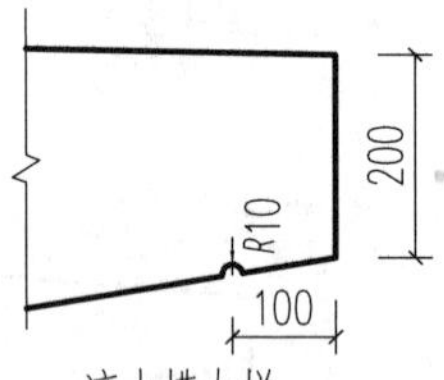

滴水槽大样

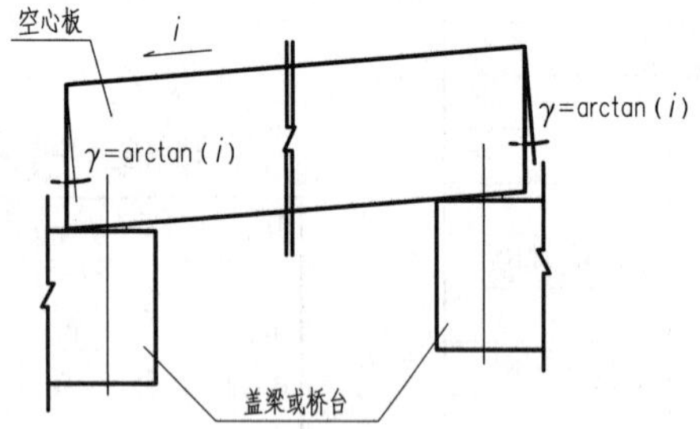

板端立面示意图

端部隔离长度表

编号	隔离长度(mm)	根数
l_1	6000	2
l_2	4500	4
l_3	3000	4
l_4	1500	4
l_5	100	7

附注：1. 本图尺寸单位均以毫米计。
2. 预应力钢绞线采用预应力钢绞线1×7-15.20-1860-GB/T 5224，技术条件必须符合《预应力混凝土用钢绞线》GB/T 5224的规定。
3. 预应力钢绞线控制张拉应力为$0.75f_{pk}$，每根控制张拉力为195kN。
4. 切断预应力钢绞线时混凝土强度、弹性模量（或龄期）要求详见本设计说明六第9条规定。
5. 切断预应力钢绞线次序：由两侧向中间左右对称进行。
6. 预应力钢绞线两端须用内径φ20黑铁管或被认可的材料包裹隔离，隔离长度详见预应力钢绞线端部隔离长度表。
7. 槽口处理：钢绞线端部作防锈处理后，用水泥砂浆封闭抹平。
8. 板梁混凝土浇筑后，上表面必须充分拉毛。
9. 最外侧钢筋的混凝土保护层厚度不小于20mm。
10. 伸缩缝及栏杆预埋件按工程设计图纸要求设置。
11. 单梁安装净重为325kN，吊装、运输时必须注意平稳。
12. 钢筋明细表中，钢筋⑥有括号的数字适用于SA/SB级防撞栏杆，无括号的数字适用于A/B级防撞栏杆及人行栏杆。
13. 芯模定位钢筋：在保证芯模不上浮的前提下，施工单位可根据实际经验适当调整。
14. 梁端面应根据桥梁纵坡调整方向及角度，保持铅垂。
15. 空心板预制时，梁底应采取调平措施，使支座保持水平。
16. 栏杆预埋筋仅作示意，设计单位应根据栏杆防护等级及构造要求自行设计。
17. 施工单位应采取有效的封头板定位措施，确保封头板密封安装。

22m预应力混凝土空心板（边板、斜交角0°） 设计荷载：城—B级、公路—Ⅱ级	图集号	2024沪Q003
	页	128

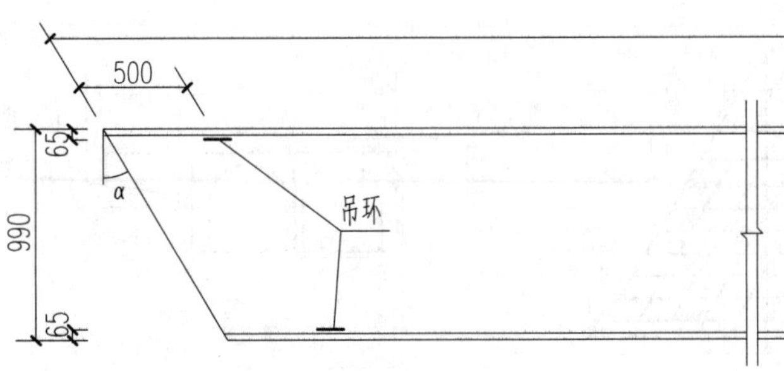

平面

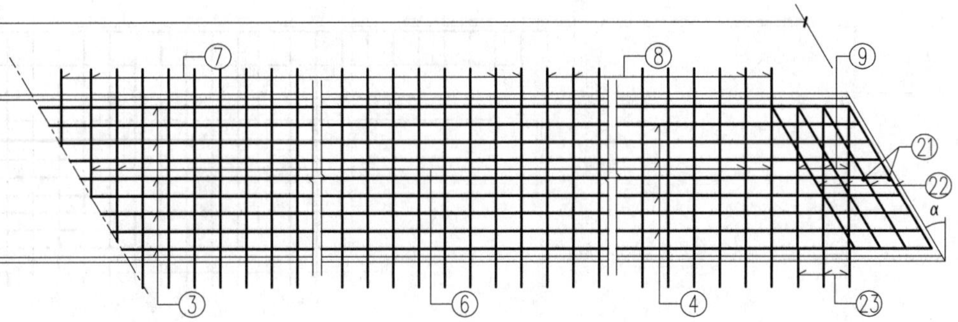

板顶配筋

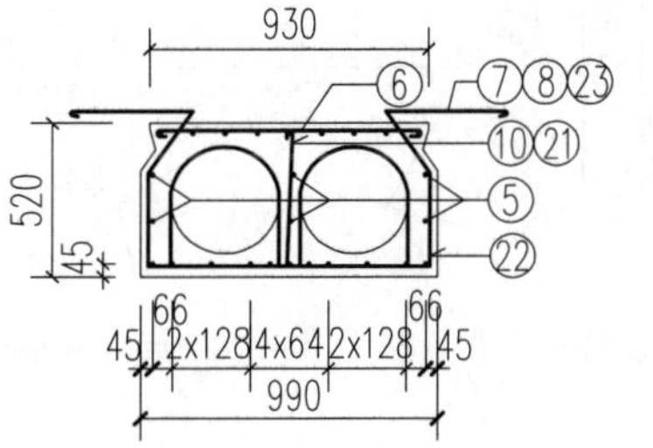

横断面示意

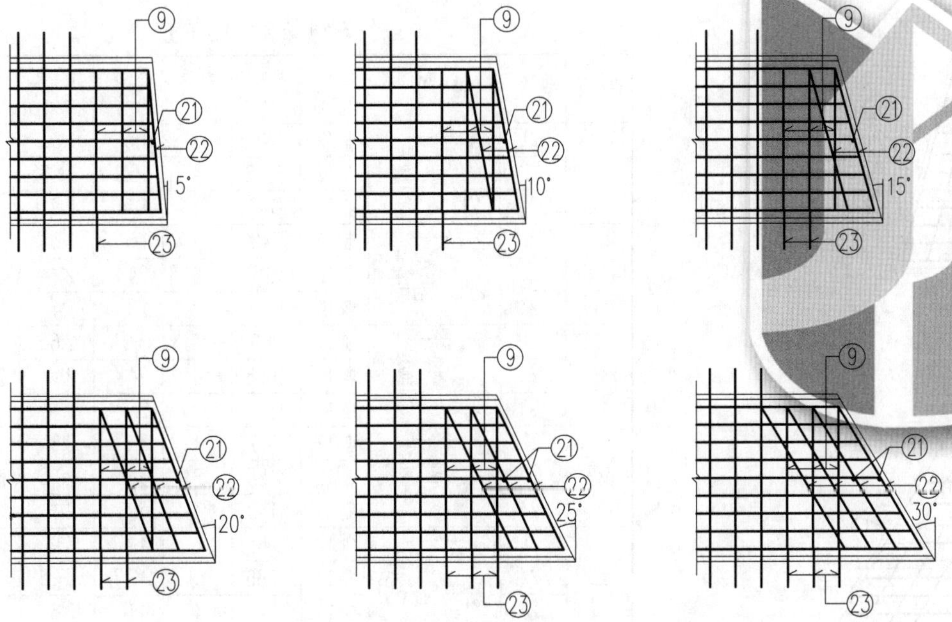

斜交板端部平面配筋

附注：1. 本图尺寸单位均以毫米计。
2. 斜交角方向根据工程所需方向确定。
3. 本图与相应的正交空心板图纸配套使用。
4. 表中未涉及的钢筋数量取对应的正交空心板钢筋表中数量。

斜交中板端部钢筋数量表

斜交角	编号	略图	直径(mm)	每根长(mm)	根数	总长(m)	总重(kg)	总计(kg)
5°	21		Φ10	680	2	1.4	0.8	7.40
	22		Φ12	2915	2	5.8	5.2	
	23		Φ10	1140	2	2.3	1.4	
10°	21		Φ10	680	2	1.4	0.8	12.60
	22		Φ12	2941	4	11.8	10.4	
	23		Φ10	1140	2	2.3	1.4	
15°	21		Φ10	680	2	1.4	0.8	14.20
	22		Φ12	2986	4	11.9	10.6	
	23		Φ10	1140	4	4.6	2.8	
20°	21		Φ10	680	2	1.4	0.8	19.90
	22		Φ12	3052	6	18.3	16.3	
	23		Φ10	1140	4	4.6	2.8	
25°	21		Φ10	680	4	2.7	1.7	22.60
	22		Φ12	3141	6	18.8	16.7	
	23		Φ10	1140	6	6.8	4.2	
30°	21		Φ10	680	4	2.7	1.7	29.00
	22		Φ12	3256	8	26.0	23.1	
	23		Φ10	1140	6	6.8	4.2	

注：表中所列为一块板两端的数量。

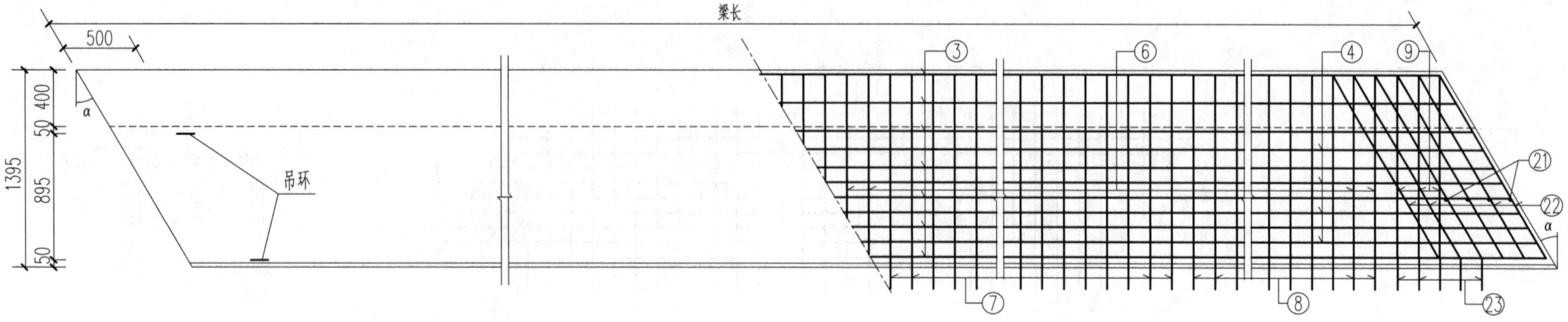

平面　　　　板顶配筋

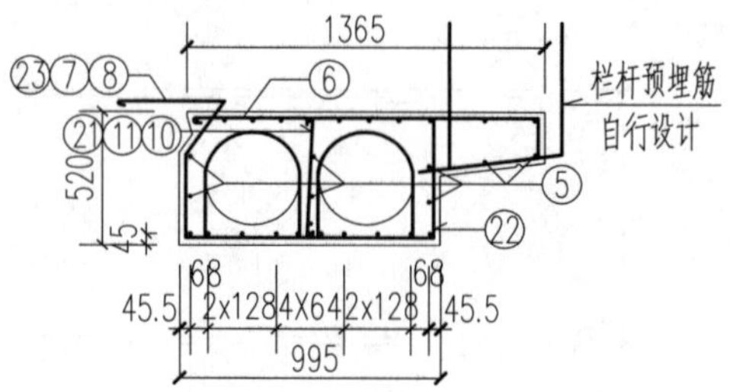

横断面示意

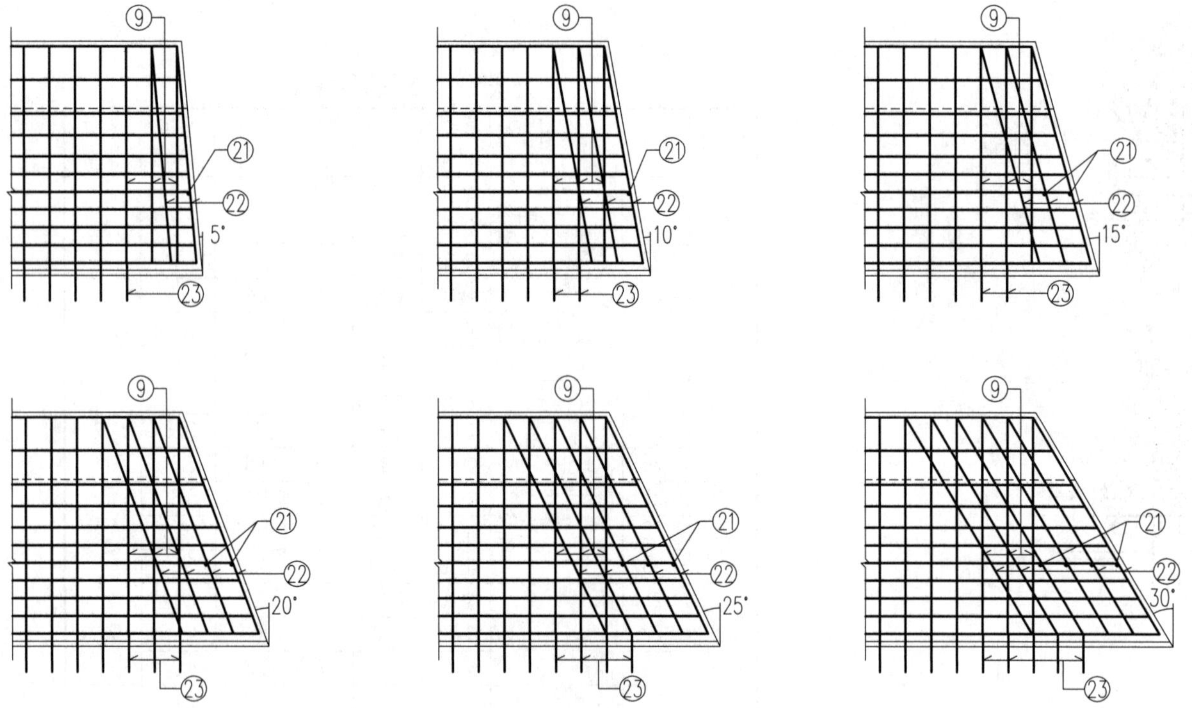

斜交板端部平面配筋

斜交边板端部钢筋数量表

斜交角	编号	略图	直径(mm)	每根长(mm)	根数	总长(m)	总重(kg)	总计(kg)
5°	21		Φ12	740	2	1.5	1.3	16.10
	22		Φ12	3978	4	15.9	14.1	
	23		Φ10	1140	1	1.1	0.7	
10°	21		Φ12	740	2	1.5	1.3	24.10
	22		Φ12	4010	6	24.1	21.4	
	23		Φ10	1140	2	2.3	1.4	
15°	21		Φ12	740	4	3.0	2.6	25.70
	22		Φ12	4068	6	24.4	21.7	
	23		Φ10	1140	2	2.3	1.4	
20°	21		Φ12	740	4	3.0	2.6	34.20
	22		Φ12	4153	8	33.2	29.5	
	23		Φ10	1140	3	3.4	2.1	
25°	21		Φ12	740	6	4.4	3.9	44.60
	22		Φ12	4266	10	42.7	37.9	
	23		Φ10	1140	4	4.6	2.8	
30°	21		Φ12	740	8	5.9	5.3	55.80
	22		Φ12	4415	12	53.0	47.0	
	23		Φ10	1140	5	5.7	3.5	

注：表中所列为一块板两端的数量，钢筋㉓仅在一端设置（图示位置）。

附注：1. 本图尺寸单位均以毫米计。
2. 斜交角方向根据工程所需方向确定。
3. 钢筋㉓仅在靠铰缝一侧的锐角处有。
4. 本图与相应的正交空心板图纸配套使用。
5. 表中未涉及的钢筋数量取对应的正交空心板钢筋表中数量。

10m 预应力混凝土空心板（斜交边板端部）	图集号	2024沪Q003
	页	130

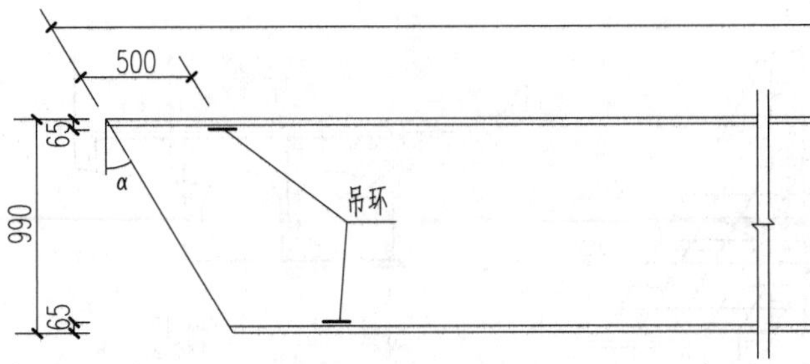

平面

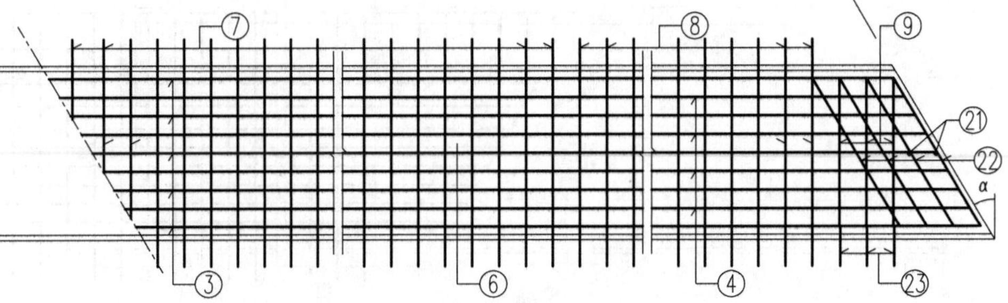

板顶配筋

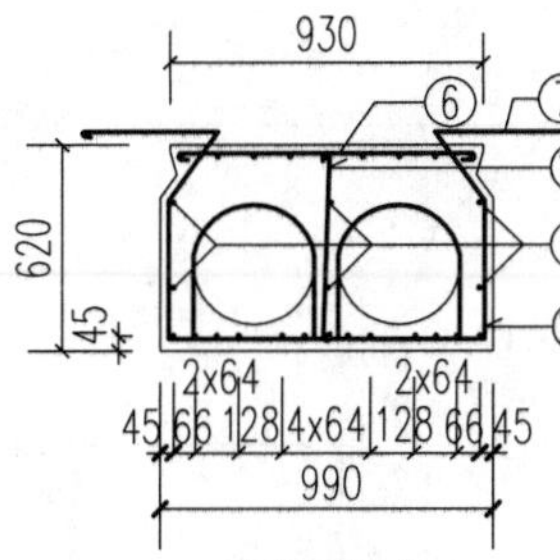

横断面示意

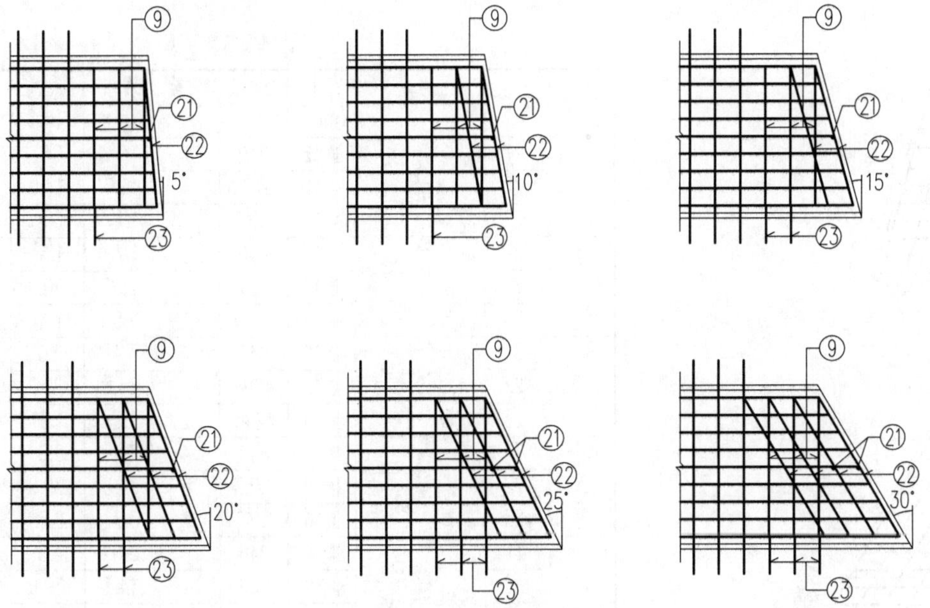

斜交板端部平面配筋

附注：1. 本图尺寸单位均以毫米计。
2. 斜交角方向根据工程所需方向确定。
3. 本图与相应的正交空心板图纸配套使用。
4. 表中未涉及的钢筋数量取对应的正交空心板钢筋表中数量。

斜交中板端部钢筋数量表

斜交角	编号	略图	直径 (mm)	每根长 (mm)	根数	总长 (m)	总重 (kg)	总计 (kg)
5°	21	110 560	Φ10	780	2	1.6	1.0	8.00
	22	181 853 940 301 420	Φ12	3115	2	6.2	5.5	
	23	260 450 110 420	Φ10	1240	2	2.5	1.5	
10°	21	110 560	Φ10	780	2	1.6	1.0	13.70
	22	183 863 950 305 420	Φ12	3141	4	12.6	11.2	
	23	260 450 110 420	Φ10	1240	2	2.5	1.5	
15°	21	110 560	Φ10	780	2	1.6	1.0	15.40
	22	186 880 969 311 420	Φ12	3186	4	12.7	11.3	
	23	260 450 110 420	Φ10	1240	4	5.0	3.1	
20°	21	110 560	Φ10	780	2	1.6	1.0	21.40
	22	192 905 996 319 420	Φ12	3252	6	19.5	17.3	
	23	250 450 110 420	Φ10	1240	4	5.0	3.1	
25°	21	110 560	Φ10	780	4	3.1	1.9	24.30
	22	199 938 1033 331 420	Φ12	3341	6	20.0	17.8	
	23	260 450 110 420	Φ10	1240	6	7.4	4.6	
30°	21	110 560	Φ10	780	4	3.1	1.9	31.00
	22	208 981 1081 346 420	Φ12	3456	8	27.6	24.5	
	23	260 450 110 420	Φ10	1240	6	7.4	4.6	

注：表中所列为一块板两端的数量。

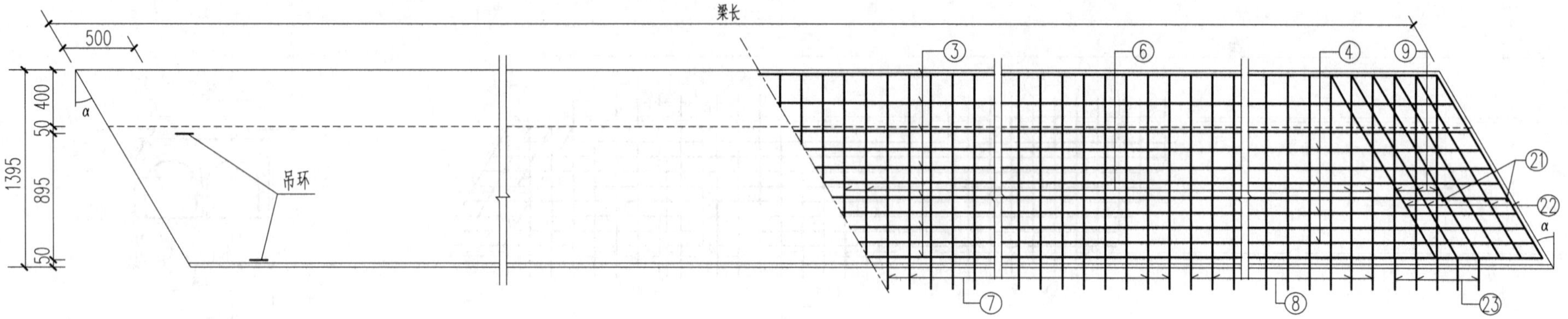

平面　　板顶配筋

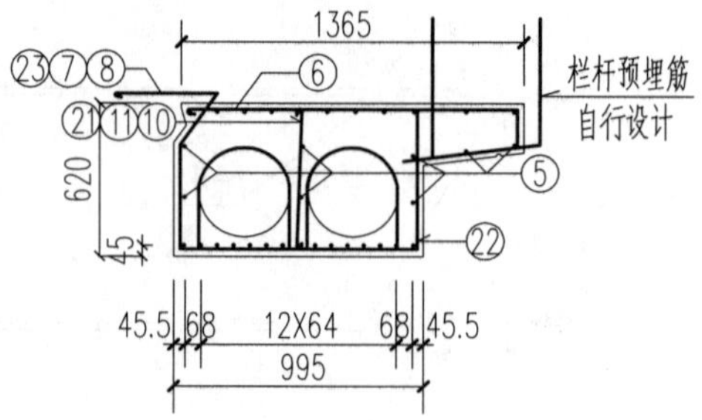

横断面示意

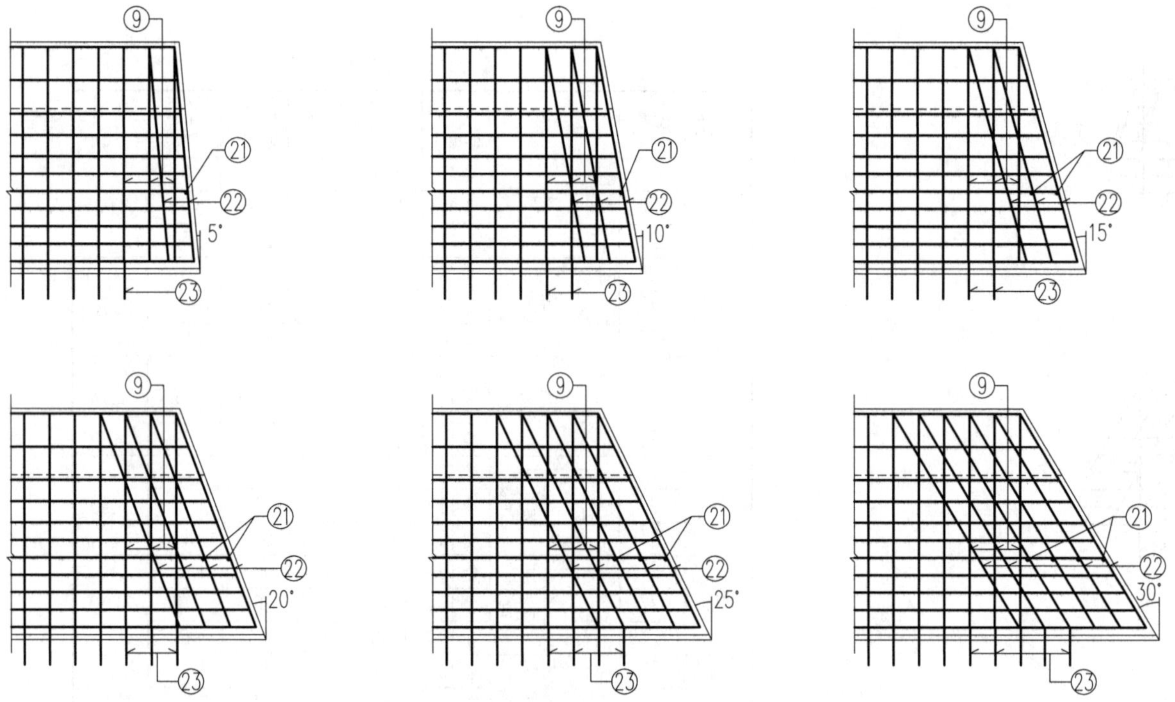

斜交板端部平面配筋

斜交边板端部钢筋数量表

斜交角	编号	略图	直径 (mm)	每根长 (mm)	根数	总长 (m)	总重 (kg)	总计 (kg)
5°	21		Φ12	840	2	1.7	1.5	17.10
	22		Φ12	4178	4	16.7	14.8	
	23		Φ10	1240	1	1.2	0.8	
10°	21		Φ12	840	2	1.7	1.5	25.40
	22		Φ12	4210	6	25.3	22.4	
	23		Φ10	1240	2	2.5	1.5	
15°	21		Φ12	840	4	3.4	3.0	27.20
	22		Φ12	4268	6	25.6	22.7	
	23		Φ10	1240	2	2.5	1.5	
20°	21		Φ12	840	4	3.4	3.0	36.20
	22		Φ12	4353	8	34.8	30.9	
	23		Φ10	1240	3	3.7	2.3	
25°	21		Φ12	840	6	5.0	4.5	47.20
	22		Φ12	4466	10	44.7	39.6	
	23		Φ10	1240	4	5.0	3.1	
30°	21		Φ12	840	8	6.7	6.0	59.00
	22		Φ12	4615	12	55.4	49.2	
	23		Φ10	1240	5	6.2	3.8	

注：表中所列为一块板两端的数量，钢筋㉓仅在一端设置（图示位置）。

附注：1. 本图尺寸单位均以毫米计。
2. 斜交角方向根据工程所需方向确定。
3. 钢筋㉓仅在靠铰缝一侧的锐角处有。
4. 本图与相应的正交空心板图纸配套使用。
5. 表中未涉及的钢筋数量取对应的正交空心板钢筋表中数量。

13m预应力混凝土空心板（斜交边板端部）	图集号	2024沪Q003
	页	132

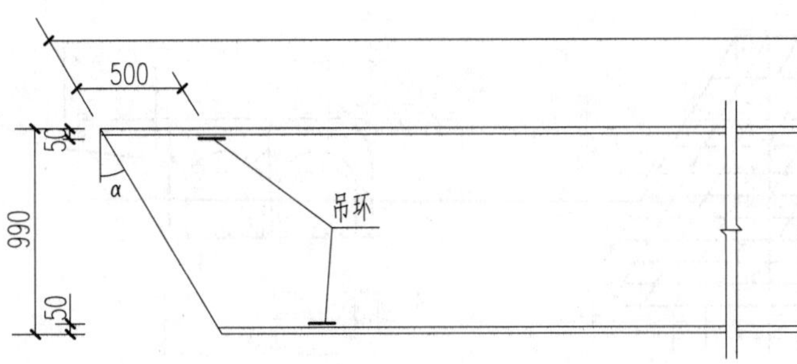

平面

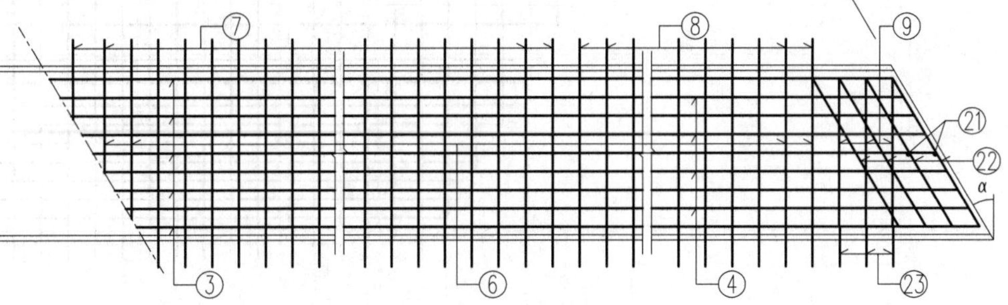

板顶配筋

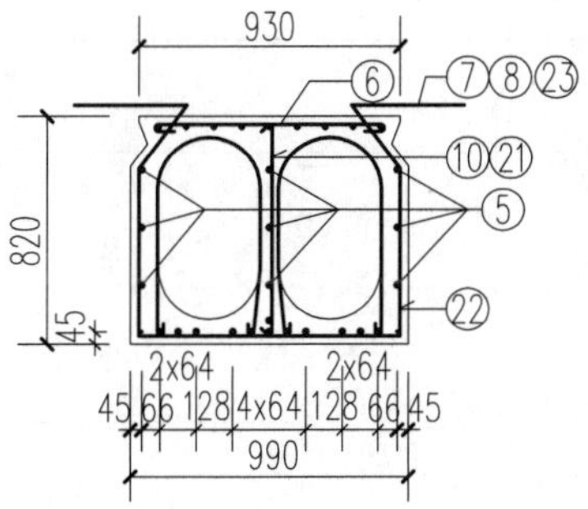

横断面示意

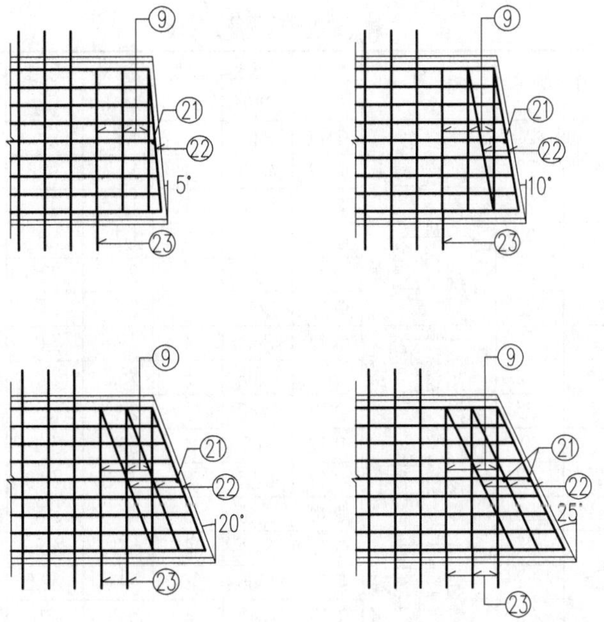

斜交板端部平面配筋

斜交中板端部钢筋数量表

斜交角	编 号	略 图	直 径 (mm)	每根长 (mm)	根 数	总 长 (m)	总 重 (kg)	总 计 (kg)
5°	21	110 760	Φ 10	980	2	2.0	1.2	9.20
	22	181 301 853 940 620	Φ 12	3515	2	7.0	6.2	
	23	450 260 620 110	Φ 10	1440	2	2.9	1.8	
10°	21	110 760	Φ 10	980	2	2.0	1.2	15.60
	22	183 305 863 950 620	Φ 12	3541	4	14.2	12.6	
	23	450 260 620 110	Φ 10	1440	2	2.9	1.8	
15°	21	110 760	Φ 10	980	2	2.0	1.2	17.50
	22	186 311 880 969 620	Φ 12	3586	4	14.3	12.7	
	23	450 260 620 110	Φ 10	1440	4	5.8	3.6	
20°	21	110 760	Φ 10	980	2	2.0	1.2	24.30
	22	192 319 905 996 620	Φ 12	3652	6	21.9	19.5	
	23	450 260 620 110	Φ 10	1440	4	5.8	3.6	
25°	21	110 760	Φ 10	980	4	3.9	2.4	27.60
	22	199 331 938 1033 620	Φ 12	3741	6	22.4	19.9	
	23	450 260 620 110	Φ 10	1440	6	8.6	5.3	
30°	21	110 760	Φ 10	980	4	3.9	2.4	35.10
	22	208 346 981 1081 620	Φ 12	3856	8	30.8	27.4	
	23	450 260 620 110	Φ 10	1440	6	8.6	5.3	

注：表中所列为一块板两端的数量。

附注：1. 本图尺寸单位均以毫米计。
2. 斜交角方向根据工程所需方向确定。
3. 本图与相应的正交空心板图纸配套使用。
4. 表中未涉及的钢筋数量取对应的正交空心板钢筋表中数量。

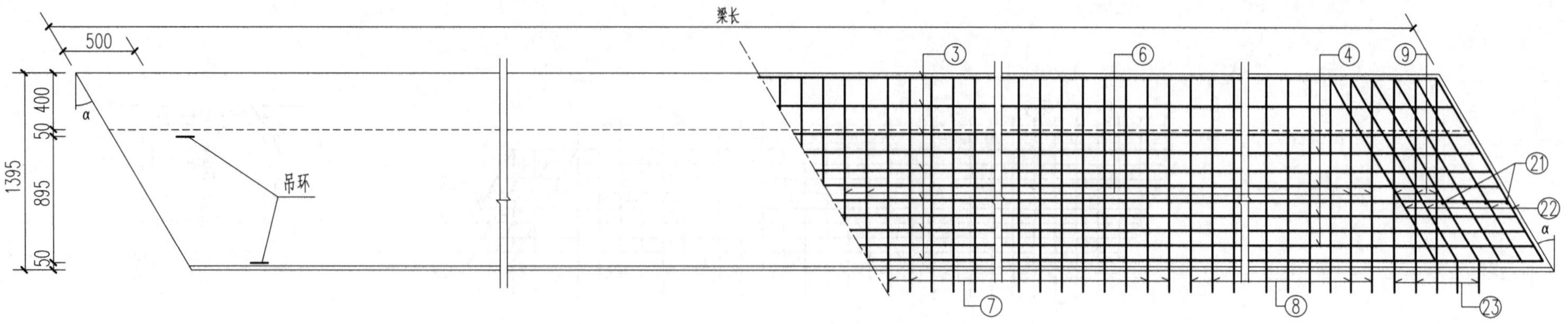

平面　　　　板顶配筋

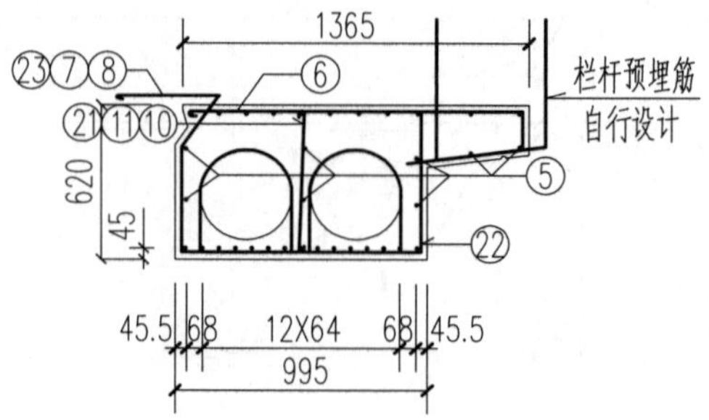

横断面示意

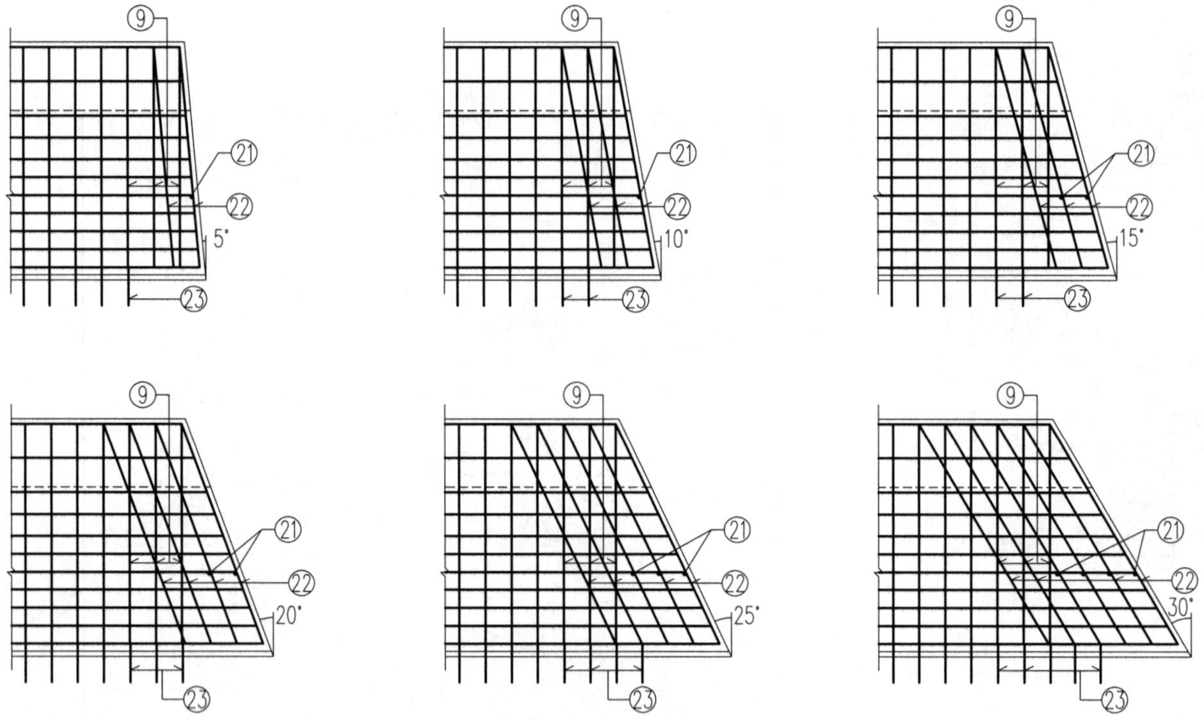

斜交板端部平面配筋

斜交边板端部钢筋数量表

斜交角	编号	略图	直径 (mm)	每根长 (mm)	根数	总长 (m)	总重 (kg)	总计 (kg)
5°	21	140 560; 1245 420/181 700 542 150 940; 450 260 420 110	Φ12	840	2	1.7	1.5	17.10
	22		Φ12	4178	4	16.7	14.8	
	23		Φ10	1240	1	1.2	0.8	
10°	21	140 560; 1259 420/183 700 548 150 950; 450 260 420 110	Φ12	840	2	1.7	1.5	25.40
	22		Φ12	4210	6	25.3	22.4	
	23		Φ10	1240	2	2.5	1.5	
15°	21	140 560; 1284 420/186 700 559 150 969; 450 260 420 110	Φ12	840	4	3.4	3.0	27.20
	22		Φ12	4268	6	25.6	22.7	
	23		Φ10	1240	2	2.5	1.5	
20°	21	140 560; 1320 420/192 700 575 150 996; 450 260 420 110	Φ12	840	4	3.4	3.0	36.20
	22		Φ12	4353	8	34.8	30.9	
	23		Φ10	1240	3	3.7	2.3	
25°	21	140 560; 1368 420/199 700 596 150 1033; 450 260 420 110	Φ12	840	6	5.0	4.5	47.20
	22		Φ12	4466	10	44.7	39.6	
	23		Φ10	1240	4	5.0	3.1	
30°	21	140 560; 1432 420/208 700 624 150 1081; 450 260 420 110	Φ12	840	8	6.7	6.0	59.00
	22		Φ12	4615	12	55.4	49.2	
	23		Φ10	1240	5	6.2	3.8	

注：表中所列为一块板两端的数量，钢筋㉓仅在一端设置（图示位置）。

附注：1. 本图尺寸单位均以毫米计。
2. 斜交角方向根据工程所需方向确定。
3. 钢筋㉓仅在靠铰缝一侧的锐角处有。
4. 本图与相应的正交空心板图纸配套使用。
5. 表中未涉及的钢筋数量取对应的正交空心板钢筋表中数量。

16m、18m预应力混凝土空心板（斜交边板端部）	图集号	2024沪Q003
	页	134

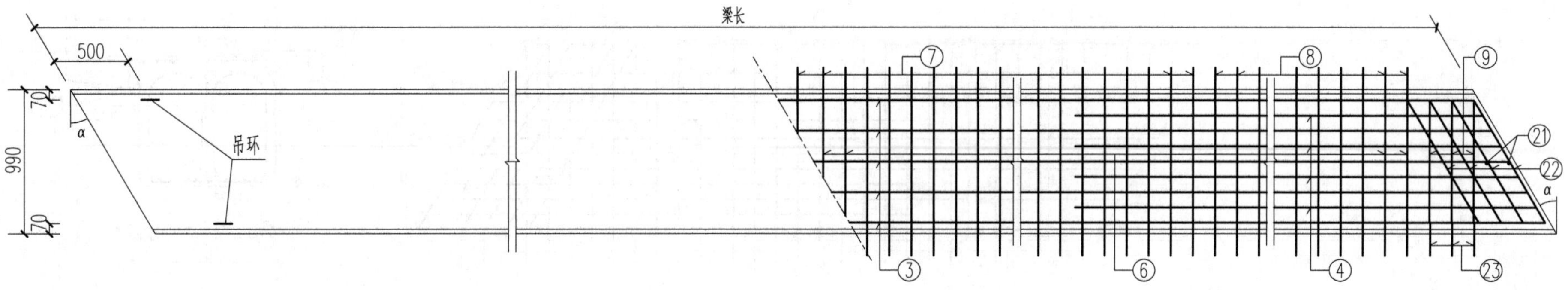

平面　　　　板顶配筋

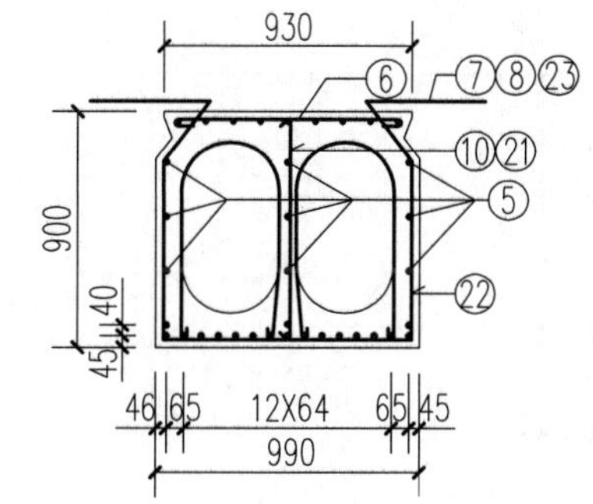

横断面示意

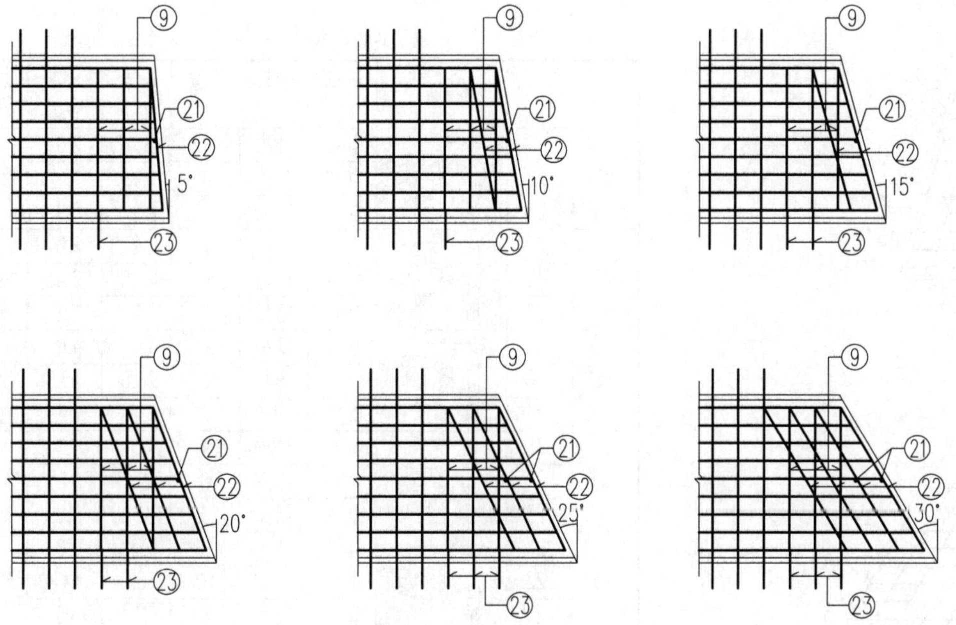

斜交板端部平面配筋

斜交中板端部钢筋数量表

斜交角	编号	略图	直径 (mm)	每根长 (mm)	根数	总长 (m)	总重 (kg)	总计 (kg)
5°	21	110 840; 201 341 833 940 680; 450 290 680 110	Φ10	1060	2	2.1	1.3	9.70
	22		Φ12	3675	2	7.4	6.5	
	23		Φ10	1530	2	3.1	1.9	
10°	21	110 840; 203 345 843 950 680; 450 290 680 110	Φ10	1060	2	2.1	1.3	16.30
	22		Φ12	3701	4	14.8	13.1	
	23		Φ10	1530	2	3.1	1.9	
15°	21	110 840; 207 352 859 969 680; 450 290 680 110	Φ10	1060	2	2.1	1.3	18.40
	22		Φ12	3747	4	15.0	13.3	
	23		Φ10	1530	4	6.1	3.8	
20°	21	110 840; 213 362 883 996 680; 450 290 680 110	Φ10	1060	2	2.1	1.3	25.40
	22		Φ12	3814	6	22.9	20.3	
	23		Φ10	1530	4	6.1	3.8	
25°	21	110 840; 221 375 916 1033 680; 450 290 680 110	Φ10	1060	4	4.2	2.6	29.10
	22		Φ12	3905	6	23.4	20.8	
	23		Φ10	1530	6	9.2	5.7	
30°	21	110 840; 231 393 958 1081 680; 450 290 680 110	Φ10	1060	4	4.2	2.6	36.90
	22		Φ12	4023	8	32.2	28.6	
	23		Φ10	1530	6	9.2	5.7	

注：表中所列为一块板两端的数量。

附注：1. 本图尺寸单位均以毫米计。
2. 斜交角方向根据工程所需方向确定。
3. 本图与相应的正交空心板图纸配套使用。
4. 表中未涉及的钢筋数量取对应的正交空心板钢筋表中数量。

20m、22m预应力混凝土空心板（斜交中板端部）	图集号	2024沪Q003
	页	135

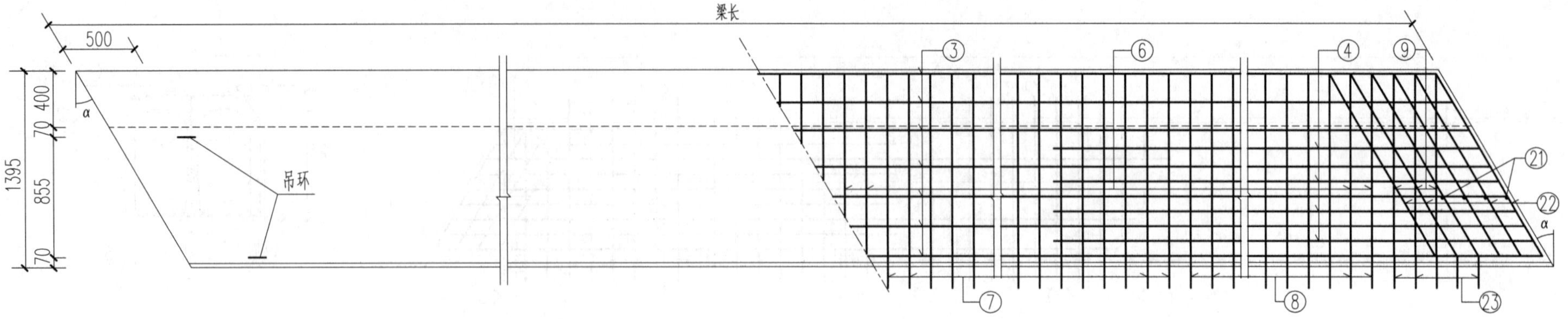

平面　　板顶配筋

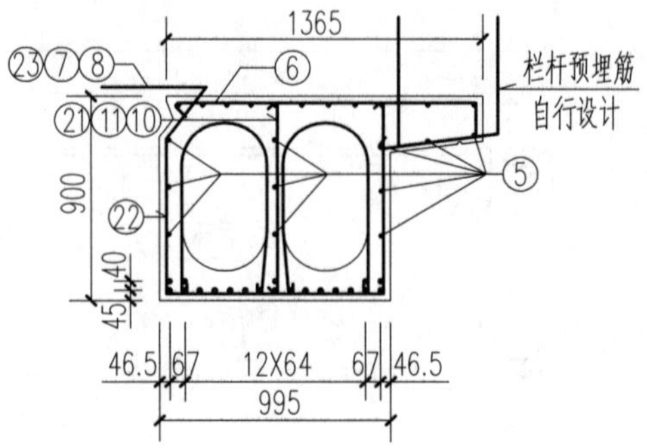

横断面示意

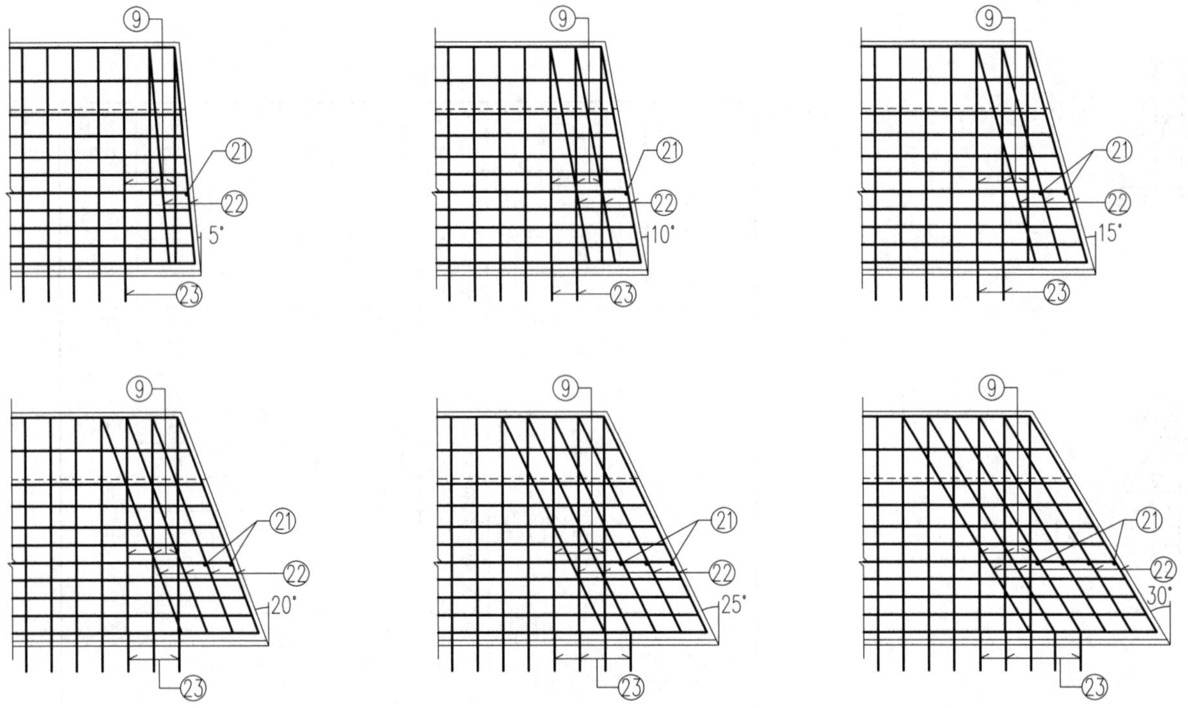

斜交板端部平面配筋

斜交边板端部钢筋数量表

斜交角	编号	略图	直径(mm)	每根长(mm)	根数	总长(m)	总重(kg)	总计(kg)
5°	21	840, 140, 1220, 201, 680, 980, 542, 150, 940, 450, 290, 680, 110	Φ12	1120	2	2.2	2.0	19.60
	22		Φ12	4713	4	18.9	16.7	
	23		Φ10	1530	1	1.5	0.9	
10°	21	840, 140, 1234, 203, 680, 980, 548, 150, 950, 450, 290, 680, 110	Φ12	1120	2	2.2	2.0	29.20
	22		Φ12	4745	6	28.5	25.3	
	23		Φ10	1530	2	3.1	1.9	
15°	21	840, 140, 1258, 207, 680, 980, 559, 150, 969, 450, 290, 680, 110	Φ12	1120	4	4.5	4.0	31.50
	22		Φ12	4803	6	28.8	25.6	
	23		Φ10	1530	2	3.1	1.9	
20°	21	840, 140, 1293, 213, 680, 980, 575, 150, 996, 450, 290, 680, 110	Φ12	1120	4	4.5	4.0	41.50
	22		Φ12	4887	8	39.1	34.7	
	23		Φ10	1530	3	4.6	2.8	
25°	21	840, 140, 1341, 221, 680, 980, 596, 150, 1033, 450, 290, 680, 110	Φ12	1120	6	6.7	6.0	54.20
	22		Φ12	5001	10	50.0	44.4	
	23		Φ10	1530	4	6.1	3.8	
30°	21	840, 140, 1403, 231, 680, 980, 624, 150, 1081, 450, 290, 680, 110	Φ12	1120	8	9.0	8.0	67.60
	22		Φ12	5149	12	61.8	54.9	
	23		Φ10	1530	5	7.7	4.7	

注：表中所列为一块板两端的数量，钢筋㉓仅在一端设置（图示位置）。

附注：1. 本图尺寸单位均以毫米计。
2. 斜交角方向根据工程所需方向确定。
3. 钢筋㉓仅在靠铰缝一侧的锐角处有。
4. 本图与相应的正交空心板图纸配套使用。
5. 表中未涉及的钢筋数量取对应的正交空心板钢筋表中数量。

20m、22m预应力混凝土空心板（斜交边板端部）	图集号	2024沪Q003
	页	136